周宪新　主编

益阳古代史

对益阳文明根脉的追寻与守护
为中国式现代化建设之
益阳篇章贡献史学智慧与力量

中南大学出版社
www.csupress.com.cn
·长沙·

湖南省益阳市人民政府资助

益阳市地方志编纂室组编

主　　编　周宪新

副　主　编　伍成泉　戴隆军

撰　　稿　周宪新　伍成泉　罗　威　黄守愚

　　　　　张春龙　杨宁波　盛定国　蒋万兵

　　　　　姚时珍　鲁新民　胡　旗

咨询审稿　张春龙　曾主陶　莫志斌　盛定国

统　　稿　伍成泉

编　　务　姚时珍

1982 年桃江县出土西周四马方座铜簋（珍藏于湖南省博物院）

1983 年益阳县笔架山乡新明村出土新石器带槽大石斧

1985 年益阳县赫山庙出土春秋蟠虺纹铜缶

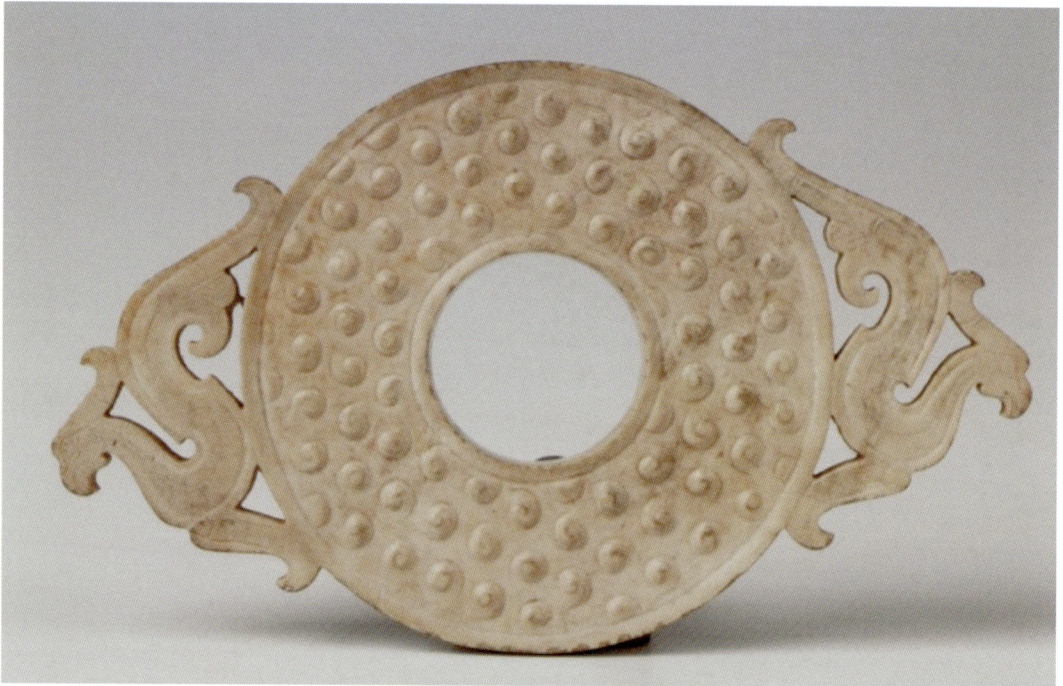

1977 年益阳县赫山庙出土战国双凤谷纹玉璧

1981 年益阳县羊舞岭出土错金怪兽抱鱼铜带钩

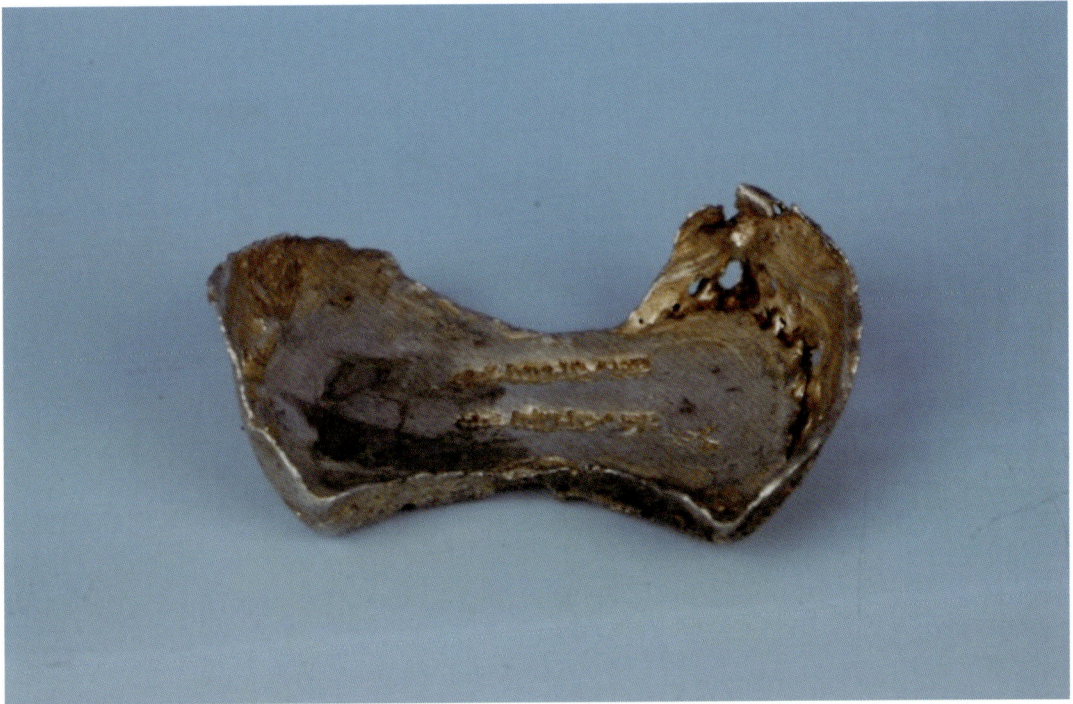

1982 年益阳县赫山八字哨出土"柴君茂铺"银锭

1981 年宁乡县五里堆出土战国兽面纹铜铙

1990 年桃江县腰子仑出土战国竖耳铜鼎

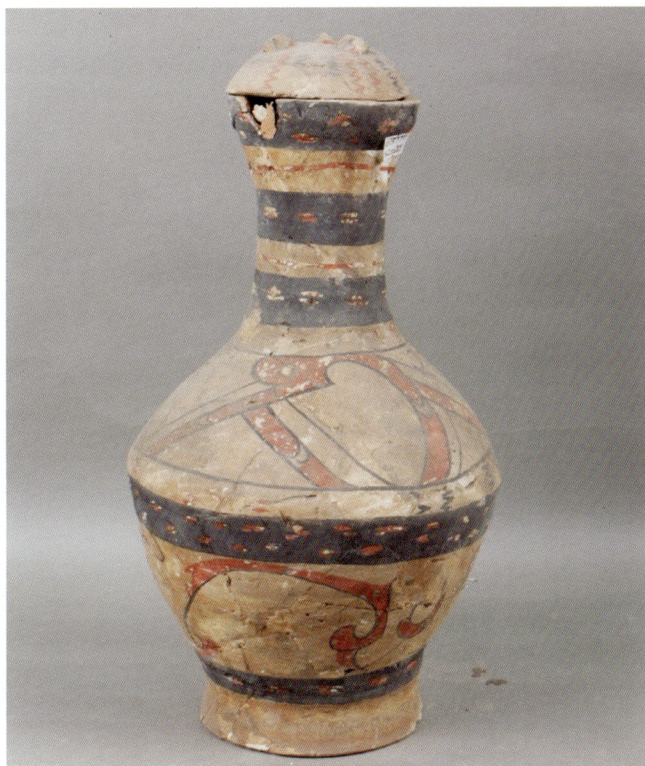

1986 年益阳地区招待所基建工地出土战国彩绘陶罐

1993 年益阳地区李昌港麻绒塘出土大溪文化刻划纹高足盘

1989 年桃江县腰子仑出土战国 S 纹牛角耳铜鼎

益阳兔子山遗址发掘的有"益阳"字样的简牍
（湖南省文物考古研究院张春龙提供）

前言

习近平总书记在 2022 年 9 月为即将出版发行的《复兴文库》作序时指出："修史立典，存史启智，以文化人，这是中华民族延续几千年的一个传统。""历史是最好的教科书，一切向前走，都不能忘记走过的路；走得再远、走到再光辉的未来，也不能忘记走过的过去。当前，世界百年未有之大变局加速演进，中华民族伟大复兴进入关键时期，我们更需要以史为鉴、察往知来。"①2022 年 5 月 27 日习近平总书记在主持十九届中央政治局第 39 次集体学习时亦强调："经过几代学者接续努力，中华文明探源工程等重大工程的研究成果，实证了我国百万年的人类史、一万年的文化史、五千多年的文明史。""中华文明探源工程成绩显著，但仍然任重而道远，必须继续推进、不断深化。中华文明探源工程对中华文明的起源、形成、发展的历史脉络，对中华文明多元一体格局的形成和发展过程，对中华文明的特点及其形成原因等，都有了较为清晰的认识。同时，工程取得的成果还是初步的和阶段性的，还有许多历史之谜等待破解，还有许多重大问题需要通过实证和研究达成共识。"这需要我们群策群力来完成，编撰《益阳古代史》就是把习近平总书记的殷切嘱托转化为实践行动的重要举措。

湖南益阳地处资水中下游，洞庭湖之南，是一个历史悠久、地灵人杰、物产丰饶的地方。勤劳勇敢的益阳人民世代相承，在这块山水相连的土地上创造了辉煌灿烂的物质文明和精神文明。益阳文明是延绵至今未曾中断的原生文明，其连续性与创新性特点十分突出。早在距今 30 万~12 万年前的中更新世晚期就有人类在此居住，并在沅江(今沅江市，后同)赤山岛一带留下了他们活动的印记。沅江赤山岛虎须山

---

① 《在复兴之路上坚定前行:〈复兴文库〉序言》，《人民日报》2022 年 9 月 27 日。

旧石器遗址,是湖南省首次确认存在似阿舍利传统的旧石器遗址,是长江中游及华南地区旧石器考古的重要进展,在连接中国阿舍利技术传统遗址分布区中扮演着重要角色,为远古人类在中国大陆的迁徙流动、文化传播扩散的时间和路线提供了新的资料。

距今约 6500 年前,益阳先民进入农业和定居时代,形成原始村落,使用磨制石器、陶器,这是益阳先民迈向文明的开始。然而,直至殷商时代,湖湘地区或仍是"蛮夷"聚居之地,基本处于原始社会阶段,尚未形成中原地区那样的奴隶制度。西周早中期,益阳处在炭河里文化圈,或已迈入阶级社会。春秋时期,这里是扬越人的地盘,自战国早期归属楚国版籍后,过渡到封建社会。战国时期,益阳为楚国洞庭郡辖地。该地秦代归于苍梧郡,汉代改立长沙国,益阳属之。自秦汉开始,益阳纳入统一国家的统治,自此历魏晋隋唐宋元以迄明清。统一国家视野下的益阳,在风云变幻的历史演进中,其地名"益阳"始终未变,其行政区划的主要部分始终未变,在洞庭湖区域和资江中下游流域的军事重镇与重要粮仓的地位始终未变。随着历史的发展,益阳逐渐开发,经济愈益发展,文明程度不断提高。

自楚国时代开始,逐步形成的铁铺岭古城邑是益阳城市文明的发源地。铁铺岭城邑逐渐成为县城,历两汉魏晋南朝以迄隋末唐初,一直相沿而未改,此已为该古城遗址出土文物所证实。自唐贞观二十年(646 年)后两个多世纪,益阳县治移至江北,晚唐时期或因水患严重又迁回铁铺岭故城,直至五代马楚国末期毁于战火止。北宋以后,从铁铺岭遗址地层堆积和出土遗物情况看,益阳县治及城市中心确已完全转移至江北,南宋初建炎四年(1130 年)曾一度移治于沧水铺,然而随即于次年迁回,自此直至明清乃至民国皆在此处,唯范围不断向外扩展、城建材质不断翻新而已。观益阳城市之演变,实不啻我国古代城市发展历史的缩影。

沅江漉湖、南县新湖两处新石器文化晚期遗址栽培稻印痕的发现,成为研究洞庭湖区域农业文明进展的重要根据。宋元羊舞岭古窑代表了古代益阳手工业发展的水平,在湖南陶瓷发展史,尤其是宋元湖南陶瓷发展史中占据重要地位。明季湖茶地位的确立,使安化黑茶正式成为官茶行销西北。特别是随着雍正五年(1727 年)中俄《恰克图界约》的签订,中俄万里茶道逐渐形成,安化黑茶以安化渠江为起点,经过安化茶马古道和资水,在益阳大码头集中,运至湖北汉口,再通过恰克图销往俄国、欧洲,绵延约 14000 公里。万里茶道带动了清代益阳的商业发展,从而涌现了一批商帮、商会、会馆。

屈原放逐，辗转于湘、资、沅水之间，行吟泽畔，忧愁愤懑而赋《离骚》，乃作《天问》。邑志载："《天问》作于桃江之弄溪，灵均固邑文艺之权舆也。自后雕龙炙輠，莫不祖风骚也。"①屈子固文章之鼻祖，实亦为湖湘文化之滥觞。其后学者沿波继轨以迄于宋，张栻以岳麓、城南书院等为基地，培养大批学者，使湖湘学派闻名全国。益阳亦是张栻过化之地，屈原、张栻是影响益阳思想文化的两位重要人物，屈原诗作在益阳古代文化史上具有源头意义，张栻传播的湖湘理学思想成为宋代以后益阳的主流意识形态。古代益阳重视教育，明代嘉靖三十年(1551 年)创办的龙洲书院影响甚远。

往事已矣，未来可期。编好《益阳古代史》，对我们提高历史自信、文化自信，把握未来大势，自觉奋力谱写中国式现代化建设的益阳篇章，有着重要意义。自仲尼作《春秋》，太史公编《史记》，班固撰《汉书》，司马光纂《资治通鉴》，各种有质有文、可信可读的通史、断代史著作，形成了我国优良的史学传统和良史文风，这是我们今天编史需要继承和发扬的。近半个多世纪以来，益阳考古工作收获了很多古代社会物质遗存和文化信息，明清两代编纂的益阳、安化、沅江等县志和长沙府志、常德府志、湖南通志及无数其他相关地方志、家谱、传记等历史文献资料大量公布，其中部分资料甚至得到了较为充分的整理和研究。考古和文献史料揭示了益阳各个历史时期的真实面貌，考古发现和文献典籍的基础和省内历史学界的共识使编纂益阳古代史成为可能。

本书记述的益阳古代史，上起距今 30 万~20 万年前的旧石器时代，下迄1840 年鸦片战争爆发，记述的地理范围，既反映益阳的历史沿革，又符合当代行政区域的实际状况，以今赫山区、资阳区、高新区、桃江县、安化县、沅江市、南县、大通湖区为主。同时，本书对历史上曾经属益阳范围的宁乡、新化、湘阴等地之事亦酌情记述，内容涵盖益阳历代政权的更替嬗变和治乱兴衰、地理与行政沿革、社会状况和经济发展、居民生产生活变迁与奋斗历史。

全书分上、下两编。上编凡十一章和附录，记述各个历史时期益阳人民的奋斗和经济、文化的发展。其中：

前言、第一至三章由周宪新撰写。

第四章由黄守愚撰写。

第五章由罗威撰写。

---

① 《(同治)益阳县志》卷 21 下《艺文志序》。

第六章至十一章由伍成泉撰写。

附录由姚时珍撰写。

下编收录专文六篇,就学界较为关注的几个历史问题作专题性探讨,以期相关的探讨能够更加深入透彻。其中:

《兔子山遗址发掘和收获概述》由张春龙撰写。

《益阳铁铺岭故城遗址专题研究报告》由盛定国撰写。

《益阳羊舞岭窑的窑业技术来源和发展阶段初探——兼论景德镇窑、龙泉窑的兴衰对羊舞岭窑的影响》由杨宁波撰写。

《楚越文化的融合与发展——益阳市桃江县腰子仑春秋墓综述》由蒋万兵撰写。

《益阳古代陆路交通考》由鲁新民、胡旗撰写。

《楚国浪漫主义诗人屈原居益阳考略》由姚时珍撰写。

在本书编写过程中,我们吸收、借鉴了学界不少现有的相关研究成果,如《湖南通史(古代卷)》《长沙通史(古代卷)》《湖南经济通史(古代卷)》《湖南农业史》《湖南教育史(一)》《湖南社会史》《湖南陶瓷(一)》《古代益阳研究》《长沙国研究》《马楚史研究》等,这些研究成果对我们的启迪意义颇大。又湖南省、益阳市文物考古工作者在田野发掘和研究方面极富价值的成果公布,如湖南省文物考古研究所(现湖南省文物考古研究院)编著的《考古湖南:十堂课听懂湖南历史》和益阳市文物管理处、益阳市博物馆编著的《先秦洞庭——南洞庭湖古遗址发掘报告集》,为本书构建益阳上古乃至秦汉史提供了坚实的基础。在此谨向为本书撰写提供各种支持和帮助的各位领导、同仁及书中参考和征引过的各书作者谨致谢忱!

目 录

● 上 编

下　编

上编

第一章　先楚时代的益阳

～⊙⊱੭•੧⊰⊙～

　　本书谨借用学界较常用之术语，称楚人较大规模进入湖南以前之时代为先楚时代，[1]并界定其涵括史前时代和三代时期两个阶段。史前时代又分为旧石器时代和新石器时代二段，自300万~200万年前人类出现至距今1万年左右止为旧石器时代，自1万多年前至距今4000多年前为新石器时代。石器时代以石器为主要劳动工具，旧石器时代以使用打制石器为主，新石器时代以使用磨制石器为标志。而"三代"，一般即指夏、商、周三代，其中"周"主要指西周，有时亦涵括了东周。因下章已将楚国时期单立，故本书所言"三代"自夏代始，至楚人较大规模入主湖南时止。夏朝情况不可知，至若商朝，其势力则已达湖南，益阳或在商朝军事实力较长时期牢固控制的区域内，受商文化影响较为深刻。西周初年或有殷遗民在湘水下游建立方国，其中心城址在宁乡黄材炭河里，创造了灿烂的青铜文化，而益阳或处在此方国内，从而迈入阶级社会。

第一节　史前时代的益阳

一、益阳旧石器时代文化

　　益阳地处资水流域，洞庭湖之南，整体属于长江水系范围。考古证明，长江流域是我国最早有原始人类活动的地带之一。自1987年在沅水中游新晃县大桥溪首次发现湖南旧石器时代文化遗存后，湖南旧石器时代考古工作取得突破性进展，迄今在湖南境内已发现旧石器遗址近300处（其中正式发掘地点近20处），[2]且除极少数几处为洞穴遗址外，其余均分布在河流阶地，遗物埋藏在第四纪网纹红土中，尤以澧水和沅水流域为多，时代可从中更新世早期延续至晚更新世晚期，石器风格整体上表现为砾石石器工业传统。[3]

　　益阳自1985年文物普查以来，陆续发现原始文化遗存100余处，其中旧石器时代遗址有10来处。益阳首次发现旧石器遗址是在1989年，该年4月安化小淹资水北岸一级台地上发现一处旧石器遗址，同年在资江支流志溪河新市渡二级台地上亦新发现一处旧石器遗址。两处遗址均采集有砍砸器、刮削器等标本，石质分别为砂岩砾石和燧石。

---

① 参见田伏隆：《湖南历史图典1》，湖南美术出版社2010年版，第74页。
② 参见袁家荣：《湖南旧石器时代文化与玉蟾岩遗址》，岳麓书社2013年版，第105页。
③ 参见何介钧：《湖南考古的世纪回眸》，载《考古》2001年第4期，第296-297页。

经鉴定，小淹旧石器遗址时代属旧石器时代末期，距今 3 万~2 万年前，新市渡旧石器遗址的时代要更早一些。①

1996 年底，在益阳市赫山区黄泥湖乡仑塘、仙蜂两村电厂处发现一处旧石器遗址，调查采集所获石制品共 237 件，有砍砸器、三棱尖状器、刮削器、石核、石片、断块、碎屑及残片等。该电厂共征用 8 个山头，其中 6 个山头都有石制品发现，其中以仙蜂山发现石制品最多(A 区)，其次为灰蛾子山(B 区)和猴子山(E 区)，最后为三鸭子坨上(C 区)、石笼子山(G 区)、乌龟山(F 区)。石制品均出自山顶堆积或墓坑填土中。其尤为重要者，在墓壁网纹红土中找到了这批石器所出准确层位，且在不少石器表面都有网纹红土印迹，这也印证了这批石制品出自网纹红土之事实。在仙蜂山顶部网纹红土中还发现了以石英为主要原料的石器制作场，这一发现丰富了以砾石石器为主体的资水流域石器文化内涵。在文化联系上，资水流域这批旧石器与澧水流域所见旧石器存在着较多共性，而从器类组合中以硅质岩为原料之砍砸器来看，则其与澧水文化类群中早期遗存——二卵石遗存之砍砸器有相似之处，这从一个侧面说明了本遗址石制品作为早期旧石器文化的特征。原始人群在一定活动范围内有一个中心区，本遗址则应是以仙蜂山为中心。②

2016 年 7~9 月，考古工作者发掘"沅江赤山岛虎须山旧石器遗址"。该遗址位于沅江市新湾镇陆家村蒋家坳，石器工具多以砾石直接锤击修理，断块和石片毛坯少见，类别包括砍砸器、手镐、手斧、重型刮削器、刮削器和尖状器，且以砍砸器等重型工具居多，手斧和手镐数量少但均为典型。手镐有三棱状和舌状两种形态，手斧以硅质灰岩砾石为原料，两面修理较为对称精致。据称，该遗址所出典型手斧、手镐可归入模式Ⅱ工具类型，大石片的生产行为等也显示具有似阿舍利技术特征，这表明小比例的模式Ⅱ技术风格产品以镶嵌形式分布于传统的模式Ⅰ石器工业中，技术特点具有中国本土特性。这是湖南首次确认存在似阿舍利传统的旧石器遗址，是长江中游及华南地区旧石器考古的重要进展，在连接中国阿舍利技术传统遗址分布区中扮演着重要角色，为远古人类在中国大陆的迁徙流动、文化传播扩散的时间和路线提供了新的资料。据推测，该遗址年代为距今 30 万~12 万年的中更新世晚期，属于旧石器时代早期晚段。③

此前，同年 4~6 月考古工作者已发掘了"沅江赤山岛枫树嘴旧石器遗址"。该遗址位于益阳市沅江南嘴镇赵公湖村，距前述虎须山遗址约 2 千米。该遗址调查和发掘是沅江市首次科学进行的旧石器时代考古工作，共计出土打制石器 500 多件，遗址时期具有华南砾石石器基本特征，工具比例较低，包括砍砸器、手镐、尖状器和刮削器等，推测遗址年代为中更新世晚期至晚更新世早期(绝对年代为距今 30 万~10 万年)，属旧石器

---

① 参见袁凤丽：《厚土珍藏》，岳麓书社 2008 年版，第 3-4 页。

② 参见储友信、姚旭天：《益阳电厂旧石器地点调查报告》，载《湖南考古辑刊》第 7 集，求索杂志社，1999 年，第 16-23 页。盛定国认为，关于黄泥湖旧石器遗址的年代，学界有不同看法，倾向意见是，其下层距今 20 万年，其上层距今 2 万年左右。

③ 参见李适愿：《沅江赤山岛虎须山旧石器遗址》，载中国考古学会编：《中国考古学年鉴 2017》，中国社会科学出版社 2018 年版，第 361-362 页。该遗址或在 1998 年就已发现(参见《湖南日报》2000 年 8 月 29 日报道及前揭袁凤丽《厚土珍藏》第 4 页)，此次当是正式发掘。

时代早期晚段。此外,在遗址邻近区域调查,另发现旧石器遗址10多处,包括沅江市新湾镇周公湖村和杨腊丘等处,其中周公湖村遗址出土距今20万~10万年前旧石器100多件,显示赤山岛一带是远古人类活动频繁的场所。此次发掘初步明晰了该岛旧石器埋藏之地层、时代、性质等学术问题,为湖南旧石器文化区系研究增添了新资料。①

沅江赤山岛是我国第一大内湖岛屿,亦为南洞庭湖地域之制高点,长30千米,宽不足4千米,面积约106平方千米。专家们调查勘测认为,枫树嘴遗址的石器分布是不均匀的。这为遗址功能结构、生活形态提供了相关信息,即中国南方原始人当时仍处于栖居时代,而不是过着穴居生活。他们成群穿梭于茂密的原始丛林中,栖身在树杈和隐秘草丛之间,尚未进入地面定居阶段。而且石器遗址分布显示,在洞庭湖平原丘岗处,他们把一堆堆石器工具放置在某个区域某一固定地点,生产生活则围绕石器点呈圆圈形状向四周扩展。这种呈环状频繁迁徙的生存策略,是他们努力适应复杂而残酷的自然环境极为突出的特点之一。② 益阳和湖南其他地区一样,其旧石器遗址绝大多数埋藏于河流阶地堆积的网纹红土中。由于网纹红土具有酸性,不易保存古生物化石,故很少发现古生物化石。1997年,安化栗林乡发现有动物化石。在此之前,在安化鱼水乡、桃江灰山港、沅江子母城亦发现了一些动物化石,种属包括剑齿象、熊猫、犀牛、鹿、野猪等,③或为那个时代先民们狩猎生活的见证。

二、益阳新石器时代文化

(一)益阳新石器时代文化发展序列

据初步统计,湖南已发现的新石器文化遗址共900多处,不仅数量多,而且分布范围广,特别是新石器时代晚期遗址遍布全省各地,已经建立起比较完整的考古学文化区系类型体系。湖南新石器时代文化,可划分为洞庭湖西北岸的澧水流域和沅水下游、湘江和资水中下游、沅水中上游、资水上游等四个区域。其中洞庭湖西北岸地区工作做得最多,文化编年也最为清晰。从距今9000年开始,这一地区先后经历了彭头山文化、皂市下层文化、汤家岗文化、大溪文化、屈家岭文化、石家河文化等几个阶段。商文化南下,致使这一地区原始文化解体。洞庭湖西北岸史前文化在湖南全境起着主导作用,强烈地影响着其他地区。因此,湖南大多数地区考古学文化序列经历了与其相似的几个发展阶段。④ 益阳新石器时代遗址现已发现100余处,遍布各县市,其中经过调查、试掘、发掘者16处,至今还没有发现早于皂市下层文化的新石器时代遗存,大体皆为中、晚两个时期。皂市下层文化—汤家岗文化—大溪文化—屈家岭文化—石家河文化,4000年间构成一系列连续不中断的地域文化,从而构成了益阳新石器时代中晚期文化发展序

---

① 参见李意愿:《沅江赤山岛枫树嘴旧石器遗址》,载中国考古学会编:《中国考古学年鉴2017》,中国社会科学出版社2018年版,第362页。

② 参见《考古湖南:十堂课听懂湖南历史》(下),岳麓书社2021年版,第233-234页。

③ 参见袁凤丽:《厚土珍藏》,岳麓书社2008年版,第5页。

④ 参见何介钧:《湖南考古的世纪回眸》,载《考古》2001年第4期,第297-298页。

列。仅依照其序列择要介绍如下。

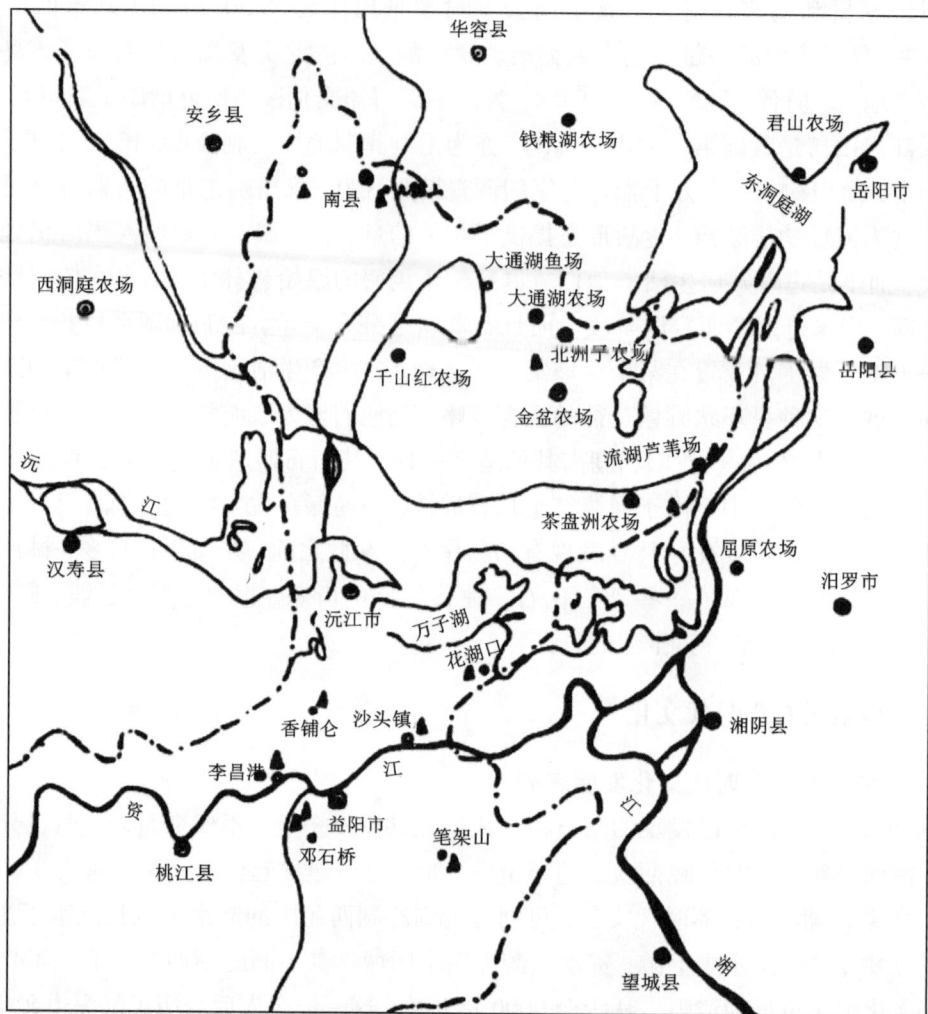

益阳市新石器时代重点遗址分布图①

皂市下层文化 因湖南石门县皂市遗址下层遗存而得名，属新石器时代早期文化，年代为距今8000~7000年，主要分布于洞庭湖周围。陶器以夹炭陶为主，多为圜底器、圈足器和平底器，器形以高领罐和圈足盘数量最多，纹饰则有绳纹、刻划纹、戳印纹等。石器有打制和磨制两种，打制石器分大型打制石器和细小燧石器两种，磨制石器有斧、锛、凿、网坠、石环数种。建筑为地面式，在居住面下铺垫红烧土防潮。经济除原始稻作农业外，也从事渔猎和采集。②

目前皂市下层文化在益阳仅发现涂家台遗址1处。该遗址在南县南洲镇九都山乡

---

① 图片征引自潘茂辉：《益阳新石器时代遗址考古发现与初步研究》，载《湖南考古辑刊》第7集，求索杂志社1999年版，第172页。

② 参见王巍：《中国考古学大辞典》，上海辞书出版社2014年版，第154-155页。

大郎城村涂家台，于1994年发掘，陶片相当丰富，品种繁多，但90%为夹炭陶。通过器物分类排比，对照相应地层关系，似可分为早、中、晚三个时期。其早期，陶片几乎全为夹炭陶，纹饰多为细绳纹，盘口罐是此期主要器形；而中、晚期，虽然陶系仍以夹炭陶占绝对优势，但夹砂陶渐次增加，厚胎泥质陶显著增加。其整体面貌属于洞庭湖区坟山堡、胡家屋场、皂市下层文化遗存范围，应属同一文化类型。[①] 南县涂家台遗址不仅填补了益阳地区早期新石器时代遗存之空白，还为研究整个洞庭湖地区同期遗存之分区和特点，以及益阳地区以蔡家园遗址为代表的大溪文化遗存之来源都提供了重要资料。[②]

汤家岗文化　由皂市下层文化发展而来，因湖南安乡县汤家岗遗址而得名，文化年代为距今6800~6300年。主要分布于洞庭湖地区。陶器以红陶为主。饰戳印纹和篦印纹而具有浅浮雕风格的白陶圈足盘是该文化最具代表性的器物。此外，不同形状的镂孔也很发达。生产工具中，石器不多，存在细小燧石片和有肩石锛。经济主要为稻作农业。建筑为地面式，以红烧土作地面以隔潮，墙壁用编竹夹泥，并加以焙烧的方式建造。[③] 目前汤家岗文化遗址在益阳所见亦不多，仅在南县发现2处。1987、1988年前后两次对南县新湖遗址(在南县原北河口乡黄坡村新湖渔场)进行发掘，出土了大量陶片标本。该遗址第7、8层为汤家岗文化遗存，出土了大批有特色的刻划纹陶器。[④]

大溪文化　因重庆市巫山县大溪遗址而得名，其文化年代为距今6400~5300年，广泛分布于长江中游多个省市，已发现文化遗址数百处。该文化以红陶和彩陶为特征，以鱼米为主要生活资源，以红烧土地面建筑为特色；石器以斧、锛、凿为主，其中圭形凿特征明显，还有打制石器等；发现不少竖穴土坑墓葬，葬式多为仰身直肢葬，也有屈肢葬。[⑤] 目前益阳地区共发现大溪文化遗址11处(赫山区3处、资阳区4处、沅江市1处、南县3处)，其典型代表是蔡家园遗址。蔡家园遗址位于益阳市赫山区谢林港镇，于1986年发掘，发现较多重要遗迹，复原多组成组合的陶器，由于以后发现的多处同类遗存面貌大体相似，有研究者提出大溪文化"蔡家园类型"。这种类型的大溪文化遗存尚有南县新湖遗址，沅江玉竹包遗址，资阳区石咀头遗址、麻绒塘遗址，南县大通湖遗址等多处。其中，南县新湖遗址之大溪文化地层中发现一座陶窑，保存完整，为典型早期龙窑，在长江流域同类遗址中甚为罕见；玉竹包大溪文化遗址中出土一批精美而少见的玛瑙器和玉器以及大量石针，形成该遗址与其他同类遗址不同的特色。[⑥]

屈家岭文化　因湖北京山市屈家岭遗址而得名，其文化年代为距今5000~4600年，主要分布于湖北、湖南两省境内。陶器以黑陶和灰陶为主，并出现朱绘黑陶，蛋壳彩陶得到空前发展。不少地方发现城址，建筑多为地面式，并出现大型多间式房屋。葬式以

① 参见前揭潘茂辉：《益阳新石器时代遗址考古发现与初步研究》，第171~175页。

② 参见潘茂辉：《南县涂家台早期新石器时代遗址调查报告》，载《湖南考古辑刊》第6集，岳麓书社1994年版。

③ 参见前揭王巍：《中国考古学大辞典》，第211页。

④ 参见益阳市文物管理处、益阳市博物馆：《先秦南洞庭：南洞庭湖古遗址发掘报告集》，科学出版社2016年版，第Ⅱ页。

⑤ 同上③。

⑥ 同上④。

单人仰身直肢葬为主。经济主要为稻作农业，纺织业十分发达。① 屈家岭文化在益阳发现较少，凡 3 处（沅江市 2 处、南县 1 处），与南县新湖遗址毗邻之新垱湖遗址发现有屈家岭文化遗物，主要为灰陶豆、双腹豆、碗器盖、彩陶纺轮，还有陶祖等遗物。沅江漉湖遗址发现于 20 世纪 80 年代初期，1987、1989、1990 年先后对该遗址进行试掘和发掘。该遗址目前保存面积为 4 万平方米左右，文化层堆积厚达 2 米，其中第 7~9 层为屈家岭文化中期和晚期，文化内涵丰富，陶器组合较全，遗迹种类较多，使我们对洞庭湖南部屈家岭文化遗存有了较全面的认识。②

石家河文化 因湖北天门市石家河遗址而得名，其文化年代为距今 4600~4000 年，主要分布于湖北省和湖南省北部。陶器以灰陶为主，玉器加工制作工艺较为发达，并出现冶铜遗迹。经济主要为稻作农业，不少地方发现城址，建筑多为地面式，墙壁或用土坯砌成或用夯土筑成，葬式以单人仰身直肢葬为主。③ 益阳石家河文化遗存主要分布在资水下游沿岸台地、大小溪流两岸、平原区岗地上，多达数十处（据 2016 年统计为 63 处，其中赫山区 23 处、资阳区 15 处、沅江市 14 处、南县 11 处），可以沅江漉湖石城山、资阳区屺湖口泽群关山二处遗存作为该文化早、中期代表，以赫山区笔架山新兴、邓石桥石湖二处遗存为该文化晚期代表，其中尤以漉湖遗址石家河文化遗存内涵较为丰富，其典型器物包括长颈陶鬶、筒形杯、鼓腹罐、麻面鼎足以及石祖等。④

（二）益阳新石器时代的社会经济与习俗

农业 在新石器时代，农业起源占据相当重要的地位，堪称该时代的主要特征。当然，世界各地这一时代的发展道路并不完全相同，农业起源差别亦大，像我国长江中下游地区很早就种植水稻，是稻作农业的重要起源地。前面提及，皂市下层文化、汤家岗文化、大溪文化、屈家岭文化和石家河文化，其经济皆主要为稻作农业。具体到益阳地区，在沅江漉湖、南县新湖两处遗址进行考古发掘时，在编号南县新湖 T3⑧、Y1、沅江漉湖 T9⑦三个红烧土样品中发现植物茎秆和种子痕迹。漉湖样品出土的地层年代为屈家岭文化，新湖样品出土的地层年代为大溪文化。为辨识这些植物所属种类，分别在 Keyence 体视显微镜和 Olympus 生物显微镜进行观察，结果显示这些植物遗存大部分为古代水稻。通过对该水稻形态、印痕、长宽比数据和水稻稻壳表面的硅质体数据进行监测分析，确认南县新湖 T3⑧、沅江漉湖 T9⑦两份样品属性既有类似现代水稻籼稻的类型，亦有类似粳稻的类型。研究人员根据其多年对洞庭湖区其他考古遗址出土炭化米的研究，认为在屈家岭文化和大溪文化时期，湖南考古遗址出土的古代水稻，其特征与现代的栽培稻相似，据此推测上述两个遗址红烧土中的水稻遗存应属于栽培稻。⑤ 由此证

① 参见前揭王巍：《中国考古学大辞典》，第 217 页。
② 参见前揭益阳市文物管理处、益阳市博物馆：《先秦南洞庭：南洞庭湖古遗址发掘报告集》概述。
③ 参见前揭王巍：《中国考古学大辞典》，第 271 页。
④ 参见前揭潘茂辉《益阳新石器时代遗址考古发现与初步研究》，第 193~195 页。
⑤ 参见顾海滨：《益阳南洞庭湖两处古遗址水稻鉴定报告》，载前揭《先秦南洞庭：南洞庭湖古遗址发掘报告集》，第 379~380 页。

明，益阳环洞庭湖区在距今 6400～4600 年的大溪文化时期和屈家岭文化时期，亦已经有水稻种植，开始了原始的农业耕作。对洞庭湖南部古遗址地理环境分析，这片区域属于典型河湖沼泽特点，似可支持"稻作农业沼泽起源说"的观点。①

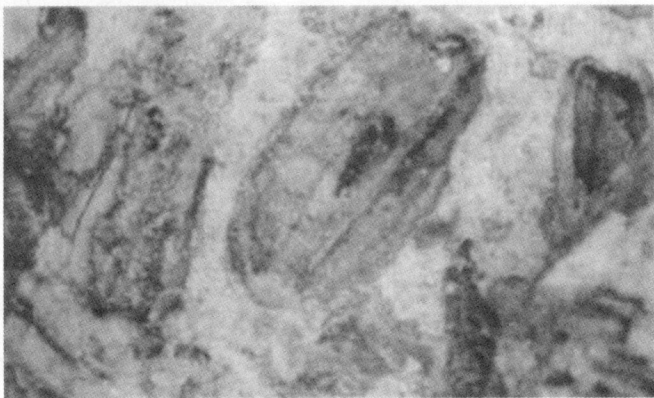

沅江漉湖遗址出土的红烧土中掺和植物茎秆和水稻印痕②

渔猎生活 在益阳市南洞庭湖区域内多处先秦古遗址中，出土各类古动物骨骼数十件，经鉴定确认，所供古动物标本为犬、黑熊、豹、亚洲象、犀牛、野猪、鹿、牛、鱼、龟等种属。其中蔡家园大溪文化遗址 T2⑤出土犀牛上臼齿残片 4 件、黑熊左上第一臼齿和右下第三四前臼齿各 1 件，T2⑥出土剑齿象臼齿牙板 1 件；石咀头大溪文化遗址T2④出土牛左尺骨 1 件；玉竹包大溪文化遗址 T3⑤出土象跗骨 1 件。漉湖屈家岭文化遗址 T2⑨出土牛股骨远端 2 件，T2⑧出土豹右下颌 1 件，T3⑧出土牛肋骨 1 件，T9⑧出土猪左下颌 1 件，Y3⑨出土鹿掌(跖)骨 1 件，Y9⑦出土猪牙残片 6 件，T9⑦出土猪右下第三臼齿 2 件，T9⑧出土猪牙皮 8 件，T3⑦出土鱼鳃盖骨 4 件，T9⑨出土犀牛牙残片1 件。③ 这些发现是研究新石器文化时代南洞庭湖地区生态环境的重要实物资料。上述动物遗骸曾是古代先民依靠群体大量实施狩猎的对象，这说明原始狩猎和捕鱼还是先民经济生活的重要组成部分，当时很可能已人工饲养鹿、牛、猪等家畜。④

手工业 农业和陶器构成新石器时代两大特征，新石器时代的手工业生产主要是制陶业和石器制造业。在前述益阳新石器时代中晚期文化发展序列中，对各遗址石器和陶器已有较多涉及，其中有代表性的器物为南县新湖遗址汤家岗文化遗存出土陶盘、南县新湖遗址汤家岗文化遗存出土陶碗、益阳县蔡家园大溪文化遗址出土陶簋、沅江玉竹包大溪文化遗址出土红陶高圈足盘、沅江漉湖屈家岭文化遗址出土陶杯、沅江漉湖屈家岭

---

① 参见孔昭宸、李玉梅、盛定国：《南洞庭湖史前遗址环境考古学研究的收获和初步思考》，载前揭《先秦南洞庭：南洞庭湖古遗址发掘报告集》，第 370 页。

② 图片采自益阳市文物管理处、益阳市博物馆：《先秦南洞庭：南洞庭湖古遗址发掘报告集》，科学出版社 2016 年版，第 379 页。

③ 参见袁家荣：《洞庭湖南部古遗址动物清单》，载前揭《先秦南洞庭：南洞庭湖古遗址发掘报告集》，第 376-378 页。

④ 同上②。

文化遗址出土陶纺轮。①

南县新湖遗址汤家岗文化遗存出土陶盘

南县新湖遗址汤家岗文化遗存出土陶碗

益阳县蔡家园大溪文化遗址出土陶簋

沅江玉竹包大溪文化遗址出土红陶高圈足盘

沅江漉湖屈家岭文化遗址出土陶杯

沅江漉湖屈家岭文化遗址出土陶纺轮

益阳发现新石器时代窑址颇多，如前面述及，在南县新湖遗址处曾清理出一座大溪文化时期陶窑，且保存完整，是典型的早期龙窑。此外，在益阳县蔡家园遗址大溪文化遗存发现陶窑1座，在南县大通湖遗址大溪文化晚段发现陶窑2座，在沅江漉湖屈家岭文化遗址发现陶窑1座，在赫山区石湖遗址石家河文化遗存中亦发现陶窑、陶灶各1

---

① 图片均采自益阳市文物管理处、益阳市博物馆：《先秦南洞庭：南洞庭湖古遗址发掘报告集》，科学出版社2016年版，第64、171、225页。

座。石湖遗址陶窑在第三层东北端。结构分火道、火膛和烟囱三个部分。窑呈斜坡状，平面作椭圆形。火膛下半部挖在生土中，上半部用大块红烧土垒成。火膛呈圆形，残有10余厘米厚的一层灰烬。窑壁残高15~70厘米、宽3~4厘米。窑呈南北向，以火道中线为准方向125°，窑通长135厘米，火膛最大径80厘米，没有窑箅。两烟囱位置与火道相对，均用红烧土块垒成。窑内火道底部有层厚5~8厘米的红烧土烧结层。由于窑室上部倒塌，整座窑基原状不明。①

　　在新石器时代，随着石器加工工艺的发展，先民们制作出了早期玉器。益阳新石器时代遗址中亦出土不少玉器，譬如赫山区谢林港镇蔡家园大溪文化遗址中出土有玉璜。又赫山区邓石桥乡石湖遗址M1出土有玉串饰1件，长1厘米，断面呈方形，中有穿孔；又玉璜1件，呈弓形，两端磨平，断面为椭圆形；又玉环1件，出土时仅见半圆，断面为椭圆形，肉径0.7厘米、好径1.5厘米。②资阳区石咀头石家河文化遗址曾出土玉器2件：其一为钩形玉璜，两端有孔，顶端偏蓝，上端为三角形，下端为圆形；其二为玉圭，不到4寸长，表面光滑，有残端，未见纹饰。资阳区麻绒塘大溪文化遗址和沅江市茶盘洲玉竹包大溪文化遗址皆出土了较多玛瑙器，尤其后者所出玛瑙器和玉器精美而少见。

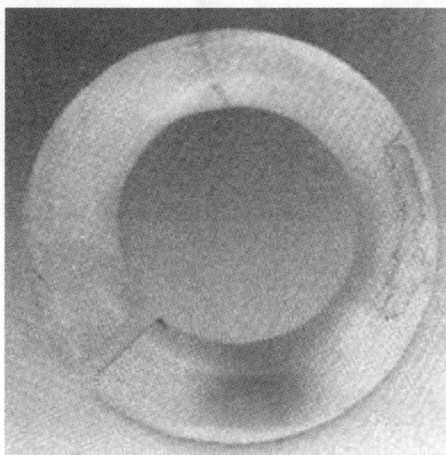

沅江玉竹包大溪文化遗址出土玛瑙玦　　　　沅江玉竹包大溪文化遗址出土玛瑙璜③

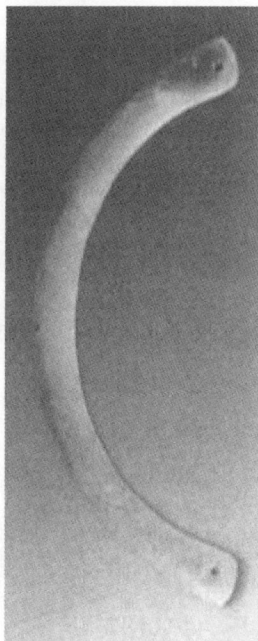

①　盛定国：《益阳县石湖、新兴古遗址的调查试掘》，载《湖南考古辑刊》第3集，岳麓书社1986年版，第20页。
②　参见盛定国：《益阳县石湖、新兴古遗址的调查试掘》，载《湖南考古辑刊》第3集，岳麓书社1986年版，第22页。
③　图片采自益阳市文物管理处、益阳市博物馆：《先秦南洞庭：南洞庭湖古遗址发掘报告集》，科学出版社2016年版，第193页。

在沅江漉湖屈家岭文化遗址等中出土有陶纺轮，说明原始纺织业在益阳地区亦已兴起。

益阳其他大溪文化和石家河文化器物有沅江玉竹包大溪文化遗址出土玉锥、玉璜，资阳区麻绒塘出土一组玉璜，赫山区邓石桥乡石湖遗址出土石斧组合和部分陶器；赫山区石湖、新兴遗址出土陶豆和陶鬶。①

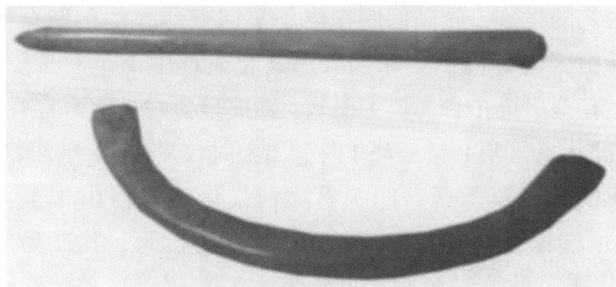

沅江玉竹包大溪文化遗址出土玉锥、玉璜

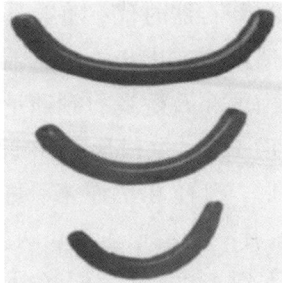

资阳区麻绒塘出土一组玉璜

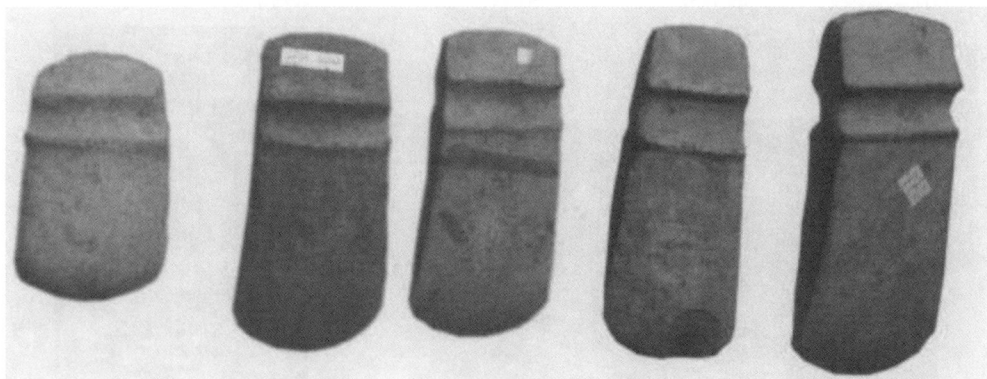

赫山区邓石桥乡石湖遗址出土石斧组合

赫山区邓石桥乡石湖遗址出土部分陶器

赫山区石湖、新兴遗址出土陶豆和陶鬶

---

① 图片采自前揭袁凤丽：《厚土珍藏》，第9—10页，第16—18页。

房屋建筑和葬俗　在新石器时代，产生了原始的居住建筑。沅江市漉湖屈家岭文化遗址早期遗存中清理出房址 3 座，最具代表性的一座房址 F17 大致呈圆形，包围式坡屋顶，南北向，红烧土地面，差不多有 15 厘米厚，上层为掺有芦苇及稻草碎末的青灰泥捣筑层，厚 15~45 厘米不等；下层为红烧土垫层，厚约 15 厘米。沅江漉湖屈家岭文化遗址晚期遗存中清理出房址 3 座，其中最大的一座 F10 大体呈南北向分布，平面形状近长方形，大部分压在东北隔墙内，最长处 4.8 米，最宽处 4.2 米。房屋地面平整，发现有 2 处面积较小的红烧土地面，疑为灶或火塘留下的痕迹。共发现柱洞 21 个，分布似无规律，最小者直径 10 厘米，最大者直径 60 厘米、深 15~40 厘米。房基填土厚 20 厘米左右，填土中发现有芦苇和稻草的碎末痕迹及红烧土颗粒，推测房基是就地取材由青泥拌入切碎的芦苇、稻草等进行捣筑拍打而成的。[①] 其他如南县新湖遗址石家河文化遗存发现房址 1 座和南县大通湖遗址大溪文化晚段发现房址 3 座等，本书不再一一介绍。

至于葬俗，益阳地区新石器时代遗址出土过不少墓葬，譬如南县新湖遗址汤家岗文化遗存发现墓葬 2 座，其中 M1 系长方形竖穴土坑，长 195 厘米、宽 60 厘米、残深 22 厘米，填青灰色土夹碎陶片；M2 系长方形竖穴土坑，长 230 厘米、宽 110 厘米、残深 34 厘米，填青灰色土夹红烧土。[②] 又南县大通湖遗址大溪文化早段发现墓葬 4 座，皆为长方形竖穴土坑，其中 M3 正南北向，M4 正东西向。[③] 又 1985 年在资阳区茈湖口乡泽群村关山石家河文化时期遗址发现墓葬 3 座，其中 2 座情况不明，1 座亦遭严重破坏，为长方形土坑竖穴墓。然与益阳其他新石器时代墓葬一样，皆未见葬具及尸骨痕迹，故葬式不明。[④]

三、益阳史前时代的英雄传说

新石器时代后期逐渐形成了氏族部落和部落联盟，在北方黄河流域与南方长江流域先后出现了炎帝、黄帝、尧、舜、禹和蚩尤九黎、三荆蛮等较强大的部落集团。这些部落集团相互争逐、交流与融合，为中华民族和中华文明的形成与发展奠定了基础。由于远古时代尚无文字记载，只留下了许多神话传说。

据传，大约 5000 年前，炎帝、黄帝和蚩尤九黎三大部落集团争逐于黄河下游和华北平原。涿鹿之战黄帝擒杀蚩尤，后又"诛炎帝而兼其地"，炎黄集团逐步融合。蚩尤九黎部落集团成员大部分被迫南迁，炎帝部落也有一部分南下，越过洞庭进入长沙、益阳，留下了茶陵炎帝墓、炎帝陵以及蚩尤居于安化县思游乡等遗迹与传说。

与尧、舜、禹三代同时，湖南等南方的一些地方出现了一个较大的部落集团，史称三苗或三苗国。《国语·楚语》云："三苗，九黎之后也。"三苗应是蚩尤九黎部落与炎黄部落争逐失败后南下发展而来的新部落集团。公元前 21 世纪，禹对三苗进行了大规模

---

① 参见益阳市文物管理处、益阳市博物馆：《沅江漉湖遗址发掘报告》，载前揭《先秦南洞庭：南洞庭湖古遗址发掘报告集》，第 232~233 页，第 244~245 页。

② 参见益阳市博物馆、益阳市文物管理处：《南县新湖遗址发掘报告》，载前揭《先秦南洞庭：南洞庭湖古遗址发掘报告集》，第 7 页。

③ 参见益阳市文物管理处、益阳市博物馆：《南县大通湖遗址发掘报告》，载前揭《先秦南洞庭：南洞庭湖古遗址发掘报告集》，第 129 页。

④ 参见益阳地区博物馆、益阳县博物馆：《益阳泽群村古遗址调查》，载《江汉考古》1991 年第 4 期。

的征伐。《墨子·非攻》载：

> 昔者三苗大乱，天命殛之，日妖宵出，雨血三朝，龙生于庙，犬哭乎市，夏冰，地坼及泉，五谷变化，民乃大振。高阳乃命玄宫，禹亲把天之瑞令，以征有苗。四电诱祗，有神人面鸟身，若瑾以侍，扼矢有苗之祥。苗师大乱，后乃遂几。禹既已克有三苗，焉磨为山川，别物上下，卿制大极，而神民不违，天下乃静，则此禹之所以征有苗也。①

禹受命于天帝，并得雷电、神人之助，战败三苗，将其部落联盟分化瓦解。但三苗部落成员并未被完全消灭，其后代在夏、商、周三代构成了长江中游特别是湖南先民的主体。

传说黄帝曾到过益阳。《史记·五帝本纪》载，黄帝曾"南至于江，登熊、湘"。《汉书·地理志》认为"湘"指"湘山"，"湘山在长沙益阳县"。传说"湘山"又名"修山"，距益阳城西约90里。又传说益阳东北有熊耳山，状如熊耳。另一说，"熊""湘"为"熊湘山"，即今赫山区碧云峰。黄帝登熊湘，把益阳分封给他的儿子少昊氏。相传最早开发益阳的就是少昊氏。

益阳是一个多水患的地区，大禹治水的故事在民间广为流传。相传益阳安化柘溪有个虎口崖，崖谷山口河道很窄，排水不畅，经常造成上游水灾。大禹来此凿开岩石，拓宽河道，消除了水患。后人在柘溪建有禹王庙。此外，桃江县九岗山、赫山区碧云峰、南县明山头都有禹王台遗址。

还传说，舜时代善卷曾隐居于益阳善溪。善溪在桃江县武潭，系其与安化县之界河，距益阳县城约200里。善溪源于插花岭善卷祠，东南流50里进益阳县界入资水。善卷是武陵(常德)人。尧崩，舜以天下让之。卷说，予立宇宙之中，冬衣皮毛，夏衣絺葛，日出而作，日入而息，逍遥天地之间而心意自得。吾何以天下为哉！遂入深山，莫知所终。今常德有德山，德山本名枉山，人们认为善卷曾居此，故将枉山命为善德山。

第二节　三代时期的益阳

在传世文献中，除前述大禹曾对三苗有过征伐外，在后来长达数百年的夏王朝统治期间，罕有夏人在长江以南活动的记载。从考古方面来看，在湘江、资江流域商周时期考古学文化中，明确存在相当于夏代纪年范围的二里头文化因素的遗址有樟树塘类遗存和费家河文化，铜鼓山一期遗存也被认为有二里头文化的因素，但这些遗存不仅数量较少、器类单一、不成组合，且其年代与二里头文化存在时期相差亦远。② 故这里将有关夏代益阳情况暂且搁置，仅就商、周二代论之。

一、商周时代的益阳政治

(一)商代的益阳

约公元前1600年汤灭夏桀，建立商朝。这是我国历史上第二个朝代，共历17世

---

① (清)孙诒让撰，孙启治点校：《墨子间诂》卷5《非攻下》，中华书局2001年版，第146-148页。

② 参见向桃初：《湘江流域商周青铜文化研究》，线装书局2008年版，第218-220页。

31王，延续500余年，在公元前1046年前后被周朝所取代。学界认为，商朝对我国南方的统治，"到后期已由沿江一直深入到湘赣一带"，"武丁以后的政治势力已抵南方的江淮一带"，[1]"南已跨过长江，达到赣江中游、鄱阳湖、湘江的中游"。[2] 验以传世文献，如《诗经·商颂·殷武》："挞彼殷武，奋发荆楚。罙入其阻，裒荆之旅。"孔颖达疏："殷武，殷王武丁也。荆楚，荆州之楚国也。罙，深。裒，聚也。殷道衰而楚人叛，高宗挞然奋扬威武，出兵伐之，冒入其险阻，谓逾方城之隘，克其军率，而俘虏其士众。"[3]又西汉贾捐之云："武丁、成王，殷、周之大仁也，然地东不过江、黄，西不过氐、羌，南不过蛮荆，北不过朔方。"[4]《淮南子·泰族训》说商纣之域："纣之域，左东海，右流沙，前交趾，后幽都。"再结合考古发掘情况在湖南石门县皂市发现一处面积5万多平方米的商代早期遗址，甚至南到衡阳也发现具有商文化因素的遗址；在江西赣江中下游和鄱阳湖西北一带，是吴城类型的商文化；清江吴城遗址和新干大洋洲的大型商墓中，出土遗物都具有浓厚的商文化因素。这些都证明，从商代前期开始，商人势力就已挺进长江，并且在局部地区还越过了长江，而其文化的传播，则长驱直入到了江南广大地区，以至岭南都能感觉到商文化的气息。[5]

验以益阳，其石家河文化末期与商文化早期近乎无缝对接，如2004年发掘的益阳县羊舞岭遗址和2006发掘的桃江县修山镇向阳村许家州遗址，[6]皆是如此。益阳县羊舞岭遗址B区袁海山遗址和C区袁家村遗址，是湖南省迄今所见两处面积较大的新石器时代末期至商代早期文化遗存，虽然根据底层堆积、陶系变化、器物形态方面将遗迹、遗物分为了早、晚两个阶段，但各地层遗迹单位的陶质、陶色、器形种类、形态、纹饰特征无明显变化，极难区分，早晚时间结合紧密，具有较强连续性，应大体属于同时期文化遗存。该遗存所出诸多器形既具有石家河文化晚期特点，又有早期商文化纹饰、器形，还有些二里头文化因素，这说明它正处于石家河文化晚期与早期商文化过渡时期。[7]

在益阳10余处商代遗址中，桃江县麦子园遗址较有代表性。该遗址于1986年文物普查时发现，2008年发掘，其第8、9层为商时期文化层，遗迹最为丰富，包括房址5座、墓葬1座、火塘2座、灰沟2条、灰坑9座。商时期遗存中，开口于第9层下的高领罐（H18：6）与石门县皂市商代遗存A型Ⅱ式罐（T16③：17）的侈口、喇叭形颈、溜肩的特征相近，年代相当于二里岗上层。开口于第8层下的高领罐（M4：2），介于石门县皂市遗址A型Ⅲ式罐的直腹、肩部有明显台棱及A型Ⅳ式罐的折肩特征之间，年代在殷墟时期。A型盆（H18：5）与黄陂盘龙城遗址直口盆（PYZT⑤：13）器形相似，上腹部也

① 朱绍侯、张海鹏、齐涛主编：《中国古代史》上册，福建人民出版社2000年版，第54页。

② 白钢主编，王宇信、杨升南著：《中国政治制度通史》第2卷《先秦》，人民出版社1996年版，第179—180页。

③ （汉）毛亨传，（汉）郑玄笺，（唐）孔颖达疏，龚抗云等整理：《毛诗正义》，北京大学出版社2000年版，第1720页。

④ （汉）班固：《汉书》卷64下《贾捐之传》，中华书局1962年版，第2831页。

⑤ 参见何介钧：《商文化在南方的传播》，载其《湖南先秦考古学研究》，岳麓书社1996年版，第112页。

⑥ 参见潘茂辉：《湖南桃江许家州遗址发掘报告》，载《湖南考古辑刊》第9集，岳麓书社2011年版。

⑦ 益阳市文物管理处：《湖南益阳羊舞岭遗址考古发掘报告（B、C区）》，载《湖南考古辑刊》第14集，科学出版社2019年版。

饰有云雷纹。该器物为盘龙城第5期，属商代二里岗上层一期偏晚阶段。H18、M4的4个碳-14测年数据经树轮校正后的年代集中在公元前1530年至前1190年，因此推测商时期遗存年代为二里岗上层偏早至殷墟时期。①

湖南商代考古发掘和研究工作以前一直集中在湘江流域和澧水流域，资水流域相对较少，这一区域商代文化面貌一直不甚清楚。安化县城埠坪遗址是资水流域首次经过科学发掘和整理的商代遗址。该遗址1986年试掘，2008年4月正式发掘。其部分器物在造型上与石门县皂市商代遗址所出器物不乏相似之处，如A型釜、B型Ⅰ式釜、Aa型罐、Ad型罐分别与皂市商代遗址C型Ⅱ式釜、D型Ⅱ式釜、A型Ⅳ式罐、A型Ⅱ式罐比较接近。陶杯与湖北沙市周梁玉桥遗址所出A型Ⅱ式陶杯在造型上亦较接近，但器物陶质、陶色却存在较明显差异。皂市商代遗址所出高领罐多为泥质灰陶，而城埠坪遗址所出高领罐多为泥质红陶。周梁玉桥遗址所出陶杯为泥质红陶，而城埠坪遗址所出陶杯为夹砂褐陶。此种差异或是地方因素不同导致的，但从遗址整体文化面貌来看，其时代可推定为商代。②

益阳其他重要商代遗址尚有：(1)益阳赫山区泞湖商代遗址，1988、1991年发掘。这是一处文化性质较为单一的商文化遗址，地层堆积相对简单，第4、5层为商文化地层，分为二期，一期年代大致在商代早期偏晚阶段，二期年代为商代晚期偏早阶段，但一、二期文化遗存衔接紧密，应是同一族群在此不间断居住生活所留下来的文化遗存。③(2)前述蔡家园遗址第4A、4B层为商时期文化遗存，出土有较多附加堆纹缸形器、高领罐形器、豆柄等，其型式与石门皂市、安化城埠坪商代遗址出土物几近一致。④(3)益阳赫山区羊角商代遗址，1987年发掘。该遗址面积约2万平方米，文化堆积1~1.5米，其第4~5层为商文化层。⑤(4)前述沅江漉湖遗址，商周文化遗存包括第4、5层及开口第4层下的遗迹，出土器物较少，其仰折沿、矮领、大圜底、通体饰绳纹的陶釜(T4⑤:1)与岳阳对门山商代遗址A型Ⅱ式矮领釜(H1③:64)形制相近，年代也应大致相当，为商代晚期或商周之际。⑥(5)潭溪口遗址，位于益阳资阳区新桥河镇黄甲山村，2019年发掘。该遗址地层堆积分5层，堆积年代有商代、战国、六朝和宋元四个时期。其商代遗存虽然出土遗迹、遗物较少，但其器物特征与资水中下游安化城埠坪、桃江麦子园、汉寿马栏咀、益阳泞湖等商代遗址有一致性，应是一种受商文化影响而具有地方特色的土著文化。⑦

---

① 湖南省文物考古研究所：《湖南桃江麦子园遗址发掘报告》，载《湖南考古辑刊》第10集，岳麓书社2014年版。

② 湖南省文物考古研究所：《湖南安化城埠坪遗址发掘简报》，载《湖南考古辑刊》第8集，岳麓书社2009年版。

③ 参见益阳市博物馆、益阳市文物管理处：《益阳泞湖商代遗址发掘报告》，载前揭《先秦南洞庭：南洞庭湖古遗址发掘报告集》，第325-327页。

④ 参见益阳市文物管理处、益阳市博物馆：《益阳蔡家园遗址发掘报告》，载前揭《先秦南洞庭：南洞庭湖古遗址发掘报告集》，第120页。

⑤ 盛定国：《益阳县羊角商周遗址》，载《中国考古学年鉴1988》，文物出版社1989年版，第211页。

⑥ 参见前揭《沅江漉湖遗址发掘报告》，载前揭《先秦南洞庭：南洞庭湖古遗址发掘报告集》，第283页。

⑦ 参见何赞：《湖南益阳潭溪口遗址》，载《大众考古》2020年第1期。

从上述情况来看，益阳受商文化影响显而易见。然则商文化究竟在多大程度上影响到益阳呢？据学界考察，湘江流域(按：其所言"湘江流域"实涵括了资江流域和洞庭湖东岸地区)商周考古学文化与商文化的关系大致可分为三个阶段：第一阶段为商代早中期。商代早期，商文化强势向南扩张，不仅在江汉平原东部地区建立了盘龙城这样的军事政治中心据点，其前锋所指已经越过长江到达江南许多地区，如江西赣江中下游的吴城文化、湘西北澧水流域的"皂市中层文化"、岳阳铜鼓山遗址等都受到了商文化强烈影响，甚至可径直称之为商文化。第二阶段为商代晚期即殷墟时期。这一时期，商文化对湘江流域影响似乎较小，体现出本地土著因素在商文化退潮后的复活与回归。第三阶段为商末周初。此时，殷遗民南迁对湘商周考古学文化产生了巨大而深刻的影响。①

何介钧先生曾将南方各地区与商王朝的关系分成四个层级：第一层级是商王朝的诸侯领地，即商王朝版图的一部分，如盘龙城一类；第二层级是商的军事实力较长时期牢固控制的地区，如湘江下游、吴城一类；第三层级是商的势力曾经突入过的地区，如鄂西、澧水流域、广汉一类；第四层级是辗转而获得商文化的某些信息，因各种原因而得到"流落"的少许商器(铜、玉器)，如广西武鸣、兴安和湖南湘江上游一类。② 其所说"湘江下游"，大体亦包括了资江下游地区在内。故益阳或大体处在第二层级，即在商朝军事实力较长时期牢固控制的区域内，其土著亦即文献中所言"荆蛮"或"荆楚"，一方面受商文化影响较为深刻，另一方面又与商王朝对抗，故文化上仍保留有较多的地方特色。

(二)周代的益阳

约公元前 1046 年武王伐纣灭商，建立周朝，定都镐京(今陕西西安)，史称西周。周初并未大规模南征，到昭王时才兴兵南下。周昭王或曾二次南征，第一次在昭王十六年，《(古本)竹书纪年》载："周昭王十六年伐楚荆，涉汉，遇大兕。"③第二次在其末年，"南巡狩不返，卒于江上"。④ 今案《水经注·沔水》载："沔水又东经左桑。昔周昭王南征，船人胶舟以进之。昭王渡沔，中流而没，死于是水。"⑤昭王南征应是以失败而告终的。学界认为，尽管周王朝统一了中原地区，但其行政范围或尚未达于今湘江流域。⑥ 从考古情况来看，西周时期，在湘江流域(兼及资水流域)文化遗存中，与周文化有些关涉的主要是炭河里文化。其实炭河里文化中周文化因素无论数量还是器类均不多，且这部分因素可能是通过与鄂东地区的地方交流间接得来，可见中原地区周文化对湘江流域的影响十分有限。至于春秋时期，湘江流域铜器主要延续本地西周中晚期以来的传统，保持着强烈的地方风格，似乎受中原周文化影响更少了，除了个别越人墓出土

---

① 参见前揭向桃初：《湘江流域商周青铜器文化研究》，第 220—223 页；前揭何介钧：《湖南考古的世纪回眸》，第 300 页。

② 参见前揭何介钧：《湖南先秦考古学研究》，第 122 页。

③ 参见(唐)徐坚：《初学记》卷 7《地部下·汉水第二》引，中华书局 1959 年版，第 134 页。

④ (汉)司马迁：《史记》卷 4《周本纪》，中华书局 1959 年版(以下版本同)，第 134 页。

⑤ (北魏)郦道元著，陈桥驿等译注：《水经注全译》卷 28《沔水》，贵州人民出版社 1996 年版，第 1003 页。

⑥ 参见单先进：《2001—2005 年宁乡炭河里城址发掘简报中有关文化层问题探讨》，载《湖南省博物馆》第 12 辑，岳麓书社 2016 年版。

的铜器如衡阳赤右 M315 铜鼎、衡南胡家港春秋墓铜簋等外，再也见不到明显的中原文化因素。究其原因，或与楚文化的活动有密切关系。[①]

具体到益阳，该地发现并发掘的周代遗存虽有数十处，但多为东周尤其是战国楚文化遗存，西周时期的遗存并不多，前述桃江麦子园遗址和益阳落星桥遗址算是两处典型西周遗址。麦子园西周时期遗存的文化面貌较为单纯，基本为本地文化传统。距离麦子园遗址直线距离不足 50 公里为湘江下游沩水流域的炭河里遗址。两者聚落等级不同，从出土的遗物看，麦子园西周遗存中没有发现炭河里遗址带有商周文化因素的鼎、簋、豆、盆等器物和代表炭河里文化本地文化因素的鼎和硬陶器，因此两者交流似乎并不紧密。[②] 落星桥遗址位于益阳资阳区长春镇，2003 年发掘，其第 4 层和 H6、H9、H10、H15~H17 出土的陶器以泥质陶器为主，夹砂陶次之；纹饰主要是绳纹，其次是弦纹、篮纹、附加堆纹等；器形主要为折沿罐、折沿釜、高领罐，其次是豆、钵，还有鼎足、器座等，仅见两件鬲足。其中，釜 T1④：1 与宁乡炭河里出土的西周时期 C 型罐 05G5⑥：51 形制非常接近，罐 H10：1 与炭河里出土的罐 M8：8 形制基本相同，A 型高领罐 T2④：3 与宜昌上磨垴、武昌放鹰台出土的西周中期瓮口沿 T1A⑨：11 近似，高颈壶 T2④：1、鼎足和饕餮纹陶片也应是西周早期或商文化时期的遗物。因此，这批遗存的年代应不晚于西周中、晚期。[③]

与西周时期的益阳有重要关联的是炭河里遗址。该遗址位于宁乡市黄材镇寨子村（现改名为栗山村），地处湘江支流——沩水上游黄材盆地西部，在 2001~2005 年间 3 次发掘，取得了丰硕成果，其中西周时期城址的发现尤为重要，受到学术界广泛关注。通过分析可以基本确定，炭河里城址始建年代不早于商末周初，使用年代主要为西周早中期，废弃年代可能为西周晚期。[④] 综合炭河里城址规模、城外发现的同时期墓葬及出土器物等情况看，炭河里城址或是湘江流域西周时期某一支地方青铜文化的中心聚落，或者说是西周时期独立于周王朝之外的某个方国的都邑所在地。

自 20 世纪 30 年代以来，在湘江下游和资水流域、澧水下游、沅水下游都出土有大件青铜器，除数例出自墓葬外，其余均出自窖藏，或零星出土，既无地层关系又无伴出陶器，此前一直未找到其古铜矿和冶炼遗址。而湘江下游又是湖南出土商代青铜器最为集中之处，据不完全统计，到 2024 年为止，湖南湘江流域出土的商至西周时期铜器 400 余件，其中近 300 件出土于宁乡境内（另外 100 余件也主要见于宁乡附近的长沙、湘潭、株洲、益阳、岳阳等湘江下游地区），而炭河里城址周围不到 2 公里范围内及城内以往出土的铜器已达 250 件之多。可以说，炭河里城址与宁乡铜器群的主体部分在地域上高度吻合，故该城址及其为代表的考古学文化的确立，无疑为宁乡铜器群的研究建立了坚实的平台。

---

① 参见前揭向桃初：《湘江流域商周青铜文化研究》，第 223-224 页。

② 参见前揭湖南省文物考古研究所：《湖南桃江麦子园遗址发掘报告》，第 94 页。

③ 参见益阳市文物管理处：《湖南益阳落星桥遗址发掘简报》，载《湖南考古辑刊》第 10 集，岳麓书社 2014 年版。

④ 参见湖南省文物考古研究所、长沙市考古研究所、宁乡县文物管理所：《湖南宁乡炭河里西周城址与墓葬发掘简报》，载《文物》2006 年第 6 期。

　　我们倾向于赞成向桃初教授所持之说，即湖南地区在商代晚期可能并不存在一个高度发达的"青铜文明"；商周鼎革之际，一批"商遗民"自江汉平原东部逃亡至洞庭湖南岸，在炭河里一带建立了他们的国家；以往湖南所出之商周铜器是这批亡命商人从北方带来并后续铸造，炭河里应是宁乡乃至湖南青铜器之铸造、分配中心地。因为铜器为耐用品，商代铜器亦可能在西周乃至更晚时期被使用。[①]

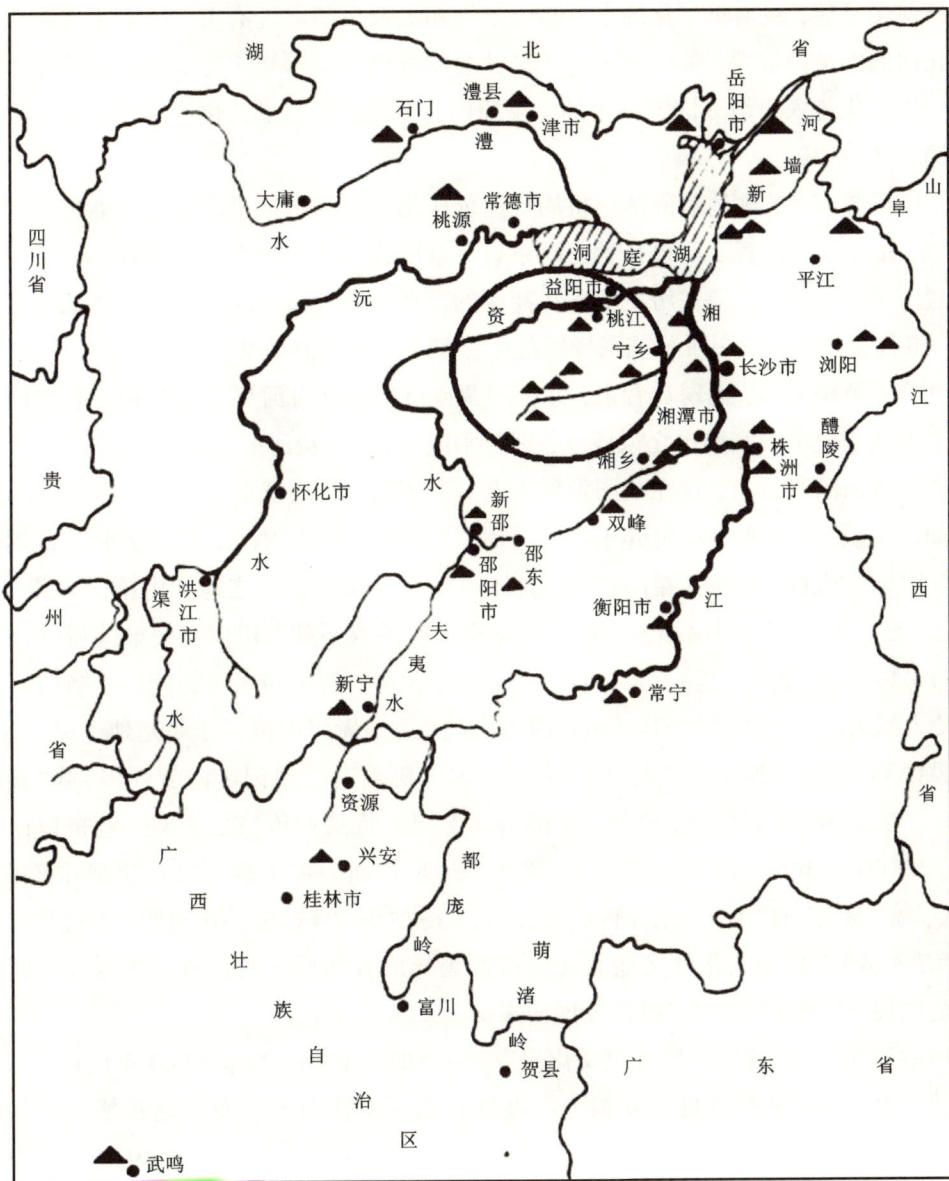

湖南省商周青铜器出土地点[②]

---

①　以上参见向桃初：《炭河里城址的发现与宁乡铜器群再研究》，载《文物》2008 年第 8 期。

②　图片采自前揭何介钧：《湖南先秦考古学研究》，第 133 页。图中圆圈为本书编者所加。

炭河里古城面积约 15 万平方米，城墙宽 10 多米，现存高度 3 米以上，城墙内外均有城壕，城内有 3 个时期成组排列的大型宫殿建筑群，并可能存在青铜器铸造作坊，城外有贵族墓葬和祭祀遗存等，出土了较多青铜器和玉器等珍贵文物，城址周围分布有大量同时期的聚落遗址。以上这些充分显示炭河里城址是一个具备了高水平政治文明的文化中心，是某一个古代国家的都城所在地。可以认定炭河里文化的社会性质已属奴隶社会。前文已述，炭河里文化的形成与商末周初殷遗民的南迁有关，商文化传统在炭河里文化内涵中地位显要，那么商人先进的社会制度也势必对炭河里文化产生影响，这应是炭河里文化进入阶级或国家社会的主要原因。要之，炭河里文化所代表的或是湖南最早的国家社会。①

益阳毗邻宁乡，前述益阳落星桥周代遗址所出器物与炭河里遗址出土器物形制上高度相似，充分说明二者之间存在紧密联系。又益阳亦出土不少大件青铜器（详后），疑亦源自炭河里。再者，二地在历史上存在甚深的渊源关系，自秦汉时代实行郡县制始，直至唐、五代，如上图圆圈所示范围皆属益阳县域，包括黄材在内的宁乡一带，一直皆在益阳县管辖范围之内，而现在看来，此种渊源或可追溯到炭河里文化时期。若炭河里文化代表着湖南最早国家形态之说成立，则益阳应已处在"炭河里方国"之内，即益阳自此时起亦已迈入阶级社会，这在益阳发展史上具有划时代的意义。

如前所说，炭河里城址废弃于西周晚期。"炭河里方国"消亡之后，大致在西周晚期至春秋时期，湖湘一带包括益阳在内，大体属越人（扬越）盘踞之地。史籍中多载之，如《史记·楚世家》云："当周夷王之时，王室微，诸侯或不朝，相伐。熊渠甚得江汉间民和，乃兴兵伐庸、扬粤（越），至于鄂。""成王恽元年，初即位，布德施惠，结旧好于诸侯，使人献天子。天子赐胙曰：'镇尔南方夷越之乱，无侵中国。'于是楚地千里。"又《史记·蔡泽列传》载楚悼王时吴起"南攻扬越，北并陈蔡"，《史记·南越列传》载"秦时已并天下，略定扬越，置桂林、南海、象郡"，《史记·货殖列传》载"九嶷、苍梧以南至儋耳者，与江南大同俗，而扬越多焉"。要之，此时湖湘一带土著居民在史籍中称作"扬越"人，盖"越人"即"夷人"之音转。进言之，"扬""夷""越"皆一声通转，不过是中原人（包括楚国人）对居于其化外之地而文化特性迥异之族属的一种泛称，扬越人或就是前述殷之遗民与"荆蛮""东夷"融合发展而来。

向桃初在《湘江流域商周青铜文化研究》一书中列举，自 20 世纪 60 年代初以来，湘江流域广大范围内相继发现和发掘了一批具有相同特征但与中原文化及楚文化等埋葬习俗明显不同的东周时期尤其是春秋时期的墓葬，其中包括 1986 年至 1990 年益阳市文物部门在桃江腰子仑发掘的墓葬 113 座。② 桃江腰子仑春秋墓，年代从春秋中期早段到春秋晚期，墓葬无封土堆，其中 107 座是狭长形竖穴土坑墓，随葬器物多为扁足越式鼎、

①　参见向桃初：《炭河里文化的发现与湖南先秦地方史重建》，载《湖南大学学报（社会科学版）》2010 年第 5 期。

②　参见前揭向桃初：《湘江流域商周青铜文化研究》，第 151–153 页。

扁茎无格剑、双耳或带鼻纽的矛、宽刃的斧等。这批墓葬代表的应该是越文化的遗存。在益阳南部地区、资水下游的桃江一带，存在如此大量的越人墓，说明春秋中晚期该地处于越人的统治范围内。迨至战国早期，该墓地墓葬数量急剧减少，并且出现宽坑墓，可能与楚文化的南下有关。①

二、商周时代的益阳社会经济

农业方面，传世文献直接言及商周时代之益阳者少，考古发现能够提供的资料亦甚为有限，然洞庭湖区早在距今 6400~4600 年的大溪文化时期和屈家岭文化时期，就已经有水稻种植，开始了原始的农业耕作。以其时发展之大势及常理推之，商周时代的益阳已确切地进入了农业时代，农业在经济生活中应已居支配地位，且农作物以稻谷为主。从众多发掘的遗址看，商代益阳生产工具仍以石器为主，譬如益阳赫山区泞湖商代遗址出土的石器有斧、锛、凿、镰、镞、网坠、砺石等，种类和形制与本地新石器时代同类器并无太大差别。② 大约在商末至西周时期，金属农具开始出现，目前已知标本有汨罗玉笥山遗址 H9 出土的畲，宁乡炭河里城外 M8 出土的畲、铲，湘潭青山桥窖藏出土的畲等，数量相当少。春秋时期青铜农具明显增多，桃江腰子仑等春秋墓地出土大量铜铲可肯定为农具，此外锛(或称镬)也可能用于农业生产。战国时期，铁农具开始出现，主要器类为畲，铜器少见。战国时期铁器生产也比较发达，但相对于礼器和武器，农具在金属制品中所占分量较低，尚未取代石器在农业生产中的地位。③ 泞湖遗址出土网坠为渔业工具，益阳洞庭湖区正是《史记·货殖列传》所言"楚越之地"，"饭稻羹鱼，或火耕而水耨"，正是商周以来益阳先民们生活的写照。泞湖遗址一期还发现有牛、鹿、熊、猪等的牙齿、骨骼等，其中牛、猪显然皆是家畜，这说明牲畜饲养在新石器时代的基础上继续发展。同时，益阳出土的青铜器皿上各种动物的造型与浮雕，反映了畜牧业的发展。桃江县灰山港连河冲出土的西周马簋，分别装饰 4 匹立马和卧马，而马饰为中原所罕见，故这些马应是当地饲养马的真实形象。这说明西周时代应已饲养马，畜牧业有了进一步发展。泞湖商代遗址和赫山区羊角商代遗址等处皆出土有纺轮，说明商代纺织业在新石器时代基础上继续发展。

手工业方面，包括制陶、铜器冶铸、治玉和竹木器加工等。陶器制造在商周时期仍然占据极其重要的地位，考古学界亦主要根据各遗址出土之陶器形制来确定其年代。泞湖商代遗址一期出土陶器以泥质红陶为主，约占 58%；夹砂红陶次之，约占 23%；再次

---

① 益阳市文物管理处：《湖南桃江腰子仑春秋墓》，载《考古学报》2003 年第 4 期；袁艳玲：《楚人经营湖南地区的考古学观察》，载徐少华、(日)谷口满、(美)罗泰主编：《楚文化与长江中游早期开发国际学术研讨会论文集》，武汉大学出版社 2021 年版，第 75 页。

② 益阳市博物馆、益阳市文物管理处：《益阳泞湖商代遗址发掘报告》，见前揭《先秦南洞庭：南洞庭湖古遗址发掘报告集》，第 325~327 页。

③ 参见前揭向桃初：《湘江流域商周青铜文化研究》，第 439 页。

为泥质灰陶，约占7%；另有少量泥质褐陶、夹砂褐陶、夹砂黑陶等。陶片素面者约占60%，纹饰以绳纹和弦纹为主，附加堆纹、刻划纹次之，另有少量方格纹、篦点纹等。器形有釜、罐、钵、豆、缸、盘、纺轮等。益阳赫山区羊角商代遗址出土的陶器有罐、大口缸、豆、盘、壶、杯等，其中以豆为多。陶质以泥质陶为主，极少夹砂陶。陶色以黑色陶为多，次为灰陶，极少红陶。纹饰有刻划纹、横人字纹、附加堆纹、粗细绳纹等。不少器表为素面。其中磨光黑陶喇叭座粗柄豆很有特点。①

在商代，青铜冶炼和青铜器铸造是最先进的生产部门，其工艺水平达到相当惊人的高度。益阳谢林港出土的一件商代兽面纹青铜角形器，是上古铜器中少见的一类器物。由于考古信息缺失，利用金相显微镜、扫描电镜能谱仪和固体表面热电离质谱仪对该角形器进行科学分析，结果表明：该器物为铸造成型，合金材质为锡含量16.54%的高锡含量青铜，铅同位素组成为高放射成因铅，其合金和铅同位素特征与中原殷墟二期铜器相同，结合器物纹饰，应为殷墟二期的器物。殷墟二期铜器普遍具有高锡现象，表明商代晚期铸铜工匠对铜锡合金机械性能的认识达到了新的高度。商代晚期铜锡合金青铜器的大规模铸造是中国古代第一个用锡高峰，反映了古代锡金属开采和冶炼技术质的提升，在中国冶金史上具有里程碑意义。②

益阳出土的青铜器数量多、种类繁杂、制作精致，以礼器、兵器、食器为多。笔者仅择取其中较有代表性的几件介绍如下。

（1）商代虎食人卣。

安化出土商代虎食人卣③

---

① 盛定国：《益阳县羊角商周遗址》，载《中国考古学年鉴1988》，文物出版社1989年版，第211页。

② 马江波、吴晓桐：《湖南益阳商代青铜角形器的科学分析与相关问题探讨》，载《有色金属（冶炼部分）》2019年第5期。

③ 左为法国巴黎赛努施基博物馆藏品，图片来源：李学勤、艾兰编著：《欧洲所藏中国青铜器遗珠》，文物出版社1995年版，图版40；右为日本泉屋博古馆藏品，图片来源：《中国美术全集》39《工艺美术编·青铜器上》，图版109，人民美术出版社2015年版，第100页。

此器有两件。早在 20 世纪初，近代著名金石学家罗振玉在其《俑庐日札》一书中，就提及著名收藏家盛昱曾藏有过此卣。惜乎今二件皆流落于海外，一藏于日本泉屋博古馆，一藏于法国巴黎赛努施基博物馆，二者形制纹饰基本一致，仅有细微差别，应出自同一地点。据学界考察，虎食人卣出土于安化县(一说安化县与宁乡沩山交界处)，年代为商代后期，通高 35.7 厘米(另一高 32.5 厘米)，通体作虎踞坐形，虎后爪与尾为整器的三支点。虎之项脊上有盖，其上有立兽为盖纽。项脊两侧为提梁两端，饰有兽首。提梁上饰有夔纹。虎前足上饰有顾首龙纹，两爪抓住一人置于大口獠牙之下作噬食状。人背衣领方格纹，下饰有一小兽面，人腿部饰有蛇纹，脚踏在虎后爪上，虎后足侧面饰有虎纹，脊背饰有牺首纹，中起扉棱，尾部饰有鳞纹。此器造型新奇，装饰手法高超纯熟，是商周青铜器中不可多得的佳品。[①]

(2)商代铜铙。

益阳赫山区千家洲出土商代铜铙正面(左)和侧面(右)

2000 年赫山区千家洲农民烧砖取土时发现一件商代铜铙。其呈棕褐色，微泛深绿色，甬部破损处可见紫色，重 90 公斤。钲部长阔，作合瓦形，两铣侧至舞部和甬部有明显的合范铸缝，但内空平整，无明显范痕。甬作圆管状，与腔相通。主体纹饰为粗大的连体鸟纹，次要纹饰为象纹、虎纹，具有生殖崇拜象征意义。双眼鼓突，眼上卷曲的龙身饰有卷云纹，鼓部饰双龙纹组成的饕餮纹，铣侧、甬部等处饰阴线云雷纹。[②]

(3)西周四马方座铜簋。

它于 1982 年由桃江县连河冲农民在建房时发掘出土。簋器身似罍，圆口，折唇，束颈，鼓腹，圈足，下有长方形座。现存器重 5.8 公斤，通高约 30 厘米、口径 14.8 厘米、腹深约 17.4 厘米、壁厚 0.1~0.2 厘米，方座长 20 厘米、宽 18.5 厘米、高 10 厘米。缺

①　参见李学勤：《试论虎食人卣》，载《南方民族考古》第 1 辑，四川大学出版社 1987 年版，第 37~43 页。

②　上述内容及下图征引自益阳市文物管理处：《湖南益阳出土商代铜铙》，载《文物》2001 年第 8 期。

盖，腹部有附耳痕迹。长方座旁立马通高16厘米、长16.5厘米。纹饰分3层。上腹饰两组对称排列的浮雕飞马，头部圆雕，突出器表。飞马图像之间缀以浮雕共首双体夔龙，蜿蜒欲动。下腹浮雕对称的两个饕餮纹，圆眼、凸鼻、环形角、吻部突出，在兽面之间有浅浮雕凤形图像。方座四角各铸立马一匹，竖耳，昂首直立。立马颈部以上为立体圆雕，马身为半浮雕，马鬃与马尾刻画细致。座壁前后各饰一饕餮纹。从整个器物的造型、纹饰特征、铸造工艺特点及制作较轻巧等因素分析，专家定其为西周后期遗物。[①]

桃江县出土西周四马方座铜簋[②]

（4）西周夔龙纹铜鼎。

1938年，马迹塘乡大塘坪村农民詹邵冬在住宅附近河边砍麻竹时，发现被水冲塌的河堤处有绿色铜柱露出，经挖掘，得一古铜鼎。鼎高51.5厘米，竖耳，深腹，圜底。腹部由6条夔龙纹组成3个兽面，足部亦饰头向下的夔龙，内外均无铭文，重18.65公斤。出土时，腹表附烟灰层痕迹，此鼎显然系古代烹煮炊具。1974年4月，湖南省博物馆将其征集入馆。经考证，此鼎系西周夔龙纹铜鼎，现珍藏于湖南省博物院。在詹邵冬发现古鼎之前，该村农民詹林生曾与此地相距50米远的河堤上发掘一只同型铜鼎，但被古董商贩以800元买走，据说已被盗运至国外。[③]

---

① 陈国安：《湖南桃江县出土四马方座铜簋》，载《考古》1983年第9期。

② 湖南省博物馆藏品，图片来源：徐杰舜主编，李安辉、王升云著：《中华民族史记》第4卷《华胡混血》，福建教育出版社2014年版，第280页。

③ 桃江县志编纂委员会编：《桃江县志》，中国社会出版社1993年版，第446页。

桃江出土西周夔龙纹铜鼎

第二章　楚国时期的益阳

公元前771年犬戎攻破镐京(陕西省西安市长安区沣河以东),杀幽王于骊山之下,西周灭亡,次年幽王之子平王东迁洛邑(今河南省洛阳市),史称东周。按照郭沫若先生的观点,以周元王元年(公元前475年)为界,自东周建立至秦朝统一,近5个半世纪的历史大致可分两段:公元前770年至公元前476年为春秋时期,公元前475年至公元前221年为战国时期。春秋战国是社会急剧变革的时期,思想文化上堪称异彩纷呈,诸子百家学说大放光彩,而政治上却是"礼崩乐坏",周王室影响日渐式微,列国兼并战争愈演愈烈。其称雄者,前段则有所谓"春秋五霸",后段则有所谓"战国七雄",而楚国皆在其列。楚国势力进入湖湘在春秋晚期,但其有效控制区域仍限于今洞庭湖沿岸、湘水及澧水下游地区,迨至战国早期才据有湖南大部分地区,洞庭、苍梧二郡亦随之建立。与之相一致,春秋晚期楚国势力仅止步于益阳北部地区,战国早期益阳才正式归入楚国版图,隶属于苍梧郡。楚国时期的益阳,在经济和文化等方面皆有所发展。

第一节　楚国时期的益阳政治

一、楚人入湘与益阳属楚

(一)楚国崛起与楚人入湘

1. 楚国崛起

楚之先世邈远难详,《史记·楚世家》言"楚之先祖出自帝颛顼高阳",屈原《离骚》亦有"帝高阳之苗裔兮"之语。实际上,楚国开山之祖仅能追溯到鬻熊,自此以上,皆如《史记·楚世家》所言"弗能纪其世"。鬻熊则实有其人,"鬻熊子事文王",有《鬻子》一书传世。鬻熊之子曰熊丽,"熊丽生熊狂,熊狂生熊绎。熊绎当周成王之时,举文、武勤劳之后嗣,而封熊绎于楚蛮,封以子男之田,姓芈氏,居丹阳"。[①] 熊绎是楚国之正式开创者,自熊绎立国,至公元前223年秦军攻破楚都寿春,楚国灭亡,共历约800年。熊绎所居之"丹阳",其具体位置颇有争议,南朝宋裴骃《史记集解》引徐广曰"在南郡枝江

---

① 以上参见(汉)司马迁:《史记》卷40《楚世家》,中华书局1959年版,第1691-1692页。

县"，唐张守节《史记正义》引颖容传例云"楚居丹阳，今枝江县故城是也"，唐李泰《括地志》云"归州巴东县东南四里归故城，楚子熊绎之始国也。又熊绎墓在归州秭归县。《舆地志》云：'秭归县东有丹阳城，周回八里，熊绎始封也。'"①按唐杜佑《通典》云："枝江，古之罗国。汉旧县。楚文王自丹阳徙都，亦曰丹阳。其旧丹阳，在今巴东郡。"②然则楚旧都丹阳原在归州秭归县，楚文王徙都于枝江，亦谓之丹阳。又《左传·昭公十二年》曰："昔我先王熊绎，辟在荆山，筚路蓝缕，以处草莽。跋涉山林，以事天子。"郦道元《水经注·沮水》对"荆山"有详尽考证，③综合其所述及上述裴氏、张氏等言，楚国立国初之活动地域，当在今湖北省西部，以宜昌为中心，以高安、秭归和枝江为犄角所构三角形地带。此后 300 年间，直至楚武王前，皆基本上局限于这一区域。《左传·昭公二十三年》沈尹戌曰："无亦监乎若敖、蚡冒至于武、文，土不过同，慎其四竟，犹不城郢。"杜预注："方百里为一同，言未满一圻。"④楚武王熊通（公元前 741～前 690 年在位）三十七年（公元前 704 年）时，楚国国势寖盛，乃自立为武王，开诸侯僭号称王之先河。楚国疆域在楚武王时几乎拓展到整个江汉流域。

2. 楚人入湘

关于楚人何时入湘的问题，学界存在较大分歧。清人顾栋高在其《春秋大事表》中言："考春秋之世，楚之经营中国，先北向而后东图……历世自南而北，其所吞灭诸国，未尝越洞庭湖以南一步。盖其时湖南与闽广均为荒远之地，如今交趾、日南相似，计惟群蛮、百濮居之，无系于中国之利害，故楚亦有所不争也。"⑤盖谓春秋时楚国势力未尝达于湖南也。今按楚文王十年（公元前 680 年）迁罗子国遗民到汨罗江一带，并在汨罗江尾闾南岸筑城防守，称为"罗城"（故址在今湖南省汨罗市），《汉书·地理志》载"长沙国罗县"，应劭注："楚文王徙罗子自枝江据此。"又《通典》载："岳州，今理巴陵县。古苍梧之野，苍梧野不止于此郡界，侧近之地皆是。亦三苗国之地，亦古麇子国。春秋文公十一年（公元前 616 年），楚子伐麇，即此地也。凡今长沙、衡阳诸郡，皆古三苗之地。青草、洞庭湖在焉。二湖相连，青草在南，洞庭在北。"⑥何得谓楚在春秋之世"未尝越洞庭湖以南一步"？故顾氏之言实为偏颇。而与之相对，则有何浩、殷崇浩撰《春秋时楚对江南的开发》一文，据唐梁载言《十道志》、杜佑《通典》和李吉甫《元和郡县图志》所述春秋楚南境，结合一些考古资料佐证，认为春秋楚南境范围包括今湖北境内长江两岸至湖南省南岭山脉以北地区。⑦

此外，又有张中一、彭青野撰《论楚人入湘的年代》一文，认为约在春秋晚期，已有

---

①　以上皆参见前揭（汉）司马迁：《史记》卷 40《楚世家》，第 1692 页。

②　（唐）杜佑撰，王文锦等点校：《通典》卷 83《州郡十三·古荆州》，中华书局 1988 年版，第 4864 页。

③　（北魏）郦道元著，陈桥驿等译注：《水经注全译》卷 32《沮水》，贵州人民出版社 1996 年版，第 1123-1124 页。

④　杨伯峻：《春秋左传注》，中华书局 1981 年版，第 1448 页。

⑤　（清）顾栋高：《春秋时楚地不到湖南论》，见其《春秋大事表》，载《文渊阁四库全书》第 179 册，台湾商务印书馆 1983—1987 年版，第 308 页。

⑥　（唐）杜佑撰，王文锦等点校：《通典》卷 83《州郡十三·古荆州》，中华书局 1996 年版，第 4875 页。

⑦　参见何浩、殷崇浩：《春秋时楚对江南的开发》，载《江汉论坛》1981 年第 1 期。

部分楚人越江沿洞庭进入湘北澧水流域和沅水流域下游，开始经营湘北，留下了澧县丁家岗春秋晚期楚墓。同在春秋末期或战国早期时，楚人在桃源筑楚王城、慈利白公城，建立楚人在湘北之军事和政治据点。与此同时，楚人沿洞庭溯湘江南下，在岳阳筑了糜子国城、汨罗罗子国城、平江安定古城，与桃源、慈利之楚军事、政治据点——楚王城、白公城相呼应，形成楚人在湘北的稳固统治区。湘北是楚人进入湖南之前哨，为大举进伐湘中湘南蓄备力量。楚人进入湘中长沙之时代应以长沙浏城桥一号墓主人为代表。从葬仪来看，浏城桥一号墓主人属楚大夫一级人物，他作为楚国军事和政治官员来统治长沙，其时代已是战国早期偏晚。楚人大规模进入湖南、征服湖南，湖南全境成为楚国版图，要到战国中期偏晚。①

另有袁艳玲根据考古出土资料分析认为，春秋晚期，澧水下游地区已经为楚人所控制，澧县皇山岗 M1 出土铜礼器为这一区域目前所见年代最早的楚系青铜器。该墓年代为春秋晚期。春秋晚期，资水下游益阳北部地区亦为楚人所控制(详后)，但是从桃江腰子仑大量存在春秋中晚期越人墓来看，春秋晚期楚国势力仅止步于益阳北部地区。在益阳南部地区、资水下游的桃江一带，尚存在大量的越人墓。1986 年至 1990 年，益阳市文物部门在桃江腰子仑发掘墓葬 113 座。② 墓葬年代从春秋中期早段到春秋晚期。这批墓葬应是越文化遗存。虽然该墓地内一类墓有楚式鬲出土，但出土楚式鬲之墓，同出越式兵器、工具，其墓葬规模及数量均小于出土越式鼎的墓葬。这说明春秋中晚期该地处于越人统治范围内。到战国早期，该墓地墓葬数量急剧减少，并且出现宽坑墓，可能与楚文化南下有关。又湘乡何家湾 M1 所出青铜器存在楚系与吴越系两种风格，楚系青铜器有鼎、尊缶、敦，吴越系青铜器有越式鼎 3 件，故学界对该墓性质存在争议，或主张是春秋晚期越人墓，③或主张为春秋晚期楚人墓，④而从该墓为较狭长土坑墓看，定为越墓较为适宜。综之，从湘乡何家湾越墓以及桃江腰子仑越墓看，春秋晚期楚人对湖湘地区进行有效控制的区域仍限于今洞庭湖沿岸、湘水及澧水下游地区。⑤

综合考察，袁艳玲所持观点较正，今从其说，并附上《商周秦汉洞庭平原水系示意图》及《春秋晚期楚人控制湖南地区示意图》如下。

---

① 参见张中一、彭青野：《论楚人入湘的年代》，载《江汉考古》1984 年第 4 期。

② 益阳市文物管理处：《湖南桃江腰子仑春秋墓》，载《考古学报》2003 年第 4 期。

③ 湘乡县博物馆：《湘乡县五里桥、何家湾古墓葬发掘简报》，载《湖南考古辑刊》第 3 集，岳麓书社 1986 年版。

④ 高至喜：《楚人入湘的年代和湖南越楚墓的分辨》，载《江汉考古》1987 年第 1 期。

⑤ 以上征引自袁艳玲：《楚人经营湖南地区的考古学考察》，载徐少华、(日)谷口满、(美)罗泰主编：《楚文化与长江中游早期开发国际学术研讨会论文集》，武汉大学出版社 2021 年版，第 73—76 页。

商周秦汉洞庭平原水系示意图(公元前 16 世纪~公元 220 年)①

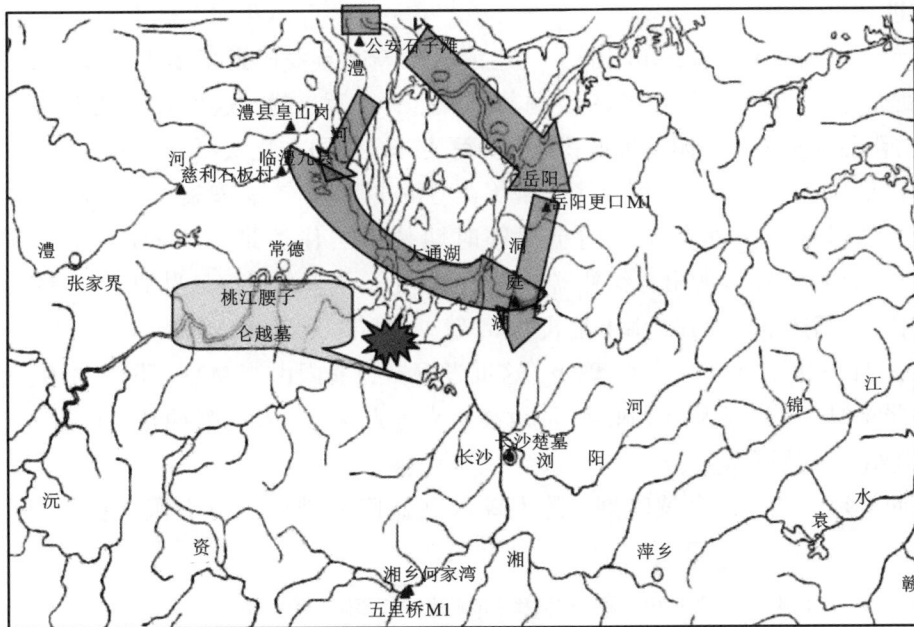

春秋晚期楚人控制湖南地区示意图②

----

① 图片来源于湖南省地方编纂委员会编:《湖南省志》第 10 卷《交通志·水运》,湖南人民出版社 2001 年版,第 204 页。

② 图片来源于袁艳玲:《楚人经营湖南地区的考古学考察》,载徐少华、(日)谷口满、(美)罗泰主编:《楚文化与长江中游早期开发国际学术研讨会论文集》,武汉大学出版社 2021 年版,第 76 页。

（二）益阳归属于楚

1. 春秋晚期：楚人推进到益阳北部地区

有记载说："益阳，以其在益水之阳而得名，古为《禹贡》荆州地域，曾属妢胡国。"①谨按《周礼·考工记》载："燕之角，荆之干，妢胡之笴，吴粤之金锡，此材之美者也。"郑注："妢胡，胡子之国，在楚旁。笴，矢干也。"贾疏："云'妢胡，在楚旁'者，定四年《左氏》云'顿子、胡子'者是也。若楚旁，则亦属荆州，别言'妢胡之笴'者，荆即楚也，以州言之。若然，妢胡得与别言也。"②《左传·襄公二十八年》（公元前 545 年）载："夏，齐侯、陈侯、蔡侯、北燕伯、杞伯、胡子、沈子、白狄朝于晋，宋之盟故也。"此"胡子"，即指妢胡之君。又《左传·定公十五年》（公元前 495 年）载："吴之入楚也，胡子尽俘楚邑之近胡者。楚既定，胡子豹又不事楚，曰：'存亡有命，事楚何为？多取费焉。'二月，楚灭胡。"《太平寰宇记》载："胡城，在县西北二里。春秋时胡子之国也。《春秋》昭公四年，'楚子、胡子伐吴'。杜预注'胡国，汝阴胡城'是也。"③据学界研究，春秋时有两个胡国，一为姬姓之胡，一为归姓之胡。鲁定公十五年，楚所灭之胡国为归姓之胡，在淮北今安徽省阜阳境，紧邻蔡国东境。楚昭王所灭之胡国，大致位于今安徽省阜阳境内。④ 若"益阳曾属妢胡国"之说属实，则益阳在春秋晚期已归入楚国版图。笔者遍搜诸书，未找到此说之原始出处，但结合前述楚人入湘年代来看，春秋晚期楚国势力有可能已经推进到益阳。

从考古发掘情况来看，亦印证了上述情况。1958 年益阳近郊出土了蟠烛纹铜鼎和铜簋，之后益阳市郊又发掘出蹄足铜敦和鬲、钵、豆、罐，这些均属春秋晚期楚铜器。⑤ 益阳县谢林港栗山园遗址面积近 3 万平方米，东周文化层厚 25～30 厘米，出土有绳纹高柱足鬲、盆、豆、壶、绳纹圜底罐等典型楚式陶器，亦有陶釜、绳纹板瓦和玻璃珠等遗物，说明这是一处春秋晚期至战国时期楚人居住遗址。⑥ 1997 年在益阳热电厂 M183、M139、M170 所出青铜礼器，是目前所见资水下游地区最早的楚系青铜器。这 3 座墓中，益阳热电厂 M183 出土楚式鼎 1、簋 1、尊缶 1、盘 1；M139 出土有立耳越式鼎 1、敦 1；M170 出土有楚式鼎 1、敦 1。这批青铜器与襄阳山湾 M23、下寺 M10、M11 出土同类器相似，年代当为春秋晚期。⑦ 故高至喜等人认为，春秋晚期楚人已进入益阳一带，⑧ 其结论大体可靠。

然而必须承认，在春秋晚期，楚人深入到益阳一带仍十分有限。益阳目前发掘

---

① 张文范主编：《中国县情大全·中南卷》，中国社会出版社 1992 年版，第 1019 页。

② （汉）郑玄注，（唐）贾公彦疏，赵伯雄整理：《周礼注疏》卷 39《东官考工记第六》，北京大学出版社 2000 年版，第 1243–1244 页。

③ （宋）乐史撰，王文楚等点校：《太平寰宇记》卷 11《河南道十一·颍州》，中华书局 2007 年版，第 209 页。

④ 参见何浩：《楚灭国研究》，武汉出版社 1989 年版，第 241 页。

⑤ 高至喜：《楚人入湘的年代和湖南越楚墓葬的分辨》，载《江汉考古》1987 年第 1 期。

⑥ 参见高至喜：《楚文化的南渐》，湖北教育出版社 1996 年版，第 222 页。

⑦ 参见益阳市文物管理处、益阳市博物馆：《益阳楚墓》，文物出版社 2008 年版，第 126–130 页。

⑧ 高至喜：《楚人入湘的年代和湖南越楚墓葬的分辨》，载《江汉考古》1987 年第 1 期。

2600 余座楚墓，主要分布在兰溪、志溪河、泉交河和桃花江等流域。自 1982 年至 2001 年，益阳市、县文物考古部门先后清理发掘楚墓 700 余座，其中 653 座已收入《益阳楚墓》中；1997 年益阳市黄泥湖兴建益阳火力发电厂，湖南省文物考古研究所会同益阳市文物管理处在该工程范围内进行全面调查、勘探、发掘，共清理发掘楚墓 835 座，其中有随葬品之墓葬 602 座，其发掘成果集结在《益阳黄泥湖楚墓》中。因此，益阳楚墓情况基本上可从此二书中得到反映。《益阳楚墓》所收 653 座有随葬器物墓中，能分型式者 496 座，分为九段：第一期一段共 13 座墓，春秋晚期；第二期二段共 33 座墓，战国早期前段；第二期三段 17 座墓，战国早期后段；第三期早段 30 座墓，战国中期早段；第三期中段 54 座墓，战国中期中段；第三期晚段 67 座墓，战国中期晚段；第四期早段 56 座墓，战国晚期早段；第四期中段 121 座墓，战国晚期中段；第四期晚段 105 座墓，战国末期。[1]《益阳黄泥湖楚墓》所收有随葬品的 602 座墓中，能分型式者 371 座，其中仿铜陶礼器墓 158 座，分为五段：第一组 12 座，战国中期；第二组 12 座，战国晚期早段；第三组 21 座，战国晚期中段；第四组 69 座，战国晚期晚段；第五组 44 座，秦代。日用陶器墓 213 座，分为四段：第一组 20 座，战国早期；第二组 50 座，战国中期；第三组 94 座，战国晚期；第四组 49 座，秦代。[2] 二书所收有随葬器物且能分型楚墓共 867 座，其中属春秋晚期者仅 13 座，其占比为 1.5%。

综上，迄至春秋晚期，益阳尚未完全归入楚国版图，故前引袁艳玲文所持的"春秋晚期楚国势力仅止步于益阳北部地区"观点，值得信从。

2. 战国早期：楚人完全据有益阳

在上述有随葬器物且能分型之 867 座益阳楚墓中，属于战国早期者 70 座，占比为 8.7%；属于战国中期者 213 座，占比为 24.57%；属于战国晚期者 478 座，占比为 55.13%。考虑到墓葬指标存在一定滞后性，且仅据益阳一隅亦难以明其时之大势，如上述益阳春秋晚期墓葬占比仅为 1.5%，似微乎其微，而据其时大势考之，楚国势力已扩展至益阳北部地区。参考前引袁文成果，战国早期楚人或已据有长沙盆地，因其时长沙地区已见楚系高等级礼器群（见于长沙浏城桥 M1）。[3] 该墓仅出土铜鼎 4 件，其形制同于蔡坡 M4。[4] 但该墓出土了大量仿铜陶礼器，包括折沿大鼎（镬鼎）、束腰平底鼎（升鼎）、簋等重器，器物形制与组合均是典型楚式。与此同时，桃江腰子仑墓地衰落，说明越人之败退，这当与楚国势力深入到湘水中游有关。及至战国中期晚段，楚系青铜器分布已遍及湖南北部平原地区如慈利石板村 M36、[5]临澧九里 M4 和 M17、[6]1957 年版《长

---

① 参见前揭《益阳楚墓》，第 278—282 页。

② 湖南省文物考古研究所：《益阳黄泥湖楚墓》，文物出版社 2017 年版，第 576—581 页。

③ 湖南省博物馆：《长沙浏城桥一号墓》，载《考古学报》1972 年第 1 期。

④ 湖北省博物馆：《襄阳蔡坡战国墓发掘报告》，载《江汉考古》1985 年第 1 期。

⑤ 湖南省文物考古研究所等：《湖南慈利石板村 36 号战国墓发掘简报》，载《文物》1990 年第 10 期。

⑥ 湖南省博物馆等：《临澧九里楚墓》，《湖南考古辑刊》第 3 集，岳麓书社 1986 年版。

沙发掘报告》中 M315、[1]2000 年版《长沙楚墓》发掘报告中长沙荷花池 M396。[2] 而楚系陶器墓葬，则已遍及湖南全境。[3] 再结合传世文献，《史记》载楚悼王时以吴起为相，"南平百越，北并陈蔡、却三晋，西伐秦，诸侯患楚之强。"[4]《后汉书·南蛮传》载："及吴起相悼王，南并蛮越，遂有洞庭、苍梧。"[5]《(同治)益阳县志》据此断言："则长沙属楚已在战国时矣。"[6] 杨宽《战国史料编年辑证》将吴起为相悼王事系于楚悼王十三年（公元前389 年）至二十一年（公元前 381 年）间，[7] 故楚或在此时已据有今湖湘大部分地区，再考虑到春秋晚期楚人势力已推进到益阳北部一带，推测其完全据有益阳或要更早一点。

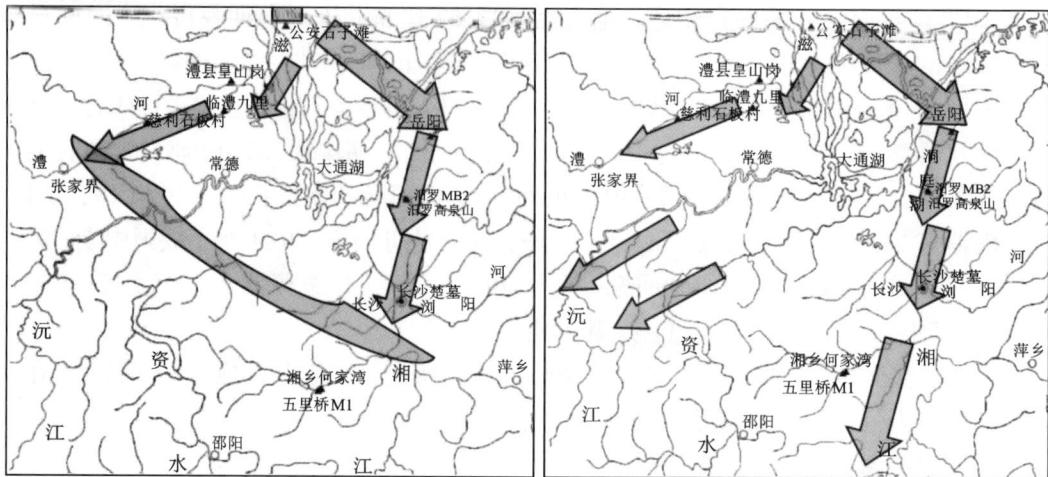

战国早期（左）和中晚期（右）楚人控制湖南地区示意图[8]

二、苍梧设郡与益阳置县

（一）苍梧设郡

2002 年 6 月在湖南龙山县里耶镇发掘出秦简 3.6 万余枚，[9] 引起学术界广泛关注。其中令人颇感兴趣之处在于，简中竟然涉及洞庭郡和苍梧郡，此为传世文献所罕见。学

---

① 中国科学院考古研究所编著：《长沙发掘报告》，科学出版社 1957 年版。

② 湖南省博物馆等：《长沙楚墓》，文物出版社 2000 年版。

③ 参见前揭袁艳玲：《楚人经营湖南地区的考古学考察》，第 76–77 页。

④ （汉）司马迁：《史记》卷 65《孙子吴起列传》，中华书局 1959 年版，第 2168 页。

⑤ （南朝宋）范晔：《后汉书》卷 86《南蛮西南夷列传》，中华书局 1965 年版，第 2831 页。

⑥ 《(同治)益阳县志》卷 1《舆地》。

⑦ 杨宽：《战国史料编年辑证》卷 4，上海人民出版社 2016 年版，第 241–258 页。

⑧ 图片来源于袁艳玲：《楚人经营湖南地区的考古学考察》，载徐少华、（日）谷口满、（美）罗泰主编：《楚文化与长江中游早期开发国际学术研讨会论文集》，武汉大学出版社 2021 年版，第 77–78 页。

⑨ 湖南省文物考古研究所等：《湖南龙山里耶战国：秦代古城一号井发掘简报》，载《文物》2003 年第 1 期。

界研究认为，秦代应确实存在过洞庭郡和苍梧郡，[1]并进而推衍认为秦二郡必有所承，此必是因循楚洞庭、苍梧二郡名而来。[2] 战国时期楚国设有此二郡，已然成为学界之共识。今按《史记·苏秦列传》载苏秦说楚威王曰："楚，天下之强国也；王，天下之贤王也。西有黔中、巫郡，东有夏州、海阳，南有洞庭、苍梧，北有陉塞、郇阳，地方五千余里，带甲百万，车千乘，骑万匹，粟支十年。此霸王之资也。"又《战国策》卷三《秦策一》载张仪说秦王曰："秦与荆人战，大破荆，袭郢，取洞庭、五渚（渚，或作都）、江南，荆王亡奔走，东伏于陈。"东汉高诱注曰："郢，楚都也。洞庭、五都、江南，皆楚邑也。"两相结合，学界普遍认为，苏秦所言"洞庭""苍梧"，应与黔中、巫郡、夏州、海阳、陉塞、郇阳一样，皆是楚郡名，故至迟在楚威王（公元前340~前329年在位）时楚国南部已置有洞庭郡和苍梧郡。[3] 其实，楚设洞庭、苍梧二郡似尚可上推至楚悼王时，换言之，即由吴起所设。杨宽《战国史料编年辑证》言：

> 案：《吴起列传》谓吴起"南平百越"。蔡泽谓吴起"南收扬越"，见《秦策三》与《蔡泽列传》。《后汉书》又谓吴起"南并蛮越"，可知吴起为楚令尹时，曾向南方百越地区开拓。《吕氏春秋·恃君》云："杨、汉之南，百越之际，敝、凯诸、夫风、余靡之地，缚娄、阳禺、骓兜之国，多无君。"吴起所开拓，主要为洞庭至苍梧一带。苍梧在今湖南、广西间。蒋伯超《南滆楛语》卷五《吴起非商鞅比》条云："按今南赣诸郡及楚、粤毗连等处，皆吴起相楚悼王时所开。"其说甚是。[4]

赵炳清亦认为，吴起在变法之同时，还"南收扬越"，开疆拓土，取得了湖南、两广之间地区。为控制新拓地，防备南方少数民族叛乱，并抵御越人进攻，吴起设立了洞庭郡和苍梧郡，守卫楚国南土。[5] 我们认为，洞庭、苍梧二郡由吴起所设之说信而有征，值得信从，并定其设置时间为楚悼王十三年至二十一年，即在公元前389~前381年。周振鹤先生根据里耶秦简推测，在楚国与秦代，苍梧郡与洞庭郡应是东西分处湘资与沅澧两个流域，包括益阳在内之湘资流域一带或隶属于苍梧郡（详见下章）。[6]

（二）益阳置县

益阳本身至迟在战国中期亦已置县。1987年出土于湖北省荆门市包山二号战国楚墓之包山楚简第83号简载："冬栾之月壬戌之日，罗之观里人湘因，讼罗之庑域之□者

① 参见李学勤：《初读里耶秦简》，载《文物》2003年第1期；陈伟：《秦苍梧、洞庭二郡刍议》，载《历史研究》2003年第5期；王焕林：《里耶秦简释地》，载《社会科学战线》2004年第3期。

② 参见周振鹤：《秦代洞庭、苍梧两郡悬想》，载《复旦学报（社会科学版）》2005年第5期；周宏伟：《传世文献中没有记载过洞庭郡吗？》，载《湖南师范大学社会科学学报》2003年第3期。

③ 参见上②周宏伟：《传世文献中没有记载过洞庭郡吗？》。

④ 杨宽：《战国史料编年辑证》卷4，上海人民出版社2016年版，第258页。

⑤ 赵炳清：《略论"洞庭"与楚洞庭郡》，载《历史地理》第21辑，上海人民出版社2006年版。

⑥ 参见上②周振鹤：《秦代洞庭、苍梧两郡悬想》。陈伟先生所持观点大致相同，详见下章。

邑人疋女，谓杀衰阳公合，伤之妾占举。"①简文中"衰阳公"之"衰"字，后黄锡全先生据古玺文与侯马盟书等字例改释为"益"。② 徐少华等人认为，其说可从。"益阳公"，从对简文有关"长沙公"分析来看，应是楚益阳县之县公，说明至迟在战国中期楚怀王之时，已有益阳县之设。而"罗"，从其下属有"观里""庞域"诸基层管理单位的情况来看，亦应是一个县级行政单位，且与益阳相邻，以致疋女在益阳作案杀人后受到其同境知情人起诉。③

至于战国时益阳县治所在地，亦随着益阳铁铺岭遗址的发现，而得以揭开其神秘面纱。铁铺岭遗址位于益阳市赫山区桃花仑办事处铁铺岭社区，其东北部在原益阳油脂化工厂以及铁铺岭居民区范围内，南边原为大片蔬菜基地，北边距资水约 180 米，东边距兰溪河(原资水故道)150 米左右，西边山地称为兔子山，为化工厂区，东南边毗邻陆贾山战国墓地和汉代墓群。遗址中部偏北为一高出东、南部 2~3 米之台地。遗址自 20 世纪 70 年代被发现后，在 1982~1998 年间，益阳地区文物工作队先后对它进行过多次发掘，从历次出土遗迹、遗物，结合文献记载分析，它可能是益阳县"故城遗址"。该遗址文化堆积厚，出土遗物较丰富，系洞庭湖南部几县(市)范围内已发现面积最大之古遗址。它总共残存面积近 10 万平方米，台地中心区自地表以下堆积厚达 3.5 米，部分地段文化层厚 2 米以上，年代自战国晚期至明清，没有破坏。通过历次发掘，共清理出各时期各类遗迹 21 处，含战国遗迹 8 处，汉代遗迹 4 处，六朝遗迹 3 处，唐、宋、元、明时期遗迹 6 处。其中，遗址第 8 层、第 9 层，被确定为战国晚期遗存；第 6 层、第 7 层，被确定为秦汉时期遗存；第 5 层，被确定为六朝时期遗存；第 4 层，被确定为唐代遗存；第 3 层，被确定为宋元时期遗存。从底层堆积情况看，该遗址以战国晚期至六朝时期文化内涵最为丰富。遗址中部台地应该是铁铺岭遗址中心区，除文化层堆积厚以外，在台地东南边发现有一定规模之防护壕沟。又西北边兔子山遗址古井中出土上万件(片)秦汉六朝简牍。简牍内容众多，有专家认定其为秦汉六朝时期益阳县署之档案资料。除简牍外，古井中还出土大量筒瓦、板瓦、回纹砖等建筑遗存，这些建筑遗存非一般民房构件，显然具有官署所在地特点。

综上所述，益阳铁铺岭遗址应是秦汉至六朝时期"益阳故城遗址"，再结合遗址下层出土的战国建筑遗存及周边重要战国墓群和兔子山古井出土简牍内容分析(其 J9⑦"事卒簿"被认为是记录战国时期益阳县县署的档案文书)，④该城址年代或可上推到战国晚期，故极有可能亦为战国时期楚国益阳县治所在地。⑤

① 湖北省荆沙铁路考古队：《包山楚墓》附录一《包山二号楚墓简牍释文与考释》，文物出版社 1991 年版，第354 页。

② 参见黄锡全：《湖北出土商周文字辑证(增补本)》附录四《〈包山楚简〉部分释文校释》，武汉大学出版社 2019 年版，第 218 页。

③ 参见徐少华：《荆楚历史地理与考古探研》，商务印书馆 2010 年版，第 216-217 页。

④ 参见湖南省文物考古研究所、益阳市文物处：《湖南益阳兔子山遗址九号井发掘简报》，载《文物》2016 年第5 期。

⑤ 以上参见益阳市博物馆：《益阳铁铺岭遗址发掘报告》，载《先秦南洞庭：南洞庭湖古遗址发掘报告集》，科学出版社 2016 年版，第 331-365 页。

三、战国后期秦楚对峙时的益阳

战国后期，秦国国势蒸蒸日上，而楚国则每况愈下。公元前 278 年，秦将白起攻拔楚国郢都，楚顷襄王兵散，"遂不复战，东北保于陈城"。[①] 次年，秦蜀守张若伐楚，"取巫郡及江南，为黔中郡"。[②] 其所取之"江南"，应包括楚黔中郡和洞庭郡。[③] 但在公元前 276 年，"（楚）襄王乃收东地兵，得十余万，复西取秦所拔我江旁十五邑以为郡，距秦。"[④]包括楚黔中郡东部区域和洞庭郡，于该年又重归楚版图。根据何介钧先生对湖南楚墓分期，沅水流域之常德、桃源、辰溪、溆浦以及湘水流域之汨罗、长沙、衡阳等地，还存在大量战国晚期后段到战国末年的楚墓。[⑤] 这说明沅湘地区在秦拔郢都之后仍属于楚国。更有学者主张"自公元前 278 年江陵陷落后，湖南地区除一度有秦人短暂进入外，仍一直处在楚人控制之下，直到秦统一"，因为在湖南地区的战国晚期墓葬中，迄今没发现一座足以证明是秦统治者之墓葬。酉水下游之里耶古城，在战国中、晚期没发生大文化面貌改变，城内及附近麦茶墓地均为战国中、晚期楚文化遗存，[⑥]亦说明这一地区在战国晚期仍属于楚国。[⑦] 要之，在整个战国后期，益阳县应是随洞庭郡，除在公元前 277 年短暂归属于秦黔中郡外，基本上皆属于楚，直至公元前 222 年王翦"定荆江南地"，[⑧]才正式归入秦版图。

第二节　楚国时期的益阳经济和文化

一、楚国时期的益阳经济

（一）农业

从战国中期开始，楚人大规模来到湖南，并集中于湘中和湘北地区，长沙及其周边如益阳等地区的楚墓急剧增加就是明证。楚人带来先进的生产技术，使当地农业较前代有很大发展。因资料有限，于益阳地区而言，以下仅突出强调铁制农具的推广。1978 年在益阳赫山庙发掘战国墓 22 座，发现铁斧 1 件、铁残器 3 件，已锈蚀在一起，器形不

---

① （汉）司马迁：《史记》卷 40《楚世家》，中华书局 1959 年版，第 1735 页。

② （汉）司马迁：《史记》卷 5《秦本纪》，中华书局 1959 年版，第 213 页。

③ 《韩非子》卷 1《初见秦》云："秦与荆人战，大破荆，袭郢，取洞庭、五湖、江南，荆王君臣亡走，东服于陈。"《战国策·秦策一》《史记·苏秦列传》"集解"亦载，然"五湖"作"五都""五渚"。

④ （汉）司马迁：《史记》卷 40《楚世家》，中华书局 1959 年版，第 1735 页。《史记·秦本纪》亦载秦昭王三十一年"楚人反我江南"。

⑤ 何介钧：《湖南晚期楚墓及其历史背景》，载《楚文化研究论集》第 2 集，湖北人民出版社 1991 年版。

⑥ 湖南省文物考古研究所：《里耶发掘报告》，岳麓书社 2007 年版，第 372 页。

⑦ 参见前揭袁艳玲：《楚人经营湖南地区的考古学考察》，第 78 页。

⑧ （汉）司马迁：《史记》卷 6《秦始皇本纪》，中华书局 1959 年版，第 234 页。

明，似为铁削。① 在《益阳楚墓》所载楚墓中，有89座墓楚中出土有铁器，合计126件，按用途可分为生活用具、生产工具和兵器等。其中生产工具有44件，包括锸6件、锸16件、锄2件、斧1件、刮刀9件、环首刀6件、刀2件和铲等。② 铁铺岭遗址战国文化遗物中有残铁器2件，因锈蚀严重，器形不明。③ 2017年益阳枇杷树山墓群战国至秦代墓葬M2、M18、M41等3座墓出土有铁器，锈蚀严重，可辨器形有铁插、刮刀等。④ 此外，益阳羊舞岭楚墓出土有铁器，包括AV铁剑2件、铁条形器1件。又赫山庙、桃花仑一带出土铁臿3件，呈凹字形、弧形刃，刃两侧外撇，长7.4厘米、宽5.8厘米，经湖南省钢铁研究所对铁锸臿的金相分析，其金相组织似可锻铸铁。桃花仑楚墓还出土锸4件，一式为3件，呈长方形，直銎，两边有刃，出土时已残，长14.2厘米、宽6.2厘米；二式为1件，呈长方形，直銎，唯一边有刃，銎内残存有木柄，长15厘米、宽6.2厘米。赫山庙楚墓出土锄1件，呈六角形，平刃，中有横方銎，用以承柄，长12厘米、宽22厘米。锸，大锄，是挖土的工具。赫山庙一带还出土铁斧1件，呈长方形器，两面刃，呈弧形，刃宽8.4厘米、高8.6厘。如此种种，皆充分表明益阳如同长沙等地一样，是我国最早使用铁器的地区之一。其中尤其值得注意者为铁锸。铁锸乃典型农具，为重要起土工具，往往与"耒"连在一起，谓之"耒臿"。今按"锸"字，本写作"臿"，《淮南子》卷9《精神训》高诱注："臿，铧也。青州谓之铧，有刃也。"《尔雅》："锹谓之臿。"《汉书》卷29《沟洫志》云："举臿为云，决渠为雨。"这是水利农业之象征，证明臿在开渠中有较大作用。《益阳楚墓》载楚墓中出土锸达16件之多，说明农业在兴起，耒臿将极大地提高生产力，促进社会巨大进步，亦标志着益阳的崭新时代即将到来。

作物方面，在南县新湖遗址、沅江漉湖遗址出土的距今5000年左右之红烧土块中检测出大量栽培水稻印痕，专家认为与现代水稻之粳稻相似，应属于栽培稻。⑤ 由此可见，益阳地区水稻栽培起源甚是久远，至战国时应有很大发展。

又据《益阳楚墓》载，在多座楚墓中发现有种子和果壳，这些种子和果壳出土时分别放置在陶敦和陶壶中，呈褐黑色，均已碳化。经湖南农学院沈美娟教授对M140陶壶内出土种子鉴定，此系蔬菜中木耳菜，即落葵。经有关专家鉴定，M183出土陶敦中果壳，应为粟壳。上述物件皆作为随葬品使用，可推知，其时益阳粮食作物除水稻外应还有粟，蔬菜有木耳菜等。⑥

此外，在M2边箱中发现猪骨数块，可知猪应是主要家庭养殖畜类。

（二）手工业

益阳手工业在楚国时期已有所发展，涉及金属铸造、丝麻纺织、漆木器和竹器制造

---

① 参见湖南省博物馆、益阳县文化馆：《湖南益阳战国两汉墓》，载《考古学报》1981年第4期。

② 参见前揭《益阳楚墓》，第181-183页。

③ 参见前揭《益阳铁铺岭遗址发掘报告》，第350页。

④ 参见西北大学文化遗产学院、湖南省文物考古研究所：《湖南益阳枇杷树山墓群战国至秦代墓葬发掘简报》，载《文博》2019年第4期。

⑤ 参见顾海滨：《益阳南洞庭湖两处古遗址水稻鉴定报告》，载前揭《先秦南洞庭》，第379-380页。

⑥ 参见前揭《益阳楚墓》，第206页。

及玻璃、玉器、陶器制造等方面。

金属铸造 其中铁器冶铸业是新兴行业。楚国是我国最早冶铁和铸造铁器之地，长沙是楚国较早出现铁器冶铸业的地区之一。[①] 在益阳赫山庙楚墓亦出土有残铁渣数块，还有矿冶遗址，这说明本地冶铁业已然兴起，前述益阳楚墓中铁制器具大量出现也是明证。技术部门对益阳黄泥湖楚墓出土铁器有专门分析：3 件铁器中，YH33 铁斧基体断面灰白相间，灰色区域是由条状渗碳体及珠光体组成，基体中可见大斑块的三元共晶磷化物，白色区域为过共晶白口铁组织，主要金相组织为一次渗碳体和低温莱氏体，石墨呈 F 型，中心大块状为初晶石墨，周围生长着许多较小的共晶石墨，是共晶成分在较大过冷度下形成的。[②]

益阳楚墓出土青铜器具甚多，可见传统青铜器铸造业在继续发展。随葬青铜器大致可分为以下几种类型。

一是礼器。墓葬中放置的青铜礼器，是墓主身份等级和权力的象征。1958 年赫山庙出土有饰细蟠虺纹的高足铜鼎和铜簠；1985 年该墓地还出土有青铜尊缶，其肩腹部饰 5 组逗点式云纹，腹部有 4 个兽首环纽；另一墓中出土有蹄足铜敦。以上均属春秋晚期青铜器。《益阳楚墓》载 14 座楚墓中出土青铜鼎 15 件、敦 2 件、尊缶 1 件、簠 1 件等。[③]

二是兵器。此类器具所占比重尤大，不少益阳楚墓均发现有青铜兵器作为随葬品。《益阳楚墓》载青铜兵器达 380 件之多，其中铜剑 99 件，分别出自 97 座楚墓；戈 79 件，分别出自 59 座楚墓；镦 30 件，分别出自 22 座楚墓；矛 78 件，分别出自 58 座楚墓；镞 72 件，分别出自 33 座楚墓；此外，尚有匕 3 件、戈鐏 5 件、镦 14 件。[④]《益阳黄泥湖楚墓》亦载有不少青铜兵器，其中铜剑 108 件(形态明确者 101 件)、铜戈 74 件(形态明确者 46 件)、铜矛 123 件(形态明确者 89 件)、铜戈鐏 5 件(形态明确者 3 件)、铜矛镦 6 件(形态明确者 4 件)、铜匕首 12 件(形态明确者 10 件)。[⑤]《益阳罗家嘴楚汉墓葬》载铜剑 4 件。[⑥] 另，新桥山 25 座墓葬中出土铜兵器 70 件，其中剑 15 件、矛 13 件、戈 15 件。一般来说，大多数墓剑、戈、矛齐全，少数仅有剑矛，亦有剑、戈缺矛者。按种类分，短兵器有剑、匕首，长兵器有戈、矛、戟、铩。赫山庙楚墓有 1 件戈，窄长援，尖端微上扬。远射兵器有弓、弩、箭镞。防御兵器有盾、甲。随身携带的铜剑出土较多。赫山区天成垸楚墓中出土两颗铜肖形印，与川东巴文化有联系。墓主很可能属于徙居益阳的巴人。1978~1981 年益阳桃花仑楚墓 M5∶8 的铜剑剑身饰银斑状斜方格纹，纹饰与湖北江陵出土"越王勾践""越王卅勾"铜剑纹饰相同。1977 年益阳赫山庙 42 号战国墓出土"越王卅勾"铜剑，全长 58 厘米，剑身满饰暗斑菱形纹，剑格上面两侧各铸"越王卅勾"，另一

① 参见谭仲池：《长沙通史(古代卷)》，湖南教育出版社 2013 年版，第 54-55 页。

② 参见前揭《益阳黄泥湖楚墓》，第 699 页。

③ 参见前揭《益阳楚墓》，第 125-137 页。

④ 参见前揭《益阳楚墓》，第 137-164 页。

⑤ 参见前揭《益阳黄泥湖楚墓》，第 534-554 页。

⑥ 参见湖南省文物考古研究所：《益阳罗家嘴楚汉墓葬》，科学出版社 2016 年版，第 249 页。

面两侧各铸"自作用钥"鸟篆铭文。此种特征说明这种铜剑与越文化有联系，很可能是越人迁来益阳居住时带来的。

三是日用品，如铜镜、带钩、车马器和权衡器等。《益阳楚墓》载铜镜44件，分别出自42座楚墓；带钩58件，分别出自53座墓；此外，还有权衡器116件(详后)。《益阳黄泥湖楚墓》载铜镜9件，其中形态明确者7件；带钩16件，其中形态明确者5件。《益阳罗家嘴楚汉墓葬》载铜镜10件，其中形态明确者8件，有5种形态。① 整体而言，以铜镜最为常见。益阳楚墓出土的铜镜较多，种类丰富。赫山庙一带出土铜镜15件，按装饰分，有素镜、铸纹镜、彩绘镜3种，以铸纹镜最多；按形制分，有圆形、方形2种，以圆形占绝大多数。湖南楚镜经化学分析，含铜66.33%~71.74%，含锡19.623%~21.992%，含铅2.69%~3.363%，还有少量锌、锑、镍、铁等，属于含锡较高之锡青铜。

丝麻纺织　楚国纺织业起步较早。《管子·小匡》载："(齐桓公)南据宋、郑，征伐楚，济汝水，逾方地，望文山，使贡丝于周室。"尹知章注曰："使贡楚丝，即所谓㯟丝者也，堪为琴瑟弦。"②楚国时益阳纺织业主要是丝纺和麻纺。赫山庙M37墓室东壁挖有宽13厘米、与墓底等长的边龛，其中"发现有丝织物残迹，应是所谓外藏椁葬制"。另外，益阳赫山庙一带楚墓中，"不少墓中出土有漆盒、麻织物和漆木器碎片，均无法取出"。《益阳楚墓》载有麻织品7件，分别出自3座楚墓，其中麻布3件，标本M300：20，呈灰绿色，似为斜纹提花织物，经纬密度每平方厘米约经线30根、纬线20根。因与黄色泥浆粘在一起，仅能从痕迹上观察出基本特征。麻鞋2件，形制基本一致，出自同一座墓中。标本M646：8，出土时呈灰黑色，鞋面已残破。麻布似斜纹提花织物，鞋底已挤压变形，可看出是用粗麻线平绕多圈编织而成。底残长20厘米、宽8.5厘米。残麻织物2件，其中1件出土于M2头箱中，另1件出土于M2边箱与头箱交界处，呈深褐色，纹路较细。③

漆器和竹器制造　在益阳楚墓中，以漆器作为随葬品者不少，疑其有逐步取代铜器成为豪华生活用品之趋势。赫山庙楚墓中有漆奁、漆盒、漆木器随葬，但出土时已残破。新桥山楚墓中漆器，"仅M3中有残痕，但都已腐烂，器形难辨，为木胎，内髹红漆，外髹黑褐漆，无花纹"。羊舞岭2座楚墓出土土漆木器10余件，有飞鸟、俑、镇墓兽、瑟、鼓、笙、梳、耳、环、剑、鞘等。《益阳楚墓》载有漆器34件，分别出土于6座墓中，均为木胎，按用途可分为生活用具、丧葬用器、乐器、兵器等。其中，耳杯15件，樽3件，卮2件，奁4件，盒盖5件，鼓1件，勺1件，弩1件，漆弓2件。耳杯A型Ⅰ式杯口呈椭圆形，口沿四周绘花草纹，两端椭圆，弧壁，平底，耳呈残月形，上饰变形云纹；Ⅱ式和Ⅲ式杯内饰变形凤鸟纹，其余同Ⅰ式；耳杯B型耳部朱绘动物花朵纹，口沿四周饰变形云纹和菱形几何纹。樽通体髹黑漆，朱纹绘多层纹饰，其中1、3、5层以变形云雷纹相

---

① 以上参见前揭《益阳楚墓》，第165-172页；《益阳黄泥湖楚墓》，第554-556页；《益阳罗家嘴楚汉墓葬》，第249-253页。

② 黎翔凤撰，梁运华整理：《管子校注》卷8《小匡第二十》，中华书局2004年版，第424页。

③ 参见前揭《益阳楚墓》，第206页。

间。卮为薄木胎，外表髹黑漆，内为朱彩，器表彩绘云纹和变形几何纹。纹饰可分为4层，笔调生动。[1]

益阳盛产竹类，竹器在战国时期就已出现于日常生活中。《益阳楚墓》载竹器3件，包括笥1件，标本M2：35，残，织法为人字形，呈长方形，由盖、底合成，残长45厘米、宽28厘米；席1件，标本M2：41，织法为人字形，纵横相间，纹理较粗，出土时残碎成数块，与泥浆粘在一起，无法提取；杆1件，标本M2：18，圆管状，一端已折断，残存2个竹节，残长35厘米、直径1.9厘米。此外，在部分墓葬中发现有朽蚀竹片，器形不明，有的可能为竹弓残片。[2]

玻璃制造　玻璃器在益阳楚墓中亦大量出现，一般是作为装饰品随葬，亦有兵器和漆器上的镶嵌饰物。《益阳楚墓》载玻璃器50件，分别出土于43座墓，其中含璧36件，珠14件。[3] 赫山区、新桥河楚墓中出土战国中晚期料璧2件、料管1件、料珠3件、剑珌1件。赫山庙一带楚墓出土璧呈米黄色，半透明，内一面有谷纹。标本M5：8，直径9.2厘米、直径3.8厘米、厚0.2厘米。璧是一种礼仪上使用的器物，可以作为身份不同之徽标。珠、管用途有二，一是镶嵌在兵器上之小块玻璃，一是小型蜻蜓眼式玻璃珠。赫山庙楚墓出土之料珠呈球形，外表嵌有绿松石。同地出土之料管呈深蓝色，上有白色波浪、菱形纹，中填以黄色圆圈纹，并嵌有绿松石。管中间有对穿孔，长3.4厘米、孔径0.7厘米。

陶器制造　陶器制造在我国最为古老，远在新石器时代就有风格粗犷、朴实之灰陶、红陶、白陶、彩陶和黑陶等，商代已出现釉陶和初具瓷器性质之硬釉陶，至战国时代更加发达。陶器是益阳楚墓中最为常见之器物，数量惊人，这里仅以《益阳楚墓》为据，叙其大致情况。据该书载，在653座楚墓中，有388座出土仿铜陶礼器，占墓葬总数之60%以上；166座出仿日用陶器，占墓葬总数之25.7%；其他类66座；无随葬器物墓33座。其中，能够进行分期分段者477座。在这477座墓中，已分型分式陶器有2519件。陶器可分为仿铜礼器、日用器和其他三大类。仿铜礼器中，其一为鼎，有472件，出土于303座墓中（能分型式者458件，分属292座墓），根据盖、口、腹、足之不同，可分为8型；其二为陶敦，有427件，出土于292座墓中（能分型式者424件，分属280座墓），早中期形态较规范，晚期制作粗糙，可分6型；其三为壶，有473件，形制清楚者442件，分属310座墓，可分9型，其中以C型壶最多，以战国晚期最多；其四为盘，有178件，分属131座墓，能分型式者110件，可分5型；其五为勺，有243件，分属162座墓，能分型式者157件，可分4式；其六为匕，有130件，分属98座墓；其七为匜，有40件，分属30座墓。此外，尚有尊缶2件，簋4件，钫12件，盒12件等。日用包括日用器和仿日用器，其中日用器较少，火候较高；仿日用器占绝大多数，火候低，质地疏松，触之即碎。仿日用器包括豆720件，分属358座墓；陶鬲5件；钵

---

① 参见前揭《益阳楚墓》，第199—201页。

② 参见前揭《益阳楚墓》，第203页。

③ 参见前揭《益阳楚墓》，第189—193页。

110 件；小壶 29 件；罐 34 件，分属 29 座墓；绳纹圜底罐 54 件，分属 54 座墓；长颈壶 3 件；罍 15 件，分属 11 座墓。其他陶器包括盖豆 1 件，高柄壶形豆 12 件，杯 9 件，泥金饼 1 件，异形壶 1 件，柄形器 2 件，甑 1 件，佣头 10 件（分属 4 座墓），鸽、鸭、鸟各 1 件。[1] 由上足见其种类繁多，异常丰富，也充分反映此时陶器制造业发达。

玉器制造　新石器时代晚期益阳就有玉器工具，玉器是从玉工具发展而来。殷商时期已大量制作礼仪用具和各种佩饰，先秦及秦汉发展为印章，是权力的象征，如玉玺为皇帝玉印，秦始皇印就叫玉玺；官印，用以表示各级官府权力；印章，用以表示个人身份等。益阳楚墓出土玉器相对较少，《益阳楚墓》中仅载玉器 19 件，分属于 16 座墓，包括玉璧 6 件（分属于 6 座墓）、玉环 3 件（分属于 3 座墓）、玉管 5 件（分属于 2 座墓），此外有玉璜、玉剑格、玉剑珌、玉剑首、玉印等各 1 件。[2] 从赫山区一带楚墓出土玉器看，其可分为三类：第一类是佩饰，如出土带钩 1 件，白色，作 S 形弯曲状，出土时已残。带钩是用在腰带上的。第二类是礼器，如玉璧、玉珌等。玉璧，为古代贵族朝觐、祭礼、丧葬所用。益阳桃花仑楚墓（M10：7）出土玉璧 1 件，呈灰白色，肉面饰谷纹，内缘和外缘绕以弦纹，肉径 14：3 厘米、好径 4.9 厘米。玉珌用于丧葬，多放于死者耳旁。赫山（M36：15）与天成垸墓中各出土 1 件。赫山庙出土的玉珌，束腰状，断面似棱形，外表呈灰白色，两侧各饰有一兽面图形，长 2.6 厘米、宽 5.5 厘米。天成垸出土的玉珌，与赫山庙出土的玉珌基本相同，唯两侧无纹饰，呈羽白色，长 2 厘米、宽 4.6 厘米。珌还用于古代佩刀之鞘末端装饰。第三类是印章。赫山庙战国墓中出土印章 1 枚（24：6），出于人骨旁，白色，正方形，盖顶，纽有一小孔对穿，阴刻“干”字，长宽均为 1.2 厘米，似是私人印章。

到了两汉，玉工具发展为石印、铜印，如赫山庙战国墓中出土石印 1 枚（25：6），上小下大，阴刻一字，刻字较浅，磨损厉害，字迹模糊不清，可能为墓主人之姓，长 4 厘米、宽 4 厘米、高 2.5 厘米。赫山庙东汉墓中出土铜印章 1 枚，出于 M28 前室。印面为长方形，背面为榫形状柄，末端有一小穿，印文字迹清晰，字为阳文篆体，铸“张千万”3 字，长 2.2 厘米、宽 1 厘米、通高 1.7 厘米。

（三）商业

对于楚国时期益阳商业发展情况，以下仅能略言其一二。其时，益阳水运交通已颇便利，此可于“鄂君启节”见之。鄂君启节于 1957 年在安徽寿县丘家花园出土，计车节 3 枚，长 29.6 厘米，铭 150 字；舟节 2 枚，长 31 厘米，铭 165 字，分别记载自鄂至郢水陆所经城邑，详细规定车船数目、行程期限、运载物类等，是研究楚国历史地理、商业交通和符节制度之珍贵资料。[3]

---

[1]　以上参见前揭《益阳楚墓》，第 53–125 页。

[2]　参见前揭《益阳楚墓》，第 193–197 页。

[3]　参见王巍：《中国考古学大辞典》，上海辞书出版社 2014 年版，第 67 页。

安徽省博物馆藏战国鄂君启节①

现仅将其"舟节"释文中与本书有关语句截取如下：

> 上江，入湘，就脉，就郴阳，入灘，就郎，入濬、沅、澧、潕。上江，就木关，就
> 郢。见其金节则毋征。毋舍传飤。不见其金节则征。如载马、牛、羊台出内关，则
> 征于大府，毋征于关。②

按"舟节"起首语有"大司马昭阳败晋师于襄陵之岁"云云，推知它铸于战国楚怀王六年（公元前 323 年），是颁给鄂君启行商之免税通行凭证。学界多认为，此文献反映出当时楚国贸易之发达，亦可见先秦时期长江水运情况，证明当时包括益阳在内之洞庭郡等楚国地域内河航运之便利。鄂君昭阳是楚怀王之弟，怀王赐予他免税符节《鄂君启节》。舟节铭文记载，鄂君商队走水路带船 150 艘，走陆路带车 50 乘，由长江过洞庭，沿湘、资、沅、澧四水到达湖南各地，在资江中下游包括益阳、湘阴等地通商。鄂君启凭借金节不用征税，若无金节则须征税；船上运载牛、马、羊等动物，则应直接向楚王财政部门纳税。由此推知楚国时资江沿岸已设有税关，由驻守税官收税。

---

① 图片来源为湖北省博物馆：《百年民俗 湖北记忆》，湖北美术出版社 2022 年版，第 166 页。

② 参见马承源：《中国古代青铜器》，上海人民出版社 1982 年版，第 134 页。释义参考了王谷：《〈鄂君启节〉舟节释义》，载刘玉堂主编：《楚学论丛》，湖北人民出版社 2017 年版，第 43 页。

商业发展之一大标志，是货币和权衡、砝码等计量量具的问世。货币是交换媒介，充当商品价值之手段。楚国货币有二：一为蚁鼻钱，即铜币，仿似海贝，沿袭自殷周时期天然贝币，《益阳楚墓》中载有蚁鼻钱1件，标本M184：5，长1.9厘米、宽1.3厘米、厚0.45厘米，正面凸起，背面平，形如瓜子，铸有一字；[①]二是郢爰，即金币，是一种称量货币，即在扁平金版上打出一块块金印，使用时从大版上切下，依重量定其价值，并且金币上钤有"郢爰"字眼(亦有钤"陈爰""融爰""卢金"等字眼者)，"郢"是楚都名，"爰"是计量单位，一爰即楚制一斤，约250克。与之相应，则有标准计量量具——砝码，其在湖南长沙、常德等地皆有发现，最小者0.6克，最大者251.3克。在益阳赫山庙发现砝码2套，共6件：天成垸M22出土2件，经实测分别为6克和12克；赫山庙M36出土4件，清理时已残破。《益阳楚墓》中载有权衡器116件，有天平盘和砝码。其中，天平盘16件，标本M219：11，圆形，圜底，直径7.6厘米、盘深1.3厘米，边钻四小孔，以系丝线；砝码100件(33套)，均为环形，绝大部分断面近圆形，少部分断面外侧圆弧，内侧微起棱。33套砝码中，9个者1套，7个者1套，6个者1套，5个者7套，4个者3套，3个者2套，2个者7套，1个者11套。标本M518：15，黑褐色，全套9个，重量依次为116.1、60、29、13、7.5、3.2、1.5、1、0.4克。标本349：11，翠绿色，全套6个，重量依次为105.6、45.2、20.8、5.8(残重)、6.2、2.58克。标本M298：3，

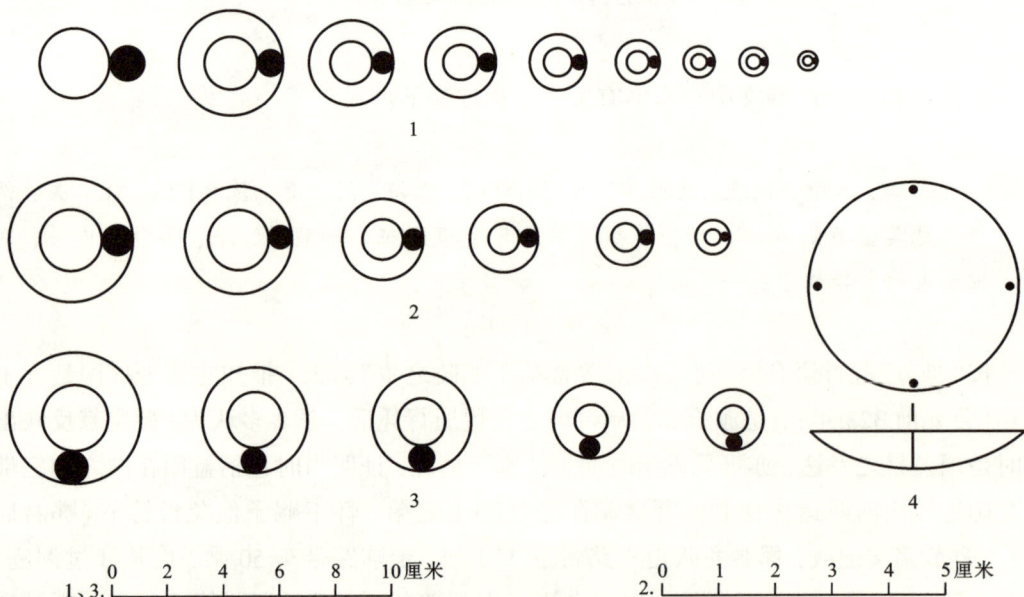

1—乙类四期八段砝码(M518：15)；2—甲类四期八段砝码(M349：11)；
3—丙类四期八段砝码(M294：3)；4—乙类三期六段天平盘(M219：11)。

铜天平盘、砝码

---

① 参见前揭《益阳楚墓》，第180-181页。

灰褐色，全套5个，重量依次为9、4.4、2.9、1.6、1克。① 另，《益阳黄泥湖楚墓》载"砝码"1件，却列在"日用陶器"类，②陶器质地之砝码，或仅作明器用罢了。

至于金饼，益阳楚墓虽未发现金质地金饼，但《益阳楚墓》中载有泥金饼1件（标本M42∶28），③另在赫山西汉墓M22号墓中出土泥金饼12枚。可以推测，楚国时益阳已流通金饼货币。

二、楚国时期的益阳文化

益阳文化之源头，必当上溯到伟大诗人屈原。屈原（约公元前340年~前278年）因忠贞而遭谗忌，被楚顷襄王放逐而流徙于沅、湘之间，相传曾在益阳资水支流桃花江居住过，故清代邑志纂修者皆将屈原视作益邑艺文发端之鼻祖，其言曰：

> 屈原《天问》，相传作于益之桃花江上。考《涉江》篇内其曰沅曰湘，距资不远；其曰溆浦、辰阳，则益之西境也。意者原涉江而南，尝溯洄于此乎？是编也断自《骚》始，后人所作并登焉。《易》曰"观乎人文以化成天下"，文固未可作小道观也。志艺文。④

> 《天问》作于桃江之弄溪，灵均（屈原之字）固邑艺文之权舆也，自后雕龙炙輠，莫不祖风骚焉。漱其芳润，虽吟风弄月之章，尤为宝重。辑诸名集编之，益叹辞之不可已也，匪独润色鸿业炳然蔚然，即折冲百万兵中，磨盾立就，毕具牢笼宇宙、弹压山川之气，岂第薰香摘艳已哉！志艺文。⑤

关于屈原在益阳活动之事，因下编收《楚国浪漫主义诗人屈原居益阳考略》一文对此有专门考证，故此处从略。

益阳楚墓出土器物中，个别青铜器上铸有铭文（参见下图）⑥，对研究楚国文字有一定参考价值。

音乐方面，《益阳楚墓》中载有乐器和乐舞俑，其乐器为鼓和竽。鼓1件，标本M2∶22，厚4.4厘米、直径30厘米，漆器，木胎，鼓面较平，扁圆形，腹外鼓，边沿有一小孔残存木楔。鼓面髹褐黑色漆，漆大部脱落。从榫眼内残存木塞推测，应为悬鼓明器。⑦竽1件，标本M2∶29，通长15厘米、斗高8厘米，用整木雕成弧形，竽头呈圆形，下方一凹槽，另一端为柄形。素面，应为明器。歌舞乐俑一组6件，均出土于M2，保存基本完整。俑身系整木圆雕，但有的头、手、身分开，为雕成后再拼合。其可分为

---

① 以上内容及图片征引自前揭《益阳楚墓》，第176-177页。
② 参见前揭《益阳黄泥湖楚墓》，第436页。
③ 参见前揭《益阳楚墓》，第123页。
④ 《（乾隆）益阳县志》卷20《艺文序》。
⑤ 《（同治）益阳县志》卷22下《艺文志序》。
⑥ 图片来源：《益阳楚墓》，第153页。
⑦ 参见前揭《益阳楚墓》，第199页。

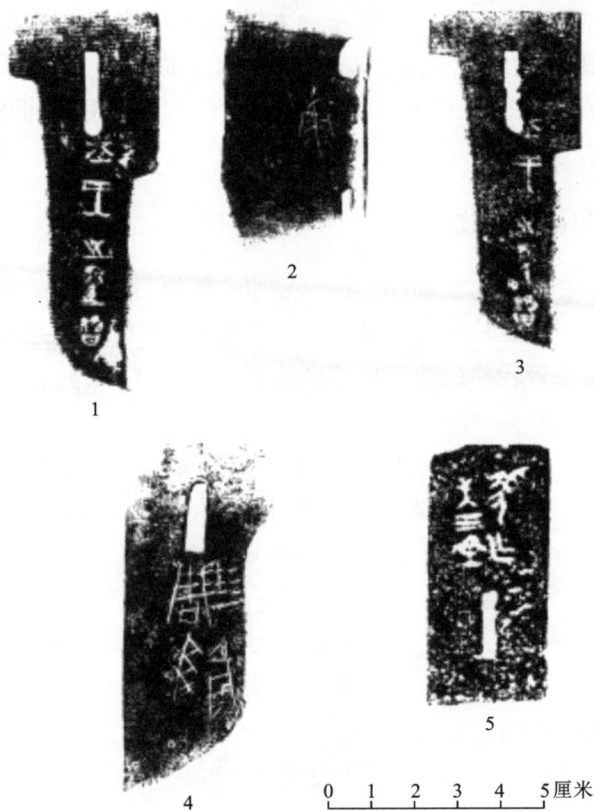

铜戈铭文拓片

4式：Ⅰ式，2件，身手分制，头椭圆，耳、鼻近于写实，束腰，双手前伸；Ⅱ式，2件，身手分制，头扁圆，眉、眼、鼻近于Ⅰ式，腰身修长，双手伸向两边，作舞蹈状；Ⅲ式，1件，头、手、身分制，头扁圆，手向下垂，呈站立状；Ⅳ式，1件，整木雕成，眉、眼高隆，双手合于胸前，系宽腰带①。今按马王堆汉墓曾出土有大量歌舞乐俑，此外，湘乡形牛山楚墓、长沙楚墓、常德楚墓均有乐俑出土，加上益阳羊舞岭楚墓所出乐俑，堪称屈原《招魂》所言"吴歈蔡讴奏大吕""竽瑟狂会搷鸣鼓"。②

---

① 参见前揭《益阳楚墓》，第203-204页。
② 湖南省博物馆编：《湖南省博物馆开馆三十周年暨马王堆汉墓发掘十五周年纪念文集》，1986年，第111页；韩自强：《韩自强文物考古集》，合肥工业大学出版社2018年版，第113页。

1—甲类四期八段Ⅱ式俑（M2：28）；2—甲类四期八段Ⅰ式俑（M2：3）；3—甲类四期八段Ⅱ
式俑（M2：1）；4—甲类四期八段Ⅳ式俑（M2：26）；5—甲类四期八段镇墓兽（M2：4，7，
13，20）；6—甲类四期八段连座鸟（M2：5，9，15-17，19，21，24，34，38）；7—甲类四期八
段梳（M2：25）；8—甲类四期八段竿（M2：29）。

木俑、镇墓兽、飞鸟、梳、竽

美术方面，前面已提及漆器之图案，其实此类例证极多，铜镜、铜壶等各随葬品上
皆有图案，有些图案设计精美，令人叹为观止。①

————————————

① 图片来源：《益阳楚墓》，第165页，第133页。

45

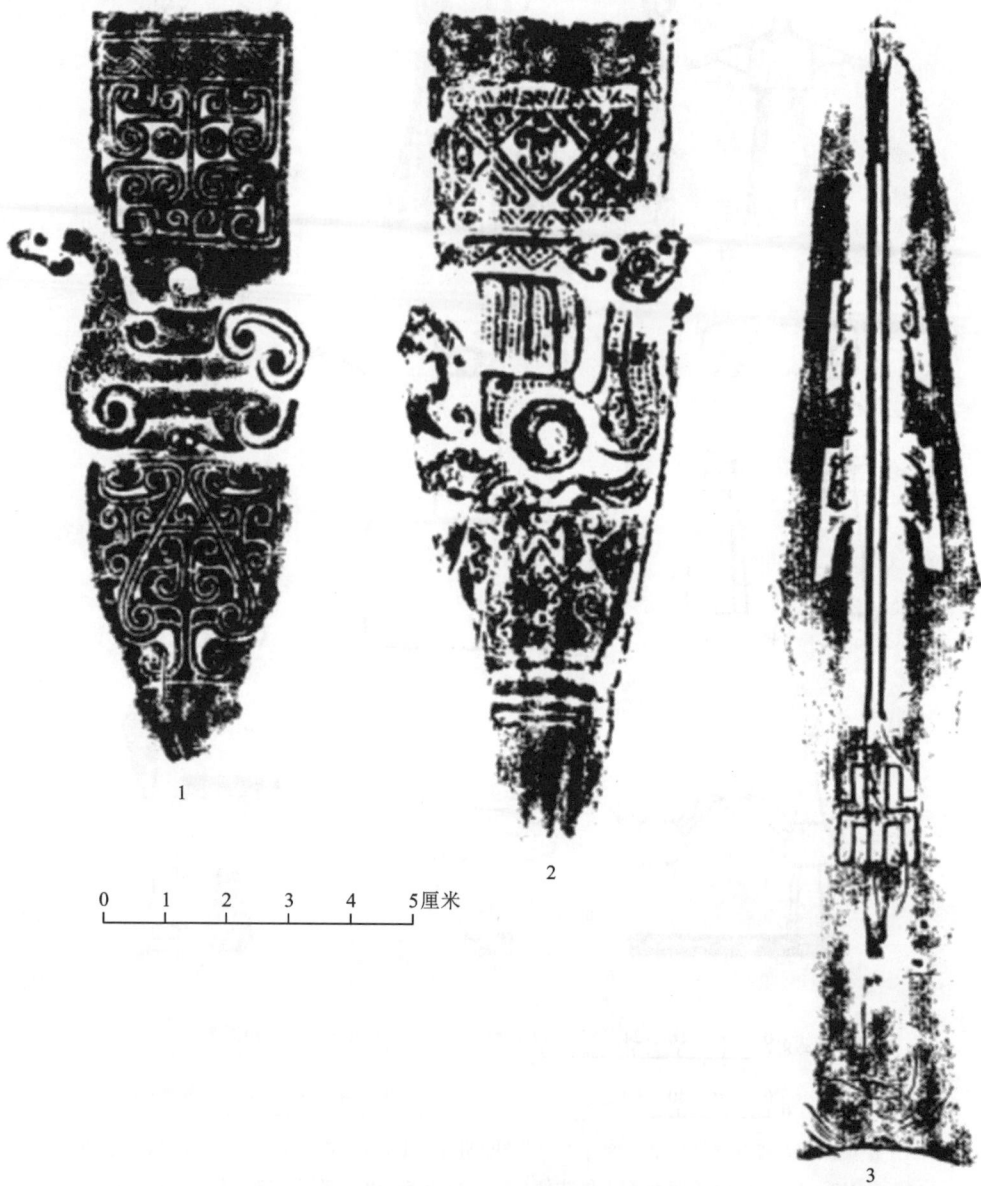

1—甲类四期八段 C 型 I a 式镈(M489：12)；2—乙类三期 C 型 I b 式镈(M650：2)；3—甲类战国 B 型 Ⅵ式矛(M643：21)。

铜镈、矛纹饰拓片

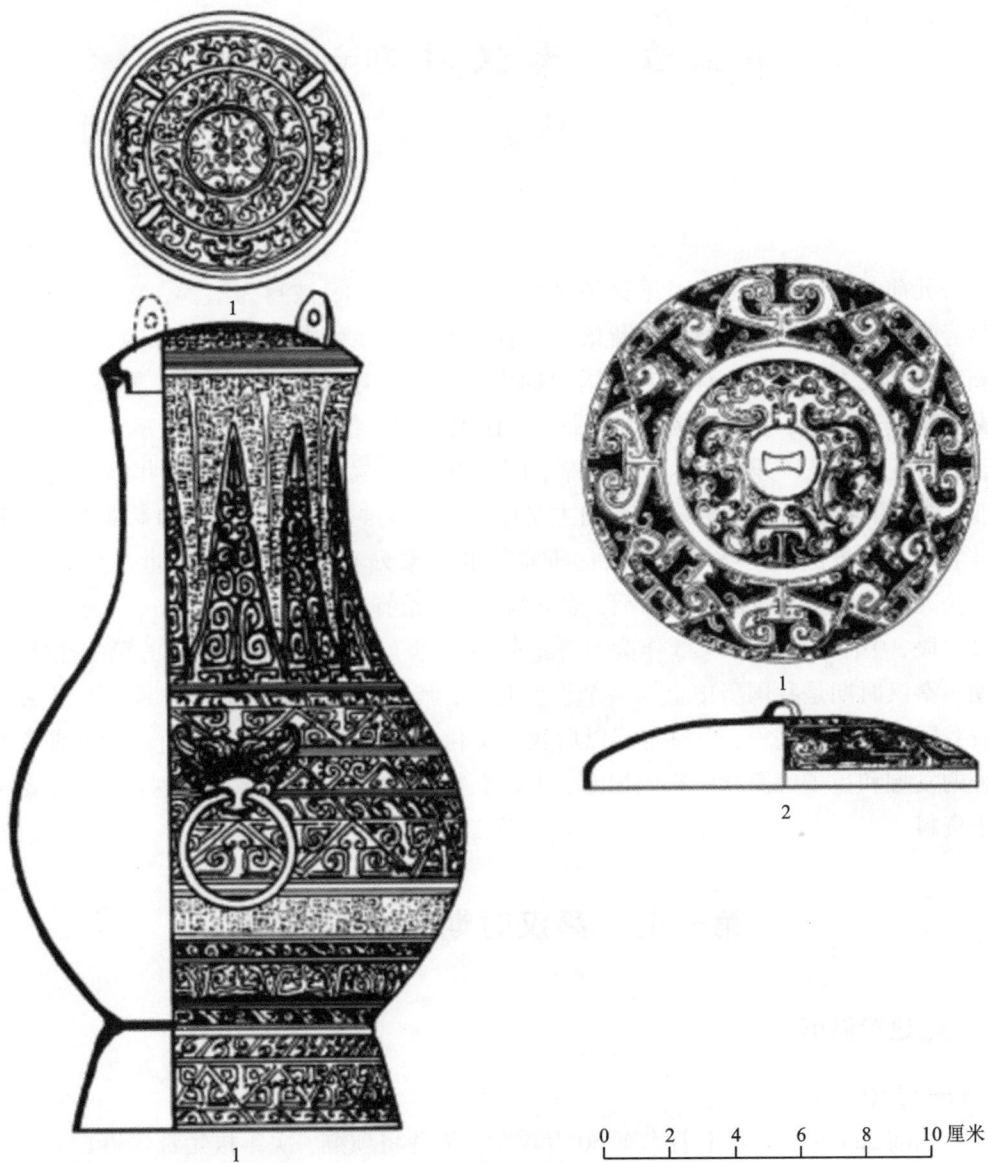

1—甲类四期八段 A 型 Ⅲ 式壶(M42：2)；2—乙类三期五段壶盖(M71：1)。

铜壶、壶盖

第三章　秦汉时期的益阳

公元前 770 年，秦襄公因派兵护送周平王东迁有功，被封为诸侯，秦国正式立国，自是经数十代国君努力经营，不断拓展生存空间，至春秋中叶跻身于强国之列，"春秋五霸""战国七雄"皆榜上有名。战国中期以后，楚国等六国疲态渐显，国势江河日下，而秦国则蒸蒸日上，至战国后期渐成一家独大之势，统一趋势呼之欲出。公元前 230年，秦王嬴政正式拉开扫灭六合之大幕，历经 10 年征战，至公元前 221 年终于完成统一大业，建立了我国历史上第一个专制主义中央集权的封建王朝。虽然 14 年之后，秦朝即被农民起义推倒在废墟之中，但它所实行的一系列政治举措，对后世产生了深远影响。公元前 202 年，刘邦击败项羽，建立汉朝（公元前 202 年~公元 220 年，分为西汉和东汉二段，中间公元 9 年~23 年为新莽短暂过渡期），这是继秦朝之后的第二个大一统王朝。秦汉时期是我国历史上第一个强盛时期，其所形成的国家治理体系，不仅深刻影响着我国历史发展进程，也奠定了以后我国文化的基本格局。就益阳而言，铁铺岭故城遗址的发掘和兔子山简牍资料的出土，为我们揭开秦汉时期该县之面貌提供了直接的第一手资料。

第一节　秦汉时期的益阳政治

一、建置沿革

（一）秦代

公元前 224 年，秦将王翦率军 60 万攻楚，杀楚将项燕，次年拔楚都寿春（今安徽省寿县），俘楚王负刍，楚国灭亡。公元前 222 年，王翦灭楚军余部，"遂定荆江南地，降越君，置会稽郡"，①益阳等湖湘地区正式纳入秦帝国版图。

秦灭楚之后，在湖湘地区设置何郡，因《史记》并未明言，故后世聚讼颇多。王翦所定"荆江南地"，应如上章所述，即楚洞庭、苍梧二郡地，大体亦即今湖南地区。"置会稽郡"语乃就"降越君"而言，即在原越国地域置会稽郡，与"荆江南地"无涉。《楚世家》载："（楚王负刍）五年，秦将王翦、蒙武遂破楚国，虏楚王负刍，灭楚名为〔楚〕郡云。"裴骃《史记集解》引孙检曰："秦虏楚王负刍，灭去楚名，以楚地为三郡。"孙氏盖是以后

①　（汉）司马迁：《史记》卷 6《秦始皇本纪》，中华书局 1959 年版，第 234 页。

一"楚"字为衍文，中华书局点校本亦将该字作衍文处理。[①]《资治通鉴》作"以其地置楚郡"，胡三省注云："按秦三十六郡无楚郡，此盖灭楚之时暂置耳，后分为九江、鄣、会稽三郡。"[②]所言三郡皆与湖湘无涉。始皇二十六年"分天下以为三十六郡"，裴骃《史记集解》所列 36 郡中，与湖湘稍有关涉者仅南郡。据《汉书·地理志》，华容县属南郡。王国维先生认为，36 郡仅始皇二十六年(公元前 221 年)之数，其后有增加，以《史记》诸篇考之，秦郡实有 48，其得自楚者有 8，长沙郡在其中。[③] 谭其骧先生认为，王氏仍拘泥于"6"之倍数之说，"秦一代建郡之于史有证者四十六"，并引《水经注·湘水注》"临湘县，秦灭楚立长沙郡"认为秦有长沙郡。其所附地图中，长沙郡所辖范围涵括了原楚国洞庭郡和苍梧郡，大体即汉代长沙国范围。[④] 上述诸贤所据资料，时代其实皆比较靠后。今按秦代湖南地区并无"长沙郡"，其实际存在者为洞庭郡和苍梧郡。上章述及，2002 年 6 月在湖南龙山县里耶镇发掘出秦简 3.6 万余枚，纪年有秦始皇二十五年至三十七年和二世元年、二年，为考察秦代历史提供了直接的第一手材料，其中有云：

> 二十七年二月丙子朔庚寅，洞庭守礼谓县啬夫、卒史嘉、叚(假)卒史谷、属尉："令曰：'传送委输，必先悉行城旦舂、隶臣妾、居赀、赎责(债)，急事不可留，乃兴(徭)。'今洞庭兵输内史及巴、南郡、苍梧，输甲兵当传者多。(下略)" J1⑯5 正面
> 卅三年四月辛丑朔丙午，司空腾敢言之："阳陵逆都士五(伍)越人有赀钱千三百卅四，越人戍洞庭郡，不智(知)何县署(下略)。" J1⑨8 正面[⑤]

J1⑯5 简以"洞庭守"开头，守是郡之长官，"洞庭"自然为郡名(实际上另有数简直接有"洞庭郡"字样，如上引 J1⑨8 简)，而苍梧与内史、巴、南郡并列，亦当为郡名。又张家山汉简《奏谳书》中有篇文书《南郡卒史盖庐、挚田、假卒史瞗复攸庳等狱簿》，据陈伟先生考证认为，这是一篇汉代人所存秦代司法档案文书，是南郡官员对原攸县县令官员之复审记录。事件时间在简书中有记载，为秦始皇二十七、二十八年，恰好与上述里耶秦简年代相当。此文书中亦有"苍梧守灶"字眼，与上引"洞庭守礼"同，说明苍梧是郡，至于文书中所言"苍梧县"，当依"'巴县'当指巴郡之县"例解读，作"苍梧郡属县"来理解，因为《奏谳书》所收几份秦代案卷称说县级地名时并不缀以"县"字。[⑥] 陈先生所说甚为在理，因此秦代设有洞庭、苍梧二郡应该是客观存在的事实。

至于这二郡所辖区域，周振鹤先生认为：在楚国与秦代，苍梧郡与洞庭郡应是东西

① 参见前揭《史记》卷 40《楚世家》，第 1737 页。

② (北宋)司马光：《资治通鉴》卷 7《秦纪二》，中华书局 1956 年版，第 231 页。

③ 王国维：《观堂集林(外二种)》卷 12《秦郡考》，河北教育出版社 2001 年版，第 338-343 页。

④ 谭其骧：《秦郡新考》，载《长水粹编》，河北教育出版社 2000 年版，第 42-54 页。

⑤ 以上两条参见湖南省文物考古研究所、湘西土家族苗族自治州文物处、龙山县文物管理所：《湖南龙山里耶战国-秦代古城一号井发掘简报》，载《文物》2003 年第 1 期，第 32-33 页。

⑥ 参见陈伟：《秦苍梧、洞庭二郡刍论》，载《历史研究》2003 年第 5 期。简原文见张家山二四七号汉墓竹简整理小组：《张家山汉墓竹简〔二四七号墓〕》，文物出版社 2001 年版，第 63-66 页(图版)，第 223-225 页(释文注释)。

分处湘、资与沅、澧两个流域，在里耶秦简中，与洞庭郡相关之主要地名，多在沅、澧流域。若将《中国历史地图集》"秦图"中黔中郡与长沙郡改为洞庭郡与苍梧郡，并无大碍，只是洞庭郡既以洞庭为名，总要包含洞庭湖在其中，所以秦图中洞庭湖应移属洞庭郡（即该图中之黔中郡），而不应属于苍梧郡（即下图中的长沙郡）。

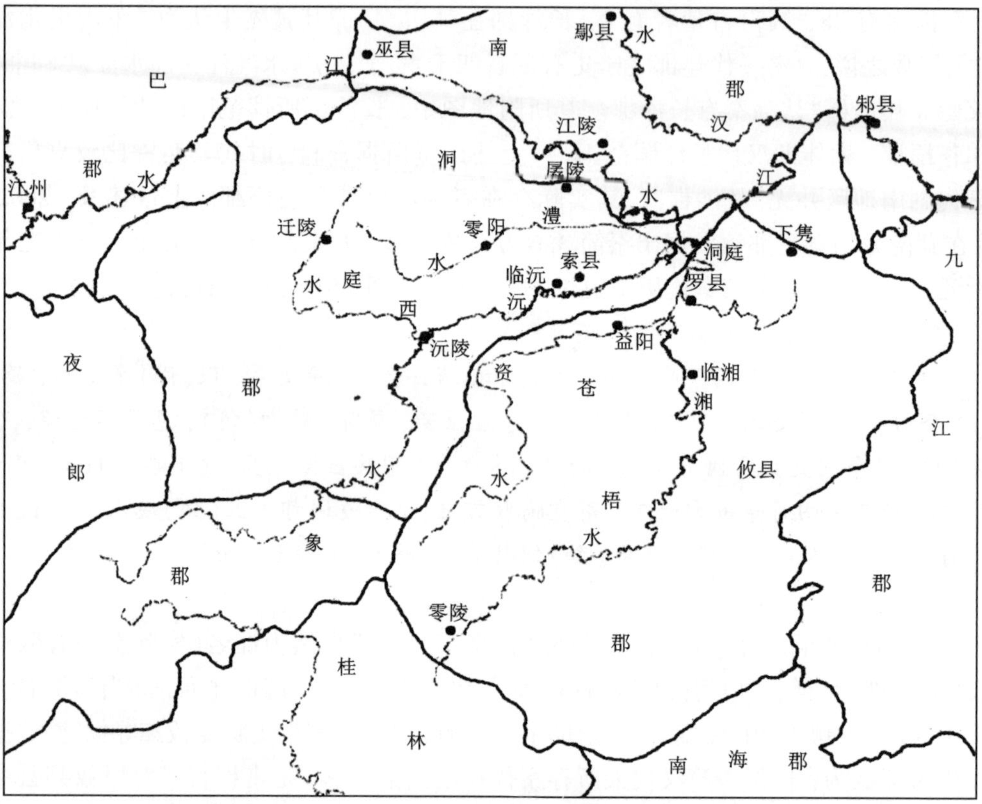

秦代洞庭、苍梧二郡形势图①

至于苍梧郡之治所，学界存在争议，部分学者认为就在长沙，亦有学者认为楚国苍梧郡范围最广，控制着今湖南长沙、益阳、株洲、衡阳、邵阳、郴州、永州等广大区域，长沙则为楚苍梧郡中心区域所在地；到秦时，因军事需要，苍梧郡重心或已向南移到南岭北部区域。从马王堆帛画地图所记县名看，未见苍梧郡或苍梧县，说明汉初以后并未设苍梧郡。汉武帝时期，再次向南越开疆扩土，此时才在五岭以南重设苍梧郡。《汉书·地理志》载："苍梧郡，武帝元鼎六年（公元前111年）开。莽曰新广，属交州。有离水关。"此乃指新设苍梧郡而言。②

---

① 图片征引自周振鹤：《秦代洞庭、苍梧两郡悬想》，载《复旦学报（社会科学版）》2005年第5期。

② 参见张春龙：《古井深藏秦朝事：龙山里耶古城址一号井发掘及出土简牍整理》，载湖南省文物考古研究所：《考古湖南：十堂课听懂湖南历史（上）》，岳麓书社2021年版，第198-199页；罗胜强、周金华：《楚秦苍梧郡探析》，载《湘南学院学报》2019年第1期。

益阳之名亦出现在里耶秦简中,如 J⑧147 载:"迁陵已计:卅四年余见(现)弩臂百六十九,凡百六十九。出弩臂四输益阳,出弩臂三输临沅,凡出七。今八月见(现)弩臂百六十二。"① 又 8-1497 正面有"红薄缮益"字眼,② 疑下脱"阳"字。前揭周振鹤文认为,据里耶秦简考察,其中与洞庭郡相关之诸地名,如迁陵、酉阳、临沅、零阳、索、益阳等,在《汉书·地理志》中都是县名,故推断这几处地方在秦代已经置县,大致不会有误,甚或有始置于楚国者。当然,益阳之名虽在里耶秦简中,但并不一定非为洞庭郡属县不可。上引"今洞庭兵输内史及巴、南郡、苍梧"之简文,是指洞庭郡兵器输往内史及其他三个邻郡,益阳若在苍梧郡中,亦可算兵器输入地点。整体而言,从里耶秦简来看,学界对于益阳是洞庭郡属县还是苍梧郡属县,其实并不特别确定,但倾向于后者居多,③我们亦姑从其说。

(二)汉代

公元前 209 年,爆发陈胜、吴广农民起义,秦番阳县令(其地在今江西省鄱阳市)吴芮亦举兵参加反秦战争,后随项羽进取关中,项羽戏下分封时遂封吴芮为衡山王。项羽败亡后,吴芮归汉,高帝五年(公元前 202 年)徙封吴芮为长沙王,都临湘(今湖南省长沙市),此为长沙国建置之始。吴氏长沙国共历 4 代 45 年,至文帝后元七年(公元前 157 年)因无嗣而国除。④ 汉景帝前元二年(公元前 155 年)复封其庶子刘发为长沙王,是为刘氏长沙国建置之始,迄至东汉光武帝建武十三年(公元 37 年)废长沙国,共历 8 代 9 王 192 年,除去因王莽篡汉曾废止 17 年(公元 9~26 年),实为 175 年。吴氏长沙国和刘氏长沙国,前后合计存在 220 年。⑤

吴氏长沙国与刘氏长沙国所辖区域有很大变化。吴氏长沙国时期,辖有长沙、武陵和桂阳三郡地。而刘氏长沙国自定王刘发时仅获封一郡之地,武帝及其以后实行"推恩令",共封建长沙王子侯国 24 个。这些王子侯国须"别属汉郡",故长沙国疆域日渐缩小,至西汉末期仅余《汉书·地理志》所载 13 县。⑥ 该志所载 13 县,即临湘、罗、连道、益阳、下隽、攸、酃、承阳、湘南、昭陵、茶陵、容陵、安成。⑦

东汉光武帝建武十三年(公元 37 年)废长沙国为长沙郡,据司马彪《续汉书·郡国志》,东汉长沙郡辖 13 县,即临湘、罗、连道、益阳、下隽、攸、酃、湘南、昭陵、茶陵、容陵、安城、醴陵,大体同于《汉书·地理志》所载 13 县,唯无"承阳"而多一"醴陵"。⑧

① 参见前揭《湖南龙山里耶战国:秦代古城一号井发掘简报》,载《文物》2003 年第 1 期,第 19 页。
② 湖南省文物考古研究所:《里耶秦简〔壹〕》,文物出版社 2012 年版,第 188 页。
③ 除上述诸文外,还可参阅郑威:《秦洞庭郡属县且小议》,载《江汉考古》2019 年第 5 期。陈伟认为益阳属于洞庭郡,参见其主编《里耶秦简牍校释》第二卷,武汉大学出版社 2018 年版,第 6 页。
④ 参见(汉)班固:《汉书》卷 34《吴芮传》,中华书局 1962 年版,第 1894 页。
⑤ 参见何旭红:《汉代长沙国考古发现与研究》,岳麓书社 2013 年版,第 7-8 页。
⑥ 以上参见何旭红:《汉代长沙国考古发现与研究》,岳麓书社 2013 年版,第 206-208 页。
⑦ 《汉书》卷 28《地理志》,第 1639 页。
⑧ (晋)司马彪:《续汉书·郡国志四》,见《后汉书》,中华书局 1965 年版,第 3485 页。

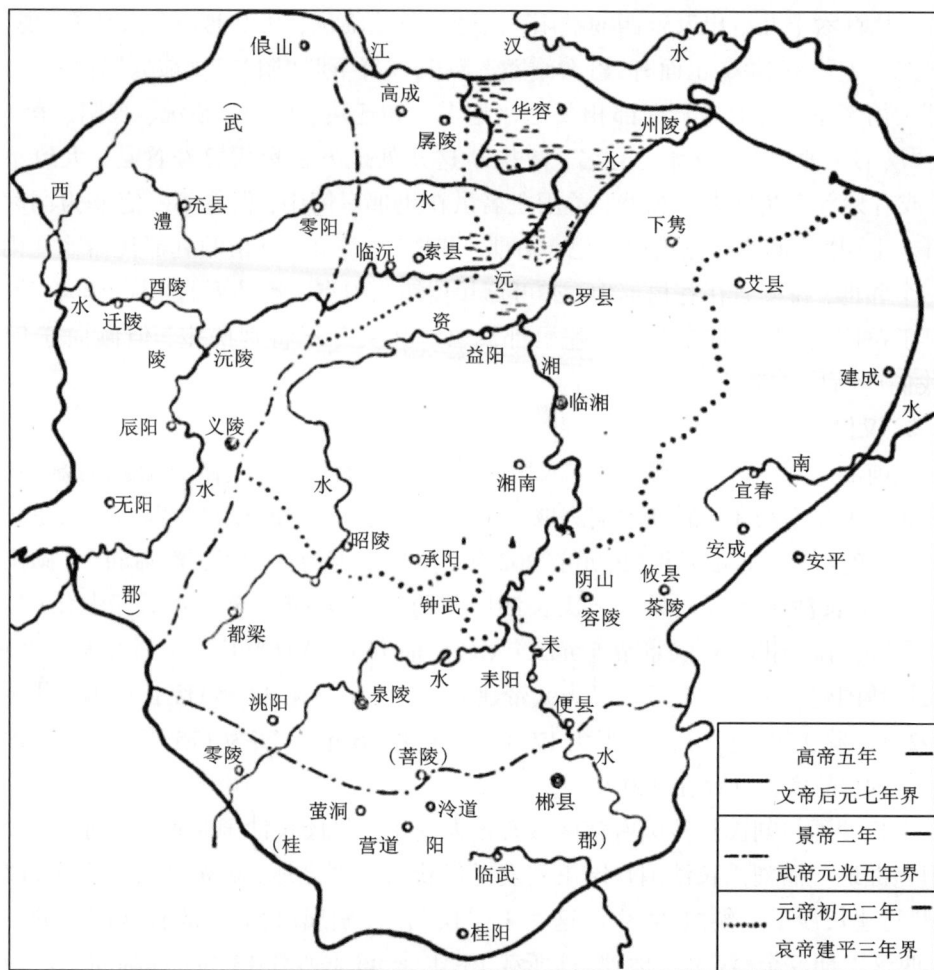

长沙国封域变迁示意图①

秦汉时期益阳县域范围颇为宽广，《(光绪)湖南通志》曾对东汉长沙郡所辖 13 县地望有考察，认为汉代益阳县辖有"益阳、宁乡、安化及宝庆府之新化地，又错入今常德府之沅江县"，②实则尚应包括后世湘阴县部分地区。魏晋南北朝至隋唐间，随着益阳人口不断增长，曾先后析出新阳县(宁乡县)、高平县(新化县)、湘阴县、重华县(沅江县)等，宋代复析置出安化县。至于秦汉时期的益阳县治，前引《汉书·地理志》载长沙国 13 县时云："益阳，湘山在北。"颜注引汉应劭曰："县在益水之阳。"③而从考古发现的情况来看，它应位于今益阳市赫山区铁铺岭城址，现存约 400 平方米，属于秦汉县治之一般规模。"益水"或是资水之别称，盛定国先生结合铁铺岭遗址具体位置分析认为，该

---

① 图片采自周振鹤：《西汉政区地理》，人民出版社 1987 年版，第 120 页。

② 《(光绪)湖南通志》卷 3《地理志三·郡县沿革考一》。

③ 参见前揭《汉书》卷 28《地理志》，第 1639 页。

遗址就位于资水故道(今兰溪河)西边,此或即所谓"益水"之阳。①

二、秦汉益阳地方行政管理

秦王朝统治机器运转之高效,可从益阳兔子山遗址出土简牍见其一斑。兔子山遗址九号井简牍J9③1曰:

> 天下失始皇帝,皆遽恐悲哀甚。朕奉遗诏,今宗庙吏及著以明至治大功德者具矣,律令当除定者毕矣,元年与黔首更始,尽为解除流罪,今皆已下矣。朕将自抚天下,(正)吏、黔首其具行事已,分县赋援黔首,毋以细物苛劾县吏。亟布。
> 以元年十月甲午下,十一月戊午到守府。(背)②

此即秦二世诏书,凡104字,可与北京大学藏西汉简牍中《赵正书》互相印证,对于研究秦二世其人和秦代历史有重要价值。秦朝以10月为岁首,故该诏书是秦二世继位第一个月所发。该诏书10月甲午颁下,11月戊午到守府,历时半月;简文未载到县时间,估计尚需数日。一个中央政令传达到地方,前后约20日,以当时条件看,仍堪称高效。

秦代建立郡县制,其地方行政管理制度颇为严密。据《史记》记载,并结合里耶简牍考证,秦代县官员有令、长、啬夫和守丞,皆为负责县一级的行政长官。县属官员还有令史、丞、尉、少内、少内守、司空、司空主、司马、卒史、狱卒史等。县以下设乡行政机构,乡最高长官为乡啬夫,还有里典、里佐、邮人、求盗等。从这种严密的官员制度可推断秦代在地方的统治情况。秦代还建立了户籍制度。现所公布之里耶简牍户籍档案,详细记载了人口所在地、家庭身份、出生地、爵位、性别、姓名等。秦朝户籍制度用于掌控全国人力资源和赋税,同时实行严格的连坐法。户籍制度与社会行政编组是统一的,以县系乡,以乡系里,以里系伍,以伍系户,以户系口。户籍制度奠定了走向统一集权国家的基础。

汉承秦制,汉代县级地方管理机构与秦代大致相同。据益阳兔子山遗址出土简牍,可考见汉代益阳县行政实际运作情况。益阳兔子山遗址七号井共出土简牍2392枚,其中有字简2302枚,内容多为西汉前期益阳县衙署公文文书,具体记录了当时长沙国辖下益阳县、乡、村、里行政运作以及官民日常生活情况,是当时基层社会之实录。简牍公文记录有明确年月和朔日干支,简J7⑤壹:84+J7⑦:26+J7⑦:38+J7⑦:676"十一年八月甲申朔辛亥",该年是汉高祖十一年(公元前196年),是简牍中所见最早年份;简J7④:1、J7④:17"三年八月辛亥朔",该年应是汉景帝前元三年(公元前154年),是简牍中所见最晚年份。根据简文可知西汉初年长沙国及益阳县行政、官吏建置,从国至

---

① 参见湖南省文物考古研究所、中国人民大学历史系:《湖南益阳兔子山遗址七号井出土简牍述略》,载《文物》2021年第6期,第73页。

② 张春龙、张兴国:《湖南益阳兔子山遗址九号井出土简牍概述》,载《国学学刊》2015年第4期。

里，均有涉及。①

益阳常见职官有令(啬夫)、丞(守丞、行丞)、尉、少内(啬夫)及令史、小史等，另有髳长、校长；县廷分曹理事，有仓曹、户曹、吏曹、尉曹、(狱)东曹、(狱)西曹等。综合简文所见可知，益阳下辖4乡：都乡、上资乡、下资乡、沩陵乡(或省称为沩乡)，设啬夫。都乡位于城内或近城区域，上资、下资因资水而得名，沩陵似因沩山得名。诸乡或设有亭，有沩陵亭、兼亭等；乡下设里，有成里、黄里(属沩陵)、庄里等。如 J7⑦：307 简：

四月乙巳，益阳承梁告沩陵乡主，写下，书到定当坐者名吏里、它坐，遣诣狱，以书致署西 曹 ▨(正)
勿留……▨(背)

该简为竹简。根据同层出土简牍纪年，或可判定其为汉惠帝四年(公元前 191 年)四月，乙巳为十九日。这是益阳县下发给沩陵乡的文书，沩陵乡收到下行文书后，需确定坐罪者的姓名、身份、所居之里及其他罪行等，然后将其遣送至狱，同时需通告狱西曹。②

又 J7⑦：3 木牍：

四年四月丁亥朔丙申，都乡守蘁敢言之：仓变、髳长区为县使汉长安长沙邸。自言与私奴婢偕，牒书所与偕者三人，人一牒，署奴婢主·者名于牒上。谒告过所县，即(正)
乏用欲卖听为质，敢言之。/四月丁酉，益阳夫移过所县、长安市，令史可听为质，它如律令。/处手。辰手。(背)

根据 J7 出土纪年简，可知该批简牍主要是吴姓长沙国的资料，但其中也有刘姓长沙国的资料。"四年四月丁亥朔"应为汉惠帝四年(公元前 191 年)四月，丙申为初十日，这是都乡将公文呈上益阳县廷的时间。都乡是益阳县辖乡之一，位于益阳城内或城外附近。"守蘁"是代行都乡啬夫职责之人。"变"是益阳县仓曹或仓官吏员，J7 简牍中常见。髳长为县属吏，虽然很少见诸传世文献，但在秦及西汉应是普遍设置，《二年律令》中规定髳长秩百二十石，实物所见髳长为半通印。变、区二人均为县属吏，向都乡(户籍所在地)提出出行申请。通常，乡官要对出行人资格进行审查。这方木牍是迄今发现年代最早的申请出行文书，应为益阳县所保留或存档的原始文书。变、区一行人若出行，所携带者应是官府重新制作的文书，加盖官印；经行之地，会制作副本以备核验。详细记

---

① 湖南省文物考古研究所、益阳市文物考古研究所：《湖南益阳兔子山遗址七号井发掘简报》，载《文物》2021 年第 6 期。

② 以上参见前揭《湖南益阳兔子山遗址七号井出土简牍述略》，第 73 页。

录同行私奴婢情形，或与当时人口买卖政策相关。[1]

三、汉代益阳重要史事

（一）西汉益阳史事

西汉时期关涉益阳的史事不多，在此记叙汉初颇为重要的两件事：

梅鋗居梅山　梅鋗为番君吴芮部将，其人在《史记》《汉书》中记载甚略，《史记》中唯有两篇提及：其一是《项羽本纪》载，项羽戏下分封，以"番君将梅鋗功多，故封十万户侯"；其二是《高祖本纪》载，沛公攻南阳，"还攻胡阳，遇番君别将梅鋗，与皆，降析、郦"。该篇亦提及项羽戏下分封，"封梅鋗十万户"。又高祖五年（公元前 202 年），"徙衡山王吴芮为长沙王，都临湘。番君之将梅鋗有功，从入武关，故德番君"。《汉书》所载与之大致相同，多在《吴芮传》：

> 吴芮，秦时番阳令也，甚得江湖间民心，号曰番君。天下之初叛秦也，黥布归芮，芮妻之，因率越人举兵以应诸侯。沛公攻南阳，乃遇芮之将梅鋗，与偕攻析、郦，降之。及项羽相王，以芮率百越佐诸侯，从入关，故立芮为衡山王，都邾。其将梅鋗功多，封十万户，为列侯。项籍死，上以鋗有功，从入武关，故德芮，徙为长沙王，都临湘。[2]

正史所载梅鋗事，仅如上所述而已。然在各地方史志中，如江西、湖南、广东、安徽等地方志载其人遗迹颇多，真伪参半，莫可究诘。在湖南益阳（具体地说是安化），其梅山地据云与梅鋗大有关联。五代史事中言及"梅山蛮"者颇多，直至北宋中期以前，梅山蛮犹频频为乱，迨宋神宗熙宁五年（1072 年）章惇开梅山后才归化内。至于"梅山"之由来，正史并未明言，明代以来之湖南地方史志则多归因于梅鋗。试举明代之说二例：如《湖广图经志书》卷 15 载："安化县，本秦益阳县地，汉长沙王吴芮部将梅鋗以为家林，号'梅山'。厥后有扶氏据之，称蛮王，宋立五寨以谨防御。熙宁间章惇察湖北，招谕，尽平之，分其地为二，上梅山属邵州新化，下梅山为安化属潭州，取民安德化之义。元仍旧。"又云："汉梅鋗，安化人，高祖时为长沙太守，吴芮之称忠，鋗力为多。"《（嘉靖）长沙府志》卷 6 亦载："汉梅鋗，安化人，高宗（祖）时为长沙太守，吴芮之称忠，鋗力为多。"[3]至于清代，其例甚多，兹不备举。

陆贾出使途经益阳　陆贾，楚国人，早年以客从高祖定天下，"名为有口辩士，居左右，常使诸侯"。及高祖平定天下，秦南海尉赵佗自立为南粤武王，高祖十一年（公元前 196 年）"遣陆贾立佗为南粤王，与剖符通使，使和辑百粤，毋为南边害"。陆贾完成使命，归来后被拜为太中大夫。高后时，有司请禁粤关市铁器，赵佗认为乃是长沙王从中

---

① 参见张忠炜：《湖南益阳兔子山遗址 J7⑦：3 木牍考释：兼论"徐偃矫制"》，《文物》2021 年第 6 期。

② 参见前揭《汉书》卷 34《吴芮传》，第 1894 页。

③ 《（嘉靖）长沙府志》卷 6《人物纪·乡贤述》，日本上野图书馆藏本。

作梗,遂"自尊号为南武帝,发兵攻长沙边,败数县焉",高后遣将击之,不能胜。汉文帝前元元年(公元前179年),复遣陆贾携文帝玺书出使南越,劝赵佗废去帝号,重新恢复了与中原之臣属关系。① 据说,陆贾出访南越途经益阳,在该地有过停留,地方志书中颇载其事,如《明一统志》卷二百七十六载:"陆贾山,在益阳县南一里,相传汉陆贾使南越经此,又吴陆逊尝屯兵于此,亦名陆家山。"今按陆贾山在前述铁铺岭故城遗址附近,该城址既为秦汉时益阳县治所在地,陆贾路过此地而于此停留亦不无可能。

(二)东汉益阳史事

及至东汉后期,益阳史事见诸史籍者则有所谓"长沙蛮乱",试钩稽如下:

荆州自古以来多蛮夷汇聚,以湖南而言,主要为长沙蛮和武陵蛮。此二族类,或与周代之犬戎存在某种渊源关系。《史记·周本纪》西伯"伐犬戎"条,唐张守节《史记正义》谓犬戎乃黄帝后裔,"黄帝生苗龙,苗龙生融吾,融吾生并明,并明生白犬。白犬有二,是为犬戎"。又引《后汉书》所言"犬戎,盘瓠之后也",而谓"今长沙武林之郡太半是也"。②《汉书·地理志》载王莽废长沙王刘舜,改长沙为"填蛮"郡,亦可验证长沙蛮在汉代颇有实力,且不服朝廷管束。东汉时期之长沙蛮,顾名思义,当是指长沙郡境内之蛮族人,据史料看,或大体即居住在益阳县之蛮族人,前已述及,其时益阳辖有今益阳、安化、宁乡、新化等县之地。③

《后汉书·桓帝纪》载,永寿三年(157年)十一月,"长沙蛮叛,寇益阳"。又延熹三年(160年)七月,"长沙蛮寇郡界"。同年十二月,"荆州刺史度尚讨长沙蛮,平之"。④ 永寿三年十一月为长沙蛮乱事之发端,此点并无疑议,但对于乱事平息时间,《后汉书》所载颇有抵牾。其《南蛮传》所载与《桓帝纪》大致相同:"永寿三年十一月,长沙蛮反叛,屯益阳。至延熹三年秋,遂抄掠郡界,众至万余人,杀伤长吏。又零陵蛮入长沙。冬,武陵蛮六千余人寇江陵,荆州刺史刘度、谒者马睦、南郡太守李肃皆奔走。""于是以右校令度尚为荆州刺史讨长沙贼,平之。又遣车骑将军冯绲讨武陵蛮,并皆降散。"⑤据上述两条史料,平定长沙蛮似在延熹三年。

然据度尚、冯绲二人本传,乱事平息实在延熹五年(162年)。《冯绲传》云:"时长沙蛮寇益阳,屯聚积久,至延熹五年,众转盛,而零陵蛮贼复反应之,合二万余人,攻烧城郭,杀伤长吏。又武陵蛮夷悉反,寇掠江陵间,荆州刺史刘度、南郡太守李肃并奔走荆南,皆没。于是拜绲为车骑将军,将兵十余万讨之。""绲军至长沙,贼闻,悉诣营道乞降。进击武陵蛮夷,斩首四千余级,受降十余万人,荆州平定。"⑥又《度尚传》载:

---

① 以上参见前揭《史记》卷97《陆贾列传》和《汉书》卷43《陆贾传》、卷95《西南夷传》。

② 参见前揭《史记》卷4《周本纪》,第118页。

③ 以上参考谭仲池主编:《长沙通史(古代卷)》,湖南教育出版社2013年版,第104-106页。

④ 参见前揭《后汉书》卷7《桓帝纪》,第303页,第307页。

⑤ 参见前揭《后汉书》卷86《南蛮传》,第2833-2834页。

⑥ 参见前揭《后汉书》卷38《冯绲传》,第1281页,第1283页。

延熹五年，长沙、零陵贼合七八千人，自称"将军"，入桂阳、苍梧、南海、交趾，交趾刺史及苍梧太守望风逃奔，二郡皆没。遣御史中丞盛修募兵讨之，不能克。豫章艾县人六百余人，应募而不得赏直，怨恚，遂反，焚烧长沙郡县，寇益阳，杀县令，众渐盛。又遣谒者马睦，督荆州刺史刘度击之，军败，睦、度奔走。桓帝诏公卿举任代刘度者，尚书朱穆举尚，自右校令擢为荆州刺史。尚躬率部曲，与同劳逸，广募杂种诸蛮夷，明设购赏，进击，大破之，降者数万人。①

按《桓帝纪》载延熹五年史事为：四月，"长沙贼起，寇桂阳、苍梧"；五月，"长沙、零陵贼起，攻桂阳、苍梧、南海、交趾，遣御史中丞盛修督州郡讨之，不克"；八月，"艾县贼焚烧长沙郡县，寇益阳，杀令"（李贤注："《东观记》曰：'时贼乘刺史车，屯据临湘，居太守舍。贼万人以上屯益阳，杀长吏。'艾，县名，属豫章郡，故城在今洪州建昌县。"），"又零陵蛮亦叛，寇长沙"；冬十月，"武陵蛮叛，寇江陵，南郡太守李肃坐奔北弃市；辛丑，以太常冯绲为车骑将军，讨之。假公卿以下奉。又换王侯租以助军粮，出濯龙中藏钱还之"；十一月，"冯绲大破叛蛮于武陵"。②

综合上述材料，梳理该事线索如下：永寿三年（157 年）十一月，长沙蛮起事，"寇益阳"，且在该地"屯聚积久"，盖此后一直屯聚在益阳；延熹三年（160 年），或曾抄掠长沙郡界。延熹五年（162 年）长沙蛮势力转盛，是年四月"寇桂阳、苍梧"，并引发连锁反应，五月当地零陵蛮起而呼应，两股势力合而为一，达二万余人（《度尚传》言"合七八千人"），遂攻桂阳、苍梧、南海、交趾四郡，交趾刺史及苍梧太守望风逃奔，致二郡皆没。朝廷遣御史中丞盛修募兵讨之，不仅未能平息叛乱，反而酿出另一祸端：在盛修所募军兵中，想必就含有"豫章艾县人六百余人"，这批人因应募未得到其报酬，因而产生怨恚，于同年八月亦反，"焚烧长沙郡县，寇益阳，杀县令，众渐盛"。疑此股势力后来亦融入零陵蛮中。同年十月，武陵蛮亦加入战斗，此即《南蛮传》所言："武陵蛮六千余人寇江陵，荆州刺史刘度、谒者马睦、南郡太守李肃皆奔走。""零陵、武陵蛮相为应援"，声势极盛，东汉政府乃以冯绲为车骑将军、度尚为荆州刺史，讨武陵蛮和零陵蛮（含长沙蛮）。十一月，"冯绲大破叛蛮于武陵"；大致同时，度尚亦大破零陵蛮（长沙蛮），降者数万人，进击"桂阳宿贼渠帅卜阳、潘鸿等"，"遂大破平之"。

此次"长沙蛮乱"，前后历时五年整，波及数郡，自两湖至交趾皆受其影响，而益阳似为其策源地和核心区域，实可谓益阳历史上首次极具声威的亮相。

---

① 参见前揭《后汉书》卷 38《度尚传》，第 1285 页。

② 参见前揭《后汉书》卷 7《桓帝纪》，第 309–311 页。

第二节　秦汉时期的益阳经济

一、人口估算

秦代益阳人口无从查考，至若汉代，则有两组数据可供参考。《汉书·地理志》载西汉末年长沙国所辖 13 县，亦即临湘、罗、连道、益阳、下隽、攸、酃、承阳、湘南、昭陵、茶陵、容陵、安成，共有户 43470，口 235825。[①] 口户比为 5.425，在正常区间。平均下来，每县有户 3344，有口 18140。到东汉，据司马彪《续汉书·郡国志》载，东汉长沙郡辖 13 城，即临湘、罗、连道、益阳、下隽、攸、酃、湘南、昭陵、茶陵、容陵、安城、醴陵，大体同于《汉书·地理志》所载 13 县，唯无"承阳"而多一"醴陵"而已，有户 255854，口 1059372。[②] 口户比为 4.14，虽说略偏低，但仍属正常范围。较之西汉末年，户数增长 489%，口数增长 349%。平均下来，每县有户 19681，有口 81490。汉代益阳县人口若果真能达到此平均水平，则为隋代该县人口之 4.5 倍，为唐天宝间该县人口之 2 倍(隋代该县人口或在 1.8 万以上，唐天宝间该县人口或有近 4 万，详见"隋唐五代"一章)。之所以后世人口反而大幅缩减，乃是该县在后世陆续离析出 5~6 个县之缘故，这充分反映该县在东汉时即已成为人口繁庶之地，为经济发展奠定了坚实基础。

二、农业

秦自商鞅变法以来，即奖励耕战，"重本抑末"。汉承秦制，亦重视农业生产，汉文帝采纳贾谊、晁错提"务民于农桑，薄赋敛"方针，赋税上实行"三十税一"，与秦代相比，农民负担大为减轻，促进了农业生产。经过文景之治，到汉武帝时代，经济繁荣，民丰物饶，如《汉书·食货志上》所说："京师之钱累可巨万，贯朽而不可校。太仓之粟陈陈相因，充溢露积于外，至腐败不可食。"具体到益阳地方，因传世文献载录有限，仅能根据考古资料简单勾勒如下：

农业方面，在生产技术上，铁制工具得到进一步推广。益阳兔子山遗址 J9 被认为是秦文化代表性物质遗存，在该井中出土铁器达 35 件之多，绝大部分锈蚀较严重，包括削 2 件、斧 4 件、凿 2 件、锸 4 件(可分三型)、鏊 1 件、刀 1 件、镰 1 件、刮片 1 件、环 1 件、釜 1 件、锯 1 件、带钩 1 件、钩 1 件、簪 1 件、箭 1 支、铁条残断件 12 件。如此种种，涉及生产工具、日用器具和武器等，说明秦代铁器较战国时普及推广程度更高，已经深入到日常生活之方方面面。[③] 益阳汉代墓葬中亦出土有大量铁器，譬如 1978 年赫山庙两汉墓随葬器物登记表中，M22、M25 各有铁刀 1 件，M23 有环首铁刀 3 件，M28 有铁

---

① 参见前揭《汉书》卷 28《地理志》，第 1639 页。

② 参见前揭《续汉书·郡国志》，见《后汉书》，第 3485 页。

③ 参见湖南省文物考古研究所、益阳市文物管理处：《湖南益阳兔子山遗址九号井发掘报告》，载湖南省文物考古研究所编：《湖南考古辑刊》第 12 集，科学出版社 2016 年版，第 144-145 页，第 15-151 页。

刀 2 件、铁削 2 件、铁尺 1 件、铁簸 2 件。① 又 1987 年益阳赫山镇菜子坝西汉墓出土有大、小环首铁刀和剑等铁器。② 农业灌溉方面，兔子山遗址共发现古井 14 口，已挖掘 9 口，古井深度一般在 9 至 10 米。譬如前述 J9 据研究或开凿于楚治时期，至秦代仍在沿用。葬中亦有陶井出现，在 1978 年赫山庙两汉墓中，出土有明器陶制井 3 件，其中 M28 和 M22 各出土 I 型井 1 件，M25 出土 II 型井 1 件。③ 两件 I 型井形制相同，圆筒形、宽平沿、束颈、平底。出土时，内有吊桶。东汉墓中出土的井更精致、更适用，绿釉红胎，呈筒状，平沿、束颈、直腹、平底。井上立一井架。出土时，井内有一吊桶。井口平沿上有多道波状纹，口径 19.8 厘米、通高（包括井架在内）31.6 厘米。益阳属洞庭湖水乡，但山地与丘陵不少。从考古发掘情况来看，益阳在秦汉时期开始普遍出现打井浇水，井水除饮用之外，亦可灌溉。

农业生产力发展，使农产品大量增加，产品有了剩余，仓装载粮食现象亦随之出现。前述赫山庙两汉墓中，随葬器物中有陶仓 2 件，分别出自 M22 和 M25，2 件形制相同，仓身圆筒状，中间有一方形仓门，门下刻有长条方格纹，似表示楼梯，四方平板作底，圆拱形盖。仓（22：38）径 15.2 厘米、通高 19.8 厘米，用楼梯装粮入仓，说明粮食丰收。④ 家禽家畜饲养业亦有发展。前述赫山庙西汉墓中出土了陶猪圈、陶狗。在东汉墓（M28、M23）中，也同样出土了绿釉陶狗、绿釉猪圈。东汉墓出土陶猪圈 1 件（M28：35），绿釉红胎，呈椭圆状，四周有围墙，双门敞开。出土时，有一绿釉陶猪作进猪圈状。其中 1 件陶狗，绿釉红胎，作昂首张口状，身躯肥胖，尾部上翘，颈上有颈圈，出土于 M28 甬道口内，长 35 厘米、高 37 厘米。在 M23 东汉墓出土灶门右边，尚有一陶猫，坐在灶门踏板上。此外，家畜形象艺术化，如陶猪急速进圈状、陶狗昂首张口狂吠状等，表明家畜饲养在人们生活中已很普遍，也很受重视。

三、手工业

陶器和瓷器制造 陶器制造是相当成熟的传统工艺，1996 年益阳罗家嘴墓葬中第三、四、五组墓群，被确认为战国末期至秦代以迄汉代早中期墓葬，其随葬品存在大量陶器。⑤ 又 2013 年益阳兔子山遗址 J9 出土大量秦代陶器和陶砖瓦，其中共修复陶器 26 件，残片 534 片，器形有罐、瓮、缸、釜、盆、钵、豆、网坠、纺轮、饼等。其中纺轮 1 件，标本 J9⑦：15，泥质灰陶，火候较高，腹径 4.3 厘米、高 2.8 厘米，鼓形，腹外折，制作规整，边角明显，中心有 0.6 厘米的圆孔。陶砖有空心砖（残砖 61 块，较完好者 3 件）、方砖（3 块）和条砖（残砖 3 块），均为泥质灰陶，火候较高，青灰色或灰黄色。砖面纹饰有回纹、动物纹、米格纹、几何菱格纹、铜钱纹等。空心砖，泥质，火候较高，青灰色或灰黄色。以回纹空心砖最为多见，另可见少量米格纹和疑似"凤鸟"的动物纹空

---

① 参见湖南省博物馆、益阳县文化馆：《湖南益阳战国两汉墓》，载《考古学报》1981 年第 4 期，第 536 页。

② 参见胡平：《益阳县赫山镇菜子坝战国西汉墓》，载《中国考古学年鉴 1988》，文物出版社 1989 年版，第 215 页。

③ 参见前揭《湖南益阳战国两汉墓》，第 538–539 页。

④ 参见前揭《湖南益阳战国两汉墓》，第 536 页。

⑤ 参见湖南省文物考古研究所：《益阳罗家嘴楚汉墓葬》，科学出版社 2016 年版，第 264–267 页。

心砖残块。陶瓦有陶板瓦(582片,修复2件)与筒瓦(874片)。瓦当28块(件)均为圆形,泥质灰陶,火候较高。当面纹饰种类多样,从整体看可分为云纹、"S"纹两大类型,云纹类占大多数。云纹类据当面主纹饰之不同,又可细分为云朵状云纹、蘑菇状云纹、反云纹、羊角状云纹、旋涡状云纹5种,每一种在当面辅纹(包括当心、界格线等)处理上有细微区别。依据当面纹饰主题不同可将瓦当分为云纹类和"S"纹类二型。[①] 益阳兔子山遗址J7出土陶空心砖、板瓦、瓦当等,结合该井出土简牍文书内容,可证实为西汉初年益阳县衙署建筑材料,计有陶罐2件、鼎足1件、板瓦3件、瓦当4件、空心砖1件、井圈4件。[②] 又1978年赫山庙两汉墓随葬器物中有陶器127件,包括鼎(11件)、合(11件)、壶(16件)、钟(9件)、方壶(12件)、盘(4件)、镳盉(3件)、盆(2件)、博山炉(2件)、软陶罐(因破碎而件数不明)、硬陶罐(33件)、灶(3件)、井(2件)、仓(2件)、香炉(3件)、灯(2件)、匜(2件)、瓿(1件)等。东汉益阳在釉陶上产生了青瓷与白瓷。前述益阳赫山庙M28东汉墓中出土青瓷碗4件,大小、形制相同,圆唇,深腹,圈足。碗外口沿下有两道弦纹。除底部外,内外均施浅黄色青釉,釉中并微带淡黄色,釉色均匀,有半透明感。胎质坚硬,胎色为灰白色。28:54,口径14厘米、底径7.4厘米、高6.3厘米。[③] 此外,1981年在益阳大明茶场东汉1号墓中出土青瓷器4件,其中四系罐、小平底罐各2件。

金属冶炼和制造 铁器方面,前述汉初高后时有司曾请禁粤关市铁器,南越王赵佗认为乃是长沙王从中作梗,可见长沙国一带冶铁并能外销到南越一带。至于考古发现之秦汉益阳铁器,已述如前,不再备举,此处单就铜器稍作展开。前述1987年益阳赫山镇菜子坝西汉墓出土鼎、盒、盆、灯、镳壶、带钩、镜、狮纽肖形印章和鎏金环首铜刀等铜器。[④] 前述益阳兔子山遗址J9出土秦代铜器14件,其中12件为铜箭镞,此外有铜削1件、铜锯1件。[⑤] 前述1978年益阳赫山庙西汉墓M22、M25、M27出土铜镜(含Ⅰ、Ⅱ、Ⅲ三种类型)、铜带钩、铜弩机、铜鍪,M17新莽墓出土铜盆和铜盉各1件,M23东汉墓出土规矩铜镜1件,M28东汉墓出土四乳蟠螭纹铜镜、铜剑格、铜碗、铜饰件、铜杯、铜盘、铜罐等各1件。其中M25中出土铜弩机2件:一件(M22:4)有廓、牙、悬刀、望山,望山上铸有标尺,郭上有箭槽,长5.2厘米、宽1.5厘米;一件(M25:52)仅存刀和悬刀,长8.8厘米、宽1.2厘米。弩机为铜制,有牙(挂钩)(上有望山)、钩心(牛)、悬刀(扳机)、栓塞等件。无铜郭者,乃战国时物;有铜郭者,乃西汉时物。牙置于后端,使用时拉弦触望山,牙即上升,将弦钩住。把箭矢放于凹槽内,并把括套在弦处,瞄准后,再把下面的悬刀往后一拔,牙即下缩,箭矢即被弹射出去。其他颇值得关注者为铜镜,不仅品种增多,纹饰奇特,且有铭文。赫山庙出土西汉铜镜3件:一件日光镜(M22:1),器

---

① 参见前揭《湖南益阳兔子山遗址九号井发掘报告》,第133-142页。

② 参见湖南省文物考古研究所、益阳市文物考古研究所:《湖南益阳兔子山遗址七号井发掘简报》,载《文物》2021年第6期,第39-40页。

③ 以上参见前揭《湖南益阳战国两汉墓》,第536-539页,第545页。

④ 参见前揭《益阳县赫山镇菜子坝战国西汉墓》,载《中国考古学年鉴1988》,第215页。

⑤ 参见前揭《湖南益阳兔子山遗址九号井发掘报告》,第142-144页。

形较小、圆形纽、圆座、座外有 3 道弦纹带,直径 9.2 厘米;一件星云镜(M27∶24),镂孔连峰式纽,纽外绕连弧纹,缘部亦系一周连弧纹,花纹由较小的凸起圆点和曲线组成 4 组星云纹,其间有较大的凸起圆点,直径 13.5 厘米;一件(M25∶7)半球状纽,"连珠纹"纽座,镜缘宽平。有的铜镜还有铭文,其中日光镜在最外一弦纹带中间有铭文"见日之光,天下大明",连珠纹纽座镜内圈有铭文"内清质以昭明",连珠纹纽座镜外圈有铭文"絜清白事君,志骦合明……"①又 1996 年益阳罗家嘴墓葬中第五组墓确定为西汉早中期,其中 M68 出土铜博局镜 1 件,M67 出土四乳四龙纹镜 1 件,M6 出土连弧缘星云纹铜镜 1 件,M38 出土铜草叶纹镜 1 件,兹不予逐一介绍。②另有大量铜五铢钱,留待下面"商业"部分再作介绍。

滑石器业　滑石器是指汉代作为随葬品出现的石璧、石压、石印等。从质地来说,新旧石器时代石制工具为砾石,质地比较坚硬,敲打成尖状器、刮削器、砍砸器等。而滑石器质地比较软,粉质,能画出痕迹,研成粉末。从功能上讲,石器时代石器可作生产工具、生活用具等,而滑石器只能作为墓葬随葬品。前述 1978 年益阳赫山庙两汉墓随葬器物中有大量滑石器,包括石璧、石压、石印等。其中西汉墓出土石璧 5 件(M25 出土 2 件,M18、M22、M27 各出土 1 件),出土于人骨头部附近,颜色有乳白、米黄,璧两面均为菱形方格,格内有小圆圈纹,有的在肉的内外圈上有锯齿状纹。直径 13~21 厘米。石压 3 件,形制相同,M22 出土 1 件,M25 出土 2 件,为长方形石板,板面光滑。M25∶65,长 14.2 厘米、宽 4.8 厘米、厚 0.4 厘米。石印一枚(M25∶6),上小下大,阴刻一字,刻字较浅,磨损厉害,字迹模糊不清,可能为墓主人之姓,长宽 4 厘米、高 2.5 厘米。M28 东汉墓亦出土石压 1 件、石砚 1 件。③另,前述益阳罗家嘴墓葬中第五组墓 M6 亦出土有滑石器。

四、商业

秦汉时期益阳商业发展情况,因文献不足征,仅涉及如下两方面:

商路　秦汉时期,在大一统王朝统治下,消除了各诸侯国间人为所设贸易障碍,促进了商品流通。楚国地区水运原本发达,上章所述《鄂君启节》已见其端。益阳处资水尾闾,在楚国时期即可由湘、资、沅、澧四水远达沅、湘上游及五岭地区。秦始皇三十三年(公元前 214 年)凿成灵渠,沟通湘江、漓江,连接长江和珠江两大水系,打通了南北水上通道;东汉光武帝建武十八年(公元 42 年),伏波将军马援复对灵渠进行疏浚。故秦汉时期益阳水运条件较之楚国时期当更为优越,甚至可由湘水直达岭南地区。陆路方面,秦始皇二十七年(公元前 220 年)以咸阳为中心修筑四通八达之驰道,其畅达程度亦可于出土文献考见之。里耶秦简⑯52 号简载"鄢到销百八十四里,销到江陵二百四十六里,江陵到孱陵百一十里,孱陵到索二百九十五里,索到临沅六十里,临沅到迁陵九

---

① 参见前揭《湖南益阳战国两汉墓》,第 536 页,第 539-540 页。

② 参见前揭《益阳罗家嘴楚汉墓葬》,第 267-270 页。

③ 参见前揭《湖南益阳战国两汉墓》,第 536 页,第 541 页,第 547 页。

百一十里"。据此可知，在秦汉时期，江陵—孱陵（今湖北省公安县）—索（今湖南省常德市鼎城区境内）—临沅（湖南省常德市）—迁陵（今湖南省龙山县里耶镇），是江汉平原通向洞庭湖西南部湖南沅澧流域之最主要道路，再向南可直下两广，或东出湖湘，西上滇黔，是当时秦王朝经略大西南之重要道路。[1] 而益阳正处在这一交通要道上。诚如周振鹤先生所说，秦汉时期沅澧流域与国家核心区咸阳、长安一带交通比湘资流域还要近便一些。在元代以前，从洛阳南下，经过南阳到达江陵之大路，一直是南北交通要道，其南段及其在沅澧流域延长段就是上述⑯52 号简所述路线。而湘资流域与中央政府间交通亦须借助这条路线，即经由临沅北上，因为今天从长沙到岳阳以至武汉间大道的开通是很晚近的事。[2] 故陆贾出使南越，必得途经益阳、长沙而达番禺（今广州市），其在益阳逗留之可能性确实很大。

货币　货币是商品交换发展到一定阶段之产物，其产生之后，反过来又更进一步促进商品流通。秦汉益阳货币流通情况，可从考古发现大致得见一斑。前述《罗家嘴楚汉墓葬》所载 92 座墓，有 5 座墓出有铜钱币，11 座墓出有泥质冥币。铜钱币种类有"半两"钱、"五铢"钱和铜饼 3 种。其"半两"钱均为四铢"半两"，出土于 M22 和 M55。M55：14 出"半两"铜钱 2 枚，"半两"二字笔画方正，从左至右对读，即所谓"传形半两"，钱径 2.4 厘米、厚 0.1 厘米，单枚重约 2.3 克。M22：10 出"半两"铜钱达数千枚，钱文、钱径厚及单枚重量皆与 M55：14 同。"五铢"钱出于 M6 和 M41。M6：32 出铜"五铢"钱数十枚，锈结在一起，字体宽放精整，正面有肉廓无好廓，背面肉、好皆有廓，钱径 2.55 厘米、厚 0.22 厘米，单枚重 3.3 克；M41 出铜"五铢"钱数枚，残甚，形态不明。至于铜饼，则出土于 M62 中，有 6 枚。[3] 另据前揭《湖南益阳战国两汉墓》文载，1978 年赫山庙 M18、M25 两座西汉墓分别出土铜质"五铢"钱 110 枚和 220 枚，又 M23、M28 这两座东汉墓亦分别出土铜质"五铢"钱 2 枚和 15 枚，又 M17 新莽墓出土货泉 250 枚。王莽摄政之后，短短数年时间进行了 4 次货币改革。天成垸 M17 墓葬中所出土"货泉"250 枚，有麻绳串系痕迹，直径 2.3 厘米。这说明，王莽货币改革对益阳亦有影响。[4]

另据《罗家嘴楚汉墓葬》载，有 11 座墓随葬物中出现泥质冥币，其中 1 座未见实物，其余 10 座所出种类有泥金版、"半两"钱和"五铢"钱。泥金版出土于 M13、M26 和 M52，其中 M52 出土最多，有 34 枚。泥质"半两"钱出土于 5 座墓中，按铜钱制式可分为八铢"半两"和四铢"半两"两种。八铢"半两"仅出土于 M25，凡 30 余枚（7 枚完好），圈为圆形，而非方穿，学界谓之"圜金"，是圆形货币之最初形态，产生于战国时期。圜金在秦及三晋地区曾经流行，但"半两"圜金在实用铜"半两"中未见报道，只有方穿半两，即所谓圆钱。圜金泥"半两"文字精整，凸起较高，钱径较大，钱径 3～3.2 厘米、穿径 0.

---

① 参见张春龙、龙京沙：《里耶秦简三枚地名里程木牍略析》，载武汉大学简帛研究中心：《简帛》第 1 辑，上海古籍出版社 2006 年版，第 265-271 页。

② 参见前揭周振鹤：《秦代洞庭、苍梧两郡悬想》，第 64 页。

③ 以上参见前揭《益阳罗家嘴楚汉墓葬》，第 70 页，第 135 页，第 257-258 页，第 267-270 页。

④ 以上参见前揭《湖南益阳战国两汉墓》，第 536 页，第 541-542 页。

95厘米、厚0.5厘米。此钱应是高后时所铸八铢"半两"之仿品，但钱穿为圆形则较特殊。M23：5泥质四铢"半两"钱数十枚（其中29枚完好），有常规半两和传形半两二种形态，前者"半两"二字从右往左读，后者反之。前者字体较宽短，后者字体笔道纤细，竖笔如悬针。常规半两钱径2.6厘米、厚0.35~0.5厘米，传形半两钱径2.55厘米、厚0.25厘米。泥质"五铢"钱出土于M2和M38二墓。M2：28数十枚，钱文作"××"，文字凸起，正面穿上有"—"，穿下有"⌣"，俗称"仰月"，钱径2.5~2.6厘米、厚0.3厘米。M38：13泥"五铢"钱，有5枚较完好，作"五朱"二字，字凸起较高，钱径2.6~2.8厘米、厚0.35厘米。

要之，货币作为随葬品，自西汉后期至东汉末，已改变了西汉前中期以泥作币的情况，益阳墓葬用铜质货币置入墓中，可见这一时期货币已作为常用物，贫富不同的人家皆开始用其作为随葬物，唯多寡不同罢了。此可折射出自西汉中期始，益阳商业较为发达，以致货币流通量增加，人们不但用它作为交换媒介，而且作为随葬物了。

第三节　其他社会生活

一、日常生活用具

居室　在汉代，益阳居民居室可分为干栏式建筑和地面建构两种。自汉魏以迄明清，干栏式建筑分为全楼居、半楼居、地居三种类型。全楼居多筑于偏僻山区，半楼居多筑于丘岗，地居多筑在平地。全楼居分为上层、下层、阁楼三部分。上楼一般有三开间、五开间、七开间数种。1978年益阳赫山庙东汉墓M28中出土屋顶1件（M28：40），四阿式顶坡面上有直瓦棱条纹，出土已残。① 此屋为瓦屋，且屋顶讲究，应是殷实人家之居室。这种干栏式结构，其特点是以竖立木桩为底架，在木桩上架横梁铺上木板，然后在上面建长脊短檐房屋。至于地面建构，包括砖瓦木结构、土瓦结构、瓦木结构、茅木泥灰结构。从基本形式看，一般有房三间，一间为堂，两间为室。《睡虎地秦墓竹简》载：某里士五（伍），"甲室、人：一宇二内，各有户，内室皆瓦盖，木大具，门桑十墓"。② 即某里士伍甲之房屋计有：堂屋一间，卧室两间，都有门，房屋都用瓦盖，木构齐备。又该书《穴盗》篇载：某里士伍乙有正房、小堂、侧室三间。与之不同的是正房东有侧室，有门相通；堂为小堂，在侧房之后。③ 汉承秦制，汉文帝时，晁错力主募民徙塞下，要"先为筑室，家有一堂二内，门户之闭，置器物焉，民至有所居，作有所用"。颜师古注引张晏云："二内，二房也。"④汉代民居形式从出土陶屋看，有一字形、曲尺形、三合式、日字形等。但湖区经常发大水，墙壁多用编竹绞绳糊泥灰等，盖茅草，每年秋收后换草一次，贫穷人家多如此。

---

① 参见前揭《湖南益阳战国两汉墓》，第545页。

② 《睡虎地秦墓简牍》七《封诊式·封守》，陈伟主编：《秦简牍合集〔壹〕》，武汉大学出版社2014年版，第288页。

③ 参见前揭《睡虎地秦墓简牍》七《封诊式·穴盗》，第311-312页。

④ 参见前揭《汉书》卷49《晁错传》，第2288页。

灶　灶一般用泥砖砌，有火门、烟囱，可烧柴草。灶之砌法十分讲究，如1978年赫山庙西汉墓出土陶灶3件，可分为二式：Ⅰ式1件（M22：35），长方形灶面，长18厘米、宽9.8厘米，上有2个火眼，各置圜底釜1件，灶门近梯形，灶门两侧刻画斜方格纹；Ⅱ式2件（M25：40），长21厘米、最宽8.6厘米，圆角，灶面两个火眼上各置一圜底釜，灶门为三角形，敷黑衣。赫山庙东汉墓M23和M28亦各出土灶1件。其M23出土者，泥质灰陶无釉，长方形，内空，无底，面上有2个火眼，不能修复。M28：27，绿釉红胎，长方形，长34、宽19.2厘米，通高15.4厘米，面上有2个火眼，一大一小，上置圜底釜；末端有一烟囱往上翘，面边上刻有弦纹；灶门方形，门左边立一人，右边有一猫，分别立坐在灶门踏板上。[①] 由此看来，后汉比前汉在灶结构上稍有变化，说明人们对熟食要求更高了。

炉　赫山庙益阳西汉墓M22和M25共出土陶炉3件，形制基本相同，均呈长方形，宽平口沿，平底，底下四角有横矮足；炉口大于底部；器外壁及内底刻斜方格纹。M22：17，长19厘米、宽11厘米、高5.4厘米。M25：12，长13厘米、宽6厘米、高44厘米，四角呈圆角，外壁敷黑衣。这种炉可熟食，也可用于寒冷天烤火。又益阳赫山庙西汉墓M22和M25各出土博山炉1件。博山炉是焚香用具，其日常用炉盖雕镂成山形，上有羽人、走兽等形象，多以青铜制成，亦有陶或瓷制者。上述2件皆为陶制，分为二式：Ⅰ式（M22：18），口径10.2厘米、通高16.4厘米，盖作山峰状，无气孔，喇叭形器座，无盘；Ⅱ式（M25：6），口径8厘米、通高14厘米，盖为球面形，上有圆形捉手，盖面上有四瓣叶纹，粗柄，喇叭形座。此外，东汉墓M28亦出土博山炉1件，绿釉红胎，仅存一盖，盖呈半个椭圆状，正中有一捉手，盖面上有四瓣叶纹。[②]

灯　上述益阳赫山庙西汉墓M25出土灯1件，似豆，圆唇，敛口，平盘，矮柄，喇叭形器座。同上述东汉墓M28中出土陶灯2件，形制相同。M28：5，硬胎，酱色釉。M28：45，上盘口径12厘米、下盘口径21.6厘米、底径10.2厘米、通高16.2厘米，为绿釉红陶。浅盘，盘中平坦，盘下有一绹索状灯柱，柱座为喇叭状，下为平底盘。又前述1987年益阳赫山镇菜子坝西汉晚期墓M16出土铜灯1件，器形高大，保存完好，为该区首次发现。[③]

其他　秦汉时，益阳居民开始梳妆打扮，铜镜大量出现，此点已述如前。又前述赫山庙M28东汉墓中出土有银指环6件、水晶珠3件、琉璃鼻塞3枚、棕色玛瑙珠4件、小白料珠169枚（直径仅0.3厘米）等。M23亦出土水晶珠3件，

1980年代安化县出土的汉代青铜錞于

---

① 参见前揭《湖南益阳战国两汉墓》，第539页，第544页。

② 参见前揭《湖南益阳战国两汉墓》，第538页，第544页。

③ 参见前揭《益阳县赫山镇菜子坝战国西汉墓》，载《中国考古学年鉴1988》，第215页。

呈绿色,中穿一小孔。这表明其时居民已着意饰物佩戴。又如乐器方面,20世纪80年代在桃江与安化各出土了一件汉代青铜錞于,顶部都装饰着昂首而立的猛虎。这是一种军乐器,用于行军作战,鼓舞士气。①

二、文化方面

简牍文字 2013年兔子山遗址三号井、六号井、七号井、九号井等总计出土简牍16000枚以上,时代约从公元前250年至公元250年,纵跨500年,以战国楚国为始,经秦、张楚、西汉、东汉至孙吴嘉禾年间,是目前已发现古井出土简牍时代序列最为完整的一个遗址。简牍种类较齐全,有竹简、竹牍、木简、木牍、检、楬、觚、封检(封泥匣)、椠材、白简等。其形制不一,竹简竹牍多长23~23.5厘米、宽0.6~1.5厘米,木质简牍多长23~24厘米、宽1~7厘米,也有部分形制特殊如J9③:2,长46厘米、宽2.5厘米,书写两行。另外,还有一些以不规则的材料书写的简牍,有些仅削去树枝正反两面树皮,侧面仍保留原状,也有个别形状修整如蝶翼,上书有文字、图画或符号。简牍多为衙署档案、书信,文字均为毛笔墨书,有战国楚文字、秦隶(古隶)、汉隶、楷书,书体有正书、章草、行书、楷体,为考察文字演变提供了宝贵的第一手资料。② 譬如,九号井出土简文大多数以楚国文字书写,而J9⑦:145至J9⑦:150简文字风格更接近秦代隶书。其较费解者是简J9⑦:151,长仅3厘米,双面书写,一面是楚文字,一面是秦文字"郡县",以此推测,虽竹简记事未载具体年份,但离秦国势力之到来,"天下为郡县"已是时日无多了。③

习字与算术 兔子山遗址七号井出土大量习字简,包括字书和乘法表,笔迹稚拙者多。这些习字简应是当时人们学习过程之遗存。试举例如下:

(1)简J7④:20

内史史

内史府内内益益阳(正)

益阳益阳丞□(背)

(2)简J7⑥:11

西曹发

廷廷狱西曹

狱(正)

西曹发敢言之(背)

(3)简J7①:1

馺驮驔□(驿)□骐□雒骆□隗□□□赜□(正)

牛羊羊牛牛牛牛牛(背)

---

① 此内容及下图片采自袁凤丽:《厚土珍藏》,岳麓书社2008年版,第31页。

② 参见湖南省文物考古研究所:《洞庭湖滨兔子山遗址考古:古井中发现的益阳》,载《大众考古》2014年第6期。

③ 参见前揭《湖南益阳兔子山遗址九号井发掘报告》,第149页。

（4）缀合简 J7⑤壹：328+J7⑤贰：27+J7⑦：41，如下图：

简 J7④：20（右为正面）　　　　　　简 J7⑥：11（右为正面）

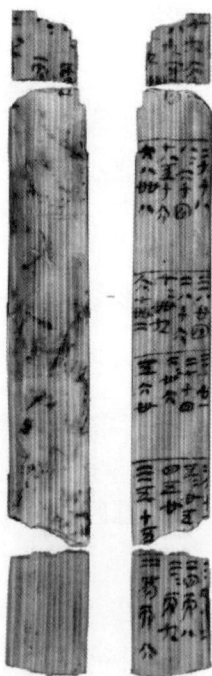

缀合简 J7⑤壹：328+J7⑤贰：27+J7⑦：41（右为正面）

这一组习字简中，简 J7④：20 所见"内史"或"内史府"，为益阳县上级管辖部门，与益阳县文书往来频繁；简 J7⑥：11 记载了县内机构名称及公文用语，这两枚简的内容或可呈现出习字者最初的文字素养。与里耶秦简中"迁陵"一类习字、居延汉简中"居延"一类习字比较可知，具有明显地域特征的习字简实际上又呈现出学习的共性：起初都是以所在的场所、接触的公务为学习内容，实用或务实的观念是一以贯之的。简 J7⑤壹：328+J7⑤贰：27+J7⑦：41 保存相对完整，正面残存 6 栏，背面存 1 栏，可复原此乘法表木牍的最初形制。目前 J7 简牍中初步确定属于"九九乘法表"的资料共 10 余枚，多残损严重，绝大多数仅存一两句。除文字书写外，掌握基本运算技能亦为初学者学习之内容。邢义田指出，汉代边塞军中教育包括练习写字的简牍、字书《仓颉》《急就》篇和九九乘法表简。① 实际上，这样的教育内容可能并不仅局限于军中，或者说，军中教育是学在官府的反现。这些习字简的资料揭示了以吏为师的早期形态。此外，简 J7④：3"益阳学童成里"、简 J7④：107"益阳学童熊☐"，可能亦与"以吏为师"相关。②

前述益阳赫山庙东汉墓 M22 出土石砚 1 件（M22：28），长 9 厘米、宽 7.8 厘米、厚 1.2 厘米，近方形圆角，青砺石，中间低凹，表面有经磨损痕迹。③ 因战国墓中已出土了毛笔实物，是用上好兔毛制成，益阳学童用毛笔涂墨写字应该是无疑了。

书信名刺 益阳兔子山遗址七号井有私人书信 10 余件，其中缀合简 J7④：30 和 J7④：43 较完整，有"献书"字样，移录如下：

> ☐☐亥，敬再拜献书多问公孙佩毋恙。秋时，不利御前者，得毋有所不安。大☐☐☐☐夫☐献书☐☐，仆愿以身☐君且受☐☐丞主＝☐方☐☐不得。∠仆有非敢上书君也，愿王孙☐、公孙佩☐获之，因敢言道之。过☐再拜，多问两公孙。（正面）
> ☐也，敬再拜道之。（背面）

该简为私人书信，大体保存完整，宽约 1.5 厘米、长 46 厘米（约汉代二尺）。对照里耶秦简书信简，可知该简简首残缺的可能是时间（某月某日）。"再拜""多问""毋恙"等均为常见书信用语。"献书"为书信常见用语，与里耶秦简中的"进书"（简 8-2084+8-661）相同，即奉上或呈上书札；因收信者身份较尊贵，故用语略有差别。"御前者"似即指"公孙佩"，收信者身份可能是长沙王之近侍者。书信中的"公孙""王孙"，应是有所特指，并非泛泛之称。该简文字未能全部释出，或提出初步意见而未取得共识，故具体内容尚不详，大体应是问候日常起居。④

---

① 参见邢义田：《汉代边塞吏卒的军中教育：读〈居延新简〉札记之三》，载其《治国安邦：法制、行政与军事》，中华书局 2011 年版，第 587 页。该书《汉代的〈仓颉〉、〈急就〉、八体和"史书"问题：再论秦汉官吏如何学习文字》，亦可参看。

② 以上内容及图片征引自前揭《湖南益阳兔子山遗址七号井出土简牍述略》，第 74-80 页。

③ 参见前揭《湖南益阳战国两汉墓》，第 547 页。

④ 以上参见前揭《湖南益阳兔子山遗址七号井出土简牍述略》，第 74 页。

1996 年，长沙走马楼三国吴简出土 10 多枚名刺，其中有"黄朝名刺"，其正面为"弟子黄朝再拜 问起居 长沙益阳字元宝"，背面为"弟子黄先再拜"。[①] 盖其渊源与秦汉益阳亦不无关联，故附缀于此。

黄朝名刺（右为正面）

---

① 参见长沙简牍博物馆编：《长沙简牍博物馆藏长沙走马楼吴简书法研究》，西泠印社出版社 2019 年版，第 105 页。

第四章　三国两晋南北朝时期的益阳

东汉末年的农民起义和军阀割据，终结了汉帝国暨其江山一统，继之而来的是近400年的分裂局面(220～589年)。公元220年曹丕废汉献帝称帝，定都洛阳，国号魏；221年刘备称帝于成都，国号汉(蜀汉)；229年孙权称帝于建业(今南京市)，国号吴，三国鼎立局面形成。265年西晋代魏，280年晋灭吴，统一了中国。316年匈奴人灭西晋，317年司马睿重建晋王朝，定都建康(今南京市)，史称东晋。420年东晋灭亡。420～589年我国南方相继出现宋、齐、梁、陈四个王朝，均定都于建康，史称"南朝"。400年间，四海辐裂，战乱频仍，相对而言，江南地区较为安定，故北方人口南迁者颇多，对南方经济和文化发展推动不少。在此时期，益阳的农业和手工业均有较大进步。

第一节　行政沿革

关于益阳此段时期之行政沿革，载籍有云："后汉属长沙郡。汉末入蜀，后入吴，属衡阳郡。始析置新阳县，又析置高平县。晋属衡阳郡，更隶湘州。宋属衡阳国，析益阳及罗湘西地置湘阴县。齐属衡阳郡。梁析置重华县，又析置药山县。"[1]这一说法，基本可靠。汉末，就隶属关系而言，益阳属长沙郡，归荆州管辖。建安十二年(207年)，刘备"南征四郡"，"武陵太守金旋、长沙太守韩玄、桂阳太守赵范、零陵太守刘度皆降"。[2]此时益阳归荆州刘备。到建安二十年(215年)，吴蜀在益阳争锋，关羽与鲁肃间几近爆发大战。后双方复修盟好，"遂分荆州，以湘水为界：长沙、江夏、桂阳以东属权，南郡、零陵、武陵以西属备"。[3]益阳为吴国实际控制区，属长沙郡。

吴太平二年(257年)，孙吴"以长沙东部为湘东郡、西部为衡阳郡"，[4]郡治在湘南县(今湖南省湘潭市湘潭县西南)；南朝宋元嘉(424～453年)中，移治湘西县(今湖南省株洲市渌口区西南)。益阳自此属衡阳郡管辖。衡阳郡管辖10县：湘乡、重安、烝阳、湘南、湘西、连道、益阳、衡阳、新阳、临烝。[5]晋代，衡阳郡领湘乡、重安、湘南、湘

---

① 《(同治)益阳县志》卷1《舆地志上》。

② (晋)陈寿：《三国志》卷32《蜀书·先主传》，中华书局1959年版，第879页。

③ (北宋)司马光：《资治通鉴》卷67《汉纪五十九》，中华书局1956年版，第2138页。

④ (晋)陈寿：《三国志》卷48《吴书三·三嗣主传》，中华书局1959年版，第1153页。

⑤ (清)钱仪吉：《三国会要》卷37《舆地四》，上海古籍出版社1991年版，第736页。

西、烝阳、衡山、连道、新康、益阳9县。① 刘宋时，衡阳郡领湘西、湘南、益阳、湘乡、新康、重安、衡山7县。② 萧齐时，衡阳郡领湘西、益阳、湘乡、新康、衡山5县。③ 衡阳郡所领县似在减少。

西晋怀帝永嘉元年(307年)，"分荆州之长沙、衡阳、湘东、邵陵、零陵、营阳、建昌、江州之桂阳八郡"以立湘州，"治临湘"。④ 湘州治所在今长沙市，益阳归湘州之衡阳郡管辖。据说，衡阳郡在南朝宋改为衡阳国，南朝齐则又改为郡。《通典》载唐代之衡州，"宋为衡阳国及湘东郡，齐以下皆因之。齐常(尝)改衡阳国为郡"。⑤ 依晋制，郡之行政长官称太守，国之行政长官称内史，"郡皆置太守，河南郡京师所在，则曰尹。诸王国以内史掌太守之任"。⑥《宋书》云："汉初王国置太傅，掌辅导，内史主治民，丞相统众官。……成帝更令相治民如郡太守，省内史。……晋武帝初，……改太守为内史，省相及仆，有郎中令、中尉、大农为三卿。"⑦可见，内史与太守实质本同，后世往往混称。清人钱大昕云："汉制，诸侯王国以相治民事，若郡之有太守也。晋则以内史行太守事，国除为郡，则复称太守，然二名往往混淆，史家亦互称之。"⑧据《晋书》卷5《怀帝纪》、《宋书》卷37《州郡志》，衡阳郡长官称作"衡阳内史"，然《三国志》《晋书》《宋书》《陈书》等亦有称"衡阳太守"者，应是史家混称。一些地方志没考辨清楚，误将"衡阳内史"当作其时行政机构名称。殊不知，当时行政机构应当是"衡阳国"，而非"衡阳内史"。

大抵此后在梁、陈时期，益阳皆属衡阳郡管辖。⑨《大明一统志》卷63云："益阳县：在府城西北二百里，本秦旧县，属长沙郡，以县在益水之阳故名。汉属长沙国。三国吴属衡阳郡。唐皆属潭州。"《(雍正)湖广通志》卷4云："益阳县：汉置属长沙国，东汉属长沙郡，三国吴置属衡阳郡，晋、宋、南齐并因之；隋并新康县入焉，属长沙郡。"由此可知直至隋代废衡阳郡，益阳县才重属长沙郡。

其时益阳县辖区范围颇大，后世之益阳、桃江、宁乡、安化、新化、沅江、湘阴(部分)等地区皆属焉。故先后析出新阳县(宁乡县)、高平县(新化县)、湘阴县、重华县(沅江县)等。东汉荀悦《汉纪》言，汉沿秦制，"县令、长，掌治其县。万户以上为令，秩比千石，下至六百石；而不满万户为长，秩五百石至三百石。皆有丞尉，皆秦制"。⑩ 实则东汉、魏晋时期置县条件颇同，当是大量北方人口因避战乱，源源不断地来益邑定居，使益阳经济快速发展，人口急剧增加，故须析置其县。

① (唐)房玄龄等：《晋书》卷15《地理志下》，中华书局1974年版，第457页。
② (南朝梁)沈约：《宋书》卷37《州郡志三》，中华书局1974年版，第1130页。
③ (南朝梁)萧子显：《南齐书》卷15《州郡志下》，中华书局1972年版，第288页。
④ 参见前揭《宋书》卷37《州郡志》，第1129页。
⑤ (唐)杜佑撰，王文锦等点校：《通典》卷183《州郡十三》，中华书局1988年版，第4877页。
⑥ 参见前揭《晋书》卷24《职官志》，第746页。
⑦ 参见前揭《宋书》卷40《百官志下》，第1259页。
⑧ (清)钱大昕撰，孙显军、陈文和点校：《十驾斋养新录》卷6，江苏古籍出版社2000年版，第167页。
⑨ 参见罗威：《益阳古代研究》，中南大学出版社2007年版，第70页。
⑩ (东汉)荀悦著，(晋)袁宏著，张烈点校：《两汉纪》上《汉纪》卷5，中华书局2002年版，第72页。

在魏晋南北朝时期,自益阳析出之县有五:

其一曰新阳县(即宁乡县),三国吴析置,太康元年(280年)更名新康。诸载籍皆云:"沩水出益阳县马头山,东经新阳县南,晋太康元年改曰新康矣。"①"宁乡县本汉长沙郡益阳县地,三国吴析置新阳县,晋改曰新康,属衡阳郡。"②"宁乡县,汉益阳县地。三国吴分置新阳县。晋太康元年,更名新康,属衡阳郡。"③

其二曰高平县(即新化县),三国吴宝鼎元年(266年)析置。《三国志》载宝鼎元年"以零陵北部为邵陵郡"。④ 晋代邵陵郡领有邵陵、都梁、夫夷、建兴、邵阳、高平等6县。⑤ 邑志云:"新化县本益阳县旧梅山地,后汉末置县地,属昭陵。吴孙皓宝鼎元年以零陵北部为昭陵郡,分昭陵置高平。晋武帝大康元年改高平为南高平,后复曰高平。"⑥《水经注》云:"县治郡下,南临大溪,水经其北,谓之邵陵水。魏咸熙二年、吴宝鼎元年,孙皓分零陵北部,立邵陵郡于邵陵县,县故昭陵也。溪水东得高平水口,水出武陵郡沅陵县首望山,西南经高平县南,又东入邵陵县界,南入于邵水。邵水又东会云泉水,水出零陵永昌县云泉山,西北流经邵阳南,县,故昭阳也。"⑦《宋书》载高平县属邵陵郡,"晋武帝太康元年,改曰南高平,后更曰高平"。⑧ 宋齐因之,梁以后省。

其三曰湘阴县,南朝宋析置,属湘东郡。宋废帝元徽二年(474年),分益阳、罗、湘西及巴、峡流民立。⑨ "湘阴县,本春秋时罗子国,秦为罗县,今县东北六十里故罗城是也。宋元徽二年,分益阳、罗、湘西三县立湘阴县。"⑩

其四曰重华县(即沅江县),南朝梁析置。唐代载籍云:"沅江,汉益阳县地。因以沅水为名。梁置重华县,隋废之。又有重华城,亦谓之虞舜古城。"⑪"沅江县,本汉益阳县地,梁元帝(552~554年)分置重华县,隋平陈改为安乐县,开皇末又改为沅江县。"⑫

其五曰药山县(在沅江县境内),南朝梁析置。载籍云:"沅江,梁置,曰药山,仍为郡。平陈,郡废。县改曰安乐。十八年,改曰沅江。"⑬"梁置药山县,兼置药山郡。梁元帝分置重华县。隋开皇初废药山郡为县,又改县名曰安乐县,十六年始改曰沅江县,属巴陵郡。唐初因之。"⑭"梁置药山县,兼置药山郡。梁元帝分置重华县。隋开皇初废药

① (北魏)郦道元原著,陈桥驿等译注:《水经注全译》卷38《资水》,贵州人民出版社1996年版,第1308页。

② 《大明一统志》卷63《长沙府》。

③ 《大清一统舆地新志》卷33《长沙府》。

④ 参见前揭《三国志》卷48《三嗣主传》,第1166页。

⑤ 参见前揭《晋书》卷15《地理志下》,第457页。

⑥ 《(同治)新化县志》卷2《舆地志二》。

⑦ 参见前揭《水经注全译》卷38《资水》,第1300页。

⑧ 参见前揭《宋书》卷37《州郡志二》,第1133页。

⑨ 参见前揭《宋书》卷37《州郡志三》,第1132页。

⑩ (唐)李吉甫撰,贺次君点校:《元和郡县图志》卷27《江南道三·岳州》,中华书局1983年,第658页。

⑪ (唐)杜佑撰,王文锦等点校:《通典》卷183《州郡十三》,中华书局1988年版,第4876页。

⑫ (唐)李吉甫撰,贺次君点校:《元和郡县图志》卷27《江南道三·岳州》,第659页。

⑬ (唐)魏征、令狐德棻撰:《隋书》卷31《地理志下·巴陵郡》,中华书局1973年版,第895页。

⑭ 《(嘉庆)沅江县志》卷3《沿革志》。

山郡，曰安乐县。开皇十八年改曰沅江县，属巴陵郡。"①"梁置药山郡及药山、重华二县，即今沅江县地。"②或存在两种情况：一是同时置有重华县、药山县，二是一县前后有两名。是否同时设有重华县、药山县，目前尚有争议，我们倾向于赞成"盖分裂之代，每多分建故也"之说。③

第二节　重要史事梳理

一、三国时期的益阳战事

（一）吴蜀对垒益阳

益阳地处连接长沙、武陵（今常德市）之间的交通要道，亦为军事重镇。在秦汉时期，这条官道北上咸阳、长安，南下广州。

建安十二年（207年），赤壁之战后，曹操北逃，刘备"表琦为荆州刺史，又南征四郡，武陵太守金旋、长沙太守韩玄、桂阳太守赵范、零陵太守刘度皆降"。④ 从史料分析，刘备除全据桂阳、零陵两郡外，若武陵、长沙两郡，仅得据其部分地区，部分地区仍在东吴之手。孙刘议和，东吴"借"荆州部分地区给刘备。

迄建安十九年（214年），刘备得益州。次年，孙权派使者诸葛瑾讨要荆州，刘备答以正谋据凉州，待得凉州后，再予归还。孙权认定此为托词，便欲强行收回荆州，遂委任长沙、桂阳、零陵三郡官吏，却被关羽逐回。孙权大怒，遣吕蒙率军2万，以取长沙、零陵、桂阳三郡，又派鲁肃领军1万屯巴丘抵御关羽，而己亲驻陆口指挥全局。刘备闻讯，亲统兵5万自川中至公安，派关羽领军3万进驻益阳。一时，长沙、桂阳两郡降于东吴，仅零陵郡太守郝普不降。

孙权见此情势，派鲁肃领军1万驻益阳，复令吕蒙暂缓攻零陵郡，赶赴益阳以抗关羽。吕蒙派邓玄之劝降郝普，得零陵，随即率甘宁赶至益阳。

据史料分析，吴蜀以益阳资水为界，东吴在水南，蜀汉在水北，各据有利地形。甘宁抵益阳后，在其驻地修建军事堡垒，以御关羽，史称"甘宁故垒"。

甘宁在益阳吓退关羽。史云：

> 羽号有三万人，自择选锐士五千人，投县上流十余里浅濑，云欲夜涉渡。肃与诸将议，宁时有三百兵。乃曰："可复以五百人益吾，吾往对之，保羽闻吾咳唾，不敢涉水，涉水即是吾禽。"肃便选千兵益宁，宁乃夜往。羽闻之，住不渡，而结柴营。

① 《（嘉庆）常德府志》卷2《舆图考・沿革・沅江县》。

② 《（光绪）湘阴县图志》卷6《沿革表》。

③ 《（同治）益阳县志》卷1《舆地・沿革》。

④ 参见前揭《三国志》卷32《蜀书・先主传》，第879页。

今遂名此处为关羽濑。①

鲁肃见此僵持局面，主动邀约关羽见面商谈。史载：

> 肃住益阳，与羽相拒。肃邀羽相见，各驻兵马百步上，但请将军单刀俱会。肃因责数羽曰："国家区区本以土地借卿家者，卿家军败远来，无以为资故也。今已得益州，既无奉还之意，但求三郡，又不从命。"语未究竟，坐有一人曰："夫土地者，惟德所在耳，何常之有！"肃厉声呵之，辞色甚切。羽操刀起谓曰："此自国家事，是人何知！"目使之去。

裴松之注引《吴书》云：

> 肃欲与羽会语，诸将疑，恐有变，议不可往。肃曰："今日之事，宜相开譬。刘备负国，是非未决，羽亦何敢重欲干命？"乃趋就羽。羽曰："乌林之役，左将军身在行间，寝不脱介，戮力破魏，岂得徒劳，无一块壤，而足下来欲收地邪？"肃曰："不然。始与豫州观于长阪，豫州之众不当一校，计穷虑极，志势摧弱，图欲远窜，望不及此。主上矜愍豫州之身，无有处所，不爱土地士人之力，使有所庇荫以济其患，而豫州私独饰情，愆德隳好。今已借手于西州矣，又欲翦并荆州之土，斯盖凡夫所不忍行，而况整领人物之主乎？肃闻贪而弃义，必为祸阶。吾子属当重任，曾不能明道处分，以义辅时，而负恃弱众以图力争，师曲为老，将何获济？"羽无以答。②

可知，鲁肃邀关羽相见，是鲁肃去见关羽，而非关羽来见鲁肃。鲁肃部下疑心有变，劝其勿往，然鲁肃一无所惧，毅然往见，且慷慨陈词令关羽无言以对。据史料分析，鲁肃主动邀约关羽，双方士兵皆在百步之外，双方各将领皆单刀相会。至于晤面地点，史书无载。明人周圣楷引其友袁田祖《玉泉山记》云："昭烈还公安，遣羽争长沙、零、桂三郡。鲁肃住益阳，与羽相拒。鲁肃单刀赴会，今云羽单刀，皆诬也。"③其说在理。

此时，曹操平定汉中，张鲁逃亡川西，欲攻益州。刘备虑益州有失，权衡利弊，遂遣使求和。孙权遣诸葛瑾为使往商，"备遂割湘水为界"，④"分荆州、江夏、长沙、桂阳东属，南郡、零陵、武陵西属"。⑤吴蜀遂罢兵，关羽撤离益阳，益阳全境遂属于吴。

据史料记载，鲁肃，字子敬，临淮东城（今安徽省定远县）人，"少有壮节，好为奇

---

① 参见前揭《三国志》卷55《吴书·甘宁传》，第1293-1294页。

② 参见前揭《三国志》卷54《吴书·鲁肃传》，第1272页。

③ （明）周圣楷编纂，（清）邓显鹤增辑：《楚宝》下册卷33《宦绩》，岳麓书社2008年版，第713页。《（同治）益阳县志》卷24征引此说。

④ 参见前揭《三国志》卷54《吴书·鲁肃传》，第1272页。

⑤ 参见前揭《三国志》卷32《蜀书·先主传》，第883页。

计，家富于才，性好施与"。在汉末军阀混战中，他献出家财，随周瑜投奔孙权。子敬初见孙权，即指出"汉室不可复兴，曹操不可卒除，为将军计，唯有鼎足江东，以观天下之衅"，与诸葛亮《隆中对》有异曲同工之妙。赤壁大战前，曹操大兵压境，东吴元老重臣投降论调甚嚣尘上，长史张昭甚至大言"愚谓大计不如迎之"。①鲁肃却力排众议，力主联刘抗曹，深得孙权赞赏。孙权认为他"廓开大计，正与孤同"，从而彻底坚定了抗战信念。在战争期间，他又多方斡旋，调解周瑜与诸葛亮间的矛盾，终于协助周瑜赢得了赤壁大战的胜利，为孙权雄踞江东奠定坚实基础。

周瑜死后，鲁肃代理水军都督，镇守岳阳。他积极屯军筑城，巩固边防，在洞庭湖边修建阅兵楼操练水军。在益阳，鲁肃单刀与关羽会谈，由此定下吴蜀间后来大致疆界，实为后世英雄传奇"单刀赴会"之最初蓝本。鲁肃后又力主借荆州予刘备，加强吴蜀联盟，联合抗曹，促成了三足鼎立局面。

吴蜀对垒益阳，留下不少民间传说，与鲁肃、甘宁、关羽、诸葛亮等颇相关联。

民间传说鲁肃屯兵龟台山、濑潭等地。《(嘉靖)长沙府志》卷3云："龟台，在治东南二里，山形似龟。相传吴鲁肃驻兵于此。"《(嘉靖)长沙府志》卷3云："关濑潭，在治西南五里。汉昭烈入蜀，留关羽镇荆州。后吴遣吕蒙取桂阳、长沙、零武三郡，羽争之。吴使鲁肃屯益阳以拒羽，即今青泥湾关羽潭是也。"据《(同治)益阳县志》卷24云："按县东北有关公潭，疑即拒鲁肃屯兵处。当时肃屯龟台山青泥湾一带。"可知，青泥湾在龟台山附近，而濑潭在传说中讹变为关羽潭了。

民间传说有鲁肃、关羽相会处，在大渡口或龟台山上。

民间传说鲁肃在益阳修建鲁肃堤、鲁肃台。邑志云："鲁肃城，在城西儒学后驿道旁，即鲁肃故城。今称鲁肃堤"，"鲁肃台，在西城常泰门内"。②

民间传说益阳有甘宁故垒，而关羽濑在甘宁故垒对面。《水经注》云："县有关羽濑，所谓关侯滩也，南对甘宁故垒。昔关羽屯军水北，孙权令鲁肃、甘宁拒之于是水。宁谓肃曰：'羽闻吾咳唾之声，不敢渡也，渡则成擒矣。'羽夜闻宁处分，曰：'兴霸声也。'遂不渡。"③甘宁故垒在何处？后人认为在龟台山之侧。邑志云："甘宁故垒，在治南一里，一名夜月台。三国吴甘宁屯兵处。"④

民间传说有陆逊屯兵陆家山(陆贾山)。志书载云："陆家山，在夜月台西，吴陆逊屯兵处故名，一曰即陆贾山。"⑤

民间传说有诸葛亮来益阳征粮，县城有其所凿之井。载籍云："先主遂收江南，以亮为军师中郎将，使督零陵、桂阳、长沙三郡，调其赋税以充军实。"⑥"献帝建安十三年

---

① (北宋)司马光：《资治通鉴》卷65《汉纪五十七》，中华书局1956年版，第2090页。

② 《(同治)益阳县志》卷24。

③ (北魏)郦道元原著，陈桥驿等译注：《水经注全译》卷38《资水》，贵州人民出版社1996年版，第1301页。

④ 《(同治)益阳县志》卷24。

⑤ 《(乾隆)长沙府志》卷12《古迹》。

⑥ (晋)陈寿：《三国志》卷35《蜀书·诸葛亮传》，中华书局1959年版，第915-916页。

先主定江南(原注：湘江之南)，遣中郎将诸葛亮督长沙、零、桂三郡调其赋税，以充军实。亮师次益阳(原注：今城中有诸葛井，乃其所凿)。"①"诸葛井，在县治东兴贤街，世传孔明所凿。"②

民间传说益阳有关羽屯兵之处。一种说法是在龟台山对面资水北岸，"关濑，在县西北五里关壮缪屯兵地"。③ 据《水经注》等载，关羽屯兵处在甘宁故垒对河，在资水北岸，史称关濑、关侯滩。另一种说法是关羽屯兵于资水北岸接龙堤，后人还修建关濑古祠。"关帝庙，治西五里有关濑古祠，在接龙堤下。"④"关濑庙，在益阳西南五里资江北岸。祀汉关忠义。县志：先主入蜀，忠义守荆州，吴取长沙、桂阳、零陵三郡，忠义争之，与鲁肃相拒于资水。后人即其屯兵之所立庙以祀，名曰关濑庙。"⑤还有一种说法，谓关羽屯兵于关侯洲。洪亮吉《补三国疆域志》载云，益阳有关侯洲和关后濑，关侯洲乃关羽屯兵之处，故名，又有垒。至于关侯濑，则在茱萸江上，南对甘宁故垒。⑥

(二)益阳山民起义

三国时，在吴国境内部分山区，存在不少独立武装力量。其生产方式以农业为主，渔猎为辅，种植谷物，又利用山区矿产资源，铸造兵器。他们大分散、小聚居，剽悍习武，以山川险要为依托，组成大大小小各式武装集团，不纳税，不服从官府管辖。史书称之为"山越""山贼""宗部"等，其族属来源，目前尚存在争议。

益阳"山贼"，是否为山越，有待考证，姑且称作"山民"。据史书记载，早在秦汉时期，湖南境内就已出现长沙蛮、武陵蛮、五溪蛮等。魏晋南北朝时期的益阳，地广人稀，山林茂密，在一些地方隐藏着不少不纳税的"山民"。因矛盾冲突不可调和，曾爆发过一次山民起义，但为武陵太守黄盖讨平。黄盖何时出任武陵太守、何时讨平益阳山民起义，史书并无明确记载。

吴国曾占据武陵郡部分地区，如作唐、孱陵，并由此设立武陵郡。史载："(周泰)后与周瑜、程普拒曹公于赤壁，攻曹仁于南郡。荆州平定，将兵屯岑。曹公出濡须，泰复赴击曹公，退留督濡须，拜平虏将军。"⑦岑，在武陵郡北部作唐县(今湖南省安乡县)。《水经注》云："作唐县，后汉分孱陵县置。澧水入县，左合涔水。水出西北天门郡界，南流迳涔平屯。屯堨涔水，溉田数千顷。又东南流注于澧水。"⑧

一般认为，黄盖出任武陵太守，应当在作唐县或孱陵，此地一带有巴、醴、由、诞。《水经注·澧水》云："澧水又东，澹水出焉。澧水又南迳故郡城东，东转迳作唐县南。澧水又东迳南安县南，晋太康元年，分孱陵立，澹水注之。水上承澧水于作唐县，东迳

---

① 《(同治)益阳县志》卷11《武备志》。

② 《(乾隆)长沙府志》卷12《古迹》。

③ 同上②。

④ 《(同治)益阳县志》卷10。

⑤ 《(嘉庆)重修一统志》卷356。

⑥ (清)洪亮吉：《补三国疆域志》卷下，《丛书集成初编》，商务印书馆1936年版，第3058册，第99页。

⑦ 参见前揭《三国志》卷55《吴书·周泰传》，第1288页。

⑧ 参见前揭《水经注全译》卷37《澧水》，第1271页。

其县北，又东注于澧，谓之澹口。"又"油水"条云："油水自屠陵县之东北，迳公安县西，又北流注于大江。"①

建安十五年(210年)，孙权分南郡长江南岸之地屠陵给刘备，刘备将此地更名为公安。史载："周瑜为南郡太守，分南岸地以给备。备别立营于油江口，改名为公安。刘表吏士见从北军，多叛来投备。备以瑜所给地少，不足以安民，复从权借荆州数郡。"②"权以备领荆州牧，周瑜分南岸地以给备。备立营于油口，改名公安。"③

黄盖病逝，其部众归并于孙皎。《三国志·孙皎传》云："时曹公数出濡须，皎每赴拒，号为精锐。迁都护征虏将军，代程普督夏口。黄盖及兄瑜卒，又并其军。"而据该书《孙瑜传》，孙瑜卒于建安二十年(215年)，时三十九岁。至于孙皎，据其本传，卒于建安二十四年(219年)。参洪饴孙《三国职官表》，黄盖封偏将军亦在建安二十四年。④ 故黄盖去世之下限，应即在建安二十四年。⑤

综上，黄盖出任武陵太守在建安十三年(208年)十二月至建安十五年(210年)之间，其治所或在屠陵，在移交给刘备之前。然则其讨平益阳山民起义，则在建安十三年十二月至二十年(208年~215年)间，其下限在建安二十四年(219年)。⑥

(三)孙吴讨五溪蛮

建安二十年(215年)，益阳由蜀汉归入东吴，属长沙郡。吴太平二年(257年)春，以长沙东部为湘东郡、西部为衡阳郡。益阳归入衡阳郡，郡治在湘西县(今湘潭市境内)。

这一时期，史书载录东吴两次派兵进驻益阳，讨平五溪蛮。

建安二十四年(219年)，东吴派吕蒙偷袭荆州，杀关羽。武陵郡、零陵郡、南郡入东吴。延康元年(220年)，步骘驻兵长沙郡。史载："延康元年，权遣吕岱代骘，将交州义士万人出长沙。"⑦

章武元年(221年)，刘备称帝，以报东吴杀关羽之仇名义，讨伐东吴。孙权派使者请求和解，刘备"盛怒不许"。其时，刘备部下吴班、冯习"军次秭归，武陵五溪蛮夷遣使请兵"。次年，刘备在夷道猇亭驻营，"自佷山通武陵，遣侍中马良安慰五溪蛮夷，咸相率响应"。⑧ 史言："先主称尊号，以良为侍中。及东征吴，遣良入武陵，招纳五溪蛮夷。蛮夷渠帅皆受印号，咸如意旨。会先主败绩于夷陵，良亦遇害。"⑨由此可知，刘备派马良招纳五溪蛮，攻打东吴。孙权乃派步骘进驻益阳，讨平五溪蛮。史云："会刘备东下，武陵蛮夷蠢动，权遂命骘上益阳。备既败绩，而零、桂诸郡犹相惊扰，处处阻兵，

---

① (北魏)郦道元著，陈桥驿等译注：《水经注全译》卷37《澧水》，贵州人民出版社1996年版，第1270-1271页。

② 参见前揭《三国志》卷32《蜀书·先主传》裴注引《江表传》，第879页。

③ 参见前揭《资治通鉴》卷66《汉纪五十八》，第2099页。

④ (清)洪饴孙：《三国职官表下》，《丛书集成初编》，商务印书馆1935年版，第879册，第239页。

⑤ 参见前揭《三国志》卷51《吴书·孙皎传》及《孙瑜传》，第1206-1208页。

⑥ 参见前揭罗威：《古代益阳研究》，第72页。

⑦ 参见前揭《三国志》卷52《吴书·步骘传》，第1237页。

⑧ 参见前揭《三国志》卷32《蜀书·先主传》，第890页。

⑨ 参见前揭《三国志》卷39《蜀书·马良传》，第983页。

骘周旋征讨，皆平之。"①

相传马良在此次战争中驻兵益阳，正史虽无明文记载，然步骘上益阳，与马良入五陵招纳五溪蛮事实相因，良或亦至其地，故邑志、府志载云："蜀汉昭烈帝章武元年，帝帅诸军伐吴，五溪蛮夷遣使请兵，帝遣侍中马良安慰之，师次益阳。""今治北二里马良湖，乃其屯兵之所。"②"马良湖，在治北三里。三国时蜀将马良于此饮马。"③

东吴黄龙二年（230 年），五溪蛮叛乱。史载，魏太和四年（230 年），"武陵五谿蛮夷叛吴，吴主以南土清定，召交州刺史吕岱还屯长沙沤口"。④ 次年春二月，孙权遣太常潘濬、吕岱率众五万讨武陵蛮夷。史载，太和五年（231 年）春二月，"吴主假太常潘濬节，使与吕岱督诸军五万人讨五溪蛮。"⑤潘濬，字承明，武陵汉寿人。其本传云："五谿蛮夷叛乱盘结，权假濬节，督诸军讨之。信赏必行，法不可干，斩首获生，盖以万数。自是群蛮衰弱，一方宁静"。⑥ 又《吕岱传》云："黄龙三年（231 年），以南土清定，召岱还屯长沙沤口。会武陵蛮夷蠢动，岱与太常潘濬共讨定之。"⑦

在讨平五溪蛮的过程中，潘濬曾在益阳、汉寿交界处驻兵。府志云："五溪，在治西北五十八里，亦名军山，吴潘濬讨五溪蛮曾营于此。"⑧《（同治）益阳县志》卷 11 云，益阳县治北五溪山或太常山，为潘濬屯兵之所；而卷 2 则谓五溪山、太常山皆潘濬屯兵之所。

自从潘濬、吕岱讨平五溪蛮之后，再无五溪蛮叛乱事见诸载籍。

二、两晋时期的益阳战事

西晋永嘉元年（307 年），晋怀帝司马炽将荆州长沙、建昌、湘东、衡阳、邵阳、营阳、桂阳、零陵等 8 郡，另立湘州，治所在临湘（今长沙市）。益阳属湘州衡阳郡。

自晋惠帝起，长期天灾人祸，北方和中原农民大量流亡到南方。在各种不可调和之矛盾冲突下，湘州亦爆发流民起义。

晋怀帝永嘉五年（311 年）春正月，流人杜弢起义，占据长沙。杜弢，字景文，蜀郡成都人，少以才学著称，曾被州举为秀才，后避乱流入湖南，居南平郡（治今湖南省永州市蓝山县东北），因南平太守应詹推荐，任醴陵令。此时，巴蜀流人汝班、蹇硕等数万家、梁州流人蹇抚等四五万家，均聚集到荆湘间。因与当地人发生纷争，且荆州刺史荀眺处置失当，遂发动起义，推杜弢为首领，号梁益二州牧、平难将军、湘州刺史，攻破州县，致荀眺弃城而走，复败广州刺史郭讷所遣将严佐。荆州刺史王澄复遣王机击杜弢，

---

① 参见前揭《三国志》卷 52《吴书·步骘传》，第 1237 页。

② 《（同治）益阳县志》卷 11《武备志》。

③ 《（康熙）长沙府志》卷 14。

④ 参见前揭《资治通鉴》卷 71《魏纪三·明帝太和四年》，第 2265 页。

⑤ 参见前揭《资治通鉴》卷 72《魏纪四·明帝太和五年》，第 2266 页。

⑥ 参见前揭《三国志》卷 61《吴书·潘濬传》，第 1397 页。

⑦ 参见前揭《三国志》卷 60《吴书·吕岱传》，第 1385 页。

⑧ 《（嘉靖）长沙府志》卷 3《地理纪·益阳县》。

并命武陵诸郡同讨，天门太守扈瑰驻军益阳，适武陵内史武察为其郡吏所害，扈瑰以孤军引还。杜弢遂南破零陵，东侵武昌，害长沙太守崔敷等。晋愍帝建兴三年(315 年)八月，司马睿遣征南将军王敦、荆州刺史陶侃讨杜弢，前后数十战，弢将士多死，不得已请降。杜弢既降，而晋诸将贪功者仍攻击之不已，弢不胜愤怒，再次举兵，后为陶侃所败，士卒溃散，杜弢逃遁不知所终。① 杜弢起义是晋代益阳史上之大事，前后历经五年，其主要活动区域即在长沙、益阳一带，益阳曾一度成为双方交战之战场。

晋安帝义熙元年(405 年)五月，湘州复爆发桓亮乱事。安帝元兴二年(403 年)，桓玄篡位，新野人庾仄起兵反玄；桓玄之侄桓亮亦在罗县起兵，以讨庾仄为名，自号平南将军、湘州刺史，后被湘州相陶延寿收捕，桓玄将其安置在衡阳。桓玄败亡、安帝复位后，义熙元年正月，桓亮复自豫章出，自号镇南将军、湘州刺史，与桓玄故将苻宏等举兵，"出寇湘中，害郡守长吏"。后刘裕将领檀祗讨斩苻宏于湘东，广武将军郭弥斩桓亮于益阳，"其余拥众假号皆讨平之"。②

三、南朝时期的益阳

南朝时期，益阳属衡阳郡(衡阳国)管辖，而衡阳郡又隶属于湘州。因文献不足征，难以描述。

南朝宋齐之际，益阳或有瘟疫暴发。史言，南齐高帝建元元年(479 年)前，衡阳郡"郡境连岁疾疫，死者太半，棺木尤贵，悉裹以苇席，弃之路旁"。齐高帝建元元年，顾宪之出任衡阳内史，下车伊始，"分告属县，求其亲党，悉令殡葬；其家人绝灭者，宪之为出公禄，使纲纪营护之"。在顾宪之治理下，衡阳郡各县几乎无诉讼。新来刺史王奂，见唯衡阳独无讼者，慨叹道："顾衡阳之化至矣！若九郡率然，吾将何事！"③

在南朝各代中，梁朝对湖南地区治理最为成功。如梁朝首任湘州刺史杨公则，其莅任之初，湘州因"寇乱累年，民多流散"，而公则"轻刑薄赋"，为政不苛，故该州不久即"户口充复"。④ 杨公则去任后，继任者为夏侯详。梁武帝天监三年(504 年)，其接任湘州刺史时，已年过 70。此人早年任过县令，"治有异绩"，"善于吏事"，操守廉洁，勤于政事。他在湘州 4 年，用人行政，颇"为百姓所称"。其时，湘州城南临水有一山，峻峭挺拔，故老人相传，说刺史登临此山即被代，故历任刺史皆畏不敢登临。夏侯详无所顾忌，特于此地建台榭，延请僚属们前来聚会，以示其谦退之志。⑤

萧梁后期刺湘者为张缵。武帝大同九年(543 年)，张缵出任湘州刺史，史载：

---

① 参见前揭《晋书》卷 100《杜弢传》，第 2620–2624 页；《晋书》卷 43《王澄传》，第 1240 页；《(同治)益阳县志》卷 11《武备志》。

② 以上参见前揭《晋书》卷 99《桓玄传》，第 2593 页，第 2602–2603 页。

③ (唐)姚思廉：《梁书》卷 52《顾宪之传》，中华书局 1973 年版，第 758–759 页。

④ (唐)姚思廉：《梁书》卷 10《杨公则传》，中华书局 1973 年版，第 196 页。

⑤ (唐)姚思廉：《梁书》卷 10《夏侯详传》，中华书局 1973 年版，第 193 页。

缵至州，停遣十郡慰劳，解放老疾吏役，及关市戍逻先所防人，一皆省并。州界零陵、衡阳等郡，有莫徭蛮者，依山险为居，历政不宾服，因此向化。益阳县人作田二顷，皆异亩同颖。缵在政四年，流人自归，户口增益十余万，州境大安。①

其时，大量流民涌入益阳地区，人口激增，亦提高了生产技术，使经济蒸蒸日上。益阳亦成为一些皇室亲戚、功臣之封邑，可敛取封邑内民户租税，数量按户数多少计算。食邑随爵位黜升而损益，受封者分成食封户所纳租税。所谓"食邑"多少户，亦即其户数税收直接归受封者所有，不纳入官府。譬如，东晋明帝时右将军卞敦封益阳县侯，食邑1600户，赐绢3200匹；②南朝时，刘宋有垣护之封益阳县侯，食邑1000户；③又有徐遗宝，封益阳县侯，食邑2500户；④陈朝有陆子隆，封益阳县子，食邑300户。⑤又刘宋时刘义康之女曾封益阳县主，所食户数不详；萧梁有杨华，封益阳县侯，所食户数不详。

第三节　三国两晋南北朝时期的益阳经济和文化

一、三国两晋南北朝时期的益阳经济

（一）农业

魏晋南北朝时，北方流民为逃避战乱而南迁，在选择其迁居地时，避乱成为首选条件。湖南位于长江以南，有长江天险作为天然屏障，北方流民选择在此安家者颇多。为安置不断南来之流民，益阳属地不断发生分割变化。譬如，三国吴时，析益阳县地置新阳、高平。南朝宋元徽二年（474年），为了安顿"巴峡流民"，分益阳县地置湘阴县。萧梁时，析益阳县地置药山郡和药山、重华二县。研究表明，魏晋六朝时期，江南扬州、江州、湘州人口数量均未能达到东汉最盛时的状况，但在南朝统治时代，湘州人口数增长最快。这显然与外来人口集中进入湘州有关。⑥北方人口大批迁入益阳，给当地带来了先进生产技术，提高了生产力水平。譬如，牛耕最先在春秋战国时期出现于北方黄河流域，东汉时曾在南方推广过牛耕，但成效不大。至此，牛耕方法在南方得到推广。晋初，采用杜预建议，由政府在荆州和扬州推广牛耕，"分种牛三万五千头，以付二州（荆、扬二州）将吏士庶"，用于春耕，"谷登之后"，每头耕牛折价"三百斛"。朝廷采纳其建议，在两州推广牛耕，益阳属荆州所辖，当是政府推广牛耕区域。⑦今益阳出土晋墓中发现陶牛等出土文物，表明牛耕得到推广。

① 参见前揭《梁书》卷34《张缵传》，第502页。

② 参见前揭《晋书》卷6《明帝纪》，第162页。

③ 参见前揭《宋书》卷50《垣护之传》，第1451页。

④ 参见前揭《宋书》卷68《徐遗宝传》，第1808页。

⑤ （唐）姚思廉：《陈书》卷22《陆子隆传》，中华书局1972年版，第293页。

⑥ 参见何德章：《六朝南方开发的几个问题》，载《学海》2005年第2期，第16—24页。

⑦ 参见前揭《晋书》卷26《食货志》，第788页。

而洞庭湖地区，土地肥沃，正所谓"湘川之奥，民丰土闲"，①只要稍有所作为，即可衣食丰足。梁中大通二年(530年)，陈庆之出任南、北司二州刺史，"江湖诸州并得休息，开田六千顷，二年之后，仓廪充实"。② 又前引《梁书·张缵传》提及"益阳县人作田二顷，皆异亩同颖"云云。③ 所谓"异亩同颖"者，即二茎共生一穗，古人认为这是祥瑞。《尚书》云："唐叔得禾，异亩同颖，献诸天子。王命唐叔归周公于东，作《归禾》。"孔传云："亩，垄。颖，穗也。禾各生一垄，而合为一穗。""异亩同颖，天下和同之象，周公之德所致。""天下和同，政之善者，故周公作书以'嘉禾'名篇告天下。"④洞庭湖区水利条件优良，而资江水系发达，其较大支流就有6条，小支流达600多条，水网密布，为水稻生产提供了良好的自然条件。这一流域种植水稻或有上万年历史，积累了丰富的种植经验。

在魏晋南北朝时期，长沙、益阳等湘州地区即已盛产粮食，尤其盛产良种稻，质地精良，味香适口。三国时长沙米声誉满天下，魏文帝在《与朝臣书》中说："江表唯长沙名好米，何得比新城粳稻也？上风炊之，五里闻香。"⑤萧齐时，萧嶷曾"以江、湘二州米十万斛给镇府，湘州资费岁七百万，布三千匹，米五万斛"，⑥可见，其时包括益阳在内的湘州地区粮食产量相当大，粮食大量外调，已成为重要粮食生产地和供应地。萧齐末年，长沙太守刘坦代行湘州刺史事，为助萧衍起事，选堪事吏，分诣长沙、桂阳、衡阳等十郡，"悉发人丁，运租米三十余万斛，致之义师，资粮用给"。⑦ 萧绎称帝后，其诏有"江湘委输，方船连舳"云云。⑧ 所谓"方船"，是当时用来运输粮食之大船，又称"大舽"，大者能装载上万斛粮食，载籍云："湘州七郡，大舽所出，皆受万斛。"⑨由此足见其时从湖南调运粮米数额之多。陈文帝天嘉元年(560年)，陈将侯瑱与北周贺若敦战于湘州，"土人亟乘轻船，载米粟鸡鸭，以饷瑱军"。⑩ 这里将粟与米并提，亦见其产量之多。

因为洞庭湖地区粮食生产发达，积谷甚多，所以也成为各方军阀争夺之焦点。东汉晚年，赤壁之战后，曹操退回北方，刘备遂夺取长江中游以南之地，以诸葛亮为军师中郎将，"使督零陵、桂阳、长沙三郡，调其赋税以充军实"。⑪ 前面述及，诸葛亮曾在益阳活动，应当是征调益阳粮食。

除粮食生产外，渔业亦颇值得一提。益阳濒临洞庭湖，渔业资源丰富；又资水流域

---

① 参见前揭《南齐书》卷15《州郡志下》，第287页。

② 参见前揭《梁书》卷32《陈庆之传》，第464页。据《资治通鉴》胡注，其"江湖诸州"，谓洞庭、彭蠡间诸州也。

③ 参见前揭《梁书》卷34《张缵传》，第502页。

④ (汉)孔安国传，(唐)孔颖达疏，廖名春等整理：《尚书正义》卷13《微子之命》，北京大学出版社2000年版，第420页。

⑤ (宋)李昉等：《太平御览》卷839，中华书局1960年版，第3751页。

⑥ 参见前揭《南齐书》卷22《豫章文献王传》，第407页。

⑦ 参见前揭《梁书》卷19《刘坦传》，第301页。

⑧ 参见前揭《梁书》卷5《元帝纪》，第133页。

⑨ (唐)虞世南：《北堂书钞》卷138《舟部下·舽五》引《荆州土地记》，中国书店1989年版，第566页。

⑩ 参见前揭《资治通鉴》卷168《陈纪二》，第5209页。

⑪ 参见前揭《三国志》卷35《蜀书·诸葛亮传》，第915-916页。

产鱼，亦在情理之中。《水经注》言及益阳"此县之左右，处处有深潭，渔者咸轻舟委浪，谣咏相和"。①

（二）手工业

其中非常值得一提者，是青瓷器制造工艺。青瓷为我国著名传统瓷器之珍品，乃是在坯体上施以青釉，在还原焰中烧制而成的。我国早在商周时期即已出现原始青瓷，至三国两晋南北朝时期，南方和北方所烧青瓷已各具特色。南方青瓷，一般胎质坚硬细腻，呈淡灰色，釉色晶莹纯净，常用"类冰似玉"来形容。从出土情况来看，益阳等湘州地区，或为其时青瓷重要生产地之一。

迄今为止，在益阳地区出土三国两晋南北朝时期墓葬凡5处，即梓山湖孙吴墓、桃花仑晋代砖室墓、羊舞岭东晋墓、桃花仑西晋李宜墓和赫山庙齐建元四年墓，后3处皆发掘于1980年。梓山湖孙吴墓发现于2002年7月，其中M8和M9或为夫妻合葬墓，推断其时代为东吴晚期至西晋初年。桃花仑姚家村晋代砖室墓，发现于1988年，其M1出土有模印"晋泰元二年"墓砖，为墓葬提供了确切年代，即东晋孝武帝泰元二年（377年）。从其"南阳张氏墓"砖名推断，墓主原籍为河南南阳，实为两晋之际中原板荡"衣冠南渡"之佐证。该墓所出土之青瓷四系罐、保存完好之瑞镜兽及铁剪等，在益阳地区为首次发现，为研究当时社会经济提供了实物资料。桃花仑西晋李宜墓墓后室文字砖有"李宜官二千石"隶书字样，可知墓主李宜为郡守一级高官。羊舞岭东晋墓出土铜钱1150余枚，包括两汉五铢、王莽货泉与大泉五十以及无字剪轮钱等10多种，质量低劣。《晋书·食货志》载："魏明帝乃更立五铢钱，至晋用之，不闻有所改创……晋自中原丧乱，元帝过江，用孙氏旧钱，轻重杂行，大者谓之比轮，中者谓之四文。"该墓所出土各式铜钱，恰反映出其时货币混乱现象。

以上5处墓葬皆出土不少青瓷，为了解此方面发展提供了宝贵实物资料。梓山湖孙吴墓M8、M9共出器物50件，瓷器、釉陶器占81%，其中瓷器6件（碗3件、器盖1件、壶1件、槅1件），青黄釉，胎釉结合不好。这说明此时青瓷制造工艺仍处在较低水平，其青瓷因含铁不纯，还原气氛不充足，色调便呈现黄色或黄褐色，故整理者甚至未用"青瓷"字眼称呼它。② 桃花仑晋代砖室墓M3出土的20余件随葬器物，主要为青瓷器，计有四系罐1件、盘口壶1件、双口四系坛1件、碗1件、盅7件（分Ⅳ式）、碟2件（分Ⅱ式）。从青瓷器呈现样态看，其青瓷制造工艺较梓山湖孙吴墓所出土者已有很大提高，譬如其四系罐、碗及盅Ⅰ式，皆光泽晶莹，光滑明亮；但其釉部分剥落甚至剥落严重，釉色青中泛黄，虽通体施釉甚或内外施釉但釉不及底，甚至内底有积釉现象，可见其工艺水平仍显粗糙。③ 至于李宜墓，出土10余件器物中有青瓷四系盂1件、青狮形插

① （北魏）郦道元著，陈桥驿等译注：《水经注全译》卷38《资水》，贵州人民出版社1996年版，第1301页。

② 湖南省文物考古研究所、益阳市文物管理处：《湖南益阳梓山湖孙吴、宋墓发掘简报》，载《湖南考古辑刊》第9集，岳麓书社2011年版，第128-132页。

③ 益阳地区博物馆：《益阳市桃花仑晋代砖室墓》，载湖南省博物馆编：《湖南博物馆文集》，岳麓书社1991年版，第178-181页。

座1件、青瓷钵2件、青瓷双唇罐1件，其中青瓷四系盂和青狮形插座呈青绿色，有青瓷早期特点；因青瓷钵以及青瓷双唇罐釉色中出现了褐色斑状纹饰，已是西晋晚期以后的风格，故此墓年代应为西晋晚期。羊舞岭东晋墓出土青瓷器7件（青瓷碗1件、青瓷果盒1件、青瓷钵1件、青瓷盘3件、青瓷井1件），虽然青瓷果盒和青瓷井具有六朝早期特点，但墓中出土青瓷器釉多呈黄褐色，有的带深褐色斑纹，具有西晋以后的特点。赫山庙城关镇齐建元四年墓出土器物主要为青瓷，釉色晶亮，半透明，以青黄色为多数，胎质作灰色，与西晋时期青瓷相比，显得更为成熟。[①]

据《水经注》载："（资）水南十里有井数百口，浅者四五尺，或三五丈，深者亦不测其深。古老相传，昔人以杖撞地，辄便成井。或云古人采金沙处，莫详其实也。"[②]益阳产金，史籍多言之，直至元代尚有淘金夫见诸载籍，可见应是事实。关于其采矿业，仅附赘一言于此。

（三）庄园经济

魏晋南北朝是我国庄园经济发展的巅峰时期，就益阳地区而言，虽在传世文献中并无多少直接论述，然据考古发掘所出土实物资料仍可稍窥其貌。益阳梓山湖孙吴墓，就是一个典型例证。据发掘简报介绍，该墓出土器物除青瓷器在前面已有介绍外，其余各件亦颇值得关注。其M3出土器物32件，有瓷碗、釉陶盏、陶双系罐、俑（文官俑、垂臂俑、伸臂俑、胡人俑）、灶、有鞍马、马车、猪羊鹅等；M8出土器物32件，有釉陶盏、熏、灯盘、陶井、碓、俑（包括荷锄俑、执刀俑、捧水俑、庖厨俑、碓俑、劳作俑等）、牛车、猪屋、鸡屋、鸭屋、狗圈、囷等；M9出土器物18件，有瓷壶、槅、釉陶盏、俑（滑稽俑、尖头俑、扛物俑、荷锄俑等）、马、羊屋、鸭屋、鹅屋及铁器等。众所周知，庄园经济不仅包括农业生产，还包括手工业作坊及专职手工业者，以及封建主在庄园里所建住宅、磨坊、马厩、仓库等设施。这些随葬器物虽是明器，却是墓主生前生活之生动写照。整个东吴时期，江南豪门大族在三国鼎立割据形势下各有其势力范围，在为孙吴政权服务之同时，亦保卫着其庄园经济。正如东吴开拓者孙策初到江南，考虑到地方势力强大，亦不得不寻求朱治、张昭等江南大族支持。该批墓葬所出土俑、动物、模型明器数量远远超过碗、罐等实用器物，其墓葬形制、随葬品依旧延续东汉习俗，正是庄园经济在墓葬中的反映。[③]

而这并非孤例。20世纪50年代在长沙市金盆岭两晋南北朝墓葬群中，亦出土大量瓷俑、陶俑及陶制牲畜、车、屋模型。其中有一墓葬发现有"晋永宁二年（302年）"铭文，墓葬中出土骑吏、武士、乐师、书吏、童仆等陶俑100余件，士族生活所应有部曲、家兵、男女侍从一应俱全，尚有车、马等各类动物和各类用具设施模型，完全再现出当时士族地主

① 益阳地区文物工作队、益阳县文化馆：《湖南省益阳县晋、南朝墓发掘情况》，载文物编辑委员会编：《文物资料丛刊8》，文物出版社1983年版，第45—49页。

② （北魏）郦道元著，陈桥驿等译注：《水经注全译》卷38《资水》，贵州人民出版社1996年版，第1301页。

③ 湖南省文物考古研究所、益阳市文物管理处：《湖南益阳梓山湖孙吴、宋墓发掘简报》，载《湖南考古辑刊》第9集，岳麓书社2011年版，第128—144页。

自给自足的庄园经济生活景象。此外，1984 年底至 1985 年初，长沙县回龙乡发现东汉至两晋南朝时期古墓葬 100 多座，出土文物 500 多件，其中青铜镜 40 多件，尚有银器、琉璃、玛瑙和青瓷器等。考古工作者认定，墓葬发掘地为魏晋南北朝时期以捞刀河河湾盆地为中心而形成的一个或几个地主庄园。类似地主庄园在长沙县麻林桥，浏阳西乡官桥、东乡古港、沿溪、官渡，北乡北盛，望城九江之字港及宁乡檀树湾等地皆有发现。这些发现，与益阳梓山湖孙吴墓如出一辙，表明在魏晋南朝时代，包括长沙、益阳等在内之湘州地区已形成了较多封建地主庄园，并且庄园经济在该地区已成为流行经济形态。①

二、三国两晋南北朝时期的益阳文化

关于此段时期之益阳学术，因文献不足征，难于措笔，仅能拈出流寓学者二人。邑志提及，刘宋时有著名学者何承天曾寓居益阳，对益阳文化发展应有一定提振作用。其文曰：

> 何承天，东海郯人也。聪明博学，儒史百家，莫不该览。叔父肸为益阳令，随肸之官。隆安四年（400 年），南蛮校尉桓伟命为参军，时殷仲堪、桓玄等互举兵以向朝廷，承天惧祸难未已，解职还益阳。后召为尚书祠部郎，除著作郎，撰国史，迁御史中丞。时索虏侵边，太祖访群臣威戎御远之略，承天上《安边论》，其要有四，史称其博而笃，惜时不能用。先是，《礼论》有八百卷，承天删减为三百卷，并《前传》《杂语》《纂文》、论并传于世。又改定《元嘉历》，语载《律历志》。②

又有吴商，为东晋博士，曾任益阳令。宁康二年七月"简文帝崩再周而遇闰"，吴商与议丧礼，主张"以闰月祥"，然为尚书令王彪之所驳，谓"吴商中才小官，非名贤硕儒、公辅重臣、为时所准则者，取闰无证据"。③《隋书·经籍志》载："梁有晋益阳令吴商《礼难》十二卷，《杂议》十二卷，又《礼议杂记故事》十三卷，《丧杂事》二十卷"，④又有"益阳令《吴商集》五卷"。⑤ 三国两晋南北朝时期，益阳地方官之见诸载籍者，唯吴商与何承天之叔父何肸。

关于书法方面，亦能赘言几句。魏晋南朝时期在我国书法发展史上举足轻重，名家辈出，钟繇、卫夫人、王羲之、王献之等各领风骚，对后世书法发展产生了深远影响。该时期是隶书"楷变"与"今草""行书"大放光彩之时代，益阳地区所出土实物资料印证了此点。这些砖铭文基本属于隶书，但某些笔画又摆脱隶书作风。这一时期正是由篆书、隶书向楷书过渡的阶段，因此，这些砖铭是研究魏晋南朝书法演变之重要资料。

---

① 参见谭仲池：《长沙通史（古代卷）》，湖南教育出版社 2013 年版，第 219-220 页。
② 《（同治）益阳县志》卷 20，据《宋书》卷 64《何承天传》校订。
③ 参见前揭《晋书》卷 20《礼志中》，第 617 页。
④ （唐）魏征、令狐德棻：《隋书》卷 32《经籍志一》，中华书局 1973 年版，第 923 页。
⑤ 参见前揭《隋书》卷 35《经籍志四》，第 1064 页。

李宜墓墓砖拓片　　　　桃花仑晋代砖室墓墓砖拓片　　　　齐建元四年墓墓砖拓片

两晋南朝益阳书法实物资料①

　　宗教方面颇有些资料可资利用。在魏晋南北朝时期，道教已在益阳生根。益阳浮邱山主峰海拔 754.4 米，相传得名于刘宋仙人浮邱子。府志云："浮丘，在治西一百里，逢峦倚伏，亚于南岳山。顶有石亭。相传刘宋时浮丘子炼丹处。""浮丘仙，刘宋时炼丹于益阳浮丘山。"②山上有浮丘山石屋遗迹，载籍云："浮丘山，治西一百里。峰峦倚伏亚于南岳，山顶有飞来石屋。刘宋时浮丘子潘逸远炼丹处。"③"浮邱石屋，在九里浮邱山巅。传为浮邱子炼丹之处，有丹灶、齿石诸迹。"注云："言浮邱子煮石为粮，啮弃其余。今石尚有齿痕。"④

　　又距浮邱山约 10 里处有子良岩，峭壁峻岩，下有深潭，石桥横在边上，相传潘子良炼丹于此。府志云："子良岩，县西南一百二十里。桃花水出焉。刘宋潘子良炼丹处。""潘子良，刘宋时人，梁天监中，炼丹于梓梁岩，后仙去。"注云："按子良，名逸远，或落'远'字以为'潘逸'，生南朝宋时；或失其姓，以为'宋子良'，皆传写之误。至梓梁岩，即子良岩。"⑤邑志亦云："子良岩，治西南一百里。峭壁巉岩下，有深潭，石桥横其上。

① 参见前揭《湖南省益阳县晋、南朝墓发掘情况》，第 47-49 页；《益阳市桃花仑晋代砖室墓》，第 179 页。

② 《(嘉靖)长沙府志》卷 3、卷 6。

③ 《(康熙)长沙府志》卷 24。

④ 《(同治)益阳县志》卷 24。

⑤ 《(乾隆)长沙府志》卷 5、卷 35。

宋潘子良炼丹于此，故名。上有桃花井，旧时往往桃花出水，而《名胜志》谓桃花水出焉，以此。《明一统志》：子良岩，在益阳西南一百二十里，宋子良隐处，中有悬崖巨石，清流□□。"[1]然该志似将潘子良、潘逸远当作两人。民国时孙家杰《益阳之胜地与名人》对此有剖辨，认为："逸远与子良，亦应即一人，盖同姓、同时而浮邱山、子良岩二地相去又近，修真于浮邱山，乃号'浮邱子'，后于子良岩，安知不遂以'子良'名乎？且子良岩境较浮邱山大为神秘，弃彼择此，势所不免也。"[2]

又益阳凤形山尚有纪念浮邱子之三仙寺。邑云："三仙寺，在十里凤形山，祀祭潘子良及汪李二真人。"[3]前引民国《益阳之胜地与名人》中载有《潘汪李三仙故事》，因文繁且时代较晚，故不备引。[4]

佛教在江南立足应从孙吴立国始。孙吴以建业为中心，由孙权、孙皓建造佛寺。湖南佛教传入，大致在魏晋之际，且至东晋时，形成了庐山、建业两大佛教中心。南岳衡山约在晋咸和年间(326～334年)修建法轮寺、会善寺，晋末修建元碛寺。因社会动荡，逃生避世，落发为僧、出家修道成为社会风气。益阳修建佛寺大致亦在此时。这一时期益阳佛教相关之胜迹有以下两处：

其一为青秀山(清修山)清修寺。清秀山又称小庐山，其寺相传为东晋庐山慧远大师所创。邑志云："清修寺，在二十里清修山，东晋惠远禅师建。"[5]然无其他史料佐证，此事不可考。按《高僧传》载："自远卜居庐阜三十余年，影不出山，迹不入俗，每送客游履，常以虎溪为界焉。"[6]据此可知惠远不大可能到过益阳，清修寺应非慧远亲修，或为慧远门人来益邑所修，亦未可知。据考证，慧远禅师门徒于太元(376～396年)中立精舍，与慧永、宗炳等结白莲社传经说法，唐时修建了"清修寺"，寺中供奉佛像与慧远禅师。大殿有"万德圆融"金字匾额，为清光绪探花王龙文所书。僧房有"片石孤云窥色相，清池皓月照禅心"楹联，为清胡达源书。

其二为会龙山栖霞寺。相传东晋时期，有印度僧人不如密多尊者来益阳会龙山，创建宝泉寺。禅宗传灯系谱中，不如密多，又作卜如密多、卜如蜜多，为印度第二十六祖。然亦无史料佐证，栖霞寺究竟创建于何时、为何人所建，此事不可考。依据现代史学观念，尊重民间传说，栖霞寺或始于晋代。会龙山位于益阳资江之西南，主峰突兀而立，周围有金堂、石马、皓月、鳊鱼、白鹿诸山。而会龙山似巨龙骧首，四周诸山如群龙会合，故名"会龙山"。宝泉寺位于会龙山巅，明时改为"栖霞寺"。

① 《(同治)益阳县志》卷24。

② 孙家杰：《益阳之胜地与名人》"子良岩"条，益阳民报社1946年版，第40页。

③ 《(同治)益阳县志》卷24。

④ 参见(民国)孙家杰：《益阳之胜地与名人》，益阳民报社1946年版，第41-43页。

⑤ 《(同治)益阳县志》卷24。

⑥ (南朝梁)释慧皎撰，汤用彤校注：《高僧传》卷6，中华书局1992年版，第221页。

第五章　隋唐五代时期的益阳

公元 581 年,北周外戚杨坚代北周而自立,建立隋朝。开皇九年(589 年),隋灭南陈,统一中国,结束了魏晋以来的大分裂局面。然隋政权亦仅存在 30 余年,618 年李渊在隋末农民大起义浪潮中攫得政权,建立唐朝,定都长安。该朝共历 21 帝,享国 289 年,至 907 年灭亡。之后,中国再次陷入大分裂局面,在北方中原地区,相继出现后梁、后唐、后晋、后汉和后周 5 个朝代,合称"五代";在中原地区之外,则有前蜀、后蜀、吴、南唐、吴越、闽、楚、南汉、荆南(南平)、北汉等 10 个割据政权,统称"十国"。960 年北周为北宋所取代,后者复经十余年征战,先后剪灭各割据政权,至宋太宗太平兴国四年(979 年)灭掉北汉,完成了统一大业。隋、唐是经历了魏晋南北朝大分裂、大动荡之后建立的两个大一统王朝,是我国历史上的强盛时期之一。但自中唐"安史之乱"后,复陷藩镇割据,使北方地区饱受战乱之苦,五代十国更延续和放大了此种混乱局面。在五代十国时期,南方地区相对较为安定,北方人口再次大规模南迁,推动南方经济蓬勃发展。大致以中唐"安史之乱"为界,此前全国经济重心一直在北方,此后经济重心则逐渐南移,迨及五代,南方经济已然超过了北方。在整个隋唐五代时期,益阳史事见诸载籍者仍相当有限,故仅能粗线条地勾勒出其大致发展轮廓。

第一节　行政沿革与重要史事梳理

一、行政沿革

隋代　开皇九年(589 年),隋灭南陈,广大江南地区包括湘州在内皆纳入大隋版图,天下重归一统。隋朝统一之后,废湘州,改置潭州,"取昭潭为名也",①设总管府。炀帝大业三年(607 年)废潭州总管府,改潭州曰长沙郡。长沙郡统长沙、衡山、益阳、邵阳等 4 县,有户 14275。隋朝省并天下州郡,废州、郡、县三级制,行郡、县二级制,衡阳郡遂废为衡山县(含原衡山、湘乡和湘西三县地域),益阳县乃重归长沙郡直属焉。大业三年(607 年)撤新康县(即今湖南省宁乡市,三国吴自益阳县析置新阳县,晋太康元年更名新康县,属衡阳郡),重新归并于益阳。至若梁陈时代之药山县(郡),入隋之后改为安乐县,开皇十八年(598 年)改曰沅江,属巴陵郡(巴陵郡统巴陵、华容、沅江、

---

①　(唐)李吉甫:《元和郡县图志》卷 29《江南道五》,中华书局 1983 年版,第 702 页。

湘阴和罗等 5 县,有户 6934)。① 隋末群雄割据时,大业十三年(617 年)至武德四年(621 年)间,湖南包括益阳在内属萧铣政权统治之下。

  唐代 武德四年(621 年),唐平萧铣,置潭州总管府,管潭、衡、永、郴、连、南梁、南云、南营 8 州。潭州领长沙、衡山、醴陵、湘乡、益阳、新康 6 县。武德七年(624 年),废云州,改南梁为邵州,改南营为道州,省新康县仍归并于益阳县。② 太宗贞观元年(627 年),始分天下为十道,其八曰"江南道",潭州属于此道。此时之"道",仅是监察机构,既无治所,亦无编制,大体如同汉代之十三部,"每道置采访使,检察非法,如汉刺史之职。"③开元二十一年(733 年),复分天下为十五道,将江南道分为东、西两道,潭州属于江南西道。此时之道,不仅为常设机构,治所也趋于固定化。肃宗至德(756~758 年)之后,中原用兵,刺史皆治军戎,遂有"防御""团练""制置"之名,而要冲大郡皆有"节度"之额,战事稍息则易以"观察"之号。代宗广德二年(764 年),湖湘地区遂设"湖南观察使",治所在衡州,大历三年(768 年)迁治于潭州(今长沙市),管潭、衡、柳、连、道、永、邵等州。中和三年(883 年)升湖南观察使为"钦化军节度使",光启元年(885 年)改为"武安军节度使",益阳县皆属焉。唐代益阳县域范围包括今益阳、桃江、安化、宁乡及涟源部分地区。其时,沅江县改称乔江县,属岳州。

  五代 五代之初,大体承续唐末之局,益阳仍属潭州,隶武安军节度使。后梁太祖开平元年(907 年),封武安军节度使马殷为楚王,自是历后唐、后晋、后汉三代,湖南皆在马楚政权治下。后唐天成二年(927 年),唐明宗封马殷为楚国王,马殷以潭州为长沙府,领 9 县,即长沙、湘潭、湘乡、益阳、醴陵、浏阳、攸县、龙喜、茶陵。其中益阳县包括今益阳市桃江、安化县及今宁乡市部分区域。后周太祖广顺元年(951 年),南唐乘马氏内乱之机,遣边镐进军湖南,入长沙,马楚灭亡。广顺二年(952 年),马楚余部刘言、王逵收复马氏故地,称藩于后周,"乞移使府于武陵",后周"诏升朗州为大都督府,在潭州之上"。④ 广顺三年(953 年),王逵杀刘言自立。后周世宗显德三年(956 年),王逵被杀,周行逢立,后周封周行逢为武平军节度使,制置武安、静江等军事,益阳属潭州军府。宋太祖建隆三年(962 年)周行逢死,子周保权立。次年湖湘归宋,益阳属荆湖南路安抚司管辖。⑤

二、重要史事

  在整个隋唐时代,史事直接提及益阳者甚少,至唐末五代则渐多,试梳理如下。
  昭宗乾宁元年(894 年),唐末军阀刘建锋之先锋马殷,南下湖南,攻占潭州等地,

---

① 参见前揭《隋书》卷 31《地理志下》,第 895 页。
② (后晋)刘昫等:《旧唐书》卷 40《地理志三》,中华书局 1975 年版,第 1612 页。
③ 参见前揭《旧唐书》卷 38《地理志一》,第 1385 页。
④ (宋)薛居正等:《旧五代史》卷 112《周书三》,中华书局 1976 年版,第 1487 页。
⑤ 以上参见《(同治)益阳县志》卷 1《沿革》;同时参考罗庆康:《马楚史研究》,湖南人民出版社 2004 年版,第 226-237 页。

成为马步军都指挥使。二年后，建锋被杀，马殷被推为主帅，逐步统一湖南全境。唐朝任其为湖南留后、判湖南军府事，迁武安军节度使。此后，马殷扩大地盘，兼并静江军，夺取岭南数州。开平元年（907年），梁太祖朱温封其为楚王，都潭州（治今长沙市），建国承制，置官属。马楚政权共历6王，享国45年（907~951年）：首任君主马殷，907~930年在位；第二任君主马希声，930~932年在位；第三任君主马希范，932~947年在位；第四任君主马希广，947~950年在位；第五任君主马希萼，950~951年在位；第六任君主马希崇，951年在位。自马殷至马希范时期近40年间，马楚政权尚称稳定，"养士息民"，境内经济颇为繁荣。然自马希广执政始，马氏兄弟内讧争位，战事连绵，以迄于亡。益阳作为通往长沙之要道所在，在马氏兄弟内讧及刘言统治时期，曾几度交兵于此。

后汉乾祐三年（950年）战事　后晋开运四年（947年）马希范死，其弟马希广嗣立，因越长而立，违背马殷遗训，其兄马希萼遂于后汉乾祐二年（949年）秋八月在朗州（治今常德市）起兵，造战舰700艘，谋攻潭州，被马希广遣岳州刺史王赟、监军刘彦瑫大败于仆射洲（在今湖南省长沙市境湘江中）。① 乾祐三年（950年）夏六月，马希萼复招诱辰、溆州及梅山蛮为乱。史载：

> 马希萼既败归，乃以书诱辰、溆州及梅山蛮，欲与共击湖南。蛮素闻长沙帑藏之富，大喜，争出兵赴之，遂攻益阳。楚王希广遣指挥使陈璠拒之，战于淹溪，璠败死。②

"淹溪"应是烟溪，抑或小淹，皆在今安化县境内。同年十月，楚王马希广以刘彦瑫为战棹都指挥使、朗州行营都统，率兵征朗州，马希萼遣朗州兵及蛮兵六千、战舰百艘逆战，大败彦瑫于湄洲。彦瑫之败，造成连锁反应，史载：

> 马军指挥使张晖将兵自他道击朗州，至龙阳（今常德市汉寿县），闻彦瑫败，退屯益阳。希萼又遣指挥使朱进忠等将兵三千急攻益阳，张晖绐其众曰："我以麾下出贼后，汝辈留城中待我，相与合势击之。"既出，遂自竹头市遁归长沙。朗兵知城中无主，急击之，士卒九千余人皆死。③

马希萼欲请后汉支持其嗣为楚王，然为后汉所拒，遂怒而遣使称藩于南唐。南唐加希萼同平章事，以鄂州当年租税赐之，并命楚州刺史何敬洙将兵助希萼。同年十一月，希萼留其子光赞守朗州，悉发境内之兵趋长沙。后汉拟发兵救潭州，适逢汉周易代之难作，自顾尚且不暇，故不果。

---

① 参见前揭《资治通鉴》卷288《后汉纪三·隐帝乾祐二年》，第9413-9414页。

② 参见前揭《资治通鉴》卷289《后汉纪四·隐帝乾祐三年》，第9425页。

③ 同上②，第9427-9428页。

上面引文所言的"梅山蛮"，应即安化、新化上下梅山之土著居民，因民风彪悍，战斗力颇强，此次竟深度介入马氏之乱。史载：

> 辛卯，（希萼）至湘阴，焚掠而过。至长沙，军于湘西，步兵及蛮兵军于岳麓，朱进忠自玉潭引兵会之。马希广遣刘彦瑫召水军指挥使许可琼帅战舰五百艘屯城北津，属于南津，以马希崇为监军；又遣马军指挥使李彦温将骑兵屯驼口，扼湘阴路，步军指挥使韩礼将二千人屯杨柳桥，扼栅路。……初，蛮酋彭师暠降于楚，楚人恶其犺直；楚王希广独怜之，以为强弩指挥使，领辰州刺史，师暠常欲为希广死。及朱进忠与蛮兵合七千余人至长沙，营于江西（胡注：湘江之西），师暠登城望之，言于希广曰："朗人骤胜而骄，杂以蛮兵，攻之易破也。愿假臣步卒三千，自巴溪渡江，出岳麓之后，至水西，令许可琼以战舰渡江，腹背合击，必破之。前军败，则其大军自不敢轻进矣。"希广将从之。时马希萼已遣间使以厚利啖许可琼，许分湖南而治，可琼有二心，乃谓希广曰："师暠与梅山诸蛮皆族类，安可信也！可琼世为楚将，必不负大王，希萼竟何能为？"希广乃止。[1]

引文所言"玉潭"，在今宁乡市东北部玉潭街道，其时宁乡属于益阳县。前面曾言马希萼遣朗州兵及蛮兵六千在湄洲大败刘彦瑫，此处又言"朱进忠与蛮兵合七千余人至长沙"，《资治通鉴》后文又有"（十二月）甲辰，朗州步军指挥使武陵何敬真等以蛮兵三千陈于杨柳桥"云云，可知梅山蛮等蛮兵在马希萼军队占据重要地位。又据"蛮酋彭师暠降于楚，楚人恶其犺直，楚王希广独怜之，以为强弩指挥使"及许可琼所言"师暠与梅山诸蛮皆族类"云云，可知楚王马希广军中亦有部分蛮兵，或亦属梅山蛮，仅阵营不同罢了。史言：

> 彭师暠战于城东北隅。蛮兵自城东纵火，城上人招许可琼军使救城，可琼举全军降希萼，长沙遂陷。朗兵及蛮兵大掠三日，杀吏民，焚庐舍，自武穆王以来所营宫室，皆为灰烬，所积宝货，皆入蛮落。李彦温望见城中火起，自驼口引兵救之，朗人已据城拒战。彦温攻清泰门，不克，与刘彦瑫各将千余人奉文昭王及希广诸子趣袁州，遂奔唐。张晖降于希萼。（胡注：张晖先是自益阳遁归长沙，长沙既陷，遂降于希萼）[2]

由此可见辰、溆州及梅山蛮兵，在此次政治投机中发了战争财。又《古今图书集成》载："后汉隐帝乾祐三年庚戌（950 年），马希萼陷潭州，据之，复引蛮獠为援，据今安化为彝峒。"[3]以上是有关安化梅山蛮史事之较早记载，颇为难得，故不惮其繁，备引如上。

---

① 参见前揭《资治通鉴》卷 289《后汉纪四·隐帝乾祐三年》，第 9442-9444 页。

② 同上①，第 9445-9446 页。

③ 《古今图书集成：方舆汇编·职方典下》卷 1217。

后周广顺元年(951年)战事 马希萼杀希广自立后,赏罚不明,杀戮无度,纵酒荒淫,政刑紊乱,将卒离心。后周太祖广顺元年(951年)二月,希萼部将王逵、周行逢率众逃归朗州。六月,王逵等推辰州刺史刘言为武平留后,称藩于后周。九月,马希萼部将徐威等执希萼,立其弟希崇为武安留后,囚希萼于衡山县。"刘言闻希崇立,遣兵趣潭州,声言讨其篡夺之罪,壬午,军于益阳之西。"希崇嗣位后,亦举措失宜,徐威等复怀贰,希崇惶惧,密奉表请兵于南唐,南唐遣边镐自袁州(治今江西省宜春市)趋长沙。十月,马希崇率其族及将佐降于南唐,马楚遂亡。①

广顺二年(952年)战事 南唐据有湖南大部后,"遣其将李建期屯益阳以图朗州,以知全州张峦兼桂州招讨使以图桂州,久之,未有功",中主李璟"欲罢桂林之役,敛益阳之戍,以旌节授刘言"。② 南唐武安节度使边镐,"昏懦无断,在湖南,政出多门,不合众心",唐主命其经略朗州,而镐以刘言忠顺而不设备,刘言遂遣王逵、周行逢等乘隙取潭州。史载:

> (广顺二年)冬,十月,逵等将兵分道趣长沙,以孙朗、曹进为先锋使,边镐遣指挥使郭再诚等将兵屯益阳以拒之。戊子,逵等克沅江,执都监刘承遇,裨将李师德率众五百降之。壬辰,逵等命军士举小舟自蔽,直造益阳,四面斧寨而入,遂克之,杀戍兵二千人。

王逵等进克桥口及湘阴,以至潭州,边镐弃城走。唐将守湖南诸州者,闻长沙陷,相继遁去,刘言遂尽复马氏岭北故地,惟郴、连入于南汉。③ 其后之事,已叙如前,不复赘述。

如上所述,自乾祐三年至广顺二年(950~952年)间,益阳频遭战乱,铁铺岭故城或亦因此而毁。关于铁铺岭故城遗址,因本书下编有专文讨论,故此处不拟多说,仅强调一点:从考古发掘情况来看,铁铺岭故城作为益阳故城县衙所在地,自战国晚期始,历经秦汉至六朝及隋,或许皆在其地。但自唐代始,县治已基本移至江北,按宋乐史《太平寰宇记》载云:

> 益阳县,西北一百八十里,元三乡。本汉旧县,属长沙国。按《地图》云:"今县东八十里,即汉之益阳故城也。"又《郡国志》云:"益阳故城,鲁肃筑,登之望见长沙,城邑、人马形色宛然,相去三百里。"故老云:"长沙、益阳,一时相望。"即此地。以其邑在益水之阳,故名。贞观二十年(646年)移理于此。④

---

① 参见前揭《资治通鉴》卷290《后周纪一·太祖广顺元年》,第9458~9466页。
② 参见前揭《资治通鉴》卷290《后周纪一·太祖广顺二年》,第9476页。
③ 参见前揭《资治通鉴》卷291《后周纪二·太祖广顺二年》,第9483~9484页。
④ (宋)乐史撰,王文楚等点校:《太平寰宇记》卷114《江南西道·潭州》,中华书局2007年版,第2324页。

今按宋乐史所言"移理于此"之"此"，亦即明清益阳县治所在处。据此可知，隋及唐初益阳县治或仍在铁铺岭故城，但自贞观二十年始县治已移至江北，且其后相当长一段时间应皆在江北，清《(乾隆)益阳县志》卷5《城池公署》所言"唐移今治"(其"今治"指江北明代所修益阳古城)及《(同治)益阳县志》所言"元和年间僧广慧建白鹿寺于县治资水南岸会龙山麓"，可证之。但据铁铺岭古城发掘情况来看，并参以晚唐杜荀鹤(846~904年)《寄益阳武瓘明府》诗(详后)，晚唐时期县治似又搬回了铁铺岭古城，直至五代后周皆在此处。自宋以后，从铁铺岭遗址地层堆积和出土遗物情况看，益阳县治及城市中心确已完全转移至江北(详见下编盛定国《益阳铁铺岭故城遗址专题研究报告》一文)，究其缘由，应是乾祐三年至广顺二年间的战乱起了关键作用。

第二节　隋唐五代时期的益阳经济

一、人口估算

隋代长沙郡人口有确切数字，前已述及，炀帝大业三年(607年)长沙郡统长沙、衡山、益阳、邵阳等4县，有户14275。[1] 平均下来，益阳县在隋代至少有户3569，以每户5口计，其人口数为17845人。因益阳在《新唐书·地理志》中称为"上县"，推测在隋代或高于平均水平，则其人口或在1.8万以上，在当时应算大县了。

再看唐代。据《旧唐书》所载，潭州，"天宝元年(742年)改为长沙郡，乾元元年(758年)，复为潭州。旧领县五，户9031，口40449；天宝(742~756年)领县六，户32272，人口192657"。[2] 其"旧领县五"，指长沙、湘潭、湘乡、益阳、醴陵；景龙二年(708年)自长沙析置浏阳县，故领县六。《新唐书》虽仅载天宝间户口数，即"户32272，口192657"，但此数据有些疑义，因为距宋乐史《太平寰宇记》所载潭州"开元(713~741年)户57000"相差较大，[3]天宝间户数或是安史之乱爆发后的数据。《新唐书》载有各县之级别："长沙，望；湘潭，紧；湘乡，紧；益阳，上；醴陵，中；浏阳，中。"[4]所谓"望""紧""上""中"，据《通典》所说："诸县皆以所管闲剧及冲要之处以为等级，大唐有赤、畿、望、紧、上、中、下七等之差，京都所治为赤县，京之旁邑为畿县，其余则以户口多少、资地美恶为差。"故其"赤""畿""望""紧"主要就政治军事意义而言，而"上""中""下"则主要考虑人口、赋税等经济因素。据此，则益阳县为唐代潭州人口较多之县。在景龙二年长沙析置浏阳县之前，"潭州领县五，户9031，口40449"，其口户比4.48虽属正常区间，然益阳县在隋唐时期所辖区域并无变化(均包含原新康县县域

---

① 参见前揭《隋书》卷31《地理志下》，第895页。

② 参见前揭《旧唐书》卷40《地理志三》，第1612-1623页。

③ 参见前揭《太平寰宇记》卷114《江南西道·潭州》，第2317页。

④ (宋)欧阳修、宋祁：《新唐书》卷41《地理志五》，中华书局1975年版，第1071页。唐李吉甫《元和郡县图志》卷29载："长沙，紧，郭下；湘潭，紧；湘乡，紧；益阳，上；醴陵，中下；浏阳，中下。"(第701-704页)

在内），而自李唐立国（618 年）至景龙二年（708 年）有近百年时间，其 5 县平均户数 1806、口数 8090，才及隋代之一半有余，不合常理。故鄙意以为，潭州"领县五"之数据，或为唐初数据。① 再看"天宝领县六，户 32272，人口 192657"，其口户比为 5.97，虽然偏高，考虑到此际正处在大唐极盛时期，士民繁庶应属正常现象。平均下来，其时益阳县至少有户 5379，较隋代增加 59%，较唐初增加 198%；至少有口 32110，较隋代增加 80%，较唐初增加 297%。再考虑到益阳为上县，其实际户口数应远高于此平均数，或有近 4 万口亦未可知。盛唐气象，于益阳县人口即可见一斑。

再看五代。五代益阳人口虽无确切数字，但亦可大体推知。《宋史·地理志》载：宋太祖建隆四年（963 年），平湖南，得州 15、监 1（即潭、衡、邵、郴、道、永、全、岳、澧、朗、蒋、辰、锦、溪、叙等 15 州及桂阳监），县 66，户 97388。② 若以每户 5 口计算，则为 50 万口，较唐元和年间（806~820 年）42 万口有所增加；若加上南汉所占之 16 州、监人口 374594 人，亦将近 90 万，接近天宝元年（742 年）之人口水平。究其缘由，盖"自至德后（指安史之乱后），中原多故，襄、邓百姓，两京衣冠，尽投江、湘，故荆南井邑，十倍其初"。③ 唐末五代战乱频仍，而马楚治下之湖南，尤其在马殷至马希范近 40 年间几无战事，其养士息民政策促进了境内经济繁荣，亦吸引了大量中原人口、部分豪强迁入湖南，其较宽松之民族政策亦使不少蛮人来附，故湖南人口非但未见减少，甚或有所增加。若将唐代与宋代人口作比较，唐代天宝年间潭州有户 32272、口 192657，岳州有户 11740、口 50298；至北宋崇宁元年（1102 年），潭州有户 439988、口 962853，岳州有户 97791、口 128450。不到 400 年间，潭州人户增长 1263%，人口增长 399.8%；岳州人户增长 732.97%，人口增长 155.38%。与其他如辰、衡、道、永、郴诸州相比，环洞庭湖地区之潭、岳地区人口增长最快，应与马楚政权在这一带苦心经营有一定关联。④ 故而我们推断，益阳县在五代时期之人口，或与唐天宝年间大体相当，有 3 万~4 万人，甚至更多。

二、田地和赋税

隋朝田地分官田和民田。自诸王以下，至于都督，皆给永业田；京官、外官又给职分田，且有公廨田。以上皆为官田。民田遵北齐之制，男子授露田 80 亩，妇女 40 亩；每丁授桑田 20 亩，不宜种桑者授麻田 20 亩，皆为永业田。其租赋，丁男 1 床，租粟 3 石，桑土调以绢絁，麻土以布，绢絁以匹，加绵 3 两。布以端，加麻 3 斤。单丁及仆隶各半之，未受地者皆不课。徭役方面，其初定军人以 21 岁成丁，炀帝时改为以 22 岁成丁；役丁为 12 番，匠则 6 番，后减 12 番，每岁为 20 日役。平陈之后，以江表初定，曾免除当地租赋 10 年。至炀帝时期，为政繁苛，力役横作，课天下州县，凡骨角齿牙、皮

---

① （唐）李吉甫《元和郡县图志》卷 29 尚载有唐代中期潭州二组户数："开元户 21800，元和户 15444。"（第 701 页）故鄙意以为，《旧唐书》所载"领县五，户 9031，口 40449"应是初唐数据。

② （元）脱脱等：《宋史》卷 85《地理志一》，中华书局 1977 年版，第 2093 页。

③ 参见前揭《旧唐书》卷 39《地理志二》，第 1552 页。

④ 参见罗庆康：《马楚史研究》，湖南人民出版社 2004 年版，第 41-44 页。

革毛羽，可饰器用，堪为氅耗者，皆在搜刮之列，可勿论。①

唐代以 21 岁为丁。其授田之制，丁及男年 18 以上者，每人 1 顷，其 80 亩为口分，20 亩为永业。永业田，树以榆、枣、桑及所宜之木，皆有数。田多可以足其人者为宽乡，少者为狭乡。狭乡授田，减宽乡之半。其地有薄厚，岁一易者，倍受之。宽乡三易者，不倍授。其时益阳县当是宽乡。凡授田者，丁岁输粟 2 斛、稻 3 斛，谓之租。丁随乡所出，岁输绢 2 匹，绫、絁 2 丈，布加五之一，绵 3 两，麻 2 斤，非蚕乡则输银 14 两，谓之调。用人之力，每岁 20 日，闰加 2 日，不役者日为绢 3 尺，谓之庸。有事而加役 25 日者免调，30 日者租、调皆免。中唐之后，土地兼并日趋严重，租庸调法大坏，德宗建中元年（780 年）采纳宰相杨炎建议推行两税法，将以人丁为本之租庸调法，改为"以亩定税，而敛以夏、秋""夏输无过六月，秋输无过十一月""田税视大历十四年（779 年）垦田之数为定"。② 此皆其时天下之常制，包括益阳在内之湖湘地区亦不例外。另据载，潭州须办土贡，如丝葛、丝布、木瓜等，③《元和郡县图志》载潭州贡赋："开元贡：葛布十五匹。元和贡：丝布十五匹。"④

五代时，湖南在马楚政权治下，不再推行均田制，大量推行租佃制，无田少田农户仅以佃耕地主田地为生。譬如益阳诗僧齐己，本佃户胡氏之子，7 岁时，居大沩山寺，牧牛为生。⑤ 同时，马楚还奉行唐后期所行营田制，以缘边隙地招民耕种，谓之营田户；复有主务败阙犯法之家，没纳田宅，亦系于此。这其实亦为租佃制之一种，是国有土地制下之租佃关系。⑥ 赋税方面，马楚仍沿中晚唐旧制，实行两税法，其税额无明文记载。田税之外，尚有省耗和口赋。口赋亦称身丁钱，江淮以南割据政权多行之，史言宋初荆湖遭灾，侍御史韩赞出持节安抚，"湘中自马氏擅国，计丁输米，身死产竭不得免，赞奏除之"。⑦ 此外，马楚尚征收盐税、茶税乃至其他一些杂税。⑧

三、农业、手工业和商业

（一）农业

田制方面已述如前，再看其农业生产技术。湖南产铁，早在汉代长沙国时已广泛使用铁制农具，主要有锄、畬等。马王堆 3 号西汉墓出土木柄铁口畬，呈凹字形，左肩比右肩宽，并多出一块三角形踏脚，便于用力。南朝梁时荆楚人宗懔所著《荆楚岁时记》中记载荆楚地区已普遍采用犁耕生产技术，到唐代已进一步完善。陆龟蒙《耒耜经》对其时江东地区流行之田器，亦即所谓"江东犁"，有详细介绍。其言曰："耒耜，农书之言

① 参见前揭《隋书》卷 24《食货志》，第 680-686 页。
② 参见前揭《新唐书》卷 51《食货志一》，第 1342-1343 页；卷 52，第 1351 页。
③ 参见前揭《新唐书》卷 41《地理志五》，第 1071 页。
④ （唐）李吉甫：《元和郡县图志》卷 29《江南道五》，中华书局 1983 年版，第 702 页。
⑤ 参见（清）吴任臣：《十国春秋》卷 103《僧己传》，中华书局 1983 年版，第 1471 页。
⑥ 参见罗庆康：《马楚史研究》，湖南人民出版社 2004 年版，第 82-83 页。
⑦ 参见前揭《宋史》卷 331《韩赞传》，第 10666 页。
⑧ 以上参见罗庆康：《马楚史研究》，湖南人民出版社 2004 年版，第 117-123 页。

也,民之习通谓之犁,冶金而为之者曰犁镵,曰犁壁……"①此种犁由11个部件构成,用处颇多,如耕田、断草、耙田、碎土、平整等。直至五代,周行逢统治湖南时,其婿无才无德而求补吏,行逢不许,"给以耒耜,语之曰:'吏所以治民也,汝才不能任职,岂敢私汝以禄邪?姑归垦田以自活也。'"②推知五代湖南农村耕田,一般仍用此犁。20世纪50年代长沙近郊曾发掘300余座五代楚墓,其中出土不少铁制工具,如铁犁,一般呈长方形;铁镰,新月状,薄胎单刃。③ 与之相配合者,为牛耕。湖湘地区自汉魏以来即已使用牛耕,至唐代更加普及,见诸唐人笔端者颇多,试举一例:广德年间(763~764年)韩云卿作《平蛮颂》,其中有"耕牛种粮,令还旧居"之句。④

其粮食作物主要是水稻。1979年在澧县发现8000年前古栽培稻,说明湖南种稻历史悠久。到唐代,湘江流域潭州、衡州及桂阳郡(今湖南省郴州市)成为湖湘地区三大粮食产区。宝应二年(763年)后,刘晏致元载书信中,有"潭、衡、桂阳必多积谷""漕引潇、湘、洞庭,万里几日,沧波挂席,西指长安""若使江、湖米来每年三二十万,即顿减徭赋,歌舞皇泽"等语,⑤可见其时湖湘地区包括益阳在内所产粮食,对缓解北方艰食问题用处颇大。德宗贞元元年(785年),关中缺粮,急调"江西、湖南、鄂岳、福建、岭南米亦百二十万石",⑥亦是明证。马楚统治时期亦如此,洞庭湖滨及湘资沅澧四水中下游,土地肥沃,雨水充足,稻谷生长快。马氏征收赋税时,均是赋米,如前引"湘中自马氏擅国,计丁输米"云云。⑦ 又马希范建天策府,消耗颇大,乃加赋国中,"大县贡米三千斛,中县千斛,小县七百斛,无米者输布帛以抵之",⑧亦是赋米。粮食作物除稻米之外,尚有麦颇值得一提,如僧齐己诗中,就有"谁知力耕者,桑麦最关心""侵井青纤燕麦长""回首何边是空地,四村桑麦遍丘陵"等句。⑨

经济作物方面,茶叶最值得注意。中唐时有陆羽(733~804年)撰《茶经》3卷,所列"茶之事"达数十条,而三国以前仅4条而已,晋宋以后则30余条;其"茶之出"所列湖南茶,仅言有"衡州,下,生衡州、茶陵二县山谷"。⑩ 大中十年(856年)巢县令杨晔撰《膳夫经手录》言:"茶,古不闻食之。近晋宋以降,吴人采其叶,煮是为茗粥。至开元、天宝之间,稍稍有茶,至德、大历遂多,建中已后盛矣,茗、丝、盐、铁管榷存焉。"⑪由

---

① (唐)陆龟蒙:《耒耜经》,《丛书集成初编》第1468册,商务印书馆1936年版,第1–2页。

② 参见前揭《宋史》卷483《世家六·湖南周氏》,第13948页。

③ 周世荣:《略谈长沙的五代两宋墓》,载《文物》1960年第3期。

④ (唐)韩云卿:《平蛮颂》,见《全唐文》卷441,中华书局1983年版,第4499页。以上参见前揭罗庆康:《马楚史研究》,第83–85页。

⑤ 参见前揭《旧唐书》卷123《刘晏传》,第3512页。

⑥ 参见前揭《新唐书》卷53《食货志三》,第1369页。

⑦ 参见前揭《宋史》卷331《韩赞传》,第10666页。

⑧ (清)吴任臣:《十国春秋》卷68《文昭王世家》,中华书局1983年版,第956页。

⑨ 中华书局编辑部点校:《全唐诗》(增订本)卷842《齐己五·暮春久雨作》,中华书局1999年版,第9578页;《全唐诗》(增订本)卷845《齐己八·湘中寓居春日感怀》《暮游岳麓寺》,第9616页。

⑩ (唐)陆羽:《茶经》卷下,《文渊阁四库全书》第844册,第620–624页。

⑪ (唐)杨晔:《膳夫经手录》,《续修四库全书》第1115册,第524页。

此可知,魏晋以降渐兴饮茶之风,至中唐时乃大盛,茶遂与丝、盐、铁并为四大征榷对象,成为国家利税重要来源。杨晔对其时名茶有品评,其所列湖南名茶,除盛赞"衡州衡山茶"外,还提及"潭州茶",包括"阳团茶(原注:粗恶)""渠江薄片茶(原注:由油苦硬)"与"江陵南木香茶(原注:凡下)""施州方茶(原注:苦硬)","悉皆味短而韵卑"。① 评价虽然不高,却是迄今为止所见最早提及"潭州茶"之文献。其所言两种"潭州茶"应皆产自益阳县,所谓"阳团茶"盖即益阳团茶,而"渠江薄片茶"即安化渠江一带所产薄片茶。渠江为资江支流,发源于新化西北,经溆浦界,至安化渠江口注入资水,后来在该地设有渠江镇。至五代时,有毛文锡撰《茶谱》,亦言及此茶:"渠江薄片,一斤八十枚",②"潭、邵之间有渠江,中有茶而多毒蛇猛兽,乡人每年采撷不过十六七斤,其色如铁,而芳香异常,烹之无滓也"。③ "潭邵之间"这一定位,确证杨晔所言"渠江薄片茶"即在今安化渠江镇一带。"其色如铁",盖谓此茶色泽为黑褐色,已隐见后世安化黑茶之雏形,亦确证后世所言"潭州铁色茶"即为安化茶。毛氏谓渠江薄片茶"芳香异常,烹之无滓",评价已大为提高,然据"乡人每年采撷不过十六七斤"看,则直至五代尚未人工培育,纯靠野生,产量不高。从后世情况看,长沙周边几个重要产茶地,像安化和宁乡等,在唐代多属益阳县,故杨晔所言"阳团茶",或亦出自安化,当然也可能出自宁乡或桃江。

经济作物中,苎麻颇值得一提。益阳、沅江二县历来有种植苎麻传统,尤其是沅江之"沅麻"。"沅麻"起源于 6 世纪初,约公元 522 年,其时沅江县叫药山县,故称"药山苎麻",自唐代一直久负盛名。由于苎麻纤维可与蚕丝媲美,而为历代统治阶级所重视。④ 此外,又有木棉,即后世所言棉花,古称"古贝木""古终藤"等,已见于魏晋南朝时人著述,北宋类书《太平御览》中有征引,谨摘录如下:

> 《南州异物志》曰:"五色班布,以丝布古贝木所作。此木熟时,状如鹅毳,中有核如珠珣,细过丝绵。人将用之,则治出其核,但纺不绩,在意小抽相牵引,无有断绝。欲为班布,则染之五色,织以为布,弱软厚致。上毳毛,外徼人以班布,文最烦缛,多巧者,名曰□城;其次小粗者,名曰文辱;又次粗者,名曰乌驎。"(按:《南州异物志》乃三国吴万震所撰)
>
> 裴氏《广州记》曰:"蛮夷不蚕,采木棉为絮,皮弁当竹,剥古缘藤,绩以为布。"(按:《广州记》乃东晋裴渊所撰)
>
> 《南越志》曰:"桂州丰水县有古终藤,俚人以为布。"(按:《南越志》乃刘宋沈怀远所撰)⑤

① (唐)杨晔:《膳夫经手录》,《续修四库全书》第 1115 册,第 524 页。

② (北宋)吴淑:《事类赋》卷 17《茶赋》引,(五代)毛文锡《茶谱》,《文渊阁四库全书》第 892 册,第 953 页。

③ (宋)乐史撰,王文楚等点校:《太平寰宇记》卷 114 引五代毛文锡《茶谱》,中华书局 2007 年版,第 2317 页。

④ 参见《湖南农业志》编纂委员会:《湖南农业志(征求意见稿)》第 1 分册,1985 年,第 407 页。

⑤ 以上参见(北宋)李昉等撰:《太平御览》卷 829,中华书局 1960 年版,第 3650-3651 页。

按棉花原产自东南亚，魏晋以后引入我国两广地区，至五代时推广至南方其他地区。《资治通鉴》载马楚统治者马希范作天策府，装饰"极栋宇之盛"，"地衣，春夏用角簟，秋冬用木棉"。胡三省注云："木棉，今南方多有焉。于春中作畦种之，至夏秋之交结实，至秋半，其实之外皮四裂，中踊出，白如绵。土人取而纺之，织以为布，细密厚暖，宜以御冬。"① 由此可知，五代时湖湘地区包括益阳县在内或已种植棉花。

（二）手工业

金属制造业 这主要体现在铜、铁等日常用具的制造上。前已述及湖南产铁，早在汉代长沙国时或已广泛制造和使用铁制农具，高后时令"毋予蛮夷外粤金铁田器"，南越王赵佗大为恼火，甚至以此责备长沙王。② 20 世纪 50 年代在长沙近郊曾发掘 300 余座五代楚墓，出土不少铁制工具，如铁犁，一般呈长方形；铁镰，新月状，薄胎单刃。③ 在益阳地区，1988 年桃花仑晋代砖室墓出土铁剪 2 件、铁削 2 件、残铁器 1 件（形如铁夹）；④ 1991 年益阳市大海塘轴承厂唐墓亦出土铁剪 2 把。⑤ 但益阳地区所出土金属器具以铜器为主，尤其以铜镜居多，除桃花仑晋代砖室墓中出土瑞兽铜镜 1 件、环状乳神兽铜镜 1 件外，1978 年 10 月在益阳七里桥赫山庙唐墓亦出土铜镜 1 件（其铜镜近方形，四角呈圆弧状，半球形钮，背面有一个图案）；1986 年益阳市大海塘大龙坡唐墓出土"亚"字形铜镜 1 件；⑥ 1991 年大海塘轴承厂唐墓亦出土铜镜 2 件（葵花形万字纹镜、鸳鸯衔绶镜各 1 件）。益阳七里桥赫山庙唐墓出土铜器较多，有 8 件，除铜镜外，尚有铜铺首 2 件、铜箸 1 双、铜盆 1 件、铜匙 1 件等。⑦

瓷器制造业 从上面所言几座益阳唐墓来看，隋唐时期直至中晚唐，湖南瓷器制造似仍以青瓷为主。譬如，1986 年益阳市大海塘大龙坡唐墓随葬瓷器 13 件，全为青瓷，包括青瓷罐 5 件、青瓷双系罐 2 件、青瓷碟 5 件、青瓷器盖 1 件。1991 年益阳市大海塘轴承厂唐墓随葬瓷器 19 件，亦全为青瓷，包括青瓷双系罐 2 件、青瓷罐 2 件、青瓷盘口壶 3 件、青瓷碗 9 件、青瓷盒 2 件、青瓷盂 1 件。1978 年益阳七里桥赫山庙唐墓出土瓷器 10 件，其中 9 件为青瓷，包括青瓷罐 5 件（分两式）、青瓷碗 2 件（大、小各 1 件）、青釉灯 1 件、青瓷四系瓮 1 件。其值得注意者，尚有白瓷碗 1 件：敞口，圆唇，通高 4 厘米，口径 15 厘米，圈足径 8.2 厘米，圈足边宽 2.3 厘米；白色胎，除底部露胎外，通体均施玻璃质白釉，釉色晶亮，有透明感；白釉下面有一层乳白色护胎釉，稍带浅黄色；白釉微泛黄，胎壁较厚，圈足也很宽，属于白瓷早期形态。从胎釉造型看，它应属南白瓷窑产品。该墓墓志有"邓府君墓志铭"及"宝应二年"等字样，墓主人邓俊官至"朝请郎

---

① 参见前揭《资治通鉴》卷 283《后晋纪四·高祖天福七年》，第 9241 页。

② 参见前揭《汉书》卷 95《南粤王传》，第 3851 页。

③ 周世荣：《略谈长沙的五代两宋墓》，载《文物》1960 年第 3 期。

④ 益阳地区博物馆：《益阳市桃花仑晋代砖室墓》，载湖南省博物馆《湖南博物馆文集》，岳麓书社 1991 年版，第 178-181 页。

⑤ 益阳地区博物馆：《湖南益阳市大海塘唐宋墓》，载《考古》1994 年第 9 期，第 861-864 页。

⑥ 益阳市文物管理处：《湖南益阳大海塘唐墓发掘简报》，载《湖南考古辑刊》第 9 集，岳麓书社 2011 年版。

⑦ 益阳县文化馆：《湖南益阳县赫山庙唐墓》，载《考古》1981 年第 4 期，第 315-316 页。

试岳州长史上柱国"，死于唐代宗宝应二年（763年），因此它是迄今为止湖南最早唯一有可靠绝对年代之白瓷器。[1] 唐朝瓷器格局是"南青北白"，以越窑青瓷、邢窑白瓷为代表。益阳毗邻之长沙铜官窑始于中唐，盛于晚唐，衰于五代，其极盛时，"西至陕西，北至河北，南至西沙群岛，东至扬州、宁波等地，都有长沙窑瓷器出土，朝鲜、日本、东南亚等地亦时有发现"。[2] 铜官窑早期生产青瓷，属于岳州窑系，但铜官窑先民后来借鉴北方白瓷生产工艺，并在此基础上创造了釉中挂彩新工艺。故赫山庙唐墓所出土瓷器，或出自长沙铜官窑亦未可知。至于五代瓷器业，则已变为以白瓷为主，青瓷较少，长沙所出土五代白瓷达110余件，[3]但益阳地区发现者少，故不论。

　　纺织业　前引李吉甫《元和郡县图志》载潭州贡赋："开元贡：葛布15匹。元和贡：丝布15匹。"[4]这从侧面说明唐代湖南纺织业颇为发达。具体到唐代益阳，其直接相关之资料虽然不多，但五代马楚史事可佐证。按《十国春秋·高郁传》言，高郁为马殷筹划："复命民输税者用帛代钱，湖南民素不习蚕桑事，至是机杼遂累于吴越。"[5]此语或有偏颇，若"湖南民素不习蚕桑事"，何以《元和郡县图志》载唐元和中湖湘贡丝布15匹？且湖湘桑麻事见诸唐人笔端者比比皆是，如前引释齐己"回首何边是空地，四村桑麦遍丘陵"等诗；又韩愈在游罗洋山（位于今长沙烈士公园北端）时，写下"星沙景物堪凝眺，遍地桑林遍囿花"之诗句；[6] 又王建《荆南赠别李肇著作转韵诗》云："卖马市耕牛，却归湘浦山。麦收蚕上簇，衣食应丰足。"[7]可见，并非"湖南民素不习蚕桑事"，而是马楚"命民输税者用帛代钱"，进一步促进了湖南民习蚕桑事，从而使丝织业发展，使其"机杼遂累于吴越"。马楚曾将大量丝织品贡献给中原朝廷，据史书记载，马殷曾进奉后唐宰相桑维翰"数百缣"，进奉唐主"盘龙御衣、龙凤蹙金鞸腰、龙凤装箭箙、龙凤朱背弓、红丝弦等"；马希范于天福三年（938年）十二月贡晋"红丝网囊""绢两千匹""土绢、土绫、吉贝布三千匹"，开运二年（945年）十月贡晋"绸绢六千匹、白罗一百匹、筒卷白罗十匹、锦绮褥面十床、锦绮背十合"；马希广于乾祐二年（949年）秋九月，贡后汉王"绢二百匹"。从贡献之丝织品种类看，应有尽有，诸如绢、绫、绸、锦、罗、缣、绮等。单就"罗"看，又分白罗、筒卷白罗等，足见织工制作之精细。而从前面所言马氏天策府地衣"秋冬用木棉"及天福三年贡晋"吉贝布三千匹"来看，其时湖湘间棉纺织业亦有所发展。[8] 以上所述，与益阳亦大体相关。至于葛布制造，则更与益阳直接相关。葛为一种多年生蔓草，其茎纤维可制葛布，俗称夏布，江西、湖南、广东、四川等地皆产，而湖南之重要产地即在益阳、安化、新化等地（唐代安化、新化归梅山蛮控制，尚未置县），县

---

① 参见益阳县文化馆：《湖南益阳县赫山庙唐墓》，载《考古》1981年第4期，第315—316页。

② 高志喜：《长沙窑的兴衰初探》，载《湖南文物》第1辑，湖南大学出版社1986年版。

③ 以上参见罗庆康：《马楚史研究》，湖南人民出版社2004年版，第97—98页。

④ （唐）李吉甫：《元和郡县图志》卷29《江南道五》，中华书局1983年版，第702页。

⑤ （清）吴任臣：《十国春秋》卷72《楚六·高郁传》，中华书局1999年版，第999页。

⑥ 《（乾隆）长沙府志》卷49。

⑦ 参见前揭《全唐诗》卷297《王建一》，第3359页。

⑧ 以上参见前揭《马楚史研究》，第96—97页。

志多有提及(详后)。

又按《资治通鉴》载马希范天策府地衣"春夏用角簟",胡三省注云:"角簟,剖竹为细篾,织之,藏节去筠,莹滑可爱,南蛮或以白藤为之。"这或许即后世益阳水竹凉席竹编工艺之嚆矢,故附赘于此。

(三)商业

在隋唐五代时期,益阳交通已堪称发达,尤其是水运条件十分便利。其水路大致有四:其一是从资江入洞庭,顺长江而下江浙;其二是从资江入洞庭入长江,经汉水以达中原;其三是从资江入洞庭,溯长江而上,或由澧水、沅水以通巴蜀;其四是从资江入洞庭,溯湘江而上,过灵渠、漓水而达两广。[1] 陆路方面,唐代驿传、驿马制度已相对完善,自长安至郴州间的驿道途经益阳,沿路设有驿站,供官员和邮驿往来休息。除原有官道经由潭州达郴州以通粤,或经由潭州达道县以通桂外,唐代宗永泰元年(765年),潭州都督翟灌又自益阳县望浮驿(在今桃江县城)开新道,经浮丘至湘乡。[2] 此望浮驿新道,经实地考察,旧驿址在今桃江县杨林坳,以海拔高779米之浮邱山在望,因名望浮驿,自此趋西南,经安化县之大福、梅城,以达涟源。今桃江县浮邱乡、浮邱山麓仍保存有青石铺砌之驿道。驿道在两山之间,其低处已沦为水库,傍山而上,越岭处地名穿天坳,旧有茶亭,供行人憩息,亭名"炼补亭"。[3] 此道向南延伸至邵阳,沟通益阳与涟邵一带,使进入两广地区更加便捷。便利的交通条件,促进了商贸繁荣。史载:"自扬、益、湘南至交、广、闽中等州,公家运漕,私行商旅,舳舻相继。"[4]

隋前期颇奖励商业发展,史载:"高祖登庸,罢东京之役,除入市之税。"隋初,尚依周末之弊,官置酒坊收利,盐池盐井皆禁百姓采用。开皇三年(583年)罢酒坊,通盐池盐井与百姓共之,远近大悦。[5] 唐前期州县间颇相"闭籴",贸易存在壁垒。玄宗开元二年(714年)、肃宗上元元年(760年)、代宗大历十一年(776年)、德宗贞元九年(793年)等频年下诏,敕令诸州府一切不得闭籴及隔绝榷税。[6] 如湖南"旧法"规定:"丰年贸易不出境,邻部灾荒不相恤。"崔倰出任湖南观察使后,谓"此非人情也,无宜闭籴,重困于民也",自此商贾通流,资物益饶。[7] 李唐初创时仍用隋之五铢钱,"武德四年(621年)七月,废五铢钱,行开元通宝钱,径八分,重二铢四絫,积十文重一两。一千文重六斤四两"。[8] 其后虽又铸乾元重宝、大历元宝、建中通宝等,然仍以开元通宝最为重要。1978年7月在益阳邓石桥仓库工地清理出各式铜钱17斤,其最早者即为"开元通

① 参考陈先枢、黄启昌:《长沙经贸史记》,湖南文艺出版社1997年版,第55页。

② 参见前揭《新唐书》卷41《地理志五》,第1071页。

③ 参见湖南省交通厅:《湖南公路史》第1册,人民交通出版社1988年版,第13-14页。

④ 参见前揭《元和郡县图志》卷5《河南道一》,第137页。

⑤ 参见前揭《隋书》卷24《食货志》,第680-681页

⑥ 参见(宋)王溥:《唐会要》卷90《闭籴》,中华书局1955年版,第1635-1636页。

⑦ 参见前揭《旧唐书》卷119《崔倰传》,第3444页。

⑧ 参见前揭《旧唐书》卷48《食货志上》,第2094页。

宝"。① 1978 年 10 月在益阳七里桥赫山庙唐墓发掘"开元通宝"钱 4 枚。②1991 年益阳市大海塘轴承厂唐墓亦出土铜钱 9 枚，其中 7 枚为"开元通宝"。③ 五代时，马殷父子统治湖南，"修贡于京师，四境宁辑"，复奉行重商政策，"关市无征"，使四方商旅闻风辐辏。又置铁冶铸钱，名曰"乾封泉宝"，流行境内。商旅出境，该钱无所用，遂市买他货而去，"故能以本土所余之物，易天下百货，国以富饶"。④

隋唐五代时期，益阳之大宗商品，或许是谷米。五代，除谷米外，或以茶叶最为重要。前已述及，中唐时饮茶之风大盛，茶遂与丝、盐、铁并为四大征榷对象。唐德宗贞元九年(793 年)，诸道盐铁使张滂奏立税茶法："出茶州县及茶山外商人要路，委所由定三等时估，每十税一。"宣宗大中六年(852 年)，裴休又奏立税茶之法 12 条。⑤ 然陆羽《茶经》并未言及潭州茶，杨晔《膳夫经手录》虽有提及但评价不高，杜佑《通典》所言贡茶之地亦未列湖南，唐末释僧齐己诗称岳州潙湖茶为贡茶，⑥可见潭州茶在唐代并不居于重要地位，至五代马楚统治时期，才大为改观，史载：

> 于是殷始修贡京师，然岁贡不过所产茶茗而已。乃自京师至襄、唐、郢、复等州置邸务以卖茶，其利十倍。郁又讽殷铸铅铁钱，以十当铜钱一。又令民自造茶以通商旅，而收其算，岁入万计。由是地大力完，数邀封爵。⑦

> (开平二年，908 年)湖南判官高郁请听民自采茶卖于北客，收其征以赡军，楚王殷从之。秋，七月，殷奏于汴、荆、襄、唐、郢、复州置回图务，(胡注："回图务，犹今之回易场也。")运茶于河南、北，卖之以易缯纩、战马而归，仍岁贡茶二十五万斤，诏许之。湖南由是富赡。⑧

"岁贡茶 25 万斤"，应不包括"听民自采茶卖于北客"之茶；再从其"奏于汴、荆、襄、唐、郢、复州置回图务，运茶于河南、北，卖之以易缯纩、战马而归"之规模来看，马楚茶叶年产量已相当庞大，其中应该有相当一部分是潭州茶，而潭州主要产地即在益阳。

---

① 益阳地区文物工作队、益阳县文化馆：《湖南益阳县羊午岭古窑址调查》，载《考古》1983 年第 4 期。

② 益阳县文化馆：《湖南益阳县赫山庙唐墓》，载《考古》1981 年第 4 期，第 316 页。

③ 益阳地区博物馆：《湖南益阳市大海塘唐宋墓》，载《考古》1994 年第 9 期，第 864 页。

④ (清)吴任臣：《十国春秋》卷 67《楚一·武穆王世家》，中华书局 1983 年版，第 942-943 页。

⑤ 参见前揭《旧唐书》卷 49《食货志下》，第 2128 页，第 2122 页。

⑥ 其诗有"潙湖唯上贡，何以惠寻常"之句，见《全唐诗》卷 840《齐己三·谢潙湖茶》，第 9547 页。

⑦ (宋)欧阳修：《新五代史》卷 66《楚世家第六》，中华书局 1974 年版，第 824 页。

⑧ 参见前揭《资治通鉴》卷 266《后梁纪一·太祖开平二年》，第 8702 页。

第三节　隋唐五代时期的益阳文化

一、文学艺术

（一）诗歌

唐代文学空前繁荣，尤以诗歌最为光彩夺目，仅清人所编《全唐诗》就收录了2300余位诗人近48900首诗作。而其中就收有唐末益阳著名诗僧齐己诗作800余首，且数量仅次于白居易、杜甫、李白、元稹而居第五。齐己（约860~937年），俗名胡得生，本为益阳佃户胡氏之子，因父母早亡，7岁时寄居于大沩山寺，为人牧牛度日，后遂在大沩山同庆寺出家，继而移居长沙道林寺，复栖衡山东林寺。他性喜山水，曾遍游终南、华山及江南诸名胜。后梁龙德元年（921年），他欲往蜀地游历，过江陵，为荆南节度使高季兴挽留，延请住龙兴寺，署为僧正，给月俸，遂作《渚宫莫问》15篇以自见。久之，他郁而不乐，唯事笔墨自娱。后唐秦王李从荣召请入侍，齐己见其有不轨之心，讽以"东林莫碍渐高势，四海正看当路时"诗，因而获罪，幸赖高氏匿之获免，后竟死于江陵（一说圆寂于豫章金鼓寺）。齐己天性颖悟，少时常以竹枝画牛背为诗，诗句多出人意表，后虽为浮屠氏学戒律之行，然仍颇好吟咏。其时，袁州都官郑谷以善诗著称，齐己携诗往谒，遂结为诗友，世传"一字师"之说即指此。其居长沙道林寺时，复与马楚天策府学士徐仲雅、廖匡图、刘昭禹等相酬唱，诸贤甚敬重之。齐己颈上有瘤，时人珍爱其诗者，或以"诗囊"称之，而其自号则称"衡岳沙门"。① 其诗作800余首，由其门人西文编辑为《白莲集》10卷，高氏掌书记孙光宪天福三年（938年）撰序，有"师趣尚孤洁，词韵清润平淡，而意远冷峭"之语。② 清代四库馆臣评价道：

> 唐代缁流，能诗者众，其有集传于今者，惟皎然、贯休及齐己。皎然清而弱，贯休豪而粗。齐己七言律诗不出当时之习，五、七言古诗以卢仝、马异之体缩为短章，佶屈聱牙，尤不足取。惟五言律诗居全集十分之六，虽颇沿武功一派，而风格独道，如《剑客》《听琴》《祝融峰》诸篇，犹有大历以还遗意。其绝句中，《庚午年十五夜对月诗》曰："海澄空碧正团圆，吟想玄宗此夜寒。玉兔有情应记得，西边不见旧长安。"倦倦故君，尤非他释子所及，宜其与司空图相契矣。③

虽有微词，尚为公允，故征引如上。李唐诗人有如天上繁星璀璨，而益邑则寥若晨星，得此齐己一人，亦足交相辉映也。

---

① 以上参见（宋）赞宁撰，范祥雍点校：《宋高僧传》卷30《梁江陵府龙兴寺齐己传》，中华书局1987年版，第751-752页；（清）吴任臣：《十国春秋》卷103《荆南四·僧齐己传》，中华书局1975年版，第1471-1472页。
② （五代）孙光宪：《白莲集序》，（清）董诰：《全唐文》卷900，中华书局1983年，第9390-9391页。
③ （清）纪昀等：《白莲集提要》，《文渊阁四库全书》第1084册，第327-328页。

除齐己外，尚有益阳县令武瓘颇值一提。其人在《（光绪）安徽通志》中有传，试摘录如下：

> 武瓘，秋浦人，成通四年（863 年）以《感事》诗投卷于知举萧仿云："花开蝶满枝，花谢蝶还稀。唯有旧巢燕，主人贫亦归。"仿赏其有存故之志，遂放及第。为益阳令，杜荀鹤赠诗，有"县称诗人理，无嫌日寂寥"之句。①

按杜荀鹤（846~904 年），字彦之，安徽池州府石埭人，为武瓘同乡，早得诗名，大顺二年（891 年）登进士第。其《寄益阳武瓘明府》诗全文为："县称诗人理，无嫌日寂寥。溪山入城郭，户口半渔樵。月满弹琴夜，花香漉酒朝。相思不相见，烟水路迢迢。"②后人据此诗推断，武瓘府邸亦即其时益阳县治，仍在资江之南铁铺岭附近。《全唐诗》中收录武瓘诗 3 首，除上述《感事》诗外，还有另外两首。一为《九日卫使君筵上作》："佳晨登赏喜还乡，谢宇开筵晚兴长。满眼黄花初泛酒，隔烟红树欲迎霜。千家门户笙歌发，十里江山白鸟翔。共贺安人丰乐岁，幸陪珠履侍银章。"二为《劝酒》："劝君金屈卮，满酌不须辞。花发多风雨，人生足别离。"③

此外，亦有一些著名诗人曾流寓于益阳，留有诗文。譬如大诗人杜甫，于大历四年春至大历六年（769~771 年）先后 3 次流寓长沙。从其《北风》《入乔口》二诗看，他应曾到过益阳。其《北风》诗云："春生南国瘴，气待北风苏。向晚霾残日，初霄鼓大炉。爽携卑湿地，声拔洞庭湖。万里鱼龙伏，三更鸟兽呼。涤除贪破浪，愁绝付摧枯。执热沉沉在，凌寒往往须。且知宽病肺，不敢恨危途。再宿烦舟子，衰容问仆夫。今晨非盛怒，便道却长驱。隐几看帆席，云山涌坐隅。"此诗原注有"新康江口信宿方行"之语，前已述及，武德四年（621 年），唐平萧铣，曾自益阳析至新康县（今宁乡市），七年仍省并于益阳。又《入乔口》诗云："漠漠旧京远，迟迟归路赊。残年傍水国，落日对春华。树蜜早蜂乱，江泥轻燕斜。贾生骨已朽，凄恻近长沙。"此诗乃大历四年三月杜甫游洞庭湖时所作，乔口靠近益阳，故推测其曾至益阳。此二诗邑志皆有收录。④

大诗人李白亦曾 2 次来湖南，北临洞庭，南至九嶷。《（光绪）湖南通志》载云：

> 沧水驿在龙阳县（即今汉寿县）西十五里，宋置，今为沧港市。（原注：《湘山野录》："鼎州沧水驿楼，不知何人书一词，复不知何人撰其辞，云：'平林漠漠烟如织，寒山一带伤心碧。暝色入高楼，有人楼上愁。玉阶空伫立，宿鸟归飞急。何处是归程，长亭更短亭。'魏道甫见而爱之，后至长沙得《古风集》于曾子宣内翰家，乃

① 《（光绪）重修安徽通志》卷 227《人物志·文苑六》。
② 《古今图书集成：理学汇编·文学典》卷 60。
③ 《全唐诗》（增订本）卷 600《武瓘》，中华书局 1999 年版，第 6997 页。
④ 参见《（同治）益阳县志》卷 22《艺文补遗》。

知李白所撰。）①

按沧水驿即沧水铺，在今益阳市赫山区，由此可见李白曾至益阳。

（二）书法艺术

唐代书法艺术亦臻极盛，这从益阳出土唐代墓志亦可见一斑。1978 年 10 月在益阳七里桥赫山庙唐墓出土墓志 1 通，为青砖志。盖长 36 厘米、宽 36 厘米、厚 4 厘米，底长 36 厘米、宽 36 厘米、厚 5.2 厘米。盖呈覆斗形，背面阴刻楷书有"邓府君墓志铭"字样。左边刻一行小字，模糊不清。志文共 15 行，计 198 字。书法仿颜体风格，因腐蚀较严重，部分字迹不清。

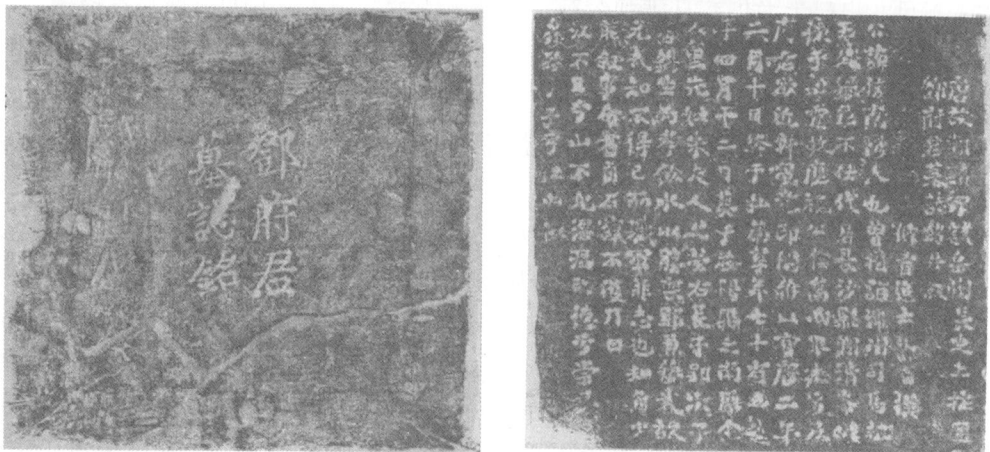

益阳七里桥赫山庙唐墓墓志铭②

又唐代著名书法家欧阳询之子欧阳通，少年父丧，母亲徐氏教其学习父亲书法，"昼夜精力无倦"，书法水平"遂亚于询"，③父子二人被称为"大小欧阳"。欧阳通在京为官时，因忤诸武意，遭酷吏捕杀，据传曾流寓于益阳，住地后称之为欧公店。府志云："相传（欧阳通）曾寓益阳，今治南之欧公店，盖以通名也。"④又有齐己，除好吟咏之外，亦留心书翰，传布四方，人以其诗并传，至宋代尚多有存者。《宣和书谱》载其时御府藏其帖有九，其中行书帖七，即《拟嵇康绝交书》《谢人惠笔诗》《怀楚人诗》《渚宫书怀等诗》《送冰禅侄诗》《寄冰禅德诗》和《冰禅帖》；正书二，即《庐岳诗》《寄明上人诗》。⑤

二、宗教

因资料所限，主要就佛教言之。益阳佛教大致兴起于东晋，而盛行于唐代。唐代佛

---

① 《（光绪）湖南通志》卷 80《故驿考》。

② 以上参见益阳县文化馆：《湖南益阳赫山庙唐墓》，载《考古》1981 年第 4 期，第 317–318 页。

③ （后晋）刘昫等：《旧唐书》卷 189 上《欧阳通传》，中华书局 1962 年版，第 4947 页。

④ 《（康熙）长沙府志》卷 13《流寓》。

⑤ （宋）佚名：《宣和书谱》卷 11《行书五·释齐己》，《文渊阁四库全书》第 813 册，第 261–262 页。

教已形成法相、律宗、华严、密宗、禅宗、净土等六大宗派，加上隋代所创天台宗、三论宗合为八大宗。最早来湖南南岳开宗立派者为天台宗，但禅宗后来居上，势力最大，影响最深远。禅宗南岳一系，由怀让（677～744 年）所创，后传马祖道一（709～788 年），再传百丈怀海（720～814 年）。怀海之后，传承两派，即沩仰宗与临济宗。相传有广慧禅师者，或师承百丈怀海之学，于唐元和间（806～820 年）在益阳资江南白麓山东麓创建了白鹿寺。此寺后成为益阳有名之古刹，清咸丰八年毁于火，同治七年寺僧募捐重建。迄至民国初年，益阳籍高僧海印又修复该寺，共有四进：一为弥勒殿；二为观音殿，右为佛教讲道堂；三为大雄宝殿，殿左为禅堂，殿右为僧房；四为药师殿，殿后是塔院寺，藏有佛经。寺内有一古钟，重约 600 斤。白鹿寺修建后，佛教得以发展，故相继在资江北岸建起了广法寺，在远郊建起了西峰寺、龙牙寺等。广慧禅师卒后约 30 年，湖南观察使裴休至益阳，下榻于会龙山宝泉寺，对白鹿寺进行扩建，使其颇具规模。据传，裴休在白鹿寺讲经时，有白鹿衔花出听，此事为唐皇获悉，赐名"白鹿禅寺"，并着人前往进一步扩修殿宇。白鹿寺之侧建有裴公亭，据传是裴休读书讲学之处，长沙也建有裴休草堂。裴休（786～860 年），河南济源人，祖籍山西闻喜，长庆间进士，大中初迁湖南观察使。裴休平生热爱佛学，于大中三年（849 年）奏请宣宗重建密印寺，并请灵祐禅师主持，开创了沩仰宗。其时宁乡为益阳辖地，属同一地域，白鹿寺或应归到沩仰宗一系。迨及五代，沩仰宗衰落，马楚统治者复敦请临济宗高僧楚圆之隔代弟子保宁禅师，来长沙主持修建了开福寺，如此，临济宗宗风遂亦在湖南传播开来。益阳地属潭州，故白鹿寺等佛寺或亦仿效开福寺而尊临济宗了。

谨将据传创建于唐五代时期的其他益阳寺庙备列如下：①

星罗寺　在安化县东南百里丰乐乡移风山。据寺内钟文所载，该寺创自唐五代，历宋元而圮，明成化间有欧阳惠能者，祝发四川之广福寺，后归，与里人欧阳宗远、欧阳兴策、李志通、廖文澄、王镛复募化修复，至清同治间仍屡加丹垩，金像庄严，琳宫宽敞，遂为丰乐丛林之冠。

苗竹寺　一名查里寺，在安化县北八十里苗竹山，据云五代时僧智运建，宋建炎四年、元至元二十八年俱复修，明更名"苗竹寺"，清更名"资福寺"。景泰二年，何荣安、何荣贵布施苗竹山田山；成化十八年，僧本然、熊兴五、黄思纶、黄伏全、黄永钊重修。

白云寺　在安化县西北百六十里三都辰山，据云唐密印禅师建，明宣德间谌三台、僧善明重修。后僧问石有"深入白云根"之句，崇祯十五年挂锡于此，人以为谶语云。

青莲庵　在安化县东南百二十里丰乐乡袈裟仑，据云唐贞观二年建。

广法寺　府志作"观鸭禅寺"，在益阳县治西一里，据云唐时建，僧圆鸿驻锡之地。嘉庆县志言"益阳学宫旧传在广法寺，而广法寺即今学宫也"。乾隆八年改明伦堂为崇圣祠，得明神宗时沈懋孝碑记，有"往时建此学，乃仍废寺料成之"之语。

华林寺　在益阳县十九里新桥，据云唐时建。清同治时，里人徐维沅、维澧捐田二石，维溢、维濬、维泗捐田二石五斗有奇，维泗复捐田一石，修观音阁，以白石塑观音及

---

① 资料来源：《（同治）安化县志》卷 14、《（同治）益阳县志》卷 24、《（嘉庆）沅江县志》卷 28。

罗汉像。

衡龙寺　在益阳县二十里四方山，据云唐贞观(或作"元和")间惟贤禅师建，清康熙十年僧巨峰由杭州驻锡于此，建千佛殿。

石塘寺　在益阳县十三里，据云唐时建，元至元间重修，明赠户部主事蔡克明重修。

禅林寺　在益阳县二里，据云唐时建。

龙牙寺　在益阳县四里(《一统志》作"在益阳县西一百里")，唐元和间僧圆鸿所开，初名延祥寺。

西峰寺　在益阳县九里，据云唐时建，其地松杉交翠，水石澄映，厨泉石笕兰若清幽，有梵堂、藏经阁，积内典甚多。

景星寺　在沅江县治西一里庆云山下(然据嘉靖府志载，在县北一里邑厉坛畔①)，据云唐贞观间尉迟恭监修，佛殿后有准提阁，明末废。

---

① 《(嘉靖)常德府志》卷10。

第六章　两宋时期的益阳

公元 960 年，后周禁军统帅赵匡胤"陈桥兵变"黄袍加身，取后周而代之，建立宋朝，定都开封，史称北宋。其后复经十余年征战，消灭各割据政权，至太宗太平兴国四年(979 年)灭掉北汉，完成了统一大业。北宋统治者通过一系列举措加强中央集权，彻底终结了晚唐以来藩镇割据局面，然亦因此而生弊，使宋在与辽、西夏、金的战争中频频失利。靖康元年(1126 年)金军攻陷开封，次年再次南下，掳徽、钦二帝等 3000 余人北去，北宋至此灭亡，史称"靖康之难"。公元 1127 年，徽宗之子赵构在应天府(今河南省商丘市)称帝，重建宋王朝，后来定都于临安(今浙江省杭州市)，史称南宋。其后帝位 8 传，至 1279 年为元所灭。整个宋朝共历 18 帝，享国 319 年。宋代政治相对较为开明，经济亦颇发达，商业和城市繁荣，文化更臻于极盛。两宋时期亦是我国经济重心继续南移并最终完成之重要阶段，特别是高宗南渡之后，中原人再次大举南迁，使南方经济更上一台阶，从此稳定地领先于北方，江浙一带此后更长期地成为全国经济重心之所在。益阳在两宋时期亦进入崭新的发展阶段，各方面都有长足进步，史料亦渐丰，其发展轮廓渐趋清晰。

第一节　两宋时期的益阳政治

一、行政建制与地方管理情况

建隆三年(962 年)，湖南武平军节度使周行逢死，其子周保权以冲龄嗣位，衡州刺史张文表遂发动兵变，占据潭州(今长沙市)，直逼朗州(今常德市)，周保权求援于宋。次年，宋太祖以讨张文表为名，乘机出兵荆南，迫降荆南高氏政权，随后水陆并进，径取岳州和朗州，俘周保权，遂平湖南。荆湖平定后，宋太祖任命户部侍郎吕余庆出掌潭州，废五代所置武安军、武平军节度使，将潭、朗二州直隶于京师。朗州在马楚后期作为湖南军事政治中心，"在潭州之上"的地位至此终结。

宋代地方政府机构，基本上实行州(府、军、监)、县二级制，其长官分别称知州和知县，均由中央委派朝臣担任；除知州外，每州设"通判"一人，州级文件须其签署才能生效。府州军监以上又设"路"一级行政机构，各路设转运司("漕司")掌财政、提点刑狱司("宪司")掌司法、安抚司("帅司")掌军事、提举常平司("仓司")掌仓储，虽有确定治所，然大体仍属按察区性质。真宗至道三年(997 年)正式划全国为 15 路，其后不断增加，迄崇宁五年(1106 年)已增至 24 路，建炎南渡后分天下为 16 路，荆湖南路皆在其中。荆湖南路，治潭州（今长沙市），领潭、衡、道、永、邵、郴、全等 7 州和桂阳监。① 其中潭州初辖长沙、醴陵、攸、湘乡、湘潭、益阳、浏阳等 7 县，其后又陆续增加 5 县，合为 12 县。其新增情况为：宋太平兴国二年（977 年），析益阳、长沙、湘乡部分地置宁乡县；淳化四年（993 年），复以衡州之衡山县、岳州之湘阴县来隶；熙宁五年（1072 年）开梅山，次年分其地为二，上梅山置新化县属邵州，下梅山置安化县属潭州；元符元年（1098 年），以长沙县五乡、湘潭县两乡为善化县。至于沅江县，唐代时称乔江县，宋祥符中（1008～1016 年）复为沅江县，元符初（1098 年）自岳州割属鼎州，而鼎州则属荆湖北路。②

一般认为，我国古代正式的行政建制仅至县级，县以下广袤无际之乡村，则主要靠乡里组织维持运转。益阳古代乡村行政区划设置，其大体可考者始于宋代。王存《元丰九域志》载有其时各县所辖乡数，如潭州长沙郡所属长沙县辖 12 乡，安化县辖 8 乡，益阳县辖 8 乡；峡州巴陵郡所属沅江县辖 4 乡。③ 但益阳县辖 8 乡乃是熙宁六年安化置县前之乡数，熙宁六年后实辖 7 乡，同治县志对此已有驳正："按县止七乡，其资江一乡，自宋熙宁时已拨置安化。"④据明《湖广图经志书》，其 7 乡其实可得而详，该书载："永乐乡，在县东三里；武潭乡，在县西四十里；诉亮乡，在县南四十里；桂华乡，在县左四里；政阳乡，在县西四十里；千石乡，在县北三里；临湘乡，在县东三里。"但该书所载安化县所辖乡，却仅见 4 乡之名："常丰乡，在县西南二百余里；归化乡，在县北八十里；常安乡、丰乐乡，在县南。"此 4 乡之名后世一直沿用，直至清朝；但除此 4 乡之外，明清典籍中尚常提及有 5 都。沅江县所辖 4 乡为："长乐乡，在县东六十里；延祚乡，在县南八十里；乐山乡，在县西四十里；临川乡，在县北八十里许。"⑤

鄙意认为，《湖广图经志书》所载各乡名目，大体应是沿袭于宋代。益阳市博物馆藏有一通南宋绍兴九年（1139 年）买地券碑，该碑质料为青石质，长 46.5 厘米、宽 37.5 厘米、厚 8 厘米。碑文楷体阴刻，颇具魏碑遗风，计 12 竖行，满行 10 字，共 114 字，其文曰：

> 青乌仙：
> 今将大宋国潭州益阳县政阳乡龙首保，土名"桥西"阴地一所，买与丁氏安葬为业。今具四拗界至下项：东至甲乙，南至丙丁，西至庚辛，北至壬癸。右伴阴地所有，四至山林宝具，并是丁氏主管。如有外处一切神煞，不得擅有包侵者。
>
> 绍兴九年八月二十五日契

---

① 徽宗崇宁五年（1106 年）升武冈县为武冈军，领武冈、绥宁、临刚（后改新宁）三县，隶荆湖南路。

② 参见《宋史》卷 88《地理志四·荆湖南、北路》，第 7 册，第 2195-2199 页。

③ （北宋）王存：《元丰九域志》卷 6《荆湖路·南路》，《文渊阁四库全书》，第 471 册，第 147-148 页，第 156 页。

④ 《（同治）益阳县志》卷 1《舆地志上》。

⑤ 以上参见《湖广图经志书》卷 15《长沙府》、卷 18《常德府》。

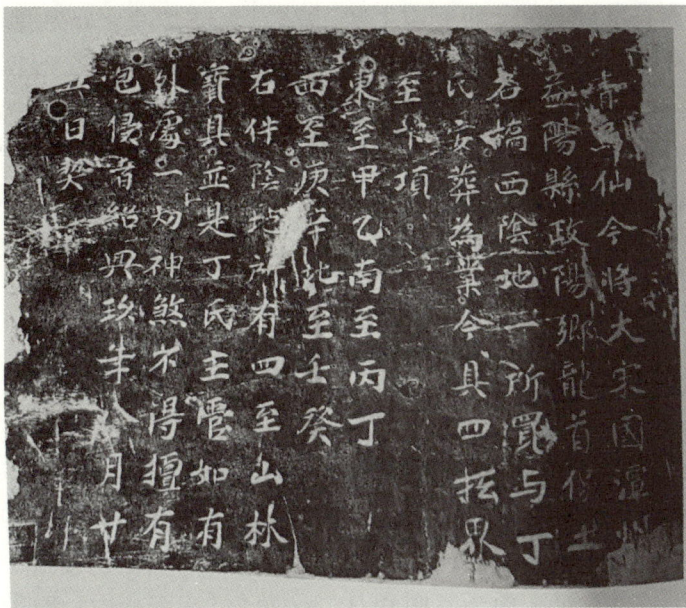

益阳市博物馆藏南宋绍兴九年买地券碑①

按"青乌"乃古代堪舆家，后世遂以"青乌"称堪舆家或堪舆术、堪舆书。② 从碑文内容看，它属典型墓券，系告示神灵，此地为墓主丁氏所有。此外，桃江县文物部门亦收藏有一通北宋嘉祐七年（1062 年）墓券碑，记载墓主在益阳县桂华乡乾田保去世。在宋元时期，许多墓葬都有墓券，现存墓券多来自 10～14 世纪。这二通益阳县墓券碑，不仅对研究宋代益阳地方民俗有一定参考价值，还能为考察宋代益阳乡村行政区划设置提供佐证。碑中所言"政阳乡""桂华乡"皆见于上引《湖广图经志书》，可确证该书所言不虚。政阳乡，按该书所言位置，当在今赫山区南坝、岩子潭、石笋、欧公店、新市渡、谢林港、邓石桥、包家村等一带。

又碑文尚提及"龙首保""乾田保"等名目，亦透露出重要信息。我国古代典型乡里组织在秦汉时期就得以确立，此后一直延续到唐宋，然乡里幅员则呈不断缩小之势。按秦汉制，一乡多达 12500 户。③ 晋制，县 500 户以上皆置 1 乡，3000 户以上置 2 乡，5000 户以上置 3 乡，10000 户以上置 4 乡，④一乡约 500～2500 户。隋唐制，100 户为里，

---

① 此石碑于 1987 年由益阳地区博物馆在益阳县赫山庙县科技馆基建工地发掘，现藏益阳博物馆。参见鲁新民：《益阳金石档案辑录》，益阳市档案馆编印，2023 年，第 280 页。

② 参见赵应铎主编：《汉语典故大辞典》，上海辞书出版社 2007 年版，第 741 页。

③ （汉）班固：《汉书》卷 24 上《食货志上》，中华书局 1962 年版，第 1121 页。

④ 参见（唐）杜佑撰，王文锦等点校：《通典》卷 33《乡官》，中华书局 1988 年版，第 923 页。

5 里为乡，一乡约 500 户。① 可见国家力量向乡村渗透之广度和深度都在增强。② 至宋代，正式废乡里而行都保。宋太祖开宝七年(974 年)，"废乡，分为管。置户长，主纳赋；耆长，主盗贼词讼"。③ 当然，其所废除者乃是作为乡村组织之"乡"，作为行政区划之"乡"或仍然存在。熙宁六年(1073 年)，全国正式推行保甲法，都保规制为：10 家为一保，50 家为一大保，10 大保为一都保，合计一都 500 户。④ 由于人口急剧增长，相对于乡里制而言，都保制在乡村细化管理进程中无疑是一种跨越式发展。南宋益阳县乡级以下设都，共有 43 都，都以下设保，共有 97 保，如"龙首保""乾田保"等皆在其中。

二、任职官员举略

邑志中所载宋代益阳县任职官员，已较前代为多。《(同治)益阳县志》卷 12《秩官志》载知县 8 人，其中 6 人见《名宦》，今且据之，介绍如下：

张咏　张咏(946～1015 年)，字复之，号乖崖，濮州鄄城(今山东省菏泽市鄄城县)人，太平兴国五年(980 年)进士，累官至礼部尚书、枢密直学士。张咏为北宋前期名臣，"所至以政绩闻"，且文学成就亦甚高，在有宋一代颇为人称誉，《宋史》中有传。⑤ 据明代志书记载，张咏曾为益阳知县；《(同治)益阳县志》更明确说其"雍熙时(984～987 年)益阳县令"。其事迹则云："张咏知益阳县时，江水泛溢，湮没县治。咏祷于神，应时而退。民怀其惠，建阁于决水处，名曰压波。"⑥ 然《宋史》本传不载其知益阳县事，《大清一统志》考证认为，或是《宋史》漏载，其言曰：

> 张乖崖祠，在益阳县北门外，宋建。按：《宋史》本传不载咏知益阳，或云为"益州"之讹。而益阳有咏祠，又有压波亭。相传江水泛溢，咏祷于神，命人杖水，应时而退。张栻作《乖崖松》诗，亦有"当年蔽芾"之语，则咏固尝知益阳也。《宋史》阙漏最多，不凡尽据。⑦

张栻所作《乖崖松》诗，即《益阳南境松杉夹道郁然，父老相传忠定张公为邑时所植也，其间亦有既剪而复生者，作诗属来者护持之》："夹道松杉半老苍，前贤余泽未应忘。君看直干连云起，岂但当年蔽芾棠？"⑧ "蔽芾棠"一语，典出《史记·燕召公世家》。此诗

---

① 参见前揭《隋书》卷 2《高祖纪下》，中华书局 1973 年版，第 32 页；(唐)李林甫等纂，陈仲夫点校：《唐六典》卷 3，中华书局 1992 年版，第 73 页。

② 参见廖寅、杜洋洋：《走向细化：宋代的乡村组织与乡村治理》，载《清华大学学报(哲学社会科学版)》2021 年第 3 期。

③ (清)徐松辑：《宋会要辑稿》第 88 册《职官四八之二五》，中华书局 1957 年版，第 3468 页。

④ (清)徐松辑：《宋会要辑稿》第 172 册《兵二之五》，中华书局 1957 年版，第 6774 页。

⑤ 参见前揭《宋史》卷 293《张咏传》，第 9800—9804 页。

⑥ 《(嘉靖)长沙府志》卷 6；《大明一统志》卷 63。

⑦ 《大清一统志》卷 356《长沙府三》。

⑧ (南宋)张栻撰，邓洪波校点：《张栻集》(湖湘文库本)，岳麓书社 2010 年版，第 533—534 页。

盖赞颂张咏当年政绩,其遗爱有如召公之"蔽芾甘棠",后人岂可忘耶?张栻、张咏皆为宋人,二者相距不甚远,故张栻所言可信度极高。后世益邑人对张咏曾任知县亦深信不疑,元至大元年(1308年),益阳州尹李忠在龟台山创建五贤祠,"祀周三闾大夫屈原、汉武乡侯诸葛孔明、宋邑令张乖崖(张咏)、秘阁修撰张南轩(张栻)、徽猷阁学士胡明仲(胡寅)"。① 明嘉靖三十年(1551年),益阳知县刘激在龟台山建龙洲书院,重修五贤祠于书院右首,铸五贤铁像,其高逾人身有半。明万历年间(1573~1619年),知县董翼在县城北门另建了张咏祠,名张公祠,存在百余年,至清雍正七年(1729年),因张公祠破旧,知县江成乃重建。《(同治)益阳县志·城池图》中,在拱北街东侧标有张公祠。元、明、清三代对张咏的祭祀绵延数百年,足见张咏在益邑影响之大。

曹靖 曹靖,字中立,郴县人,"内行孝友,当官所至有绩",历官至尚书比部员外郎,知宾州以殁。嘉祐中(1056~1063年)曹靖知益阳事,"御史严而不残,使民宽而不弛",纳民赋租亲掌其事,一斗者输一斗租,一石者输一石,吏卒不能与民为难,民皆歌舞而归。昔有大驵侩(买卖中间人)仕家子与吏狼狈为奸,民输粟者多倍征,曹靖莅任后,吏不敢为奸,驵侩逃入他境。益邑原多猛虎,所在颇设机阱,日以得虎而虎暴不息。曹靖认为,此乃为政有失所致,命尽去机阱,而虎患亦消。善政颇多,故去后而民思之。其行事具见黄庭坚《曹侯善政颂(并序)》中,可参看。②

张颉 张颉,字仲举,祖籍金陵(今江苏省南京市),徙居鼎州(今常德市)桃源,皇祐间(1049~1054年)进士,累官至直龙图阁、知桂州,迁户部侍郎。张颉亦北宋中期能臣,其任职江陵推官时,适逢年岁干旱饥馑,朝廷遣使安抚,"颉条献十事,活数万人"。治平中(1064~1067年)知益阳县,该县地接梅山溪峒,梅山蛮獠出没其间,张颉按禁地约束之,召其耕垦;并向朝廷上奏其事,已隐见开梅山之意,然朝廷未予答复。熙宁五年(1072年)章惇取南江地,建沅、懿等州,克梅山。时张颉正在鼎州丁忧,致信朝中权贵,斥章惇杀戮过重。章惇为堵其口,遂分功以利诱之,谓张颉昔日为益阳知县时,曾首建梅山之议,应予奖赏,神宗皇帝乃下诏赐其绢300匹。史言"颉所历以严致理,而深文狡狯",然其人于益阳、安化二县之发展,实有功在焉。《宋史》中亦有传,可参看。③

黄诰 黄诰,字君谟,岳州平江人,熙宁三年(1070年)进士。其初为长沙主簿时,章惇开梅山,欲增亩税,黄诰力阻其议,推官吴居厚均给之,定其税,使岁一输。徙任益阳知县,有中使采木至益阳,遣二卒勾典押而无引牒,黄诰杖而遣之。④ 后以父丧去职,庐墓3年,芝生墓前,凡60余本,哲宗闻之,赐帛50匹。其谢表云:"白发三十何嗟及矣,灵芝六十孰为来哉?"四方传诵。绍圣二年(1095年)以朝散郎知歙州事,后迁湖南提刑,仕至太府卿。⑤ 其人亦通佛理,常与僧徒喻弥陀往来,其赠诗有云:"净公他

① 参见(清)江闿:《益阳十九贤祠记》,载《(乾隆)长沙府志》卷42。
② (北宋)黄庭坚:《山谷集》卷15《曹侯善政颂(并序)》,《文渊阁四库全书》第1113册,第126页。
③ 参见前揭《宋史》卷331《张颉传》,第10668-10669页。
④ 《(同治)益阳县志》卷12《名宦》。
⑤ (宋)赵不悔修,罗愿纂:《新安志》卷9,《宋元方志丛刊》,中华书局1990年版,第7748页。

日号良医，一悟贞空便决疑。孝行未应忘父母，信心无复念妻儿。鹿门差比庞居士，莲社欣逢远法师。更作西方清净观，白毫常现五须弥。"①

李鼎 李鼎，南宋时人，初为宜春县主簿，继任临贺教谕，后擢益阳知县。宁宗嘉定十二年（1219年）有名臣卫泾举荐他，其奏状如是评价："窃见宣教郎、知潭州益阳县李鼎，资性和平，学业醇茂。初任宜春簿领，继为临贺教官，皆以修洁受知当路，循次改秩。试邑益阳，适承凋敝之余，力行抚摩之政，修学校以劝士，宽期会以安民，狱讼不察而明，催科不扰而办，平易近民，于鼎几之。"②

赵纶 赵纶，嘉定年间（1208～1224年）任益阳知县。后卫泾亦举荐他，奏状如是评价："伏见通直郎、知潭州益阳县事赵纶，相门济美，具有典刑，天资粹和，学识明邃。近方更选，试邑益阳。纶到官之日，宽以牧良善，严以御强梗。民讼以时剖决，曲直各得其当。催科先出信由，并无重叠追扰，一邑之政，整然可观。"③

除上述6人外，据《（同治）益阳县志·秩官志》，其知县可考者尚有2人：其一曰魏舜臣，南宋高宗建炎间任（其事详后）；其二曰邱宣教，淳熙五年（1178年）任。该《秩官志》又载有主簿1人，即刘材，新城人，淳熙十四年（1187年）进士，后迁梧州推官。④ 另，据宋刘宰（1167～1240年）《漫塘集》，南宋中期又有赵时佐者，曾任益阳知县："时佐，字宣仲，改宣教郎，知潭之益阳。益阳湖外剧邑，君决滞讼，去淫祠，境内肃然"。⑤ 据周必大《文忠集》，绍熙二年（1191年）益阳知县乃是黄浃。⑥ 似此之类，尚有数人，散见于宋人各文集中，限于篇幅，不一一列举。

安化自熙宁六年（1073年）置县后，其知县见诸载籍者多达49人，其中有传者7人，谨述其有传者如下：

毛渐 毛渐，字正仲，衢州江山人，神宗熙宁六年（1073年）任。进士出身，初知宁乡县事。熙宁中经理五溪、开梅山，毛渐给察访使章惇上书，逐一列举其间利弊，章惇乃以筹划事委任之，遂建新化、安化二县。毛渐亦因此得著作佐郎、知安化县事，任上于伊溪东创建县治，因俗立教，招师儒，兴学校，民心大服。后召为司农丞，提举京西南路常平，所至皆著政绩，累官至直龙图阁知渭州，赠龙图阁待制，《宋史》中有传。⑦

吴致尧 吴致尧，字格夫，徽宗宣和四年（1122年）任。致尧学问赅博，文辞充裕，任县事，多所著述，安化掌故赖有稽考。祀名宦。

郭允升 郭允升，庐陵人（一作泰和人），南宋高宗绍兴间任。徽宗时知零陵县，蛮

① （明）周永年：《吴都法乘》卷25，清钞本。
② （南宋）卫泾：《后乐集》卷12《奏举李鼎陈规黄龟鼎莫价乞赐擢用状》，《文渊阁四库全书》第1169册，第636页。
③ （南宋）卫泾：《后乐集》卷12《奏举赵纶赵彦播祝梦良乞特与甄擢状》，《文渊阁四库全书》第1169册，第638-639页。
④ 参见《（乾隆）新城县志》卷10。
⑤ （南宋）刘宰：《漫塘集》卷32《故宁国通判朝奉赵大夫墓志铭》，《文渊阁四库全书》第1170册，第723页。
⑥ （南宋）周必大：《文忠集》卷19《先太师潭州益阳县清修寺留题记》，《文渊阁四库全书》第1147册，第204页。
⑦ 参见前揭《宋史》卷348《毛渐传》，第11039-11040页；《（同治）安化县志》卷20《职官·宦绩录》。

獠归服。徙知安化，虎不为害，民有"蛮服虎藏"之谣。绍兴间任县事，整饬纲纪，兴学养士，安化文教之隆，实由兹始。祀名宦。

蔡� 蔡澂，新昌人，乾道进士，南宋宁宗庆元元年(1195年)任。初调湘潭主簿，改知安化，庭无留讼，曾出资修葺学宫，撰有《安化县修学记》文。

蔡浩然 蔡浩然，字养正，清江人，庆元三年(1197年)任。惠孚于下，溪峒之民相安。祀名宦。

赵崇模 赵崇模，番禺人，南宋宁宗嘉定四年(1211年)任。任县事，兴废举坠。熙宁时建县置学，神宗赐养士田四百亩，岁久为民所侵夺。崇模清复之，并增置多亩以赡诸生。任满将代，署内池莲一本双菡。祀名宦。

彭道耕 彭道耕，南宋理宗宝祐间任。修举百务，作兴士类，爱民如子，民亦爱如父母，时有"彭郎官爱百姓如心肝，若再来皆平安"之谣。祀名宦。

三、重要史事梳理

(一)宋开梅山与安化置县

1. 梅山蛮史事源流

梅山蛮史事自五代以后渐多，至北宋前期，问题更为突出。按诸书引《楚志》，皆谓梅山因汉梅鋗而得名："(汉)梅鋗随吴芮之国长沙，以益阳县梅林为家，遂世有其地，自汉至五代皆称'梅山'焉。后为蛮王扶氏据之，溪峒环列，负险为寇。"①然较早史料《宋史》，却并未明言梅山与梅鋗相关，仅云：

> 梅山峒蛮，旧不与中国通。其地东接潭，南接邵，其西则辰，其北则鼎、澧，而梅山居其中。开宝八年(975年)，尝寇邵之武冈、潭之长沙。太平兴国二年(977年)，左甲首领苞汉阳、右甲首领顿汉凌寇掠边界，朝廷累遣使诏谕，不听，命客省使翟守素调潭州兵讨平之。自是，禁不得与汉民交通，其地不得耕牧。②

《(道光)宝庆府志》承其说，谓："上下梅山峒蛮，其地千里，东接潭，南接邵，其西则辰，北则鼎。马氏以来，蛮人据之，号曰莫徭，有厉禁制其出入。"③《宋史·梅山峒蛮传》所言"苞汉阳"，在该书《翟守素传》作"包汉阳"，《田绍斌传》虽亦作"苞汉阳"，然其校勘记云："苞汉阳，原作'符汉阳'，据本书卷494《梅山峒蛮传》《宋会要·蕃夷》五之七三改。"④湖南地方志书一般皆作"扶汉阳""扶氏"，如《(乾隆)湖南通志》载："太宗太

---

① 《(康熙)长沙府志》卷20、《古今图书集成：方舆汇编·职方典下》卷1218、《(乾隆)湖南通志》卷172等，皆引《楚志》此说。

② 参见前揭《宋史》卷494《梅山峒蛮传》，第14196页。

③ 《(道光)宝庆府志》卷2《大政纪二》。

④ 参见前揭《宋史》卷280《田绍斌传》"校勘记"，第9512页。

平兴国间,汉阳人扶氏依益阳顿氏为乱,杀掠人民。"①《(道光)宝庆府志》作"扶汉阳",并考证认为:"又按《湖南通志》云:'太宗太平兴国间,汉阳人扶氏依益阳顿氏为乱,杀掠人民。见旧志。'当即包汉阳、顿汉凌之事,纪载疏舛失实。但《田绍斌传》'符汉阳梅山峒蛮'又作'包汉阳',而《新化志》云:'扶氏、苏氏据有梅山之地,今新化尚有扶、苏二姓。'则'扶汉阳''包汉阳'本为一人,'符''包'皆是音近迁变,实乃扶汉阳也。"②按《符氏宗谱》,似当作"符",讹为"扶"也。据云,扶汉阳(905~977年),原籍湖北汉阳,五代时投梅山右甲首领顿汉凌,任左甲首领。因扶、顿二人几度率众自梅山侵扰潭、邵二州,后唐天成四年(929年),楚王马殷遣江华指挥使王全统兵攻梅山。扶、顿诱敌深入,在"九关十八锁"峡谷(在今安化县高明乡)歼敌2000余人,并追至司徒岭(在今安化县高明乡与宁乡市交界处),击毙王全。宋宣和间安化知县吴致尧撰《嘉应侯祠记》,有云:

> 神宗皇帝以德怀远人,以功开境士。熙宁五年(1072年),中书检正章惇以诏使大沩山策授方略,遣降诸猺酋,而五溪盘瓠遗种,莫不望风震惕,稽颡奉诏内附。始起禁之夕,使者闻鼓声若持更析,询诸耆老,知有王司徒之庙存焉。至梅山,即叙表其功以闻,诏特封嘉应侯。按《图志》,侯讳全,湘乡人,五代时仕马氏为土军将校,尝与猺人战,被羽长驱,獠皆披靡。乘胜逐北,深捣巢穴,志在荡平,以涤宿蠹,而孤忠无援,外应不至,侯乃死之。③

又《(万历)湖广总志》载:"王全,湘乡人,五代时为江华指挥使,与蛮战,卒。里人立庙,号王司徒,在安化东七十里司徒岭。宋熙宁间章惇开梅山,奏加封嘉应侯。"《古今图书集成》亦云:"王全,湘乡人,五代时为土军指挥使,与蛮将战,死。里人为立庙,号王司徒庙,在安化东五十里司徒岭。宋熙宁间章惇开梅山,奏乞加封为嘉应侯。""嘉应侯祠,在司徒岭上,祀王全,湘乡人,五代时仕马氏为上将,勇毅劲锐,与猺人战死后为神。"④其遗迹迄今仍存,安化、新化一带尚流传其说,故应属实。

据前引《宋史·梅山峒蛮传》可知,至宋初,梅山蛮在扶、顿二人率领下,仍频频寇掠边界,宋在累遣使诏谕无效之下,乃于太平兴国二年(977年)命客省使翟守素调潭州兵讨平之。《翟守素传》曰:

> 太平兴国三年(当作"二年"),是秋,梅山洞蛮恃险叛命,诏遣守素率诸州屯兵往击之。值霖雨弥旬,弓弩解弛,不堪用,明日,将接战,守素一夕令削木为弩。及旦,贼奄至,交射之,贼遂败。乘胜逐北,尽平其巢穴。先是,数郡大吏、富人多

---

① 《(乾隆)湖南通志》卷142。

② 《(道光)宝庆府志》卷2《大政纪二》。

③ (北宋)吴致尧:《安化宋嘉应侯记》,见《(乾隆)长沙府志》卷40《艺文》。

④ 参见《(万历)湖广总志》卷49;《古今图书集成·方舆汇编·职方典下》卷1210、卷1217亦有征引。

与贼帅包汉阳交通，既而得其书讯数百封，守素并焚之，反侧以定。①

又《田绍斌传》曰：

> 太平兴国初，擢龙卫军指挥使、领江州刺史。二年，梅山洞蛮叛，命与翟守素分往击之。至邵州，闻蛮酋苞汉阳死，去其居十里，大溃其众，擒蛮二万，令军中取利剑二百斩之，余五千遣归谕诸洞，自是其党帖服。②

据此可知，扶汉阳在太平兴国二年（977 年）的这次战争中战死。然在梅山地区其声望仍颇高，世代受人敬仰。据方志载，譬如安化县，在县东 90 里归化乡庙冲里有扶王庙（公建并置田产，择人供奉香灯，3 年更换），在县东 80 里归化乡金壶山有扶王庙，在常丰乡一保杜家桥有扶王庙，在西北界五保双江口渡有扶王庙；③益阳县，在通往安化大道上距离安化界约 10 里之蒋家村有扶王庙；④宁乡县，在松坑墺南有扶王庙山，在县西 160 里云盖峰巅有扶王庙，此庙据说在"道光乙未（1835 年）大旱，祷雨立应"。⑤

前引《宋史·梅山峒蛮传》云，梅山蛮自此战后，"禁不得与汉民交通，其地不得耕牧"。邑志亦云，"自是禁不得与民交通，其地不得耕牧，又立梅子口、七星、首溪、白沙、蜉蝣五寨以扼之，而蛮患少息"。⑥《大明一统志》载："七星寨，在安化县东。《元丰九域志》：'县有镇一，七星。'旧志：'宋太平兴国中平梅山蛮，因立五寨以为防御，曰梅子口、七星、首溪、白沙、蜉蝣。熙宁六年章惇开梅山，改置安化县，改七星寨为镇。'按梅子口寨，今名镇安寨，在县南 5 里；首溪寨，在县北 90 里；白沙寨，在县北 120 里；蜉蝣砦，在县西南 90 里，遗址俱存。"⑦

此后近百年间颇消停，相关史事不多，仅见 2 条：其一是太宗雍熙二年（985 年）"招蛮人隶于益阳，名密庄"；⑧其二是仁宗庆历七年（1047 年），潭州知州刘元瑜谕降梅山蛮 1200 户。《宋史》本传载元瑜知潭州时："徭人数为寇，元瑜使州人杨谓入梅山，说酋长四百余人出听命，因厚犒之，借以为民，凡千二百户。"⑨邑志考证认为，此事当在仁宗庆历七年。⑩

2. 熙宁间开梅山与安化置县

熙宁间开梅山，其事盖发端于益阳知县张颉。《宋史·梅山峒蛮传》曰：

---

① 参见前揭《宋史》卷 274《翟守素传》，第 9362-9363 页。

② 参见前揭《宋史》卷 280《田绍斌传》，第 9496 页。

③ 参见《（同治）安化县志》卷 3、卷 14。

④ 参见（清）吴庶熙编：《益阳县乡土志》，民国焕文堂钞本。

⑤ 参见《（民国）宁乡县志》之《形势编》与《故事编》。

⑥ 《（同治）安化县志》卷 33《时事纪》。

⑦ 《大明一统志》卷 277。

⑧ 《古今图书集成：方舆汇编·职方典下》卷 1201；《（康熙）长沙府志》卷 1《沿革志》。

⑨ 参见前揭《宋史》卷 304《刘元瑜传》，第 10072 页。

⑩ 《（同治）安化县志》卷 33《时事纪》。

后有苏方者居之，数侵夺舒、向二族。嘉祐末(1063年)，知益阳县张颉收捕其桀黠符三等，遂经营开拓。安抚使吴中复以闻，其议中格。湖南转运副使范子奇复奏：“蛮恃险为边患，宜臣属而郡县之。”子奇寻召还，又述前议。熙宁五年(1072年)，乃诏知潭州潘夙、湖南转运副使蔡烨、判官乔执中同经制章惇招纳之。①

按邑志，张颉知益阳县事在治平中(1064~1067年)，不过，二者相差不大。关于开梅山经过，前引《毛渐传》言其“条利害以上察访使，使者诿以区画，遂建新化、安化二县，渐用是得著作佐郎、知安化县”，②则毛渐为安化县首任知县，亦是开梅山之直接参与者，故其所撰《开梅山颂(并序)》有重要参考价值。其文有云：

宋有天下一百一十三载，梅山之地犹列溪峒。熙宁天子励精求治，顾宰相曰：“重湖之间，蛮猺错处，非所以一教化、同风俗，宜开拓而统领之。”议遣中书户房检正章惇措置，会湖南道转运判官蔡烨以图来献，乃以惇察访湖南北事，烨领湖南道转运副使，合谋经制。壬子(熙宁五年，1072年)冬十月，吏士传檄招谕，獠俗俛从，于是籍户授田，均定租赋，分建二邑，功成政举，百姓欢呼，请记功德被于金石，故为之颂云(下略)。③

再结合《宋史·章惇传》所言：

时经制南、北江群蛮，命为湖南、北察访使。提点刑狱赵鼎言“峡州群蛮，苦其酋剥刻，谋内附”，辰州布衣张翘亦言“南、北江群蛮归化朝廷”，遂以事属惇。惇募流人李资、张竑等往招之，资、竑淫于夷妇，为酋所杀，遂致攻讨，由是两江扇动。神宗疑其扰，命安石戒惇勿轻动。惇竟以三路兵平懿、洽、鼎州，以蛮方据潭之梅山，遂乘势而南。转运副使蔡烨言是役不可亟成，神宗以为然，专委于烨。安石主惇，争之不已。既而烨得蛮地，安石恨烨沮惇，乃薄其赏。④

章惇(1035~1106年)，字子厚，建州浦城(今属福建省)人，嘉祐四年(1059年)进士，累官至参知政事、知枢密院事，参与并推行王安石新法。章惇在《宋史》中被列入《奸臣传》，其品行颇为人诟病，然实事求是讲，在开梅山过程中，其贡献仍堪称第一。其实，其主要着眼点并不在梅山，而在五溪。五溪地区因境内有雄溪、满溪、酉溪、滩

① 参见前揭《宋史》卷494《梅山峒蛮传》，第14196-14197页。
② 参见前揭《宋史》卷348《毛渐传》，第11039页。
③ (北宋)毛渐：《开梅山颂(并序)》，见《(乾隆)长沙府志》卷39《艺文》。
④ 参见前揭《宋史》卷471《章惇传》，第13710页。

溪、辰溪等五条溪水流入沅江而得名，其中以西溪为界，西溪以南称为南江地区，西溪以北称为北江地区。通过此次军事行动，一举平定五溪地区，开梅山仅是顺势而为罢了，兵威所至，几乎是兵不血刃。其收南江时颇事杀戮，前引《张颉传》言："颉居忧于鼎，移书朝贵，言南江杀戮过甚，无辜者十八九，浮尸蔽江，民不食鱼者数月。"①大体应是实情。然此是南江情形，至于梅山则可谓传檄而定，故后期虽主要由蔡烨经管，而其基础却是章惇所奠定。前引《宋史·梅山峒蛮传》续言：

> 惇遣(乔)执中知全州，将行，而大田三寨蛮犯境。又飞山之蛮近在全州之西，执中至全州，大田诸蛮纳款，于是遂檄谕开梅山，蛮猺争辟道路以待。得其地，东起宁乡县司徒岭，西抵邵阳白沙寨，北界益阳四里河，南止湘乡佛子岭。籍其民，得主、客万四千八百九户，万九千八十九丁，田二十六万四百三十六亩，均定其税，使岁一输。乃筑武阳、开峡二城，诏以山地置新化县，并二城隶邵州。自是，鼎、澧可以南至邵。

按《宋史·地理志》载："新化，望，熙宁五年收复梅山，以其地置县"；"安化，望，熙宁六年置，改七星寨为镇入焉，废首溪寨，元祐三年(1088年)置博易场。"②结合上述引文看，则其初乃是以整个梅山地区置新化县。据《毛渐传》推断，章惇或是采纳毛渐的建议，于次年"析其地为二县，下梅山曰安化，隶潭州；其上梅山者，隶邵州，是为新化"。③

熙宁间开梅山，意义相当重大。对宋王朝而言，首先，诚如毛渐《开梅山颂(并序)》所言："粤惟梅山千里，其疆形阻壤沃，蛮獠披猖，强弱相陵，自为仇敌，志有不逞，辄骚边场。朝廷患之，环成以兵，田禁不垦，以息其争。"此役算是彻底解决了梅山蛮频频入寇问题。其次，开疆拓土，使国家财税收入大为增加。《宋史·梅山峒蛮传》言，籍其民，得主、客14809户，19089丁，田260436亩。蔡烨墓志铭言籍其田24万亩，所说与此稍有出入，其言曰：

> 会今门下侍郎章公惇察访本路，即付其事，同君经之。檄入其境，果大欢，从授冠带，画田亩，分保伍，列乡里，筑二邑隶之。籍其田，以亩计者二十四万，增赋数十万。遂招怀邵之武冈峒蛮三百余族，户数万。岁输米以万计，纳其所畜兵仗，以其地建二寨。六年五月，上遣使者劳君，赐名，邑曰新化、安化，寨曰武阳、关峡。④

---

① 参见前揭《宋史》卷331《张颉传》，第10668页。

② 参见前揭《宋史》卷88《地理志四·荆湖南、北路》，第2199—2200页。

③ 《(隆庆)宝庆府志》卷1《图考》。

④ (北宋)刘挚：《忠肃集》卷12《直龙图阁蔡君墓志铭》，《文渊阁四库全书》第1099册，第577—578页。因避清圣祖庙讳，在清人著述中，蔡烨多改作"蔡奕"或"蔡煜"。四库本《忠肃集》即作"蔡奕"。

"增赋数十万"尚打了折扣，据载，开辟之后，"章惇欲增亩税，长沙簿黄诰力阻其议，推官吴居厚均给之，定其税，使岁一输"。[①] 否则，其数额应更高，可见开梅山之红利相当可观。最后，当地百姓亦多受其福祉。诚如毛渐《开梅山颂(并序)》所言："弛禁释罪，均赐土田，贷牛种粮，教之耕犁，以衣以食，无寒无饥。涵泳休泽，讲道劝义，班白提孩，莫不咸遂。徭俗一变，皇风大同，熙熙皞皞，天子之功。"要之，熙宁间开梅山，使该地区得到开发，加快了其发展进程，安化县自此进入崭新发展阶段，因而具有里程碑意义。

(二)钟相杨幺起义

1127 年南宋建立之后，颇长时间内一直内忧外患不断。在金军步步紧逼下，高宗辗转播迁于扬州、建康、杭州、越州等地，直至绍兴八年(1138 年)正式定都临安(今杭州市)，才算安定下来。在此期间，在建炎四年至绍兴五年(1130~1135 年)间洞庭湖地区发生过一次大规模农民起义——钟相杨幺起义，与益阳地区大有关联，谨梳理如下。

南宋高宗建炎三年(1129 年)秋，金军再次南侵，渡长江，次年正月下旬自南昌掠袁、筠而犯潭州，遂围长沙城。帅臣直龙图阁向子諲(1085~1152 年)率军民固守，力为巷战，坚持八日，二月初长沙城陷。[②] 金军肆掠数日而去。此后，湖湘间秩序大坏："王以宁以京西路节制入横长沙中，群盗孔彦舟以鼎澧镇抚使趋长沙，击逐以宁，居数月，大纵杀掠。"[③] 当此际，钟相遂乘乱而起。钟相乃鼎州武陵(今常德市)人，曾以神道设教方式发动群众，二十余年间累家资至巨万。及湖湘乱起，钟相遂集其徒众正式发难，自称楚王，改元天载，以"等贵贱，均贫富"相号召，鼎澧荆南之民纷纷响应，一方骚然。"自是，鼎州之武陵、桃源、辰阳、沅江，澧州之澧阳、安乡、石门、慈利，荆南之枝江、松滋、公安、石首，潭州之益阳、宁乡、湘阴、江化，峡州之宜都，岳州之华容，辰州之沅陵，凡十九县，皆为盗区矣。"[④]引文所言"江化"或为"安化"之讹，据载，安化原县城在建炎庚戌(1130 年)遭钟相之乱，公私荡然煨烬(详后)。据此可知，安化县当亦在钟相控制范围之内，原县治亦因此而毁。建炎四年(1130 年)二月末，钟相陷澧州，鼎州孤危，官吏军民计无所出，三月初乃迎孔彦舟入鼎州，以拒钟相。是月，钟相为孔彦舟所败，逃匿于山谷，后被擒，连同眷属及众用事人皆被杀，唯少子钟子义逃去，与其徒众退入洞庭湖。[⑤]

《建炎以来系年要录》载，绍兴元年(1131 年)"诏朝奉郎知益阳县魏舜臣俟任满升擢差遣，以御史韩璜论其尝拒钟相也。"又言，知汉阳军马友统乱军往湖南道过岳州，"守将吴锡弃城去，率精兵数千自益阳入邵州，舜臣时权州事，为所逐"。[⑥] 疑"邵州"当

① 《(同治)安化县志》卷2《沿革考》。

② 参见(南宋)李心传：《建炎以来系年要录》卷31"建炎四年二月乙亥"条，中华书局1956年版，第608页。

③ 参见(南宋)胡宏：《五峰集》卷3《向侍郎行状》，见王立新校点：《胡宏著作二种》(湖湘文库本)，岳麓书社2008年版，第160页。

④ 参见(南宋)李心传：《建炎以来系年要录》卷31"建炎四年二月甲午"条，中华书局1956年版，第613页。

⑤ 参见(南宋)李心传：《建炎以来系年要录》卷32"建炎四年三月戊辰"，第619页，第626页。

⑥ (南宋)李心传：《建炎以来系年要录》卷42"绍兴元年二月庚午"条，第763-764页。

作"潭州",前揭胡宏《向侍郎行状》亦言及此事,作:"有吴锡提精兵数千,亦自北来,屯于益阳,乞粮于郡守魏舜臣,舜臣拒之,锡即以兵趋郡,走舜臣。"查《(同治)益阳县志·秩官志》,建炎间知县有"魏舜臣",魏舜臣应是以益阳知县权知潭州事,故吴锡自北来时,舜臣不在益阳,而吴锡得屯于该县。吴锡乞粮于权知潭州事之舜臣,却为其所拒,故以兵趋郡,逐走舜臣。舜臣既为益阳知县,不大可能去权邵州之事,故"邵州"应作"潭州"。因舜臣在益阳知县任上抵抗过钟相,故朝廷下诏令俟其任满升擢差遣。此是钟相与杨幺事之间一个小插曲。

杨幺,鼎州龙阳(今常德市汉寿县)人,在《宋史》等载籍中多作"杨太"或"湖寇杨太"。《(嘉定)镇江志》载云:"建炎间,洞庭杨太最为剧盗,太年幼为幺,故曰杨幺。"[1]查《宋史》,杨太之事始自绍兴二年(1132年)十一月甲戌,"命李纲、刘洪道、程昌寓、解潜会兵捕讨湖寇杨太"。[2] 而据李纲《梁溪集》,宋于是年二月八日已任命李纲为观文殿学士充荆湖广南路宣抚使兼知潭州,统兵前往"措置经理招捕盗贼"。八月十一日李纲入本路界,即遣统制官吴锡讨捕招收多股溃军、乱军,尚有"马友下溃兵首领王俊等一千余人不肯受降,开走劫掠安化、新化县,逼近邵州,杀人放火",复荡平之。[3] 又"湖北杨幺者,钟相余党,以左道惑民,据洞庭重湖之险,北达荆南、公安,西及鼎、澧,东至岳阳,南抵长沙之湘阴、益阳,周环千里,出没作过,有众数万。于是旋创战舰,命统领官李进屯湘阴、马准屯益阳以备,以吴锡屯桥口,破其数寨,幺不敢犯"。[4]

同年九月,李纲在给朝廷的奏疏中报告说:"杨幺、黄诚等占据洞庭、青草、三江之险,聚众数万,出没鼎、澧、潭、岳、荆南、峡州数千里之地,为荆湖腹心之大患。""数出榜文讹言指斥,自称'爷法',不奉正朔,杀戮招安使臣,诱胁近地民户。""杨幺、黄诚等寨栅巢穴,并在鼎州龙阳、沅江两县界,去鼎州止三二十里,远者不过五六十里,于湖南潭州正与益阳、湘阴两县接。"因李纲本部兵将皆系北人,从来不谙水战,李纲初到湖南即计置打造战船,然仓促未办,而鼎州程昌寓有兵万人,屡与杨幺徒众见阵,惯习水战,现有战船可用,讨捕杨幺、黄诚全借鼎州进兵,故李纲祈请朝廷降旨,应趁春冬水涸之时,催促鼎州及早进兵,而李纲本司军兵可防托把截本路界。[5] 为得程昌寓之力,李纲在财政经费上给予鼎州很大支持,其给朝廷之奏状中有云:

> 会臣先蒙恩除荆湖广南路宣抚使,于今年八月内到本路,据知鼎州程昌禹申钱粮急阙,乞行支拨。臣已辍那钱三万贯,及续于益阳县今来秋苗米内支拨一万硕应

---

① 《(嘉定)镇江志》卷4《军田》,《宋元方志丛刊》,中华书局1989年版,第3册,第2344页。

② 参见前揭《宋史》卷27《高宗纪四》,第501页。

③ (宋)李纲:《梁溪集》卷75《讨杀本路作过溃兵了当见措置杨幺等贼奏状》,《文渊阁四库全书》第1126册,第87-88页。

④ (宋)李纲:《梁溪集》附录《行状下》,《文渊阁四库全书》第1126册,第923页。据该书卷120《与吕提刑第三书》作"遣吴锡屯桥口,王俊屯湘阴,李建屯益阳,以备奔冲"。(第428页)

⑤ 以上参见(宋)李纲:《梁溪集》卷75《杨幺占据洞庭系湖北路本司已遣军马把截奏状》,《文渊阁四库全书》第1126册,第90-91页。

副鼎州外；又据程昌禹申录到尚书省札子，奉圣旨令潭州权拨益阳县财赋应副鼎州，缘臣本司及潭州即未曾被受前项圣旨，已具因依申奏朝廷未蒙回降处分间，又累据程昌禹申委是急阙乞支拨应副，臣遂更不待朝廷报下，逐急将本县苗米除已拨一万硕应副鼎州，及二千硕般赴鼎州应副张宗元等人兵之用外，撺留本县合用之数有其余正米六千余硕，并耗米四千余硕，并拨付鼎州去讫。今又据程昌禹申本司钱粮阙乏，乞将益阳县财赋尽数支拨应副，寻行下本县契勘，据知益阳县事魏舜臣申，本县自今年正月一日至今每日所收酒税、牙契并夏税折纳等钱，蒙福建等路宣抚使司、本路转运司及本州累行差官下县，尽数划刷应副大军支遣了当。①

不尽于此，据该奏状末所云"所有益阳县今年冬财赋已尽拨付鼎州外，其绍兴三年分夏、秋税，并酒税牙契等钱，更合取自朝廷指挥，伏望圣慈特降睿旨详酌施行"等语看，似益阳县绍兴三年所有财税收入或亦有可能尽数划拨给鼎州，故益阳县在平定杨幺过程中作出了很大牺牲。

在李纲恳请下，绍兴二年（1132年）十月己酉，朝廷乃下诏数方并力讨杨太。史载：

> 诏湖北安抚使刘洪道、知鼎州程昌寓并力招捕湖寇杨太。时太据洞庭，有众数万，太主诛杀，其党黄诚主谋划，诚之下又有周伦、杨钦、夏诚、刘衡之徒。大造车船及海鳅船，多至数百。车船者，置人于前后，踏车进退，每舟载兵千余人。又设拍竿长十余丈，上置巨石，下作辘轳，遇官军船近，即倒拍竿击碎之，官军以此辄败。大率车船如陆战之阵兵，海鳅如陆战之轻兵。又伦、钦虽各有寨，而专倚舟以为强；诚、衡虽各有舟，而专倚寨以为固。此其所恃也。韩世忠之在湖南也，遣使臣朱实往招之，太不听命。至是昌寓以奏，乃命趣捕之。②

至十一月甲戌复下诏，"命李纲、刘洪道、程昌寓、解潜会兵捕讨湖寇杨太"，然效果不明显，至绍兴三年（1133年），杨幺之势更大。史载，是年四月，"杨太众益盛，自号'大圣天王'，立钟相少子子义为太子，广等不克讨而还"。③邑志载云："南宋高宗建炎三年杨幺大寇益阳，杀袁显。"④府志亦载："袁显，矮身长髯，勇敢过人。建炎间，湘寇杨幺猖獗，显请于县宰魏舜臣，团乡兵以捍。一日贼倾寨来战，显极力鏖战，为贼所得。贼欲用之，显骂贼不屈，幺置诸鼎镬而死。舜臣哀之，具礼而祭。"⑤疑其"建炎"皆是"绍兴"之讹。

① （宋）李纲：《梁溪集》卷75《已拨益阳财赋应副鼎州来年财赋取自指挥奏状》，《文渊阁四库全书》第1126册，第91-92页。
② 参见前揭《建炎以来系年要录》卷59"绍兴二年十月己酉"条，第1025-1026页。
③ 参见前揭《宋史》卷27《高宗纪四》，第504页。
④ 《（康熙）长沙府志》卷8。
⑤ 《湖广图经志书》卷15。

杨幺起义最后被平定，是在绍兴五年（1135 年）。是年二月，宋廷以岳飞为荆湖南北、襄阳府路制置使，将兵平杨太。① 五月，右相兼枢密院事、都督诸路军马张浚至潭州，释放杨幺徒众数百人，俾晓谕诸寨"早降即赦尔死"；复遣岳飞分兵屯鼎、澧、益阳，压以兵势。这些举措，使杨幺内部出现分化。② 六月中旬，岳飞急攻杨幺水寨，杨幺部将陈瑶降，杨太赴水死，余党刘衡等皆降。岳飞急击夏诚，斩之。"黄诚斩杨太首，挟钟子仪、周伦诣都督府降，湖湘悉平，得户二万七千，悉遣归业。"因叛乱平息，遂免沿湖民前二年逋租。③

杨幺虽死，然在洞庭湖区，其影响仍在。后世荆楚湖湘间"杨泗将军"信仰流传颇广，洞庭湖和湘资沅澧四水沿岸建有不少杨泗庙，或杨泗牌楼；现益阳市赫山区龙光桥镇早禾村，尚保留有据传创建于宋代之杨泗将军牌楼。然据学界考察，"杨泗将军"其实是对杨幺之神化。④

以上为杨幺起义之史事梳理。其宋末战事，姑待下章"元初益阳政治"再叙。

第二节　两宋时期的益阳经济

一、人口、田地和赋税

（一）人口估算

具体到宋代益阳人口，虽无直接数据，但关于宋代潭州人口，还是有几组数据可供参考。首先，宋太祖建隆四年（963 年）平湖南，得州 15、监 1，即潭、衡、邵、郴、道、永、全、岳、澧、朗、蒋、辰、锦、溪、叙州及桂阳监，县 66，户 97388。⑤ 平均下来，每县才 1475 户，每县人口不到 1 万。此数据仅供参考，因为在唐末五代时期，环洞庭湖地区之潭、岳二州尤其是潭州地区人口增长最快，而益阳县在潭州人口又居中等以上水平，故此数据不能反映益阳县之实际情况。

其次，乐史《太平寰宇记》载有宋太宗太平兴国五年（980 年）潭州户数，其时潭州下辖长沙、湘潭、益阳、湘乡、醴陵、浏阳、攸、衡山、湘阴、宁乡等 10 县，主户 18573，客户 34333，合计 52906 户。⑥ 平均每县 5290 户，以每户 5 口计算，平均每县人口 26450，其时距北宋建国才 20 年，大体反映宋初潭州人口情况，因益阳县在唐末五代时期人口并未缩减，故我们估计宋初益阳县人口或在 3 万以上。

其三，王存《元丰九域志》载有神宗元丰三年（1080 年）潭州长沙郡户数，其时潭州

---

① 参见前揭《宋史》卷 28《高宗纪五》，第 518 页。

② 参见前揭《建炎以来系年要录》卷 89"绍兴五年五月甲申"条，第 1484 页。

③ 参见前揭《宋史》卷 28《高宗纪五》，第 521 页。

④ 参见李跃龙主编，湖南省地方志编纂委员会编：《湖南省志》第 26 卷《民俗志》，五洲传播出版社 2005 年版，第 700 页；禹舜主编：《湖南大辞典》，新华出版社 1995 年版，第 610 页。

⑤ 参见前揭《宋史》卷 85《地理志一》，第 2093 页。

⑥ 参见前揭《太平寰宇记》卷 114《江南西道·潭州》，第 2316—2317 页。

所辖，除上述 10 县外，新增安化县，合计辖 11 县，户数为主户 173660、客户 182164，合计 355824 户。① 安化县人口其实并不多，熙宁五年（1072 年）章惇开梅山，"籍其民，得主、客 14809 户，19089 丁"，② 但这是安化、新化二县总数。《元史·地理志》将安化列为下县，新化则为中县，即户数过 1 万；且据后来明初洪武二十四年（1391 年）统计数据（新化有户 6500、口 30312，而安化仅有户 2541、口 18348）来看，③ 安化户口大致为新化之半，则宋代熙宁六年安化县户数约为 5000 户，口数约 2.5 万。如此，则元丰三年时，除安化县以外之其余 10 县合计约 35 万户，平均每县 3.5 万户，以每户 5 口计算，则平均每县有人口 17.5 万，而益阳县在潭州至少居于中等水平，故大体不会低于此数。此可视为北宋中期益阳县人口情况。

其四，《宋史·地理志》载有徽宗崇宁元年（1102 年）潭州户数，其时潭州所辖，除上述 11 县外，又新增善化县，合计 12 县，有户 439988，口 962853。④ 善化县是元符元年（1098 年）以长沙县五乡、湘潭县两乡所置，因其原本就在上述 11 县之中，故仍按 11 县平均，则每县约 4 万户；以每户 5 口计算，平均每县约 20 万人。学界已经指出："《宋史·地理志》所载口数仅是男性人口而非全部人口。"⑤ 故其所载潭州口数"962853"当加折算。"户 439988，口 962853"之口户比为 2.19，相对于正常口户比"5"而言，其占比为 43.8%，如将此占比数还原，则"962853"可还原成实际人口数 2198295，即崇宁元年潭州总人口接近 220 万，如按 11 县平均则每县 199845 口，但由于安化县实际上应远低于此平均水平，故除安化县外之其余 10 县（善化县人口折算在此 10 县中）平均人口应已超过 20 万，与前面所估算之值亦同。益阳县人口应该不会低于此平均水平，故亦在 20 万以上。崇宁元年距北宋灭亡仅 25 年，故"4 万户""20 万口"可视作北宋晚期益阳县人口数。至于安化县，其人口增长幅度应低于此平均水平，故口数不会超过 2.8 万。

两宋之际，金军深入长江以南作战，杨幺农民军活跃于洞庭湖地区，湖南蒙受了多年战争摧残，人口锐减。李纲有诗云："忆昔湖南全盛日，郡邑乡村尽充实。连年兵火人烟稀，田野荆榛气萧瑟……上户逃移下户死，人口凋零十无八。"⑥ 绍兴五年（1135 年）战事平息后，湖南经济和人口开始恢复。据《宋史·地理志》载，荆湖南路在绍兴三十二年（1162 年）户 968930，口 2136767。⑦ 而合计该路所辖各州监军（未计南渡后所增茶陵军），崇宁元年总户数为 952398，总口数为 2180072，则荆湖南路人口至绍兴三十二年已大体恢复到崇宁元年水平。此后应该仍有不少增长，因为据《元史·地理志》所载，元至元二十七年（1290 年）潭州路（所 12 州县与北宋崇宁元年时全同）户数为 603501，

---

① （北宋）王存：《元丰九域志》卷 6《荆湖路·南路》，《文渊阁四库全书》第 471 册，第 147-148 页。

② 参见前揭《宋史》卷 494《梅山峒蛮传》，第 14197 页。

③ 《（道光）新化县志》卷 15、《（同治）安化县志》卷 15。

④ 参见前揭《宋史》卷 88《地理志四·荆湖南、北路》，第 2199 页。

⑤ 吴松弟：《中国人口史》第 3 卷《辽宋金元时期》，复旦大学出版社 2000 年版，第 120 页。

⑥ （宋）李纲：《梁溪集》卷 29《八月十一日次茶陵县入湖南界有感》，《文渊阁四库全书》第 1125 册，第 765 页。

⑦ 参见前揭《宋史》卷 88《地理志四·荆湖南路》，第 2198 页。

较之崇宁元年户数 439988，188 年间增长了 37.2%。[1] 自至元十年（1273 年）元将阿里海牙攻拔樊城算起，至至元十八年元朝在湖湘间统治基本确立，复以约 10 年时间恢复生产和人口，如此则"603501"大体可视作南宋后期潭州路户数。依此增幅推衍，则益阳县在南宋后期人口为 5.488 万户、27.44 万口，保守估计亦应在 5 万户、25 万口以上，故刘宰《漫塘集》中有"益阳，湖外剧邑"之语。[2] 至于安化县，依此增幅推衍，其在南宋后期或有 7000 户左右，口数或在 3 万以上。

以上为两宋时期益阳、安化二县人口情况。至于沅江县，其情况较特殊，因其在宋代先属岳州，后割属鼎州（常德府），二州人口统计数据似皆未将其计算在内，故不好估算。唯知该县等级为"中下"，据载，宋太祖建隆元年（960 年），"有司请据诸道所具版籍之数，升降天下县望"，以 4000 户以上为"望"，3000 户以上为"紧"，2000 户以上为"上"，1000 户以上为"中"，不满 1000 户为"中下"。[3] 而据《宋史·地理志》和《元丰九域志》载，潭州所辖 12 县，长沙、衡山、安化等 3 县为"望"，醴陵为"紧"，攸县为"上"，湘乡、湘潭、益阳、浏阳、湘阴、宁乡等 6 县皆为"中"，其户数皆远远超过了上述标准，故不能据，沅江县户口亦不可得而详。

（二）田地和赋税

宋代田地有民田、官田之分，如元丰间天下垦田 461.6556 万顷（其中民田 455.3163 万顷 61 亩，官田 6.3393 万顷），荆湖南路田 32.4267 万顷 96 亩（其中官田 7772 顷 59 亩），荆湖北路 25.8981 万顷 29 亩（其中官田 903 顷 78 亩）。[4] 有论者说："荆湖南北路户口数约占全国总户口数 6% 左右，而田亩数却占全国总数 11% 以上，人均耕地面积数高于全国。根据这一数据，大致可以认定长沙地区人均耕地数不低于全国水准。"[5] 这对益阳地区同样适用。然而，官方所公布之垦田数，其实仅计赋租之顷亩，而赋租所不加者十居其七，故天下实际垦田数或达 3000 余万顷。加之天下荒田未垦者多，至治平、熙宁间相继开垦，"然凡百亩之内起税止四亩，欲增至二十亩，则言者以为民间苦赋重再至转徙，遂不增。以是观之，则田之无赋税者，又不止于十之七而已。"[6] 故作为"湖外剧邑"之益阳县，其实际垦田数当亦相当可观，然仅有少部分统计在荆湖南路垦田总数中。至于安化县田亩，熙宁五年章惇开梅山，得田 26.0436 万亩，但此乃新化、安化二县总田数，安化县具体田亩数仍不得而知，若平均下来则为 13 万亩。

宋代赋税，约分五类：一为公田之赋，"凡田之在官，赋民耕而收其租者是也"；二为民田之赋，"百姓各得专之者是也"；三为城郭之赋，"宅税、地税之类是也"；四为丁口之赋，"百姓岁输身丁钱米是也"；五为杂变之赋，"牛革、蚕盐之类，随其所出，变而

① 参考王勇：《宋代湖南人口探讨》，载《宋史研究论丛》第 10 辑，河北大学出版社 2009 年版，第 112-113 页。

② （南宋）刘宰：《漫塘集》卷 32《故宁国通判朝奉赵大夫墓志铭》，《文渊阁四库全书》第 1170 册，第 723 页。

③ （南宋）李焘：《续资治通鉴长编》卷 1《太祖·建隆元年十月壬申》，中华书局 1979 年版，第 26 页。

④ （元）马端临：《文献通考》卷 4《田赋考四·历代田赋之制》，中华书局 1986 年版，第 59-60 页。

⑤ 谭仲池：《长沙通史（古代卷）》，湖南教育出版社 2013 年版，第 439 页。

⑥ （元）马端临：《文献通考》卷 4《田赋考四·历代田赋之制》，中华书局 1986 年版，第 59 页。

输之是也"。以上五类，以"民田之赋""丁口之赋"及和籴、和买和各式商税为宋代主要财税来源。其中尤以"民田之赋"即所谓"两税"最为大端，此盖沿中唐以来之旧法，依田地之好坏，分夏、秋二季输纳。各地两税输纳时间不一，以荆湖南路等南方地区而言，夏税输纳钱，以每年五月一日起纳，七月十五日完毕；秋税输纳米（故称"秋苗"或"苗米"）自十月一日起纳，十二月十五日完毕。① 熙宁十年（1077 年）荆湖南路见催额1816612 贯石匹串斤束茎两，其中夏税 448364 贯石匹两串斤，秋税 1368248 贯石匹斤束茎。② 其中益阳县税率虽不可知，然每年秋税总额却有个参照。据绍兴二年（1132 年）李纲将益阳县当年所收秋粮拨给鼎州时说："一色秋税苗米，豁去被贼残破逃田等数，实催二万五千四百六十余硕。"③此外，据《元丰九域志》，荆湖南路缴纳土贡葛 30 匹、茶末100 斤。④ 尚未计其他"科须"。南宋初年，李纲出任潭州地方官，"方入境之初，趋见长老，问民所疾苦，皆谓：'所苦者，无甚于盗贼与科须。'"，又言"科须之弊，一县至有十万缗者"，"又荆湘间民户输纳税米，率四硕始了纳一硕，百姓贫困"。⑤ "硕"即石，输纳税米四石才能完纳一石，等于税负增加三倍，此李纲所亲见并为革除者。又吕陶《净德集》言："湖外二税率经五六岁，敛入不已，吏缘为奸，窭弱重困。"⑥可见宋代湖湘间官吏盘剥颇为疯狂。

二、两宋时期的益阳农业

宋代民户有主户、客户之分，宋人文集中颇言之，如"乡墅有不占田之民，借人之牛，受人之土，佣而耕者，谓之客户"，⑦"今之浮客，佃人之田，居人之地者，盖多于主户矣"。⑧ 如前引《太平寰宇记》载太平兴国五年（980 年），潭州"主户 18573、客户34333"；《元丰九域志》载元丰三年（1080 年），潭州"主户 173660、客户 182164"；又熙宁五年开梅山，"籍其民，得主、客 14809 户"，虽未将二者之数分别列出，但仍强调主、客户之不同。此种主、客户区分，反映宋代生产关系出现重大变化，即封建租佃关系代替庄园经济成为主要经济关系。在潭州，太平兴国五年（980 年）客户占比高达 64.89%，元丰三年（1080 年）客户占比虽然略低，但仍占 51.19%。客户比重超过主户，甚至高达64.89%，说明契约租佃关系在潭州地区包括益阳县在内已经相当普遍。总体而言，此种经济关系较庄园农奴制有很大进步，有利于农业发展。

关于宋代湖湘间农业生产技术情况，由于与益阳直接相关之材料不多，故不拟细

---

① 参见前揭《宋史》卷 174《食货志上二·赋税》，第 13 册，第 4202 页。

② （元）马端临：《文献通考》卷 4《田赋考四·历代田赋之制》，中华书局 1986 年版，第 60 页。

③ （宋）李纲：《梁溪集》卷 75《已拨益阳财赋应副鼎州来年财赋取自指挥奏状》，《文渊阁四库全书》第 1126 册，第91 页。

④ （宋）王存：《元丰九域志》卷 6《荆湖路·南路》，《文渊阁四库全书》第 471 册，第 147 页。

⑤ （宋）李纲：《梁溪集》附录《行状下》，《文渊阁四库全书》第 1126 册，第 923 页。

⑥ （宋）吕陶：《净德集》卷 21《太中大夫武昌程公墓志铭》，《文渊阁四库全书》第 1098 册，第 178 页。

⑦ （宋）石介：《徂徕集》卷 8《录微者言》，《文渊阁四库全书》第 1090 册，第 231 页。

⑧ （宋）李觏：《盱江集》卷 28《寄上孙安抚书》，《文渊阁四库全书》第 1095 册，第 244 页。

说，详细情形请参阅《湖南农业史》相关章节。① 这里唯叙熙宁间开梅山对安化县农业生产之重要影响。当年开梅山之主持者章惇曾作《梅山》诗二首，其一有云："人家迤逦见板屋，火耕硗确多畲田。""火耕硗确多畲田"，描写开梅山前该地的耕作方式，所谓"畲田"，即采用刀耕火种方法耕种之田地。宋人范成大《劳畲耕(并序)》有云：

> 畲田，峡中刀耕火种之地也。春初斫山，众木尽蹶。至当种时，伺有雨候，则前一夕火之，借其灰以粪。明日雨作，乘热土下种，即苗盛倍收。无雨，反是。山多硗确，地力薄，则一再斫烧，始可艺。②

所述巫山地区情形与梅山未开发前甚为相似，可为"火耕硗确多畲田"注脚。章诗续言道："熙宁天子圣虑远，命将传檄令开边。给牛贷种使开垦，植桑种稻输缗钱。"③可见，自熙宁开边后，梅山地区已由原始刀耕火种耕作方式向牛耕农业转变。

益阳、沅江二县滨湖地区，在南宋时期或已开始围垦。史言杨幺起义时，"寇阻重湖，春夏则耕耘，秋冬水落则收粮于湖寨，载老小于泊中，而尽驱其众四出为暴"。④ 有学者认为，杨幺所部或已在洞庭湖区开展围垦，然据此看来，其所垦田地似仍是环湖较高、居洪水位之上地带。在洞庭湖区低洼地带成规模围垦，应是杨幺起义平定后在这一带所置营田。⑤《宋史》载岳飞镇压杨幺起义后，"荆湖平，募民营田，又为屯田，岁省漕运之半"。⑥ 岳珂《金佗粹编》亦言：

> 及京西、湖北之地始平，即募民营田，凡流逋失业及归正百姓，给以耕牛粮种，辍大军之储万石，贷其口食，俾安集田里，一意耕耨。分委官吏，责成大功。又为屯田之法，使戎伍攻战之暇，俱尽力南亩，无一人游闲者。其疆理沟洫之制，皆有条绪，然失其传，不可复考。行之二三年，流民尽归，田野日辟，委积充溢，每岁馈运之数，顿省其半。⑦

数十年后，环洞庭湖区景象是：

> 爰自建炎三年(1129年)水贼杨华、杨幺等起事，至淳熙九年(1182年)已历五十余年，未问府县，人民生齿，安居乐业，繁伙熙熙。至如龙阳县，上下沚江，乡村

① 请参阅符少辉、刘纯阳主编：《湖南农业史》，湖南人民出版社2012年版，第196–199页。

② (宋)范成大：《石湖诗集》卷16，《文渊阁四库全书》第1159册，第713页。

③ (宋)章惇：《梅山》，见《湖广图经志书》卷16《宝庆府诗类》。

④ 参见前揭《建炎以来系年要录》卷86"绍兴五年闰二月辛酉"条，第1421–1422页。

⑤ 参见符少辉、刘纯阳主编：《湖南农业史》，湖南人民出版社2010年版，第181–182页。

⑥ 参见前揭《宋史》卷365《岳飞传》，第11395页。

⑦ (宋)岳珂：《金佗粹编》卷9《行实编年六》，《文渊阁四库全书》第446册，第383–384页。

民户，无虑万家，比屋连檐，桑麻蔽野，稼穑连云，丁黄数十万。[1]

龙阳县即今汉寿县，毗邻益阳县，龙阳尚如此，则益阳自亦可知。北宋以降，资江下游干流与南支玉堂江之间逐渐淤出高洲，居民始沿洲滩边缘筑堰，挡水耕种，后逐渐发展为筑挽堤垸。有记载称，南宋理宗景定五年（1264年），益阳县民在今兰溪河至凤凰湖以西大片河洲滩地挽围双桂垸、黄关（瓜）垸、石桥垸、薛家垸、朱菱垸、车公垸、邓家垸、桂花垸、白水圩垸、河皮垸、油麻垸、长塘垸等12垸。此为益阳县境挽围堤垸之始，通过此种修垸工程，当地人垦殖了不少旱涝保收之粮田。[2]

宋代益阳主要粮食作物仍是水稻，然较之前代，其品种有很大改良。据载，宋代自占城（在今越南中部）引进占城稻，能种植在高仰地段，耐旱，与原有水稻品种比，"穗长而无芒，粒差小，不择地而生"。北宋真宗大中祥符元年（1008年），闽地率先引进此稻种，四年（1011年）朝廷从该地调运占城稻3万斛，分发江、淮、两浙等路推广种植，并命转运使将种植之法"揭榜示民"，详加指导。[3] 占城稻引入，有利于水稻作物向丘陵地区推广，使这些地区作物品种得到改良，产量有较大提高。[4] 其传入湖湘时间，据学界研究，应不迟于12世纪30年代。[5] 至南宋时期，湖湘地区应已普遍种植此稻种。嘉定十五年（1222年）真德秀知潭州兼湖南安抚使，任职二年，曾奏告朝廷："窃见湖南一路，今夏一旱甚广，而潭州为甚。潭州诸县多以旱告，而长沙、善化、宁乡、益阳等县为尤甚，早稻之伤几及其半。"又言："潭之风土，多种早稻，其视晚禾居什之七。"[6]据此，则益阳县亦已经种植该水稻。学界认为，真氏所言潭州"早稻"应为早占，即占城稻，属于早籼之一。[7]

至于其时水稻产量，有事例可供参照。据李纲《梁溪集》言，绍兴二年（1132年），"是冬长沙颇稔，得税米四十余万石，军储遂足。"[8]鉴于同年益阳县秋税苗米"实催25460余硕"，故此税米40余万石并非长沙一地之税米，当是包括益阳县在内整个潭州12县之税米。史载，绍兴三年，"募佃江东、西闲田，定三等租：上田亩输米一斗五升，中田一斗，下田七升。"[9]而淳熙元年（1174年）荆湖北路营田，"一顷岁收谷八十余硕"。[10] 产量高者，如王炎《双溪类稿》所说，湖右（指鼎、澧、岳诸州）"膏腴之地，一亩

① （宋）岳珂：《金佗续编》卷26《鼎澧逸民叙述杨幺事迹二》，《文渊阁四库全书》第446册，第728页。

② 参见谭仲池：《长沙通史（古代卷）》，湖南教育出版社2013年版，第440页。下章亦将言及。

③ 参见前揭《宋史》卷173《食货志上一》，第4162页。

④ 以上参见包伟民、吴铮强：《宋朝简史》，福建人民出版社2006年版，第193页。

⑤ 参见前揭《湖南农业史》，第203页。

⑥ （宋）真德秀：《西山文集》卷10《申朝省借拨和籴米状》，《文渊阁四库全书》第1174册，第157页。

⑦ 参见游修龄：《占城稻质疑》，载《农业考古》1983年第1期；曾雄生：《宋代江西水稻品种的变化》，载《农业考古》1989年第3期。

⑧ （宋）李纲：《梁溪集》附录《行状下》，《文渊阁四库全书》第1126册，第923页。

⑨ 参见前揭《宋史》卷173《食货志上一》，第4171页。

⑩ （清）徐松辑：《宋会要辑稿》卷4750《食货六之二六》，第23册，中华书局1957年版，第4892页。

收谷三斛；下等之田，一亩二斛"。① 要之，其时平均每亩产量或为 1 石，产量其实还是较低，而其中十分之一得用于输纳税米。故以"税米 40 余万石"推算，潭州地区稻米年产量或为 500 万~600 万石，而如前所述，其时潭州人口有 200 来万，除去税米，则人均年稻米消耗量或不到 3 石，若遇荒歉之年则捉襟见肘。故真德秀称其在潭二年，"春夏之间，郡城居民率苦贵籴，盖其生齿阜蕃，土产有限，全仰客米以济其乏。若邻路与上江岁丰谷贱，转贩者多，仅免阙食；一或不然，则市直骤增，平民下户立见狼狈"。② 又言："某在官二年，所以为民食计者无所不至，在城则置惠民仓，诸县则劝立义廪，近又申常平司，将今年义米权就置社仓，去处别敦受纳，以备来岁赈粜"。③据其文集言，真氏知潭州时，曾筹谷 9.5 万余石，在潭州 12 县包括益阳县在内置社仓凡 100 所。④

水稻之外，其粮食作物应还有二麦(小麦、大麦)和粟，请参阅《湖南农业史》相关内容，⑤因无益阳直接史料，故从略。

其经济作物则为茶。载籍中，较系统评点湖南茶者，当首推《宋史·食货志》，元马端临《文献通考》在其基础上增益焉。据载，宋代"买茶之处"，在今湖南地方有 4 处，即潭、岳、辰、澧 4 州。潭州所产片茶诸如"独行""灵草""绿芽""片金""金茗"皆颇有名，⑥其中应有相当一部分即出自益阳。安化之"渠江薄片"，在唐、五代时期即已负盛名。入宋，尤其是熙宁开边之后，安化茶进入崭新发展阶段。《(万历)湖广总志》载：

> 安化之险隘曰梅山，有龙塘寨。宋茶法严甚，邑伊溪、中山、资江、东坪产茶，不种而生，味稍佳。民趋其利好者，乘间啸聚，至抗巡尉，习不轨。黎虎将、赖文政因而为乱，杀掠为患。大帅王侍郎奏于资江龙塘建寨，命将统之，岁一易戍，民赖以安。宋诸寨栅皆险要地，寨有团保守御，以备盗贼。⑦

《(同治)安化县志》亦颇载其事：

> 茶场，在县西北资水上，宋置安化县，遂立茶场。伊溪、中山、资江、东坪诸处，皆产茶，比他处稍佳。(卷十一《古迹》)

> 宋茶法严，邑伊溪、中山、资江、东坪产茶，视他处稍佳。谣曰："宁吃安化草，不吃新化好。"指茶也。山崖水畔，不种而生，人趋其利，奸人乘间唱和啸聚，至抗

① (宋)王炎：《双溪类稿》卷 19《上林鄂州》，《文渊阁四库全书》第 1155 册，第 645 页。

② (宋)真德秀：《西山文集》卷 10《奏置惠民仓状》，《文渊阁四库全书》第 1174 册，第 156 页。

③ (宋)真德秀：《西山文集》卷 10《申尚书省乞拨和籴米及回籴马谷状》，《文渊阁四库全书》第 1174 册，第 160 页。

④ 参见(宋)真德秀：《西山文集》卷 10《奏置十二县社仓状》，《文渊阁四库全书》第 1174 册，第 161 页。

⑤ 参见前揭《湖南农业史》，第 204~208 页。

⑥ 参见前揭《宋史》卷 183《食货志下五·茶上》；(元)马端临：《文献通考》卷 18《征榷考五·榷茶》。

⑦ (明)徐学谟撰：《(万历)湖广总志》卷 30《兵防二·险要·长沙府》，见《四库全书存目丛书·史部》，齐鲁书社 1996 年版，第 195 册，第 100 页。

巡尉，习为不轨。绍兴二十四年（1154 年）黎虎将、淳熙二年（1175 年）赖文政，皆因而为乱，猖獗杀掠，为民患。大帅王侍郎奏于资江龙塘建寨，命将统之，岁一易戍，民赖以安。宋诸寨栅，皆险要地。（卷末《杂说》）

在启疆之初，茶犹力而求诸野，如旧志所云：山崖水畔，不种自生，故采时不无角逐。宋筑五寨，设兵戍守，防奸宄也。元明以来，民渐艺植，各有畛域。（卷三三《时事纪》）

安化县境山脉绵延，海拔 1000 米以上山峰有 157 座，群峰叠翠，森林茂密，云雾缭绕，此类山地种植粮食作物性价比不高，却甚是适宜种茶。然而据该县旧志载，直至宋代熙宁间，"在启疆之初，茶犹力而求诸野"，盖其时该地茶仍属自然生长，而非人工培育，土民往往竞相采集，因争利而致生纠纷，甚至引发社会动荡。故宋政府在安化县西北资水上设置茶场，并筑寨设兵戍守以防奸宄。"元明以来，民渐艺植，各有畛域"，盖已渐趋以人工栽培种植为主。然而或因其栽培技术和制作水平仍不高，总体而言，较之福建、浙江和四川等处稍有所不足。

此外，桑、麻和木棉等亦为重要经济作物。

三、两宋时期的益阳手工业

两宋时期益阳手工业，应包括纺织业、瓷器制造业、造船业、竹器编制业及采矿等，限于资料，仅就前二者稍作展开。

（一）纺织业

宋代益阳纺织业仍以传统丝、麻纺织业为主。宋代益阳植桑养蚕情况虽无直接资料，然结合唐末五代益阳僧齐己诗"回首何边是空地，四村桑麦遍丘陵"①及宋人戴复古诗"浏阳谁谓小，桑柘万家春"，②可窥知宋代益阳县植桑养蚕亦颇为普遍。《宋会要辑稿》列有荆湖南路岁纳纺织品种类及数额，譬如：夏税绢 45 匹，夏税𬘓 20694 匹，夏税布 73772 匹，𬘓绫縠子隔织 23750 匹，𫄧 2263 匹，布 101962 匹（一作"123040 匹"），丝绵绒线 101962 两，杂色匹帛 81 匹，上贡平𬘓 3000 匹（一作"2000 匹"），天申节绢 200 匹，大礼 200 匹，绫 7 匹。③ 据此可知，包括潭州在内之荆湖南路，岁纳产品中既有绫、绢、𬘓、𫄧、丝绵等丝织品，亦有葛、白苎、苎、布、练布等麻纺织品，产品较为丰富，并且其中自然包括益阳、安化、沅江等县缴纳品种在内，亦从一侧面反映出益阳丝、麻纺织业之发达。此外，以木棉为原料之棉纺织业亦有发展。在五代马楚统治时，湖南棉花种植就已经有一定规模，但至宋代其资料反而较少，然亦有个参照，至元二十六年（1289 年），元世祖诏令："置浙东、江东、江西、湖广、福建木棉提举司，责民岁输木棉

---

① 中华书局编辑部点校：《全唐诗》（增订本）卷 845《齐己八·暮游岳麓寺》，中华书局 1999 年版，第 9616 页。
② （宋）戴复古：《石屏诗集》卷 3《送王仲彝制机宰浏阳》，《文渊阁四库全书》第 1165 册，第 589 页。
③ 参见前揭《宋会要辑稿》第 156 册《食货六四》之一至十六，第 6100—6107 页。前引《元丰九域志》仅载"荆湖南路土贡葛 30 匹"，实不足为据。

十万匹，以都提举司总之。"①其时距宋亡仅 10 年，若非宋代上述地区已有相当长时间的植棉经历和积累，很难想象骤然之间能交纳 10 万匹木棉布。②

（二）瓷器制造业

益阳陶瓷制造业，在湖南陶瓷发展史上，尤其是在宋元湖南陶瓷发展中占据重要地位。周世荣先生所著《湖南陶瓷》书中，言青瓷则以岳州窑为代表（汉—宋），言釉下多彩瓷则以长沙窑为代表（唐—五代），言粉地彩釉绘花瓷则以衡山窑为代表（宋—元），言青白瓷则以益阳羊舞岭窑（早期）为代表（宋—元），言青花瓷则以羊舞岭窑（晚期）为代表（明—清），言釉下五彩瓷则以醴陵窑为代表（清—民国），其有关益阳羊舞岭窑的介绍占据了该书四分之一分量，可见其地位之不俗。③ 羊舞岭窑分早期和晚期，早期自南宋至元代，以烧制青瓷白瓷为主；晚期为明代到清初，以青花瓷为主。④ 有关羊舞岭窑情况，拟在下章元代再予介绍，另外，本书下编亦收有杨宁波先生所撰《益阳羊舞岭窑的窑业技术来源和发展阶段初探——兼论景德镇窑、龙泉窑的兴衰对羊舞岭窑的影响》专文，可供参看，故此处从略。宋代益阳瓷器形制和特色，有出土实物资料可供参考。1985 年在益阳市泞湖乡竹前村宋墓，出土青黄釉瓷瓶 2 件，为宋代典型器物，体形较丰满，具有唐代遗风，窑口为岳州窑。尤为难得的是，瓷瓶肩部近颈处有北宋"熙宁五年□□"刻铭，为此类器物断代提供了标尺。同年又在益阳市大海塘水口山宋墓，一次性出土 10 余件青白釉瓷器、酱釉瓷器精品，这在益阳属罕见发现。这批青白釉瓷器胎洁白，质坚硬致密，壁薄，器内外都施满釉，足底中央遗留有一个圆形垫烧痕迹，此皆颇具景德镇窑特点；其酱釉唾盂，属定窑系酱釉瓷中精品。⑤ 学界认为，益阳窑是以单色釉瓷器为主之瓷窑，主要有青瓷和青白瓷两种产品，青瓷烧制完全受浙江龙泉窑产品影响，釉汁莹厚，色泽水清玉绿，惹人喜爱，其表面或作冰裂纹，或作泪聚纹。青白瓷之釉色介乎青白两色之间，青中泛白，白中闪青，因其颜色、质地类似于玉器，有"假玉器"之称，而这极具宋代景德镇窑典型特色，故益阳窑之青白瓷显然是在景德镇窑影响下开始烧制的。⑥

此外，宋代益阳造船业亦较为发达，杨幺起义在环洞庭湖区开展水战，大造车船及海鳅船，多至数百，其车船尤具特色；而李纲为对付杨幺，初到湖南即计置打造战船。此皆前已叙及，而与益阳颇相关联者，故赘数语如上。又据载："政和初（1111 年），中国势隆治极之际，地不爱宝……又长沙益阳县山溪流出生金，重十余斤。后又出一块，

---

① （明）宋濂：《元史》卷 15《世祖纪十二》，中华书局 1976 年版，第 322 页。

② 参见前揭《湖南农业史》，第 222 页。

③ 参见周世荣：《湖湘陶瓷（一）》，湖南美术出版社 2008 年版。

④ 参见盛定国：《益阳发现的古瓷窑址》，载《益阳市文史资料》第 7 集，1985 年 10 月内刊本。

⑤ 参见益阳市文物管理处：《湖南益阳竹泉、水口山发现宋代墓葬》，载《湖南考古辑刊》第 9 集，岳麓书社 2011 年版。

⑥ 参见王晓天：《湖南经济通史·古代卷》，湖南人民出版社 2013 年版，第 424 页。

青黄釉瓷瓶　　　　　　陶盘口瓶　　　　　　酱釉瓷唾盂

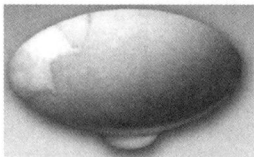  

青白釉瓷碗　　　　　青白釉瓷高足杯　　　　　青白釉瓷碟

1985 年益阳竹泉宋墓和水口山宋墓出土瓷器（其中仅第 1 件为竹泉宋墓出土）①

至重四十九斤。他多称是。"②山溪流出生金，或因采矿所致，故疑宋代益阳或亦有采矿业，附赘于此。

四、两宋时期的益阳商业

（一）主要商路

北宋以首都汴京（今河南省开封市）为中心，建有四通八达之驿道网络。其南向驿道干线，自汴京南行，取道蔡州、信阳军，东至寿春府，东南至南康、洪州（今江西省南昌市），南经岳州、潭州、衡州以至广州，③益阳虽不在此干道上，却是鼎、澧地区（今常德市属区域）至潭州而达广州所必经之地。此外，唐永泰元年（765 年）都督翟灌自桃江望浮驿开新道，经桃江浮丘至安化县境之大福、梅城、苏家冲，抵涟源湘乡界。宋神宗熙宁五年（1072 年）蔡烨、章惇开梅山，置新化、安化县后，宝庆（今邵阳市）、新化、安化、益阳间驿道沿资水流向连成一线，此即湘中著名干道——宝安益道之由来。

水路方面，除仍然承续前述唐代四条水路外（详见上章），资江水路在宋代似亦水运繁忙，成为益阳与宝庆及上游区域间之重要运输通道。吕陶《净德集》曾言："邵州岁运淮盐凡六十舟，舟万斤，自潭之益阳溯险而上，风涛屡溺。主吏二十有四、兵三百多还

---

① 以上相关叙述和图片参考益阳市文物管理处：《湖南益阳竹泉、水口山发现宋代墓葬》，载《湖南考古辑刊》第 9 集，岳麓书社 2011 年版，第 159-163 页。

② （宋）蔡绦撰，冯惠民、沈锡麟点校：《铁围山丛谈》卷 1，中华书局 1983 年版，第 12 页。

③ 参见湖南省交通厅：《湖南公路史》第 1 册，人民交通出版社 1988 年版，第 14-15 页。

粮于官，终身不能已。"后来，提点湖南刑狱程濟奏请于祁阳置仓，"去邵才六舍，以所役兵隶九铺，运致如旧"。① 六舍即 180 里。益阳至邵阳间资江水道沿途多险滩，屡出事故。"以所役兵隶九铺，运致如旧"，盖欲采用陆路运至祁阳，然而朝廷"不报"，即未答复其请求，应是仍走水路。可见，资江水道虽有凶险，却难于割舍，实已成为其时资江流域货物往来运输之重要选择。

（二）县城与草市镇发展情况

城市作为商业发展之重要依托，历来成为考察商业发展之重要着眼点。从各方面看，宋代是我国由中古走向近古之转折时期，益阳城市发展亦是如此。前已述及，宋代以前，包括五代在内，益阳县城重心基本上在资水南岸。铁铺岭故城作为益阳故城县衙所在地，或自战国晚期始，历经秦、两汉至六朝，一直持续到了隋唐五代。五代乾祐三年至广顺二年（950～952 年）间，益阳频遭战乱，铁铺岭故城或亦因此而毁。入宋以后，益阳县治及城市中心已完全转移至江北（详见下编盛定国《益阳铁铺岭故城遗址专题研究报告》一文），南宋初建炎四年（1130 年）曾一度移益阳县治于沧水铺，然随即于次年迁回，自此直至明清乃至民国皆在斯处，唯不断向外推扩范围而已。宋代以前之益阳县城，其实仍相当简陋，史载后周广顺二年（952 年）王逵等攻益阳，"四面斧寨而入，遂克之"。② 一个"斧"字透露出，其时益阳县城并无城墙。史言"安化县旧无城，止有五门，用木栅"，③推测五代之益阳县城或亦如此，故王逵等才能"四面斧寨而入"。入宋后，益阳县城重心移至江北，其在宋元时期之具体形制虽已不可考，然亦有若干遗迹可作征文考献之助：

其一为儒学大成殿。据邑志载，"儒学始建于宋，历宋元在县西门外，前临资江，后距鲁肃旧城，东距旧城濠，西至招仙观。元末毁于兵，明洪武十三年（1380 年）知县田俊重建，十七年（1384 年）知县杨哲重修，始备其制"。④ 大成殿作为县儒学（亦即学宫）之重要主体建筑，在明清时期曾多次重修，故直至今日作为实体仍在（1997 年被确定为益阳市重点文物保护单位），据之可大致考见宋代益阳县治之位置。

其二为城隍清泉井碑。2019 年在益阳资阳区五一东路太平桥巷，距城隍庙东侧 20 米处一眼古井旁，发现了一块麻石碑，碑长 150 厘米，宽 34 厘米，从上至下阴刻篆体"城隍清泉井"5 字，左侧另有阴刻小楷款题"宣和二年庚子造"。⑤ 据此可知，此井竟

城隍清泉井碑

---

① （宋）吕陶：《净德集》卷 21《太中大夫武昌程公墓志铭》，《文渊阁四库全书》第 1098 册，第 179 页，《（光绪）湖南通志》卷 94《名宦志三》。

② 参见前揭《资治通鉴》卷 291《后周纪二·太祖广顺二年》，第 9484 页。

③ 《（康熙）长沙府志》卷 4；《（乾隆）长沙府志》卷 9《城池志》。

④ 《（同治）益阳县志》卷 7《学校志·学宫建置》。

⑤ 参见鲁新民：《益阳金石档案辑录》，益阳市档案馆 2023 年版，第 230 页。

造自北宋徽宗宣和二年庚子岁（1120年）。然而据查证，益阳城隍庙始建于明洪武年间，故此井或是明清时期城隍庙信徒捐资重修古井时命名。此碑问世，对了解宋代益阳县城市发展史有一定参考价值。

至于安化县城，据《（同治）安化县志》载：安化县治，宋熙宁五年（1072年）由摄县事宁乡令毛渐创建于伊溪东，创建之时，有形家言："斯地虽可建邑，然六十年每一遭兵火，他处又不及此。""治右火山巍然，不利于邑，置教场于前，立射垛对山而射，以压胜之。至建炎庚戌（1130年）果遭钟相之乱，公私荡然煨烬，尊徙伊溪之西，即启宁寺为址。"① 可知安化最早县城原伊溪东，至南宋初毁于钟相起义，后移建于伊溪之西启宁寺处，自此一直持续到明清，至于其宋时之具体格局则不得而知。以上有关宋代二县县城发展状况，囿于资料不足，勾勒甚为粗疏，未能将其中有关商业发展的情况揭櫫出来。

作为宋代商品交换场所，另有所谓"草集镇"颇值得关注。草市，最早可能出现于东晋南北朝时期，发展到宋代形成了许多镇，即草市镇，或略去"草市"而径称"某某镇""某某镇市"，其数量之多，远超前代。这些草市或草市镇有不少上升为县，或者成为酒税务、商税务等税收机构驻在地。② 按《文献通考》，"镇"或亦称为"场""坊场"，"坊场即墟市也，商税、酒税皆出焉"。③ 据傅宗文先生考察，宋代荆湖南路潭州有市镇18处，其中益阳县有2处，即弄溪镇、沧水市；安化县有1处，即七星镇（熙宁六年安化置县后以寨改）。至于荆湖北路常德府所辖沅江县，则无市镇见载。④ 其实长沙县之桥口镇，距益阳县甚近，亦大体可视作益阳市镇而进行连带考察。《宋会要辑稿》载南宋宁宗庆元四年（1198年）时桥口镇景象："桥口镇乃湖南封域下流之地，当长沙、益阳、湘阴三县界首，商贾往来，多于此贸易，盗贼出没亦于此窥伺，市户二千余家，地狭不足以居，则于夹江地名'暴家歧'者，又为一聚落，亦数百家。"此处原设有巡检，因事务繁忙，分身乏术，遂将衡山县瞻军一员改作监桥口镇，主管烟火公事。⑤ 可见其商贸之繁荣。又按宋代安化县尚有2处地方，或亦可视为市镇。其一曰首溪博易场，按《宋史·地理志》载："安化，望，熙宁六年置，改七星寨为镇入焉；废首溪寨，元祐三年（1088年）置博易场。"⑥宋代官方互市有市舶司、榷场与博易场三种，其中博易场是在楚、蜀、南粤等蛮汉交界地带，由宋朝政府单方面所设互市市场，场内贸易由政府官吏主持，除官方贸易外，亦允许商人贸易，但须纳税，领得证明文件"关子""关引"之类，方能贸易。⑦ 熙宁间开梅山后，原太平兴国中为扼抑梅山蛮所设五寨遂无所用，故改七星寨为镇，后复废首溪寨为博

① 参见《（同治）安化县志》卷2《沿革》、卷12《公署》、卷33《时事纪》。

② 参见傅宗文：《宋代草市镇研究》之《序》，福建人民出版社1989年版。

③ （元）马端临：《文献通考》卷19《征榷》，中华书局1986年版。

④ 傅宗文：《宋代草市镇研究》，福建人民出版社1989年版，第478-479页。其"沧水市"条原始出处见《永乐大典》卷5770《湘乡县》引《湘潭志》，其余皆见王存《元丰九域志》卷6。

⑤ 参见前揭《宋会要辑稿》卷9775《职官48之140·监当》，第89册，第3525页。

⑥ 参见前揭《宋史》卷88《地理志四·荆湖南、北路》，第2199页。

⑦ 参见廖寅：《宋代博易场研究：以广西博易场为中心》，载《中国社会经济史研究》2013年第2期；潘其旭、覃乃昌：《壮族百科辞典》，广西人民出版社1993年版，第140页。

易场，因梅山蛮已归化内，其互市对象当是五溪苗瑶民族。其二曰龙塘寨（详后），因草市镇本多由镇成发展而来，而龙塘寨又为专管茶叶贸易而设，故可能亦为镇市。

（三）大宗商品

宋代益阳商业之发达程度，大体可根据商税多寡来反映。《宋会要辑稿》载有各地商税数额，熙宁十年（1077 年）荆湖南路潭州在城及所属各县等 10 务商税岁额为 93911.724 贯，较之衡州 3.2 万余贯、郴州在城 1 务 1.2 万余贯、岳州 11 务 4.2 万余贯，优势颇明显。其中益阳县岁额为 5661.887 贯，在潭州居于中游水平，其上有潭州在城 33939.34 贯、衡山县 10519.524 贯、湘潭县 9847.034 贯、永兴场 8951.59 贯、湘乡县 7327.349 贯、醴陵县 6264.579 贯；其下有浏阳县 4446.126 贯、攸县 3649.548 贯、湘阴县 3078.464 贯，而宁乡、安化二县则不在上述 10 务之列，或是商税甚微之故。[①] 根据材料情况，下面着重考察一下大宗商品中有关茶叶贸易情况。

有宋一代，茶叶买卖整体归国家垄断，为加强茶叶生产控制，以获取高额税收，朝廷制定茶法严格控制，在南方产茶区共设有 6 大"榷茶务"，其中江陵府务、真州务和蕲口务皆承办潭州茶。其官方收购即所谓"和市"数量为：荆湖地区 247 万余斤（其中潭州 103 万斤[②]），仅次于江南（1020 万余斤），高于两浙（127.9 万余斤）、福建（39.3 万余斤）。其和买价格，如蜡茶，每斤自 35 钱至 190 钱，有 16 等；片茶，每大片自 65 钱至 205 钱，有 55 等；散茶，每斤自 16 钱至 38.5 钱，有 59 等。"和买"之外，仍有部分自由贸易，其"贸鬻"价格为：蜡茶，每斤自 47 钱至 420 钱，有 12 等；片茶，自 17 钱至 917 钱，有 65 等；散茶，自 15 钱至 121 钱，有 109 等。[③] 以安化县而言，宋代曾在县西南龙塘地方置寨，"宋时茶法甚严，县境伊溪、资江之滨皆产茶，因于滨江龙塘置寨，设兵戍守。"[④]因为国家过分压榨，茶商、茶户利润空间皆很小，故"人多盗贩抵罪"，"江南产茶既盛，民多盗贩，数百为群，稍诘之，则起而为盗。淳熙二年（1175 年）茶寇赖文政反于湖北，转入湖南、江西，侵犯广东，官军数为所败"。[⑤] 今按茶户赖文政起义，颇见载于宋人文集中，如罗大经《鹤林玉露》有"淳熙间江湖茶商相挺为盗，推荆南茶驵赖文政为首，文政多智，年已六十"云云。[⑥] 茶驵即茶叶买卖经纪人。又杨万里《诚斋集·李侍郎传》言赖文政义军挺进湖南，李椿被旨权湖南安抚使，"遣一将数百人捍御于攸、茶陵、安仁、郴、桂阳之境"，"事平，请之于朝，岁分兵以戍湘阴、平江、益阳、龙阳产茶之地"。[⑦] 前引《（同治）安化县志》亦云"绍兴二十四年（1154 年）黎虎将、淳熙二年（1175 年）赖文政，皆因而为乱，猖獗杀掠，为民患。大帅王侍郎奏于资江龙塘建寨，命

---

① 参见前揭《宋会要辑稿》卷 17556《食货 16》之 12、13，第 129 册，第 5078-5079 页。

② 参见（宋）李心传：《建炎杂记甲集》卷 14《江茶》，《文渊阁四库全书》第 608 册，第 366 页。

③ 参见（元）马端临：《文献通考》卷 18《征榷考五·榷茶》，中华书局 1986 年版，第 173-174 页。

④ 《明一统志》卷 277。

⑤ 参见（宋）李心传：《建炎杂记甲集》卷 14《总论东南茶法》及《江茶》，《文渊阁四库全书》第 608 册，第 365-366 页。

⑥ （宋）罗大经：《鹤林玉露》卷 12，《文渊阁四库全书》第 865 册，第 367 页。

⑦ （宋）杨万里：《诚斋集》卷 116《李侍郎传》，《文渊阁四库全书》第 1161 册，第 481 页。

将统之，岁一易戍，民赖以安"。① 疑此"王侍郎"当为"李侍郎"之讹，安化设龙塘寨，或即因李椿建议之故。

第三节 两宋时期的益阳文化

一、两宋时期的益阳教育

（一）县学

宋代地方官学为州（府、军、监）学和县学二级制。据《宋史·选举志》载崇宁元年（1102年）宰臣请："天下州县并置学，州置教授二员，县亦置小学。县学生选考升诸州学，州学生每三年贡太学。"②据此，则宋代地方官学全面普及是在北宋徽宗崇宁元年，至于益阳县学，其具体设立时间在地方志书无载，疑不会晚于安化县学。安化县学设立之时间颇为明确，邑志载："安化学宫旧在伊溪东，宋熙宁壬子（即熙宁五年，1072年）创建。"③然安化置县乃是在熙宁六年，县学宫创建不会比置县更早，查南宋宁宗庆元二年（1196年）安化知县蔡澡所撰《安化县修学记》有"邑之有学，盖自熙宁开创之始，规模亦颇宏壮"之语（详后），故安化县学设立时间应是熙宁六年，其创建者应即是安化首任知县毛渐，邑志称其摄县事时，"因俗立教，招师儒，兴学校，民心大服"。④

至于学额，前引《宋史·选举志》载云："崇宁三年（1104年），定诸路增养县学弟子员，大县50人，中县40人，小县30人。"前已述及，宋代益阳县等第为"中"，故其时该县县学弟子员应为40人。此人数其实与唐代颇为一致，唐代规定，"京都学生88人……下州40人，京县50人，上县40人，中县、中下县各35人，下县20人"。⑤唐代益阳县为上县，故其时该县县学生员为40人；沅江县为中下县，故其时该县县学生为35人。《宋史·选举志》未载中下县县学生人数，疑宋代沅江县县学生员亦为35人。至于安化县，其在宋代等第为"望"，此为政治军事属性，据南宋宁宗嘉定五年壬申（1212年）邹应隆《安化县学增养士田记碑》所言"又置生员18人，命学职授经，而官廪食之"（详后），则安化县实为下县，县学生员人数应为20人，或为经费所限，故仅18人。

关于宋代益阳县学发展情况，因资料不足，颇难着墨。若安化县学，则有2篇原始文献可据：

其一为庆元二年蔡澡《安化县修学记》。据之可知，安化县学自熙宁开创之始，规模亦颇宏壮，"然历年滋久，风雨漂蚀，士无优游歌咏之所"。蔡氏作为知县，于庆元元年乙卯（1195年）四月既望（十六日）巡视学宫时，便有修葺之意。次年丙辰（1196年）春，

---

① 参见前揭《（同治）益阳县志》卷末《杂说》。

② 参见前揭《宋史》卷157《选举志三》，第3662页。

③ 《（同治）安化县志》卷17《学校一·学宫》。

④ 《（同治）安化县志》卷20《职官·宦绩录》。

⑤ 参见前揭《新唐书》卷44《选举志上》，第1160页。

学长(即学官)刘涣来商谈此事,蔡氏遂与之"度材计费",并捐献十万缗以为表率,命学生李申司其出纳、营视工役。工程自该年九月始,十二月告竣,"上自庙宇,次及公堂,下逮生徒之舍、从祀之庑、列戟之门,皆举而葺之,视旧制有加"。①

其二为嘉定五年邹应隆《安化县学增养士田记》,其中有云:

> 安化县邑大夫赵侯崇模以书来言曰:"安化之建邑,自皇朝之熙宁壬子,距今百十三年矣。邑之初建,学随以立,厥有养士之田,上所赐也。中更炎兴剧盗焚剽,田之版籍荡为煨烬,岁入仅百斛,生徒日餐,职掌之月给,春秋舍奠之牲币,悉取于是。前之为令者未尝不欲兴学也,来之未久而辄散,盖租入之不足赡焉。自崇模之来,大惧无以塞国家养士之意,乃检查田之没于官者,得一百九亩,山园平陆十八区,斥县之羡余所置,又三十余亩,山园复在其外,于是袞衣危冠,倍蓰前日。又置生员十八人,命学职授经,而官廪食之。倘有不记焉,以垂于后,则日改月化,虑来者无考也,敢以是为请。"②

按自熙宁壬子(1072年)后推113年,为南宋孝宗淳熙十二年(1185年),而赵崇模知安化县事在南宋宁宗嘉定四年(1211年),上距熙宁壬子139年,与此不合,或是当事者推算失误,抑或传写错误。前引邑志载,熙宁时安化建县置学,神宗赐养士田400亩,岁久为民所侵夺,崇模清复之,并增置多亩以赡诸生。此《记》有碑,《(光绪)湖南通志》援长沙府吕志载录《安化县学增养士田记碑》一通,云:"壬申七月望日,中奉大夫、龙图阁待制、提举龙兴府玉隆万寿宫、秦宁县开国子、食邑五百户、赐金鱼袋邹应隆撰。"该志考证认为:"案邹应隆,《宋史》有传,不详其贯。传言以敷文阁学士提举玉隆万寿宫,拜礼部尚书兼侍读,嘉熙元年(1237年)拜端明殿学士、签书枢密院事。此碑作'龙图阁待制',与传不合,恐史误。碑无纪年,但记干支云'壬申',以其时考之,当是嘉定五年(1212年)。"③

据上述两文献可知,宋代安化县学自北宋熙宁六年创建后,曾在南宋庆元二年由知县蔡漟主持过一次大修,在嘉定五年由知县赵崇模清复并曾置养士田。此后,在理宗宝祐年间(1253~1258年)又迁址重建过一次,即由伊溪东迁至伊溪西,邑志所谓"宝祐中迁建今所"也,④自是直至清朝皆在斯处。

(二)书院

书院始于唐代,至宋代作为有别于官学之另一教育系统正式形成。湖南书院教育颇

---

① (宋)蔡漟:《安化县修学记》,载《(康熙)长沙府志》卷16《艺文志》,《(光绪)湖南通志》卷62、《(同治)安化县志》卷17亦载。

② (宋)邹应隆:《安化县学增养士田记》,载《(康熙)长沙府志》卷16《艺文志》,《(光绪)湖南通志》卷62、《(同治)安化县志》卷17等亦载。

③ 《(光绪)湖南通志》卷269《金石十一》。按"邹应隆"在《宋史》卷419本传作"邹应龙"。

④ 《(同治)安化县志》卷17《学校一·学宫》。

为发达，宋代最有名之四大书院中，湖南占其二；据学界统计，宋代湖南有书院近 70 所。① 宋代益阳县亦有书院一所，即松风书院，明《(嘉靖)湖广图经志书》载益阳县有松风书院，"在县西龙牙(寺)旁，宋李学士读书之所，今废"。②《古今图书集成》亦载："松风书院在县西八十里龙牙寺傍，宋李学士讲学之所，傍有松风亭，今废。"③"宋李学士"为谁，后世已不得其详。松风书院是益阳最早的书院，明代尚有文人雅士前往游历，郭都贤题松风书院联云："万山风雨锁龙宫，被樵子流连，识破一盘棋局；千里云山迷洞口，问渔郎消息，放开几片桃花。"④除此之外，明代别无其他相关信息，疑松风书院在明代并未修复，郭氏或许仅是在其遗址凭吊而已。其遗址迄今仍存，为长方形四合院，中为天井，两旁为斋房，一进为院门，门楣"松风书院"匾额。至于松风亭为六角亭，宋建，后毁。

宋代益阳书院教育疑受张栻影响颇大。著名学者胡安国、胡宏父子在湘潭、衡山、宁乡等地创办碧泉、文定、灵峰等书院，将理学与书院教育结合起来，正式创立湖湘学派。胡宏之高足张栻（1133～1180 年），字敬夫，号南轩，四川绵竹人，为名相张浚之子，学成后，也相继创建城南、道山、南轩书院于善化、宁乡、衡山等地，与同窗彪居正先后主讲于岳麓书院，最终奠定湖湘学派之规模。⑤ 益阳为张栻过化之地，前面曾征引其歌颂邑令张咏之诗，其文集中尚有《题益阳清修寺》诗一首，曰："峰势香炉直，溪流峡水潺。居然一兰若，唤作小庐山。老木千崖表，孤亭万竹间。明朝问征路，回首白云闲。"⑥清修山，又名小庐山，距益阳县城 40 里，林密幽深，岩壁陡峭，菁木茂盛，药草滋荼。上有碧云峰，海拔 500 米。据传张栻在此建小庐山精舍，又名南轩讲塾，益阳学风或颇受其影响。

二、两宋时期的益阳科举与人才

据学界考察，宋代益阳、安化和沅江三县所中进士人数分别为 7 人、3 人和 3 人，而其时潭州其他诸县分别为，湘阴 29 人，湘乡 27 人，长沙 18 人，衡山 17 人，醴陵 15 人，宁乡 12 人，浏阳 6 人，攸县 6 人，⑦可见其处于中下水平。宋代益阳县 7 名进士皆出自黄照一家。黄照（1012～1066 年），字晦甫，世家益阳县，后徙江陵，登仁宗庆历六年（1046 年）进士第，除归州司理参军，历著作佐郎、知华容、江华二县事，以屯田员外郎通判桂州，转福建转运判官，迁都官员外郎。治平三年（1066 年）召为侍御史，行次衢州而卒，年 54 岁。黄照仕宦 20 年，不为私计，唯民瘼是求。譬如，其知华容县事时，恰逢

---

① 参见陈谷嘉、邓洪波：《中国书院制度研究》，浙江教育出版社 1997 年版，第 355 页。

② 《湖广图经志书》卷 15《长沙府》。

③ 《古今图书集成·方舆汇编·职方典下》卷 1207。

④ 王驰：《中国楹联鉴赏辞典》，湖南文艺出版社 1991 年版，第 301 页。

⑤ 以上参见冯象钦、刘欣森：《湖南教育史（一）》，岳麓书社 2008 年版，第 217 页，第 222 页。

⑥ （南宋）张栻：《南轩先生文集》卷 5《题益阳清修寺》，见邓洪波校点：《张栻集》（湖湘文库本），岳麓书社 2009 年版，第 502 页。

⑦ 参见冯象钦、刘欣森：《湖南教育史（一）》，岳麓书社 2008 年版，第 247－248 页。

大饥，亟谕富人出米，继发官廪以哺流饿，活人以万计。县西有腴田数千百顷，因夏燥秋潦故而民弃不耕，照筑堤置闸，以时启闭之，遂常为丰岁。旧制，华容田赋须输长沙，舟楫往来，颇伤人力，且有洞庭湖风波之险，照请改输于县，后遂以为定制。似此善举尚多，不备列。照亦好文嗜诗，类数百篇，裒为《漫为集》。其子友端、友闻、友颜、友益、友谅、友直6人，皆登嘉祐年间进士第(1056~1063年，具体年份不详)，一时传为佳话。宋馆阁监察御史刘挚为撰《侍御史黄君墓志铭》，可参看。①

沅江县之3名进士情况分别为：陈邦，乾道二年；杨光发，宝庆二年；陈起，景祐元年，任萍乡令。② 安化县之3名进士分别为：刘允迪，字循道，元符三年，任郴州法曹；李能，政和二年；吕谓翁，字文老，嘉定八年。该县乡举中试者，除上述3人外，尚有陈英、郑文礼、曾应龙、李芳等4人。然该县宋代声名卓著者并非出自科第，《大明一统志》载宋代该县名士2人，其一曰卢元亮："安化人，居滨江，积学能文，操行醇固。兄弟九人，元亮居长，尽以产业分给诸弟，已纤毫无所取"；其二曰王南美。此人声名更盛，据载：王南美，字乙道，安化人(一作新化人)，宋开国勋臣王溥之后，隐伊溪之桂岩，博洽经史，尤邃于《易》，执经问难者不远数百里而至。置义庄以养族属之孤。其居有钓月楼、耕云堂。其诗曰："居士作层楼，不爱风花雪。待得野云收，只钓溪边月。"著有《钓月楼集》《耕云堂集》。③

三、两宋时期的益阳宗教

上章所述唐五代时期益阳县所建佛寺，诸如白鹿寺、广法寺、华林寺、衡龙寺、清修寺、石塘寺、禅林寺、宿水禅林、龙牙寺、西峰寺，至宋代依然存在，其中苗竹寺曾在南宋建炎四年重修。④ 有些寺庙在宋代影响颇大，譬如清修寺，前已述及，张栻曾在此题诗。又有名士周必大之父周利建(赠太师衔)，于南宋高宗建炎二年(1128年)以太学博士被旨使荆湖南北路，与提点刑狱官遍行所部会计金谷事，由长沙历益阳往武陵郡，道游清修寺，留诗一篇。64年后，即绍熙二年(1191年)，周必大出镇湘楚(盖以观文殿大学士之职判潭州)，竟意外从益阳知县黄浃所摹杂碑数通中获睹其父之诗，"览之矍然，读之潸然"，激动不已。绍熙四年，必大应清修寺主僧善信请求，遂具叙其本末。⑤ 据此事，亦可考见清修寺影响之大。

在唐五代时期，安化梅山地区即已建有星罗寺、白云寺、青莲庵、苗竹寺等佛寺。熙宁间章惇开梅山，似还借助过佛教力量，据载：

---

① 以上参见(宋)刘挚：《忠肃集》卷13《侍御史黄君墓志铭》，《文渊阁四库全书》第1099册，第590-591页；《湖南省志》第30卷《人物志》上，湖南出版社1992年版，第70页。

② 参见《(光绪)湖南通志》卷134《选举志二·进士一》。

③ 参见《大明一统志》卷277；《(乾隆)长沙府志》卷28；王圻：《续文献通考》卷180。

④ 参见《(同治)益阳县志》卷24。

⑤ (南宋)周必大：《文忠集》卷19《先太师潭州益阳县清修寺留题记》，《文渊阁四库全书》第1147册，第204页。其碑《宋周太师题清修寺诗》，见《(光绪)湖南通志》卷269《金石十一》。然不知何故，二者皆未载其诗具体内容。

宋熙宁间章惇开梅山，兵抵宁乡，入沩山，转由径路进兵失利，遗军沩山密印禅寺，馈饷缺乏，寺为供应。惇遣人入峒招谕，不从。瑶人笃信佛法，乃遣长老颖诠三人入峒说之，颖诠携营中二官先入见瑶主，绐以从者，瑶一见，遽曰："此官人也。"颖诠曰："主眼高，认之不差，此官人之子。"乃使供茶，失手，因而故掌之，二官作惶惧状。瑶主乃不疑。颖诠辈说法劝谕，瑶悔悟，率众出降。惇奏凯，赐名报恩，特免本寺诸科差役。①

熙宁间开梅山，安化置县，对该县佛、道二教发展推动不小。在宋代，安化县至少新建有4座寺庙：其一曰启安寺，在县东，原名启宁寺，宋熙宁间上下梅山各建佛寺，以熙宁字分名，新化建承熙寺，安化建启宁寺，即县治旧址初建茅庵，成为该县有名之古刹；其二曰报恩寺，在县西，宋杨长者舍基，芙蓉寺僧恺禅建；其三曰崇福寺，在县东北七十里归化乡浮泥山，创自唐大千玺禅师，宋熙宁中建，历有名僧居之；其四曰观音寺，在县北百四十里一都峨眉山，宋熙宁时僧颖诠创建，后世改名桃梵寺。该县在宋代亦新建4所道观：其一曰宝台观，在县治南；其二曰洞天观，在县东四十里常丰乡灵龟洞，有瀑布泉、仙人桥，宋熙宁间章惇即溪人祈祷之洞请建观焉，赐名"洞天"；其三曰正元观，在寿春山，宋开禧间建；其四曰张公庙，在县北五十里归化乡山口。张公名有才，宋时人，相传代完合邑钱粮三年，里人感其恩德，立庙以祀，迄同治间祈祷辄应。②

沅江县在唐代时已建有景星寺，至宋代亦建有佛寺1所，名为乌龙寺，又名卧龙寺，在县西南30里，原有墨池，宋免省进士杨光发有碑记。道教方面，该县亦建有娘娘庙1座，在郎荆堤山田洲朝阳山，建自宋熙宁年间。③

---

① 《(康熙)长沙府志》卷20。《(同治)安化县志》卷2《沿革》亦载其事。
② 以上参见《(同治)安化县志》卷14。
③ 参见《(嘉庆)沅江县志》卷28。

第七章　元代的益阳

元朝前身是成吉思汗所建大蒙古国，1271 年忽必烈改国号为元，1279 年灭南宋，后传五世十一帝至顺帝至正二十八年（1368 年），被朱元璋大将徐达逐出大都（今北京市），其后又延续二三十年时间，史书上称之为"北元"。本章叙事自至元十三年（1276 年）宋都临安陷落起，至元顺帝退出大都止。至元十三年，元军攻占南宋都城临安，今湖南地区亦归入元版图，立湖南安抚司。次年，立潭州行省，改潭州路总管府。至元十八年（1281 年），迁潭州行省于鄂州，称"湖广等处行中书省"，徙湖南道宣慰司治潭州路。元文宗天历二年（1329 年），以潭州为其潜邸所幸，改为天临路。天临路领县五，安化县处其一焉；又领州七，益阳州处其一焉。《元史·地理志》载："益阳州，中，唐〔析〕新康县，宋〔析〕安化县，元元贞元年（1295 年）升为益阳州。"①至于今天益阳地区所属之沅江县，元代为常德路龙阳州辖地。龙阳州乃宋龙阳县（今常德市汉寿县）升格而成，它与益阳州皆于元贞元年（1295 年）升为州，辖今汉寿、沅江两县地。

第一节　元代的益阳政治

一、元初益阳的平定

至元十年（1273 年）元将阿里海牙破樊城，襄阳兵尽粮绝，宋守将吕文焕出降。阿里海牙以功行荆湖等路枢密院事，镇襄阳，奏请乘胜顺流长驱以平宋。至元十一年，与伯颜、阿术率军大举攻宋。至元十二年（1275 年）三月下岳州，四月破沙市，入江陵，"传檄郢、归、峡、常德、澧、随、辰、沅、靖、复、均、房、施、荆门及诸峒，无不降者"。招降潭州守臣李芾，不听，乃移兵长沙。李芾守潭州，至潭，潭兵调且尽，海牙游骑已入湘阴、益阳诸县。李芾仓促招募士卒不满三千，乃结溪峒蛮为声援。据之后张虎等据安化、新化起事推知，其所结溪峒诸蛮中，当有安化、新化梅山蛮在内。阿里海牙乃分军戍常德遏诸蛮，而以大兵入潭。李芾遣其将于兴率兵御之于湘阴，于兴战死；再调吴继明出御，兵不及出，而元军已围城。益阳旧志谓阿里海牙曾围益阳，盖增饰之辞，从

---

① 　参见前揭《元史》卷 63《地理志六》。按其原文为："益阳州，中，唐新康县，宋安化县，元元贞元年升为益阳州。"此明显有误，盖脱二"析"字。参见长沙市地方志编纂委员会：《长沙市志》第 17 卷，湖南人民出版社 2004 年版，第 295 页。

种种迹象看，此际益阳似无重大战事，其所入者，游骑而已，《(同治)益阳县志》对此已有辩说。李芾守潭州，拒敌七十日，大小数十战。至元十三年(1276年)春正月，李芾力屈，与转运使钟蜚英、都统陈义皆自杀，其将刘孝忠以城降。阿里海牙遣使徇郴、全、道、桂阳、永、衡、武冈、宝庆、袁、韶、南雄诸处，悉定。①

然尚有余波涌动，《元史·崔斌传》载云：

> (至元)十一年(1274年)，奉旨抚谕广西，寻命还治湖南。潭属邑安化、湘乡、衡山以南，贼周龙、张唐、张虎等，所在蜂起。斌驻兵南岳，凡来降者，同僚议欲尽戮，以惩反侧，斌但按诛其首恶，胁从者尽释之。②

今按《崔斌传》中所载史事时间错乱，譬如其言"十年，诏丞相伯颜总兵南征""伯颜既渡江，分阿里海牙定湖南，诏斌贰之，拜行中书省参知政事""十月，围潭州，斌攻西北铁坝"云云，皆在时间上明显有误。据《元史·世祖纪》，至元十一年(1274年)五月诏丞相伯颜总兵南征，九月"行中书省以大军发襄阳"，十二月"伯颜大军次汉口"；至元十二年(1275年)十一月"阿里海牙以军攻潭州"；至元十三年(1276年)正月"克潭州，宋安抚使李芾尽室自焚死。阿里海牙分遣官属招来未附者，旬日间，湖南州郡相继悉降"。③ 而《崔斌传》通通系之于至元十年！故崔斌"奉旨抚谕广西"，应在至元十三年正月潭州陷落之后，至于其"驻兵南岳"镇压周龙、张唐、张虎等起义之事，最早当在此年，或在至元十四年(1277年)三月之后。

按史籍上周龙、张虎之事在时间上存在歧义。查《(同治)益阳县志》，其《武备志·兵事》"安化贼寇益阳"条，曾征引旧志云："(宋)理宗宝祐元年(1253年)安化贼周龙、张虎寇益阳。"但《(同治)益阳县志》对此持怀疑态度，谓"旧志以为理宗时，未详所出，姑缀此"，并考辨道：

> 周龙、张虎不见《宋史》，惟《元史·崔斌传》云："至元十年，伯颜既渡江，阿里海牙定湖南，诏斌贰之。十一年，潭属邑安化、湘乡、衡山以南，贼周龙、张唐、张虎等，所在蜂起。斌驻兵南岳，凡来降者，斌按诛其首恶，胁从者尽释之。"考至元十一年当宋恭宗德祐二年，而旧志所云在理宗〔宝祐〕元年，计相距凡二十三年，岂其先尝为乱耶？④

此段考辨文字颇粗疏，未能驳正《崔斌传》中一系列的时间错误，且所言"至元十一年(1274年)当宋恭宗德祐二年(1276年)"亦误，至元十一年实当宋度宗咸淳十年

---

① 以上参见前揭《元史》卷128《阿里海牙传》及《宋史》卷450《李芾传》。

② 参见前揭《元史》卷173《崔斌传》。

③ 参见前揭《元史》卷8《世祖纪五》、卷9《世祖纪六》。

④ 《(同治)益阳县志》卷11《武备志·兵事》。

(1274 年)，其间相差二年。但它指出旧志所云"(宋)理宗宝祐元年(1253 年)安化贼周龙、张虎寇益阳"不足据，却颇在理：一是《宋史》是年无载；二是其间间隔 20 余年，时间跨度颇大。故"安化贼周龙、张虎寇益阳"，大体应是《崔斌传》所载潭州陷落后事。

今按《宋史·文天祥传》其实曾提及张虎。至元十三年(1276 年)南宋都城临安失陷后，文天祥等在福州拥立赵昰为帝，继续抗元斗争。同年七月，文天祥以同都督出南剑(今福建省南平市延平区)，趋汀州，遣使四处约结。次年，天祥再出江西，入会昌，"潭赵璠、张虎、张唐、熊桂、刘斗元、吴希奭、陈子全、王梦应起兵邵、永间，复数县"。① 此数人事迹详见邓光荐《文丞相督府忠义传》之《赵璠传》与《吴希奭传》，其《赵璠传》云：

> 赵璠，衡山人，登甲戌(1274 年)进士第。岁丁丑(1277 年)三月张虎起兵宝庆府，环邵争应之，复邵之新化，潭之安化、益阳、宁乡、湘潭诸县。湖南行省遣萨里蛮提兵屡至，虎辄败，失马动以百计。五月朔，璠与其叔父漂起兵湘乡，同督府以璠书达行朝，授璠军器监，号召勤王。于是朝奉郎张唐，长沙人，南轩张宣公诸孙也，前通判赣州熊桂，湘潭人，进士，年七十余，刘斗元，别省魁，皆起兵，复潭之衡山、湘潭、攸三县。明年同督府败归汀州，人心大失望。潭省兵陷所复诸县，攻焚下(南)岳祠，璠漂走不知所终。执唐至行省，参政崔斌欲降之，唐骂曰："绍兴至今百五十年，乃我祖魏公收拾撑拓者，今日降而死，何以见魏公于地下？"遂遇害。桂为湘潭人所掩杀，并屠其家。②

邓光荐乃宋亡亲历者，亦文天祥门友和同督府重要幕僚，其所述可信度极高，足证张虎起兵宝庆乃是在至元十四年(1277 年)三月。《(道光)宝庆府志·大政纪二》"端宗景炎二年(1277 年)三月张虎起兵宝庆，复新化"条，所述与此全同，③其史源即《赵璠传》。《赵璠传》虽未明言张虎籍贯，但《宋史·文天祥传》明确说"潭赵璠、张虎"等，而元刘岳申所撰《文丞相传》亦有"潭州赵璠、张琥、抚州何时，皆遣义兵"之语(明人胡广《丞相传》亦同)，④且《赵璠传》与《吴希奭传》所载诸贤籍贯，诸如衡山、长沙、湘潭、攸县，在元代皆为潭州属邑，故张虎之籍贯大体亦应属潭州而非宝庆。《(道光)宝庆府志》所载《张虎传》含糊其词曰"张虎者，资邵间人也"，而于其末考辨道："赵、张皆勤王义兵，而赵衡山人，概曰潭州，则邵尝属潭部，谁谓虎非邵阳人也？"⑤不知衡山在元代本为潭州所属十二州县之一，自可以潭州称之，宝庆岂亦可以潭州称之乎？其说殊牵强。然张虎等人委实与宝庆属邑新化大有关联，彼等占据该邑抗元实为邵阳史上一大

---

① 《宋史》卷 418《文天祥传》，第 36 册，第 12537 页。

② (宋)邓光荐：《文丞相督府忠义传》，《文天祥全集》卷 19《附录》，北京市中国书店 1985 年版，第 508 页。

③ 《(道光)宝庆府志》卷 2《大政纪二》。

④ (元)刘岳申：《文丞相传》，见《文天祥全集》，第 491 页。又明胡广所撰《丞相传》曰："潭州潭赵璠、张琥、抚州何时，皆遣义兵；张堂、熊桂、刘斗元、吴希奭、陈子全、王梦应起兵邵、永间，复数县，以应天祥。"(《文天祥全集》，第 500 页)此"张琥"即张虎，"张堂"即张唐，皆同音而讹。张唐乃南宋名臣张浚、学者张栻之后。

⑤ 《(道光)宝庆府志》卷 116《张虎传》。

事，为之立传自无不可，然径直谓之邵阳、新化人则不可也。后世《娄底人物资料选编》等材料，谓张虎乃新化人，甚至明确说冷水江（冷水江原属新化）麻溪村人，[1]实不足为据。前引《(同治)益阳县志·武备志》引旧志云："理宗宝祐元年(1253年)安化贼周龙、张虎寇益阳。"所谓"理宗宝祐元年"自不足据，而谓周、张二人为"安化贼"则应属实情，结合前述《宋史·文天祥传》及刘岳申《文丞相传》来看，周、张二人当是潭州属邑安化县人，《宝庆府志》谓之"资邵间人"乃模糊处理方法，不免有生拉硬拽之嫌。对此，《(同治)安化县志》辩驳道：

> 按《宋史·文天祥传》，"潭州人张虎起兵，复安化、新化、宁乡、益阳诸县"。《(湖南)通志》仍之，无异辞。乃《乾隆(长沙)府志》《益阳县志》据《元史》遗文，直书"安化贼周龙、张虎寇益阳"者，不知与天祥同起义兵者，予夺失当，兹不深论。第曰"贼"曰"安化"，则明明以虎属潭为安化人无疑，《宝庆府志》谓"邵属潭部"，断虎为邵阳人，不亦谬耶？[2]

此段文字持论甚正，确不可易。盖因安化密迩新化，二邑本皆梅山峒蛮旧地，同气连枝，周、张二人虽是安化人，而起事于新化，甚为自然。而新化为宝庆府所辖，浑言之，自可谓之起兵宝庆。近阅《(光绪)湖南通志》，见其援旧志载"宋恭帝德祐二年(1276年)张虎起兵复宝庆，元将萨里蛮攻破之"，[3]乃悟前引《(同治)益阳县志》"理宗宝祐元年(1253年)安化贼周龙、张虎寇益阳"云云，其"宝祐"盖即"德祐"之讹，后人见"宝祐"而更添"理宗"二字，谬种流传，若非参伍互证，颇难知其究竟。

至于张虎之结局，《宋史·文天祥传》及《文丞相督府忠义传》皆未交代，而据《(道光)宝庆府志·阿里海牙传》载：

> (至元)十四年(1277年)，宋张虎起兵宝庆，复新化、安化、益阳、宁乡诸县，阿里海牙屡遣兵败之，十五年(1278年)复取新化，虎走，已而虎再陷新化、安化。十八年(1281年)，使左丞奥鲁赤禽虎，杀之，其党皆散。[4]

又《(道光)宝庆府志·张虎传》亦云：

> 天祥兵败，所复县复陷，唐、桂、希奭、子全被执死，璠、漂不知所终。虎与其

---

① 湖南省娄底地区方志办：《娄底人物资料选编》第1辑，1987年，第7页；《冷水江市文史资料》第1辑，1985年，第91页。

② 《(同治)安化县志》卷33《时事纪》。

③ 《(光绪)湖南通志》卷87《武备志十·兵事二》。如前所述，张虎起兵复宝庆应在宋端宗景炎二年(1277年)，此言德祐二年(1276年)，误也。

④ 《(道光)宝庆府志》卷113《阿里海牙传》。

党周龙结寨自保，据新化如故。至元中，郭昂为沅州安抚司同知，招降溪洞八十余寨，徇沅州西南界，复新化、安化二县，虎被擒，纵之，降其众三千人，籍为民，时至元十五年(1278年)也。虎逸去，十八年(1281年)奥鲁赤为潭州宣慰司，与周龙同见杀云。龙不知何许人，或曰亦虎同里人也。①

此二传虽为后来资料，但皆有所据。查《元史·郭昂传》曰：

> (前略)招降溪洞八十余栅。播州张华聚众容山，昂率兵屠之，山猺、木猫、土獠诸洞尽降。……徇沅州西南界，复新化、安仁二县，擒剧贼张虎，纵之曰："汝非吾敌，愿降即来，不然，吾复擒汝不难也。"明日，虎降，并其众三千余人，悉使归民籍。②

按此"安仁"显系"安化"之讹，前引《(道光)宝庆府志》可证：

> 元世祖至元十六年(1279年)，郭昂复取新化、安化，张虎伪降，寻复反。昂字彦高，林州人，至元十六年拜安远大将军，徇沅州西南界，复新化、安化二县，擒张虎，纵之曰："汝非吾敌，愿降则来，不然吾擒汝不难也。"虎知势不敌，明日伪降。昂散其众三千余人，始归民籍。③

此言其"伪降"，盖其后复叛，然大势已去，不过稍作挣扎罢了。张虎事最后休止于至元十八年(1281年)，《元史·奥鲁赤传》载：

> 十八年，诏移行省于鄂、宣慰司于潭。时湖南剧贼周龙、张虎聚党行劫，(奥鲁赤)随宜招捕，枭二贼首，余悉纵遣。④

自至元十四年(1277年)至十八年(1281年)，张虎等人虽说诸多失利，但毫不气馁，前后坚持斗争达5年之久，为宋末元初湖南人民抗元斗争史书写了浓墨重彩的一笔。《(道光)宝庆府志》曾如是评价：

> 虎起兵宝庆，在孱主出降之后，其时元势方张，宋社已屋，天时人事亦既可知。而乃发愤一呼，仓皇四应，雷动云合，收复残疆，与赵璠、张唐之徒声援掎角，虽曰

---

① 《(道光)宝庆府志》卷116《张虎传》。
② 参见前揭《元史》卷165《郭昂传》。
③ 《(道光)宝庆府志》卷2《大政纪二》。
④ 参见前揭《元史》卷131《奥鲁赤传》。

人心思宋，亦邵人忠义之气有以作之也。①

该志视张虎为邵人，故有此说。然借用之，我等亦可谓"虽曰人心思宋，亦安邑士人忠义之气有以作之也"。不管怎么说，至至元十八年（1281年），随着张虎等被捕杀，元朝在今益阳地区之统治才算完全确立。

二、元朝在益阳的统治与盘剥

鉴于无元代益阳的专门志书，其他各志书具体到元代益阳时又甚简略，为资料所限，对于元朝统治下的益阳实难知悉其原委，只能稍作梳理。

（一）元代益阳地方官僚体系

据《元史·百官志七》及《（同治）益阳县志》卷十二《秩官志》所图示，元代益阳州地方官僚体系如下：

（1）益阳州为中州，置"达鲁花赤"和"知州"各一员，秩皆正五品。达鲁花赤掌州印，握实权，多由蒙古人担任，亦有由畏兀儿等色目人充任者；②知州判州事。

（2）达鲁花赤和知州下面有"同知"，中州同知秩从六品，为知州之副职。

（3）同知下又有"判官"，中州判官从七品，协助知州、同知分掌州事。

（4）其下又有参佐官，中州参佐官有吏目、提控案牍各一员；据《（同治）益阳县志》，似尚有官医提领所提领。

元贞元年（1295年）前，益阳乃县，为上县；安化县及常德路龙阳州之沅江县，皆为下县。上县置达鲁花赤和尹各一员，秩皆从六品；下县置达鲁花赤和尹各一员，秩皆从七品。达鲁花赤掌县印，尹判县事。上县尹下有丞，为尹之副职；下县不置丞。上县和下县皆有簿和尉各一员，簿是掌管文书的佐吏，尉不署县事而专掌捕盗贼及烟火争竞公事。此外，上县尚置有典史二员，下县则典史一员。据《元史·百官志七》，诸县尚设有巡检司巡检一员，秩九品。据《（同治）安化县志》提示，当时诸县儒学置有教谕。

（二）元代益阳的任职官员

1. 益阳州

关于益阳州各任职官员，各志书多失载，仅能约略言之。《（同治）益阳县志》卷十二《秩官志》，载录元代益阳地方官，有至元时县尹李忠、"元贞"时知州曹伯达、至正时知州卜楚玉、至大时同知宓兰、泰定时同知淳化，仅5人而已。宓兰与淳化事迹不详，至于其余3人，兹引述如下：

（1）李忠，字信卿，颍州人，旧志称其"至大初（1308年）宰邑"，《（同治）益阳县志》据《续文献通考》有"忠为益阳县尹"之语，疑"至大"或为"至元"之讹，似为元初人。《（同治）益阳县志》卷十二《名宦志》称其"廉能爱民，建五贤祠，去后人思之，为之立

---

① 《（道光）宝庆府志》卷116《张虎传》。

② 至元二十一年（1284年）元政府"定拟军官格例，以河西、回回、畏兀儿等依各官品充万户府达鲁花赤，同蒙古人"（《元史》卷13《世祖本纪》），各州县都有畏兀儿人任达鲁花赤的情况。

碑"。其所建五贤祠，"祀周三闾大夫屈原、汉武乡侯诸葛孔明、宋邑令张乖崖(张咏)、秘阁修撰张南轩(张栻)、徽猷阁学士胡明仲(胡寅)"。①

（2）曹伯达，据《(同治)益阳县志》卷十二《秩官志》所列表，元贞(1295～1297年)时任益阳州知州，且谓"见《流寓》，有传"，而查其卷二十《人物志·流寓》并无其人，盖一时失载。但《(乾隆)长沙府志》卷三十四《流寓》却有载录："曹伯达，陕州人，知益阳州，元末兵起，遂家于金城桥。侍郎宏，其五世孙也。"而《(同治)益阳县志》谓其元贞时任益阳州知州，误也。又《(乾隆)长沙府志》卷十六载："知州曹伯达墓在贺家桥。"而《广湖南考古略》则作"元益阳州知州曹伯达墓，在益阳县西何家桥"，②盖音近而讹。

（3）卜楚玉，据卜氏族谱，原籍浏阳，由湖北通城县知县升任益阳州知州。③而据《(同治)益阳县志》，其原籍当为河南。《(同治)益阳县志》卷十二《名宦志》云："卜楚玉，河南人，顺帝至正时知益阳州。红巾贼寇境，楚玉率众驻白鹿铺。贼夜探营掩袭，遂遇害。子惟德负尸藁葬，其地今墓存焉。"《(乾隆)益阳县志》卷十九载："知州卜楚玉墓，在治北白鹿铺黄兰园，有碑。"

除上述3人外，笔者翻检群籍，复搜得数人，列举如下：

（1）郭坤，乃前述郭昂之第五子，约元贞时任益阳州知州。《元史·郭昂传》中只言及其三子："子震，杭州路镇守万户。惠，金江西廉访司事。豫，知宁都州。"然查《(正德)大名府志》，郭昂实有五子："长震，承袭怀远大将军，杭州镇守万户；次豫，广西宣慰副使；次惠，延平路总管；次谦，屯田提举；次坤，知益阳州。"④按本传，郭昂约卒于至元二十六年(1289年)后数年，其子郭坤去元初未远；而此言其"知益阳州"，则大体应是在益阳升为州后出任此职，具体情形不详。

（2）西京撒里，畏兀儿人，皇庆元年(1312年)任益阳州达鲁花赤。2002年韩国新发现的元刊残本《至正条格》中载有一皇庆元年(1312年)条格：

> 益阳州达鲁花赤西京撒里，指借为名，勒要部民王震伯至元钞二百贯。虽有元押批帖，别无保见，不系出息文约，又不依理归还。此(比)依不枉法例，减二等，杖断六十七下，解任标附。⑤

此条史料价值颇高。今按西京撒里是畏兀儿人，《至顺镇江志》可证。该书卷十二镇江路总管府"同知府事"下载有："西京撒里，畏吾儿人，承德郎，延祐三年(1316

① 参见(清)汪阆：《益阳十九贤祠记》，载《(乾隆)长沙府志》卷42。
② (清)同德斋主人：《广湖南考古略》卷11，湖南教育出版社2010年版，第318页。
③ 参见曾主陶、曾理：《浮邱山先民谱》，岳麓书社2020年版，第78页。
④ 《(正德)大名府志》(《天一阁藏明代方志选刊》02)卷7《人物志·材望·开州》"郭昂"条。
⑤ 《至正条格·断例》卷3《职制·借民钱债》，韩国学中央研究院：《至正条格》(校注本)，Humanist出版集团2007年版，第198页。

年)七月至，六年(1318年)七月十一日代。"①深入了解，可发现西京撒里出仕颇早，查《(嘉靖)宁波府志》，元成宗元贞年间(1295~1297年)庆元路(治鄞县即今浙江宁波)"治中"栏下载有"西京撒里"。② 治中，本汉代"治中从事史"的省称，秩百石，居中治事，主众曹文书。其后历代皆有设置，为府州之佐吏。一些辞典类书称，"元代大都路都总管府置治中二人"，③实则如庆元路等地方皆有设置。因其起点颇低，西京撒里约熬了十来年，才累迁至益阳州达鲁花赤。蒙古人征服中原后，以达鲁花赤制度统治全国，实行民族压迫，在路、府州、县除原来长官之外，皆设置一名达鲁花赤，监督各级地方官施政，且一般只由蒙古人和色目人担任。除少数家族如阿里海牙家族实现了由武功向文治转变外，他们大多数文化水平不高，除大肆搜刮勒索外，于治理民众既不得要领，亦无甚兴趣，《至正条格》所载西京撒里在益阳州之作为可证。元后来意识到此问题，对达鲁花赤行为做了规范限制。按《至正条格》此条所载，西京撒里因勒索部民被惩处，而据《至顺镇江志》所载可知，四年后他又出任镇江路总管府同知。元代承德郎为正六品文散官，而益阳州达鲁花赤秩正五品，所言"减二等"应属实情。

(3)也先海牙，亦作"野先海涯""野仙海牙""额森哈雅"，号野云，乃前述阿里海牙之孙，泰定年间(1324~1328年)任益阳州达鲁花赤。此事可考见于元翰林学士宋褧《燕石集》，其中有诗曰：

> 送益阳州守埜先海涯 楚武定公阿尔哈雅之孙，由宿卫初官。
>
> 龙节光临泽国遥，
> 凤毛声振相门高。
> 朝辞阙陛香凝袖，
> 暮饯邮亭酒污袍。
> 我爱甘棠留楚甸，
> 谁怜楚雁集江皋。
> 一州如斗君休薄，
> 考最犹能张尔曹。④

埜，乃"野"之异体字。《文渊阁四库全书》所收《燕石集》中，此诗题为《送益阳州守额森哈雅》，⑤盖异译也。该诗最引人注目者，在其题末缀语："楚武定公阿尔哈雅之孙，由宿卫初官。"按阿尔哈雅即阿里海牙，据《元史》本传，至元二十三年(1286年)阿里海

① 《至顺镇江志》卷15《镇江路总管府·同知府事》，《宋元方志丛刊》第3册，中华书局1989年版，第2820页下。
② (元)张时彻纂修，周希哲订正：《宁波府志》卷2《秩官表》，嘉靖三十九年本。《元代人名大辞典》亦有载录。赵一兵主编，余大钧编著：《元代人名大辞典》，内蒙古人民出版社2016年版，第179页。
③ 颜品忠等：《中华文化制度辞典》，中国国际广播出版社1998年版，第205页。
④ (元)宋褧：《送益阳州守埜先海涯》，见其《燕石集》卷6《律诗(七言)》，载《北京图书馆古籍珍本丛刊》第92册，书目文献出版社1991年版，第160页。
⑤ 《文渊阁四库全书·集部》第1212册，第414页上。

牙入朝，加湖广行省左丞相，年六十卒，封楚国公，谥武定。但本传只载录其二子：忽失海牙，湖广行中书省左丞；贯只哥，江西行中书省平章政事。而据姚燧《湖广行省左丞相神道碑》，阿里海牙实有六子：长曰忽失海涯，即忽失海牙(一作"和斯哈雅")；次曰贯只各，即贯只哥，(一作"格济格")，正奉大夫、湖广行中书省参知政事、虎符监两淮军；三曰和尚(一作"富华善")，官辅国上将军、湖南道宣慰司、虎符监潭州军，赐玉带一品服；余三子曰拔突鲁海涯(一作"巴图尔哈雅")、阿昔思海涯(一作"阿实克哈雅")、突鲁弥失海涯(一作"图噜默色哈")。① 然则也先海牙出自阿里海牙之第几子？且从《元史·小云石海涯传》切入述之。

据此传可知，贯只哥有二子：长曰小云石海涯，即元代鼎鼎有名的散曲家兼诗人贯云石，因其父名贯只哥，即以贯为姓；次为忽都海涯(一作"呼图克哈雅")，其兄贯云石以父荫袭为两淮万户府达鲁花赤，后让爵于他。贯云石亦有二子：长曰阿思兰海涯(一作"阿尔斯兰哈雅")，慈利州达鲁花赤；次曰八三海涯(一作"博索哈雅")。②

以此为线索，翻检《(万历)慈利县志》，其卷十三《秩官志》载有包括也先海牙和贯子索在内的元代慈利州知州4人，卷十五《人物志》载此2人小传曰："也先海牙，高昌人，号野云，楚武定公曾孙，监州事廉明有治行，至正末征为内辅，士民怀之。"③"贯子索阿思兰海牙，也先海牙之昆弟，由世荫来监本州……"显然，此贯子索阿思兰海牙，即前述贯云石长子阿思兰海涯，其兄应即前述益阳州守也先海牙，为阿里海牙曾孙(宋褧《燕石集》误谓"楚武定公阿尔哈雅之孙"④)；盖阿里海牙本高昌畏兀儿人，故谓兄弟俩为高昌人。然《元史》何以未言及也先海牙？盖《元史》之漏载实属寻常，从前述所载郭昂和阿里海牙诸子情况可证，实不足怪。

贯子索阿思兰海牙有兄也先海牙，亦可于元人余阙(1303～1358年)所撰《慈利州天门书院碑》得到佐证。此文起首有云：

> 皇上稽古明道，饬躬建极，孜孜于治者十有四年，慨然念民生之未遂，徽化之未周，诏大臣严守令之选，重考绩之法，使之劝农桑、兴学校，以其殿最而进退之。惟时贯侯阿思兰海牙来守慈利，乃……⑤

---

① (元)姚燧：《湖广行省左丞相神道碑》，见《姚文公牧庵集》，载《北京图书馆古籍珍本丛刊》第92册，书目文献出版社1991年版，第63-68页。

② 参见(明)宋濂《元史》卷143《小云石海涯传》，中华书局1976年版，第3421-3423页；张建伟：《元代北方文学家族研究》，商务印书馆2019年版，第240页。

③ 《(隆庆)岳州府志》卷13《宦迹列传·慈利县》有删改："也先海牙，高昌人，监州事廉明有守，治行殊卓，至正末征为内辅，州人怀之。"

④ 《(隆庆)岳州府志》亦误，其卷13《宦迹列传·澧州》载："贯子索，高昌人，楚武定公孙也，也先弟，由胄子监州事，有文学，无愧世array。"而《(同治)续修慈利县志》其卷6《职官·名宦》竟照抄此句，不知其旧志本不误也。

⑤ (元)余阙：《慈利州天门书院碑》，见余阙《青阳集》卷4，《文渊阁四库全书》第1214册，第399-400页；又见《四部丛刊续编》第449册所收余阙《青阳先生文集》卷3；又见《(光绪)湖南通志》卷70《学校志九·书院三(义学屯学新学附)》。

按在有元一代诸帝中，其在位超过 14 年者，唯世祖忽必烈和顺帝妥欢帖睦尔，显然此所言皇上即元顺帝，故据此文推知，贯子索阿思兰海牙出任慈利达鲁花赤在至正六年（1346 年）。此文明确提及：

> 前侯也先海牙，①君昆季也，世系宏勋，别载见州学碑。铭曰：……楚公之孙，先后兄弟，克广帝心，道民于厚。天门之嵯，新庙有仪，侈兹侯功，俾民遂歌。

"前侯也先海牙，君昆季也""楚公之孙，先后兄弟"云云，确证也先海牙即出自贯只哥一系。此"楚公"未必指阿里海牙，当指贯只哥，他卒后亦被追封为楚国公。

也先海牙之家世背景梳理如上，再试着稍作展开如下：宋褧《燕石集》称其为益阳州守，"州守"概念较含混，是知州抑或达鲁花赤，似未可定。然据其显赫家世，撇开其曾祖阿里海牙不论，且看其祖籍只哥为江西行中书省平章政事、楚国公；父亲贯云石初为两淮万户府达鲁花赤（后让予其弟忽都海涯），仁宗时拜翰林侍读学士、中奉大夫（从二品），知制诰同修国史；弟贯子索阿思兰海牙，为慈利州达鲁花赤。故所谓"益阳州守"，盖即益阳州达鲁花赤，此"州守"应与时人所言"监州"同义，皆为达鲁花赤之异称。按大德十一年诏："色目镇抚已殁，其子有能，依例用之。子幼，则取其兄弟之子有能者用之，俟其子长，即以其职还之。"②有学者研究指出，因自父辈从征创元，蒙、元畏兀儿人不少人侍皇宫或充宿卫，受家族荫叙，其仕吏与功名者及朝廷重臣和宗教师者颇多，且多家族事朝，形成所谓世功大族，阿里海牙家族即典型代表。③《燕石集》谓也先海牙"由宿卫初官"，盖其原充宿卫，后以家族荫叙，首次出仕地方，充任益阳州达鲁花赤。④

也先海牙何时出任益阳州达鲁花赤，查虞集（1272～1348 年）《道园学古录》中有《澧州路慈利州修儒学记》，应即前引余阙文中"世系宏勋，别载见州学碑"之所谓"州学碑"，其中有言曰：

> 仍改至元之二年（1336 年）十月，奉训大夫（从五品）也先海牙来监州事，始下

---

① 《（光绪）湖南通志》作"也先海牙"，四库本作"额森哈雅"，《四部丛刊续编》本作"野仙海牙"。"世系宏勋，别载见州学碑"句，四库本作"世系勋阀，具见州学之碑"。

② 参见前揭《元史》卷 82《选举志二》，第 2040 页。

③ 参见周泓：《魏公村研究》，中国社会出版社 2009 年版，第 8–29 页；周泓：《中国非汉族体大家族理念与形制：基于西域诸族的考释》，载《青海民族研究》2015 年第 3 期，第 113–120 页。该文梳理出阿里海牙（王府宿卫、中书右丞、中书参知政事、中书平章政事）—子忽必海涯（行中书省左丞、资善大夫）—孙小云石海牙（万户府达鲁花赤）—曾孙也先海牙（监州事）世系颇具参考价值，但谓也先海牙为忽必海涯之孙，有误。

④ 元代色目人同名者多，余大钧《元代人名大辞典》列举名曰"也先海牙"者 4 人：（1）元成宗时任奉化州达鲁花赤，大德十年（1306 年）离任。（2）又译野先海涯，元畏兀儿人，阿里海牙之孙，初为宿卫士，出任益阳州达鲁花赤；顺帝至正八年（1348 年）任永路路同知。（3）元顺帝至正十五年（1355 年）为瑞州路判官。（4）元高昌畏兀儿人，顺帝时为慈利州达鲁花赤。（赵一兵主编，余大钧编著：《元代人名大辞典》，内蒙古人民出版社 2016 年版，第 29 页）现已确知，其第（1）（3）条所述皆非我们讨论的也先海牙。

车以学校为己任，严学职训导之事，择凡民之俊秀充大小学弟子员，而程督其弦诵课业，庶几知教之序矣，乃谋大修其学宫。

因也先海牙任益阳州达鲁花赤的具体情况一片空白，我们只能从其任职其他地方之相关文献记载一窥其作为，故此篇文字颇具参考价值，至少可获悉其对教育甚为重视。该文结语道：

> 昔我世祖皇帝之取宋淮南，忠武王总兵而南，丞相实同受命襄汉荆楚，至于交广，安定之泽民，至于今赖之。平章以世家子数镇外阃，惠政在人，监州年甫三十，膺民社之托，好学而明礼，清介而宽容，观其修学之举，可以得为治之方矣。

其所言"忠武王"即伯颜，"丞相"即阿里海牙，"平章"盖指也先海牙。而"平章以世家子数镇外阃，惠政在人，监州年甫三十"一语尤应注意，其意盖谓也先海牙作为世家子，业已任职多州，此际任慈利州达鲁花赤，年纪才三十岁出头。按其或十六七岁充宿卫，他或在二十岁左右开始出任地方官，辗转各处，算来至此已有十来年，由至元二年（1336年）上溯十年，则为泰定三年（1326年），故而推算，也先海牙约在泰定三年（1326年）出任益阳州达鲁花赤。

《送益阳州守埊先海涯》诗的作者宋褧亦可提供一些佐证。宋褧（1294~1346年），字显夫，大都人。据《燕石集》前吕思诚序可知，宋褧虽为大都人，然早年在江南长大，延祐间（1314~1320年）才与其次兄宋本还京师，"邻人莫识，朝士大夫亦莫知之，宋族中一二长老才能记忆"，[1]此时自不会识得世家子弟也先海牙。后宋褧以善诗博得籍籍之名，更于泰定元年（1324年，甲子）登科入仕，与士大夫有更多接触机会，其与也先海牙产生交集或许即在此时。因此，不妨对上述结论稍加修正，也先海牙约在泰定年间（1324~1328年）出任益阳州达鲁花赤。宋褧为他饯行时写下《送益阳州守埊先海涯》诗，用"一州如斗君休薄"句告诫他勿要轻视益阳州一州之任，若能广施德政，如召公之"蔽芾甘棠"，去后遗泽亦让州人缅怀。

（4）徐敬，平江路常熟州人，约元代中期任益阳州知州。清人黄庭鉴《琴川三志补记》载：

> 徐元震，字孟达，太学弟子员。父敬，益阳州知州。少俊乂精敏伟琦，为人倜傥有卓识，重然诺，不屑仕进，雅与临海陈基善。晚岁筑室于笠泽，聚书教子，隐居以终。女嫁同里曹元。（据陈基《徐孟达圹志》）[2]

---

① （元）吕思诚：《燕石集序》，载《北京图书馆古籍珍本丛刊》第92册，书目文献出版社1991年版，第128页上。

② （清）黄廷鉴辑：《琴川三志补记》卷6《氏族》"徐元震"条，《中国方志丛书·华中地方》第158号，成文出版社1974年版，第76页。

据查，此徐元震乃元后期常熟著名藏书家，常熟图书馆所编《常熟藏书史》对其有介绍："徐元震(1309~1355 年)，字孟达。父敬，以荐任庆元路昌国州(今舟山)知州，后官益阳州知州，工书法。"①元震后入赘吴中巨富陆德原，疑其父徐敬过世颇早，故推断徐敬为益阳州知州在 14 世纪 20 年代。

(5)崔栋(1265~1334 年)，字架之，山西平阳路(后改晋宁路)绛州翼城县人，至顺年间(1330~1333 年)任益阳州同知。其事迹载元人刘岳申《湘阴知州崔架之墓志铭》，今摘录部分内容如下：

> 余平生老友崔架之，质直方正，天性好谊，谊至高，尤恶薄当世者。……架之讳栋，世为晋宁绛州翼县人，系出唐国子博士驷。弱冠试吏，江西钞提举司、行泉府司理问所知名，提控富州、安福州、抚州路案牍，名益闻；历大都人匠都总管府、留守司、少府监知事，升监经历，改留守司都事、经历，瑞州路省台交章，不报。授天临路同知益阳州事，年六十九，以奉议大夫、天临路湘阴州知州致仕。……西师兴，益阳当转输播州，往复道里六千，判官当督饷，故坠马，竟辞行。架之屡请身督饷，救四十万军士饥欲死者，父老遮留，不许。至常德，而蜀平，班师，架之亦还治，则天也。益阳有故监县，太原人，无子，而家资巨万。诸壻争二十余年不决，架之遣吏其乡，访求得其族子当为后者，而讼为息。此居官理，余所知者也。……架之死元统甲戌(1334 年)某月日，年七十有一矣，非不得年也。娶常氏封宜人，先四年卒，实贤内助。子男二：子诚，国学生，累官至承事郎，广州路番禺县尹；次思立。女二壻，郑文焕、张颜。孙男四。葬某所以某月日。铭曰：无不知已，孰蔽其贤？无不俾尔，又假之年，而止于斯。于乎，架之！②

因有关元代益阳州任职官员详载者不多，此文甚为难得，除可具见此位益阳州同知之为人外，亦有史事存乎其间，譬如其中有"西师兴，益阳当转输播州，往复道里六千"云云，此"西师兴"盖指至顺元年(1330 年)云南诸王秃坚不花等举兵反对元文宗事。天历二年(1329 年)八月元明宗和世瓎暴毙，云南诸王秃坚等于至顺元年(1330 年)正月公开称兵，占领中庆路(治今云南省昆明市)，擅署行省文牍，不久自立为云南王。滇东北乌蒙路(治今昭通市)、乌撒路(治今威宁彝族回族苗族自治县)、东川路、罗罗斯宣慰司(治今西昌市)、大理路等地土官诸部都起事响应秃坚，战火弥漫整个滇东北。元文宗命豫王、镇西武靖王、荆王等率四川行省、陕西行省、湖广行省、江浙行省、河南江北行省等省数十万军讨伐，历时年余，方始平定。据此墓志铭文可知，当时朝廷动用兵力竟达 40 万之众！而时当要冲的湖广行省所辖天临路益阳州，需负责往滇北的播州宣慰司(治今贵州省遵义市)转输军需，"往复道里六千"。益阳州判官本当督饷前往播州，却畏难而故意坠马，推辞不去。作为同知的崔栋，念及"四十万军士饥欲死"，不顾"父老遮

---

① 常熟图书馆：《常熟藏书史》，江苏教育出版社 2015 年版，第 40 页。
② (元)刘岳申：《湘阴知州崔架之墓志铭》，载《申斋集》卷 9，《文渊阁四库全书集部》第 1204 册，第 296-297 页。

留”，屡请亲自督饷前往，至常德，而战事已平，班师，崔栋亦返还益阳州。

（6）乌讷罕，至正初（1341年）为益阳州同知。元人杨瑀《山居新话》载云：

湖南益阳州，每有人夜半忽自相打，莫晓所谓，名之曰“沙魇”。土人知此证者，唯以冷水浇泼，稍定，以汤水饮之，徐徐方醒，二三日只如醉中，不知者殊用惊骇。上海县达噜噶齐乌讷罕，至正初为本州同知，因造漆器匠者八人一夕作闹，亲历此事，尝与余言之。①

达噜噶齐，即达鲁花赤。据此，乌讷罕曾为上海县达鲁花赤，至正初调任益阳州同知。按《元史·地理志五》，上海县属江浙等处行省之松江府，乃是至元二十七年（1290年）自华亭县析置，为上县，其达鲁花赤秩从六品，调任益阳州同知，属平调。

2. 安化县

元代安化县任职官员，按《（同治）安化县志》卷十九《职官表》载有“县尹”3人：耶律敦武，《职官表》误作“至顺间任”，据元曾梦果《修学记》，乃世祖至元二十三年丙戌（1286年）任；纳加台，文宗至顺元年（1330年）任；王叔泰，元统五年任，然元统无五年，疑为元统三年（1335年）之讹。今按王叔泰，见于卷三十三《艺文志》所收《元陈公寺钟铭》，元统三年主盟官员正有所谓“承仕郎、天临路安化县尹兼劝农事王叔泰”。至于耶律敦武与纳加台，经查证，二人简况如下：

耶律敦武，据曾梦果《修学记》云：“丙戌冬（1286年）东丹耶律敦武以开国元勋之胄来尹斯邑。”②按元初开国元勋耶律楚材为东丹王突欲八世孙，耶律敦武或即楚材后裔，他于元世祖至元二十三年丙戌（1286年）任安化县尹，曾修复安化县学宫。

纳加台（《湖南通志》讹作“纳如台”），又名李纳加台，李存《重修儒学记》中，有“至顺庚午（1330年）春，西夏侯李纳加台以开国勋裔来监兹邑”之语，③盖其乃原西夏党项李元昊后裔。李存此文言及纳加台上任后捐己俸倡导修复学宫。他后调任龙阳州知州，《（嘉靖）湖广图经志书》卷十八收录有其所撰《墨池亭记》，内有“余自梅山调龙阳”之语，④“梅山”当指安化。

前引《职官表》中尚载有“主簿”3人：杨旿，至顺二年（1331年）任；毕璋，至顺四年（1333年）任；八笃海涯，元统二年（1334年）任。“县尉”2人：屈某，南阳人，至顺二年任；杨文质，元统二年任。“典史”1人，即刘诚，元统二年任。“训导”1人，即王继孙，至顺二年任。杨旿、屈某、王继孙三人，旧志原无，同治志据李存《重修儒学记》补入，皆至顺二年参与修复学宫者。今按主簿八笃海涯、县尉杨文质、典史刘诚，皆见于上引《元陈公寺钟铭》。

---

① （元）杨瑀：《山居新话》卷2，《文渊阁四库全书》第1040册，第360页。
② （元）曾梦果：《修学记》，载《（同治）安化县志》卷17《学宫》。
③ （元）李存：《重修儒学记》，载《（同治）安化县志》卷17《学宫》。
④ （元）纳加台：《墨池亭记》，载《（嘉靖）湖广图经志书》卷18，第1560页。

3. 沅江县

载籍中，有关元代沅江县的条目实甚寥寥，至于其任职官员，翻检《（嘉庆）沅江县志》才得孙以忠一人：

> 县尹孙以忠，龙阳（今汉寿县）举人，泰定四年（1327年）任，后升任安陆州知州。

这可在《湖南通志》得到印证："元孙以忠，沅江县尹。"①但他并非举人，据《（光绪）龙阳县志》，他是"泰定元年甲子（1324年）科举人"，"泰定三年丙寅（1326年）科进士，由沅江知县历官监察御史"。②但此仍有误，他实乃延祐元年（1314年）举于乡，《古今图书集成》引《湖广通志》言：

> 何维，蒲圻人，延祐乡举，与常德孙以忠、沅州李寿（一作"李焘"）、醴陵李明孙才名相埒，而维尤为奇特，逸气焕发。《元文选》载其《试求贤诏》，有两汉诏令之风。③

元人揭傒斯《题文瑞图》有云：

> 常德之龙阳，居多蜀士，祠事梓橦君甚严。祠前有池曰景星，咸淳癸酉莲两叶并蒂者六，刘初登进士第；延祐甲寅（1314年），两花并蒂，孙以忠登第。④

此"登第"当指中举。至于进士，则当在泰定元年（1324年），《（光绪）湖南通志》载"泰定元年甲子张益榜"下有"孙以忠，龙阳人，监察御史"，⑤可谓得其实，《（光绪）龙阳县志》误也。如此，则其泰定四年（1327年）为龙阳县尹时已是进士。《湖广通志》称其与何维、沅州李焘、醴陵李明孙才名相埒，可见颇有才华。其在龙阳县尹上具体情况不详，但据其后升迁为安陆州知州，累官至监察御史，想来政绩或不错。

（三）元代益阳的赋税差徭

元代土地分为官田和私田两类。官田来源有三：一是原来南宋官田，二是因战乱而撂荒之地，三是没收参与抗元的地主所属之地。官田除部分由皇室直接外，部分作为"赐田"赏赐给权贵和寺院等，此外还有所谓"职田"，即按官职品级授予土地，官职越大，授田越多。这些官田皆不必承担赋税，故此所言赋税差徭皆指私田而言，且不包括像伯颜、阿术、阿里海牙这些灭宋大将所强占者。《元史·成宗纪二》载："括伯颜、阿术、阿里海牙等所据江南田及权豪匿隐者，令输租。"可为佐证。

---

① 《（光绪）湖南通志》卷112《职官志三》
② 《（光绪）龙阳县志》卷16《选举》，第227页下、第226页上。
③ 《古今图书集成·明伦汇编·氏族典》卷215《何姓部列传三·元》。
④ （元）揭傒斯：《题文瑞图并序》，见《文安集》卷3，《文渊阁四库全书》第1208册，第173页下。
⑤ 《（光绪）湖南通志》卷135《选举志三·进士二》。

据《元史》，元代在江南各行省赋税效仿唐制，以两税法为主，即按夏、秋二季征收，但侧重于秋税。秋税输租米，其税额各地区差别颇大，益阳地方因史书阙载，其具体税额不详。元成宗元贞二年（1296 年）始定江南夏税之制，主要征收木棉、布绢、丝绵等物，亦可折合为钞。然湖广地区较之其他行省颇有不同：元初阿里海牙平定湖广时，"罢宋夏税，依中原例，改科门摊，每户一贯二钱"。这种按户摊派，本就比夏税多征钞5 万余锭，然大德年间湖南地方官又奏请复征夏税，与门摊合并征收，[1]故包括益阳在内的湖湘地区，其税负远较其他行省重。且定额之外，尚常有加添，譬如《元史·英宗纪》载，延祐七年（1320 年）"增两淮、荆湖、江南东西道田赋，斗加二升"，即在定额之外加收20%。[2] 又据《元典章》载，还要加收所谓"鼠耗"，"江南民田税石，合依例每石带收鼠耗分例七升"。[3]

还有所谓"科差"，在江南称为"户钞"，以一般农民为征收对象，所得除部分划归政府外，其余拨付诸王、贵戚和勋臣。江南户钞，始征于至元十八年（1281 年），"是年，以江南民户拨赐诸王贵戚功臣，食其户钞。至元二十年（1283 年）正月，敕诸王公主驸马得江南分地者，于一万户田租中输钞百锭，准中原五户丝数，谓之'江南户钞'。其后累朝常以是为分赐"。[4] "于一万户田租中输钞百锭"，平均每户折合输钞五钱。然而并非一成不变，成宗以后，每户由原来五钱又"加至二贯"。

具体到益阳地区，直接相关者有二。其一，王禅食邑益阳州 65000 户。《元史·泰定帝纪》载："泰定元年（1324 年）十月丁丑，徙封云南王王禅为梁王，食邑益阳州六万五千户。"食邑 65000 户，合计当纳户钞 2600 锭。关于王禅其人，这里稍作介绍：王禅（？～1328），晋王甘麻剌之孙，松山之子。延祐七年（1320 年）封为云南王，出镇其地。泰定元年（1324 年）徙封梁王，食邑益阳州 65000 户；三年，受命与武宁王彻彻秃镇抚北军。致和元年（1328 年）泰定帝死，与倒剌沙等在上都辅立皇太子阿速（剌）吉八为帝，受命与右丞相塔失铁木儿等出兵讨大都，与在大都称帝之图帖睦尔军争战，被擒赐死。[5] 其二，阿塔赤食邑沅江县 4000 户。据载，至元二十一年（1284 年），分拨宗室诸王阿塔赤常德路沅江县 4000 户，计钞一百六十锭。[6] 元代沅江县才 1000 户左右（参见后文），此言 4000 户，应与益阳州一样，并非其真实户数，而只是此县百姓应缴纳的科差（户钞）数。阿塔赤，蒙古语意为"牧马人"，异译颇多，或作"阿都齐""阿都赤""阿答赤""哈都赤"等，[7]非止一人。此阿塔赤为宗室诸王，盖即世祖忽必烈第八子宁王阔阔出之后宁王阿都赤，[8]具体情形不详。

① 参见前揭《元史》卷 93《食货志一》。

② 参见前揭《元史》卷 27《英宗纪一》。

③ 《大元圣政国朝典章》卷 21《户部七·仓库·收粮鼠耗分例》，中国广播电视出版社 1998 年版，第 812 页。

④ 《续文献通考》卷 16《职役考二》。

⑤ 参见陈永龄：《民族词典》，上海辞书出版社 1987 年版，第 124 页。

⑥ 参见前揭《元史》卷 95《食货志三》。

⑦ 参见方龄贵：《古典戏曲外来语考释词典》，汉语大词典出版社、云南大学出版社 2001 年版，第 245 页。

⑧ 参见前揭《元史》卷 107《宗室世系表》。

除上述秋税、夏税、门摊、加添、鼠耗及户钞外，元政府还在包括益阳在内的湖湘地区征收各种课税，包括金课、银课、铁课、盐课、茶课、酒醋课和商税等，具体可参见王晓天主编的《湖南经济通史·古代卷》，[①]此处不细加引述，仅就其中与益阳地方最密切相关的朱砂水银课和茶课附赘几句。元代产朱砂、水银之所凡三：辽阳的北京，湖广的潭、沅，四川的思州。其在潭州者即安化，《元史·食货志二》提及："潭州安化县每年办朱砂八十两、水银五十两。"[②]荆湖地区是元代主要产茶地之一，而潭州安化等地又为湖南重要产茶地。至元十七年（1280 年），元在江州设榷茶都转运司，掌管江淮、荆湖、福广茶税；元统元年（1333 年）十月，复立湖广榷茶提举司，进一步加强该地区榷茶管理。据《元史·食货志二》载，元政府在江南地区的茶课，由至元十三年（1276 年）的1200 余锭，迭增至至元十四年的2300 余锭、十五年的6600 余锭、十八年的24000 锭、二十三年的40000 锭、元贞元年（1295 年）的83000 锭、至大四年（1311 年）的171131锭、皇庆二年（1313 年）的192866 锭、延祐五年的250000 锭、延祐七年（1320 年）的289211 锭，44 年间增长240 倍，负担异常沉重。《元史·食货志一》曾言："自时（指至元、大德）厥后，国用寖广。除税粮、科差二者之外，凡课之入，日增月益。至于天历之际，视至元、大德之数，盖增二十倍矣。"以茶课证之，所言不虚。

此外，复有各种杂役，试举一例，譬如前引刘岳申《湘阴知州崔架之墓志铭》提及，在至顺元年（1330 年）云南之乱时，益阳州因地处要冲，要负责往滇北的播州宣慰司转输军需，"往复道里六千"，这些都是加在益阳人民头上的额外负担。

三、元末动荡时期的益阳

元末湖湘地区动荡扰乱，大致自顺帝至正六年（1346 年）吴天保陷黔阳始，逮至正十一年（1351 年）元末农民大起义正式爆发，同年八月徐寿辉、邹普胜等领导红巾军一支起事于蕲、黄，很快亦波及于湖湘，自此直至至正二十四年（1364 年）朱元璋灭陈友谅，徐达徇湖湘，陈友才等相率归顺，前后历经近 20 年，扰乱才告平息。具体到益阳地区，其罹兵革之祸亦颇剧，今搜索文献，试钩稽如下：

（一）元末动荡时期的益阳州

关于元末益阳州动荡状况，且从红巾军入湘讲起。至正十一年（1351 年）八月，湖北蕲州罗田县人徐寿辉与黄州府麻城县人邹普胜等在蕲州（今湖北省蕲春南）起事，亦以"红巾军"为号，与北方刘福通红巾军遥相呼应，史志中或称之为"蕲黄贼"。十月，义军攻占蕲水（今浠水），拥徐寿辉为帝，建立天完政权。逮明年，义军以摧枯拉朽之势，已席卷今鄂、湘、赣、皖、闽、苏、浙等大部分地区，众至百万。湖湘地区受到波及，是在至正十二年（1352 年）春。《（光绪）湖南通志》载："至正十二年春，蕲黄贼攻破湖南。"[③]又云：

---

① 王晓天：《湖南经济通史·古代卷》，湖南人民出版社 2013 年版，第 396–398 页。

② 参见前揭《元史》卷 94《食货志二》。

③ 《（光绪）湖南通志》卷 164《刘耕孙传》。

至正十二年二月，倪文俊推罗田徐寿辉为红巾贼首，陷岳州，旋寇益阳及临武。寿辉伪将陈友才据潭州，刘贵清据益阳，欧祥据浏阳，邓州贼王权、张椿陷澧州，龙镇卫指挥使俺都剌哈蛮等帅师复之。①

陈友才据潭州，与益阳州颇有些关联。据云，友才乃一代枭雄陈友谅之二弟，清人周昂《元季伏莽志》载，陈友才乃"友谅第二弟，所谓二王也"。② 然据《明史》，友谅兄弟五人，依次为友富、友直、友谅、友仁和友贵，③并无所谓"友才"者；而据府志、县志等志书所载，却似确有其人，或为友谅从弟亦未可知，姑存疑。

至于刘贵清，其人曾据益阳州，本当重点关注，然因文献不足征，仅能缀以数语。益阳州地居要冲，当潭州之门户，故红巾军攻陷岳州之后，"旋寇益阳"在所难免。前引《(同治)益阳县志》卷十二《名宦志》云："卜楚玉，河南人，顺帝至正时知益阳州。红巾贼寇境，楚玉率众驻白鹿铺。贼夜探营掩袭，遂遇害。"据此可知，在红巾军进攻下，当时益阳州知州卜楚玉亦以身殉职，死于是役中。但红巾军最初并未拿下该城，据《(康熙)长沙府志》卷十一《贺应奎传》载，当时率红巾军攻益阳州者，乃"寿辉伪将刘都统"，(极有可能是后来之"友谅伪将刘贵清")。其人首次进攻益阳州时，因贺应奎、许友通等率众力战，④故该城并未失陷。虽然如此，但当时政局实是极端动荡不安，据《(乾隆)益阳县志》载："元顺帝至正十二年(1352年)，红巾贼寇益阳；又江南淘金夫伪充红巾，杀掠市井一空。"此则史事颇有意思，足见当时局势之波谲云诡。其所言"江南淘金夫"，或以为乃益阳志溪河谢林港之淘金人。"大兵之后，必有凶年"，其时天灾与人祸相结，饥馑荐臻，尤其是"至正十四年(1354年)，大饥，人皆采苊子、蕨根、芦麻根食，谷种一升价银壹两"。⑤

由于资料缺失，当时许多史事和细节今天已难完全复原。方志载云："至正间，伪汉将陈友才则据潭州，欧祥据浏阳、茶陵，刘贵清据益阳，而民入山寨立长，比众以自保。"⑥明初文献《益阳州重新(修)州治记》载："壬辰(1352年)，海内兵燹，洞獠焚掠州邑，人民散亡，盗劫恒往来，人且相食，治所为丘虚疮痍。孑遗依山谷结聚以自保者十余年。"⑦据该文，刘贵清似亦未能完全实现对全境之有效控制。当是时，益阳州境内出现数支地主武装，如贺应奎、许友通等纷纷组织民团，入山立寨自保，且欲借以建功立业焉，试条举如下：

---

① 《(光绪)湖南通志》卷87《武备志十·兵事二》。

② (清)周昂：《元季伏莽志》卷4《逆党传》。

③ (清)张廷玉等：《明史》卷123《陈友谅传》，中华书局1974年版，第3687–3691页。

④ 许友通事，参见《(同治)益阳县志》卷17《人物志·善行》。

⑤ 《(乾隆)益阳县志》卷1《祥异》。

⑥ 《(嘉靖)长沙府志》卷1、《(万历)湖广总志》卷5。

⑦ (明)汪仲鲁：《益阳州重新(修)州治记》，载(明)程敏政编：《皇明文衡》卷99《补缺》，《四部丛刊初编》第2057册。关于此文作者，尚有争议，详见下章。

（1）贺应奎，字均德，益阳人，慷慨尚义，民咸依之。至正间，徐受（寿）辉、邹普胜起兵，号称红巾，攻陷城邑无算，遣其伪将刘都统攻益阳，应奎率众力战，城得不陷。及陈友谅伪将刘贵清据益阳为乱，盗贼四起。应奎倡义立寨，民皆入山，推应奎为寨长，相机攻打，岁无宁日，后咸名日著，贼不敢近，时称保障焉。甲辰（至正二十四年，1364年），归明高祖于武昌，符表千石寨长，秩万户。①

（2）许友通，字能甫。至正十一年（1351年），蛮猺为乱，通率众拒之。王霸都陷长沙，民多闻风赴水死，通遍出示以安众。及徐寿辉遣将攻县，通奋战，伤其鼻不少挫，众益感奋，贼为之却。后为寨长十年，有保障功。通故精于医，益尝大饥，疫疬盛作，通设药煮粥于门外，且医且食，存活甚众。岁甲辰（1364年），归附明太祖，符授益阳州官医提领。②

据《许友通传》所言"后为寨长十年"推断，刘贵清据益阳或亦有10年，即自至正十四年（1354年）到至正二十四年（1364年）。此二则史事中，皆出现有"时称保障焉""有保障功"字样，归结起来，他们大体皆属结寨自保，站在农民军对立面，具有维护元朝统治之性质。另有一罗大琦，疑亦属此类：

罗大琦，字国用，官万户，保障有功。至正二十年（1360年）征辰州黄草尾贼，力战，死之，祀忠义祠。附大琦《死难词》："万古一轮清皎月，照明白许多豪杰，独让古人真不屑。双眼血，寒江冷水都成热。钓石岂因涛怒裂，红炉难灭心中铁，不畏他千回百折。头可截，肝肠留得朝天阙。"相传万户被围数日，食尽，度不得出，乃作此词系于衣带间，明日赴战，死之。③

此条亦见有"保障有功"字样，疑罗氏武装大体亦属民团性质，因其保障一方有功，故被元朝政府授予"万户"之职，并抽调其往征"辰州黄草尾贼"，结果殁于阵中。所谓"辰州黄草尾贼"，盖即湘西苗民武装也。

至正二十年（1360年）至二十四年（1364年）间，益阳州大致处在陈友谅汉政权控制下。然据《益阳州重新（修）州治记》所言："迩归于陈氏，始有州官之设，然民皆隶军籍，惟将帅命有司但征其田赋之入而已。"其开始真正步入正轨，是在至正二十四年（1364年）。该年，朱元璋灭陈友谅，湖湘地区各股地方势力乃相率来附。具体到益阳州，贺应奎、许友通归附已述如前，但二人仅是寨主，益阳州之主体归顺，自当归结于陈友才。《（嘉靖）长沙府志》载：

① 《（康熙）长沙府志》卷11《贺应奎传》。
② 《（同治）益阳县志》卷17《人物志·善行》。
③ 《（同治）益阳县志》卷15《人物志·忠义》

甲辰(1364年)，我太祖将兵伐汉，陈理降。友才以长沙、益阳，寨长王忠信以善化，黄宁以浏阳，易华以醴陵，王崇德以攸，谭悦道以茶陵，刘玉以湘潭，吴仁琮以湘阴，贺兴隆以安化，李祥以宁乡，咸来附。①

此条史料时代相对较早，后来志书多踵其说。然亦有疑焉，前已述及，益阳州本是刘贵清所据，而此言"友才以长沙、益阳"，何以不提贵清？揆其缘由，或许贵清此际已为友才吞并，抑或贵清本是友才部将，故浑言之。关于陈友才归明细节，可参考《元季伏莽志》：

陈友才，友谅第二弟，所谓二王也，友谅命与左丞王忠信守潭州。友才闻武昌围急，遣忠信来援，战败而降，明帝授忠信参政，仍守潭州。友才闻其降而复来，率兵拒于益阳之高山，忠信巽词开谕之，于是友才亦降，与其子大俱送建康。②

此言王忠信乃陈友才之左丞，而《(嘉靖)长沙府志》则称其为"寨长"，二者虽微有不同，然无关宏旨。要之，陈友才以长沙、益阳归顺朱元璋，标志着益阳州动荡局面正式结束。

(二)元末动荡时期的安化县

从资料看，元末安化县卷入动荡状态较之益阳州更早。据《(康熙)长沙府志》载：

李焕文，安化人，邑庠生。至正间武岗、靖州贼乱，旁郡骚扰，焕文集义兵廓清境内，平九里贼，拔宝庆、茅岗，兵威大振。癸巳(1353年)皇子克武昌、汉阳，授万户将军。③

《(同治)安化县志》所载更详：

李焕文，一都人，诸生。元至正间武冈、靖州贼乱，旁郡骚扰，焕文集义兵廓清境内，平九里苗，复宝庆、武冈(小注：旧志作"茅冈")，兵威大振。癸巳(1353年)，皇子克武昌、汉阳，授万户。附制词曰："咨尔有辅治之才，无官守之责，独能于扰攘之际，首倡忠义，保固一方，实为可嘉，宜授尔义兵万户，讨贼自效，务宜恪其厥职，毋贰尔心，故敕！"④

引文中所言"至正间武冈、靖州贼乱"，应是指吴天保之乱。吴天保之乱，肇始于至正六年(1346年)。是年十月，靖州瑶人(一说其族属为苗)吴天保率苗、瑶、侗等各族

---

① 《(嘉靖)长沙府志》卷1。
② (清)周昂：《元季伏莽志》卷4《逆党传》。
③ 《(康熙)长沙府志》卷11。
④ 《(同治)安化县志》卷25。

之众起事，攻克黔阳。次年二月攻沅州，五月克武冈，七月复克沅州，并连克溆浦、辰溪，九月复克武冈，并攻宝庆，击杀元湖广行省右丞沙班，遂有众六万余人。元命行省平章政事苟尔掌兵事，以威顺王宽彻不花、镇南王孛罗不花率江西、湖广二行省军会剿，犹不能制，反被其占据五溪地区大部分州县，并影响到桂北与黔东南。① 引文所言"旁郡骚扰"，或亦包括安化。李焕文是安化人，"一都"在今安化县冷市、大桥、龙塘、江南、小淹一带（今按：李焕文实为小淹乡敷溪人）。安化虽不在吴天保活动核心区域，但因其曾进攻宝庆（今邵阳市），则同属古梅山地区之新化和安化，难免受到波及。正是在此背景下，李焕文集结乡勇，奋起保境自卫。然随着事态发展，焕文在廓清县境后，乃进而图谋进取，试图以此博取功名。文中所言"平九里苗，复宝庆、武冈"，其九里苗在清代为永绥协辖下，属今湘西花垣县境，离安化县颇远，可见焕文已成为元政权之捍卫者，非仅是自保而已。

引文所言"复宝庆、武冈"，大致在至正九年（1349年）。据《（康熙）宝庆府志》载，是年三月，元军乘吴天保再攻沅州之际，深逼其腹心重地零溪（似即今张家界市慈利县零溪），擒杀其另一首领杨留总。② 其后，吴天保虽一度于是年十二月攻陷过辰州，但此后再无其扰乱之史事出现。有说者谓："天保后率苗、瑶、侗义军北上，连克潭州、岳州，转战湖北，入河南，一度攻占荥阳。天保后战死，所部多散入刘福通部或徐寿辉、陈友谅各股农民军部队。"③但此说不确，有两条反证：

（1）权衡《庚申闻见录》载："乙未（至正十五年，1355年）湖广苗军听调营于汴梁东，其帅吴天保死，禅将王陈叛入京西，遂陷陈州、许州，西至虎牢关。命答失八都鲁讨之。"④

（2）《（康熙）袁州府志》卷一载："萍乡县在府城西一百四十里……至正壬辰（至正十二年，1352年）欧祥由湖南来寇袁州，守臣别速坚遣万户李阳奕、刘原住等御，战不胜，州陷。甲午（至正十四年，1354年）湖南官军吴天保以所部答剌军克复州治，未几，复为祥所陷。"

权衡乃元末明初人，所述应属实情。任建敏考证认为，吴天保所部答剌罕军，原就是元朝招募苗瑶敢死士组建之军种，本用以平瑶苗寇乱，却因激生变而叛乱。至正九年（1349年）该部遭受重创，渐趋消停，亦在是年，元下诏招谕沅、靖、柳、桂等路猺獠，并采纳达识帖睦迩建议，置三分省以镇之，于是"诸猺、獠悉降"。⑤ 吴天保大致就在此时

---

① 参见前揭《元史》卷41《顺帝本纪四》、卷42《顺帝本纪五》；（明）王宗沐：《宋元资治通鉴》卷61、《（康熙）宝庆府志》卷21；怀化大辞典编辑委员会：《怀化大辞典》，改革出版社1995年版，第257页；伍新福：《苗族通史2》，民族出版社2007年版，第394-395页。

② 《（康熙）宝庆府志》卷21。

③ 参见吕振羽：《简明中国通史》，人民出版社1955年版，第509、513页。白寿彝总主编《中国通史》、伍新福等主编《湖南通史》、吴荣臻总主编《苗族通史》皆持此说。

④ （明）权衡：《庚申闻见录》，见《丛书集成初编》第3911册，第19页。

⑤ 参见前揭《元史》卷140《达识帖睦迩传》。

被招安，被重新纳入体制之中，摇身一变，复成为在湖广地区对付红巾起义军之重要力量。至正十五年（1355 年），此军由湖广北调至汴梁东，不久，吴天保去世，其裨将王陈乃复叛元。[①] 任氏此说颇可信从。而李焕文先前本与吴天保敌对，曾于至正九年（1349 年）参与"复宝庆、武冈"之战，重创了吴部，后来却与其并肩作战，共同对付红巾军，或许还在至正十三年（1353 年）配合元军，协力从天完政权手中夺回武昌和汉阳。

前引《（康熙）长沙府志》《（同治）安化县志》所言"癸巳（1353 年），皇子克武昌、汉阳"，据查，其史事当是指"至正十三年（1353 年），湖广行省参知政事阿鲁辉复武昌及汉阳。宽彻普化复率领王子并本部怯薛丹，屡讨贼立功"。[②]《（康熙）长沙府志》所言"皇子"或为"王子"之讹，当是指宽彻普化或其子。宽彻普化乃元世祖之孙，镇南王脱欢之子，泰定三年（1326 年）封威顺王，镇武昌。至正十二年（1352 年）徐寿辉部将邹普胜陷武昌，宽彻普化等弃城走，至次年在湖广各地主武装协助下才收复该地。而据上引《（康熙）长沙府志》所述情况来看，李焕文曾率部参与此次武昌、汉口收复之战，并因此得到宽彻普化表彰，被授予"万户"之职。此为该动荡岁月前期之风云人物。

至于后期，则以贺兴隆为魁首。关于兴隆之行事，有明人李东阳所撰《贺兴隆传》可供参考。据载，贺兴隆乃安化清塘乡人，至正十二年（1352 年）天下大乱之际，兴隆率陈源隆、姚廷曙等，聚乡中子弟为兵，驻镇安寨，有警则出御之，民赖以安。至正二十年（1360 年）陈友谅兵起，授兴隆参军之职。至正二十四年（1364 年）二月，兴隆率众归顺朱元璋，元璋仍授以故官，并命其率部随徐达征辰州及降沅州诸郡，"攻战抚募，厥功惟多"。[③] 下章叙述明代时还会涉及，故暂不予细述。

至正间天下骚然，湖广地区先罹苗乱，后为徐寿辉、陈友谅先后盘踞，征战频仍，难寻净土。安化县虽属山区，却非世外桃源，从一些遗迹与民间传闻，仍能想象到当日金戈铁马之场面：第一，前已述及，安化学宫于至正十一年（1351 年）复遭兵燹，直至明初洪武三年（1370 年）才由知县海源善重修。第二，据县志载，在县西北二百里对口溪有个古迹名曰"旗竿石"，"乱石簇列，内有一石特出，方平如席，有孔窍，深尺余，相传陈友谅建旗于此，有插竿孔"[④]。此虽是传说，恐非空穴来风，当有所据，前已述及，至正二十年（1360 年）陈友谅曾授贺兴隆参军之职，贺氏能奉友谅，其间想必有过一番较量，此旗竿石遗迹见证当年友谅势力之强，连僻远山区亦难逃其掌控。第三，县志又载，在县南五里常丰乡（按：常丰乡在今安化梅城、乐安、田心、清塘、栗林一带）有寨顶山，此即故明镇安寨所在（据旧志此亦即宋梅子口寨所在），"元季贺兴隆曾驻此，明称今名，土人犹掘得剑戟云"[⑤]。第四，《（同治）安化县志》尚载有数处遗迹，或与元末动荡亦不无关联。譬如，在县次东南七十里丰乐乡（按：丰乐乡在今娄底涟源市七星街、桥头河、

---

① 参见任建敏：《从答剌罕军到苗军：元末吴天保之乱的史实考辨》，载《中国史研究》2019 年第 2 期。

② 参见前揭《元史》卷 117《宽彻普化传》。

③ 参见（明）李东阳：《贺兴隆传》，见《李东阳集》第 2 卷，岳麓书社 1985 年版，第 457—458 页。

④ 《（同治）安化县志》卷 11《古迹一》引旧志。

⑤ 《（同治）安化县志》卷 6《山川二》。

栗山桥一带)有黄罗岩,"高十余丈,四面壁立,仅有小径可攀援,宋元末居民多保于此"。① 又如,县东十里常丰乡有寨子仑(一名萧公寨),"山高百丈,四面峭峻,昔人常避兵其上,因名"。②

至正二十四年(1364年)二月贺兴隆率众归顺朱元璋,安化由乱重返于治,此后历200余年再无重大纷扰发生。

第二节 元代的益阳经济

一、元代益阳地方人口估算(含移民情况)

在《元史》中,仅能查到天临路、常德路户口数,而无益阳州、安化县、沅江县具体数据,地方志于此三地之元代数据亦缺载,故而只能大致估算。

《元史》载天临路户603501,口1081010;常德路户206425,口1026042。梁方仲先生《中国历代户口、田地、田赋统计》,将天临路所属县数误作5,常德路所属县数误作2,从而得出天临路每县平均户数为120700.2,常德路每县平均户数为103212.5。③ 此数据明显有误,天临路属县虽只有5,但它还领有7州;常德路属县虽只有1,但它还领有2州,其中龙阳州还另有1县即沅江县。这些州都是由县升格而成,实际上基本等同于县,计算每县平均户数怎能不将这些州算进去?若将天临路所属州县数算作12,常德路所属州县数算作4(其中龙阳州作2县),则天临路每县平均户数为50291.75,常德路每县平均户数为51606.25,这才比较靠谱。

天临路所属12个州县,包括:4个上县(长沙、善化、衡山、宁乡),1个下县(安化),5个中州(醴陵、浏阳、攸州、湘潭、益阳),2个下州(湘乡、湘阴)。按其等第户数标准,若依下限,即上县和中州都按30000户计算,此12个州县户数最多不超过34万,远低于《元史》所载总数603501。只有依上限,4个上县按平均每县7万户、5个中州按平均每州5万户、2个下州按平均每州3万户计算,则12个州县合计户数才接近60万的总数。事实上,4个上县中有个别县当高于7万户,因个别中州或达不到5万户,个别下州或达不到3万户。从《元史》留有户口数的少数几个下州来看,仅茶陵州有36642户,其次是耒阳州25311户、象州19558户、常宁州18431户,其余皆低于此数,甚至不到几千户。也许,确如史籍所载,以阿里海牙为首的征服者,在湖南地区并未大肆屠戮,故留下远较其他地区多的户数。从茶陵州有36642户来看,下州或有略高于3万户者,则中州当亦有过5万者;且醴陵、浏阳、攸州、湘潭、益阳皆长沙之毗邻州,若长沙、善化、衡山、宁乡四县中有过7万户者,则此5个中州中有略高于5万户者亦不足怪。故我们推测,元代益阳州户数在5万户以上。另一佐证是,泰定元年(1324

---

① 《(同治)安化县志》卷5《山川一》。

② 《(同治)安化县志》卷6《山川二》。

③ 梁方仲:《中国历代户口、田地、田赋统计》,中华书局2008年版,第252-253页。

年)封王禅为梁王，食邑益阳州 65000 户。虽然这未必证明益阳州真有 65000 户，它或许只是此州百姓需承担的科差(户钞)数，但亦不能相差太远，相差太远则科差过重，引起民愤；且过 6 万户，则为上州无疑。要之，我等估算元代益阳州户数大致在 5 万户以上，6 万户以下。另，按天临路户 603501、口 1081010 数据，其口户之比为 1.79，也不太正常，疑因隐瞒人口所致，譬如史言阿里海牙"俘获三万余人，悉役为奴，自置吏治之"。然则，若按合理口户比推算，元代益阳州人口当在 25 万以上。

再看安化。熙宁五年章惇招降梅山峒蛮，"籍其民，得主、客 14809 户，19089 丁"。[1] 但疑这是安化、新化二县总数。《元史·地理志》中安化列为下县，新化则为中县，即户数过 1 万；且据后来明初洪武二十四年(1391 年)统计数据(新化有户 6500、口 30312，而安化仅有户 2541、口 18348，安化这个数据恐怕有误，因其口户比达 7.22)[2]来看，安化户口大致为新化之半，则宋代安化有 5000 户左右、6000 口以上。元代湖湘地区人口普遍比宋代有所增加，于天临路可见一斑。宋代潭州府所辖 12 县，即元代天临路所辖 12 州县，二者完全一致，而据宋崇宁年间统计数据潭州府有户 439988、口 952853，元代天临路则有户 603501、口 1081010，户数增加 37%，口数增加 13.45%。比照下来，元代安化户口虽较之宋代应有所增长，但其户数应仍在 7000 户左右，因低于 1 万户，故为下县。前已言及，元代天临路口户之比为 1.79，若照此按推算，元代安化人口当在 1.2 万以上，然 1.79 的口户比不大正常，其实际人口或在 3 万以上。

至于沅江县，因其在宋代之人口无法估算，故元代亦姑搁置。要之，在宋元时期，该县多为泽国环绕，水患频仍，围湖垦殖尚属零星，故人烟稀少，不满 1000 户或是实情。

元代益阳地方人口增量，与移民有一定关系。元代益阳，虽说移民大潮尚未到来，但其发展势头已不容小觑。学界在这方面探讨已较深入，有不少成果可资借鉴和利用，譬如民国时期由湖南文献委员会于 1947 至 1949 年主持编有《湖南诸姓氏族源流》[3]及在此基础上编成 12 册《湖南省志稿氏族志稿初编》，[4]此外还有张翰仪所纂《民国益阳县志稿·氏族》。[5] 当代新修方志中多有姓氏源流，譬如 1987 年《安化县氏族档案》，[6] 1993 年《桃江县志·姓氏》，[7]1999 年《益阳县志·氏族源流》，这些方志都为后续研究作了铺垫。[8] 薛政超所著《湖南移民表：氏族资料所载湖南移民史料考辑》，[9]在综合前人研究的基础上，进行系统梳理，颇具参考价值。这里以薛氏所著书为主要依据，并结

---

① 参见前揭《宋史》卷 494《梅山峒蛮传》，第 14197 页。

② 《(道光)新化县志》卷 15、《(同治)安化县志》卷 15。

③ 湖南文献委员会：《湖南诸姓氏族源流》(200 余谱)，稿本，1947~1949 年，湖南图书馆藏。

④ 湖南文献委员会：《湖南省志稿氏族志稿初编》(12 册)，稿本，1947~1949 年，湖南图书馆藏。

⑤ 张翰仪：《民国益阳县志稿》，稿本，1944 年。

⑥ 《安化县氏族档案》，稿本，1987 年。今见安化县地方志编纂委员会：《安化县志》，中国社会科学文献出版社 1993 年版。

⑦ 桃江县志编纂委员会：《桃江县志》，中国社会出版社 1993 年版。

⑧ 益阳县地方志编纂委员会：《益阳县志》第三编第五章《氏族源流》，湖南人民出版社 1999 年版，第 155–165 页。

⑨ 薛政超：《湖南移民表：氏族资料所载湖南移民史料考辑》，中国戏剧出版社 2008 年版。

合上述益阳、安化和沅江三个县志及曾主陶《浮邱山先民谱》①中相关内容，对元代益阳移民情况稍加梳理。当然，这里仅考察以益阳（含桃江）、安化和沅江三地作为迁入地的移民情况，至于此三地迁往别处的则不论。

先看自外省迁入者。据不完全统计，元代有83支氏族自外省迁入，除极少数来自湖北、河南、云南、浙江、福建等省之外，绝大多数皆来自江西，其中又以江西吉安府为最多。迁入原因不外乎三个：一是宦游，即在湖湘地区做官，其子孙后代即落籍当地。譬如前述卜楚玉，其原籍本是河南，元顺帝至正时任益阳州知州，元末红巾军起义，他率众进剿，在益阳白鹿铺殉职，其子孙落业益阳，衍于石牛江、桃花江等地，今石牛江有卜家湾、卜家洲、卜家老屋等地名，就是卜姓先民开垦和生息之地。二是开垦。譬如汪历明就是这样一位普通开垦者，他原籍江西婺源，至元末年迁益阳州十里麻牛（今属牛田镇金光山村），见这里风物淳美，乃择居焉。汪氏经四代人辛勤开垦，初具规模，后遇元末劫难，"避难山中，亡者多"。三是避乱。数据显示，此83支自外省迁入者，多数是在元末至正年间迁入，其主要原因就是世乱。譬如昌复元，原籍浙江绍兴府余姚县，元代末年任"楚南吏目"，因戎马蹂躏，解组归田，带男妇数十人避居益邑夹溪（今属桃花江镇）。至于省内迁移，从所掌握的60余支氏族来看，多为邻近州县如长沙、宁乡、邵阳、常德等地迁入，其主要原因是家族开枝散叶分居迁徙。关于移民之具体情况，限于篇幅，此处不一一罗列。

要之，元代益阳人口较宋代有较大增长。这一方面是因为阿里海牙等在征服包括益阳在内的湖广地区时比较克制、较少杀戮，为后来该地区的人口滋殖奠定了基础；另一方面是因为人口迁徙，不仅有本省内毗邻州县如长沙、宁乡、新化、邵阳、常德等地的人口迁入，更有从邻近省份尤其是江西的大量人口迁来。"江西填湖广"之说为大家所熟知，若以益阳地区来考察，实则在元代业已发其端，明初移民大潮只不过是元末的自然延续。元代益阳地区的人口增长，对当地社会经济的综合发展起到了较为重要的拉动作用，但史志上相关记载却很不完备，下面仅对其时农业和工商业稍作勾勒。

二、元代的益阳农业

"背靠雪峰观湖浩，半成山色半成湖。"此诗句比较形象地描绘了益阳地区的地理环境。其西南部是古梅山属地安化县，地处资江中游，居雪峰山北段主干带，最高海拔1600余米，境内群山起伏，岭谷相间，山地面积占80%以上，森林覆盖率至今仍在70%以上，在元代可能更高，可耕地甚为有限，故历来地广人稀。至于其东北部益阳州、沅江县等滨湖地区，则河湖广布，尤其是洞庭湖淤积平原虽平坦开阔，耕地连片，土壤肥沃，但洪涝灾害频发。"洞庭北受江流，有虎渡、采穴、景沧、调弦诸口之水，而湖势益雄。然自古不闻江为湖害。自宋南渡之后，国家贫困，以荆南屯留之卒艺种民田，筑江

---

① 曾主陶、曾理：《浮邱山先民谱》，岳麓书社2020年版。该书所载乃是据各家谱撰成，有一定可信度。

堤，塞穴口，以筹兵食，而水道一变，江患遂起。"[1]每当西水入湖，湘、资、沅、澧同时上涨，灾害辄至，冲毁田庐，漂没禾稼人畜，损失惨重，甚至将城市全部淹没，街市行舟，居民常多有不及迁避而溺毙者。可见其亦非理想的居住地。前文估算元代益阳州人口才5万余户，远不及长沙、善化、衡山、宁乡等地稠密（此四地平均有7万户之多，有些县甚或达10万户以上）；而沅江县更是不过千来户，且在今后相当长的时间（整个明代）维持在一个相当低的水平，皆可说明问题。

而介乎安化山区和滨湖地区之间的元代益阳州西南部（主要是今桃江县境内），倒是一个颇值得注意的地方。这里地面相对起伏平缓，在资江、桃花江和志溪河两岸以及山间谷地之中，丘岗与平原相间布列，吸引不少移民来此垦殖。譬如泉峰吴姓始祖吴均重，于元文宗时（1330年前后）由江苏丹阳县迁益阳州三里黄婆滩（今桃江县大栗港镇），其孙吴伏二又自黄婆滩至泉峰插标圈地。泉峰位于资江之畔，"地野衍腴，可渔可甸"，吴氏"上齐泥港口，下至界桥心（即弄溪桥），内启山林约数里"。又如前文所提及的江西婺源人汪历明，于至元末迁居益阳州十里麻牛（今桃江牛田镇金光山村），其择居理由亦因见此地"风物淳美"。再如江西吉安府吉水县人何赓南、何赓福、何赓寿等于至治年间（1321～1323年）迁居湖南，落脚于益阳城西门外的歧市，稍作休整，复分头寻找理想开垦地。何赓南、何忠献父子落业益阳迎风桥，后裔衍于益阳石笋、何家坝等地；何赓福、何忠敏父子徙于桃江桃谷山大华村，后裔衍于石牛江文家渡、桃花江花桥、浮邱山白云庵等地；何赓寿、何忠恒父子转徙板溪，其后裔繁衍于石井头、天福山、长江村以及大栗港等地。何赓寿、何忠恒父子在板溪插标圈地，上至仓溪坳，下至界牌滩以及石井头等地。何赓寿喜欢板溪，曾对其子孙说："板溪虽属山陬，亦足以畅叙幽情，序天伦之乐，为隐身之说。"[2]以上所撷取的数则事例，是当时移民在桃江地区"筚路蓝缕，以启山林"，开发该地区的缩影。

而湖区的垦殖，也随着洞庭湖的治理及挽围堤垸的开展而渐次发展起来。北宋以降，资江下游干流与南支玉堂江之间逐渐淤出高洲，居民始沿洲滩边缘筑堰，挡水耕种，后逐渐发展为筑挽堤垸。元代至元年间（1264～1294年），居民在今兰溪河至凤凰湖以西大片河洲滩地挽围双桂垸、黄关（瓜）垸、石桥垸、薛家垸、朱菱垸、车公垸、邓家垸、桂花垸、白水圩垸、河皮垸、油麻垸、长塘垸等12垸，此为益阳县境挽围堤垸之始。[3] 其垦田可至数百千顷，甚者变樵居为市集，化弃地为膏沃。为应对水患，元政府曾对荆江水道进行整治，元大德九年（1305年），针对"穴口堙塞，故道难寻"现状，对前述虎渡、采穴、景沦、调弦等诸穴口，按口开疏，共计6处，江南江北分杀江势，其后近

---

[1] （清）黄海仪：《荆江洞庭利害考》，见《（光绪）湖南通志》卷46《建置志六·堤堰一》，《续修四库全书》第662册，第493页。

[2] 以上参见曾主陶、曾理：《浮邱山先民谱》，岳麓书社2020年版，第117页、第120页、第123页。

[3] 益阳县地方志编纂委员会：《益阳县志》，湖南人民出版社1999年版，第422-423页。上章述及，此12垸乃南宋理宗景定五年（1264年）所修，南宋理宗景定五年即元世祖至元元年，二者并不矛盾，12垸盖非一年能成，延及元初甚为自然。

半个世纪水患颇减。但至顺帝之末，人地矛盾加剧，诸穴复埋，此是后话。

元代益阳州堤垸示意图①

元代益阳州农业生产，尤其是湖区垦殖，以水稻生产为主。湖区之地，名曰"湖田"，亦即水田，宜稻。田以石计，六亩二分五厘为一石。其时稻或已有早、中、晚三种，早者春社时浸种，谓之"社种"。次则清明下种，谷雨下泥。其收早者秋前可获，中稻秋后处暑前可获。最晚者名"重阳糯"，亦名"冬黏"，九月始收。湖区地平旷少山，气多阳爽，物候早，故可兼种晚稻而一年两获。湖田唯虞涨涝而患水，故迫湖湘常筑堤捍水。旱则沿江安置桔槔，随时车救。因其地势平坦，灌溉易通，故旱常有救。至于其西部，衍延至今桃江县境内，丘冈山地渐多，至安化县遂臻极致。其地气阴凉，而物候迟，虽亦种水稻，却仅能一岁一获。稻收之后，或种以荞麦、高粱、豆类之类杂粮，遇有凶年亦颇能资以补救。与湖田虞水不同，山地稻常虞旱：遇水患，唯山溪暴涨沿岸为灾，且不会遍及诸处，而旱则因其地多错处山陵，势每高低隔越，虽有山塘港坝，沿溪或设筒车相机车葬，但终归人力难周，故常虞旱。② 若遭遇极旱之年，不免大饥馑而觅食山间。譬如元顺帝至正十四年(1354年)，湖南宝庆、永州、宁乡、湘乡、安化、平江、衡山

① 据益阳县地方志编纂委员会编《益阳县志》所载《益阳县清同治间堤垸示意图》(湖南人民出版社1999年版，第419页)改绘。

② 以上参见《(同治)益阳县志》卷2《舆地志·农事》。

等地因旱大饥，"人采芘子、蕨根、芦麻根充食，谷种一升值银一两"。①

元代益阳经济作物，首要者仍是茶叶。元人阴劲弦等所编《韵府群玉》已有"潭州铁色茶，色如铁"之说，②学界认为，此应为安化黑茶之滥觞（详见下章）。前引邑志言，安化茶叶在宋代尚多为野生，"元明以来，民渐艺植，各有畛域"，则安化茶自元代已开始人工种植。茶树丛植，行距八尺至丈余，丛距五至六尺不等，多以间作方法，结合中耕培育。采摘有春茶、仔茶、禾花茶、白露茶之分，采时不留余叶，一次将新叶摘尽，唯红茶区颇有留蓄顶枝（顶蕻）、根基枝（土蕻枝）者。安化茶渐成为湖南茶叶生产之一缩影。③

除茶叶生产之外，其重要经济作物还有益阳州、沅江县之苎麻，尤其是"沅麻"，自唐代以来一直久负盛名，并在元代继续发展。此外，湖南植棉历史悠久，据文献记载，自元世祖至元二十六年（1289 年）开始种植"中棉"（即亚洲棉，俗称土棉）。④《元史》载，至元二十六年"置浙江、江东、江西、湖广、福建木棉提举司，责民岁输木棉十万匹，以都提举司总之"。⑤可知是时在今湖南地区农民已种植棉花和纺织棉布了。《元典章》载："大德六年（1302 年）三月湖南道宣慰司为各处见禁无家属供送罪囚冬衣，潭州路每名支木絮纸被各一床，衡州路依孤贫人例，每名支土布二十尺。"⑥此条史料反映出，潭州路、衡阳路植棉纺织发展较快，棉布产量多，至大德年间，不仅一般百姓衣被已用棉布代替了麻布，而且狱中罪囚衣被亦使用棉布。据此可知，元代益阳地方或已种植棉花。

三、元代益阳的手工业和商业

《(同治)益阳县志》曾论益阳之"工商"有云：

> 旧称益俗"勤于农桑，拙于工贾"。大约工匠所业，不过木石、陶瓦、皮铁、织染之类。民所常需，工乃常习，此外细巧之技，多取资外方。贸易则谷米竹木纸笋之属本地所产，外客集焉，故多开充牙行，或自行囤贩，次则屠沽小肆，其余诸货则皆苏、杭、闽、广、豫章诸省客商营运，居奇于此。盖益滨资水，上通宝邵，下达江湘，舟楫流通，百货易集，故有"金湘潭，银益阳"之称，然土著之人重农轻末，安土重迁，间有巨商，亦不轻为远贾。⑦

据此可知，其实益阳交通条件颇为优越，它地处资水之滨，上通宝庆（今邵阳市）甚乃直抵云贵，下接湘江而达长沙、湘潭、衡阳，北经洞庭湖与岳阳、常德乃至武汉舟楫流通，百货易集，故有"金湘潭，银益阳"之称。但其工商业却未能发展起来，本地市场

---

① 湖南历史考古研究所：《湖南自然灾害年表》，湖南人民出版社 1961 年版，第 21 页。
② (元)阴劲弦、阴复春：《韵府群玉》卷 6《下平声·茶》，见《文渊阁四库全书·子部》第 951 册，第 223 页。
③ 参见安化县志编纂委员会：《安化县志》，中国社会科学文献出版社 1993 年版，第 286 页。
④ 湖南省农业科学院：《湖南农业科研志》(内部资料)，湖南省农业科学院 1985 年版，第 169 页。
⑤ 参见前揭《元史》卷 15《世祖纪十二》，第 322 页。
⑥ 《大元圣政国朝典章》卷 40《刑部》卷之 2《刑狱·系狱·罪囚衣絮》，中国广播电视出版社 1998 年版，第 1489 页。
⑦ 《(同治)益阳县志》卷 2《舆地志·工商》。

为苏、杭、闽、广、豫章等外地商人所控制，至于辛勤远贾周流海内更未遑也。究其缘由，实因此地民风淳朴，"重农轻末，安土重迁"。益阳此种风气，其实在《（乾隆）益阳县志》早有揭示：

> 旧志云：（益邑）民尚朴素，敦礼让，勤于农桑，拙于商贾，士通经史，尚气节，有舜遗风。

> 近时农民力耕勤垦，山岭植杉竹，滨湖筑堤垸，人满地辟，好聚恶散，无恒产者佣工食力，老死不轻去其乡。尚恬淡，不喜交游，朴者力田，秀者读书，商贾技艺什佰中一二。妇女勤于纺绩，不习桑蚕；士多自爱，耻为不义，间有习奔竞、尚声气者，群相诮让。为文有法，尚清真，不趋浮艳。①

此言"勤于农桑，拙于商贾""商贾技艺什佰中一二"等，与前述"勤于农桑，拙于工贾"语意重叠。上引二《志》虽属后来资料，但有关叙述颇具借鉴意义，明清时尚且如此，则其元代情形亦大体可推知。要之，元代益阳的手工业和商业，总体说来应该并不算很发达。

元代有关材料亦大体佐证了这点。譬如《元典章》所载元代官制中有所谓"场务官"，应即沿袭宋代之"监当场务官"，其职责是监茶、盐、酒、商税、场、务等。该职官下有"额办课程处所""内外税务窠卦"等条目，被学界常用来探讨元代市镇和商业发展。② 按其"额办课程处所"条目下，益阳州列在"500锭之上"栏，即其商税额仅在500锭以上，其上有"1000锭之上"者如婺州、衡州、江州等，"3000锭之上"者如建康、镇江、吉安等，"5000锭之上"者如潭州、扬州、武昌等，"10000锭之上"者如杭州在城等，后三者皆设有提领和大使，而"500锭之上"者则不设，可见其重要性一般。又"内外税务窠卦"条目载各行省税务处所，其中湖广行省19处，益阳州级别属从八品，不及湘潭州正八品、湘阴州从七品，③皆可说明问题。

值得一提的是，元代益阳在手工业尤其是瓷器制造方面，仍颇值得称道。近些年在益阳地方发现了一些元代烧制青瓷和白瓷的窑址，譬如烧制仿龙泉青瓷的益阳珠波塘窑，时代为南宋至元；又如在益阳羊舞岭窑（早期），出土了仿定瓷的素而薄釉青白瓷，时代亦为宋元。④ 益阳羊舞岭古窑址发现于20世纪70年代，分布在益阳市赫山区龙光桥与石笋乡交界的早禾、杨泗、牌楼、高岭和水井坳的丘陵地带。窑场考察范围的面积达5平方千米，显露出的古窑场面积近20000平方米。窑址附近有古河道，与洞庭湖水系的烂泥湖相连，交通颇便利，产品由此装船销往长沙和滨湖各地。

---

① 《（乾隆）益阳县志》卷18《风俗》。

② 白寿彝总主编，陈得芝主编：《中国通史》第8卷《中古时代·元时期·上》，上海人民出版社2015年版，第699页；范金民主编，高荣盛主编：《江南社会经济研究·宋元卷》，中国农业出版社2006年版，第741页。

③ 《大元圣政国朝典章》卷9《吏部》卷之3《官制三·场务官·内外税务案卦》。

④ 伍新福：《湖南通史·古代卷》，湖南出版社1994年版，第503页。

益阳羊舞岭窑（早期）窑址①

益阳羊舞岭窑（早期）青釉菊瓣纹敞口圈足碗②

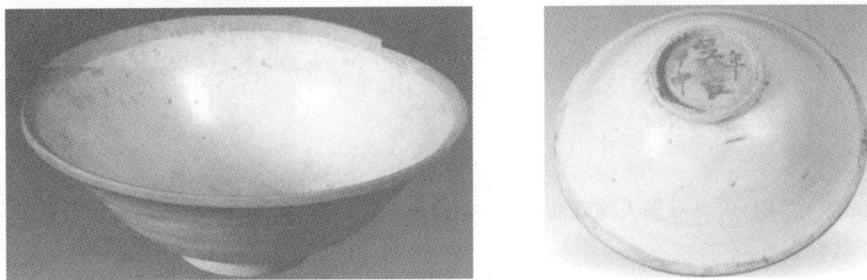

益阳羊舞岭窑（早期）青白瓷碗③

---

① 图片采自周世荣：《湖湘陶瓷（一）》，湖南美术出版社 2008 年版，第 266-274 页。

② 同上①。

③ 同上①。

益阳羊舞岭窑（早期）青釉碗①

益阳羊舞岭窑（早期）青釉圈足盘②

益阳羊舞岭窑（早期）青白瓷菊瓣纹盒③

益阳羊舞岭窑（早期）青釉贴塑人物魂瓶④

益阳羊舞岭窑（早期）元羊舞岭窑黑釉盏⑤

---

① 图片采自周世荣：《湖湘陶瓷（一）》，湖南美术出版社 2008 年版，第 266-274 页。

② 同上①。

③ 同上①。

④ 同上①。

⑤ 同上①。

羊舞岭窑(早期)在烧制方法上首先采用定窑的覆烧法,制造出具有官窑和龙泉窑风格的青瓷。龙泉窑在南宋时就已成为我国主要外销瓷器产地,其产品流传到湖南。羊舞岭窑青瓷系仿龙泉制品,故具有南宋风格,[①]产品有碗、盘、碟、缸等,而以盘为主,器表一般较大,但也有小件产品。其制作较精工,胎色瓷白,质较纯,少部分作灰白色;釉色青绿、鹅哥绿、虾青、青黄、或玉灰淡青色,多作冰裂纹开片;釉水多凝聚于下腹部或接近底沿处,作宝石状透明发亮。器底宽厚,为圆饼形平底,或作浅圈足式,碗(碟)心作环壁形露胎或圆块形露胎,其中圈足器(碟)心多作环壁形露胎,而圆饼形平底盏心则多作圆块形露胎,个别器例外。又有白瓷,使用支圈相粘连的覆烧法,颇多"芒口",器胎呈瓷白色,少部分胎色微黑,也有坯胎上压印图案花纹的。胎壁很薄,器底不厚,釉色乳白,白中泛青。水清或玉白微灰,也有在白釉上饰酱色梅花点或仅在口沿处施一圈酱色釉的,但为数极少,品种有碗、碟、盘、灯盏等。羊舞岭窑亦出黑瓷,皆小件器皿,如小碗盏与高足杯等,不见壶、罐诸器。胎色灰白,除高足碗与个别造型与白瓷相类似的碗外,其余碗心皆露胎(或叫"刮釉法"),器腹部以下也露胎,采用叠砌仰烧法,而不使用支垫窑具。露胎的大小以大于器底的直径为度。这种露胎式器底特别厚,叠烧时垫些砂粒,烧成时不易倾倒,也不易变形。此外,还出土了一些釉色介于白瓷与青瓷之间的过渡式瓷器,器形以碗、碟为主,胎壁很薄,皆芒口,色呈黄白色、虾灰,白釉泛玉黄色。也有带彩的,有些内壁与外壁的釉色不同,如内壁黑釉而外壁作茶叶末色等;也有玉黄色釉上加绘酱色梅花点彩图案的,或印莲花纹,外壁玉青,而内壁姜黄的。[②] 益阳羊舞岭窑(早期)是元代湖南地区青白瓷最典型的代表。

1986 年在元益阳州西南今桃江县马迹塘荆竹村,又发现一批元代窖藏瓷器,共出土器物 90 余件(近半残损),其中包括青釉碗 24 件、青釉盂 1 件、青釉壶 2 件、青釉盘 8 件、青釉高足杯 4 件、青釉洗 4 件、青釉葫芦器 1 件、影青碗 2 件、黑釉盏 10 件等。这批窖藏瓷器中的青釉器,胎白泛灰,质地优良,釉色浑厚润泽,柔和古雅。碗、盘、洗、杯的造型规整,圈足留有垫饼、垫圈装烧痕迹,碗盘外壁多模印菊瓣纹,洗中装饰双鱼,杯底贴塑梅花,具有明显的元代龙泉窑的特征。影青碗和黑釉盏则是当地民窑产品,在羊舞岭古窑址曾有出土。故此推断这批瓷器的窖藏时间应为元代。[③] 此批瓷器的出土,有力地证明了元代益阳州瓷器制造方面确实颇可圈点。

其可圈点者还包括金银器制作工艺。1982 年在益阳八字哨乡关王村出土的元代金银器窖藏中,有瓜棱形鎏金银盏、梅花形银盏、如意纹银盒、鎏金高足杯、鎏金龙鋬银杯、素面银杯、海棠花银盘、飞鸟纹银盘、莲蓬形银扣饰、凤穿牡丹银饰、葫芦形银饰、飞凤银簪、花蝶形银簪、鸳鸯戏荷银簪等。其瓜棱形鎏金银盏,敞口,深腹,平底,呈椭圆半边瓜棱形。盏壁錾成内外互为凹凸的五棱瓜瓣形,口沿卷曲,口沿下饰一带卷草纹。银盏一端饰半边莲蓬,内含四枚莲子,另一端饰两颗种子,种子及周围压印点状几

---

① 伍新福:《湖南通史·古代卷》,湖南出版社 1994 年版,第 431 页。

② 湖南省地方志编纂委员会:《湖南省志》卷 28《文物志》,湖南出版社 1995 年版,第 100-101 页。

③ 张北超:《湖南桃江发现龙泉窑瓷器窖藏》,《文物》1987 年第 9 期,第 21-24 页。

何纹。盏旁镂空如意几何图案，既作装饰，又做把柄。其梅花形银盏，敞口，深腹，腹壁呈五曲梅花形。五曲花口圈足外侈。盏壁花瓣上錾压一枝凹凸折枝梅花，梅花对面盏壁上模压 ぷ 形梵文字样，盏底饰一朵梅花，圈足沿压印卷草纹一周。其如意纹银盒，圆形，盒盖微隆起，盖内墨书"罡"字。盒身与盒盖以子母口扣合。壁呈弧形。通体錾饰凸花如意图纹，如意图大小统一，排列匀称，盒盖与盒身均有八个如意图纹饰，盖顶部有四个如意图纹饰。子母口扣合处上下沿压线。圈足由盒底錾压而成，足底压印"清河"二字。其鎏金高足杯，口沿外侈，扁圆腹，弧壁，喇叭形高足。口沿和足沿压印卷草纹，卷草纹两边压线。杯外壁匀称排列三个波状菱形图案，图案有盛开的荷花和枝叶繁茂的牡丹等。杯底由两支折枝梅花组成圆形图案，装饰典雅，栩栩如生。其鎏金龙錾银杯，扁圆腹，弧壁，圈足。錾手作飞龙形，制作十分精美。口沿处压印卷草纹一周。杯底饰首尾背向飞凤一对，呈圆形，略大于圈足。外壁靠柄手处刻有"陈云飞造"字样。这批元代金银器物款式多样，制作精美，具有相当高的艺术水准，是元代益阳金银器制作工艺的具体体现。①

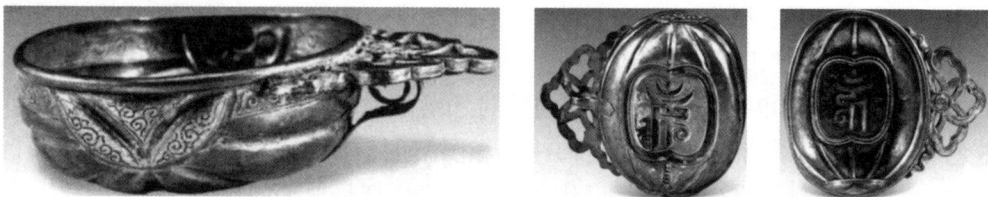

上海博物馆藏 1982 年益阳八字哨乡关王村出土窖藏元银鎏金梵文绶带结单耳瓜形杯②

益阳博物馆藏 1982 年益阳八字哨乡关王村出土窖藏元代银梅梢月纹梅花盏③

又前引元人杨瑀《山居新话》载，至正初益阳州同知乌纳罕所言"沙魇"事，有"因造

---

① 张北超、龚绍祖：《益阳县发现的宋元银器窖藏》，载《湖南考古辑刊》第 4 集，岳麓书社 1987 年版，第 68-72 页。
② 图片源自喻燕姣：《湖南出土金银器》，湖南美术出版社 2009 年版，第 263-269 页。
③ 同上②。

上海博物馆藏 1982 年益阳八字哨乡关王村出土窖藏元代錾"清河"如意纹银盒①

益阳博物馆藏 1982 年益阳八字哨乡关王村出土窖藏元高足杯、单耳银杯和素面银盏②

漆器匠者八人一夕作闹"云云。③ 研究者认为，元代益阳州或设有漆器官府作坊。④ 不过，今已难考其具体情形。此外，益阳传统竹编工艺，其水竹凉席工艺据传始于元末益阳州茅竹湖，距今有 600 多年历史，⑤详情参见清代一章。

第三节　元代益阳的文化

其文化教育，不妨从官学、书院、人才、著述等方面来考察。然而，一方面因为文献失载，另一方面委实因为元代益阳人口仍较单薄、风气尚未大开，故关于元代益阳的文化教育，能够着笔处不甚多。鉴于沅江县有关情况完全失载，这里仅就益阳州、安化县论之。翻检《(乾隆)益阳县志》，其《艺文志》中未列元代益阳著述；《选举志》中唯载"举人"二人，即延祐甲寅(1314 年)翟幼学("翟"一作"瞿")、至顺壬申(1332 年)雍钟善，⑥"辟荐"则仅载一人，即贺旻仲(知府贺应星之父，江南浙东道廉访使司金事⑦)；

---

① 图片源自喻燕姣：《湖南出土金银器》，湖南美术出版社 2009 年版，第 263–269 页。

② 同上①。

③ (元)杨瑀：《山居新话》卷 2，《文渊阁四库全书》第 1040 册，第 360 页。

④ 参见尚刚：《元代工艺美术史》，辽宁教育出版社 1999 年版，第 281 页。

⑤ 参见李万鹏、山曼：《中国民俗起源传说辞典》，明天出版社 1992 年版，第 121 页。

⑥ 《(乾隆)益阳县志》卷 12《选举志》。

⑦ 按贺旻仲(《(同治)益阳县志》作"贺文仲")，字三甫，浮邱山贺姓一世祖。其先世于宋代自江西迁益阳城西常乐街，其本人元末任江南浙东道廉访使司金事。其子贺应星，字占聚，生于元代，明初任浙江处州知府，环浮邱山贺姓皆其裔孙。(见曾主陶、曾理：《浮邱山先民谱》，岳麓书社 2020 年版，第 148–149 页)

《人物志》"文苑"载二人：樊恺(任礼部尚书，县西二百里路口樊氏其后裔①)与刘履泰。此外，《(同治)益阳县志》在《选举志》"征辟"栏补刘履泰一人，"行伍保举"栏补罗大珣一人。屈指数来，不过寥寥数人而已。至于安化县，《(同治)安化县志》卷三十二《艺文志》仅载录元代"金石"文二条(详后)；卷二十一《选举志》"科目表"，沿旧志载元代"乡举"二人：周依仁(大德元年丁酉，仕至河南廉访使正)、汤源(至治三年，任临州路学)，此外，其"各路岁贡乡举次榜"栏载有四人：李大胜(任湖广儒学提举)、李芳(任经历)、周清(任临清州州同)、李林春(岁贡旧志不载，从李氏族谱采入)；卷二十二"仕宦表"之"杂职"栏载一人即刘固珍(任宝庆府教授)，"武职仕宦"栏载一人，即李焕文(以义勇投万户)；卷二十三《人物志》"先达"栏沿旧志载一人，即前述周依仁，谓其于"元大德元年丁酉(1297年)举于乡，官至河南廉访使正，性勤慎而治事公明，一介不苟，有清廉声"；卷二十五"武功"栏载一人，即前述李焕文(关于刘履泰、罗大珣和李焕文三人之行事，详见后文)。故从人才与著述角度来审视，元代益阳文化教育实谈不上有多发达。下面仅重点讨论一下其官学与书院。

一、元代益阳的官学

元代益阳州学的讨论余地亦不大，志书中仅有片言只语涉及。《(同治)益阳县志》虽备列有元一代自大德十年(1306年)至至顺元年(1330年)崇祀孔子事，②然非专就益阳州一地而言，故此不烦备引。其真正涉及元代益阳州者唯有一语："儒学始建于宋，历宋元，在县西门外，前临资江，后距鲁旧城，东距旧城濠，西至招仙观(原注：今胡文忠公祠)，元末毁于兵燹。"③至于其具体情形，已不甚了了。近日翻检《(道光)宝庆府志》，意外发现一条史料，其《艺文略·金石》载："元益阳州儒学祭器，铜器，高四寸，围一尺，旁刻雷文，中有六耳，款云：'潭州路益阳州儒学诸生叶力铸造祭器，以永供祀事。儒生欧阳僧孺。'二十七字，均篆字，无年月。"④其原注谓："今存，新化邓氏藏。"则该祭器后辗转流落到新化，为邓氏所收藏，直至清道光年间尚存于世。古语云："凡王者大祭祀必陈设文物轩车彝器等，因谓此等为祭器也。"⑤儒家最重祭祀，形成了一整套祭祀制度，而祭器为其重要一环。元统一后，各州县文庙"释奠悉如旧仪"，⑥江南各儒学祭器也主要承袭于前代，各不统一。镇江路学祭器皆木器，绍兴路学祭器有陶器、木器和竹器，广州路学祭器铸锡为之，绍兴路新昌县学皆石器。除了祭器质地不同外，宋元更替之际，祭器损失破坏也非常严重。入元以来，由于年代久远"旧有所存者，岁久

---

① 《(乾隆)益阳县志》卷15《人物志》。(《(同治)益阳县志》卷16《人物志·文苑》所载稍详："樊恺，派名诗恺，字辉世，任礼部尚书，县西二百里路口樊氏其后裔，文稿残缺。")

② 《(同治)益阳县志》卷7《学校·历代崇祀》。

③ 《(同治)益阳县志》卷7《学校·学宫建置》。乾隆志在卷8，唯言："儒学，历宋元，在县城西门外，莫详所始，元末毁于兵燹。"

④ 《(道光)宝庆府志》卷103《艺文略四·金石一》。

⑤ 参见《史记·张仪列传》，司马贞《史记索隐》语。

⑥ 参见前揭《元史》卷76《祭祀志五》。

朽弊，简陋弗完"，元中期以后，江南逐渐开始重铸祭器，铜逐渐成为通用铸造祭器原料。儒学祭器普遍铸造，反映了元中期以后儒学祭祀制度之完善及元中期儒学之发展。[①] 此益阳州儒学祭器，正从一侧面反映了元代益阳州学之发展。然据笔者所知，元代祭器种类繁多，有多达数十乃至上百件，而此仅为一件，盖因时代迁移散佚殆尽矣。

相对而言，考察元代安化县学稍显方便，因有两篇原始文献可供参考。《（同治）安化县志》收录有元人曾梦果所撰《修学记》、李存所撰《重修儒学记》，此为第一手资料，对于征考元代安化县学发展弥足珍贵，这里先征引曾梦果所撰《修学记》如下：

> 安化之有学，自宋熙宁始，建炎间火于寇，绍兴甲子（1144年）郭令允升创于邑之东，宝祐癸丑（1253年）圮于水，乙卯（1235年）彭令道耕迁于邑之西，今之学宫是也。殿庑斋廊略备，尊贤有堂，藏书有阁，科名星有殿，采芹有亭，规模亦云备矣。至大元奄有南土，才二十年，风震雨淋，又渐颓漏。至元丁丑（1277年）之寇变起不测，庙貌荡然。丙戌（1286年）冬东丹耶律敦武以开国元勋之胄来尹斯邑，慨然有修复意。次年丁亥（1287年）夏即命工修葺，见讲堂欹倾，墙垣颓圮，又兴版筑，悉捐己俸助之，不旬日规模一新。士之来游来歌者，莫不称赞曰："贤哉，令尹！知以化民成俗为先务与！"教谕少陵李应龙，以前学职李修之子，不远数百里求记于予。（后略）[②]

安化县学自熙宁五年壬子（1072年）创建之后，在有宋一代迭有废兴。南宋理宗宝祐元年（1253年）学宫圮于水，宝祐三年乙卯（1255年）知县彭道耕迁址重建于邑之西，自是直至清朝，历代皆为本邑学宫所在地，虽迭有改作，其实唯朝向等稍有差异，其故址在梅城镇紫云山麓洢水之滨，今安化县第一中学校内。二十余年过去，至宋末元初又遭劫难。元世祖至元十四年，即南宋端宗景炎二年（1277年）三月，周龙、张虎等起兵宝庆，复新化、安化等地，直至至元十八年（1281年）才平息，此前文业已述及者，由曾氏此文所言"至元丁丑（1277年）之寇变起不测"，可以印证；而"庙貌荡然"一语，则足见当时战事对县学学宫，尤其是文庙破坏甚大。至元二十三年丙戌（1286年）耶律敦武出任安化县尹，前面曾据曾氏此文考察过其人相关情况，疑其或即耶律楚材后裔。次年丁亥（1287年）夏，耶律敦武即着手命工修复县学，不仅文庙，包括讲堂亦修葺一新，还捐献自己全部俸禄佐助之。教谕李应龙则不远数百里求教授曾梦果撰记，为后世留下这篇珍贵文献，对考察元代前期安化县学发展颇有裨益。至于元代后期，则有李存《重修儒学记》可供参考，其文曰：

> 长沙府会统邑十二，而梅峤为邑实自熙宁始，邑学之建亦自当时始。宇宙混一，文运一新，其有职于郡邑者，靡不以学校为先务。故昔者耶律尹于斯，不鄙遗

---

① 申万里：《元代教育研究》，武汉大学出版社2007年版，第356-357页。

② （元）曾梦果：《修学记》，见《（同治）安化县志》卷17《学校一·学宫》。

其民，必思所以振德之，而学校之兴，此又一助也。岁月荏苒，日就隤圮。至顺庚午（1330 年）春，西夏侯李纳加台以开国勋裔来监兹邑，署事之明日，祗谒先圣，环视周垣，凛然危压是惧，将无以仰承德意、下慰民望。越明年，政化既孚，亟议修复。既捐己俸先之，主簿杨君盱、县尉南阳屈君、邑士民胥率竞劝，经始于今夏，越十一月南至工用就绪。佩衿欢然，不约而集，相与言于教谕李君曰："美哉，是功！非先生孰成之？"君曰："不然，吾贤侯之功也。自吾侯下车，临政以平而民安之，律己以廉而民化之，于斯文犹汲汲焉，庸非深得学道爱人之意与？是不可无一言以纪盛德以示来世。"于是属序于予。……是费出于上下相劝者为缗二千有奇，出于学廪之羡余者一千有奇，而职教之能亦于是乎可见。督役则训导王继孙、诸生刘镇之力，效成皆宜书。①

据李氏此文，安化县学自至元丁亥（1287 年）耶律敦武夏修复后，岁月荏苒，四十余年风雨沧桑使其又"日就隤圮"，令人"凛然危压是惧"。元文宗至顺元年庚午（1330 年）春，李纳加台出任安化县尹，前面曾据李氏此文考察过其人相关情况，疑其乃原西夏党项李元昊后裔，后调任龙阳州知州。至顺二年辛未（1331 年），李纳加台亟议修复学宫，并带头捐献己俸，于是主簿杨盱、县尉屈君及阖县士民纷纷捐助，至次年冬至完工，编修李存为之撰记叙其原委。此次大修之后，历二十年，逮元末至正十一年辛卯（1351 年）复遭兵燹，明洪武三年庚戌（1370 年）知县海源善重修，②此是后话。

此二篇中，皆提及"教谕"这一学官，颇可注意。虽宋之京师小学和武学中置有"教谕"，然在地方官学设置这一学职，却始自元代。《元史》载：

> 凡师儒之命于朝廷者，日教授，路府上中州置之。命于礼部及行省及宣慰司者，日学正、山长、学录、教谕，路州县及书院置之。路设教授、学正、学录各一员，散府上中州设教授一员，下州设学正一员，县设教谕一员，书院设山长一员。中原州县学正、山长、学录、教谕，并受礼部付身。各省所属州县学正、山长、学录、教谕，并受行省及宣慰司札付。③

今按益阳州为中州，其州学应设有教授一员；安化县为下县，故其县学仅得设教谕一员。其后明清二代县学皆设有教谕一员，掌文庙祭祀，教育所属生员。又李氏此文中提及"训导"这一学职，此为教谕之副职。若依明清二代例，凡府学教授、州学学正、县学教谕，皆有"训导"为之副贰，分掌教授生徒之事。由此推知，益阳州学教授下或亦设有训导。明清教谕与训导，皆任命有举人身份者充当，而据前引《元史》文字来看，元代州县学之训导，似并不由行省任命。

---

① （元）李存：《重修儒学记》，见《（同治）安化县志》卷 17《学校一·学宫》。
② 其明初情况，参见（明）杨篯：《开复门路记》，载《（同治）安化县志》卷 17《学校一·学宫》。
③ 参见前揭《元史》卷 81《选举志一·学校》。

又文中所言"诸生"，即安化县学生员。历史上，自中央至地方府、州、县各级学校之生员，统称诸生。《（同治）安化县志》载："学额：汉武帝始置弟子员；唐制，上县40人，中县35人，下县25人；宋无定额，崇宁三年（1104年）以费广难赡，合照见在籍三分汰一；元有大学生、小学生、乐生。"①元代各处官学生员额似无一定，应考虑南北差异，且不排除元代后期或有所增加。以州学而论，如至治中（1321～1323年）彭州（下州）州学生员数为30人，②河南光州（下州）州学生员数为数十人，③海盐州（中州）州学至元四年（1267年）生员数为50人，④至大元年（1308年）常熟州（中州）州学生员数为50人，⑤至正十一年（1351年）嘉定州（中州）州学生员数竟有100余人。⑥益阳州为中州，其州学在籍生员或有40至50人。以县学而论，宪宗二年（1252年）莘县（中县）县学生员仅10余人，⑦皇庆间（1312～1313年）建德县（中县）县学有生员40人，⑧而据《两浙金石志》载，鄞县（上县）县学生员竟达百余人。安化县学生员或可参考南宋，孝宗淳熙十二年（1185年）安化县学有生员18人，⑨安化县在元代为下县，故估计其在籍县学生员或亦为10余人，可能为18～20人。

又文中所言"学廪"，其实涉及学校经济这一重要问题。所谓学廪，即学校之粮仓。宋以后，官学、书院多置学田，招人承租，收取地租，建廪贮存，主要用于支付官、书院学官及职事人等之薪俸，贫寒生员之学费及廪膳经费或亦由此出。故其背后支柱在于学田。元世祖至元二十三年（1286年），"诏江南学校旧有学田，复给之以养士"。⑩可见元代学田承自宋代，故宋代数据对了解元代学田颇有参考价值。益阳州学由于原始材料缺乏暂不论，至于安化县学，则有邹应隆《安化县学增养士田记》所言宋代数据可供参考。邹文言及，南宋孝宗淳熙十二年（1185年）县令赵崇模增县学养士田，"检查田之没于官者得一百九亩，山园平陆十八区斥县之羡余所置又三十余亩，山园复在其外"。⑪可见其时有学田140亩以上，这大体可视作元代安化县学学田数，其规模虽不及一些书院，譬如益阳州庆洲书院、湘潭主一书院、衡阳沅阳书院等，动辄数百亩，甚或上千亩，但其生员才10余人，故亦够用，甚或尚有盈余，李存文中所言"学廪之羡余者一千有奇"可证。至于其用度开支，除贫寒生员之学费及廪膳经费外，主要用于学官及职事人等之薪俸。按《（至顺）镇江志》所载：

---

① 《（同治）安化县志》卷17《学校一·学宫》。

② （元）揭傒斯：《彭州学记》，载《揭文安公集》卷6。

③ （元）马祖常：《送高富卿学正归滑州序》，载《石田集》卷9。

④ （元）陈旅：《海盐州儒学新修庙学记》，载《安雅堂集》卷8。

⑤ 《常熟州修学记》，载《江苏通志稿·金石门》卷20。

⑥ 《嘉定州教授题名记》，载《两浙金石志》卷23。

⑦ （元）吴澄：《故教谕刘君墓碣铭》，载《吴文正集》卷37。

⑧ （元）程端礼《畏斋集》卷4《冯彦思序》。

⑨ （南宋）邹应隆：《安化县学增养士田记》，载《（同治）安化县志》卷17《学校一·学宫》。

⑩ 参见前揭《元史》卷81《选举志一·学校》。

⑪ （南宋）邹应隆：《安化县学增养士田记》，载《（同治）安化县志》卷17《学校一·学宫》。

俸钱

学官二百二十三贯五百　　学官一十一员，蒙古字学教授六十贯，儒学教授二十五贯，学正一十五贯，学录一十贯，淮海、濂溪、茅山三书院山长各一十五贯，三县儒学教谕各一十贯，医学教谕三十八贯五百。

直学二十贯　　直学四员，路学、三书院各一员，员各五贯。

吏一百二十五贯　　学吏五名，儒学二名，三书院各一名，名各二十五贯。蒙古字学、医学官并于官库内支；儒学、三书院、三县学官吏，并于学库内支。

禄米

儒学官二十五石　　学官九员：教授五石，学正三石，学录二石，淮海、濂溪、茅山三书院山长各三石，三县教谕各二石。

直学四石　　直学四员，路学、三书院各一员，员各一石。

吏二石五斗　　学吏五名，路学二名，三书院各一名，名各五斗，并于学廪内支。①

文中所言"直学""学吏"需稍作解释。按《元史·选举志一》："凡路、府、州、书院，设直学以掌钱谷，从郡守及宪府官试补。"②据此可知，"直学"掌管钱谷，益阳州学与后文所涉之庆洲书院应该皆有设置。至于"学吏"，则掌文书宗卷之属，元代地方官学及书院皆有设置。③据《(至顺)镇江志》所载，学官及直学、学吏不仅在学库内支取俸钱，亦在学廪内支取禄米。比照镇江，大体可推知，益阳州学教授俸钱二十五贯、禄米五石，安化县学教谕俸钱十贯、禄米二石，庆洲书院山长俸钱十五贯、禄米三石；益阳州学与庆洲书院各设有直学一员，俸钱五贯、禄米一石；疑益阳州学、安化县学及庆洲书院，皆设有学吏一名，俸钱二十五贯、禄米五斗。因相关度颇高，庆洲书院学廪支出事附载于此。

二、元代益阳的书院

宋代益阳县原有松风书院，而元代不见言及，大概已废。元代益阳州有庆洲书院，甚为知名，为乡贤刘履泰所建。刘履泰其人，前文已有涉及，《(乾隆)益阳县志》卷十四《乡贤》、卷十五《人物·文苑》及《(同治)益阳县志》卷十三《选举志·征辟》，皆载录有其人。乾隆志载：

> 刘履泰，字用大，号东斋，元益阳州人，博通经史，文思敏捷，诏授庆洲书院山长，仕至靖州通道令。正德庚辰(1520年)，江南锄得铜祭器一大瓮，上有"庆洲刘氏延祐庚申(1320年)记"，盖严于祭祀如此。旧在《文章志》。④

---

① 《(至顺)镇江志》卷13。

② 参见前揭《元史》卷81《选举志一·学校》。

③ 参见季啸风：《中国书院辞典》，浙江教育出版社1996年版，第710页。

④ 《(乾隆)益阳县志》卷14《乡贤》。

履泰创建庆洲书院事，其第一手资料是元人刘岳申（1260～?）所撰《重修庆洲书院记》（下称"刘文"）、许有壬（1286～1364年）所撰《庆洲书院记》（下称"许文"）。刘文曰：

（前略）（资）水出宝庆、新化，东流入益阳，为县属于潭，水中有洲曰庆洲。皇元始升县为州，大德辛丑（1301年）里人刘履泰以父命创庆洲书院，捐田三百六十余亩，中书准设书院，以履泰为之长。历四十年为后至元庚辰（1340年），履泰以通道县尹卒官，其子寿翁克承先志，以私钱万缗更为殿堂门廪，起四月，迄明年八月，书院为一新。旧翁以其兄弟增益良田二百亩，归复侵疆一顷；而书院为再造，则山长康震与有力焉。震之言曰："自有庆洲，未有书院，而创建于通道；自有书院，历几山长，而再造于寿翁。新学成而新田增，盖新田归而侵田归复，厥有相道，震何力之有？"余惟天下四书院，湖湘居其一，又有命世大贤，父子相继，以圣贤问学为家学者，以嗣以续，此所以有庆洲也。尚论水木本原，其谁忘之？震其知本者乎！（后略）①

许文曰：

资水之阳为益阳，昔邑今州，其阴为书院，庆洲居其中，因名焉。大德辛丑（1301年）里人莱山学录刘履泰，受命父彦瑞而作也。世传唐相裴公度读书其旁，宋致堂胡公、南轩张公又尝莅止。履泰父子慨先贤之过化，欲后学之均淑也。殿以祀先圣，庑以祀先贤，堂以隆师席，斋以居诸生，廨以治学务，庖廥门墙，靡不完美。割田三百六十余亩，资其用。地据高爽，山林丛秀，盖藏修游息之胜地也。闻中书，得署额，因升履泰为山长。十一更，为今山长庐陵康震，始具其故，请记。愚惟古作器必铭，重其始以励其后也，况若是其大者乎？履泰阶是为他官，始不属笔于人，不自声其功也，其在继者哉？而四十年无及是者，阙其甚哉！……今天下皆学，居之高明，树之官师，食之既廪。若履泰父子，又能增设以广教育，是邦之人何其幸欤！此而不力，则是寒不衣，饥不食，而甘冻馁以毙也。而震也又能茸学之弊，辟田之荒，发四十年湮没不称之实，皆可书也。虽然，书功末也，有本焉，学者其慎勿忽！②

今按庆洲书院在益阳州治之南，因处资江水中"庆洲"上，③故名，院址在今资阳区学门口一带。元世祖至元二十八年（1291年）下诏："其他先儒过化之地，名贤经行之所，

---

① （元）刘岳申：《重修庆洲书院记》，载《申斋集》卷6。

② （元）许有壬：《庆州书院记》，载《至正集》卷36。

③ 《（嘉靖）长沙府志》卷4《学校纪》载："庆洲书院，在益阳县治南资江中，元邑人刘履泰讲学于此，事闻，授庆洲书院山长。"《（康熙）长沙府志》卷7《山川·益阳县》载："庆洲，县南江心，谚云：'庆洲露一拳，资阳出状元。'"

与好事之家出钱粟赡学者，并立为书院。"①庆洲之地，地据高爽，山林丛秀，实为盖藏修游息之胜地。世传唐宰相裴度曾读书其旁，宋代学者胡寅、张栻又尝莅止，正所谓"先儒过化之地"。元成宗大德五年辛丑（1301 年），刘履泰秉承其父刘彦瑞之命，捐田360 余亩创建书院于其地，聚生徒讲学于其间，此举既响应朝廷号召，于地方政教风化亦大有裨益，故上报中书省获批，诏命履泰为书院山长。据许文所言，书院设施齐全，殿、庑、堂、廨等"靡不完美"。履泰还捐献 360 余亩学田以资其用，保障其长期运作。参照安化县学学田才 140 余亩，生员约 20 人，庆洲书院有学田 360 余亩，初步估算其前期或有生徒 50 人左右。

《（康熙）耒阳县志》收有一篇《迎仙道院记》，作者"苍溪文坤"为"元潭州路益阳州庆洲书院山长"，文末落款"延祐六年（1319 年）己未九月奉议大夫达鲁花赤兼劝农事孙合谋立石"。② 按"苍溪"应指苍溪县，属四川广元。据此，苍溪人文坤至迟在延祐六年（1319 年）已任庆洲书院山长，则履泰至迟在此年已卸任该职。故前引《（乾隆）益阳县志》所载"正德庚辰（1520 年），江南锄得铜祭器一大瓮，上有'庆洲刘氏延祐庚申（1320 年）记'，盖严于祭祀如此"云云，此铜祭器或许只是刘氏家祭器具，但亦不排除其作为儒学祭器之可能，因铜祭器铸造有个过程，其间或有迁延亦未可知。结合前述元中期江南普及铜铸儒学祭器事，庆洲刘氏以铜铸祭器似非一孤立事件。不管怎么说，履泰至迟在延祐六年（1319 年）应已卸任庆洲书院山长，其去向当是出仕地方，最终"以通道县尹卒官"。

又按许文有"十一更，为今山长庐陵康震"云云，则自履泰肇始，至后至元庚辰（1340 年）康震出任山长，40 年间更换 11 任山长。履泰出资创建，并自任山长，任职时间自是最长，估计有近 20 年；其余继任山长凡十任，合计或有 20 年以上，其更换频率应该说还是颇高。此十任继任山长，除文坤外，仅康震能考见其行事。由于山长更换频繁，管理难以到位，书院部分学田被侵夺，据刘文所言"归复侵疆一顷"推知，其被侵占之田有一顷之多。而 40 年岁月荏苒，书院殿堂门廉或亦圮坏。康震出任山长后，乃请履泰诸子寿翁等出面，归复被侵之田，更增益良田 200 亩；寿翁又个人出资万缗，将殿堂门廊修葺一新。刘氏父子相继，赓续办学，造福桑梓，着实令人钦佩。而康震作为山长，亦颇可圈点，因其积极有为，周旋运作，"葺学之弊，辟田之荒"，使书院扭转颓势，不仅面貌焕然一新，规模甚至还有所扩大。学田在原来基础上增益 200 亩，想必其后期生徒当亦有所增加。康氏还"发四十年湮没不称之实"，请刘岳申、许有壬为之撰记，刘、许皆名士，书院得此二人表彰，附骥尾而名益显。

今按康震（？～1358 年），字宗武，江西吉安府泰和县人，颇有名望，在《江西通志》《吉安府志》《泰和县志》中皆有传。《（同治）泰和县志》载：

> 康震，字宗武，从吴草庐澄、刘申斋岳游，应荐为益阳州庆洲书院山长，秩满，

---

① 参见前揭《元史》卷81《选举志一·学校》。

② （元）文坤：《迎仙道院记》，载《（康熙）耒阳县志》卷 7《艺文》。

以亲老告归。家富好士，作匡山书院，馆谷四方学者。达监州之守州也，震力助焉。参政全子仁率师东下，粮械取具大家，震亦倾资为应。会熊天瑞将入寇，匿重崖，三日不食死。有《思治集》藏于家。[①]

又按明前期政坛重要人物杨士奇，亦泰和县人，其祖父兄弟与康震相交莫逆，康、杨二家是世交，故杨氏著述涉及康震颇多，今以之为据，综括康氏生平如下：

康震祖上本姓匡（因避宋太祖讳而改姓康），世居吉安府泰和县东南 50 里之深溪，吉安古称"庐陵"，故前引许文以庐陵称其郡望。康氏乃深溪名门望族，自南唐、宋、元以迄明初，修儒术、持行义、官高爵显者颇多。康震本人师出名门，前引《（同治）泰和县志》称其"从吴草庐澄、刘申斋岳游"，所言"刘申斋岳"，即前述刘岳申，他是元代著名文学家，亦吉安府人，为康震同乡先进；而所谓"吴草庐澄"即吴澄，他是元代著名理学家，谥"文正"，康震为其高第弟子。杨士奇《题萧氏瑞芝诗文后》云：

> 康先生字宗武，从游吴文正公为高弟，学行醇实，为庆洲书院山长，齐鲁关陕之士多从之游，传其学者往往去撷高科为显官，学者称匡山先生。

又《康氏族谱序》曰：

> 景明之孙宗武，从学吴文正公，明"三《礼》"，为天临路庆洲书院山长。

又《康仲矩墓表》曰：

> 事元有讳震者，受学吴文正公，博通五经，尤用志于"三《礼》"，以古文名当时，尝为庆洲书院山长，学者称匡山先生。

据以上诸条，足见康震学有根底，实乃吴澄高第弟子。故清人李绂撰《陆子学谱》，将康震作为陆子私淑弟子吴澄之高足、陆王学派传衍之重要一环而立有专传。[②] 值得一提者，据前引《（光绪）吉安府志》，康震所以能出任庆洲书院山长，实因湖广左丞吴当举荐，而据《元史·吴当传》，吴当乃吴澄之孙，真可谓渊源有自，不为无因。康震任庆洲书院山长时间并不长，一般而言，山长大致为 3 年一任（个别有甚长者），估计其或在

---

① 《（同治）泰和县志》卷 15《列传·康霈传》，《（光绪）吉安府志》所述人致与此同，然其中有"湖广左丞吴当荐为庆阳州书院山长"云云，盖将"益阳州庆洲书院"误作"庆阳州书院"。（《（光绪）吉安府志》卷 34《人物志·忠节》）

② 以上参见（明）杨士奇：《康母杨孺人墓志铭》，载《东里续集》卷 40，《文渊阁四库全书·集部》第 1239 册，第 195 页下；《题萧氏瑞芝诗文后》，载《东里文集》卷 9，《文渊阁四库全书·集部》第 1238 册，第 108 页上；《康氏族谱序》，载《东里文集》卷 4，《文渊阁四库全书·集部》第 1238 册，第 49 页上；《康仲矩墓表》，载《东里续集》卷 32，《文渊阁四库全书·集部》第 1239 册，第 87—88 页；清李绂《陆子学谱》卷 18《康震传》。

3年秩满后，即归泰和，自创匡山书院以终老。《（同治）泰和县志》言其"会熊天瑞将入寇，匿重崖，三日不食死"，按熊天瑞寇吉安在至正十八年（1358年），故康震大致于是年去世。要之，康震以其自身独特影响力，加之积极周旋运作，虽然仅在庆洲书院不过数年，却对书院层次之提升影响颇大，故笔者不惮其烦，钩稽发覆如上。

三、元代益阳的宗教

关于元代益阳州宗教，几乎无任何资料，唯知唐代所建两佛教寺庙，历宋、元以迄明清，尚存于世，其一为白鹿寺，"唐元和间建，乃司马头陀所卜地"；另一为龙牙寺，即延祥寺，在州治西一百里，"唐元和间定州僧圆鸿创，据说有龙化为白须翁听讲，临去留献佛牙，宋赐额改曰龙牙寺。"[1]至于安化县，在佛教方面则能赘言几句。《（同治）安化县志·艺文志》载录有元代"金石"文二条：其一为《元报恩寺香炉款》，另一为前述《元陈公寺钟铭》。其《元报恩寺香炉款》云：

> 炉高六尺，口径丈余，在寺大雄殿。上款"岁次己未延祐六年（1319年）腊八日造"十二字，余字模糊不可辨。

按此报恩寺在安化县甚为知名。据载，寺在县治西，始建于宋代，"宋杨长者舍基，芙蓉寺僧恺禅建"，在明代为僧会司所在地，明邑人惠州知府李鉴曾题诗（详后）。[2]《（同治）安化县志》载此，疑其至清朝尚存，自延祐六年（1319年）算起，已历六七百年，弥足珍贵。

再看《元陈公寺钟铭》。其文曰：

> 陈公寺，原名宝胜堂，在县南十五里田心福景山。铭云："天仙与地祇，普受如来敕。撞发大机圆，显受真如实。本山击此钟，见闻获利益。上彻九霄界，下拔三途极。地狱尽停酸，冤亲俱解释。佛法永兴隆，龙天加惠泽。檀越福骈臻，宗亲超净域。有情及无情，同承此恩利。"款刻："福景山宝胜堂，本堂承官员士庶、善男信女各施净财，命匠铸造洪钟，永镇本堂，用保国家清吉，长幼咸安者。龙阳州匠人仇仕聪父子造，起造钟楼匠人贺应祥。县吏刘应祥、天临路安化县典史刘诚、天临路安化县尉杨文质、将仕佐郎天临路安化县主簿八笃海涯、承仕郎天临路安化县尹兼劝农事王叔泰、掌山王仲达等主盟，檀越陈应举、陈应魁、陈应申，当代住山刘德海开基，无心居士陈万法证盟，明妙辅教大师都道场启宁禅寺住持僧德新主盟设法，大洪宝山逸庵大德居士在殿。时乙亥元统三年（1335年）仲春月观音诞辰本

---

[1] 参见《古今图书集成·方舆汇编·职方典》卷1211《长沙府部汇考十一·长沙府祠庙考二》。

[2] 参见《（嘉靖）长沙府志》卷4、《古今图书集成·方舆汇编·职方典》卷1211《长沙府部汇考十一·长沙府祠庙考二》。

堂题。"①

此文颇有价值，前文曾据以考见元代元统年间安化县之任职官员，在此欲进一步一窥其佛教发展状况。据此文，陈公寺在元代名曰宝胜堂，似清朝尚存，今废，其故址似在今安化县梅城镇田心乡中学。根据现有资料看，在元代安化县，佛教比道教要发达。其元代道观，大体能确定者，仅有一正元观，《(嘉靖)长沙府志》载："正元观，在安化县东南寿春山，宋开禧(1205~1207年)建，今废。"②它于宋开禧建，元代或许尚存，但至明代嘉靖年间已废。③而佛教则除上述报恩寺外，据此文可知，尚有宝胜堂及启宁禅寺。启宁禅寺即启宁寺，冠以"禅"字，其宗派当属禅宗。据载："启宁寺在县东，宋熙宁间(1072年)开上下梅山，以熙宁二字分名二寺，新化为承熙，安化为启宁，即县治旧址。"④今按启宁寺在伊溪西岸，今废，亦为最初县署及学宫所在地，故址今梅城镇启安坪(村)。另志书中尚提及安化县数处寺庵颇值得注意：其一曰白龙寺，在县东南百二十里丰乐乡道堂山，元至正二十八年湘乡聂洪鉴建。其二曰镇抚庵，在县东南百三十里天平山，元至治间易景荣建。⑤其三曰永熙寺，"在丰乐乡石旗山，明景泰四年(1453年)李必贤重修"。此言"重修"，或许元代已存在。其四曰资福寺，据载，"资福寺在十一都松林山，一名查里寺，五代时僧智运建，宋元间俱重修"⑥"资福寺在县北八十里苗竹山，一名查里寺，五代时僧智运建，宋建炎四年(1130年)、元至元二十八年(1291年)俱复修"。⑦按十一都后改为"一都"，在今安化县江南、陈王、小淹、龙塘、冷市一带，松林山即百花山，一名苗竹山，在敷溪、长乐、通溪之间，今县城东坪东40公里处。此资福寺明代更名"苗竹寺"，多次重修，实乃安化迄今所知最早寺庙。此外，据同治志载，另有湖泉、星罗、崇福、龟安、观音、白云诸寺及青莲庵，创建于唐宋时，而明清时或有修复，⑧疑元代亦存，附记于此。

① 以上两文见《(同治)安化县志》卷32《艺文·金石》。

② 《(嘉靖)长沙府志》卷6。

③ 《(同治)安化县志》卷7《舆地·山川三》载："东干第二支之首曰佘家仑，在县东北六十里归化乡，双峰卓峙，四围如城郭，中有田四百余亩，清泉灌溉，汇流成溪。元末佘氏入山采约，即此修炼，今山以姓名，其上尚有佘氏冢云。"此则材料与道教不无关联，元代资料难得，难于割舍，姑附记于此。

④ 《(嘉靖)长沙府志》卷6；《古今图书集成·方舆汇编·职方典》卷1211《长沙府部汇考十一·长沙府祠庙考二》

⑤ 《(同治)安化县志》卷14。

⑥ 《古今图书集成·方舆汇编·职方典》卷1211《长沙府部汇考十一·长沙府祠庙考二》。

⑦ 《(同治)安化县志》卷14。

⑧ 《(同治)安化县志》卷14。

第八章　明代的益阳（上）

按通常说法，明朝自洪武元年（1368 年）朱元璋称帝起，元璋之后传十六帝，至崇祯帝十七年（1644 年）北京陷落止，至于其后南明各政权所延数十年，皆作绪余附见于清初而已。本章因叙事需要，断自甲辰年（1364 年）朱元璋称吴王起，迄至崇祯十七年止。甲辰年（1364 年）二月，朱元璋下武昌，平陈理，于是陈友才以长沙、益阳，王忠信以善化，黄宁以浏阳，易华以醴陵，王崇德以攸，谭悦道以茶陵，刘玉以湘潭，吴仁琼以湘阴，贺兴隆以安化，李祥以宁乡，相率来附，益阳、安化等地遂正式纳入元璋版图。同年，明沿元制设湖广等处行中书省以统今两湖之地，至洪武九年（1376 年）乃改为湖广承宣布政使司，领府十五，长沙府、常德府皆属焉。长沙府即元天临路地，甲辰年（1364 年）朱元璋改为潭州府，洪武五年（1372 年）复更名曰长沙府。其所辖之地，与元天临路大致相同，唯剔除衡山县（改属衡州府），新增茶陵州。其可注意者，原元醴陵、浏阳、攸、湘潭、益阳、湘乡、湘阴七州之地，至洪武三年（1370 年）已悉降为县，其中益阳早在洪武二年（1369 年）降为县。至于常德府，即元常德路地，辖武陵、桃源、龙阳（今汉寿县）、沅江四县。沅江县本元代龙阳州属县，洪武三年降龙阳州为县，沅江县遂直属于常德府，洪武十年（1377 年）曾一度省入龙阳，十三年（1380 年）仍复置焉。上章囿于资料，于安化、沅江二县尤其是沅江县着墨不多，本章其分量会有所增加。

第一节　明代的益阳政治

一、明初统一战争时期的益阳

本书所言"明初统一战争"，其概念稍宽泛，在时间上自甲辰年（1364 年）朱元璋称吴王算起，至洪武二十年（1387 年）纳哈出降明止，将洪武建元前数年亦涵括其中，毕竟益阳、安化等地已在甲辰年归入其版图；而在征伐对象上，不仅包括对陈友谅旧部和元朝残余势力之扫灭，亦包含对苗蛮少数民族势力之征剿。在这 20 余年征伐过程中，益阳、安化二县虽不在漩涡中心，但其作为后方保障之地，与此密切相关，今试钩稽如下。

（一）益阳县

1. 最初的拨乱反正

洪武二年（1369 年），益阳由州降为县，在此之前，有 5 年时间仍沿元制设为州。上章曾征引《益阳重新（修）州治记》。该文实是探研此段益阳史事之重要文献。此文作者汪仲鲁，初名叡，以字行，别号贞一道人、贞一病叟，元末明初徽州婺源（今属江西省）人，本为儒士，与名士朱升、赵汸等谈诗论文，并讲习于碧云庵玉莲僧舍。元末与其弟汪同集义旅保乡，后归朱元璋，为左春坊左司直郎，颇为元璋器重，与朱善、刘三吾两学士趋朝同班赐座，并称"三老"。[①]《益阳重新（修）州治记》起首即曰：

> 益阳为潭属，州西南接溪洞之境。壬辰（1352年），海内兵燹，洞獠焚掠州邑，人民散亡，盗劫恒往来，人且相食，治所为丘虚疮痍。孑遗依山谷结聚以自保者十余年。迨归于陈氏，始有州官之设，然民皆隶军籍，惟将帅命有司但征其田赋之入而已。甲辰（1364年），陈氏战败以亡，环荆湘之地悉归于吴王，洞獠皆顺服，市不易肆，民不易业，官复旧制，山垒隳而军民分，咸相安于无事之域矣。明年二月，故侯以征召起金华，来知州事。下车之日，邑井皆草莱，缘郭外数千里，行无人烟。侯召父老，宣布国家威德，抚绥旋集，旦夕不倦。情恻可信孚，捶楚弗加，民从其令，携扶襁褓以还邑里。

上章曾征引其前面数句，以阐述元末益阳州混乱状况。其所言"迨归于陈氏，始有州官之设"，说明陈友谅控制益阳州之前，该州甚或连州官亦无，其地方行政完全处于瘫痪状态。而陈氏政权虽在益阳州设有州官，"然民皆隶军籍，惟将帅命有司但征其田赋之入而已"，此种战时体制当然亦极不正常。其所言"下车之日，邑井皆草莱，缘郭外数千里，行无人烟"云云，足见在经历近20年战乱之后，益阳州之凋敝景象令人触目惊心。至于"甲辰，陈氏战败以亡，环荆湘之地悉归于吴王，洞獠皆顺服，市不易肆，民不易业，官复旧制，山垒隳而军民分"云云，甲辰即至正二十四年（1364年），是年二月，朱元璋下武昌，平陈理，陈友才等相率来附，其史事已述如前。其可堪注意者，此处仅以"吴王"而非其他称谓称朱元璋，其时间线甚为明确，据此推知，此文应撰于朱元璋称吴王之第二年，即至正二十五年（1365年）。正是该年，朱吴政权在益阳州才正式有州官之设。

文中所言"侯"，乃古时对州县长官之尊称，此指益阳州知州。其人乃浙江金华人，其姓氏失载，但知其字。文中提及，"侯字宗元，盛年讲习经史，为文章，应进士举；既而辟为浙东宪府掾，在职三年，声誉以著"。所谓"浙东宪府"盖指浙东海右道肃政廉访司。宗元被举为浙东海右道肃政廉访司僚属，任职3年，政声不错，其后或因元末天下大乱，"遂退处山林，读书谈道义，感怀作诗，怡然康乐，若无意于利达者"。甲辰年（1364年）朱元璋灭陈汉政权，南方局势渐趋明朗，宗元乃于次年（1365年）二月应元璋征召，出掌益阳州事。其时益阳，"乘积年兵燹之余，散亡废遗几不可振"，宗元尽心抚绥，旦夕不倦，"未三月而政举事集"，已然卓有成效。

归结起来，宗元之政绩有三：其一，"召父老，宣布国家威德，抚绥旋集，旦夕不倦。

---

① 参见（清）查继佐撰，倪志云、刘天路点校：《明书》，《二十五别史》，齐鲁书社2000年版，第2466-2467页；中共安徽省徽州地委宣传部、徽州地区文学艺术界联合会：《新安人物志》，1983年版，第60-61页。

情恻可信乎，捶楚弗加，民从其令，携扶襁褓以还邑里"。在前述"山垒隳而军民分"基础上，安集流亡，尽复平时之业，使益阳州由乱返治，气象一新。

其二，修复官署。文中有云：

> 于茅乘屋，檐宇相接，顾瞻官署，不可以不治也。乃身倡其民，葺完政事堂，题曰承宣，因旧名也。又为后堂五间，名曰端本，昭鉴戒也。前为门屋三间，戒石有亭，军需有库，宾幕吏庑以次完具，务崇俭素，不华饰也。凡为屋，皆取旧废宅材瓦为之，故功为易就，不过烦也。墉筑四周，鼓警晨夕，更漏时刻，无爽逾也。或曰州为五品官署，出号令以作新人民，非高丽不耸瞻如何？侯曰："然。吾州民塞力竭，如是亦足矣。事省则民力宽，况当耕耨之时，其可久役乎？"①

据此可推知，经元末兵燹之后，原益阳州官署委实荒隳颓圮已甚。而宗元虽倡导修葺，但矜恤民力，实不敢过求奢华，其实简陋得很，仅求足用而已。

其三，兴复州学。据文末"侯方与图新庙学，崇主皇宣圣王之教，以训育其民"云云，可知宗元在修复州署后，还与州判舒君筹划，将欲兴复儒学，此是后话。

此益阳知州宗元不见载于各志书，然据其行事，笔者颇疑其人即明初益阳知县田俊。《（乾隆）益阳县志》载："明田俊，洪武庚戌（即洪武三年，1370年）任。值元末兵燹之余，署舍残毁，礼制荡然。俊建县治，立学校，定民数，稽田粮，太平之基权舆于此。"②又《湖广通志》载："益阳县儒学在县城西门外，历宋迄元相仍不改，元季毁，明洪武初知县田俊重建。"③此田俊之作为，与上述宗元之行事高度重合，故笔者颇疑至正末之知州宗元，即洪武初之知县田俊。《（同治）益阳县志》卷十二《秩官志》表列明初益阳知县，始自洪武二年（1369年），是年知县为周昇，次则洪武三年为田俊，此前各年知州或知县缺载。而上引《湖广通志》《（光绪）湖南通志》诸文，皆有"明洪武初知县田俊"字样，看来此"洪武初"似不应仅理解为洪武三年（1370年），而应将此前及此后数年皆含括其中。中间仅穿插洪武二年（1369年）知县由周昇担任，推其缘由，或因是年益阳由州降为县，知州本五品官，而知县才七品，故田俊去职，由周昇继任益阳知县。然而或因周昇不能胜任，至洪武三年（1370年）田俊又任该职。

要之，据汪仲鲁《益阳重新（修）州治记》考知，至正末益阳州有知州名宗元者，其人

---

① 以上诸引文皆出自（明）汪仲鲁：《益阳州重新（修）州治记》，载（明）程敏政编：《皇明文衡》卷99《补缺》，《四部丛刊初编》第2057册。句读参考（明）程敏政编，任继愈主编：《中华传世文选·明文衡》，吉林人民出版社1998年版，第894—895页。

② 《（乾隆）益阳县志》卷13。《（同治）益阳县志》卷12、《（光绪）湖南通志》卷97所载与此大致相同，《（同治）益阳县志》唯末语作"治绩一新"，《（光绪）湖南通志》任职时间作"洪武初"、末语作"流亡者皆复业"。

③ 《湖广通志》卷23。《（光绪）湖南通志》卷62所载大致同："益阳县学在县城西门外，明洪武初知县田俊因宋元旧址建。"

或许即方志中所言洪武初益阳知县田俊。[①] 洪武年间出任益阳知县而可考者，虽说尚有王贯、杨哲等人，[②] 但皆不及此人重要。他不仅开明代益阳县 200 余年太平之基，且因益阳的特殊战略地位，故其所开稳定向治之益阳，实则也为明初统一战争提供了保障。

2. 军事层面的益阳

《(乾隆)益阳县志》曾言益阳"地居沅湘宝岳之交，为水陆往来四达咽喉之所，是以云长、子敬争之于前，而明太祖亦尝令东川侯镇，则形胜之所关系甚重也"。[③] 此语揭示出益阳在明初统一战争中之地位。此处涉及两大关键词，即益阳守御千户所与宝庆卫。《明史·兵志》载："明以武功定天下，革元旧制，自京师达于郡县，皆立卫所。外统之都司，内统于五军都督府，而上十二卫为天子亲军者不与焉。征伐则命将充总兵官，调卫所军领之；既旋，则将上所佩印，官军各回卫所。"[④]此即所谓卫所制度，乃是明朝最主要军事制度。朱元璋在消灭陈友谅势力之后，随着战事不断推进，在湖广境内相继建立起大批卫所；至洪武三年(1370 年)十二月乃设武昌都卫以统之，下辖湖广行省境内16 卫、7 个直属守御千户所；八年冬十月改武昌都卫为湖广都指挥使司，隶属于前军都督府。当然，以上所言乃洪武三年(1370 年)卫所数目，其后仍有递增。关于湖广都司卫所建置沿革，郭红、靳润成著《中国行政区划通史·明代卷》已梳理得相当清楚明白，今借鉴之以见益阳守御千户所与宝庆卫之建置沿革。[⑤] 之所以论及宝庆卫，乃因益阳曾一度作为宝庆卫治地，在明初统一战争中发挥过重要作用。

先说益阳守御千户所。守御千户所大致同于一般千户所，统兵 1120 人，设正千户(正五品)1 人，副千户(从五品)2 人，镇抚(从六品)2 人，下辖十百户所。所不同者，它不隶属于卫，而直属都指挥使司管辖，因而是明朝卫所制度中一种特种编制。[⑥] 益阳州设置守御千户所，或在甲辰年(1364 年)陈友才归顺后。《明太祖实录》载："(吴元年冬十月)甲子，命湖广平章杨璟、左丞周德兴、参政周彬，率武昌、荆州、益阳、常德、潭、岳、衡、澧等卫军取广西。"[⑦]吴元年即甲辰年(1364 年)。史书无"益阳卫"记载，故所言"益阳"应为千户所。再结合《太祖实录》所载："(洪武五年十一月)甲辰朔，复置宝庆卫于宝庆府。先是溪洞蛮寇作乱，徙宝庆卫治于益阳，至是复其旧，仍于益阳置守御

---

① 因汪氏《益阳重新(修)州治记》未载宗元姓氏，而诸志书又未载田俊之字号与籍贯，无法确证宗元即田俊，实难为定谳，姑且存疑。

② 《(同治)益阳县志》卷 12《名宦》载："王贯，洪武十一年(1378 年)任，有守有为，民慕之如父母。""杨哲，河南人，洪武中(据益阳教谕仰高《修学碑》，乃洪武十七年即 1384 年)任，化民以德，百废具(俱)兴，士民称之。"此外，还有王义，"四川夹江人，莅政清慎，治民平恕有，古循吏风"，但时间上有歧义，乾隆志载其洪武中任职，而同治志则谓在永乐中。

③ 《(乾隆)益阳县志》卷 4《疆域》。

④ 参见前揭《明史》卷 89《兵志一》。

⑤ 参见郭红、靳润成：《中国行政区划通史·明代卷》第 5 章《前军都督府都司卫所建置沿革》，复旦大学出版社 2007 年版，第 576–577 页，第 578–579 页。

⑥ 参见吕宗力：《中国历代官制大辞典(修订版)》，商务印书馆 2015 年版，第 417 页。

⑦ 《明太祖实录》卷 26。

千户所。"①"仍于益阳置守御千户所"之"仍"字，暗示在乙巳年（1365 年）宝庆卫迁益阳前，益阳守御千户所已然存在，故"益阳守御千户所设置于甲辰年（1364 年）"之说可从。当然，此语亦暗示宝庆卫徙来后，此守御千户所遂废；至洪武五年（1372 年）十一月宝庆卫迁回宝庆后，益阳乃重设守御千户所，直隶于武昌都卫（洪武八年改湖广都司）。然查其后诸如正德《明会典》卷 108 引《诸司职掌》《永乐大典》卷 11904 及《大明一统志》卷 63 长沙府公署条均无该所，疑再设后不久即废。

再谈宝庆卫迁益阳问题。宝庆卫，顾名思义，自当设置于宝庆府（今邵阳市），事实上，据前引《太祖实录》"复置宝庆卫于宝庆府""至是复其旧"云云，推知其最初确实设置于该地。至于其设置之时间，上引《中国行政区划通史》认为是在甲辰年（1364 年）冬，其重要依据是李东阳《贺兴隆传》载有，兴隆于甲辰年冬"与总制胡海洋克宝庆路，获元元帅唐隆，遂与众城守，寻授宝庆卫指挥同知"。② 但此条记载在时间上有误，因按《元史·顺帝纪》所载，至正二十五年（1365 年）春正月己巳，"大明兵取宝庆路，守将唐隆道遁走"。③ 又《明史·太祖纪》载："至正二十五年春正月己巳，徐达下宝庆，湖湘平。"④正因李东阳所记与此相抵牾，故《（道光）宝庆府志》所载《贺兴隆传》乃改为："二十五年正月从总制胡海洋克宝庆路，获元元帅唐隆道，率众守其城，授宝庆卫指挥同知。"⑤《中国行政区划通史》所用数条胡海洋史料，如刘三吾《宝庆卫指挥屡功封东川侯公海墓志铭》等，据笔者查核，皆并未明确提及其克宝庆后留守该地时间在甲辰年（1364 年）（详后）。故大体可确定，贺兴隆与胡海洋克宝庆路时间当在乙巳年春正月，而宝庆卫设置大致亦在此时。当然，宝庆卫在宝庆存留时间极短，因胡海（即胡海洋）很快即将其治所迁于益阳，且不久宝庆亦有周文贵之乱，贺兴隆战死，宝庆为周文贵占据。前引《元史·顺帝纪》载，至正二十五年（1365 年）六月辛丑，"湖广行省左丞周文贵复宝庆路"。李东阳《贺兴隆传》亦云："又明年乙巳（1365 年）夏四月，邵阳贼周文贵等作乱中乡，兴隆率兵驻中乡。六月，与贼遇，兴隆径冲其前锋，援不至，遂力战以死。"⑥因宝庆卫初期在宝庆时间甚短，故颇为史家所忽视，而径称其设立于益阳，如《大明一统志》卷 63"公署"条载宝庆卫"在府治西，本朝初立宝庆卫于长沙府益阳县，洪武五年移建于此"。又《湖广图经志书》亦云：

宝庆卫在（宝庆）府治西半里。甲辰年（1364 年）总制官胡海洋、参知政事贺兴隆设立于益阳县，拨千户张旺镇之；洪武五年（1372 年）调指挥王荣，六年创建于此。经历司、卫镇抚、左右中前后千户所附焉。⑦

① 《明太祖实录》卷 76。

② （明）李东阳：《贺兴隆传》，见《李东阳集》第 2 卷，岳麓书社 1985 年版，第 457 页。

③ 参见前揭《元史》卷 46《顺帝纪九》。

④ 参见前揭《明史》卷 1《太祖纪一》。又明雷礼等辑《皇明大政纪》卷 1 亦载："乙巳年正月己巳，克赣州，克宝庆路。"

⑤ 《（道光）宝庆府志》卷 114《贺兴隆传》。

⑥ 盖周文贵已于该年四月作乱，六月为其复宝庆时间，故《元史》载之。

⑦ 《湖广图经志书》卷 16。

　　事实上，引文中所言"益阳县"，其时仍是州，不称县。在宝庆尚未被夺取前，不大可能在益阳州先设宝庆卫，故鄙意仍认为，宝庆卫大致设置在乙巳年（1365 年）春正月夺取宝庆后，但确实很快即迁治于益阳。在其后数年中，即便宝庆已复，而宝庆卫仍治于益阳，直至洪武五年（1372 年）才迁回宝庆。不过，据上引《湖广图经志书》所言，大致可推知益阳(州)县时期宝庆卫概貌。参《明史·兵志》可知，宝庆卫有兵 5600 人，下设有左、右、中、前、后 5 个千户所，历史上益阳有大规模常备驻军，仅见于此。至于其官员，有指挥使（正三品）、指挥同知（从三品）、指挥佥事（正四品）、卫镇抚（从五品）、经历（从七品）等。初期之宝庆卫，其可考官员有指挥使胡海和黄荣、指挥同知贺兴隆等，黄荣、贺兴隆暂且按下，先述胡海。

　　胡海为明朝开国名将，《明史》中有传，此外《太祖实录》洪武二十四年曾叙其履历，又刘三吾亦撰有《东川侯公海墓志铭》，皆可考见其人行事。据载，胡海（1329～1391年），字海洋，凤阳定远（今属安徽）人，初为土豪赤塘王总管，后归朱元璋，从之征战，屡建功勋。《明史》称："海骁勇，屡战屡伤，手足胸腹间金痍皆遍而斗益力，士卒从之者无不激励自效。"《太祖实录》亦云："海慷慨有大志，每战身先士卒，勇气奋发，士卒从之者亦无不激励自效，故所向多捷。"甲辰年（1364 年）秋，胡海从徐达取荆、湘、湖南北诸郡，进克荆、常、澧、衡、潭、淑等地。乙巳年（1365 年）正月，胡海率贺兴隆等取宝庆路，克之，元守将唐隆道遁去（一说被擒杀），靖州军民安抚司及诸长官司皆来降，湖湘平。胡海遂以功擢宝庆卫指挥佥事，随即升宝庆卫指挥使，迁宝庆卫治于益阳，葺城池镇守之。丙午年（1367 年）二月，胡海率所部宝庆卫兵马从湖广参政张彬讨辰州周文贵，攻破其垒，文贵党刘七自益阳来援，复败之，文贵等遁去。洪武元年（1368 年），胡海复率所部听调平章杨璟征讨湖南、广西未附之地，以功授昭勇大将军、世袭宝庆卫指挥使，还镇益阳。洪武五年（1372 年）率所部从江阴侯吴良、平章李克昇平武冈、靖州等诸处苗乱，遂移驻邵阳，同指挥黄荣（应即前引《湖广图经志书》所言"王荣"）督工立卫署，筑宝庆城，迁都督佥事。洪武十四年（1381 年）率本部随颍川侯傅有德进征云南；十七年叙功封东川侯，食禄二千五百石，子孙世袭，赐铁券；二十四年（1391 年），以病疟卒，年六十三。① 综上所述，足见胡海与益阳关涉颇大，其将益阳作为宝庆卫治地，彰显益阳在明初统一战争中的地位。而尤值得称道者，为其在益阳筑土为城，浚壕堑，立敌楼，对明代益阳城发展有奠基性意义，与前述知州宗元（知县田俊）建县治相得益彰。其后，宪宗时典史赵安，孝宗时知县赵时中、刘志道，嘉靖中知县刘激等，对该城屡加修筑，此是后话，然若追本溯源，明代益阳城之修筑，必当以胡海为嚆矢，其功实不可没也。

　　宝庆卫迁离益阳后，永乐二年（1404 年）益阳县开启屯田，将该县东南荒亩划拨长沙卫军、西北划拨常德卫军屯种，益阳自是始杂以屯卒。

① 以上参见《明太祖实录》卷 210"洪武二十四年秋七月丁亥"条，卷 16"乙巳春正月己巳"条；《明史》卷 1《太祖纪一》，卷 130《胡海传》；《续资治通鉴》卷 219《元纪三十七·顺帝至正二十六年二月》；《(康熙)武冈州志》卷 18《胡海传》；《(道光)宝庆府志》卷 114《良翰录下·胡海录》及《黄荣录》；（明）刘三吾《刘坦斋先生文集》卷 11《东川侯公海墓志铭》，见《刘三吾集》(湖湘文库本)，岳麓书社 2013 年版，第 169-171 页。

（二）安化县

在明初统一战争中，安化县因有一批有志之士积极有为，故亦颇值得说道。今试将诸贤条举如下：

1. 贺兴隆及相关将士群体

贺兴隆其人，前面已有所涉及，此处再稍加展开。先将李东阳所撰《贺兴隆传》抄录如下：

> 贺兴隆者，长沙安化清塘乡人也。元至正壬辰（1352 年）天下大乱，民奔走错愕，莫相为命。兴隆率陈源隆、姚廷曙等，聚乡子弟为兵，驻镇安寨。乡有警，辄出御之，民始定。庚子岁（1360 年）陈友谅兵起，授兴隆参军。越五年，甲辰（1364 年）春二月，兴隆率其众归于我朝，太祖高皇帝嘉之，仍予之故官。徐公达之取辰州及降沅州诸郡，兴隆实在军中，攻战抚募，厥功惟多。是年冬，与总制胡海洋克宝庆路，获元元帅唐隆，遂与众城守，寻授宝庆卫指挥同知。又明年乙巳（1365 年）夏四月，邵阳贼周文贵等作乱中乡，兴隆率兵驻中乡。六月，与贼遇，兴隆径冲其前锋，援不至，遂力战以死。朝廷以玺书褒赠，其略曰：“唐兵未出，睢阳之势始孤；智伯渐强，晋阳之城已浸。首虽可折，心乃不移。未膺大国之封，遽见长星之坠。赠湖广等处行中书省参知政事。”仍命有司立祠，岁以战没之日祀，用特。祠在宝庆府。①

引文中部分内容，前面已有征引。甲辰年（1364 年）贺兴隆率众归顺朱元璋，被授以故官，并奉命率部随徐达征辰州及降沅州诸郡，“攻战抚募，厥功惟多”。但引文所述兴隆随胡海取宝庆路时间有误，前面已有考辨，应是在乙巳年（1365 年）正月。又所言“唐隆”亦误（《续通鉴》更讹作“唐龙”），据《元史》《明太祖实录》《皇明大政纪》及众方志所载，当作“唐隆道”。唐隆道其人，遍查史籍，皆无详细介绍，仅寥寥数语而已，如《（道光）宝庆府志》卷二载：“（至正）二十五年春正月己巳，徐达遣万户胡海取宝庆路，擒元帅唐隆道、镇抚李贵。”小注云：“按《陈友谅传》称‘唐隆道起兵为元守宝庆’，至是被擒。隆道，邵阳人；贵，不知何籍。”②又卷二十一载：“元末有唐隆道为万户府元帅，殉节宝庆。”③《元史·顺帝纪》等称其“遁走”，当是先遁而后被擒杀，同时被擒者，尚有镇抚李贵，镇抚乃是元万户府所属镇抚司之长官。兴隆等攻取宝庆后，“遂与众城守”，随着宝庆卫建立，胡海被任命为该卫指挥使，而兴隆则为指挥同知。

---

① （明）李东阳：《贺兴隆传》，见《李东阳集》第 2 卷，岳麓书社 1985 年版，第 457 页。

② 《（道光）宝庆府志》卷 2《大政纪二》。其所言《陈友谅传》似即《明史·陈友谅传》，然查其传并未提及唐隆道事。又据《中国唐氏人文荟要》言：“唐隆道，字克敬，号完寅，江西庐陵人。元代至正年间任湖南宝庆路总管。至正二十五年（1365 年）明军攻陷宝庆，死难，葬新化县城南关外梅城福景山。其子泰钟、泰赐、泰复、泰济，皆避于梅城。后裔已传承三十余代，分布湖南省多地。”（见唐士文：《中国唐氏人文荟要》，北京燕山出版社 2017 年版，第 447 页）盖其本是江西庐陵人，因在宝庆为官，故落籍于宝庆。

③ 《（道光）宝庆府志》卷 21《武职表一》。

据《（康熙）宝庆府志》载，胡海、兴隆曾筑新化县城："新化县城，宋熙宁五年（1072 年）建，绍圣初（1094 年）迁于白沙，元仍复旧。明洪武甲辰（1364 年），总制胡海洋同指挥贺兴隆复筑土城，后圮，仅存其址。"①此"洪武"二字自是衍文。笔者原疑"甲辰"为"乙巳"之讹，及阅《（道光）宝庆府志·黄荣录》，乃知不误。黄荣曾于洪武五年继胡海任宝庆卫指挥（前引《湖广图经志书》讹为"王荣"），且与本文所述主题不无关联。据《黄荣录》，黄荣乃宝庆春溪峒长之后，黄荣、杨斗雷二人与罗有朋有仇怨，相互攻杀，而黄、杨不胜：

> （前略）不克，斗雷奔连溪，荣保后溪，与安化土豪贺兴隆相结。有朋亦结武冈土豪王友谅，邵阳土豪刘祖富、廖廷康，新化土豪王三彪以自固。荣与斗雷攻三彪，三彪走依友谅，复与友谅、有朋攻荣于后溪，荣走依斗雷。明将胡海至益阳，荣与兴隆、斗雷皆纳款，海假荣及斗雷以万户，使斗雷攻有朋于浆塘，斗雷战死，已而兴隆为元将周文贵所败，文贵遂取宝庆，荣守新化，不下。②

据《黄荣录》，可将贺兴隆、周文贵等史事贯穿起来，然因篇幅所限，难以备引。后溪今属娄底市涟源市，原本为安化属地；而连溪今属娄底市冷水江市，原属于新化。前面多次提及，安化、新化同气连枝，渊源颇深，故贺兴隆介入新化乃至宝庆地方土豪间争端不难理解。贺兴隆与黄荣、杨斗雷相结，在与罗有朋、王友谅、王三彪等争斗中或落下风，恰逢徐达徇湖湘，胡海至益阳，贺、黄、杨乃"皆纳款"，实含有借助胡海势力以打击罗、王等人之意。而胡海得贺兴隆等"纳款"，则不仅将安化收入囊中，更顺势收取了新化，并和贺兴隆等对该城进行修复加固，以为进取宝庆路之基。乙巳年（1365年）正月胡海能顺利拿下宝庆路，与贺兴隆等人之协助有很大关系。通过梳理，不难推知，夺取宝庆路后，宝庆卫随之建立，然胡海作为卫指挥使主要驻守于益阳，而以卫指挥同知贺兴隆镇守宝庆，至于黄荣则驻守在新化，贺、黄、杨一派势力在环宝庆地方居支配地位，对罗有朋、王友谅等土豪构成威慑。但不久周文贵之乱起，宝庆地方政治格局又为之一变。

周文贵原是陈友谅旧将，《（道光）宝庆府志》载："周文贵者，陈友谅部下骁将也，友谅败，文贵拥众归元为湖广左丞，与明抗。"③梳理史籍中周文贵活动时间线，其人最早见于甲辰年（1364 年）。按《（同治）湘乡县志》载："甲辰年（1364 年）秋九月，吴徐达帅兵至潭州，易华降。是月，吴参政张彬遣兵攻下州地，汉守将周文贵遁走宝庆。"④"甲辰年秋九月"，是一个重要时间点。关于其守湘乡州事，亦见于《（道光）宝庆府志》："文贵

---

① 《（康熙）宝庆府志》卷 9。

② 《（道光）宝庆府志》卷 114《良翰录下·黄荣录》。所言"罗有朋"一作"罗友朋"，参见《（道光）宝庆府志》卷 117《先民传下·罗友朋传》。

③ 《（道光）宝庆府志》卷 117《先民传下·罗友朋传》。

④ 《（同治）湘乡县志》卷 5。

者，友谅右丞也，初守湘乡，吴将张彬取湘乡，文贵走邵阳中乡。"①"走邵阳中乡"即《湘乡县志》所言"走宝庆"，二者同。然据笔者核查，文贵在"走宝庆"前曾据辰州，因在同年十二月于辰州又见其身影，《明实录》载："甲辰年十二月庚寅朔，左相国徐达兵克辰州。先是辰州为陈友谅左丞周文贵所据，徐达遣指挥张彬将兵讨之，文贵部将川张据白云关以拒，彬与战，败之，文贵弃城走湖南。"②据此可知，文贵自湘乡州遁走湘西，而此时宝庆路尚处在元万户府元帅唐隆道镇守下，文贵不能撼，遂据辰州（治所在今怀化市沅陵县）。然徐军很快即兵临城下，文贵不敌张彬，只能再次遁逃。据前引李东阳《贺兴隆传》所言"徐公达之取辰州及降沅州诸郡，兴隆实在军中"，可推知贺、黄、杨诸人在此次辰州之战及徇沅州、衡州诸路时，发挥讨重要作用。而此次辰州之战，实亦为兴隆与文贵间首次接触。唇亡齿寒，辰州被拿下，宝庆自然孤危。俗语有云："铁打的宝庆，银铸的益阳，纸糊的长沙。"宝庆易守难攻，加之唐隆道在此镇守经营多年，本是难以攻下，但徐达命张彬、胡海率兴隆等将其周边各州县，如新化、辰州、沅州、衡州等一一拔去，使宝庆成为一座孤城。乙巳年（1365 年）正月，在胡海、贺兴隆等强攻下，唐隆道弃城而逃（后被擒杀），胡、贺等遂入城戍守。

《太祖实录》言"文贵弃城走湖南"，其"湖南"盖浑言之，据后来其起事于宝庆看，他自辰州溃败后，实逃匿于宝庆之中乡，此即《（道光）宝庆府志》所言"文贵走邵阳中乡"。中乡，在今邵东市灵官殿镇一带，灵官殿镇与原石株桥乡、堡面前乡皆原属宝庆府邵阳县中乡，邵东人至今将此三地皆称作"中乡"。察看中乡之地理形势，其地在宝庆、衡州、永州、武冈四路交界处，亦为湖南进出广西孔道之所在，四周群山环绕，中间盆地开阔裕如，所倚靠之大云山为南岳七十二峰之一，实是进退自如的战略要地。《（光绪）邵阳县志》载："大云山有大云山庄，明酃县邹统鲁避乱隐此。"小注云："在中乡一都。元至正末，周文贵起兵抗明于此。"③又前引《（道光）宝庆府志》载："文贵走邵阳中乡，元平章阿思霸招之，遂降元。"④此"元平章阿思霸"，应是"元平章阿思兰"之讹，平章阿思兰为元全州守将，史籍中多次出现，且曾与文贵相犄角，可知文贵蛰伏中乡时，与元全州守将平章阿思兰相结，归附了元朝。再接前言，自贺兴隆、黄荣、杨斗雷一派依附于胡海，便在环宝庆地方占据主导地位，对罗有朋、王友谅一派构成威慑。周文贵乃乘机以元朝名义拉拢罗、王等人，前引《黄荣录》载："（罗）有朋、（王）友谅、（廖）廷康、（王）三彪皆降文贵，文贵亦假以万户，使有朋御柴（荣）及斗雷子天继，使友谅、廷康御辰、沅兵。"⑤综此诸端，不难推知贺兴隆之死因。自胡海、贺兴隆拿下宝庆后，宝庆卫随即建立，常态化管理模式开启。不久，胡海徙宝庆卫治于益阳，在宝庆地方仅留

---

① 《（道光）宝庆府志》卷 114《良翰录下·贺兴隆录》。

② 《明太祖实录》卷 15"甲辰年十二月庚寅"条。（明）雷礼等辑《皇明大政纪》卷 1 所载亦同（见《续修四库全书》第 353 册，第 324 页）。

③ 《（光绪）邵阳县志》卷 2《山水》。

④ 《（道光）宝庆府志》卷 114《良翰录下·贺兴隆录》。

⑤ 《（道光）宝庆府志》卷 114《良翰录下·黄荣录》。

贺兴隆驻守。蛰伏中乡之周文贵所受压力顿减，遂于乙巳年（1365 年）四月伺机蠢动。李东阳《贺兴隆传》云："又明年乙巳（1365 年）夏四月，邵阳贼周文贵等作乱中乡，兴隆率兵驻中乡。六月，与贼遇，兴隆径冲其前锋，援不至，遂力战以死。"又《（乾隆）长沙府志》云："后祁阳贼侵境，驻兵中乡，与战，奋击，死之。"① 可以推知，文贵既降元，与元永州守臣邓祖胜自有勾结，遂先使祖胜所辖祁阳守军作侵扰宝庆之势，兴隆闻之，贸然率部往御，实为孤军深入，被文贵瓮中捉鳖围困于中乡。而新化守将黄荣、杨天继被罗有朋牵制，辰州、沅州方向援兵则被王友谅、廖廷康拦截，至于胡海则远在益阳，鞭长莫及，兴隆孤军奋战，以致罹难。兴隆既死，宝庆城内空虚，文贵遂轻松夺得该城。此后，文贵遂以宝庆为根据地，窥辰州、据新化，与元永州守臣邓祖胜、全州平章阿思兰、静江也儿吉尼等共相犄角数年。直至洪武元年（1368 年），杨璟遣王廷等在黄荣、杨天继（杨斗雷子）协助下，剪除文贵之羽翼王友谅、廖廷康、罗有朋及其子罗志孚等，重新夺回宝庆等地，文贵遂遁，此后事无闻，盖不知所终，亦算是替兴隆报得一箭之仇。②

兴隆死后，明太祖亲颁玺书对其褒赠，给予很高评价，其敕文在前引李东阳《贺兴隆传》有节录，其全文则见于《（同治）安化县志》，其文曰：

> 崇德报功，乃国家之令典；舍生取义，实臣子之精忠。治世尚且推恩，创业尤当谨礼。今宝庆卫指挥同知贺兴隆称兵于边鄙，受款于明廷，誓为湖湘万里之长城，力抵溪洞入蛮之生界。唐兵未出，睢阳之势已孤；智伯渐强，晋阳之城已浸。首虽可折，心乃不移，惜未受大国之封，而遽见长星之坠。宜颁宠命以慰阴灵，可赠湖广等处行中书省参知政事，九泉有知，服此无斁。宜令准此，故敕！③

明太祖并命在宝庆府为兴隆立祠，每岁以其战殁之日（六月八日）致祭。然时移世易，迄至成化初年，其祠既久，已颇荒落，此李东阳所亲历。东阳亦言其南游湖湘，颇搜求贤人义士，闻宝庆人道兴隆事甚著，但历百年沧桑之后，其事已颇传闻异辞，莫可悉究。成化初宝庆知府谢省乃倡修兴隆祠宇，并请东阳为之作传，刻石立碑于祠，俾后世能知悉其事之原委。④

---

① 《（乾隆）长沙府志》卷 28《人物志·贺兴隆传》。

② 以上综合以下资料而成：《（道光）宝庆府志》卷 2《大政纪二》、卷 3《大政纪三》、卷 113《武功录四·王廷录》及《吴与宁录》、卷 114《良翰录下·黄荣录》、卷 117《先民传下·罗友朋传》；《（同治）桂阳直隶州志》卷 3。又参（清）孙奇逢：《中州人物考》卷 6《何庄毅德》，《文渊阁四库全书》第 458 册，第 135—136 页，但其言何德在吴元年（1364 年）八月大败文贵于辰州，似当作乙巳年（1365 年）八月，盖文贵既据宝庆，遂进窥辰州。至于甲辰年八月，其人尚在湘乡，自不会现身于辰州。

③ 《（同治）安化县志》卷 24《人物·忠义》。

④ 李东阳《贺兴隆传》有"成化辛卯（1471 年）宝庆知府谢侯始修复之"之言，然查《（道光）宝庆府志》卷 12《职官表一》，东阳所言"谢侯"当是谢省，卷 106《政绩录二·谢省录》言其"与李东阳交善，尝遥酬唱，东阳甚严重之"，颇合。然表、录皆言谢省乃成化初（乙酉，1465 年）而非辛卯（1471 年）任宝庆知府，东阳所记时间或有误。

笔者之所以不厌其烦地梳理兴隆史事如上，实因安化在明初统一战争中能有所作为，与兴隆有很大关系。盖缘兴隆崛起，产生联动效应，其时随同兴隆起兵而后归明，得授万户、千户、镇抚、指挥等军职者有十余人，今备列于后：

①兴隆诸子。首先是贺安，其人容貌俊伟，熟谙军务，明太祖命其统领兴隆旧部，剿平黄阳、老虎等寨，克全州、靖州。其于洪武四年(1371年)平巴东鱼麟、西蜀巫山、瞿塘，十年克思南麻冕洞，十三年征普定、云南，屡立战功，升云南前卫指挥同知。① 后贺安之子贺晟，亦授河南中卫指挥同知。② 至于兴隆其他诸子，以父荫而得授军职者，如贺玺、贺俊、贺勇皆授天津卫指挥使，贺恩授龙门卫参将。③

②姚廷曙及其子姚荣。李东阳《贺兴隆传》曾提及姚廷曙，据《(同治)安化县志》引姚氏家谱载：姚廷曙，名寿孙，归化乡(今仙溪、大福、高明一带)人，元末同兴隆起义兵，捕剿各郡山贼。其归太祖后，授岳州卫守御所管军千户，进征黄冈、永州、靖江、安信等处，洪武三年(1370年)以功封武略将军，十五年(1382年)迁浙江温州卫千户所指挥，不久调边卫，卒于官。其子姚荣袭父职，兵部赍奏授辽东广宁屯前卫，奉敕赴京，充驾前羽林卫试用指挥。他谙练后，调满河，进征京州泉水寺，驻匝渡河，降呐哈华众，往绕都山不花来降，又征北鱼海子至上都，有功，敕还辽东任。④

③卢文仲及其子卢泽。卢氏先世本江西清江人，宋末徙居安化。至正间，卢文仲、卢泽父子与兴隆同起兵于乡，后从兴隆率众归明，文仲以功授管军万户，子孙隶宝庆卫。卢泽初授总旗，迁百户，洪武二十八年(1395年)从征云南东川，有功。洪武二十九年复从征东川，至苦埠，战死。其子卢兴(卢思斌)、孙卢鐄、曾孙卢森相继嗣为百户，从征云贵、广西诸苗峒寨，皆有俘斩之功，迁副千户、千户。⑤

④据《(乾隆)长沙府志》所载，尚有如下六人：陈原隆，授千户；孟文秀，授武昌卫百户；孟于隆，授安南卫千户；李均章，授安化县丞，升兵马司副指挥；唐泰，授云南澜沧卫指挥；莫正，授指挥，调边卫。⑥

以上皆明确指明跟从贺兴隆起兵而发迹者，合计16人。

2. 黄元璋

载籍中有关黄元璋之史料不多，仅方志中有数条记载，《(同治)安化县志》据黄氏

---

① 参见《(康熙)长沙府志》卷11。其"克全州、靖州"，原作"克全州、靖江府"，据《(同治)安化县志》卷25、《(光绪)湖南通志》卷165更正。

② 参见《(同治)安化县志》卷22《世职表》。

③ 以上参见《(同治)安化县志》卷22《封荫表》。

④ 参见《(同治)安化县志》卷25《人物·武功·姚廷曙》。

⑤ 参见《(道光)宝庆府志》卷114《良翰录下·卢泽录》、《(乾隆)长沙府志》卷28、《(同治)安化县志》卷22《仕宦表》及卷25《人物·武功·卢泽传》。

⑥ 参见《(乾隆)长沙府志》卷28《人物志·贺兴隆》。按：陈原隆，即李东阳《贺兴隆传》所言"陈源隆"，亦即《(同治)安化县志》卷22《世宦表》所言"陈万卿"。孟于隆，《(乾隆)长沙府志》本作"乾隆"，《(同治)安化县志》卷22《仕宦表》有驳正，今从之。李均章，原作"授安化县丞，升兵马"，或脱"司副指挥"四字，明朝南、北两京五城兵马司各设副指挥一人，秩正七品，隶于指挥。唐泰，《(同治)安化县志》卷22《仕宦表》作"康泰"。莫正，《(同治)安化县志》卷22《仕宦表》谓"授副千户"。

家谱载元璋之行事如下：

> 黄元璋，字子里，一都龙塘人，状貌奇伟，身长九尺。元至正二十四年（1364年）从明太祖征伐有功，洪武二年（1369年）授总理军兵指挥使，征麻阳箐子苗，领兵过桃源燕子岩，手书"峭壁奇观"四大字，镌于悬岩。后被困，身受九创十八矢，重经此地，题七绝云："洪武开基至二年，单刀匹马去征边。燕子岩前曾歇马，石人为伴振弓弦。"投笔伏刃而没。土人壮其节，瘗诸山右，号"黄将军墓"，镌诗及官衔年月于石。其战马衔甲衣归，血迹宛然，家人知已殉难，觅之不得，招魂葬之。①

文中所言"麻阳箐子苗"之"箐子"，即今凤凰县东北五十余里之箐子坪镇，因凤凰一带原属麻阳县，故有此说。湘西地区为土家族、苗族聚居区，而凤凰一带不仅是湘西北部重要交流通道，更是扼控西南苗民进出湘西、取道黔东南之要道，故为历代中央政府防范苗民的屯兵之所。元朝思州安抚司下属之五寨司就设于今凤凰县城，甲辰年（1364年）朱元璋更在箐子坪设箐子坪洞元帅府，永乐三年（1405年）改为箐子坪长官司，与五寨长官司皆属保靖宣慰司管辖。至清代，箐子坪长官司与五寨长官司合并成凤凰厅，又称"镇箐城"，其"箐"即指箐子坪。镇箐苗兵在明清时代以舍死敢战、凶悍异常闻名于世，引文称黄元璋征麻阳箐子苗被困，"身受九创十八矢"，元璋之英勇自不必说，然亦可见其所面对之苗兵确实强悍。《（同治）安化县志》尚有数处提及元璋，如：

> 又东北五里曰乌云界（小注：在县北百八十五里一都，界桃源县），高十五里，常有乌云暧霴，久雨初霁，烟岚一空，登望朗江，风帆上下，历历可数。山北为燕子岩（小注：统志接常德府桃源县界），为邑人黄元璋征麻阳箐子苗殉难处。（小注：上有"峭壁奇观"四大字及"洪武开基至二年，单刀匹马出征边。燕子岩前曾歇马，石人为伴振弓弦"之句，系璋手书）
> 乌云界之东南十里曰麻阳山（小注：在县北百四十里一都），山险而峻，顶宽而平，明洪武时里人黄元璋奉命征剿麻阳箐子苗，经宿于此。璋后力战死，里人哀之，因名为麻阳山。②

按安化县治原在梅城（1951年才徙治东坪），一都在今江南、陈王、小淹、龙塘、冷市一带，故云乌云界在县北百八十五里。黄元璋为一都龙塘人，龙塘在今安化县龙塘镇，距今之县城东坪不过四十里。一都毗邻桃源县，元璋征麻阳箐子苗，途经桃源燕子岩，盖是沿沅江上溯麻阳一带。在元末明初之安化，元璋似堪可与李焕文、贺兴隆相媲美之存在，然史籍所载甚为寥寥，故其事迹湮没无闻，清道光时重臣陶澍对此位乡贤颇

---

① 《（同治）安化县志》卷24。
② 《（同治）安化县志》卷7《山川三·北干》。

生感慨(陶澍为一都小淹人),其《柳林黄氏族谱序》云:

> 元璋从明太祖以军功授指挥,其子孙析为六房,是为柳林黄氏之祖。方洪武初,将军廖永忠、平章杨璟等以次平广西、湖南诸处,而辰苗犹窃发为害。元璋奉命征讨,路出桃源之燕子岩,驻马题诗,手摩崖壁,其意气慨慷荦荦乎,乡贤贺兴隆、李焕文之流亚也。顾兴隆得李东阳之传,其名附见《明史》;焕文虽无名人传之,《县志》犹列诸《人物》。独元璋事迹无闻焉,其轶乃见于《桃源县志》,自非无据,而当日秉笔诸君子失于搜讨,则亦不能辞其咎也。①

据此可知,此前《安化县志》并不曾载录元璋之事,后来修志者或因陶澍呼号,才据黄氏族谱及坊间之说补上。从前引文所言"元至正二十四年(1364 年)从明太祖征伐有功"来看,元璋归明似亦与贺兴隆有关,然前引《(乾隆)长沙府志》所载随兴隆起兵归明诸将并未提及元璋,故单列于此。

3.谭孟霖

《(同治)安化县志》据旧志载:"谭孟霖,字靖臣,一都人。洪武初从军有功,授千户指挥使,没,葬本都纱帽山。其居址今在冷家嘴太阳仑下,上马两石遗迹犹存。"②此言"洪武初从军有功",并无"兴隆"字样,故疑或与兴隆集团无关。

4.谭经、王震

另《(同治)安化县志·仕宦表》据旧志尚提及二人,亦属此时段。其一曰谭经,"太祖为王时敕授总兵万户";其二曰王震,"太祖为王时敕授管军副万户"。因未提及兴隆,故疑或与兴隆集团亦无关。

要之,正因有以上将士积极参与其中,安化县在明初统一战争中颇具生气,尤其是在统一西南民族地区过程中,发挥作用尤大,故而丝毫不逊色于其他地区。

二、明代益阳地方管理体制与重要任职官员

(一)明代益阳地方管理体制

甲辰年(1364 年)至洪武二年(1369 年)前,益阳州仍沿袭元制为州,其相关情况已在上节有所论及。洪武二年益阳由州降为县,其地方管理体制与安化、沅江相同,故可合并叙述。兹以《明史·职官志》为据③,参考《大明官制》及方志职官表所载,梳理明代益阳地方管理体制如下:

1.核心管理层

首先是知县(正七品),乃一县最高行政长官,凡每年收支之总计,田赋金谷、布帛

---

① 陶澍:《印心石屋文钞》卷 11《柳林黄氏族谱序》,见《陶澍全集》(湖湘文库本)第 6 册,岳麓书社 2010 年版,第 123–124 页。

② 参见《(同治)安化县志》卷 25《人物·武功·谭孟霖》。

③ 参见前揭《明史》卷 75《职官志四》,第 1850–1853 页。

及诸实物之征收，山海泽薮土产之致贡，力役、雇役等征发，十年一造黄册，及"养老、祀神、贡士、读法、表善良、恤穷乏、稽保甲、严缉捕、听狱讼"等，皆属其职责范围。其次有县丞(正八品)一人、主簿(正九品)一人，分掌粮马、巡捕之事。再次则有属官——典史一人。典史典文移出纳，在无县丞或无主簿情况下，则分领丞、簿之职。

2. 县学教职

洪武二年(1369年)，诏天下府州县皆立学。县学设教谕一人、训导二人(或一人)，教谕、训导无有品级(未入流)，其地位次于典史，而较一般杂职为高(洪武二十四年"定儒学训导位杂职上")。教谕掌教诲所属生员，训导佐之。县学生员二十人(附学生无定数)，儒学官每月考核士子艺业，奖励之。关于县学及相关情况，后面还会涉及，此处从略。

3. 其他杂职

驿站、驿丞　驿站亦称铺递，《(崇祯)长沙府志》载明代益阳县铺递线路有二：其一为自总铺(县前)经石头、蔺家、青山、浮水、浮云、横龙、青草等铺，至宁乡县界八十里；其二为自白鹿经白墀、迎风、牛鼻，已上至龙阳(今汉寿县)界五十里。同书亦载明代安化县"铺递"线路为自总铺(县前)经茅田、山溪、石磴、清塘、小桥、骚头、高平(即今高明乡)、司徒，至宁乡县界八十里。[①] 铺递(驿站)负责者叫驿丞，《明史·职官志》载，驿丞掌管邮传迎送之事，"凡舟车、夫马、廪糗、庖馔、褥帐，视使客之品秩，仆夫之多寡，而谨供应之"。其经费来源是"支直(值)于府若州县"，盖县级驿站经费由县里支出。

税课司大使　按《明史·职官志》所说，明代地方征税机构，在府者曰税课司，在州县曰税课局。但查《大明官制》，在湖广省长沙府，唯益阳县设有税课司，此外在茶陵州设有税课局，而在府治机关中并不见有税课司。[②] 疑长沙府之税课司即设在益阳县，属于府级机关，并不归益阳县管辖，但这从一侧面反映明代益阳商业在长沙府中地位突出。《明史·职官志》言税课司设有大使(从九品)一人，掌管征税之事，"凡商贾、侩屠、杂市，皆有常征，以时权而输其直(值)于府若县。凡民间贸田宅，必操契券请印，乃得收户，则征其直(值)百之三"。

仓大使　《(崇祯)长沙府志》载明代益阳县仓储有三：平秩仓(县内)、预备仓(一兴贤街，一太平街)、杂储仓(县南)。同书亦载安化县仓储情况：预备仓(闻弦巷)；水南仓(在十二都，按十二都后改为二都，在今羊角塘一带)、广储仓(在归化乡，按归化乡在今仙溪、大福、高明一带)、广丰仓(归化乡)、广盈仓。以上四仓，至崇祯时俱废，入预备仓。[③] 据《明史·职官志》载，仓设大使一人(府从九品，州县未入流)，副使一人，库大使一人(州县设)。《(乾隆)益阳县志》载录明代益阳县有姓氏可查之"大使"六人，

---

① (明)雷起龙修、吴道行纂，梁小进点校：《(崇祯)长沙府志》，岳麓书社2020年版，第231页，第234页。
② 参见《大明官制·湖广省·长沙府》，载杨一凡点校本《皇明制书》，社会科学文献出版社2013年版，第4册，第1274页。据《明会典》卷35，湖广布政司长沙府浏阳县税课局嘉靖三年革，长沙县椰梨税课局、宁乡税课局嘉靖三十三年革，湘阴县税课局嘉靖三十七年革，然又言益阳县税课局、茶陵州税课局隆庆二年革，与此稍异。（《明会典》(万历重修本)，中华书局1989年版，第247页，第251页)
③ (明)雷起龙修、吴道行纂，梁小进点校：《(崇祯)长沙府志》，岳麓书社2020年版，第232-233页。

即张廷璧、蒋彦庆、刘忠（沾化人）、李诚、何昶（巴县人）、李魁（浙江人）。① 他们半数是外地人，可见亦由国家委派，在县级机构中其职位不可忽视。

河泊所官　据《明史·职官志》载，河泊所官掌收鱼税。洪武十五年（1382年），"定天下河泊所凡二百五十二。岁课粮五千石以上至万石者，设官三人；千石以上设二人；三百石以上设一人"。查《大明官制》，长沙府唯在府治及湘潭、湘阴、益阳三县设有河泊所，但据《明会典》载，湘潭河泊所隆庆二年革，湘阴河泊所、益阳河泊所万历六年革，长沙府实仅剩长沙河泊所一处。② 又查《（乾隆）益阳县志》与《（同治）益阳县志》，其职（秩）官表"庶职"栏，皆载录有明代益阳县"河泊"（河泊所官）八人，即张鹏（会稽人）、邹荣、詹禄（四川人）、仇尚质（一作"仇尚贤"，四川人）、瞿万春（四川人）、于逵（山东人）、梁威（马湖人）、申举（汲县人）。③ 除邹荣外，其余皆为外地人，可见几乎全由国家委派，在县级机构中其职位应比仓大使还要重要。

医官与阴阳学官　查《大明官制》，各县皆设有医学与阴阳学，实是沿袭元制，其阴阳学主要掌管天文、占候、星卜等事。据《明史·职官志》载，地方上设置医学与阴阳学均始于洪武十七年（1384年），县医学设"训科"一人，县阴阳学设"训术"一人，皆设官不给禄。查安化、沅江二县志，皆无此两种庶职之具体数据，但《（乾隆）益阳县志》载录有明代益阳县阴阳学训术七人，即曹荣、陈义、蔡安常、贺恣芳、段福、段宁、周念（江西人）等。同书又载录有明代益阳县医官八人，即许友通（提领）、许斌（许友通子）、欧阳傅、□俊、许琳、许铨、许淇、许询。其中唯许友通称"提领"，其余皆称"训科"，盖训科由明初医学提领改称而来。许友通在上章其实已有介绍，他曾在元末组织民团，入山立寨自保，于甲辰年（1364年）归附朱元璋，因本精于医，故授益阳州官医提领。后其子许斌继承父业，任益阳县医学训科。以上八位医官，至少有六位姓许，盖因明代医户乃单独立籍，世代相传，故笔者颇疑他们大多出自同一家族，或与许友通不无关系。此诸人中，唯有许铨能稍考见其详情。许铨，字仕明，景泰年间（1450—1457年）授医学训科，但因其家世本业儒，其本人又博学能文，颇得当途器重，后委署湘潭县令，进而擢升为长沙知府，堪称奇迹。④ 但《湖南通志》谓许铨乃湘阴人，⑤姑存疑。

僧会司与道会司　查《大明官制》，各县皆设有僧会司与道会司。据《明史·职官志》载，地方上设置僧、道管理机构均始于洪武十五年（1382年），县设僧会司有僧会一人，道会司有道会一人，皆设官不给禄。

另，按《（崇祯）长沙府志》载，明代益阳县有县勇壮68名，安化县有县编勇壮34名。⑥ 至于沅江县，据《（嘉庆）沅江县志》所载，明洪武十三年（1380年）立沅江哨兵丁

① 《（乾隆）益阳县志》卷11《职官志·庶职》。
② 参见《大明官制·湖广省·长沙府》，载杨一凡点校本《皇明制书》，社会科学文献出版社2013年版，第4册，第1273-1274页；《明会典》（万历重修本），中华书局1989年版，第259页，第262页。
③ 《（乾隆）益阳县志》卷11《职官志·庶职》、《（同治）益阳县志》卷12《秩官志·庶职》。
④ 《（乾隆）益阳县志》卷15《人物·行业》。
⑤ 参见《（乾隆）湖南通志》卷108、《（光绪）湖南通志》卷165。
⑥ 参见前揭《（崇祯）长沙府志》卷6《兵防》，第261页，第265页。

50名，统以千户、百户，时无署地，哨兵往来常居南城内公馆。[①] 以上所言兵额并非一定，在非常时期或有所增加，譬如据《（嘉庆）安化县志》载，安化县丰乐乡安远堡在明嘉靖三十九年（1560年）、三都东平堡在明崇祯三年（1630年）皆建有哨所，安远堡有兵壮10名，东平堡兵壮无定额，二处皆是以长沙卫百户一员领之。[②] 益阳、安化二县在军事上应属长沙卫管辖范围。

又据《（崇祯）长沙府志》载，明代益阳县治有布政司（县东）、按察司（县东），云"二司俱杨哲创"（杨哲其人前已述及，洪武十七年即1384年任益阳知县）；在安化县治，亦有按察司（县东）；[③]在沅江县治西，亦有布政分司和按察分司，明季以后皆毁。[④] 综合各县方志所载情况来看，明代在各县设有布政分司、按察分司应是客观事实，但在地方行政机构中存在感甚低。

4. 基层管理机制

县域以乡里为基层组织。沅江县情况不明，至于益阳与安化二县，则《（嘉靖）长沙府志》卷三《地里纪》有载，明代益阳县有7乡，即武潭、近亮、千石、桂华、政阳、永乐、临湘，编户26里。安化县也有7乡，即常丰、清塘、伊溪、中山、居化、丰乐和长安，编户19里，后并为9里。按明制，里下设甲，合称里甲，里甲制度乃明代基层管理机制，于洪武十四年（1381年）在全国各地推行。据载，每里下辖10甲，共计110户，推选出其中丁粮多者10户作为甲首，余下百户以10户为1甲，共分成10甲。其甲首10人逐年轮流充当里长，管摄一里之事。但此10户甲首并非一成不变，而是每隔10年根据丁粮多寡重新选出，以10年为一周期，周而复始。每里编为一册，册首总为一图。其里中不承担赋役之鳏、寡、孤、独者，则带管于110户之外，而列于图后，称为"畸零"。[⑤] 里甲具有双重性，既属民间组织，不领国家经费，又包含封建统治者之权力因素。里长上对县衙门，下对百姓，其主要任务是催办税粮、负责徭役但不限于此，还有人口管理、调解纠纷、推行教化等职责。里甲制度对稳定明代基层社会，促进农村社会经济发展发挥过一定作用，但至明代中后期因土地兼并日益加剧，人口流失严重，故在一条鞭法赋役制度改革实施之后，逐渐走向崩溃。

（二）明代益阳重要任职官员及其作为

1. 益阳县

在方志中，有关明代益阳县知县、县丞、主簿、典史、教谕和训导之任职官员载录颇全。《（乾隆）益阳县志》与《（同治）益阳县志》载录明代益阳知县65位、县丞40位、主簿50位、典史34位、教谕43位、训导48位。65位知县中，出身进士者仅明末有

---

① 参见《（嘉庆）沅江县志》卷7《公署志》。

② 《（嘉庆）安化县志》卷2《沿革·镇堡》。

③ 参见前揭《（崇祯）长沙府志》，第231—233页。

④ 参见《（嘉庆）沅江县志》卷7《公署志》。

⑤ 参见《明史》卷77《食货志一》；《明太祖实录》卷135"洪武十四年正月"条，台湾"中研院史语所"1962年校印本《明实录》第1册，第2143—2144页。

2 人，出身监生者有 3 人，其余皆为举人。65 名知县中，有传者 19 人，其突出者，如：(1)田俊，洪武三年任，值元末兵燹之余，建县治，立学校，定民数，稽田粮，治绩一新。(2)赵时中，字宜之，河南罗山举人，弘治五年任，刚毅而沉静，通敏而渊澄，好士爱民，锄强扶弱，发奸擿伏如神。弘治七年修复县治县署，修葺儒学，置官吏生员同长沙；在县东南二里建一溪桥，督民曹达在江南市建洛浦桥；弘治八年在县东扩建布政分司、按察分司；在县南碧渡口立临江亭，重修治西拱北街城隍庙等。后擢御史，正德初忤刘瑾，廷杖落职。祀名宦祠。① (3)刘激，字惟扬，号瑞亭，四川叙州富顺举人，嘉靖二十九年任，任上颇有作为：其一，将胡海土城故址拓而城之，址广二丈，巅半之，高一丈二尺，门四：东曰永安，西曰常泰，南曰迎恩，北曰拱极，门各有楼。其二，修学校，在县南龟台山创龙洲书院，延蒋道林讲学，并撰《龙洲书院志》；又移名宦乡贤六贤祠于龙洲书院，冶铁为像，祠三楹；又建社学 20 所(近城 5 所，各学 15 所)；监修《(嘉靖)益阳县志》8 卷。其三，缉擒巨盗，四境晏然。其四，在县治西建平秩仓，在治北建养济院，在北门外建漏泽园，在治后建镇资楼，在治南三里建三里桥(资江第一桥)。其五，县南龟台山下有十景诗石刻，为其遗笔。后升工部主事。②

2. 安化县

在方志中，有关明代安化县任职官员之信息不全。《(乾隆)益阳县志》与《(同治)安化县志》载录明代安化知县 63 位、县丞 1 位、主簿 2 位、典史 41 位、教谕 48 位、训导 39 位。63 位知县中，任职时间完全确定者仅 21 人，有 42 位知县皆可查见其出身，其中进士出身者 2 人，仅占总数之 4.76%；举人 27 位，占总数之 64.3%；明确载其出身于贡生(例贡、乡贡、贡士、拔贡)者 13 人，占总数之 31%。63 位知县中，有传者 13 人，其突出者如：(1)海源善，江西人，洪武元年任，时主簿罗谦亨开设县治，创立廨宇，而源善继修之；又县学自元代耶律敦武重修之后，元末复火于兵，源善复建之。源善勤于政事，谓人肌肤受之父母，何敢毁伤？乃以熟麂皮为鞭，使知愧而已。民爱敬之，不忍欺焉。祀名宦。③ (2)吴履，字德基，浙江兰溪(东阳)进士，洪武十四年任，少受业于闻人梦吉，通《春秋》诸史，善属文，为文以迁固为法；尤善书，自称"牧羊山樵"，于钟王颜柳外另创一家草法，吏民以为法帖。后登元进士第，至正间任南康县丞。明初李文忠镇浙东，聘为郡学正，举于朝，授南康丞，重修县治，以儒术饬吏事，济以静重平易，邑以治。迁安化知县，时苗兵未靖，土豪易俊原据险自守，扰害地方，江阴侯吴良将击之，召履计事。履曰："易氏逃死耳，非反也，招之当来。不来，诛未晚。"良从之，易氏果至。良欲籍农故为兵者，民大恐。履曰："世清矣，民安于农。请籍其愿为兵者，不愿，

---

① 以上综合如下资料：《明史》卷 304；《(嘉靖)长沙府志》卷 4、卷 5、卷 6；《(嘉靖)湖广图经志书》卷 15；《明一统志》卷 169；《(康熙)长沙府志》卷 1、卷 10；《(乾隆)长沙府志》卷 9、卷 13；《(乾隆)益阳县志》卷 5、卷 8、卷 10。

② 以上综合如下资料：《(康熙)长沙府志》卷 4、卷 10、卷 13；《(乾隆)长沙府志》卷 11、卷 13、卷 38；《(光绪)湖南通志》卷 41、卷 43、卷 248、卷 249；《(同治)益阳县志》卷 3、卷 4。

③ 以上综合如下资料：《(嘉靖)长沙府志》卷 4、卷 6；《明一统志》卷 277；《(乾隆)长沙府志》卷 13、卷 20。

可勿强。"后迁潍州知州。履在明初以循吏著称，《明史》有传。祀名宦。① （3）党哲，字弗庵，四川广元拔贡，崇祯十五年任，知益阳县事时，洁己爱民，精勤练达。时张献忠掠境，哲率民兵防御，游骑剽掠，治以军法，皆畏服不敢犯。后加本府同知衔，兼署宁乡知县，才术敏捷，应变有余；迁靖州知州，顺治四年清兵破靖州，哲死于难，赠太仆寺卿。②

3. 沅江县

相对于宋、元二代而言，明代沅江县主要任职官员资料已完备许多。《（嘉庆）沅江县志》载录有知县65位、典史41位、教谕42位、训导35位。自成化间范珏后，44位知县中，除极个别人（崇祯间蒋士绅）外，大体皆有籍贯、任职时间，甚至大多皆有出身（举人22人，贡生或岁贡、选贡、例贡15人），甚或有些载有事迹、政声及升迁信息。其中较突出者，如：（1）钱文英，洪武初任，任知县时，于洪武二年在石溪湖北建沅江县治，北向。复在县东维摩寺故基重建沅江县儒学，建文庙三间，东西庑各九间，戟门、棂星门各三间，神厨、神库、宰牲房俱备；又建明伦堂三间、东西斋各三间，及馔堂等。③ （2）赖礼，字同文，江西南康人，永乐二年进士，《江西通志》称其字"周文"，据《南康县志》驳正。历仕武功、兴宁、沅江知县（《沅州府志》称其"永乐初知沅州"，疑误），所至有称，廉洁有守，刚直不阿，政绩茂著，卒于官，士民痛惜之。有诗文集藏于家，祀乡贤。子懋显任海北提举。④ （3）范珏，四川南充人，成化十年任，在任七载，抚字心劳，政简民安，有方能，修葺学舍，以励士类。成化十年重修县治，在县西重修府公馆。又沅江县旧无城郭，范氏于成化十一年筑土城，建四门，城高六尺，周回五里，门曰东西南北，无楼橹，亦未浚池。祀名宦祠。⑤

三、明朝中后期的益阳政治

（一）嘉靖万历间乱事

翻检志书可发现，自洪武之后直至嘉靖初，益阳、安化二县皆无重大史事发生（沅江县则整个明代史事无载），自嘉靖三年后乱事渐多，譬如安化县，嘉靖三年发生"贼劫乡民"事件，乡民王以文率乡兵剿捕，与其侄王用器皆死之；嘉靖五年，十二都"贼乱"，乡民张永定率兵进剿，并其子张环死之；嘉靖十二年，"新化流贼"入境，张永哲（永定之弟）率族兵张轵、张兰、张奎等御之，"俱死于阵者一门数十人"。⑥ 县志又载神宗万历

① 参见《明史》卷281《循吏·吴履传》等。
② 参见（明）陶汝鼐：《荣木堂合集》卷8等。
③ 《（嘉靖）常德府志》卷4、卷9；《（万历）湖广总志》卷34。
④ 《（正德）武功县志》卷2；《（嘉靖）南康县志》卷8；《（嘉靖）常德府志》卷13；《（同治）南康县志》卷8；《（同治）沅州府志》卷28；《（光绪）江西通志》卷167。
⑤ 《（嘉靖）常德府志》卷2、卷4、卷9、卷12、卷13；《（嘉靖）湖广图经志书》卷18；《（万历）湖广总志》卷13、卷14。
⑥ 以上参见《（康熙）长沙府志》卷12。

十一年癸未（1583 年），"新化元溪李再万出没湘乡、宁乡、安化、溆浦间，骚扰居民"①。今按载籍中，明代湖湘间有三个"李再万"，皆与"乱事"有关。其最早者在弘治间，有武冈莫宜峒（今城步江头司乡）大地茶园人李再万自称"天王"，领导苗民起义，聚众数万，在当时造成不小声势，后为巡抚都御史阎仲宇率师讨平，并因此而置城步县。② 另外二者皆在新化元溪（今新化县西部之奉嘎山）：嘉靖十二年（1533 年）利宾任新化知县时，元溪李再万倡乱，利宾"储粮饷，募丁壮，悬赏罚，夺其险隘，令其党得相剪戮自赎，并诱其渠首八人杀之"。③ 因新化毗邻武冈，疑此"李再万"乃是托称；又前述安化张永哲所御之"新化流贼"，应即此"李再万"部。五十年后，至万历十一年（1583 年）姚九功任新化知县时，元溪李氏乱复起。清人邓显鹤《沅湘耆旧集》，所收明邹廷望《姚侯平寇碑铭（并序）》有云：

> 元溪在县之西南隅百十里许，林麓四塞，通辰酉诸溪峒，为四方亡命所窜伏。渠魁李再万者又逋逃主也，据元溪凡几世，啸聚诸无赖，出入剽掠，毋论新之人不获宁处，即邻境诸县亦惴惴焉，伺其动止以卜休息。上官檄郡邑大夫，则又不可掩捕，一夫当隘，即千百人徒瞠目视，毋敢撄其锋者。故新有元溪，元溪有李，号累世膏肓云。④

按此万历间之"李再万"实为嘉靖间所杀者之家属，故《（道光）新化县志》姚九功本传仅云："时沅溪诸贼出没湘、宁、安、溆间，骚扰不宁，以计诱其渠魁扑杀之，徙其余孽于别里，四境晏然。"而同治志则言"元溪巨姓李万昊父子相继为盗垂三十载"，"西引辰酉诸峒蛮，出没湘、宁、安、溆间为寇，元溪贼遂世以巨盗闻。"⑤可见上引安化县志所言"李再万"者，实为其子李万昊。

益阳县在嘉靖间亦发生两件乱事：其一，嘉靖四年有徐渣耳等流劫乡村为乱。此乱波及宁乡，后益阳知县王奇橙"计斩渠帅四十人于县堂"。⑥ 其二，嘉靖六年有张广胜据滴水洞为乱，"都御史席书命同知俞夔领兵讨平之"。⑦ 据查，席书是明中期名臣，字文同，四川潼川州遂宁县人，弘治三年进士，正德十六年任都察院右副都御史巡抚湖广，嘉靖初以议礼受知世宗，擢至少保礼部尚书、武英殿大学士。⑧ 俞夔，字舜臣，浙江建德

① 《（同治）安化县志》卷 33《时事纪》。

② 《（乾隆）湖南通志》卷 18。

③ 《（道光）新化县志》卷 14《名宦·利宾传》

④ （明）邹廷望：《姚侯平寇碑铭（并序）》，载（清）邓显鹤编纂，欧阳楠点校：《沅湘耆旧集》卷 17，岳麓书社 2007 年版（湖湘文库本），第 2 册第 340 页。

⑤ 《（道光）新化县志》卷 14《名宦·姚九功传》；《（同治）新化县志》卷 15《官师志二·治绩·姚九功传》。

⑥ 《（康熙）长沙府志》卷 8。

⑦ 《（同治）益阳县志》卷 11《武备志》。《（康熙）长沙府志》卷 8 亦载："（嘉靖）六年，益阳剧贼张广胜据滴水洞为乱，同知余夔讨平之。""余"当为"俞"字之讹。

⑧ （明）焦竑：《熙朝名臣实录》卷 12《太傅席文襄公》，《续修四库全书》第 532 册，第 200-203 页。

人，正德十二年进士，亦以能干著称，其事迹可参见《两浙名贤录》。正德十四年，在平定朱宸濠之乱中，俞夔以多保障功擢长沙府同知，任上"擒剧盗彭思昶等五千余众"；嘉靖四年尚在任上，为岳麓书院创石坊于大江边。① 史事颇相吻合。然综合各资料看，张广胜之乱似兴起更早，波及范围颇广，实不限于益阳。常德府志载："嘉靖五年大旱，是年流贼张广胜、史钊等数百人四散劫掠，杀死常德卫百户杨镇，后府卫官设法擒之。"②《李贞女传》言嘉靖间有李贞女，"值流贼张广胜、史钊之乱，村墟皆空，一家流离"云云。③ 可见该部于嘉靖五年即已在常德府一带活动。又《（万历）湖广总志》"燕子洞之通流剽掠，而洞庭夹之守御日弊"，夹注："洞在长沙安化县，国初有流贼张广胜数百人为乱，百户杨镇计擒之。"④此"百户杨镇"与上述"杨镇"显系同一人，故疑"国初"当是"嘉靖初"之讹。综合上述信息推断，疑张广胜于嘉靖初即活跃于安化县与常德府武陵县交界之燕子洞一带，⑤后为常德卫百户杨镇设计擒获，不知何故竟得脱身，复于嘉靖五年大旱之际再次出来纵横"剽掠"，并杀死杨镇以报前仇。然在常德卫打击下，该部从常德转移到益阳县滴水洞一带，最终被席书命长沙府同知俞夔领兵讨平。

此外，《（同治）益阳县志·武备志》言："穆宗隆庆二十九年，播酋变，征丁夫入黔，民苦之。"隆庆无二十九年，此"隆庆"显系"万历"之讹。《（同治）安化县志·时事纪》亦言及此事，而载是"万历三十年壬寅"。二志所言"播酋变"，是指贵州播州土司杨应龙叛乱，杨氏公开叛乱在万历二十四年（1596 年），至二十八年夏已大体平定，故我们对于此二县方志所载时间不能拘执。此役明王朝动用兵力达二十余万，其中三分之二以上乃是征调民夫，尤以湖广地区最甚，益阳、安化二县地处入黔孔道，"征丁夫入黔，民苦之"，盖是实录。

以上乱事虽亦造成不少纷扰，却不足以同明末之大动荡相比拟。

（二）明末大动荡时期的益阳

1. 天王寺军攻掠益阳

崇祯元年（1628 年），陕北农民起义正式爆发，揭开明末动荡之大幕，但波及湖湘则要到崇祯九年。由于受明王朝残酷压榨、旱灾饥荒，及北方李自成、张献忠农民起义的巨大影响，湖南临武、蓝山矿夫于是年十二月揭竿而起，并迅速外溢，席卷湖南、江西、广东和广西各州县。崇祯十年春，临蓝军抵达湘潭，三月转战湘乡县，四月攻占湘乡县城，五月该县江长子等人据天王寺起事响应，⑥明末安化、益阳二县之动荡就此引发。

据《绥寇纪略》，天王寺在湘乡、安化、益阳、宁乡界中，"刘高峰、李大用、江长子、

---

① 参见（明）徐象梅：《两浙名贤录》卷 18《江西左布政使俞舜臣夔》，《续修四库全书》第 542 册，第 550 页；《（乾隆）湖南通志》卷 44。

② 《（嘉靖）常德府志》卷 1。

③ 《（嘉庆）常德府志》卷 45《列女·李贞女传》。

④ 《（万历）湖广总志》卷 30《兵防二·险要·常德府》，崇文书局 2018 年（荆楚文库），第 949 页。

⑤ 《（嘉靖）长沙府志》卷 3 言安化县"北至武陵县燕子洞界"。

⑥ 以上参见向祥海：《明末临蓝矿夫起义初探》，载《湘潭大学学报（社会科学版）》1989 年第 1 期。

洪老壳、晓和尚为渠帅,和尚一名'飞天王',善飞刀喷火"。① 关于该部渠帅,各书所载有些差异,《天下郡国利病书》作"魏龙宇、黎高峰、李大用等",②而长沙府志等则作"刘高峰""李高峰"。该府志载,崇祯十年五月上述诸人据天王寺,"聚众数千人,大肆劫掠,旁侵安化、宁乡诸邑",③其"旁侵"之"诸邑"应包括益阳县。据县志载,李高峰等"寇严湖塅,官兵失利,千户张某战死,乱自此始"。④ 严湖塅在益阳县治南60里,南达宁乡,县志称"明季草贼流寇至此,官兵尝御战其地"。⑤ 严湖塅之战,官军折损一员千户,可见动用兵力不小,然未能遏抑住民军。同年十一月,天王寺军与临蓝军联合"焚劫湘潭",十二日(疑为"十二月"),民军舟船蔽江而下,抵长沙府城,攻围甚急,"所历诸邑焚掠一空,荒烟百里"。⑥

天王寺军曾三临安化:其一在崇祯十年八月十三日;其二为同年十二月十五日夜,据县志引潘氏《安化时事纪》载,此次侵扰破坏尤剧,该部攻至安化县署,"知县与驻防逾垣走,捕尉不知所终",民军头目"登堂升座","劫库纵囚,焚戮剽掠,搜刮无遗,男女被掳去无算,牲畜一空,一邑荡然";其三当在次年正月,该军"复由宁乡路入归化乡,杀掳焚劫,荒烟数十里","二十一日(旧志月份失载,应是正月)丑时,天鼓三鸣,响从东发",民军疑官兵至,"方撤营奔益阳路"。⑦

天王寺军败于崇祯十一年三月。据《天下郡国利病书》载,因民军势盛,"枢府仿征播议复设都御史台于偏沅间,以统我师,相机抚剿。上可之,遣武进陈公建牙出镇,而巡道鄞县高公躬擐甲胄率师力征"。其所言"武进陈公"即偏沅巡抚陈睿谟,字常采,号鹿苹,江苏武进人,万历三十八年进士,授知县,擢御史,巡按四川时忤魏忠贤,外转历禹州兵备,颇有建树。崇祯十年秋,朝议设偏沅巡抚,诏睿谟往。⑧ 睿谟抵长沙时,民军已撤围而去,长沙兵备副使高斗枢(即上述"巡道鄞县高公")认为,"天王寺患切肘腋,应先加兵",睿谟赞成此说,立即着手策划镇压。总兵尹先民虑兵力不够,自诣靖州分张元璧、张元玺之兵,又同元璧往镇筸各募千余;适清浪总兵罗安邦奉调往德安,先民禀请睿谟将其留下。崇祯十一年正月,天王寺军突犯安化县,睿谟亟命各军分道出击。尹先民攻鹧雀仑,民军败绩。次则娄底之战,民军伤亡更大:罗安邦攻入洞井,民军将领颜继惠死;陈上才攻壶天,李和尚被俘;李高峰率众转入蓝田桥头一带,与追兵再战身亡。其后洪老壳进军桃花江,益阳知县施丙先督乡勇民壮阻击,尹先民领追兵亦至,双方在上下河塘鏖战,洪老壳兵败溺水而亡。官军分路进攻之际,李大用、魏龙宇率领民军一支由龙山攻入邵阳县境,宝庆府城内外震恐,知府陶琪领诸衙官吏分部各道,推

① (清)吴伟业:《绥寇纪略·补遗下》,《丛书集成初编》第3992册第395页,商务印书馆1935年版。

② (清)顾炎武:《天下郡国利病书》之《湖广下》,《续修四库全书》第597册,第241页。

③ 《(乾隆)长沙府志》卷37《兵难》。

④ 《(同治)益阳县志》卷11《武备志》。

⑤ 《(同治)益阳县志》卷2。

⑥ 《(乾隆)长沙府志》卷37《兵难》;《(同治)湘乡县志》卷5《兵防志·祥异》。

⑦ 《(同治)安化县志》卷33《时事纪》、卷之末《杂说》引潘氏《安化时事纪》"邓楚云"条。

⑧ 参见《(乾隆)江南通志》卷151、《(光绪)武进阳湖县志》卷21。

官李梦日率所部精兵和强壮民勇袭击民军。三月十五日，李大用、魏龙宇食尽力殚而被俘，天王寺军遂败。[1]

2. 张献忠部兵临益阳

自崇祯十一年三月天王寺军败亡后，至崇祯十六年九月张献忠兵临益阳，中间有个短暂间歇期，在此仅书二事：其一，十五年四月有邵阳游勇掠安化、宁乡，[2]安化邑人董八郎及其伯董冰鉴率众阻杀，俱没于阵。长沙知府堵胤锡遣幕客余升督乡兵剿捕于梅、湘之界（据潘氏《安化时事纪》载，余氏督勇驻守于归化乡大虎坪，大虎坪即后来之大福坪，即今安化县之大福镇），夜雨，敌军猝至，余氏振槊上马，率百人与战于万山间，杀七人，不胜而死。胤锡旋督姜中洽等呕发团兵，乘敌疏防，夜斫其营，尽歼之。[3] 其二，益阳县志载，"十六年，草鸡塘贼起，七月官兵进剿，贼遁，官兵杀良为功，乱自此成"，[4]按草鸡塘似在宁乡县一都，关于此事无更多信息。下面重点介绍张献忠兵临益阳事。

陕北农民起义爆发后，李自成和张献忠先后于崇祯三年（1630年）加入起义军，在随后十余年的斗争中，二人脱颖而出，成为各路义军中最杰出之领袖。资料显示，李自成和张献忠所率农民军曾先后挺进湖南，但李自成部并未到益阳，而张献忠部则曾兵临此地，而且影响甚巨。崇祯十六年五月，张献忠兵破武昌，据之，崇祯帝命镇臣左良玉统兵进剿，献忠南走岳阳，循洞庭而上，巡按刘熙祚护吉王、惠王奔衡州。八月二十六日，长沙城陷，总兵尹先民、何一德出降，推官蔡道宪被俘抗节死。献忠旋破衡州，吉、惠、桂三王走永州，后遁广西。

府志中收有清初益阳县学贡生罗贤冑所撰《贼陷长沙始末记》《益阳遭兵贼始末记》二文，乃是研究该段历史之珍贵资料。据其记述，崇祯十六年九月，张献忠部进至益阳县，其骑兵沿乡索马殆尽，先锋王老虎（名"国用"）及所授县令庄天成至县诱授诸人官职。王氏等撤离后，复有常德道胡某率兵来县，将接受献忠官职者尽皆诛杀，株连无辜者甚众。倡乱者遂于十一月初一复驾船迎献忠部至县，该部乃举全营压境，驻扎于七里桥，驱市民千百人杀于起春亭江畔，大搜山缚男妇上万人至软桥、桃花江、七里桥营所，颇行折辱诛戮，如是达一月之久，县志谓之"张献忠屠益阳"。[5] 所述虽或有夸大成分，但大体应属事实。其时，献忠大索长沙及益阳等周边诸县名士欲授以官职，致士绅纷纷挈家避处山中，深匿不出，却仍有不少人被拽出，然胁从者虽众，心甘情愿者少，不乏坚执抗拒不从而罹难者。时署县事长沙府经历李完珍，在赴府途中遇献忠部于龙关桥，死之；县学教谕赖大耀藏于山，被献忠部搜执，乃正衣冠端坐，从容就死；又吉王府在

---

① 以上参考前揭吴伟业《绥寇纪略·补遗下》、《天下郡国利病书·湖广下》、《（同治）湘乡县志》卷5《兵防志·祥异》、向祥海《明末临蓝矿夫大起义初探》及《湖南临蓝等处围剿功次残稿》，史语所编《明清史料丛书》乙编，第8册，第779—780页。

② 《（道光）宝庆府志》卷4载"邵阳梅山贼"，疑是新化游勇。

③ 参见《明史》卷279《堵胤锡传》；《（乾隆）长沙府志》卷21《余升传》、卷29《姜中洽传》；《（同治）安化县志》卷33《时事纪》；《（康熙）长沙府志》卷12《董八郎传》。

④ 《（同治）益阳县志》卷11《武备志》。

⑤ 参见（清）罗贤冑：《益阳遭兵贼始末记》，载《（乾隆）长沙府志》卷41；《（同治）益阳县志》卷11《武备志》。

益阳之管庄内使吕公迁，被执，亦以不屈死。县志中尚载有此辈十数人，如周敏中、易应达、温奇玉、潘若洙、符永膺、钟鸣谦、徐应选、陈有光、胡光璧、李宗塘等，清乾隆四十一年多赐入祀忠义祠。①

《湖南通史》和《长沙通史》言，崇祯十七年（1644年）正月（或言"春"）张献忠弃长沙出湖南入川，②这恐怕有误。《明史》明确记载，崇祯十六年"十二月丙戌左良玉复长沙"，③则献忠部撤出长沙肯定在此之前。二书如此说，盖据《（乾隆）湖南通志》所言："十七年正月，左良玉击献贼至长沙，时何腾蛟督兵长沙，各镇皆不用命，黄朝宣驻衡山，张先璧驻攸县，郝永忠、卢鼎驻衡州，各纵兵剽掠，与贼无异。"④实际上，此前"张献忠"条已明确载"十六年十二月官军讨平之"，故此条落脚重在述各军剽掠事（腾蛟所属张先璧等剽掠事并不在崇祯十七年，详见下章）；且"十二月丙戌"即农历十二月二十六日，距次年正月亦甚近，故浑言谓之"正月"。据益阳县志"献忠退走武陵，取道益阳，屯七里桥"云云，可知献忠之所以"举全营压境"至益阳，盖因该邑地处献部撤往四川之必经路上，且因其在此逗留一月之久，故罹害较他邑为重。然绝望之处在于，官军到来并未缓解民困，反而加重其害。县志"十二月左良玉复长沙，兵掠益阳"条引府志云："左兵在湖南者肆掠，得绅士富民，辄炮烙剑划索其资，焚浏阳、宁乡、益阳庐舍殆尽。"⑤

相较于益阳县，安化县情况要好一些，之所以如此，乃是因为有党哲和林龙采二人。前文述及，党哲于崇祯十五年任安化知县，颇有作为。《（乾隆）长沙府志》卷二十一载其传，称其任安化知县，"时寇氛肆煽，躬率民兵剿；复游骑剽掠，躬捕治以军法。兵皆畏服，不敢犯境，民赖以安。"又该府志卷三十七《兵难》载献忠离湘以后事，有"唐王起闽中，奏授胤锡督学""一切胁从旧案并释不问，加安化令党哲同知兼摄宁乡，推官周麟摄湘潭，皆蜀人，抚降戢悍，稍复振励，以翼蔽江岭孑遗"云云。又宁乡县志所载《党哲传》，有"党哲，蜀广元人，以同知署县事，才术敏捷，应变有余。献贼后，邑惟青燐白骨，无三家市，复苦署事丞某为治太扰乡"云云。⑥综上可知，在献忠处湘期间，党哲似皆在安化知县任上，直至南明隆武元年（清顺治二年，1645年）被擢为长沙府同知兼摄宁乡县事，才离开安化。又按《邵阳县志》载："林龙采，字惕庵，同安人，举人。初为溆浦令，值张献忠所在破陷，采率士民死守，百端措置，复安化、新化，以功于崇祯十六年十二月题擢本府知府，在任多所建置，寻知几早隐，卒于郡。"⑦据此，则献部似曾短暂据有安化。而此言在献忠处湘期间，党哲似皆在安化知县任上，颇相矛盾。疑党哲在任

---

① 参见《（同治）益阳县志》卷11《武备志》、卷15《人物志·忠义》。

② 伍新福：《湖南通史（古代卷）》，湖南人民出版社2008年版，第674页；谭仲池：《长沙通史（古代卷）》，湖南教育出版社2013年版，第556页。

③ 《明史》卷24《庄烈帝纪二》。

④ 《（乾隆）湖南通志》卷142《祥异》。

⑤ 《（乾隆）长沙府志》卷37；《（同治）益阳县志》卷11《武备志》。

⑥ 《（乾隆）宁乡县志》卷4。

⑦ 《（康熙）邵阳县志》卷9。

时，献部来攻并一度占据该邑，后党氏求救于林龙采，在林氏帮助下将献部驱离。

要之，安化县在献忠兵临湖湘时罹难稍少。反倒是官军，其祸害似丝毫不逊色于献部，安化县志就载崇祯十七年官军张先璧部"纵兵剽掠，与贼无异"（详见下章），当时军兵横暴于此可见一斑。又安化县志载有一则怪事：

> 崇祯甲申之变，献贼猖狂所至，惨不可言，治署多在荆棘中。安化无官守者数阅月，倏有罗某者从长沙来，盛卤薄张皇，握安化县篆，把总其子也，典史其女婿也，一家眷属伪踞，民不堪其苦。三月事发，邑中蒋、李二姓擒之，解偏沅巡抚治罪，邑快然。[①]

按此似为党哲离开安化后所发生之事。在新旧交替之际，纲纪荡然，难免群魔乱舞，黎庶苦难深重。此等乱象，在清初还持续了一段时间，留待下章再叙。

第二节　明代益阳的人口、田地与赋税差徭

一、明代益阳的人口及其迁移

（一）明代益阳的人口估算

谨先将《湖广图经志书》卷十五等书中明代益阳、安化、沅江三县户口原始数据载录如下：洪武二十四年（1391 年），益阳县户 5070、口 25210，安化县户 2561、口 18348，沅江县户 691、口 4070；永乐十年（1412 年），沅江县户 861、口 3678；成化八年（1472 年），益阳县户 8160、口 3□061，安化县户 1487、口 15994，沅江县户 825、口 4071；弘治五年（1492 年），沅江县户 961、口 7202；正德七年（1512 年），益阳县户 4170、口 20058，安化县户 1495、口 14255，沅江县户 968、口 7146（常）；嘉靖元年（1522 年），益阳县户 4190、口 30728，安化县户 1494（寄庄 62）、口 14239，沅江县户 977、口 7507；嘉靖十一年（1532 年），沅江县户 984、口 8211；万历九年（1581 年），沅江县户 2021、口 8370；万历十年，益阳县户 5861、口 31636，安化县户 1666、口 11919。[②]

之所以强调其"原始数据"，乃是因为其数据存在颇多问题，很难说它能真实反映出其时户口之实际情况，故在一定程度上需要进行矫正。看其时全国总户口数，根据《明史》所载洪武二十六年（户 10652870，口 60545812）、弘治四年（户 9113446，口 53281158）、万历六年（户 10621436，口 60692856）三组数据及梁方仲先生《中国历代户口、田地、田赋统计》据明代历朝实录所绘明代历朝户口统计表，可发现，在经历元末兵燹战乱之后，洪武二十六年户口数竟然为几乎整个明朝户口之峰值，这岂非咄咄怪事？

---

① 《（同治）安化县志》卷之末引潘氏《安化时事纪》。
② 数据来源：《湖广图经志书》卷15《长沙府·户口》、卷18《常德府·户口》；《（崇祯）长沙府志》卷5；《（嘉靖）常德府志》卷6；《（同治）安化县志》卷15。

梁氏书中有《明代历朝户口、田地升降百分比》表，①较为直观形象地揭示了整个明代总户口数之升降情况。根据前面所列益阳、安化、沅江三县数据，结合湖广布政司与常德、长沙二府数据来看，洪武二十四年或二十六年数据即为整个明朝户口之峰值，这自然是不正常的。然则湖广地区是否只是特例？参梁方仲先生在《中国历代户口、田地、田赋统计》书中所作分区统计，②其实并非所有地区皆以洪武二十四年或二十六年数据为峰值，北方大部分地区如北直隶、山东、陕西、河南，甚至四川，其户口整体呈现增长之态势。其不正常者主要在南方，南方多数省份之户与口，在明中期譬如弘治年间下降幅度较大，如南直隶分别降20.97%、25.74%，江西分别降12.25%、27.08%，湖广分别降34.93%、19.58%；其甚者，如广东分别降30.82%、39.58%，福建分别降37.95%、46.23%，浙江分别降29.7%、49.41%。其后在万历六年，南直隶与湖广之户口有所回升，南直隶甚至逼近洪武二十六年水平；而广东、江西、浙江、福建则仍呈下降趋势。究其缘由，鄙意以为，主要为南方乃是明朝赋税负担最为繁重区域，人们不堪重负而隐匿逃亡，或托庇于权贵以躲避税负差徭。故我们倾向于认同，直到明代中期，"黄册依然记载家户人口，只是漏登的人口太多，且不记女小口，使得据此汇总所得的区域性人口数距离真实情况太远"。要之，明代中期乃至后期南方的户口数大都不可信，仅个别地区例外。③如此说来，对于前面所列明代益阳、安化、沅江三县户口数原始数据，尤其是洪武朝以后数据，当有所考辨，务必持审慎之态度。

至于洪武二十四年或二十六年的数据，学界认为，洪武年间的户口统计当然也存在一些问题，"漏登户口的现象在明初绝非少见"，但总体而言，"太祖时期所作人口统计，在中国大部分地区无论就其条令规则还是实际效果而言，都相当接近现代人口调查"，④因此其数据具有较高可信度，理当作为考察整个明代人口之基点。

细究《（嘉靖）长沙府志》卷三所载长沙府所属12州县户口数，洪武二十四年长沙府户数总计实为85350，口数总计实为488938。从口户比来看，12州县平均口户比实为5.73，大体仍在正常区间。因此，我们认为，由分县户口数统计所得数据（户85350，口488938）大体可信，应为估算明代长沙府户口之主要依据。至于常德府，曹树基《中国人口史》（第四卷）的考察结果与《（嘉靖）常德府志》所载洪武二十四年数据中分县人口累加之结果总数相同，且户均口数为4.4符合标准，故推测该府户口调查不大可能漏记女性人口。"其在籍口数即实际人口"，⑤此结论应予采信。因此，该志所载沅江县在洪武二十四年有户691、口4070，值得信从。

不仅如此，我们经全盘考察后认为，《（嘉靖）常德府志》所载数据可信度相当高，其所载沅江县在洪武二十四年后之历年户口数据亦皆值得信从。据之可知，至嘉靖十一年

---

① 参见梁方仲：《中国历代户口、田地、田赋统计》，中华书局2008年版，第273页。

② 参见前揭梁方仲：《中国历代户口、田地、田赋统计》，中华书局2008年版，第279-280页。

③ 参见曹树基：《中国人口史》（第四卷），复旦大学出版社2000年版，第77页。

④ 何炳棣：《明初以降人口及其相关问题（1368—1953）》，中华书局2017年版，第10页。

⑤ 曹树基：《中国人口史》（第四卷），复旦大学出版社2000年版，第116页。

（1532 年），沅江县人口相较于洪武二十四年已经翻番，发展至 8211 口。但《（嘉庆）常德府志》所载万历九年（1581 年）该县户口数（户 2021，口 8370）却颇可疑，撇开其户数不论，在 50 年的承平年代，其口数才增加 159，实不足为据。今按正德七年（1512 年）有口 7146，嘉靖元年（1522 年）有口 7507，此 10 年间增长 5%；嘉靖十一年（1532 年）有口 8211，相较于嘉靖元年，此 10 年间增长 9.4%。保守估计，此后每 10 年按 5% 递增，至万历十年（1582 年），当有口 10479。照此推算，若按何炳棣先生所估，明代人口在万历二十八年（1600 年）前后达到峰值，则沅江县在万历三十年（1602 年）有口 11553。因嘉靖十一年（1532 年）相较于嘉靖元年，此 10 年间增长 9.4%，远超 5%，①故我们有理由相信，该县万历三十年（1602 年）实际人口数应在 1.2 万以上，即应为洪武二十四年口数之 3 倍以上。

再看益阳县。据《（崇祯）长沙府志》卷五载，益阳县在洪武二十四年（1391 年）户数为 5070，口数为 25210，其口户比为 4.97，符合标准，值得信从。前文估算元代益阳州有户 5 万~6 万、口 20 万左右，而此言洪武二十四年才 5070 户、25210 口，仅为元代之十分之一，足见益阳在元明鼎革之际生灵涂炭之甚。《湖广图经志书》卷十五《长沙府·户口》载成化八年（1472 年）益阳县户数为 8160，而口数则因千位上数字无法辨认，只能记为"3□061"。假定该位数字为最小值"0"，相对洪武二十四年而言，80 年间口数增幅才为 19.24%，与户数增幅 60.95% 相去太远。若以洪武二十四年口数 25210 为基准，以 160% 为轴心上下浮动来估算，则可确定该无法辨认之数字为"8"。成化八年口数 38061，与该年户数之口户比为 4.66，符合标准；相对洪武二十四年而言，口数在 80 年间增幅为 51%。经综合权衡，我们认为，《湖广图经志书》卷十五所载益阳县成化八年户数 8160、口数 38061，数据符合预期，应予信从。然而《湖广图经志书》卷十五所载益阳县正德七年（1512 年）户数 4170、口数 20058，明显不合常理。相对成化八年而言，40 年间户数反而倒降 48.9%，口数反而倒降 47.3%；相对洪武二十四年而言，120 年间户数倒降 17.75%，口数倒降 20.4%，显然该年数据严重失真，实不足为据；且因蹈袭之故，《（崇祯）长沙府志》卷五所载该县嘉靖元年（1522 年）户数 4190、口数 30728，万历十年（1582 年）户数 5861、口数 31636，皆难以信从。今撇开户数，单就口数而论，成化八年相对于洪武二十四年，80 年间口数增幅为 51%，若依此幅度往后再推 80 年，则嘉靖三十一年（1552 年）口数为 57472。因自嘉靖三十一年再往后推 80 年，已在明末崇祯五年（1632 年），而按一般说法，明代人口在万历二十八年（1600 年）前后达到峰值，故嘉靖三十一年后只能换种算法。今比照沅江县按每 10 年递增 5% 推算，至万历十年（1582 年）益阳县有口 66531，万历三十年（1602 年）益阳县有口 73350。然这种估算颇为粗放，实际上应是有所低估：一则因人口增长到后面会有所加速，在成化八年至嘉靖三十一年的 80 年承平时期，其增幅应不止 51%；二则从历史上看，益阳县之垦殖条件远较沅江县优越，在元代，益阳或有人口 20 万以上，而其时沅江县才 4000 人左右，就可说明问题。

---

① 曹树基《中国人口史》（第四卷）认为，明代长沙府和常德府人口年平均增长率接近湖广北部水平，即达 6‰（复旦大学出版社 2000 年版，第 234 页），亦可作为佐证。

故益阳县自嘉靖三十一年至万历三十年这50年间，每10年人口递增幅度应高于5%（沅江县增幅）；况且沅江县本身就已有所低估，其嘉靖元年至嘉靖十一年（1532年）10年间增幅为9.4%，远超5%。故我们有理由相信，至万历三十年，益阳县人口应在8万~10万，应为洪武二十四年口数的3倍以上，甚或有4倍之可能。即便如此，亦不过为元代人口之一半。

再看安化县。《（嘉靖）长沙府志》卷三、《（崇祯）长沙府志》卷五与《（同治）安化县志》卷十五所载洪武二十四年安化县口数皆为18348，而户数稍有出入，前二者载户2561，后者载户2541，差距不大，可以忽略。其值得注意者为该年口户比达7.16，有点偏高，推测或因流民垦殖、寄庄人口较多之故。安化为古梅山地区，丛莽茫昧，国家控制力或有所不至，故颇有其他地区之民众逃亡窜匿或客居于此，以逃避赋役。载籍中亦多见有提及其"客户""寄庄"者，《（嘉靖）长沙府志》卷三、《（崇祯）长沙府志》卷五皆提及嘉靖元年安化有户1494，其中含"寄庄62"，疑此62户寄庄仅为其中极少部分。由此反推洪武二十四年之户口，因其口户比达7.16，故推测此应是未立户之流民、寄庄人口较多之缘故。我们认为，洪武二十四年安化县户数2561、口数18348，或许即其实际户口数。前文估算元代安化县有7000户左右，而其口则或在2万~3万，洪武二十四年口数18348与此相去不远，且在历经元末乱离之后，能有此数，盖因李焕文、贺兴隆等人先后保境安民，有以致之。但是，《湖广图经志书》卷十五《长沙府·户口》所载安化成化八年（1472年）户数1487、口数15994，正德七年（1512年）户数1495、口数14255；《（嘉靖）长沙府志》卷三、《（崇祯）长沙府志》卷五与《（同治）安化县志》卷十五所载安化嘉靖元年（1522年）户数1494、口数14239，万历十年（1582年）户数1666、口数11919（安化县志载11915），皆不足为据。我们只能依据上述沅江、益阳情况大致估算。因其未立户流民垦殖、寄庄人口较多，故撇开其户数，单就其口数而论。前面估算万历三十年（1602年）沅江县实际人口数应为洪武二十四年人口数之3倍以上，而益阳县则更甚。因安化县在元代之实际人口大大超过沅江县，或为其5倍以上，故我们有理由相信，安化县在万历三十年（1602年）之实际人口至少应为其洪武二十四年人口数之3倍，18348之三倍即55044，此为最保守估计。我们推断，在明代安化县人口峰值或达6万。其后，天灾人祸荐臻，尤其在明末天启崇祯间，社会陷入大崩溃、大动荡，各地户口普遍锐减，此人所共知，自不必说。

（二）明代益阳的人口迁移

曹树基《中国移民史》第五卷（明时期）对明代益阳的人口迁移有较多涉及，以下叙述主要借鉴其研究成果。曹书认为，包括益阳县在内之长沙府，其氏族迁入与湘北、湘南大不相同，此府氏族之迁入在洪武时期远超前代，形成规模浩大之移民浪潮。以长沙、醴陵、益阳和湘阴四县为例，曹氏曾据1948年《醴陵县志·氏族志》、1988年《长沙县志·人口志》（稿）、1881年《湘阴县志·氏族志》及1944年《益阳县志·氏族志》，对上述四地之氏族迁入时代作统计（因长沙县样本较少，并入醴陵县一起统计），得出一组数据（参见下表）。其结论是，益阳和长沙、醴陵之氏族构成非常相似，而与湘阴县稍有些差异，因湘阴县宋代以前迁入氏族比例为12.1%，大大高于其他三地；醴陵、长沙该

值才 2.5%，益阳县更低至 1.9%。即便如此，湘阴县洪武移民氏族比例仍相当高，达
47.2%，与益阳县（47.9%）颇接近，至于醴陵、长沙则更高达 55.8%。

　　数据亦显示，益阳县在元代移民氏族之比例高于醴陵、长沙和湘阴三地，益阳县该
值为 20.6%，而醴陵、长沙为 14.4%，湘阴为 15.9%，这说明益阳县在元代人口迁移中
占据着重要地位。而益阳地区元代移民中，有三分之二以上属于元末移民，此与曹书统
计数据相合。曹书数据揭示，益阳县元末及洪武迁入氏族人口在当时总人口中占
64.8%，故益阳县是人口重建式移民之典型代表。

长沙、醴陵、益阳和湘阴四地清以前历代迁入氏族比例表① 单位：%

时代	醴陵、长沙	益阳	湘阴
宋以前	2.5	1.9	12.1
宋	5.0	8.0	5.7
元	14.4	20.6	15.9
洪武	55.8	47.9	47.2
永乐	3.1	7.1	0.6
明中后	19.2	14.5	18.5
合计	100	100	100

　　再从移民原籍角度作进一步审视。上章提及，元代益阳移民中以迁自江西者为主，
然则明代情况如何？曹书对此有更深入细致之量化分析。曹氏曾以 1944 年《益阳县
志·氏族志》为据，对 1944 年益阳县氏族渊源做过细致统计，今征引其结果如下：

1944 年益阳县氏族渊源统计表② 人口单位：百人

时代\原籍	湖南		江西		苏浙		粤闽		其他	
	族	人口	族	人口	族	人口	族	人口	族	人口
唐	—	—	—	—	—	—	—	—	1	38
五代	—	5	356		—	—	—	—	—	—
北宋	—	5	147	1	54	—	—	—	—	—
南宋	3	174	11	281	1	57	—	—	3	78
元	8	234	44	1197	3	63	1	23	4	23
洪武	7	133	94	2206	7	186	3	44	9	344
永乐	—	—	13	232	4	38	—	—	4	77
一正德	—	—	16	299	—	—	—	—	2	48

① 参见曹树基：《中国移民史》第五卷（明时期），福建人民出版社 1997 年版，第 100—101 页。
② 参见曹树基：《中国移民史》第五卷（明时期），福建人民出版社 1997 年版，第 106 页。

续表

时代 \ 原籍	湖南		江西		苏浙		粤闽		其他	
	族	人口	族	人口	族	人口	族	人口	族	人口
嘉靖	—	—	6	73	—	—	1	1		
—崇祯	1	7	9	131	2	12	4	27	—	—
清前	37	776	3	37	—	—	5	71	14	207
清后	1	40	—	—	—	—	—	—	—	—

据上表,在其所统计之332族移民中,迁自湖南其他地区者57族(占17.17%),共计136400人,相对于所统计之移民总人口771400而言,其占比为17.68%(其中迁入者占比为南宋2.26%、元代3%、洪武1.72%,整个明代占比为1.81%,清前期占比为9.93%,整个清代占比10.58%)。元代与洪武年间移民合计才4.72%,因元代移民主要在元末,说明湖南本土移民在元末明初这波移民大潮中出力不多。而清前期占比9.93%,说明清前期湖南本土移民在益阳外来移民中地位不可小觑。

其迁自江西者206族(占总数之62.05%),共计495900人,相对于所统计之移民总人口而言,其占比为64.29%(其中迁入者占比为五代4.61%、北宋1.9%、南宋3.64%、元代15.52%、洪武28.6%、永乐3%、正德3.88%、嘉靖0.95%、崇祯1.7%,整个明代占比为38.13%,清前期占比为0.48%)。历代江西移民占比为64.29%,占移民总人口之三分之二,与湘中其他地区格局大体一致。而元代与洪武年间移民合计占44.12%,因元代移民主要在元末,这说明江西移民是元末明初这波移民大潮之主力。其中周氏一支系三国周瑜次子周胤后人。周胤晚年居江西庐陵郡,其第25代喜政于明弘治初年(1488年)迁居益阳裴家村,后移居谢林港,成为益阳县大族。

其迁自苏浙者18族(占总数之5.42%),共计41000人,相对于所统计之移民总人口而言,其占比为5.32%(其中迁入者占比为北宋0.7%、南宋0.74%、元代0.82%、洪武2.41%、永乐0.49%、崇祯0.16%,整个明代占比为3%)。这说明苏浙移民在益阳历代外来移民中地位不突出,在明初这波移民潮中出力亦不多。

其迁自闽粤者14族(占总数之4.22%),共计16600人,相对于所统计之移民总人口而言,其占比为2.15%(其中迁入者占比为元代0.3%、洪武0.57%、崇祯0.35%,整个明代占比为0.93%,清前期占比为0.92%)。这说明闽粤移民在益阳历代外来移民中地位亦不突出,在明初这波移民潮中出力亦不多。

自其他省份迁入者37族(占总数之11.14%),共计81500人,相对于所统计之移民总人口而言,其占比为10.57%(其中迁入者占比为唐代0.49%、南宋1%、元代0.3%、洪武4.46%、永乐1%、正德0.62%,整个明代占比为6%,清前期占比为2.68%)。洪武年间占比4.46%,说明在明初这波移民潮中,其他省份移民亦是出力者之一。

再看安化县。曹书以安化县氏族档案为据,对该县84个氏族迁入时代及其原籍作过统计,今征引其结果如下:

安化县氏族迁入时代及其原籍统计表①　　　　　　　　　　单位：族

时代＼原籍	湖南其他地区	江西	苏浙	其他省份	合计
唐		2	—	—	2
五代	—	11			11
北宋	1	4	—		5
南宋	2	15	1	1	19
元末	2	14		1	17
洪武	1	13	2	1	17
永乐	1	5		3	9
明中后	—	4		—	4
合计	7	68	3	6	84

　　因该档案中无清代迁入氏族之记载，故此表未列清代数据，另因元代迁入氏族皆为元末迁入，故径写"元末"。此表显示，该县所迁入之 84 族中，迁自湖南其他地区者 7 族，仅占总数之 8.33%；迁自苏浙者 3 族，占总数之 3.57%；迁自其他省份者 6 族，占总数之 7.14%。其中绝大多数乃是来自江西，有 68 族，占总数之 80.95%（其中占比为唐代 2.38%、五代 13%、北宋 4.76%、南宋 17.86%、元末 16.67%、洪武 15.48%、永乐 5.95%、明中后期 4.76%）。历代江西移民总占比为 80.95%，远超前述益阳县历代江西移民总占比（64.29%）。但是值得注意的是，其洪武年间占比才 15.48%，加上元末 16.67%，合计才 32.15%，虽然在该县元末明初这波移民大潮中仍居榜首，但相对于湘中其他一些地区相形见绌。据曹书统计数据，在洪武年间迁入各县氏族中，江西移民在醴陵县占 83.5%，在益阳县占 77.8%，在湘阴县占 82%。② 这说明安化县外来移民与湘中其他地区颇有些不同，以外来移民主力即江西移民来看，他们其实并不集中于洪武年间，甚至元末明初，而是在此之前即已陆续迁入。据上表可知，江西移民在元以前各代合计占 38%，宋以前各代合计占 15.47%，此占比高于湘中其他各县，譬如长沙、醴陵和益阳等县该值为 2%，湘阴则为 12.1%。其在宋代占比更高达 22.62%，而长沙、醴陵和益阳三地之宋代氏族比例为 5%~8%。③ 这种现象应是因为北宋章惇开梅山，安化置县，其后安化日渐开辟，大量汉族人口尤其是江西籍民众源源不断迁入，在南宋已经掀起一小高潮；元末动荡期间，李焕文、贺兴隆等人率部保境安民，"元末明初战乱对安化县之破坏远不及长沙府中部和东部"，④使其原有人口多得以保留，故在洪武年间其移民规模反不及长沙、醴陵和益阳等地。

　　至于沅江县移民情况，因文献不足征，暂且搁置不论。

---

① 参见曹树基：《中国移民史》第五卷（明时期），第 109 页。

② 参见曹树基：《中国移民史》第五卷（明时期），福建人民出版社 1997 年版，第 102 页。

③ 参见曹树基：《中国移民史》第五卷（明时期），第 109 页。

④ 参见前揭《中国移民史》第五卷（明时期），第 110 页。

二、明代益阳的田地与赋役

（一）明代益阳的田地

鄙意以为，考察此问题，不能光盯着益阳，而应结合当时整体情况来看，至少应将与之密切相关之长沙、常德二府所属各县并列齐观，方能明了其大势。此种分县数据大体皆能查到。先看益阳、安化二县所属之长沙府：《（嘉靖）长沙府志》卷三载有长沙府洪武二十四年、嘉靖元年两组数据，《（崇祯）长沙府志》卷六不仅有上述两组数据，更载有万历十年数据，恰好能考见其初期、中期与后期三个阶段的发展状况。据考察，万历十年其田地数出现暴涨，明显异常。长沙府总数与洪武间百分比值为268.03%，其下属各县中，该比值最小者为茶陵州，亦有158.7%。今按《明史》载："万历六年，帝用大学士张居正议，天下田亩通行丈量，限三载竣事。用开方法，以径围乘除，畸零截补。于是豪猾不得欺隐，里甲免赔累，而小民无虚粮。总计田数七百一万三千九百七十六顷，视弘治时赢三百万顷。"[1]以此为据，解释上述异常甚为有力。正因有张居正之铁腕，才得以将吉藩所占实际田地数曝光。亦因有此番清理丈量，才揭示出全国田地数其实一直在增长，这对前文所言其时人口在持续增长来说亦为一有力佐证。吉藩在益阳县占田最多（见下表），该县万历十年田地山塘数仍为洪武间数值之514.03%，应归因于围湖垦殖，而且其爆发式增长。安化县该值为341.23%，亦不低，应是垦殖所致。

明吉王府所占田地塘等细目　　　　　　　　　单位：亩

地区	田	地	圮	荫注[2]塘湖坝	笋山	鹅羊池	合计
长沙县	13340.6	1487.13	180	394.1			15401.83
善化县	24493	2384.5	1014.7（荫注塘湖坝圮）				27892.2
宁乡县	23004.5	117		1112.7			24234.2
益阳县	39093.8	782.52		312.78		？（1处）	40189.1+
湘潭县	34015.5	142.9		12（额塘）+2114.7（荫注塘）			36285.1
湘阴县	4388.7+2835（里下额田）	7447.7			336（1处）		15007.4
湘乡县	7255.1						7255.1
醴陵县	7606.34						7606.34
浏阳县	73.2（新增）						73.2
合计	156105.74	12361.75	180	4960.98	336	？	173944.47+

注：

①资料来源：《（崇祯）长沙府志：卷5》。

②荫注即灌溉之意。

---

① 参见前揭《明史》卷77《食货志一》。

常德府情况与长沙府近似，洪武二十四年田地数即为其后近 200 年峰值，极不合常理，应是民间隐匿所致。正德七年至嘉靖十一年这三组数据不正常，或许与荣王府有些关联。荣庄王朱祐枢，为宪宗第十三子，史言荣王"正德初尚留京邸，乞霸州信安镇田"，因其就国在即，故被部臣否决。正德三年（1508 年）荣王就藩常德，后除其长子一系嗣荣王位外，其另外五子分别封为福宁王、惠安王、永春王、富城王、贵溪王，各食禄千石，皆当占地。翻检《明武宗实录》，可知荣藩占地实比吉藩还多。据该书载，正德二年、三年、四年连续三年赐予荣王常德府土地，分别为 530 顷、630 顷和 1595 顷，总计 275500 亩。① 与长沙府情况相同，常德府在万历间田地数出现暴涨，其总数与洪武间百分比值为 246.71%，下属桃源、武陵、龙阳三县则分别为 182.83%、239.47%、243.89%。其尤为突出者为沅江县，该值竟达 1868.22%，除去围湖垦殖，恐怕找不到其他解释，说明该县围湖造田进展幅度甚至远超益阳县，前文言万历三十年（1602 年）该县实际人口应为洪武间数之三倍（1.2 万）以上，实非夸张之词。

按明朝土田制度，其田地分为官田与民田二类。起初，官田皆为宋、元时入官田地，其后"有还官田，没官田，断入官田，学田，皇庄，牧马草场，城壖苜蓿地，牲地，园陵坟地，公占隙地，诸王、公主、勋戚、大臣、内监、寺观赐乞庄田，百官职田，边臣养廉田，军、民、商屯田"，通通谓为官田。其余则为民田。② 限于篇幅，今不能一一予以解释。在这许多官田中，军屯所占数量不可小觑，譬如据《（崇祯）长沙府志》卷五载，长沙卫原额屯田 121326.68 亩，茶陵卫原额屯田 125912.42 亩。之所以强调"原额"二字，因其后应迭有续增，如该志载万历九年、十年奉文，长沙卫新增屯田、池塘共 622816.52 亩，茶陵卫则新增 279566.1 亩。上表中益阳县田地山塘数，似应包括了长沙卫和常德卫在该田之屯田，自永乐二年将该县东南荒亩划拨长沙卫军、西北划拨常德卫军屯种，至隆庆六年（1572 年），原额长沙卫屯田 7015 亩，常德卫屯田 1855 亩，其余时段无考。③

另一占据较大份额而官府未必能尽知其数者，为"诸王、公主、勋戚、大臣、内监、寺观赐乞庄田"，而其中又以诸王赐乞庄田最甚。长沙为明代诸王重要藩封之地，先后有四大藩王受封于此，即明太祖朱元璋子潭王朱梓和谷王朱橞、仁宗朱高炽子襄王朱瞻墡、英宗朱祁镇子吉王朱见浚。其中潭王因受胡惟庸案牵连而自焚死，谷王因谋逆被削为庶人，襄王后迁至湖北襄阳。潭王、谷王、襄王王位均未传袭，唯吉王一脉享位最久，共传袭七代。吉简王朱见浚为英宗第七子，天顺元年（1457 年）始封于长沙，成化十三年（1477 年）就藩，嘉靖六年（1527 年）去世；其后有吉悼王、吉定王、吉端王、吉庄王、吉宣王、吉宪王先后嗣立，至崇祯十六年（1643 年）张献忠军攻入湖南，吉宪王朱慈煃仓皇走衡州入粤，吉王一系前后共计历时 166 年。上面表格中，嘉靖年间数据不增反降，盖因上述诸王藩封于长沙，一则向朝廷乞赐，二则以强占侵夺方式（亦有个别人为避差

---

① 参见《明武宗实录》卷 30、卷 39、卷 48。
② 参见前揭《明史》卷 77《食货志一》。
③ 《（同治）益阳县志》卷 5《民赋田产》。

主动献纳），占据长沙周边大量田地，而朝廷多纵容听许，有司亦多不敢问，导致官方掌控田地数大幅缩减。潭王朱梓、襄王朱瞻墡对湖湘影响似不大，至若谷王朱橞，史言其"居国横甚"，"骄肆，夺民田，侵公税"。^① 而影响最大者为吉王一系，成化十六年（1480 年）"吉简王奏讨府属境内民间荒田"，奉旨钦赐"吉府鸡鹅食田 129732.3 亩"，所谓"民间荒田"自然是隐遁之词，未必真为民间荒田。且其实际所占数目远不止于此，据《（崇祯）长沙府志》所载万历十年清丈结果，吉王府所占田地塘总计达 174600 余亩，^②较原额多 44000 余亩。如此众多田地，分布于长沙周边，涉及长沙府 9 个县，今列表如下：

据以上所列各项总计为 173944.47 亩，与所说总数"174600 余"相差 600 多亩，盖其项目并未全部列上。今察此表，吉藩在长沙县所占田数并非最多，推测或因有长沙卫军屯存在，且吉王至成化十三年才就藩，其时该县良田能强占者已多为其他豪强占据，只能将眼光投向益阳、湘潭等周边。其在益阳县占田最多，所占田地达 40189.1 亩，实际上并不止于此，因尚有鹅羊池一处未明其亩数，而据《（同治）益阳县志》卷二十四可知鹅羊池"在县治西三里歧市后，广十余亩"。吉藩在益阳县占田最多，何以其嘉靖元年数据仍能达洪武间数值之 88.55%？该比值与善化县相当（89.34%），远超长沙县（67.23%）和湘潭县（70.21%）。推断其缘由，盖因益阳县围湖垦殖之发展，使耕地面积保持持续增长，故虽有吉藩占田存在，仍能维持其数值处在较高水平。

上表中，吉藩在浏阳县占田仅 73.2 亩，且明言"浏阳原无食田"，此为新增。浏阳毗邻长沙，而占田如此之少，盖因浏阳境内多山，无甚多良可占，不为吉藩等豪强所觊觎，反倒使该县田地数值较为亮眼：其嘉靖元年田地数据较之洪武间增长 3.13%。此亦可解释吉藩占田何以不涉及攸、安化和茶陵这三个州县。茶陵州境内以山地为主，且有茶陵卫军屯存在，但因为无吉藩占田，故其嘉靖元年田地数能达洪武间数值之 96.76%。攸和安化二县皆属山地，尤其是安化县山地面积占 80% 以上，不利于吉藩占田，但该县垦殖仍在发展，故其嘉靖元年田地数较之洪武间增长 6.42%。

（二）明代益阳的赋役负担

1. 田赋

明代正税，其首要者自然是田赋。明代国家所征田赋主要仍遵循前代两税之法，以夏税和秋粮为主，夏税征丝解北京，以斤两论，后折合为绢匹；秋粮，益阳、安化、沅江三县主要以米为标的。此外，尚有一重要类项，即农桑丝，其原来亦征丝以斤两论，后亦折合为绢匹，解南京。洪武间，长沙府尚要征收黄豆，嘉靖后无。今且先将志书所载三县田赋原始数据，统一列表如下：

---

① 参见前揭《明史》卷 118《诸王列传三·太祖诸子》。

② 此为万历十年清丈公示数量，其后应仍有增加，有说者谓其至崇祯时"长（沙）、善（化）二邑，旧额百万亩，今入藩封者且七八十万亩"，在此二县占田之藩封应是吉王，但言其占田达七八十万亩或有所夸张。（参见堵胤锡：《堵文忠公全集》卷 2《奏议地方利弊十疏》第 6 款）

明代益阳、安化二县承担田赋数量及其在长沙府所占百分比

时间	地区	原额或在本府占比	秋粮米（石）	黄豆（石）	北京夏税 丝（斤）	北京夏税 折合成绢（匹）	南京农桑丝 丝（斤）	南京农桑丝 折合成绢（匹）
洪武二十四年	益阳县	原额	46935.55535	39.1018	594.787	528.5225	46.79375	41.4
		在本府占比（%）	6.9	6.34	6.28		3.58	
	安化县	原额	19408.582	65.74615	237.4888	210.3258	31.2	27.525
		在本府占比（%）	2.86	10.66	2.5		2.37	
嘉靖元年	益阳县	原额	35843.55777	—	—	352.5162	—	38.5447
		在本府占比（%）	6.11	—	—	5.32		3.93
	安化县	原额	19872.77777	—	—	194.364	—	25.275
		在本府占比（%）	3.39	—	—	2.93		2.58

时间	地区	原额或在本府占比	秋粮 本色(总)正耗脚（石）	秋粮 部分折色（银两）	夏税(北绢) 正扛织银（两）	夏税(北绢) 夏绢（匹）	桑绢 正扛织银（两）	桑绢 桑绢（匹）
万历十年	益阳县	原额	35879.741	12059.817	387.983	552.5325	27.18	38.625
		在本府占比（%）	6.11	—	—	8.3	—	3.94

时间	地区	原额或在本府占比	秋粮 本色(总)正耗脚（石）	秋粮 全部折色（银两）	夏税(北绢) 正扛织银（两）	夏税(北绢) 夏绢（匹）	桑绢 正扛织银（两）	桑绢 桑绢（匹）
万历十年	安化县	原额	19939.299	8416.56	213.93	194.35	18.21	26.02
		在本府占比（%）	3.397	—	—	2.93	—	2.65

　　注：主要资料来源为《(嘉靖)长沙府志》卷3《食货纪》，万历十年原始数据则来自《(崇祯)长沙府志》卷5《赋役》。按上述志书所言，长沙府丝斤折合成绢匹，按每丝18两折绢1匹，但因其未明言1匹折合多少丈尺，姑且按1匹等于4丈(合40尺)换算；至于斤，则按通行说法，按1斤等于16两换算。

明代沅江县承担田赋数量及其在常德府所占百分比①

时间	原额或在本府占比	秋粮米（石）	北京夏税		南京农桑丝	
			丝（两）	折合成绢（匹）	丝（两）	折合成绢（匹）
洪武二十四年	原额	1802.2122	428.28	21.414	100.366	5.001
	在本府占比(%)	1.86	3.24		10.66	
永乐十年	原额	2023.6856	483.4	24.1697	110.22	5.511
	在本府占比(%)	2.93	3.04		11.09	
成化八年	原额	2139.5457	515.9168	25.7955	110.31	5.515
	在本府占比(%)	3.09	3.23		11.89	
弘治五年	原额	2251.032	541.1224	17.825②	112.21	1.515③
	在本府占比(%)	3.24	3.38		11.63	
正德七年	原额	2251.222	540.8886	27.0444	100.366	5.001
	在本府占比(%)	3.23	3.37		10.44	
嘉靖元年	原额	2252.1612	541.171	27.058	110.31	5.515
	在本府占比(%)	3.23	3.37		11.1	
嘉靖十一年	原额	2252.1883	540.1788	27.01	110.31	5.515
	在本府占比(%)	3.23	3.36		11.1	
万历以后	原额	2253.2	558.9	27.8485	120.4	6
	在本府占比(%)	—	3.27		—	

注：

①主要资料来源为《(嘉靖)常德府志》卷6，万历后原始数据来自《(嘉庆)常德府志》卷10。按上述志书所载，常德府丝折绢标准为每丝20两折合1匹，1匹长3丈3尺。

②原文为"折绢一十七匹二丈七尺二寸三分二厘一毫"，其"一十七匹"当为"二十七匹"之讹。

③原文为"折绢一匹一丈七尺一分厘五毫"，其"一匹"当为"五匹"之讹。

前文述及，明代上述三县之官民田地数其实一直在递增，与洪武二十四年数据相较，万历十年至少翻番，甚至有翻几番者。而依此田赋数量表所示，其田赋数量在200年间变化却并不大。土田与税粮绢丝密切相关，登记土地面积之目的，本就是为征收赋税，故一般而言，税粮绢丝之增减理应与土地之增减相对应。然因土地面积存在虚报情况，远不及到手之税粮可靠，故虽土地面积数字几度出现倍增或倍减，税粮绢丝数量变化却不大。

其较大变化主要体现在征收方式上。明初征田赋，除太祖朝曾一度规定征收折色银外，其他都征收粮食丝绢（称为"本色"）。自英宗正统元年始令改为征收普遍折色银，米一石折银五钱二分。嘉靖中行"纲银""一串铃"诸法，民间输纳止收本色及折色银，不用诸折色之物。自万历间张居正推行一条鞭法，所有额办输纳悉并为一条，计亩征银。例如，万历十年秋粮数据就有"本色""折色"字样。但益阳、安化二县"本色"数值，与嘉靖元年秋粮数值相差不大，则该"本色"数值实为万历十年该县之秋粮总数。在实际征收中，本色和折色或仍各占一定份额。据《（崇祯）长沙府志》，该年益阳县秋粮征收粮食实物即所谓"本色"为 13657.85 石，占总数（35879.741 石）之 38%，分别输作军粮（正耗脚 70006.06 石，正耗脚即包含折耗在内）和解往南京（正耗脚 6650.78 石）；其余下之 62% 秋粮则征收折色银 12059.817 两。至于安化县，其秋粮 19939.299 石则全部以折色银征收，征银 8416.56 两。征收折色银，虽有利于促进商品货币经济发展，但农民得有更多银两以满足折纳税粮需求，这对单纯种地为业者颇难。又如上表所示，丝折合成绢，又要加收所谓"正扛织银"，反而会加重彼等负担。

2. 土贡

除赋税外，各地还须向皇室或国家无偿提供一定数量土特产，返称为土贡。此类土贡物品种类繁多，今据志书所载，表列三县土贡物如下：

明代益阳、安化二县土贡物类①

名称	原额或在本府占比	茶芽（斤）	野味（只）	翎毛（根）	纻丝②（匹）	杂皮（张）	鱼鳔（斤）	鱼油（斤）
益阳县	原额	20	20	8532	19	187	—	—
	在本府占比（%）	32.26	5	4.27	5.69	6.23	—	—
益阳河泊所	原额	—	—	10170	—	—	337.78（洪武）；18.38（嘉靖）	110（嘉靖）
	在本府占比（%）	—	—	8.36	—	—	27.58（洪武）；1.39（嘉靖）	0.34
安化县	原额	22	10	5000	9	90	—	402（洪武）；394（嘉靖）
	在本府占比（%）	35.48	2.5	2.5	2.69	3	—	1.96（洪）；1.22（嘉）

注：
① 资料来源为《（嘉靖）长沙府志》卷 3《食货纪》，《（崇祯）长沙府志》卷 5《赋役》。
② 全称"串四光素三色纻丝"。

明代沅江县土贡物类

名称	原额或在本府占比	纻丝（匹）	弓（张）	弦（条）	箭（枝）	翎毛（根）	野味鹿（只）	麂皮（张）	杂皮（张）	药味（斤）
沅江县	原额	5	20	100	2500	3000	10	50	50	15.01
	在本府占比（%）	2.98	20	20	7.69	1.2	100	11.24	7.14	9.06

续表

名称	原额或在本府占比	纻丝(匹)	弓(张)	弦(条)	箭(枝)	翎毛(根)	野味鹿(只)	麂皮(张)	杂皮(张)	药味(斤)
沅江湖河泊所	定额	—	—	—	—	150871	—	—	—	—
	在本府占比(%)	—	—	—	—	60.64	—	—	—	—

注：资料来源于《(嘉靖)常德府志》卷7《食货志》。

其值得注意者，益阳、安化二县所征鱼鳔、鱼油，《(嘉靖)长沙府志》不载，《(崇祯)长沙府志》谓"俱税课司、河泊所各县备"。然安化县既无税课司，亦无河泊所，应为府属河泊所在该县征收，故仍附于该县。至于益阳，则此二项列于益阳河泊所名下。此类土贡征收实物以明前期为多，故上表中所载主要为洪武二十四年数据。嘉靖元年，依《(崇祯)长沙府志》所载，所征土贡实物大幅缩减，各县主要征收鱼油(有折成桐油者)和鱼鳔，但长沙、湘潭、湘阴等县仍征翎毛。迄至万历十年，因一条鞭法推行，所有额办派办、土贡方物悉并为一条，计亩正银，折办于官，故该志书已不见有土贡事项记载。从上表亦可考见此三县之特色风物，益阳、安化二县特产茶叶，故二县输纳茶芽占比很高(整个长沙府仅三处输纳茶芽，另外一处为宁乡县)；而沅江县则似以出产野鹿、翎毛和弓弦为特色。

3. 岁课

所谓岁课，即"岁办课程"，指每年由本府税课司在各县征收包括各项商税、门摊及酒、醋、纸、茶株等钞和河泊所征鱼课钞等。《(崇祯)长沙府志》载有益阳、安化二县在洪武二十四年和嘉靖元年岁课数，《(嘉靖)常德府志》亦载有嘉靖间沅江县岁课数，今列表如下：

益阳、安化、沅江三县明代前中期岁课数

长沙府所属		益阳县	安化县	常德府所属		沅江县	沅江湖河泊所
洪武二十四年	钞(贯)	44268.65	2369.47	嘉靖间	钞(贯)	2378.17	鱼课 39159.64
	在本府占比(%)	25.23	1.35				
嘉靖元年	钞(贯)	22574.795	2362.106		在本府占比(%)	3.58	76.35
	在本府占比(%)	20.28	2.12				
	铜钱(文)	12900	—			—	—
	在本府占比(%)	6.94	—			—	—

注：资料来源于《(崇祯)长沙府志》卷5《赋役》，《(嘉靖)常德府志》卷7《食货志·课程》。

明代后期的岁课情况则难以确定，因为《(崇祯)长沙府志》卷五虽载有一些事项，似可归入此类，譬如万历十年，在益阳县赋役中，有湖洲杂课、鱼折、生铜熟铁课钞正扛闰 107.32 两，湖课本折钞连闰 19.15 两，商税、茶税、门摊钞、县酒纸折钞连闰 140.6 两，代沅阳鳇干鱼正解、安芦仓抵黄麻正扛盘闰 529.093 两，以上合计才 796.163 两。至于同年安化县，以上诸项合计则更少（152.32 两），与前面洪武二十四年、嘉靖元年相差太远。其间原委，据该志载"岁征熟铜、黄麻、线胶、生铜、茶税、门摊、酒纸、课钞，以上六项，各县入条鞭征银"，盖因其已纳入一条鞭法附田赋并征，故难以离析。

4. 徭役

明朝开国，赋、役分征，按田亩征收"两税"（田赋），按户、丁派征"里甲""均徭"及"杂泛"，其中里甲按户派征，均徭和杂泛按丁派征。嘉靖、隆庆、万历以后各地陆续推行一条鞭法，一方面，将各种役项目合并折银，官府征银雇役；另一方面，实行赋、役合并，以减轻户丁负担。但因赋、役合并不彻底，多数地方在分配条鞭银时，譬如长沙府就按"丁二粮八"比例（其他地方有或丁三粮七，或丁四粮六，或丁粮各半，或丁六粮四者），仅把部分役银并入田赋，其余则仍征诸人丁。《（嘉靖）常德府志》所载沅江县此项信息不全，今以《（崇祯）长沙府志》所载为据，将益阳、安化二县各项徭役折银情况列表如下：

明后期益阳、安化二县各项徭役折银情况　　单位：两

县别	丁粮额派办	户口钞本折正扛解	驿传	民壮	均徭	里甲	公费	供应	备用	总计
益阳	1259.225	389.538	1254.073	862.164	1985.71	2964.6	478.762	150	70	9414.072
安化	443.399	85.31	798.891	475.8	1127.565	280.6	239.4	20	30	3500.965

注：资料来源于《（崇祯）长沙府志》卷 5《赋役》。

以上各项下面皆有明细，以益阳县为例，如丁粮额派办，内含北京本色茶芽 20 斤解银，药段、野物、猫竹共正扛解银，胖袄、都水、光禄各仓正解银，潞、福、惠、瑞、桂茶芽正解银等。户口钞本折正扛解，内含解南京和解布政司二项。驿传，内含江济水夫、船马费用。民壮，内含辰州军饷正解、道府哨 15 名、县哨 84 名费用。均徭，内含北京富户、贡茶长夫、进表、吉斋郎校、柴薪、祭祀、襄、惠、桂府官军各役粮，荣府柴户银，荆南湖北道柴薪、皂隶，府戎照马夫、皂隶、学门子贡费、县柴马、门皂、禁斗、孤贫、学斋膳、庙祠祭、乡饮、门役贡、三坛祭，司馆门役、迎送皂、铺渡等。里甲，含排夫 195 名带闰、马 63 匹连闰等。[①] 尚未全列，如此种种，不一而足，名色愈多，人民负担愈重，于此可见其一斑。

5. 其他负担

整体而言，明代赋役积弊颇多，而且愈往后，其弊窦愈丛生。譬如前述折色银，自明英宗时开始普及，虽说有助于商品货币流通，但其弊端亦显而易见。国家命民户按

---

① 均参见《（崇祯）长沙府志》卷 5《赋役》。

粮、钞（即所谓"大明宝钞"）比价，将应纳之粮折合成钞，然政府却不是收钞而是按钞、钱（铜钱）、银比价来征收银两，通过此种折价成倍地多征税银。《（崇祯）长沙府志》卷五载，万历十年该府所征秋粮，有64.32%以征收折色银形式缴纳，原额为168118.06两，后实际征银181528.782两，其增幅为7.98%。此外，更赤裸裸地实行"加派"，横征暴敛，盘剥百姓，像前文所言"民壮""均徭"等，皆是明代中后期于正税之外所巧立之名目。迄至其末叶，因辽东事急，更有所谓"蓟饷""辽饷""新饷"等摊派。据《（崇祯）长沙府志》载，天启三年该府新增辽饷正扣银99327.066两，崇祯四年该府新增蓟饷23161.54两。落实到益阳、安化二县，益阳县新增蓟饷1406.65两、新饷6032.23两，安化县新增蓟饷781.711两、新饷3352.271两。

此外值得一提者，则为宗藩之盘剥。前文述及，常德府之荣藩，明武宗赐予其田地总计达275500亩，此《武宗实录》明文所载，尚不知其后所强占者。长沙府之吉藩，明宪宗赐予其所谓"鸡鹅食田"，原额为129732.3亩，而据万历十年奉旨丈田公示结果，其实际所占田地塘总计达174600余亩，较原额多4万余亩（即较原额增加25.2%）。而且，其田地遍及长沙府8个县，尚嫌不够，复进占浏阳县73亩。据《（嘉靖）长沙府志》卷三载，自正德以来，吉藩在"该府八县各立官庄，红墙衙门"，十分气派。每一官庄设有内使、旗校、庄头和伴当等人员。内使一人，替吉藩全权管理庄务，譬如明末其益阳官庄有内使名叫吕公迁者，在张献忠农民起义军屠益阳时遇难。吉藩在益阳县占田最多，约4万亩，其官庄规模想来应当不小。起初，王府庄田皆由王府自己征收，为确保租种其地之佃户向王府缴纳"庄田子粒"（即地租），吉王府有旗校25人分役口催收地租，如按8县平均，其益阳官庄至少有旗校3名。旗校即旗军校官，显然具有一定武力。"初征之时，恐百姓不从，每亩正征银四分，弘治年间犹然。"自有官庄保障之后，"每亩加追租银五分二厘，连前九分四厘，其管收旗校人员外，又勒要煎销火耗，供给纸札及柴菜之类。愚民有被骗至一钱三五分者，莫敢谁何。"正德元年（1506年）因佃民上告管庄之人倚势生事，分外索需逼迫，小民逃窜失业，有司请求撤销管庄，由地方官府代收转交吉府长史，被明武宗否决。[1] 但在官员多番上奏下，最终于嘉靖十年批准，"依水田每亩四分、旱田三分，有司征解"。[2] 但此仅针对其原额12.9万余亩而言，其多占而隐匿之4万余亩仍由吉藩自征。不仅如此，诸王还千方百计攫取本府商税，嘉靖间，应常德府荣藩请求，"世宗诏以沅江西港、天心、团坪河泊税入王邸"。[3] 长沙府吉藩亦然，据《（崇祯）长沙府志》载，"成化十八年（1482年）吉府奏讨府税课司商税门摊"。前文已言及，长沙府税课司即设在益阳县。不过，因其胃口太大，该动议后被官吏否决裁革。吉府并不罢休，"嘉靖五年复奏讨醴陵、湘乡、湘潭商税门摊，并收河船水面"，至嘉靖九年仍被有司上奏革罢。整体而言，明代诸王虽在政治上所掀波澜不大，但在经济上如同一群寄生虫，贪婪无比。

---

① 以上参见《（嘉靖）长沙府志》卷3。

② 参见《（崇祯）长沙府志》卷5《赋役》。

③ 参见前揭《明史》卷119《诸王列传四·宪宗诸子》。

第九章　明代的益阳（下）

第一节　明代益阳的农业、手工业和商业

一、明代益阳的农业

上章已叙述明代益阳的人口、田地与赋役情况，为本章讨论明代益阳的农业发展奠定了基础。通过梳理，我们知道，元明鼎革之际，湖广地区虽颇遭战乱之害，却迎来一波声势浩大的人口迁移浪潮，尤其是从毗邻江西地区迁入大量人口，使这一地区得到充实。并且除调拨式正当人口迁移外，尚吸纳有大量为逃避赋税徭役的隐性移民，"考察明代湖广社会状况，有一个突出现象颇引人注目，即'流民客户'普遍众多，无论山区、湖区皆不例外。"[①] 僻处山陬的安化与环洞庭湖区的益阳、沅江，尤其是后二者，垦殖都较宋元时期有较大发展。其中一个重要指标，就是耕地面积出现成倍增长。如前所述，以万历十年（1582 年）为断，较之洪武二十四年（1391）安化县田土数增幅为 241.23%，益阳县田土增幅为 414.03%，沅江县则更夸张，其田土增幅竟达 1768.22%。后二者增幅如此之大，实要归因于堤垸围垦，下面对其作重点考察。

所谓堤垸，简单地说，即"滨湖之民，就湖淤地圈筑垦田，谓之堤垸"。[②] 但各府州县称呼不尽相同，江汉湖区一般称为"垸"；洞庭湖区则有"堤""围""垸""障""圩"等异称，譬如湘阴县称"围"，益阳县称"垸"，龙阳县（今汉寿县）称"障"，沅江县称"垸"，诸如此类，但并无实质差别。起初或仅是简单地围堤成圈，其后逐步进化，从简单的防水堤垸发展为有闸、刱、沟渠、湖塘等的设施，兼备防水、蓄水灌溉、排水等功能。[③] 益阳县自元代开始修筑堤垸，前文提及，元代至元年间（1264~1294 年），在今益阳兰溪河至凤凰湖以西大片河洲滩地就挽围了双桂垸、黄关（瓜）垸、石桥垸、薛家垸、朱菱垸、车公垸、邓家垸、桂花垸、白水圩垸、河皮垸、油麻垸、长塘垸等 12 垸，此为益阳县境挽围堤垸之始。至明代，除对元代 12 垸进行续修外，复新挽围 33 垸。洪武元年至十一年（1368~1378 年），在今茈湖口镇蒋保地区挽围合兴垸、兴贤垸、大有垸、长乐垸、走马

[①]　彭雨新、张建民：《明清长江流域农业水利研究》，武汉大学出版社 1993 年版，第 196 页。

[②]　（清）杨锡镐：《查勘滨湖堤垸情形疏》，载《皇朝经世文编》卷 117《工政二十三》。

[③]　参见彭雨新、张建民：《明清长江流域农业水利研究》，武汉大学出版社 1992 年版，第 185 页。

垸、大山垸、文家垸、皮家垸、中兴垸、明朗垸、三合垸、世丰垸、曾钱垸等 13 垸。明初，在今欧江岔区汾湖洲西部环湖边缘地带挽围荷塘垸、八甲家垸、谭家垸、汤家垸、四岭垸、水蒙垸、陈家垸等 7 垸。洪武至万历年间，于资水南岸与玉堂江(今兰溪河)之间挽围鄢家垸、温家垸、高湾垸、来仪垸、东巴垸、大兴垸、新安垸等 7 垸，于甘溪港河西侧挽围沿河垸、杜公垸。万历十七年(1589 年)，在今茈湖口镇挽围安乐垸、白洋履、关王履、万家垸。后由于北水南侵及兵祸，上述堤垸有的废溃还湖。[①] 今据 1999 年《益阳县志》所附《清同治年间堤垸示意图》将明代新修筑之堤垸图示如下：

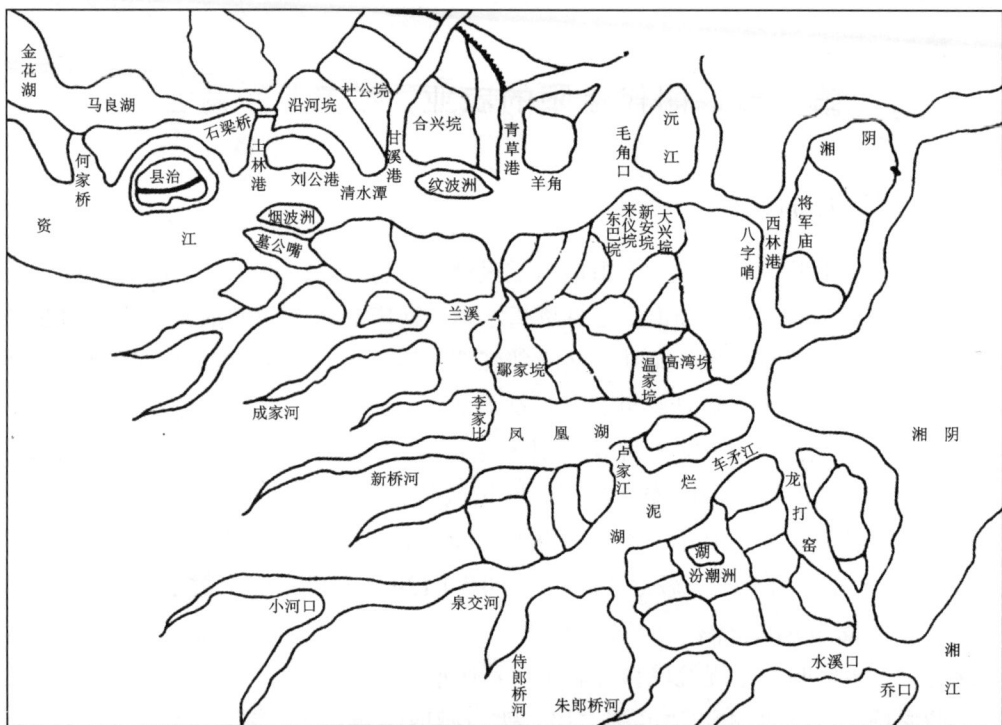

明代益阳县部分新修堤垸示意图[②]

至于沅江县，其围垸始于明初。明洪武元年至十一年(1368~1378 年)，在距县城东南 40 里的蒋保地区筑垸 13 处，开沅江县民围垸之端。嘉靖年间，荆江北岸诸穴口堵塞，迫使北水南侵，洞庭湖水面扩大，致堤垸遭淹溃废。万历年间，溃废堤垸逐步修复，并另筑一些新垸。万历十四年(1586 年)，沅江知县安其善详上咨部拨帑在县东南 60 里修筑太平圫、长山圫、沔湖圫、永宁圫、板塘圫、新兴圫等 6 圫，设船运土，免其差役，每岁冬饬典史督补，至明末渐圮。此为县内官修堤垸之始。万历十七年，县民又于县东

---

① 益阳县地方志编纂委员会：《益阳县志》，湖南人民出版社 1999 年版，第 422 页。

② 据益阳地方志编纂委员会编《益阳县志》所载益阳县《清同治间堤垸示意图》(湖南人民出版社 1999 年版，第 419 页)改绘。其中有一些堤垸，譬如明初在欧江岔区汾湖洲西部环湖边缘地带所挽围诸垸等，未在《清同治年间堤垸示意图》中找到，暂付阙如。

40 里蒋保地区修筑安乐垸、白洋圫、关王圫、万家垸等民垸。之后，还陆续在县东廖保地区新围堤垸 30 多个，但大多于明末陆续溃废。①

方志大多将堤垸归入水利。堤垸乃是在低洼田亩周围筑堤以御水患，从这一角度讲，它确实属于水利工程。但多数情况下，堤垸并非仅仅被动地抵御水患，而是主动性地压缩河湖空间。众多流民客户涌入湖区，就湖淤地圈筑垦田，直接围垦河湖洲滩，压迫河湖水道、水面。此种堤垸规模皆很大，据《(嘉靖)沔阳志》载，该州区垸堤"大者轮广数十里，小者十余里"。② 沅江县堤垸未详其具体情形，验之益阳县则确实如此。《(乾隆)益阳县志》《(同治)益阳县志》载有该县部分堤垸之具体丈尺，其元代修筑者，如黄关(瓜)垸 1085.5 丈、石桥垸 1608.5 丈、薛家垸 1872.64 丈、朱菱垸 1688.4 丈、邓家垸 1427 丈、河皮垸 2476.5 丈、油麻垸 1227 丈、长滩(塘)垸 1100 丈；其明代新筑者，如鄢家垸 1701 丈、温家垸 1674.2 丈、高湾垸 847 丈、合兴垸 4552.5 丈、沿河垸 2132 丈、杜公垸 885 丈。

堤垸有官垸和民垸两种类型，"凡领帑修筑为官垸，民力自修为民垸"。③ 总的来说，动用官帑修建者少，而以民垸居多，即多由民众自发出力修筑。其工程量不小，而百姓甘愿致力于此，一方面，是与天争食，迫不得已；另一方面，亦因其间确实有很大利益可图。如上表所示，垸堤动辄长达数百上千丈，其长者有至数千丈者，绵亘数里乃至数十里。譬如合兴垸，其堤周长达 30 余里，此是官垸，且不论。至于民垸，如鄢家垸、温家垸、薛家垸、石桥垸、朱菱垸，其堤长皆在 10 里以上。在如此长堤之内，圈围起大片良田，称为"湖田"或"垸田"，使不少沮洳之乡皆成沃野，故明季学者章潢慨叹道："楚疆辽邈，度一邑地可当东南一大郡。当天下初定，井庐寥阔，原野荒秽，故经界靡及焉。计今辟地十倍蓰于国初……楚故饶湖利，而沧桑徙易靡常，昔为沮洳，今称沃衍者，不啻万万。……先是山泽之羡，率弃不理，今则皋隰原阪，耕者鳞集，甚至丛菁幽荟，人力所不能通者，亦皆累累象耕鸟耘，称常稔焉。"④ 明代益阳、沅江二县田地面积出现成倍增长，实要归因于此。湖田、垸田肥沃，较其他高敞地亩产量要高，且不虞干旱，在一定程度上确能防治水患。而其更重要者，则是科征较少，譬如《(嘉靖)常德府志》曾云："版籍每十年一更制也，吾郡屡更屡诎者何哉？土民日敝而客户日盛矣。客户江右为多，膏腴之田，湖泽之利，皆为彼所据，捆载以归，去住靡常，固有强壮盈室而不入版图，阡陌遍野而不出租粮者矣。"⑤《(嘉靖)沔阳志》亦言："又湖田未尝税亩，或田连数十里而租不数斛，客民利之，多濒河为堤以自固，家富力强则又增修之。民田税多徭重，丁口单寡，其堤坏者多不能修复。"⑥此虽指沔阳州而言，但与《(嘉靖)常德府

---

① 参见《(嘉庆)沅江县志》卷 10《堤垸》；沅江县志编纂办公室：《沅江县志》，中国文史出版社 1991 年版，第 317 页。

② 《(嘉靖)沔阳志》卷 8《河防》。

③ 《(同治)益阳县志》卷 6《田赋志二·堤垸》。

④ (明)章潢：《图书编》卷 39《楚均田议》。

⑤ 《(嘉靖)常德府志》卷 6《食货志》。

⑥ 《(嘉靖)沔阳志》卷 8《河防》。

志》所说相似，垸田科征较一般民田少，应是事实。因客户无征徭之负累，却能坐收田园山泽之利，故吸引民众源源不断前来耕种。

学界研究认为，在明代前期，两湖地区堤垸曾经有过一个相对稳定且健康发展的时期，河湖关系还算较为稳定，水不为灾。但随着堤垸发展不断挤压河湖空间，长江两岸众多分流穴口在湖区开发进程中被堵塞。尤其是江北，在昔日游陂之所渐变为庐舍畎亩的情况下，不得不尽塞穴口。嘉靖年间，当北岸最后一个分流穴口被堵塞之后，江水由南北分流改为专注于南流，进入洞庭湖之水沙量大大增加，自此洞庭湖区进入洪涝灾害频发时期，譬如明代沅江县共发生水灾 28 次，其中 21 次发生在嘉靖朝以后；安乡县发生水灾 36 次，其中 17 次发生在正德朝以后；龙阳县（今汉寿县）发生水灾 11 次，其中 9 次发生在嘉靖、隆庆、万历时期；益阳县发生水灾 27 次，其中 17 次在嘉靖二十九年之后，尤集中于万历年间（万历朝共计发生水灾 12 次，自万历四十年至四十五年更是连续 6 年大水）。① 在洪水冲击下，不少堤垸溃废，自此至明末，更不足论。《（乾隆）益阳县志》有云："以上诸垸多起于先明盛时，迨兵火之后，人民流散，中乡善地尚有荒芜成墩者，何况下乡低洼之境？是以熟田变为萧莽，几七十年矣，一望之间，芦荻百里，虎狼穴窝。"②

下面再谈谈其主要作物。从地貌上看，益阳、安化和沅江三县恰呈阶梯状分布。沅江县可谓纯湖区，除其西南部有一些丘岗外，整体上是"三分垸田三分洲，三分水面一分丘"的湖乡景象，实属上述堤垸围垦的典型。安化县则为纯山区，其海拔最高 1600 余米，境内群山起伏，岭谷相间，山地面积占 80% 以上，其田土增幅 240% 以上，实乃山林垦殖持续发展的结果。《（万历）湖广总志》云："近年深山穷谷，石陵沙阜，莫不芟辟耕耨。"③《大明一统志》称安化县东北 70 里有浮泥山，"崖壁峭绝，浮壤沃饶，土人攀援而上，开畲种谷"。④ 两相参照，真可谓生动诠释。至于益阳县，则介乎二者之间，该县东北部为平衍的洞庭湖淤积平原，西南部（即今天桃江县境内）则以丘陵地貌为主，在资江、桃花江和溪河两岸以及山间谷地之中，丘岗与平原相间布列，在元代就已经吸引了不少移民来此垦殖。至明中叶后，此地垦殖虽继续发展，但渐显饱和之态，故其后来者相率转向湖区。

其地貌既有此不同，作物自然会有所异。先就粮食作物而论，其最要者，即《（嘉靖）长沙府志》卷三《食货纪》所谓"谷之品"，《（崇祯）长沙府志》卷五《物产》谓之"五谷之属"，主要包括如下四类：

其一曰稻，此又约略分为四大品种，即粳、糯、红占和白占。《本草纲目》云："粳乃谷稻之总名也。有早、中、晚三收。诸本草独以晚稻为种者，非矣。黏者糯，不黏者为粳。糯者懦也，粳者硬也。但入解热药，以晚为良尔。""粳有水、旱二稻。南方土下涂

---

① 参见彭雨新、张建民：《明清长江流域农业水利研究》，武汉大学出版社 1993 年版，第 186–188 页。其中明代益阳县水灾数据据湖南历史考古研究所编《湖南自然灾害年表》统计（湖南人民出版社 1961 年版，第 21–50 页）。
② 《（乾隆）益阳县志》卷 7《水利》。
③ 《（万历）湖广总志》卷 33《水利二·修筑堤防总考略》。
④ 《大明一统志》卷 63《长沙府》。

泥，多宜水稻。北方地平，唯泽土宜旱稻。"可见，粳稻是普遍种植的稻种，湖区垸田最适宜栽种此稻，不过在益阳西南部（今桃江县境内）及安化县亦适合种植粳稻，唯沟渠塘坝等水利设施不可或缺。糯为黏性甚强之水稻品种，《本草纲目》中专指糯为稻，云："糯稻，南方水田多种之，其性黏，可以酿酒等。"[1]《（崇祯）长沙府志》谓其有早糯、迟糯和金包银糯之分。据《本草纲目》所载看，此种稻亦甚适宜于湖区垸田，但不局限于此，在今桃江一带丘陵甚至安化山间谷地，只要水源充足，亦可栽种。至于白占和红占，《（崇祯）长沙府志》称为"白粘""红粘"。白占又叫白占仔，亩产颇高，属晚造早熟品种，较耐旱，不耐浸，对土壤选择不严，在山坑发酸田生长正常。红占，又叫红米占，是晚造中熟品种，产量算不上很高，亦耐旱不耐浸，高旱田亦可种植。[2] 可见，白占和红占此二品种不适宜于垸田，桃江一带丘陵和安化山间谷地倒甚是适合。此外，《（崇祯）长沙府志》尚提及有麻粘、毛粘、香禾米、晚米等品种，分类稍乱，今仅以嘉靖志所载为据，述其四种如上。

其二曰麦，此亦分为四大品种，即小麦、大麦、荞麦和苦荞。小麦为麦类主要品种，在粮食作物中，其总产量居世界第二，为三大谷物之一，一直为我国餐桌上的主食，尤其是在我国北方地区。其作为旱地作物，虽在南方亦有种植，但产量及质量皆不及北方。《本草纲目》云："北人种麦漫撒，南人种麦撮撒。北麦皮薄面多，南麦反此。"[3]明代长沙府夏税以征丝折绢为主，虽亦征小麦，但其量甚少，洪武二十四年长沙府夏税征小麦正耗 73.78855 石，嘉靖元年和万历十年皆为 47.917 石，而益阳、安化二县皆不征此项。常德府有所不同，其历年征夏税麦皆在 2100 石以上，然沅江县却与益阳县同，即其夏税是征丝折绢。可见小麦不适宜于湖区垸田，在安化县及益阳县西南部（即今桃江县境）或有少量种植，但并不普遍。至于大麦，其性与小麦相似，但其力微，民之需用亦有限，故一般不多种，在益阳、安化、沅江三县种者少。再说荞麦，《本草纲目》云："荞麦南北皆有。立秋前后下种，八九月收刈，性最畏霜……王祯《农书》云：'北方多种。磨而为面，作煎饼，配蒜食。或作汤饼，谓之河漏，以供常食，滑细如粉，亚于麦面。南方亦种，但作粉饵食，乃农家居冬谷也。'"[4]在安化县及益阳县西南部或亦有种植，但并不多。至于苦荞在此三县则更罕有种植者，兹不论。

其三曰粟。《（嘉靖）长沙府志》云："其品二：占、糯。""占""糯"盖即《（崇祯）长沙府志》所言"粘粟"和"糯粟"，该志还提及一种"寒粟"。要之，粟米产量低，在此三县亦罕有栽种。

其四曰豆，《（嘉靖）长沙府志》提及其有黄、黑、豌、红、扁和绿豆六种，崇祯志在其基础上复增刀豆、泥豆、蚕豆、蟒皮豆、豆角、豆芽六种，疑豆芽不应作为一种类。豆类在湖田埂陇之上或亦有种植，但主要适宜丁丘陵和山地，故在益阳西南和安化山区种

---

① （明）李时珍：《本草纲目》卷 22《谷之一》"稻""粳"二条。

② 广东省农业局：《广东省农作物品种志·上》，1978 年，第 360 页、第 380 页。

③ （明）李时珍：《本草纲目》卷 22《谷之一》"小麦"。

④ （明）李时珍：《本草纲目》卷 22《谷之一》"荞麦"。

植面积较大，其中尤以黄豆栽种较为普遍。长沙府在洪武二十四年所征秋粮中，就有征收黄豆一项，安化县征 65.74615 石，益阳县征 39.1018 石，前者高于后者，盖因该品种最适宜于山地种植。除上述稻、麦、粟、豆四类外，崇祯志还提及高粱与黍子。高粱在益阳、安化二县虽亦有种植，但不普遍。

综合上述四大"谷之品"，嘉靖志云："其收多寡视田土，泥涂深壤田上上，亩岁三石；土青黎深壤田次之，亩岁二石五斗；土坟垆深壤田又次之，亩岁二石；土坟浅田下下，亩岁一石。麦十，稻之二；粟十，稻之一。"①所谓"泥涂深壤田"，盖即湖田、垸田，"土青黎深壤田""土坟垆深壤田"盖即丘陵地带田土，至于"土坟浅田"应是如安化一带之山地。湖区垸田最肥，其收成远超丘陵之地，山地更不足论，故终明之世乃至清代湖区堤垸蓬勃发展，围湖垦殖方兴未艾，实在情理之中。小麦产量仅为水稻产量的十分之二，粟米产量更是只及水稻的十分之一，湖区自不必说，包括丘陵地带及像安化这等山区，其粮食作物亦以水稻为主。近修《安化县志》谓明嘉靖年间（1522~1566 年）水稻遍种该县全境，产量居粮食作物首位，②应是事实。

以上仅就粮食作物而言，嘉靖志还提及"蔬之品"如芋、薯等，"果之品"如菱、芡、藕等，"杂耕之品"如木棉、苎麻等，"杂货之品"如茶等，"布帛之品"如苎布、棉布等。其木棉、苎麻、苎布、棉布之类，下文谈手工业时有涉及，此处仅着重说说茶。

茶是明代安化、益阳二县之重要经济作物，安化茶尤值得关注。邑志云："安邑……至于茶芽，为湖南上品，甲于他邑，多产于北路及西北路，之外，东南二路则不产焉。额有贡茶。"③"梅山烟岚万叠崖谷间，生植无几，唯茶甲于诸州县。""邑土产推此为第一，盖缘芙蓉山有仙茶，故名益著。"④明人万邦宁所撰《茗史》列举其时名茶，其中有云："长沙有石楠茶，采芽为之，湘人四月四日俗尚糕糜，必啜此茶。""独行、灵草、铁色茶、绿芽、片金、金茗，产潭州。今长沙府，唐曰潭州，有湘潭县，亦产茶。"⑤又有著名学者王世贞亦云："潭州之独行、灵草，此唐宋时产茶地及名也。"⑥归结起来，明代湖南主要产茶之处，应是元马端临《文献通考》中所言潭、澧、鼎、岳四州，再外加一宝庆府。鼎、澧二州皆属今常德市，澧州即今澧县，鼎州治武陵（今常德市武陵区和鼎城区），但此二处在明代是否贡茶尚有待深究。至于岳州府，明代该府岁贡茶芽 16 斤，由临湘县承担，并言："龙窖山出，味厚于巴陵。"⑦至于宝庆府，据查，该府所辖新化、武冈确实产茶，在明代，该府由新化县岁贡芽茶 18 斤。⑧ 而前文已述及，明代长沙府岁贡茶芽达 62 斤之多，此数量远超岳州府之 16 斤、宝庆府之 18 斤。一般说来，被官方认可

---

① 自此以上，皆主要参考《（嘉靖）长沙府志》卷 3、《（崇祯）长沙府志》卷 5《物产》。
② 安化县地方志编纂委员会：《安化县志》，社会科学文献出版社 1993 年版，第 270 页。
③ 《（嘉庆）重修安化县志》卷 4《物产》。
④ 《（同治）益阳县志》卷 33《时事纪》、卷 10《物产》。
⑤ （明）万邦宁：《茗史》卷 1《茶之名产·湖广》，《续修四库全书·子部》第 1115 册，第 313 页。
⑥ （明）王世贞：《弇州四部稿》卷 171。明末方以智所撰《方雅》卷 39 亦有征引。
⑦ 《（隆庆）岳州府志》卷 11《食货考》。
⑧ 《（道光）宝庆府志》卷 84《户书》。

是一项重要指标，朝廷责贡越多，说明其影响力越大。此前如何且不论，据此则可推知，至少在明代，长沙府所产茶叶在今湖南地区绝对占据首要地位。而长沙府所贡之茶乃是由益阳、安化和宁乡三县承担：安化县22斤，益阳县和宁乡县各20斤。由此可知，此三县实为长沙府主要产茶之地。益阳县山地主要在其西南部，即今桃江县境内，毗邻安化；宁乡县产茶之地在大沩山，该地亦毗邻安化；而宝庆府产茶之地新化与安化皆为古梅山旧地。综上，湖湘重要产茶之地，应该就在古梅山地区及其周边，而其核心地带无疑就是安化。故可以断言，所谓潭州府（长沙府）产茶，实际就是指安化、益阳和宁乡三县而言，尤其是安化。而万邦宁《茗史》乃谓"今长沙府，唐曰潭州，有湘潭县，亦产茶"，但湘潭之地以平原为主，其80%面积在海拔150米以下，根本不具备生产优质茶的条件。之所以有湘潭产茶之说，盖如清人江昱所言"安化售于湘潭，即名湘潭"罢了。[①] 然则前文所说潭州产独行灵草、铁色茶、绿芽、片金、金茗及石楠茶等名茶，或皆与安化、益阳和宁乡（尤其是安化）有一定关联，只不过其名为"潭州"或"长沙"府名所掩，而未得名家品题而已。其实，诚如高元濬所言，天地之大，山灵所钟，未经品题之茶在处有之，难说其间就没有好茶，"直以未经品题终不入品，遂使草木有炎凉之感，良可惜也"，[②]此为务实之论。

二、明代益阳的手工业

首先仍接续元代，谈谈明代益阳的瓷器制造。前文介绍过元代湖南地区青白瓷典型代表益阳羊舞岭窑，实际上，根据该窑烧制瓷器之工艺特点，可分为早期和晚期：其早期兼烧清白瓷、青瓷和黑瓷，年代在宋元之间（主要在元代）；晚期则烧青花瓷，年代在明至清初。明清时期，瓷器生产之重镇在江西景德镇，湖南地区烧制青花瓷之窑口不多，屈指算来，仅有沅江县杨阁老乡（今沅江市新湾镇）之杨阁老窑、衡阳县洪市镇龙江窑、衡阳县界牌镇同发窑、怀化县方中乡龙井窑等七处而已，而以益阳县羊舞岭窑（晚期）为典型，今据学界现有研究成果对其稍作介绍。

羊舞岭窑（晚期）窑址位于益阳县羊舞岭乡早禾村碗棚山一带。其陶瓷堆积层都为碗、坛、壶类等青花制品。釉色白中泛乳青色，或浅白微灰色。釉彩青灰，或呈淡黑带铁锈色。胎色瓷白，或白中微灰，器型较单一，但碗类皆较粗大。总的来说，主要发现了以下几类器物：

1. 碗类

碗类器型较大，胎壁厚重，皆圈足，平口深腹，外壁绘菊花纹，或唇沿微凸，大圈足，绘水藻、兰花，或书写文字"福如东海"。碗心作环璧状露胎，往往器底残留结晶状垫粉。白釉微作玉灰色，绘蓝、黑色花纹，或"寿"字图案。

2. 坛罐类

此类器具多为矮直颈，圆肩收腹。或绘荷花、龙、凤纹和山水图，或有"福寿双全"

① （清）江昱：《潇湘听雨录》卷6，《续修四库全书·子部》第1138册，第30页上。

② （明）高元濬：《茶乘》卷1《产茶》，《续修四库全书·子部》第1115册，第227页。

字样，釉色、花纹均与碗上绘花相似。

3. 壶类

其壶为直颈，圆肩收腹，施满釉、壶嘴与鋬手已残，底部残留针状垫粉。白釉泛玉灰色，腹部用淡墨书"福"或"东"字，亦有书"福如东海"者。此外，残片中发现有高足束颈杯，其造型与辽瓷绿釉高足碗相似。以上瓷坛造型与明万历时期青花缠枝小罐相似，而其碗之造型与花色亦与南京博物院藏品之明代瓷碗相类，然此种青花瓷器色彩甚不稳定，作铁黑色或淡墨色，亦有作蓝黑色者，其下限年代可晚至清早期。[①]

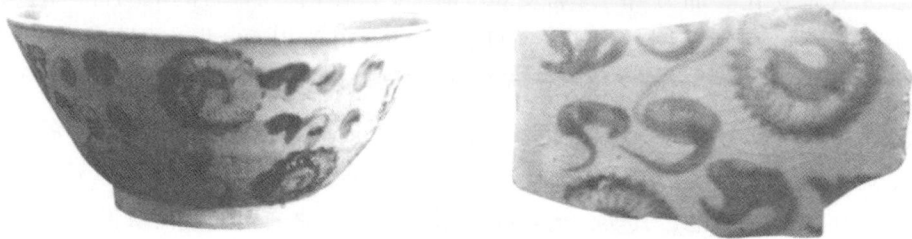

羊舞岭窑（晚期）绘青花菊花纹碗

羊舞岭窑（晚期）绘青花卷草纹罐

羊舞岭窑（晚期）书青花"福"字壶　　　羊舞岭窑（晚期）绘青花莲花纹罐

① 以下图片参考周世荣：《湖湘陶瓷（一）》，湖南美术出版社 2008 年版，第 276-282 页。

羊舞岭窑（晚期）书青花"福寿双全"字罐

羊舞岭窑（晚期）绘青花莲花纹罐

羊舞岭窑（晚期）绘青花龙纹罐

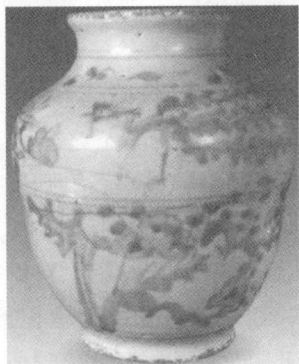

羊舞岭窑（晚期）绘青花凤凰牡丹纹罐

　　下面再谈谈纺织业，尤其是棉纺织业。前文述及，至迟在元世祖时今湖南地区农民已种植棉花和纺织棉布。《（嘉靖）长沙府志》提及该府"杂耕之品"中有木棉、苎麻等，"布帛之品"中有苎布、棉布等。《（万历）湖广总志》载长沙府湘潭、益阳、安化等县出土绢、苎布、棉布和葛布。[①]《（嘉靖）常德府志》记载该府"货之属"时，谓"多棉花"，且

—————————

① 《（万历）湖广总志》卷 12《方产》。

云："一名木棉，蒲中有茸，细如鹅毳。茸中有核，大如豆，用轮车绞出之，乃弹以弓为絮，充衣被纺绩之用。按：木棉，汉唐以前中国未有。其制为衣者，丝麻葛褐四者而已。《禹贡》'岛夷卉服'，注云：'南夷木棉之精好者，谓之吉贝。'盖当时惟远夷充贡，中国实未尝种之。宋元之世始传其种，以遍布于四方，乃获其利云。"① 据《大明会典》载，长沙府田粮，自景泰七年(1456 年)始，"每岁以二十万石折征棉布二十万匹，一半解京库交纳，一半存留本司、府备用"。又载，万历六年(1578 年)湖广省实征棉花 5 万斤，约占全国实征总数 5%。② 其时湖广地区主要产棉区集中于江汉平原和洞庭湖区，常德府所属之沅江县，长沙府所属之益阳县等，植棉皆已相当普遍。③ 然而相对于江南一带而言，湖广棉纺织技术仍较落后，自元代黄道婆从海南岛黎族人处学得纺织技术，携改良制棉工具回松江(今上海市)故乡，沿途向当地人民传授植棉和纺织技术，江南植棉与棉纺织业大盛。而湖广地区直至明中叶，其棉纺织技术似仍远不及江南，故《(嘉靖)常德府志》云："有棉布、葛布，棉布极粗，价十铢，不及江南梭布之一。俗俭且啬，故宜之。葛布亦粗。"④ 要之，明代湖南地区棉纺织业虽然有明显发展，但相对而言，麻、丝织业仍占据主导地位。此可于田赋所征品种见之，其时北京夏税和南京农桑丝皆征丝，后皆折合成绢，唯需交纳一定正担织银。此外，土贡中有征"纻丝"一项，全称"串四光素三色纻丝"。明初长沙府岁贡串四光素三色纻丝 334 匹，其中益阳县贡 19 匹，安化县贡 9 匹，不算很多，最多者为湘乡县，为 48 匹，浏阳县次之，为 46 匹。今按纻丝，就是缎。而所谓"缎"，即质地厚密、一面光滑的丝织品，为我国特产之一。清人翟灏《通俗编》云："今所呼'缎'者，宋时谓之'纻丝'。《(咸淳)临安志》'染丝所织'是也。"⑤ 盖明时官方仍沿宋代叫法称为"纻丝"，而民间谓之"缎"或"段"。据载有大红段子、色缎、妆缎、倭缎、库缎、彩段、锦段、绣段、云鹤金段等种类。⑥ 串四光素三色纻丝，应为其中之一种，然遍查诸书，无其具体情状记载，不敢妄言。

再就茶叶加工业(主要是安化黑茶)稍作阐述。"黑茶"一词虽初见于明嘉靖年间，然溯其源，应是明洪武间所言之"乌茶"，而乌茶之名已见于元代典籍(详后)。明高元濬《茶乘拾遗》引东坡谓："茶欲其白，常患其黑，墨则反是。"又称："茶色贵白，古今同然。"⑦ 而至明代黑茶大兴，则将此种风尚完全颠倒过来。据云，"黑茶是六大基本茶类之中唯一通过真正发酵而制成的茶"。⑧ 黑茶所用原料即鲜叶一般比较粗老，摘集之后，用三齿叉搅炒，至鲜叶萎凋、柔软如絮时即出锅，堆积地板上，揉至叶汁充分流出，然后解块，如是者三次，放入焙笼干燥，再压制紧实，制成方方正正的砖块形状，谓之"砖

---

① 《(嘉靖)常德府志》卷 8。

② 《大明会典》卷 26、卷 37。

③ 参见《湖南农业志》编纂委员会：《湖南农业志(征求意见稿)》第 1 分册，1985 年版，第 383 页。

④ 《(嘉靖)常德府志》卷 8。

⑤ (清)翟灏：《通俗编》卷 25《服饰》。

⑥ 参见华夫：《中国古代名物大典》(上册)，济南出版社 1993 年版，第 483-484 页。

⑦ (明)高元濬：《茶乘拾遗》上篇，《续修四库全书》第 1115 册，第 270-271 页。

⑧ 日本翔泳社作，游凝译：《爱上茶》，江苏凤凰文艺出版社 2022 年版，第 97 页。

茶"，又因黑茶历来畅销于西北边境，故又称为"边茶"。①

今之所谓"安化黑茶"，与载籍中所言"潭州（长沙）铁色茶"或有关联。"潭州铁色茶"之说，最早见于元人阴劲弦等所编《韵府群玉》："潭州铁色茶，色如铁。"②明代《事物绀珠》和《本草纲目》中亦有提及，前者在"今茶名"中列有"潭州铁色茶、衡山茶"等，③后者谓"楚之茶"有"湖南之白露""长沙之铁色""岳州之巴陵""辰州之溆浦""湖南之宝庆、茶陵"等。④清代学人已明确提出"潭州铁色茶"实为安化黑茶，譬如《（乾隆）湘潭县志》云："茶谱有'潭州铁色茶'，即安化烟茶也，今京师皆称湘潭茶。"⑤又赵学敏《本草纲目拾遗》曰："安化茶出湖南，粗梗大叶，须以水煎，或滚汤冲入壶内，再以火温之始出味。其色浓黑，味苦中带甘，食之清神和胃。性温味苦微甘，下膈气，消滞去寒澼。《湘潭县志》：'茶谱有潭州铁色茶，即安化县茶也，今京师皆称湘潭茶。'"⑥前文述及，茶谱中所谓潭州（长沙）茶很大程度就是指安化茶，"潭州（长沙）铁色茶"或许就是指安化黑茶亦未可知。然照此说来，安化出产黑茶年代可上推至元代，与一般认为安化黑茶产生于明代之说相左。《湖南农业志（征求意见稿）》所持观点就很具代表性："黑茶是蒸压的毛茶，四川在明洪武初年便有生产，至明万历年间扩展到湖南，逐渐形成和发展为湖南安化的一种特产，从而取代四川黑茶。"⑦然而元代《韵府群玉》既已载"潭州铁色茶"，则"明万历年间自四川引进"之说难以成立。据《明史·食货志四》所载来看，湖南所产黑茶与其时汉、川所产边茶其实并不尽同。湖南黑茶甚至比汉、川黑茶更优越，更适合西北民族喜食酥酪之习性，故很难说安化黑茶是从四川引进的，或许它原本就是从所谓"潭州铁色茶"发展而来。当然，亦不能完全排除其间有借鉴汉、川黑茶制作工艺之可能，因为茶商越境以湖茶取代原来边茶时，难保不将其制作工艺加以推介。要之，安化黑茶制造或起源于元代，但确实是在明中叶以后（具体来说是嘉靖后）才开始兴盛。对此，后文写商业时还会涉及。

此外，据《（同治）安化县志》载，明代安化县有造纸业发展，然只言片语无法细说。关于明代益阳矿冶业，亦仅能附赘数语如下：据古籍所载，益阳县或出产金，前文述及，元代益阳州志溪河谢林港一带可淘金，在元末曾发生过"江南淘金夫伪充红巾，杀掠市井一空"之事，但在明代已无此方面记载。资料显示，益阳县将军山、板溪、鲊埠等地产锑，五斗仑、连河冲产煤，南土坡地方产硫黄，⑧然此皆近世资料所载。至于安化县矿产，据《（万历）湖广总志·方产》《明史·食货志》等载，该县出产铁、水银和丹砂，亦因

① 参见《湖南农业志》编纂委员会：《湖南农业志（征求意见稿）》第 1 分册，1985 年版，第 445-446 页。

② （元）阴劲弦、阴复春：《韵府群玉》卷 6《下平声·茶》，见《文渊阁四库全书·子部》第 951 册，第 223 页。

③ （明）黄一正辑：《事物绀珠》卷 14《茶类·今茶名》，见《四库存目丛书·子部》，第 200 册，第 739 页。

④ （明）李时珍：《本草纲目》卷 32《果之四·茗》。

⑤ 《（乾隆）湘潭县志》卷 6。

⑥ （清）赵学敏《本草纲目拾遗》卷 6，清同治十年吉心堂刻本。

⑦ 《湖南农业志》编纂委员会：《湖南农业志（征求意见稿）》第 1 分册，1985 年版，第 445 页。

⑧ 参见臧励和、谢寿昌、方宾观、张塈等编，陆尔奎、方毅校订：《中国古今地名大辞典》，商务印书馆 1935 年版，第 110 页、第 498 页、第 790 页、第 858 页。

资料有限，无法具体展开。

三、明代益阳的商业

（一）主要商路

1. 陆路

陆路自当以驿道为主。驿道又称官道，相当于今之国道，虽主要用于转输军用粮草物资、传递军令军情，但在某种程度上，往往和商道重合。湖南省交通厅所编《湖南公路史》中绘有《明代陆路交通示意图》，今借用之，图示如下。

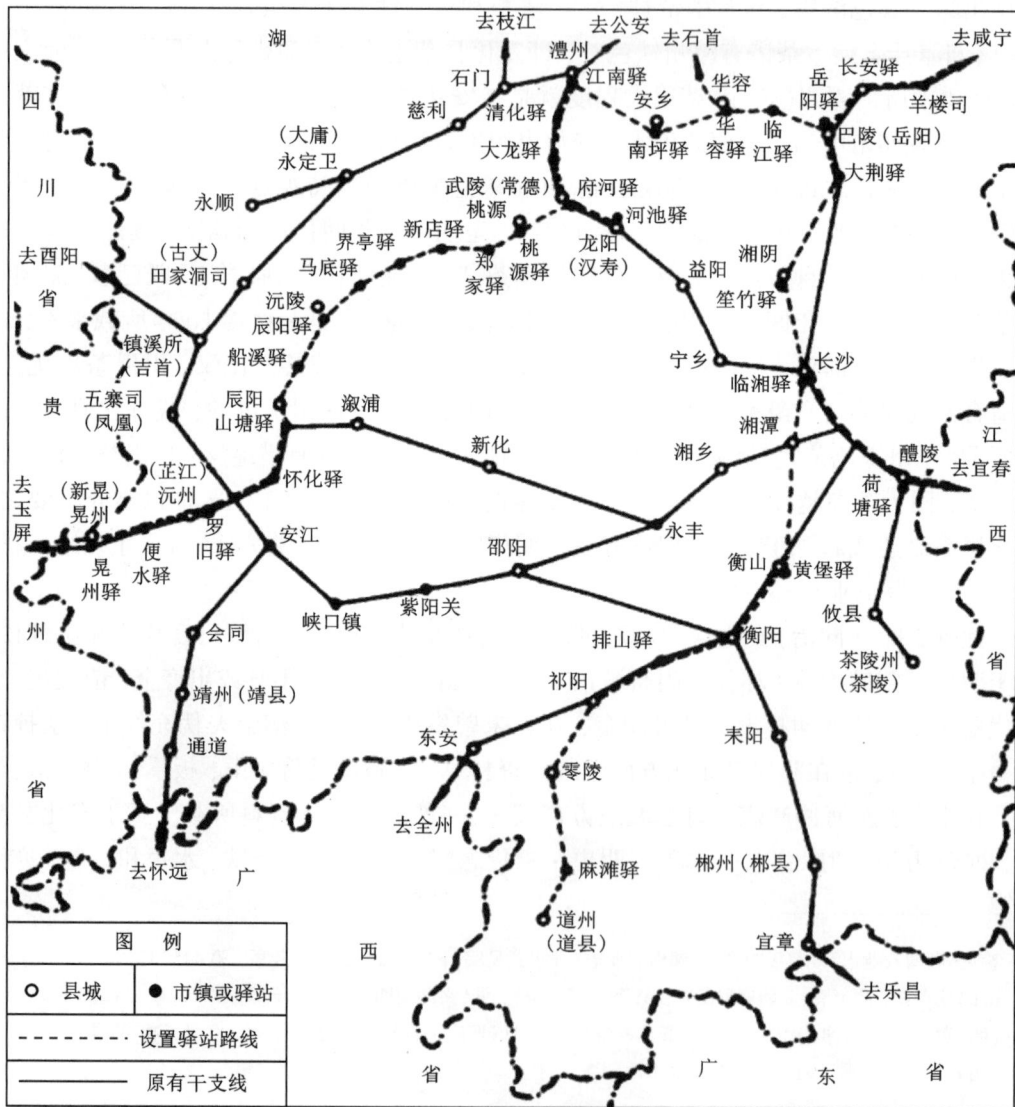

明代湖南地区陆路交通示意图①

---

① 湖南省交通厅：《湖南公路史》第1册，人民交通出版社1988年版，第18页。

此外尚有一古道，与本书所述主题尤密切相关，即宝安益道。此道横贯湘中，创始于唐永泰元年（765年），至宋代，宝庆（今邵阳市）、新化、安化、益阳间驿道沿资水流向已连成一线。至明代，复修宝庆通蓝田（今属涟源市）、梅城至益阳之第二条宝安益道，与资水构成"水弓陆弦"之势，其走向为宝庆至蓝田140里，蓝田至梅城120里，梅城至大福90里，大福至桃江90里，桃江至益阳60里，全程500里。①

2. 水路

与此大有干系者为资江和洞庭湖。先说资江水路，民国时朱羲农、朱保训纂《湖南实业志》曾对该江干流水路有过介绍，今试摘录部分内容如下：

> 资江干流，上源有二：南源曰夫夷水，西源曰资水。夫夷水源出广西全县西境，北流入湖南新宁县境，逾该县县治而东北，入武冈县东隅，至塘渡市西与西源资水相会。西源资水出城步县西北境之云雾岭，东北流入武冈县，经该县城南，仍东北行，纳溪流甚众，折东南流，至塘渡市西会南源。两源合后入邵阳县境，水势渐大，沿江多滩，自与石马江会流，其下急滩愈伙，经新化、安化、益阳诸县境，逾益阳县治后，支渠交错，与湘江贯通，正流则入沅江县境，经沅江县城之东，北流分为东西两支，东支为资江正流，向东北流至蚌市之南，注入荒湖。总计约长640公里。……其在城步境，水流经山峡之间，不通舟楫；武冈至邵阳一段，通行毛板船，专供运煤之用。缘武冈至邵阳一段多礁石，水流湍急，为行舟最险之处，煤船触礁而失毁者，不计其数，故特用毛板船运输。邵阳以下，通行民帆船。益阳以下，通行小轮船。本江来往运输之货物以煤炭、纸张、木材、谷米、茶、麻、棉、布、锑、盐等项为大宗。②

此文所涉时段虽属民国，但对了解明代资江水路仍有一定参考价值。如去掉诸如"小轮船"及锑等货物信息，其所述如急滩行船及所运货物纸张、木材、谷米、茶、麻、棉布等情况，在明代则大致相同。然其时之大宗货物，或以木材、谷米和茶叶为主，其中茶叶尤其值得一提，这涉及安化茶马古道的相关问题。

3. 安化茶马古道

因茶马古道包含陆路和水路，故单独列出。安化县虽产茶历史悠久，但与"茶马"挂上钩，成为边茶行销西北，却是在明中叶以后。据载，明清时期在资江安化段，从小淹至东坪不到百里，两岸分布有八大茶镇，即小淹、边江、江南坪、唐家观、黄沙坪、酉州、乔口、东坪。此八大镇所产茶叶，大都走水路，下资江，过洞庭至汉口，再由汉口中转销往西北，连上川陕、川藏茶马古道，或再进入丝绸之路。当然，水运并非唯一选择，尤其在洞庭湖、洪水期，则多走陆路去益阳、长沙、湘潭，在桃江的武潭、泗里河、浮邱

---

① 蒋响元：《湖南古代交通遗存》，湖南美术出版社2013年版，第26—42页。
② （民国）朱羲农、朱保训纂：《湖南实业志》，湖南人民出版社2008年版，第2册，第1351—1352页。

山的穿天坳,都有过著名的茶亭,在桃江、赫山境内,同样有着茶马古道的传奇。①

(二)城市与市镇发展状况

这里先对上述三县的县城发展稍作勾勒,毕竟城市是商业发展之重要依托。

安化、沅江二县县城原来皆极为简陋,至明中叶以后才有像样的城池。据载:"安化县旧无城,止有五门,用木栅。万历元年(1573年)知县张思美建石楼五座,崇祯间为兵所圮。"②嘉靖与崇祯二府志皆载有《安化县治图》,二者相差不大,今移录崇祯间县治图如下:

明崇祯间安化县治图③

安化县域内有二堡,皆创建于明代:安远堡在丰乐乡,明嘉靖三十一年建设;东坪堡在十三都,明崇祯三年知县蒋允亨建。

沅江县原本亦无城郭,《(嘉庆)沅江县志》载云:

> 沅原无城,明成化十一年(1475年)知县范珏始筑土墙,高六尺,周五里,置东西四门。正德十二年(1517年)知县金露补其圮,嘉靖间知县林一正始建城楼。万历元年(1573年)知县漆文昌因土墙时圮,乃砌砖于外,内筑以土,然江涨冲啮,倾圮者亦多。二十年知县俞梦麟仍筑土墙,三十八年知县霍梓重葺;四十五年本府推

---

① 以上参见尹红群:《湖南传统商路》,湖南师范大学出版社2010年版,第37-38页。

② 《(康熙)长沙府志》卷4;《(乾隆)长沙府志》卷9《城池志》。

③ 据《(崇祯)长沙府志》卷首所载《安化县治图》改绘。

官阮良选署县事，仍修土城，建四门，置楼，未几全圮。[①]

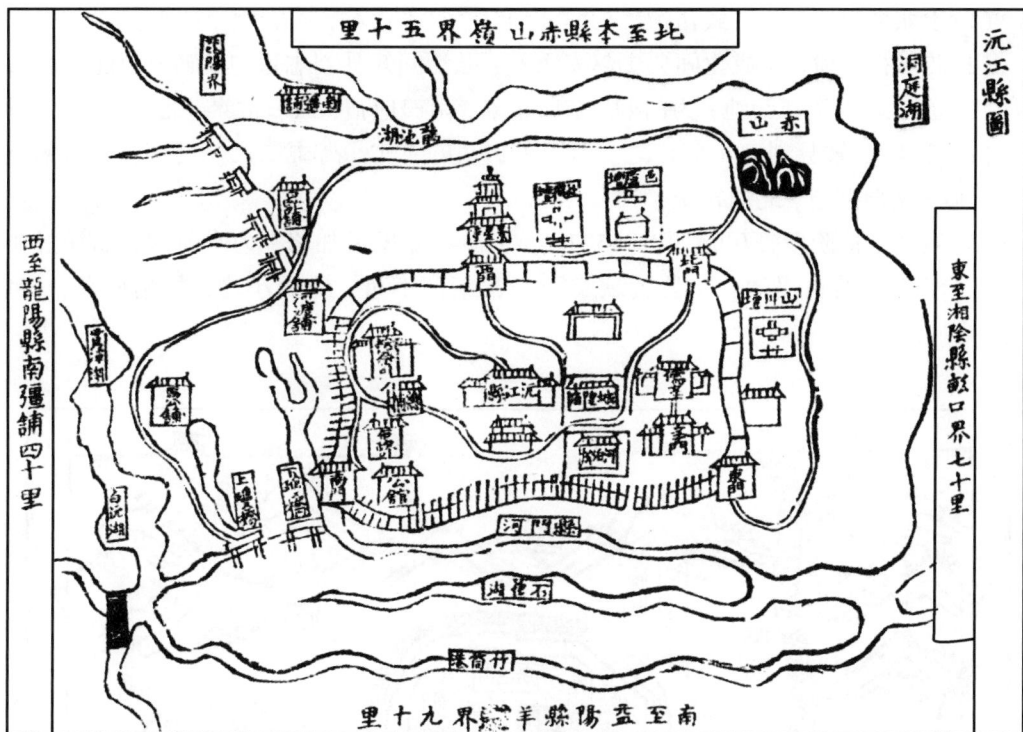

《(嘉靖)常德府志》卷首所载沅江县图

　　《(嘉靖)常德府志》载其时沅江县城有四街，即正街、东街、西街和北街。查《(嘉庆)沅江县志》，此四街亦见载于其"旧街市"中，并云："东街即县治内东治坊，西街即西典坊，北街即县后街北靖坊。"此外，尚有"新街"（在县西南二里）、"旬宣街"（在布政分司前），此二街虽不见于嘉靖府志，然该县志既谓之"旧街市"，推测明季或已存在，其"旬宣街"应是由嘉靖府志所言"旬宣坊"发展而来。该府志尚载有其他四坊，即在城坊、澄清坊（按察分司左）、儒林坊（学前）、宣化坊（县前），后三坊皆见于嘉庆县志所载"旧街坊"（其"旧街坊"尚列有"腾蛟坊""起凤坊"，当属明末清初遗迹）。《(嘉庆)沅江县志》又列有"旧乡市"11处、"现今乡市"12处。其11处"旧乡市"分别为：新街口、湖西岸、沙嘴头、齐湖口、赛头口、邹家窖、瓦石矶、柘潭河、汴洲、长坡、桃林江。按该志所载"旧街市"大体属明代名物推断，此11处"旧乡市"大体亦为明代乡市。其中齐湖口、赛头口、邹家窖三处亦列在"现今乡市"中，盖至清嘉庆年间尚存，据云："齐湖口，铺户百余家；邹家窖，铺户数十家；赛头口，铺户十余家。"尤其是齐湖口，规模颇大。[②]

　　益阳县建城较上述二县要早许多。关于明代益阳城修筑、布局及演化规律，姜金明的

① 《(嘉庆)沅江县志》卷6《城池志》。

② 以上参见《(嘉靖)常德府志》卷3《地里志·坊乡》；《(嘉庆)沅江县志》卷6《城池志·街市》。

硕士论文《益阳老城区传统城市空间格局演进及当代保护更新研究》研究颇为深入，今征引其说。明代益阳城营建历程大致可分为土城初筑、砖城拓展和城池维护三个阶段：

（1）土城初筑阶段，洪武初指挥胡海洋镇县，筑土为城，浚壕堑，立敌楼，岁久圮。

（2）砖城拓展阶段，成化间典史赵安重筑；弘治间知县刘志道包甃砖石，建立城楼，东西北有濠，南阻资江为池；为门四，东曰永安，南曰应宿，西曰常泰，北曰拱极。嘉靖壬子（1552 年），知县刘激拓而广之，内土外砖，广二丈，高丈二尺。门四：东曰银城，西曰金城，南曰迎恩，北曰拱极。

（3）城池维护阶段，万历五年（1577 年），知县郑思孟加修，为水所浸，崩塌过半。万历三十六年，洪水浸溃，知县黄献宏乃仍常泰门旧址，约而小之，虽稍修葺，旋复倾圮。①

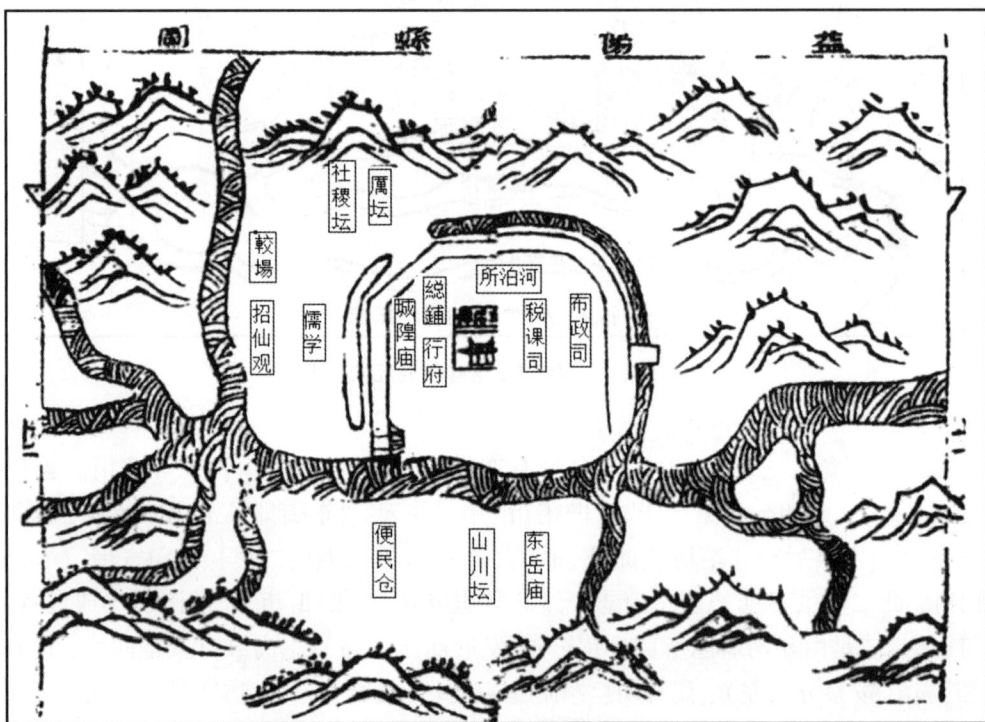

《（嘉靖）长沙府志》卷首所载嘉靖间益阳城格局图

姜文揭橥，明清至民国时期益阳城区整体由东向西扩展，历经三个发展阶段：第一阶段出于军事防御目的"洪武筑城""成化包砖"形成"东自水北桥，西至常泰门"的城池规模，各类衙署、庙坛等机构完备，古城格局初定；第二阶段始于嘉靖末年，"西拓至贺家桥"，以"县衙"为中心，形成两个类"工字"形路网结构，规模达"周四里有奇"，②古城

①　参见《（嘉靖）湖广图经志书》卷 15；《（乾隆）益阳县志》卷 5；《（乾隆）长沙府志》卷 9。
②　《（嘉庆）大清一统志》卷 354。

自嘉靖扩建后城池规模基本未变，城市格局既定，规模、材料上都完成了升级换代；①第三阶段，《(崇祯)长沙府志》载明末益阳城主要街道有兴贤街和太平街，有上岐、中岐、下岐、岐头等市，其中以岐头市最为兴盛，"在县五里，商贾贸易辐辏"。②但所载市数稍嫌过少，甚至不及安化、沅江二县，疑所载仅指县治而言，不包括其他乡市。当然，即便算上整个县域乡市，亦远不能与清代前期相比。《(乾隆)长沙府志》载其时益阳城有街9条(包含兴贤街)，整个县域有市22处(包含岐头市)。

(三)大宗商品

在"元代"一章曾引述《(同治)益阳县志》所载，指出即便是到了明清时期，益阳的工商业其实都不是很发达，本地市场为苏、杭、闽、广、豫章等外地商人所控制。其实不仅仅是益阳，包括沅江、安化在内的整个湖南地区大体皆如此。其本地输出之大宗商品，主要就是谷米和茶叶，今仅就此二者稍作阐述。

谷米成为明代湖广尤其是湖南地区的大宗输出商品，主要归因于明代两湖地区山林垦殖与湖区堤垸的蓬勃发展，尤其是后者的爆发式扩张和大面积种植水稻，使得该地区米粮总产量大为增加，以致出现了"湖广熟，天下足"的说法。宋代有谚云"苏湖熟，天下足"，至明代乃为"湖广熟，天下足"之说所代替。据学界研究，此谚或许在明弘治年间即已出现，迄至清前期已广为流传。虽然据笔者鄙见所及，湖广一带志书中其实甚少有谈及两湖丰熟可足天下的景象，反倒多见抱怨之词，譬如《(万历)湖广总志》有云："今扬土腴沃甲天下，而潟卤瘠莫楚之疆""矧楚疆辽邈，度其一县之地，可当江浙一大郡，而井庐稀阔，民俗颛固""且以楚之一郡，其生产蓄积，安能当江东之一大县?"③《(崇祯)长沙府志》亦言："长沙土瘠民贫，乃赋粮独甲全楚，则夫生齿登耗，徭赋重轻，固有难为言者。"又言："湖省动称长沙地广多谷，宁知一遇旱干，无泉坝可滋；倘有淫涝，遍地淹没……"④如此之类，何曾有"湖广熟，天下足"的景象？然而据考证，确有颇多文人笔记、文集撰述中提及，江浙一带有仰仗湖广米粮供应的事实。研究认为，这其实并非因为湖广地区米粮生产水平高，而是因为相对而言，此地仍堪称地广人稀，大片土地被陆续开发利用，人均耕地面积远超江浙一带，加之税粮相对于江浙等地而言亦没那么多，故有较多余粮输出。再者，因湖广商品经济不是很发达，农产品单一，只能靠米粮输出换取其他用品和缴纳货币赋税等；而江浙地区因为人口密度大，人多地少，经济作物种植面积扩大，产粮面积相对缩小，偶遇水旱，民食立即紧张，且其漕粮负担又特别繁重，导致粮食输出量颇大，需要输入较多米粮以补缺额。如此一缺一余、一供一需，在两地间便利水路交通条件下，最终促成了这种格局。⑤其分析颇为在理。关于谷

① 以上参见姜金明：《益阳老城区传统城市空间格局演进及当代保护更新研究》，北方工业大学硕士学位论文，2017年，第34页。

② 《(崇祯)长沙府志》卷6《建置》。《(嘉靖)长沙府志》卷4《建置纪》所载亦同。

③ 《(万历)湖广总志》卷10、卷11、卷26。

④ 《(崇祯)长沙府志》卷5《赋役》。

⑤ 参见张建民：《"湖广熟，天下足"述论：兼及明清时期长江沿岸的米粮流通》，载《中国农史》1987年第4期。

米商品粮情况，因无益阳、沅江、安化三县具体资料佐证，只能笼统介绍如上。

至于茶叶，尤其是安化黑茶，则可着墨者颇多。安化县在元代已能制造铁色茶，此种茶或是黑茶(乌茶)之另一异称，与川、陕边茶相差不大，而不在国家垄断范围之内，价格相对低廉，故川、陕茶商闻风而至，大肆收购，贩运至各茶马司冒充边茶，甚至逾境与边民私自交易，对官茶与国家茶法造成很大冲击，导致朝中有人主张禁止湖茶。《明史》载云：

> 中茶易马，唯汉中、保宁，而湖南产茶，其直贱，商人率越境私贩，中汉中、保宁者，仅一二十引。茶户欲办本课，辄私贩出边，番族利私茶之贱，因不肯纳马。(万历)二十三年，御史李楠请禁湖茶，言："湖茶行，茶法、马政两弊，宜令巡茶御史召商给引，愿报汉、兴、保、夔者，准中。越境下湖南者，禁止。且湖南多假茶，食之刺口破腹，番人亦受其害。"既而御史徐侨言："汉、川茶少而直高，湖南茶多而直下。湖茶之行，无妨汉中。汉茶味甘而薄，湖茶味苦，于酥酪为宜，亦利番也。但宜立法严核，以遏假茶。"户部折衷其议，以汉茶为主，湖茶佐之。各商中引，先给汉、川毕，乃给湖南。如汉引不足，则补以湖引。报可。①

李、徐之间的差别在于，前者着眼于"堵"，而后者则着眼于"疏"。很明显，禁止湖茶解决不了边茶自身问题，倒不如将湖茶扶正，给予其官茶名分，如此既可以弥补汉、川茶之不足，亦可规范引导湖茶健康发展。明政府最终采纳徐侨的建议，承认了湖茶的地位。上文所言"湖茶""湖南茶"，实即是安化茶。安化黑茶发展为边茶，其过程颇为曲折，然最终于万历二十三年(1595年)得到认可，正式发展为钦定之官茶。从此，晋、陕等地茶商，先到朝廷在各地所设"茶马司"以金易领"茶引"，再到安化采购黑茶，运到陕西咸阳和泾阳一带加工成"泾阳砖"，最后运往西北等地区交换马匹。② 这在安茶发展史上，实具有里程碑意义。

然李楠所言"湖南多假茶，食之刺口破腹"，徐侨所言"宜立法严核，以遏假茶"等语，颇值得注意。近阅《(光绪)巴陵县志》，其中有语云："其贸本地之黑茶，或杂山中树叶为之，乃至无一叶茶。"③此虽为后世资料，却大体诠释了李楠指斥之事。因为"或杂山中树叶为之"之事，确见载于明季资料中。明季安化县有乡绅林之兰，字芳麓，三都(今安化县城东坪镇一带)人，万历中由例贡初授苑马监，后升江西瑞州府通判，④晚年返乡，经其踏勘发现，其时安化茶业在采制售运过程中存在太多乱象，遂牵头于明万历四十五年六月至万历四十七年四月，又于天启七年、崇祯二年，几度禀帖呈请安化县和长沙府有关部门出面整顿，勒碑禁绝茶行经纪等利己坑人之短视行为。其后，林氏还

---

① 以上皆征引、参考自《明史》卷80《食货志四·茶法》。
② 参见伍湘安：《安化黑茶》，湖南科学技术出版社2008年版，第21页。
③ 《(光绪)巴陵县志》卷7。
④ 《(同治)安化县志》卷23。

将历次批示禀帖，刻成茶规碑立于通衢要道，并将碑文收集整理为《明禁碑录》，复将每次禀帖之起因、过程及相关批示辑录在《山林杂记》中，成为研究明季安化茶政之重要资料，今引证数则：

其一，万历四十一年（1613 年）《严禁假茶碑》，述安茶贸易自万历后期转为以引商贩运为主后，官茶秩序大坏，甚至有奸商将野生树叶掺入黑茶，致人死命之事。故里递谌、林、张等姓士绅于是年呈赴按院彭爷呈请，获批准敕该县立碑严禁。

其二，万历四十五年《安化茶业禁碑》，痛斥茶行奸商"勾引武陵、益阳、龙阳、新化各处，装载无名野草前来私相交易，黉夜将茶包蒸为筒，入川发卖，近被毒伤人命，以致真茶阻塞，赋税无办"等情，请求守道熊某、巡道刘某、本府何某等督县严行禁革，并立石碑勒示永为遵守。

其三，天启七年（1627 年）《茶法禁碑》，述林氏等赴本府、布政司诉茶行经纪诸弊，获准于敷溪立关盘验，且允移文益阳互查，并立碑通衢，俾永为遵守。① 但从入清以后情况来看，其效果似乎并不明显。

第二节　明代的益阳文化

一、明代的益阳教育

（一）县学

明代地方官学主要为府、州、县学。洪武二年太祖初建国学，即诏天下府、州、县、卫、所皆建儒学，欲"无地而不设之学，无人而不纳之教"。故《明史》有云："明代学校之盛，唐、宋以来所不及也。"②县学一般设教谕 1 人、训导 2 人（但沅江县训导仅 1 人③）。教谕掌教诲所属生员，训导佐之。府、州、县学学生统称生员，亦称诸生，俗称秀才。明洪武初定县学生员名额为 20 人，日给其廪膳，故称"廪膳生"。此外，复有增广生、附学生。宣德三年，定"增广生员如廪膳生之数"，即亦为 20 人。正统十二年诏，"合于常额外，选军民子弟愿入学者为附学生"。明代县学附学生员数无载，清代则规定大县 15 人、中县 12 人、小县 8 人，安化县为中县 12 人，疑明代或亦如此。④ 下面再从四个方面对其稍作展开。

1. 知县牵头，地方官自觉重教兴学

明代湖南地方官学发展普及，与各级地方官吏之努力密切相关，益阳等三县亦不例

① 以上参见（明）林之兰：《明禁碑录》，湖南图书馆藏本。此外，尚有明天启七年《改良茶法议覆碑》、崇祯二年（1629 年）《请革茶总埠头禀帖》，二者收入林氏《山林杂录》（湖南图书馆藏本）中，2018 年安化县万里茶道申报世界文化遗产办公室所编《万里茶道安化段碑刻集成（茶政卷）》有收录。
② 《明史》卷 69《选举制一》。
③ 《（嘉庆）沅江县志》卷 23《职官志》。
④ 参见《明会典》卷 78《礼部三十六·学校·儒学》；《（同治）安化县志》卷 17《学校一·学额》。益阳县志仅载清代学额，谓"廪生 20 名，增生 20 名"，无附学生数据，疑其附学生或有 15 名。

外，尤以知县所起作用最为关键。洪武二年太祖兴学之诏下后，全国各地儒学建设随即全面铺开。同年，沅江知县钱文英即县东维摩寺故基重建县学学宫。① 次年，安化知县海源善亦在元代县学旧址上重修县学，②益阳知县田俊在元益阳州学旧址建县学，洪武七年知县杨哲复重修，始备其制。③ 此后，三县历代知县中皆不乏作为之人，为当地教育保驾护航。譬如安化县，洪武三年知县海源善在元代县学旧址上重修儒学宫，其后天顺五年知县廖质、嘉靖中知县甘桓、万历十七年知县谢朝佐、崇祯元年知县蒋允亨等皆有续修。沅江县，其县学原在古僧刹，岁剥江涨，崩圮已甚。嘉靖三十二年雍礼出任沅江知县后，睹学宫颓弊，谋迁址改建，得常德知府黄壶淙等支持，由千户梅复乾、监生袁达诚、黄元亨主持，庠生郭琫、袁梅、黄禾及邑民某某等乐助宣劳，兴事于嘉靖三十二年秋，竣工于次年夏，名士蒋信撰记。益阳县，弘治七年赵时中任知县时，下车伊始，首谒庙学，见学宫历年既多，浸以倾圮，叹曰："庙不饬，何以安圣贤、致诚敬？学不饬，何以兴教化、成贤才？"慨然以修葺为己任。遂节冗费，止不急之务，劝殷民仗义者出资助之，庀材鸠工，经始于弘治六年春，告成于十年夏，历五年而成，规制宏廓，荣光照焕。又嘉靖三十年刘激任益阳知县，大修学校，在县南龟台山创龙洲书院，延蒋道林讲学，并撰《龙洲书院志》；又将名宦、乡贤、六贤祠自学宫移于龙洲书院，冶铁为像，祠三楹；又建社学20所（近城5所，各学15所）。④

2. 教官垂范，直接肩负教诲之责

县学教官亦称儒学官，即教谕和训导，"教谕掌教诲所属生员，训导佐之"。二者虽然皆无品级，但地位次于典史，而且较一般杂职高（洪武二十四年"定儒学训导位杂职上"）。其待遇为"教官之禄，州学正月米二石五斗，县教谕、府州县训导月米二石"。⑤ 明政府认为，"儒学教官，士子观法所系"，故对其督过颇严，对教官鞭策作用显而易见，俾其率先垂范，尽忠职守。益阳、安化二县学皆教谕1人、训导2人；沅江县学教谕同，但训导仅1人。终明之世，益阳县有教谕43位、训导48位；安化县有教谕48位、训导39位；沅江县有教谕42位、训导35位。从整体上看，教谕和训导中，尤其是教谕，地位仅次于知县，其重要性超过县丞等官；明末对知县、教谕等官员之出身要求趋高。其重要教官，如姜子万，清江人，以经明行修征修《大典》，书成授安化教谕，学识赅博，年七十犹夜读不辍，学者多所造就，著有《唯然集》《纪原杂字》，后升辰州教授，子孙遂寄籍安化；方清，自号"竹城子"，浮梁人，嘉靖间任安化教谕，才高识卓，为

---

① 《（嘉庆）沅江县志》卷11《学校志》。

② 《（同治）安化县志》卷17《学校一·学宫》。

③ 《（乾隆）益阳县志》卷8《学校·学宫建置》。《（同治）益阳县志》将田俊建县学时间误作洪武十三年，据《职官表》田俊任益阳知县在洪武三年。其所云"洪武十七年知县杨哲复重修"疑亦误，在乾隆及同治二县志《职官表》中，杨哲皆在王贯之前，且仅言"洪武中任"，而王贯任职于洪武十一年，说杨哲于洪武十七年重修县学乃据明益阳教谕仰高《修学碑》，疑其所云"洪武甲午"或为"甲寅"之误，"甲寅"即洪武七年。

④ 参见《（嘉庆）沅江县志》卷11《学校志》、《（同治）安化县志》卷17《学校一·学宫》和《（同治）益阳县志》卷7《学校志·学宫建置》。

⑤ 《明史》卷82《食货志六》。

文迥越恒蹊。邑旧无志，清取宋图经，旁采邑中诸掌故，创修之，咸称史才；戴本，曲江人，永乐十二年举人，正统间任益阳教谕，博学工文，援笔立就，慷慨仗义，士林宗之，正统十二年调翁源县教谕；①林愈隆，江陵人，万历四十六年举人，崇祯二年任益阳教谕，理学渊邃，励精训课，后升知县，士绅祖饯，不忍释，崇祯十年升任无为州知州；②赖大耀（或作"大雅"），字若涵，赣县人，崇祯十四年任益阳教谕，生平以气节自许，崇祯十六年为张献忠所执，不屈而死，邑人罗贤胄有《赖学博冠带斫手诗》。

3. 生员待遇优渥，但要求和管理亦甚严

生员待遇颇优渥，无论廪膳生抑或增广生，除本身外，皆免其家差徭二丁，并规定"有司务要遵行，不许故违"。其廪膳生更由官府日给廪膳，洪武初规定"师生月廪食米，人六斗，有司给以鱼肉"，后来改为"复令日米一升，鱼、肉、盐、醯之类皆官给之"，洪武十五年规定"定月米一石"，正统元年规定"令有司金与县学膳夫二名、斋夫四名"。嘉靖十五年，诏各处学校廪膳生员，有亲老无人侍养，愿告侍亲者，听亲终复学，年五十以上愿告退闲，给予冠带荣身，仍免本身杂乏差徭。

在明代，无论府、州、县学抑或社学，其管理制度都较前代更加完善。洪武十五年，颁《学校禁例十二条》于天下学校，并镌勒卧碑于明伦堂之左，天顺六年颁各处提督学校官《敕谕十八条》，万历三年复换给提学官《敕谕十八条》。这些规条对各级学校师生言行举止、思想以及学校教学、管理规定颇细，不可否认，其中颇不乏钳制师生思想之成分，却也使学校教学和管理较之此前历代皆更为完善和规范。为加强学校日常管理，正统六年规定提调官应置簿稽考生员所业，提学官所至查提调勤怠以书其称否，生员不率教者则黜退之。成化三年诏令仍置簿考验：其德行优、文艺赡、治事长者列上等簿；或有德行而劣于经义，或有经义而短于治事者，列二等簿；经义虽优、治事虽长而德行或缺者列三等簿。岁课月考，循序而上，非上者不许科贡。除提调官岁时教文外，还令教官举诸生行优劣者一二人赏黜之，以为劝惩。督学甚或止宿学宫，夜巡两庑，监察诸生诵读经书情况。其针对生员之考校常态化，有月考、季考、岁考之类，意在检查学业，管束生徒。若生员考核不合格或多年学无所成，则有降级、除名、罚充吏役甚至偿还廪米等惩罚。洪武十六年，礼部尚书任昂奏定学校岁贡士法，令各府州县学岁贡入监生员一人，中试者入国子监，不中试者罚为吏，教官训导停其廪禄。天顺六年规定，生员考试不谙文理者，廪膳十年以上发附近去处充吏，六年以上，发本处充吏；增广十年以上发本处充吏，六年以上罢黜为民，未及六年者量加决罚、勉励进学。综上可见，明代对府州县学等地方学校管理相当严格，且逐步规范化、制度化。③

4. 教学内容以传统"六艺"为主，而归本于理学

洪武二年诏天下府州县立学校，学者专治一经，以礼、乐、射、御、书、数设科分教。三年，定学校射仪。二十五年，定礼射书数之法，朝廷颁行经、史、律、诰、礼仪等

---

① 《（嘉靖）翁源县志》；《（嘉靖）广东通志初稿》卷19；《（乾隆）益阳县志》卷13。

② 《（乾隆）无为州志》卷11；《（光绪）荆州府志》卷41。

③ 参见《明会典》卷78《礼部三十六·学校·儒学》。

书，生员务要熟读精通，以备科贡考试(又令生员熟读《大诰》、律令，岁贡时出题试之，民间习读《大诰》子弟亦令读律)。各学校遇朔、望，习射于射圃，"树鹄置射位，初三十步，加至九十步，每耦二人，各挟四矢，以次相继，长官主射，射毕，中的饮三爵，中采二爵"。其习书，依名人法帖，日五百字以上。至于数，则务在精通《九章》之法。永乐三年，申明师生每日清晨升堂行恭揖礼毕方退，晚亦如之。至于归本于理学，于天顺六年所颁敕谕可见，其中有云："学者读书贵乎知而能行，先将圣贤经书熟读背诵，牢记不忘却。""为学工夫，必收其放心，主敬穷理，毋得鲁莽间断。""其于修己治人之方、义利公私之辨，须要体认精切，庶几趋向不差，他日出仕方能顾惜名节，事业可观。"又言："习学举业亦穷理之事，果能精通《四书》本经，便会行文。""其所作《四书》经义策论等文，务要典实平顺，说理详明，不许浮夸怪诞。""至于习字，亦须端楷，庶不乖教养之意。"万历三年换给提学官敕谕，亦言："国家明经取士，说书者以宋儒传注为宗，行文者以典实纯正为尚。今后务将颁降《四书》《五经》《性理大全》《资治通鉴纲目》《大学衍义》《历代名臣奏议》《文章正宗》及当代诰、律、典制等书，课令生员诵习讲解，俾其通晓古今，适于世用。"[1]其宗旨可见一斑。

迨至明代中后期，王学兴起并在湖湘地方亦有传播。据载，正德二年王阳明被贬谪贵州龙场，正德五年被诏还京，往返都途经湖南。去时曾寓居醴陵靖心寺、泗州寺和长沙岳麓书院，归时过辰州，郡守特于虎溪筑"松云轩"，供其居住和讲学，辰州人董道夫、徐汝娸、镇溪所人吴鹤等皆"负笈从游"，"得致良知之学"。经武陵，与蒋信、冀元亨讲学于常德府北门外，特筑阳明书院。随后，王阳明门徒季本、罗洪先、张元忭、邹元标等人任职长沙，并到岳麓书院大讲陆王"心性良知之学"。王阳明"心即理""致良知""知行合一"之说，遂成为湖南各府、州、县学教学的重要内容。[2] 具体就益阳而论，嘉靖间益阳知县刘激曾延请武陵蒋信来益阳讲学，而蒋信曾与王阳明讲学于常德府北门外，故对王学在益阳传播或有一定推动作用。

5. 经费来源多途，但以政府财政拨款为主

其经费来源主要有三：其一为最重要者，即政府财政拨款。前文述及，县学教官教谕、训导，除有俸禄月米二石外，还和廪膳生一样，由官府日给其廪膳；县里配备膳夫二名、斋夫四名，鱼、肉、盐、醯之类皆由官供给。万历三年敕谕"凡学内殿堂、斋房等屋损坏，即办料量工修理。其斋夫、膳夫、学粮、学田等项，俱要以时拨给，不许迟误克减"[3]。

其二为官员和士绅捐资，每逢学宫大修，往往如此，前面《地方官重教兴学举措》表中事例颇多，兹不再举。

其三为学田和校产租赁所得收入。当然，其学田之类校产，最初亦不外乎政府划拨和士绅捐献，但成为校产后是维持学校正常运转之重要支柱，特别对于贫困子弟意义重大。《古今图书集成》载录明代益阳县"学田"："原田三十亩，土三区，塘三口，隆庆二

---

① 参见《明会典》卷78《礼部三十六·学校·儒学》。

② 参见冯象钦、刘欣森总编：《湖南教育史(一)》，岳麓书社2008年版，第408页。

③ 《明会典》卷78《礼部三十六·学校·儒学》。

年(1568年)十一里三甲民张均爵以绝民贺志海田五十亩，每年纳谷三十石。"① 此田据说是由当时提学徐某批允，后来在清代作为"贫生田"记录在案。按县志记载，明代益阳学田尚有另外一处："学后田三石，东至城河，南至古城，西至曹铨民屋，北至新城，明崇祯六年巡按宋清复"。② 此言"清复"，盖其曾一度为乡民所侵占。

(二)社学和义学

1. 社学

社学之设始自元代，实为官学之初级形式。明朝政府在发展府、州、县学之同时，在乡社地区以社学形式对民间儿童进行初步文化知识、伦理道德和政策法令教育。明朝立国之初，就颇重视社学。洪武八年(1375年)正月丁亥命天下立社学，全国各地社学疑于是年即已普及。明代益阳县，据胡达澍《兰溪社学记》云："益邑社学凡二十，明季悉毁于兵，其毁而复建者惟桃江及兰溪二学焉。"③《(崇祯)长沙府志》亦言明代益阳县社学有20所，"近城五所，各学十五所，俱嘉靖中知县刘激建"。④ 乾隆、同治二县志皆载有此20所社学名称及具体所在：兰溪社学(在兰溪市)、金城社学(在上总)、银城社学(在下总)、上岐社学、中岐社学、三岐社学、江南社学、沧水社学(在沧水铺)、衡龙社学(在衡龙铺)、甘溪社学(在甘溪港)、石桥社学(在石桥庙)、临江社学(在谢林港市)、三堂社学(在三堂街)、佳棠社学(在马家塘)、埠观社学(在鲊埠)、书堂社学(在书堂市)、正阳社学(在欧公店)、见桥社学(在牛见桥)、严河社学(在泉交河市)、桃花社学(在治西南六十里，即在今桃江县境内)。此20所社学在明季悉毁于兵，仅其中二所在清代有修复，即兰溪社学与桃花社学。今按乾隆县志有云："县有旧址一所，嘉靖辛亥知县刘激始各乡俱建，后尽遭兵毁。"则嘉靖前益阳县仅有一所社学，至刘激乃增益之，遂达20所之多。这在整个明清时期皆属罕见，因为从长沙府来看，一般县域仅有社学一二所而已。譬如，安化县在明代就仅有一所社学，据云在县治之西，"长六弓，阔八弓，明崇祯间奉文变价，生员谭正奇得买"。自此直至整个清代，安化县再无社学。⑤ 明代沅江县亦仅有社学一所，据云在县西五十步，"前后各三间，东西各三间，知县冯钢建，金露复修，每年择教读以教之"。⑥

据王兰荫《明代之社学》统计，在明代1438所社学中，由知县建立者占61%，由知州建立者占4%，由提学官监督建立者占21%，其余极少数由民间设立，这充分表明社学之官办性质。⑦ 上述三县情况印证了王氏所说。其官办性质还体现在官方对社学师资、教学内容等方面的严格掌控上。社学教师一般聘请学行兼优之秀才担任，前引全祖望《明初学校贡举事宜记》言："守令于其同方之先辈，择一有学行者以教之，在子弟称

① 《古今图书集成·方舆汇编·职方典下》卷1207。
② 《(同治)益阳县志》卷6《田赋志四·公业》。
③ (清)胡达澍《兰溪社学记》，见《(同治)益阳县志》卷8《学校·社学》。
④ 《(崇祯)长沙府志》卷6《合属儒学》。
⑤ 《(同治)安化县志》卷18《学校二·社学》。
⑥ 《(嘉靖)常德府志》卷9《学校志》。
⑦ (民国)王兰荫：《明代之社学·续前》，国立北平师范大学，1936年。

为师训，在官府称为秀才。"洪武十六年太祖诏民间立社学，"其经断有过之人不许为师"。对于其教学内容，明政府亦有明确指定，如洪武二十年"令民间子弟读《御制大诰》""又令为师者率其徒能诵《大诰》者赴京礼部，较其所诵多寡次第给赏，又令兼读律令"；弘治十七年"令各府、州、县建立社学，访保明师，民间幼童十五以下者，送入读书，讲习冠婚丧祭之礼"。① 前引全祖望《记》则曰："其教之也，以《百家姓》《千字文》为首，继以经史、历算之属。"此外，有司对社学教学效果亦时加考核，如上引正统元年英宗诏"令各处社学提学官及司府州县官严督勤课，不许废弛"，天顺六年正月，复敕各地社学要"择立师范，明设教条，以教人之子弟，一年一考校，责取勤效，仍免为师之人差徭"。② 前引全氏《记》云："守令以稽其所统子弟之数，时考其勤惰而报之行省。三年大比，行省拔其秀才之尤者贡之朝。"同时，为激励社学生，国家亦给予其深造机会，前引正统元年诏，社学生"其有俊秀者，许补儒学生员"。社学生之优秀者可升入府州县学，府州县学生员优异者可通过贡监进入国子监肄业。如此，明朝学制就纵向贯通起来，形成社学—府、州、县学—国子监纵向衔接之完备学制系统。③

2. 义学

义学，俗称义塾，发端于宋代，为范仲淹所创，是针对贫寒子弟所设立之免费教育学校。后世多仿行，多由官员、地主在家乡开办，招聘名士教育本族及乡里子弟。不少义学置有田产，其经费主要来源于地租。明清时期国家鼓励民间开办义学，或由州、县学中择取"老成谨慎、文品兼优"生员充任义学之师，并规定：若训迪有方，义学日盛，该生员准作贡生；义学生果能通晓文理即准应试，酌取入州、县学。④ 但翻检安化、沅江二县县志，未发现此二县义学方面资料。益阳县义学亦以清代为主，至于明代义学则仅在林廷式《泉河义学记》中提及一语，云："益邑前明四乡皆有义学，久皆废。"⑤"前明四乡皆有义学"，可见亦颇兴盛，惜乎皆废，没有资料留存，仅述其大略如上。

此外，有关私学情况因资料阙载，姑勿论。

（三）书院

安化、沅江二县在清以前皆无书院。至于益阳县，在宋代有松风书院，元代有庆洲书院，皆已述如前；在明代则有龙洲书院且甚为知名，今介绍如下：

龙洲书院，嘉靖三十年(1551年)由益阳知县刘激创建于资江南岸龟台山上，因在会龙山与十洲之间，故名。在益阳发展史上，明嘉靖间知县刘激贡献颇大，前文对其行事已有涉及。关于其创立龙洲书院事，据贵州提学武陵蒋信所撰《益阳县龙洲书院记》可知，刘激因见县学学舍卑隘，未足以群育多士，欲图有所拓展，而观古书院故址皆不合意，乃出郭门之外选址，"顾江南岸回龙峰，自浮丘蜿蜒而来，舒为龟台捍江抱郭势，如扼江之

① 以上参见(明)申时行等修：《明会典》卷78《学校·社学》。
② (明)佚名：《皇明诏令》卷14《命邹允隆提督广东学校敕》，嘉靖十八年刻，二十七年浙江布政司增修本。
③ 冯象钦、刘欣森：《湖南教育史(一)》，岳麓书社2008年版，第393页。
④ 郑天挺、谭其骧：《中国历史大辞典(壹)》，上海辞书出版社2010年版，第197页。
⑤ (清)林廷式：《泉河义学记》，见《(同治)益阳县志》卷8《学校》。

状。而十洲者，连络萦带，吞吐江心，共为邑左下流锁钥"，觉得不啻"天作地藏钟秀之区"，"卜书院于兹"甚为理想。此议得到长沙府知府郑维城首肯，时左春坊左谕德赵贞吉因贬谪过益阳，登临其处，以其地"龙峰蟠如，群洲缭如"，建议取名"龙洲书院"。

书院的营造始于嘉靖三十年夏，落成于次年冬。关于其格局，综合蒋信《龙洲书院记》及县志所载可知：书院外以围墙环绕，内为大门四楹，"前为义路门，又前为礼门，折而左复为一门，又折而前，临官道为龙洲书院坊"。居中为堂六楹，而敞其中，由赵贞吉题额曰"珠渊玉谷"。堂背为尊经阁，"凡三层，高可五丈，深广各以其度"。堂前东西各为号舍，凡六十间。尊经阁后为五贤、名宦、乡贤祠，乃是从城内迁祀于此。祠两旁为厨室，祠右为自得亭，后楹后为图书妙合亭，后为先天楼，凭虚架木为之。其图书妙合亭，盖刘激以龟台象神龟载书，十洲象龙马负图，故以图书之合而名之，时人王春撰有《益阳图书妙合亭记》。此外，在临江之山麓，另设有射圃一所。蒋信谓书院"距郭虽近数百步许，而负山面江，高明爽豁，加之巨材良艺，翚如焕如，规模之胜，盖侵轶石鼓、岳麓矣"。可知其规模几乎与岳麓书院、石鼓书院相当。

至于其营造经费，据蒋《记》载：

> 其费则自捐俸外，区处良裕。旧五贤祠居学傍，其地久没侵并，君廉知之，贳其罪，第令抵修祠阁。令下，不督而集；又视民所犯，情甚轻、力能赎者，听其以瓦木诸料抵赎，人亦称便。

由此可知，其营造经费，除刘激自捐俸金外，其余则来自罚赎和力役冲抵。其时县学旁有五贤祠，祀屈原、诸葛亮、宋益阳令张咏、徽猷阁学士胡寅、秘阁修撰张栻等五贤，而其隙地久被民间侵占，刘激查知后，对侵占者亦未大加惩处，而是赦免其罪，令彼等抵修祀阁，或"听其以瓦木诸料抵赎"，并顺势将五贤祠等移建于龙洲书院尊经阁后，以充实书院内涵。[①] 不过，载籍中似无明代该书院有"膏火田"之说，[②]而据书院有号舍60间推知，其生徒当在60人以上，如何维持书院的正常运转是个问题。因资料有限，不敢妄言，且搁置不论。

书院建成后，为扩大其影响，刘激又邀蒋信、赵贞吉等名贤来此讲学。蒋信（1483~1559年），字卿实，号道林，武陵（今常德市武陵区）人，嘉靖七年（1528年）举人，十一年成进士，累官至贵州提学副使，所至皆有惠政。蒋氏是明中叶湖湘间屈指可数之著名学者，据称，其初为诸生时，因读《鲁论》及关洛诸书，即悟"万物一体，是圣学立根处"，士人翕然宗仰。阳明先生一见，对人说："卿实可作颜子比。"大儒湛若水在京

---

① 以上参见（明）蒋信：《益阳县龙洲书院记》，见《蒋道林文萃》卷4；《（同治）益阳县志》卷8《学校》。

② 《（同治）益阳县志》卷6载：明天启年间邑人贺元圈，将厢外里三台塔旁孟家洲洲土185亩捐入三台、斗魁两阁，后因大水阁圮洲荒，康熙五年知县常尔澡将洲土交起春亭僧带管。乾隆十二年，知县高自位复建文昌、魁星阁，元圈后裔照远呈请将洲土照旧归入亭僧以经管，争执多年，高令断将上截洲土59亩多划归文昌阁。此部分在清代是算在书院膏火田中的，但在明代是否算作书院膏火田尚存疑。

邸谈及平生所见，叹道："楚中竟有这等人物！"黄宗羲《明儒学案》立《楚中王门学案》，收录蒋信和冀元亨二人，认为"道林实得阳明之传"，然蒋信虽亦师事阳明，其学实受湛氏影响较大。蒋氏晚岁归老桃冈，学徒四集，益阳士子多游其门。刘激遂通过门下士三请，俾讲学于龙洲书院，并率通邑北面受学。① 府志中载有蒋氏《龙洲书院开讲》诗："此是人间几洞天，十洲喷薄一龙蟠。江深蜃气遥通海，阁迥星辰半在檐。春雨望中繁锦树，秋风夜静满虞弦。他时共补唐尧衮，心法千年想递传。"②蒋信讲学龙洲书院，对该书院乃至整个益阳文教影响颇大，后人评价："其主讲龙洲书院也，一时士习，蒸然丕变。"③

赵贞吉（1508~1576年），字孟静，号大洲，四川内江人，《明史》中有传，谓其"六岁日诵书一卷，及长，以博洽名，最善王守仁学"，嘉靖十四年（1535年）进士，由编修历官翰院左春坊左谕德兼监察御史。二十九年，俺答南下，直逼京师，谩书求贡。世宗诏百官廷议，贞吉慷慨建言，触忤权臣严嵩等，为彼等构陷，致忤旨遭廷杖近死，直声动海内，贬谪荔波典史。④ 他在前往黔南时，途经益阳，在此盘桓过一段时日，府志载其："侨寓益阳，日与同志讲学龙洲书院，题其堂曰'珠渊玉谷'。复起，官至大学士。"⑤

刘激欲借重蒋信、赵贞吉之声望，使书院"附骥尾而行益显"。他还乞请蒋信撰《益阳县龙洲书院记》，刻石立碑以广其传。此举之意义，阅江阊《益阳县改正五贤祠记》可知，该文云：

> 康熙甲子（1684年）二月，家严因十九贤祠规画既成，往探遗事，辟荆榛，从薜蚀剥落漶灭间，摩挲辨识，始识蒋道林《龙洲书院碑记》，记中有"最后斋五贤祠"句。乃归署语小子曰："土人所谓'五岳'者，'五贤'也。祀典所在，改正之责，唯汝巫当辨之！"予乃偕二三好事，再登山问之，人无有知者。⑥

岁月迁移，百数十年人世沧桑后，至清康熙间江阊任益阳知县时，土人已将"五贤祠"讹成"五岳祠"，赖有此碑在，故江阊得以驳正之，足见当初刘激之远见卓识。

不仅如此，刘激还组织人员编纂《龙洲书院志》，请吏部侍郎李棠为是志作序。该《志》今已佚，唯其《序》尚见载于府志中，其起首语曰："龙洲七子集《龙洲书院志》成，益阳令瑞亭刘侯以授之棠。"⑦据此，则该志由"龙洲七子"纂辑而成。既谓之"龙洲七子"，则此七人当属龙洲书院生徒无疑，然其可确知者仅二人。县志有云："龙洲之七

---

① 《（康熙）长沙府志》卷13；（明）黄宗羲著，沈芝盈点校：《明儒学案》卷28《楚中王门学案》，中华书局1985年版，第627-634页。

② 《（乾隆）长沙府志》卷48。

③ （清）陈嘉言：《胡钤修葺龙洲书院记》，见《（同治）益阳县志》卷8《学校志下·书院》。

④ 参见前揭《明史》卷193《赵贞吉传》。

⑤ 《（乾隆）长沙府志》卷34。

⑥ （清）江阊：《益阳县改正五贤祠记》，载《（康熙）长沙府志》卷18。

⑦ （明）李棠：《益阳龙洲书院序》，载《（乾隆）长沙府志》卷38《艺文》。

子，唯郭世蛟居首，仅得留其名。贺凤梧既出蒋道林门下，当在七子之列。其余五人则成乌有先生矣。"①其中郭世蛟未能查得更多信息，至于贺凤梧，则府志有载：

> 贺凤梧，益阳人，蚤工举业，通经史。尝从武陵蒋道林先生游，闻求仁之学。入国学，上《崇正还朴书》，受知大司成松溪程暨大司寇东洲屠，故一时愿识交者屡常满。授陕州判，即归里构城南山房，号松涧，谭道课子外更不问世事。孝友敦睦自天性。晚立同人会以倡后进，约还朴会以风乡人，且作书嘱其子上虞令力行常平仓法。所著有邑志、家谱历。②

此为明代龙洲书院所造人才之确切可考者。至于其明代历任山长，除个别文献如《（民国）益阳县志稿》提及蒋信和赵贞吉外，其余皆一无所知（赵贞吉仅贬谪黔南时路过，不大可能出任山长，应该仅与蒋信会讲而已）。至明末战乱，龙洲书院毁于兵燹，直到清乾隆间才得以完全复兴。

二、明代益阳的"选举"与人才状况

今仍袭用府县志的说法，称人才选拔为"选举"，包括荐辟、进士、举人、副榜、贡生（含恩贡、拔贡、岁贡、例贡等）。

上述诸途中，以进士最为重要，"得士以此科为最盛"，③这也是考量地方文化教育发展水平之一大指标。按照《湖南教育史》，据《（光绪）湖南通志》统计，明代益阳县有进士 9 人，沅江县有进士 5 人，安化县未列。而据笔者查对，明代安化县有进士 2 人，即孟瑄和李鉴（乾隆县志尚载有一隆庆间进士"李桢"，然其籍贯实为甘肃庆阳府安化县，而非湖广安化，故同治志不载）。至于沅江县，其进士可能实为 3 人，因李辙实为沅陵人（一作"辰溪"），④而喻骥极有可能并非进士。⑤《湖南教育史》统计有明代湖南各府县进士数，如长沙府之长沙 20，攸县 23，湘潭 25，茶陵 18，湘阴 16，善化 11，浏阳 7，醴陵 6，湘乡 3，宁乡 3；常德府武陵（今常德）41，龙阳（今汉寿）9，桃源 10。其他各府不备列。⑥ 总之，从此项指标看，在其时湖湘各县中，益阳属于中等偏下水平，而安化、沅江二县则更属低下层次。

下面再将几位重要进士介绍如下：孟瑄字，子美，安化五都人，永乐二年进士，任重庆知府，一说建文四年壬午科进士，是年湖广解元江夏刘文斌。⑦李鉴，字明远，正统七年进

---

① 《（同治）益阳县志》卷 8。

② 《（康熙）长沙府志》卷 12。

③ 《（嘉庆）沅江县志》卷 24《选举志》。

④ 《（光绪）湖南通志》卷 172、《（万历）南安府志》卷 16、《（天启）赣州府志》卷 8。

⑤ 《（嘉庆）沅江县志》所载该县明代进士中并无喻骥，且该志卷 24 及《（嘉靖）常德府志》卷 16 皆载喻骥为永乐九年辛卯科举人。

⑥ 参见冯象钦、刘欣森：《湖南教育史（一）》，岳麓书社 2008 年版，第 461 页。

⑦ 见《（乾隆）湖南通志》卷 83；《（同治）安化县志》卷 21。

士，安化常丰乡人，博学工诗（府志收录其《西湾春望》《裴亭云树》等诗四首），出门下为名宦者数人，历官行人司司正、惠州知府，政事精敏，所著有《慎庵集》，才识为时首称。在县东门外常丰、伊溪、清塘、中山等处建桑枣园三十三所，祀县乡贤祠。子廷聪、廷玠皆为闻人。① 罗安，字时泰，号南洲，成化十四年进士，初由户部主事使两广，以清干著名，监淮石，督漕粮，中贵不能干，金宪山东，举屯政，毁滛祠，兵备叙、泸，多惠政，内臣采玉蜀地，安疏罢之，泸人为其立祠祀。陕江西按察司，宸濠初蓄异志，安以正言告诫，宁藩校尉虐民，痛绳以法，其先见有如此，改贵州参政，普安兵举，安督饷有功，赐金帛，祀乡贤祠。② 刘宪，字廷试，号鹿山，成化十四年进士，初为芜湖知县，擢御史，升大理寺丞，弘治中巡抚宁夏，招募土兵，得精锐二万，亲冒矢石，寻以花马池之捷赐金帛。升刑部右侍郎，以忤逆刘瑾逮系，至死不阿，卒于狱，瑾伏诛，朝廷察其忠节，遣官谕祭，祀乡贤祠。③ 夏宝，字楚善，号为斋，益阳一里武潭人，嘉靖八年以殿二甲第一中进士，初任户部云南清吏司主事，累升福建参议，公忠明敏，具载碑文，文属状元罗洪先撰。④ 罗喻义，字湘中或禹钟，号黄江，万历四十年乡试第一，次年成进士，选庶吉士，历仕国子监司业、太子詹士，晋礼部左侍郎，充日讲官，正直敢为，曾以违忤魏忠贤削籍，《明史》有传。⑤ 郭都贤，号天门，天启二年进士，累官至江西巡抚，时处明末，海内糜烂，欲有所为而不得，遂祝发为僧，号"顽石"，又号"岁庵"，性严介，风骨冷然，博学强识，工诗文，书法瘦硬，兼善绘事，写竹尤妙，人得其片纸只字皆珍重。⑥

举人仅次于进士，其数量亦是衡量当地文化教育水平之重要指标。《（嘉庆）沅江县志》载明代该县举人 25 人（含前述进士 3 人，剔除李辙则 24 人），《（嘉庆）安化县志》载明代该县举人 17 人（含前述进士 2 人），《（乾隆）益阳县志》载该县明代举人 50 人（含前述进士 9 人）。其水平如何，可参考其他诸县数据来考量。据《湖南教育史》统计，明代湖南士人共参加 95 次乡试，中举者 3220 人；其时举人数为常德 199（在湖湘中占比为 6.18%），衡阳 154（占比 4.78%），湘潭 140（占比 4.35%），攸县 69（占比 2.14%），沅陵 69（占比 2.14%），其他各县不备引。⑦ 而益阳县占比仅 1.55%，安化县占比仅 0.53%，沅江县占比仅 0.78%。故即便是益阳县，与前述诸县也有较大差距，至于安化、沅江更不足论。

举人中不少人亦颇有成就，譬如：沅江李浩，字季昌，永乐十八年举人，为文高古幽奥，人称为制艺中《法言》《繁露》，试辄第一；⑧安化人李廷瑰，字朝用，进士李鉴之子，景泰四年进士，历任富顺、丰城知县，升涪州知州，调泸州，所至咸有政声；⑨益阳罗

① 《（康熙）长沙府志》卷 11；《（乾隆）长沙府志》卷 49。

② 《（嘉靖）长沙府志》卷 6；《（康熙）长沙府志》卷 11。

③ 《（康熙）长沙府志》卷 11；《（康熙）太平府志》卷 26。

④ 《（康熙）长沙府志》卷 12；《（同治）益阳县志》卷 25。

⑤ 参见前揭《明史》卷 216；《（康熙）长沙府志》卷 12；《（乾隆）长沙府志》卷 29。

⑥ 《（同治）益阳县志》卷 14。

⑦ 参见冯象钦、刘欣森：《湖南教育史（一）》，岳麓书社 2008 年版，第 461 页。

⑧ 《（嘉庆）常德府志》卷 41。

⑨ 《（道光）丰城县志》卷 6；《（同治）安化县志》卷 23。

允衡，字凤山，成化十六年举人，从叔父按察罗安学成名，初任淮安通判，升金州（一作"全州"）知州，与邑人李廷玠（李鉴子）同撰《（弘治）益阳县志》七卷；①又益阳罗允凯，字志成，号东谷，嘉靖元年举人，按察使罗安次子，初令饶平，升郁林州知州，清操自励，有政声。②

三、明代益阳的著述情况

1. 县志纂修情况

沅江县无明代修志之说，现在所知该县最早修志是在清顺治间，知县张时"搜寻故谱，手为序次"，其后顾智继之，至康熙二十五年（1686年）成书二册，③此是后话。至于明代安化县则曾三度修志，其创修在嘉靖二十二年癸卯（1543年），由教谕方清主持，知县陈德宁监修。据方清《创始安化县志序》云："邑故无志，志自予始。"邑人姜用章《安化谢方竹城纂修邑志序》亦谓该志"在宋稽之图经，在元在国朝遍访之士夫及故老，阅三月而稿成"，诸如建置、山川、物产、田赋、风俗、名宦、乡贤诸端皆备。该志在台湾图书馆有藏本。其后又在崇祯元年（1628年）继修，由知县蒋允亨监修，嘉庆县志亦收有蒋氏序，据之可知，蒋氏感旧志"内多有遗漏，事实未甚典核"，遂让学官王绍元、陈九畴及贡生李应萃"上稽往古，下索来兹，缺者补，略者详，误者订之使正，俾古来纪事纪言纪名纪地，咸为薪传于不已者也"。④此志今亦佚。据《（光绪）湖南通志》卷二百四十九载，复有崇祯十三年（1640年）续修本，由知县吴洪监修，县人李时征、李逢明、谭正宸撰，但因其书亦佚，且无如上述序言之类可供参考，故无从知悉其详情。明代益阳县志亦曾三修，其最早为弘治志，于弘治十六年（1503年）由署县事之县丞周济主持，《（光绪）湖南通志》言县人李廷玠、罗允衡撰，而据同治志所收周济序，参与斯役之人颇多，最后由王直夫厘定为七卷，"体例一遵《大明一统志》"。其次为嘉靖志，编纂于嘉靖三十三年（1554年），由知县刘激监修，县人罗允凯、郭谦、王春、贺宪、潘相、蔡国钦撰，同治志亦收有刘激所作序，言因"邑旧志散佚，存十一于蠹啮之余，间阻于时事，卒无完书"，遂督上述诸贤及龙洲诸子旁稽博考，正讹补略，扶纲振目，成书八卷，分舆图、建置、秩官、政治、食货、礼制、人材、艺文和杂志九目。再次为万历志，编纂于万历元年（1573年），由知县朱録监修，县人蔡继芳、贺凤梧及其子贺逢舜、周世亨、温朝祚、曹锡衮撰，同治志收有贺凤梧所作之序。据之可知，其书四卷，除序篇外合三十篇，含历代沿革年表、疆域、分野、灾祥、形胜、山川、建官职官、封建、风俗、里社、户口、物产、田赋、庸调、公署、学校、祀典、兵防、惠政、选举年表、恩例、宦绩传、里贤传、经略传、隐逸传、游寓传、节孝传、义烈传、杂志、艺文等目。以上三志，据同治志所收

① 《（同治）益阳县志》卷15；《（光绪）湖南通志》卷249。

② 《（同治）益阳县志》卷14；《（光绪）湖南通志》卷249。

③ 《（嘉庆）常德府志》卷19。

④ 以上参见（明）方清《创始安化县志序》、（明）姜用章《安化谢方竹城纂修邑志序》、（明）蒋允亨《重修邑志序》，三文均载于《（嘉庆）安化县志》卷首。

康熙志江阎序言可知，至康熙二十二年（1683 年）唯存万历志残编，因年久散失，断阙芜陋讹舛特甚。

2. 其他著述

此处所统计者为本土士人著述，凡宦游地方官及流寓人士歌咏本土山水风物者皆不计。据鄙陋所及，明代沅江县无士子著述见诸载籍。明代安化县有著述 5 家 7 种，分别为：李鉴，著《慎菴集》；鉴子廷玠（一作益阳人），有《绣窗百咏》《癯轩集》；郭梦鲤，著《伊洛居士集》；周承烈（字无竞，廪生入监应举），有《小巫集》；林之兰，有《明禁碑录》《山林杂记》传世。明代益阳县，见诸载籍者达 23 家 57 种，其成就著者有二人：其一为罗喻义，其著述有十余种，如《读易诸篇》（含《读易内篇》《问篇》和《外篇》）、《读易十事》《洪范直解》《读范类篇》《春秋野编》《论语分编》《馆课制草》《白云亭艺》《辛未集》和《阵图》等。其湛深于经学，尤其易学在当时学界实有一定影响，《四库总目提要》中曾提及清人胡世安所撰《闻》采喻义《读易珊瑚著》（此书不见载于志书）之说，[1]朱彝尊《经义考》对其易学著作亦有考察。[2] 其二为郭都贤，著述亦有近十种，含《歩庵诗钞》《止庵集》《片石》《衡岳集》《佛癞子瞽音》《破草荄》《补山堂》《歩庵古文对联杂著》《抚江疏稿》等。另有著述相对宏富者三人：其一为周大猷，字升于，崇祯时拔贡，厚重简默，笃于爱亲，筑舍金山之麓，足不履城市近四十年，清康熙间县令江阎延请其与修邑志，[3]著有《南亭集》《风木双悲记》《复得斋集》《樵窝集》；其二为贺嘉震，字符嵒，户部主事逢舜之子，凤梧之孙，凤负才艳，咀吐英华，尤工偶俪之文，豪宕诗酒间，与罗喻义、何守初齐名，九试不遇，以明经终，著有《雕曼草》《天一馆草》《佻达集》《南岳游》《雨堂四六偶篇》等；[4]其三为夏敬修，有《四书提纲问》《礼记分草》《金台学语》《燕游纪咏》。其余不备列。以上著述，除林之兰、罗喻义和郭都贤三人著书有所存世外，其余皆佚。

四、明代益阳的宗教

有关明代沅江县佛道二教之资料仍较罕见，安化、益阳二县已较之前代丰富许多。从现有资料看，三县佛教要比道教兴盛不少，据不完全统计，明代佛教寺庙庵堂安化县有 37 处（其中 24 处为明代新建），益阳县有 17 处（其中 5 处为明代新建），沅江县有 5 处（其中 1 处为明代新建）；道教宫观安化县有 10 处（其中 5 处为明代新建），益阳县有 9 处（其中 6 处为明代新建），沅江县有 1 处（源自宋代）。明代安化县新建佛寺广化寺、泉塘寺、五龙寺、焕云寺、鹤林寺、扶科寺、水云寺、青云寺等；明代益阳新建佛寺东林寺、清水寺、崇安寺、正觉寺、竹荆寺等。总体上说，有如下观感：

第一，无论从佛教还是道教看，安化县都较益阳和沅江兴盛，这是否与梅山地域特点有关，尚待深入考察；而沅江县则二教皆相形见绌，或是其县域多属湖区，地势平坦

---

① （清）纪昀：《四库总目提要》卷 9《经部九》。

② （清）朱彝尊：《经义考》卷 61《易》。

③ 参见《（乾隆）长沙府志》卷 30；《（同治）益阳县志》卷 15。

④ 《（康熙）长沙府志》卷 12。

且多水患，建立宫观寺庙祠宇之条件不及其他二县，加之人口不足，故相对逊色许多。

第二，益阳县颇多古刹，17 处寺庙中仅 5 处为明代新建，其余诸寺有 7 处动辄称创自唐代，而清修寺更言由东晋慧远大师创建，或许为托词，然其历史悠远应可想见，此为该县之一大特色，亦反映出该县域开发时间较早。

第三，道观祠宇中不少源自民间信仰，譬如安化之洞天观本是梅山土民祈祷之所，其余如沅江之娘娘庙，益阳之南岳庙、明星池庙、显应坛、石桥庙等，皆属此类。

第四，佛教寺庙除部分高僧募资外，颇多是民间善士出资创建或修复，并且捐献田土作为庙产，个别庙宇甚至成为某大姓之家庙、家龛，子孙世代护持。此点在安化县尤为明显，譬如该县五龙寺，由姚仁孙于明天顺间创建，为姚氏家龛，置田百二十二丘田，种五石五斗；又如普福庵，由黄元璋创建于明洪武时，后圮，清康熙间元璋后裔重建，并置田土，招僧住持。

第五，由上可知，不少寺庙应握有大量庙产以维持运转，然明代数据不全，下章清代再加细述。

第六，关于佛道宗派及具体信仰，这里仅能赘言一二。从上文看，佛教当以禅宗为主，如益阳之宿水禅林、禅林寺直接以"禅"命名，而衡龙寺、清修寺及安化之崇福寺、报恩寺，据其创建者称分别为惟贤禅师、惠远禅师、大千玺禅师，则亦属禅宗无疑。至于道教，安化之"东华观"条载"即龙王祠旧基，明世宗嘉靖三十五年典史石珊废为真武祠"，可知其原本属祈雨类民间信仰而为道教整合，后复改为崇信真武。真武信仰之重镇在湖北武当山，从现有资料看，直至明中叶才影响至益阳等地，清代三地所见真武观渐多。

关于其高道大德，沅江县实无可措笔，至于益阳、安化二县亦仅见史料数条。益阳县佛道各得一人，佛教大德有名为"柳和尚"者，"原系仓官，弃职出家，崇祯二年长坡岭鬼舆服旌旗白昼来往，柳至，结庵于其地，祟以渐息"。[①] 道教方面则有曹宗先，字述之，号野人，"明时诸生，性聪颖，下笔成文，好言事，辄中时弊"，喜读仙经玄牒，久之有得。崇祯末，宗先日负重石出入，人颇觉奇怪，张献忠至，宗先负母急走二百里外，得免于难。其异事颇多，后尸解蜕化，有《通源集》四卷行世，前已述及。[②] 至于安化县，其高道有陈万法者，"号无心居士，得炼生之术，肉身正坐如生，乡人祀之，明正德间毁于火"。其高僧有名"圆鉴"者，成都人，有戒行，善医，明宣宗时召至京，用药有效，放游名山，至安化之黄梅，募李姓福地创寺，坐静室自问曰："和尚是哪里？"自答曰："是奉敕和尚。"亦以此稽问凡俗。后呼众僧取敕焚之而化，年八十余。尝题《萍草诗》云："有苗有叶依流浪，无蒂无根水上青。取看常无些子用，恩波孤负可怜僧。"又有问石老人，崇祯十五年卓锡安化辰山白云寺，先前，问石有"深入白云根"之句，至此宗风大振，始信凤缘。示寂后，立塔本山，龙人俨、熊开元诸大佬为之铭，中丞郭都贤、知县党哲皆为护法。[③]

① 《(同治)益阳县志》卷 17。

② 《(乾隆)益阳县志》卷 17。

③ 《(同治)安化县志》卷 27。

第十章　清代前中期的益阳

（1644～1840 年）（上）

━━━⟨◦⟩◦◦⟩'⟨◦◦⟨◦⟩━━━

清朝前身是努尔哈赤建立的后金，崇德元年（1636 年）皇太极改国号为大清，顺治元年（1644 年）清军入关并迁都北京，从而取代明朝成为全国性政权；其后九传至宣统三年（1911 年），发生辛亥革命，帝制被推翻，由中华民国取代。本章接续上章，叙事自顺治元年清军入关始，因本书讨论范围限于古代史，故政治仅至道光二十年（1840 年）止，然经济、文化方面或有所延后以观其全貌。在清代，长沙府仍辖原益阳、安化等十二州县，常德府仍领沅江等四县；但湖南省于康雍间自湖广行省中析出，下辖四道、九府、五直隶厅，长沙、常德二府等皆属焉。今益阳市所辖之南县，在咸同间业已形成，其时尚谓之"南洲"，分属华容、岳阳、龙阳（今汉寿县）、沅江、安乡、武陵六县管辖，至光绪二十一年（1895 年）遂专设南洲直隶厅以统之，因其已超出本书所定范围，故本章考察仍以益阳、安化和沅江三县为限。

第一节　清代前中期的益阳政治

一、清初农民军联合南明抗清斗争中的益阳

崇祯十七年（1644 年）三月，明帝朱由检在煤山自缢死，五月清军进入北京，标志着清朝统治的开始。清军自山海关击败李自成农民军后，随即在陕西再次大败该军，复紧蹑其后，一路追击到湖北襄阳和武昌，又重挫之。顺治二年（1645 年）五月，自成在湖北通山县九宫山遭地主武装伏击身亡，大顺军余部尚有 40 来万，因丧失领袖而分散活动，郝摇旗、田见秀、袁宗第等部在湖南，自成侄李锦（即李过）与自成妻弟高一功率部在湖北继续抗清。北都失陷后，明朝宗室在南方相继建立福王、鲁王、唐王和桂王等政权，史书上统称"南明"。清朝统治者既攫得农民军胜利果实，复打击南明各政权之复辟和割据企图，不过数年间，遂将全国广大区域包括长江中下游地区在内皆收入囊中，但其后发展仍有反复，各地抗清斗争实际上断断续续持续多年，而湖湘地区则至顺治十五年（1658 年）七月清军攻占武冈、新宁、城步等县，才算完全平定。

（一）大顺农民军联明抗清阶段的益阳

此阶段有关益阳之史事，须从南明重臣何腾蛟说起。何腾蛟，字云从，贵州黎平府人。崇祯十六年（1643 年），腾蛟以右佥都御史代王聚奎巡抚湖广。次年，北都陷落，崇

祯帝死，福王立于南京，以腾蛟为兵部右侍郎兼抚湖南，进而总督楚川桂云贵军务。顺治二年（1645 年）四月，明督师左良玉自武昌举兵反，欲劫腾蛟偕行。腾蛟脱困抵长沙，集诸属吏，令堵胤锡摄湖北巡抚，傅上瑞摄湖南巡抚，调副将黄朝宣自燕子窝、张先璧自溆浦、刘承胤自武冈先后至。① 其中张先璧与益阳颇相关，其人在王夫之《永历实录》中有传（然"璧"讹作"壁"）。据该传可知，先璧乃云南临安人，早年以才勇应募入军，先后随总督尚书傅宗龙、楚抚宋一鹤、王聚奎及李乾德，参与镇压明末农民起义，累功至副总兵，其所部人五千号"滇奇营"，颇习战。先璧与另一将领刘承胤有隙，偏沅巡抚李乾德奖承胤而抑先璧，先璧无所容，遂率其兵自宝庆东下，屯茶陵，乾德无以抚辑之。先璧亦因不听命，自募兵就食民间，大为民扰。《安化县志》载：

> 崇祯十七年甲申，总督何腾蛟督兵驻长沙时，副将张先璧驻攸县，悍不用腾蛟命，纵兵剽掠，与贼无异。冬，率众数万自安化至新化，新化知县谢翰臣团练防御之。先璧寻往蓝田，时大雪，避兵者多冻死。②

以上所说或是此段时间之史事，然其时先璧军尚不过万人，其增兵至数万乃后来之事；且所言"总督何腾蛟"应是李乾德之讹，因何腾蛟开府长沙并不是在崇祯十七年，而是在次年四月。据《永历实录》载："何腾蛟开府长沙，调先璧。先璧自为乾德所不恤，饷馈绝，掠野而食者两年矣，腾蛟饷之，先璧遂依腾蛟。"③然腾蛟似亦约束不了先璧，罗贤胄《益阳遭兵贼始末记》有云："乙酉（1645 年）复有滇兵张先璧驻邑，沿路自欧公店始搜掠民粮，旋有市恶某某嗾其营将张四海、王璽在市大索财物。"《益阳县志》亦载："乙酉明副将张先璧入境，自欧公店一带掠粮索财，民家盖藏尽竭。"④

左良玉举兵东下，至九江病重而死，弘光帝令黄得功渡江防守、剿灭叛军，良玉之子左梦庚遂率部降清，然有马进忠、王允成、卢鼎等弗从，退屯江楚间，颇骚扰益阳一带。《（同治）益阳县志·武备志》载："乙酉，三月（应是"四月"）二十九日，左余党小马溃兵突入县，焚杀四日，遁去。"又《湖南通志》载："顺治二年（1645 年）四月，明督师左良玉兵余党小马焚掠益阳、宁乡四日，遁去。"⑤二志小注皆谓"'小马'疑即马士秀"。然据《永历实录·马进忠传》载：

> 马进忠，字葵宇，陕西延安人。本起群盗，号"混十万"，崇祯十年掠汝洛间，左良玉靡之于高坡，进忠降，隶良玉部，屡立战功，与金声桓、惠登相、王允成、李

---

① 参见前揭《明史》卷 280《何腾蛟传》，第 7172 页。
② 《（同治）安化县志》卷 33；《（同治）新化县志》卷 11 亦载此事。
③ （明）王夫之：《永历实录》卷 10《张先璧传》，《续修四库全书》第 444 册，第 243-244 页。
④ （清）罗贤胄：《益阳遭兵贼始末记》，载《（乾隆）长沙府志》卷 41；《（同治）益阳县志》卷 11《武备志》。
⑤ 《（光绪）湖南通志》卷 88。

成名为外五营大校，号"大马"；其从子维兴为偏校，号"小马"。①

据查，马士秀本是李自成部将，马进忠原亦是陕北农民军将领，二者皆于崇祯十年（1637 年）归降左良玉，良玉死后又皆投靠何腾蛟。故从时间上推断，马士秀与马维兴皆有可能是骚扰益阳之"小马"，然士秀与进忠年龄资历皆相仿，故"小马"指马维兴可能性最大。不过，之所以不吝笔墨言及于此，实亦因马进忠部与益阳、沅江二县关联颇大。

顺治二年四月，何腾蛟遣人招抚马进忠等，使驻于岳州。五月，清兵攻克南都，福王政权覆灭；然又有唐王朱聿键立于福州，且更加倚重腾蛟，命腾蛟为湖广总督，负责湖南、湖北军政。其时闯王李自成已死，大顺军旧部郝摇旗、刘体仁等欲附腾蛟，率四五万人骤入湘阴，距长沙百余里。前揭罗贤胄《益阳遭兵贼始末记》载，是年"三月（当作'五月'）尽，又有上流溃兵郝营突入县，掠杀财物子女"，所言"溃兵郝营"应指郝摇旗等，因益阳毗邻湘阴，该部或亦窜至益阳。后腾蛟遣万大鹏往湘阴招抚，郝摇旗遂偕袁宗第、王进才、牛万材等来归。前揭《马进忠传》载"会闯部新附，掠巴、湘间，马进忠粮尽，移屯洞庭之南，岳州空，遂陷，进忠与允成攻复之"，所言即此际之事，进忠"移屯洞庭之南"，其地应在益阳、沅江之间。不久，李自成侄儿李锦与自成妻弟高一功亦率部逼常德，腾蛟复令湖北巡抚堵胤锡抚降之。李锦改名李赤心，一功改名高必正，号其营曰"忠贞营"，安置于荆州，受堵胤锡节制。腾蛟题授上述诸将人等，一并开镇于湖南、北，时人有所谓"十三镇"之说，所统兵力骤增至数十万，声威大震，乃锐意欲东下攻取江西及南都。

顺治三年（1646 年）正月，腾蛟先赴湘阴，约诸将大会于岳州，然张先璧迟延逗留，其他诸营亦多观望，仅李赤心自湖北至，被清军击败退还，诸镇兵遂罢，腾蛟威望大损。《马进忠传》载："是冬，腾蛟出师不利，退保湘阴，王允成寄帑于湘潭，卢鼎随腾蛟至长沙，进忠孤立，乃移屯洞庭之西，就食沅江。"按《明史·何腾蛟传》，"腾蛟出师不利"在顺治三年正月，进忠"就食沅江"亦在此时，非顺治二年冬。进忠在该邑逗留一年余，其间重要史事有二：

其一，南明政权更替。顺治三年八月，清军进克汀州，隆武帝朱聿键被俘死，福王政权覆亡。十一月，桂王朱由榔即位于肇庆，是为永历帝；何腾蛟复奉桂王政权，厉兵保境如故。

其二，长沙等地失陷。前揭《何腾蛟传》载云：

> 王进才故守益阳，闻大兵渐逼，还长沙。（顺治）四年（1647 年）春，进才扬言乏饷，大掠，并及湘阴。适大兵至长沙，进才走湖北。腾蛟不能守，单骑走衡州，长沙、湘阴并失。

---

① （明）王夫之：《永历实录》卷 9《马进忠传》，《续修四库全书》第 444 册，第 237—239 页。

据此可知，其时益阳守将为王进才。据《永历实录·王进才传》，此人原为李自成别部之偏将，随郝摇旗等归附于腾蛟，因其原本为偏裨，不为高、李诸部所齿，故奉腾蛟稍谨，腾蛟深爱信之，使留屯湘阴、益阳间。该部其实颇有战斗力，兵不下两万人，多骁悍习战，然进才肥重昏庸，不耐骑射，所部亦不听其约束，"翱翔巴、湘间"。腾蛟为进才奏授总兵官、都督同知，适逢清平南大将军孔有德率师下湖南，进才闻知，退保长沙，与狼兵将覃遇春哄，进才扬言乏饷，大掠长沙而去，与王允成合营，南走溆浦、沅州。① 可见长沙等地失陷，进才实难辞其咎。府志载云：

> （顺治）四年春二月，王师至长沙，明兵溃散，自湘乡县走邵阳、新化，大掠焚杀，死者数万人。三月，王师兵入郡，遂定长沙。先是，长沙兵溃，焚掠郡邑十余日，大索搜山，杀人无厌，宁、益尤惨。②

结合罗贤胄《益阳遭兵贼始末记》所言"丙戌（1646年）、丁亥（1647年）连年城空"，可见其时益阳等地遭受荼毒之甚，实可谓触目惊心。清军进占长沙后，统治机构随之建立，且正常运转五年；总兵徐勇与知府张宏猷协力，于次年冬坚壁守御该城，竟抵住了高、李忠贞营的大举进攻。③

顺治四年三月长沙溃陷后，马进忠部退屯常德。是年秋，清将孔有德攻常德，堵胤锡弃城去，进忠亦走屯永定卫山中。顺治五年（1648年）闰三月，金声桓、李成栋反清，以江西、广东归附南明，马进忠遂趁势攻拔常德，王进才亦自土司下桃源，何腾蛟与其他诸将相率出击，恢复湖南不少州县。腾蛟进驻衡州，见局势趋好，拟议进兵长沙，而堵胤锡却于此际横生枝节。是年冬，胤锡因恶马进忠，招忠贞营高必正、李赤心等自夔州至，猝压沅江北岸，欲夺进忠所据常德城并兼其军。进忠大怒，尽驱居民出城，焚刍粮庐舍南奔。宝庆之王进才亦弃城走，其他守将望风溃散，湖南已复州县为之一空。李赤心等所至皆空城，亦弃城走，东趋长沙。④ 府志载：

> 戊子（1648年）秋，腾蛟兵出粤西，围永州，陷之。十月，胤锡自荆驱闯孽高、李、袁、刘等十家逼常武，致牛万材、张光萃、马进忠、杨国栋焚其营，率众数万自常走益阳，连营宁、湘三县间。胤锡并高、李尾其后，谋攻长沙，长沙坚壁守，退据湘潭，三县孑遗杀掠又垂尽，积尸塞道路，死雪中冻馁者无算。
>
> （顺治五年）十一月，明溃兵马进忠、牛万材、刘体纯、张光萃等合众数十万自武陵来，堵胤锡率高、李尾之，历益阳、宁乡喋血五百里，过湘乡分扎四十六里，焚

---

① （明）王夫之：《永历实录》卷9《王进才传》，《续修四库全书》第444册，第240-241页；前揭《明史》卷280《章旷传》。

② 《（乾隆）长沙府志》卷37。

③ 参见《（嘉庆）长沙县志》卷26《祥异·兵难》。

④ 参见前揭《明史》卷280《何腾蛟传》，第7176页；（明）王夫之：《永历实录》卷9《马进忠传》，《续修四库全书》第444册，第238页。

掠三月，杀死男妇数十万口，牛种罄绝，田土荒芜。寻遁去，湖南始平。①

此段史事，《益阳县志》作"（顺治）五年十一月，故明堵胤锡军乱，大掠益阳"；而《安化县志》作"五年戊子，十一月，马进忠、牛万才（材）、刘体纯、张光萃合溃兵自武陵来，焚劫杀戮，有家无噍类者"，这说明安化县亦受到波及。②

十二月，何腾蛟在衡、永间闻进忠等大掠湖南，震骇之下，单舸下湘潭，斥胤锡激乱杀百姓，下令禁止掠杀，乱军才稍事敛戢。顺治六年（1649 年）正月，腾蛟檄进忠由益阳出长沙，约诸将毕会，部署未定，而清兵猝至，执腾蛟于湘潭。腾蛟"踞地坐瞑目不食者七日"，遂遇害；堵胤锡于是年冬病故于广西浔州。③ 何、堵二人既逝，湖湘间大顺军联明抗清斗争自此趋于式微。而益阳地区在顺治九年前更罕有战事发生，《益阳县志》中仅见一则史事："（顺治六年）十二月，牛（万材）、马（进忠）二寇犯县境杀掠，寻遁去。"④

在清军武力保护下，自顺治四年起，清在益阳、安化和沅江三县都已初步建立统治机构。顺治四年，鸡泽举人唐尔祚被任命为沅江首任知县，山东武城举人张行忠被任命为益阳首任知县。次年，江南泰州进士徐我达继任益阳知县。其时，益阳县官署已于崇祯十六年悉毁于兵燹，行忠、我达皆就居民舍办公，我达悉心抚循孑遗，"招徕之功，我达为多"⑤。至于安化县，据该县志书载："（顺治四年）夏四月，长沙总兵徐勇破安化，遂入新化。"该县应是于此时归入清朝版图，其首任知县为河南举人司铨衡。又载，"秋七月，安化土贼瞰城中文武官出应调遣，乘势攻城劫掠。典史孙煜集兵捕贼，贼却走踞山寨。偏沅巡抚高斗光檄长沙镇兵赴剿，尽歼之"⑥。自是，清朝在该邑的统治亦初步入正轨。

（二）大西农民军联明抗清阶段的益阳

张献忠农民军自崇祯十七年（1644 年）正月入川后，很快控制四川全境，并正式建立大西政权。顺治三年八月，清军逾剑阁入阆中，献忠率部迎击，被清兵射死于西充凤凰山。之后，其旧部李定国、刘文秀、艾能奇等推举孙可望为统帅，领导大西军继续作战，着意经营贵州和云南。顺治九年（1652 年），南明桂王政权与大西军余部结成联合抗清阵线，永历帝被孙可望接到贵州，定都安龙府，随后南明军以大西军余部为主体，对清军展开了全面反击。是年五月，李定国与马进忠等出攻湖南靖州等地，掀起湖湘间第二次抗清斗争高潮。府志载：

（顺治）九年冬十月，岭西兵溃，郡以上俱不守。先是六月，邵陵师败绩，直抵

---

① 《（康熙）长沙府志》卷 1、卷 8。

② 《（同治）益阳县志》卷 11《武备志》；《（同治）安化县志》卷 33《时事纪》。

③ 《（康熙）长沙府志》卷 1；（明）王夫之：《永历实录》卷 9《马进忠传》，《续修四库全书》第 444 册，第 238 页。

④ 《（同治）益阳县志》卷 11《武备志》。

⑤ 《（同治）益阳县志》卷 12《秩官志》；《（乾隆）长沙府志》卷 21。

⑥ 《（同治）安化县志》卷 33《时事纪》。

长郡，长沙官民震焉，院、镇遂率道府等以下俱退守岳阳，湘阴以上皆伪置将吏。①

邵陵即今邵阳之古称，亦即宝庆，故所言"邵陵师败绩"，应是指是年六月清军败衄事。据《永历实录·李定国传》与《（道光）宝庆府志》，可梳理出期间史事时间线：是年四月，李定国与马进忠、冯双礼合军十万（一说"八万"），战象五十，驰攻黎平，克之。五月，至靖州，清宝庆守将续顺公沈永忠遣张国柱御战，定国大破之，斩馘五千余级，国柱弃马走。永忠遣使求援于桂林之孔有德，有德不应。定国率部两日夕驰下武冈，六月陷新宁，永忠遂弃宝庆走，退保湘潭。七月初一，定国遣马进忠取宝庆及府属各县，而己则自东安南出，于七月二日袭破全州，遂夺严关，围孔有德于桂林，拔之，有德自焚死。定国收平乐、梧州、柳州、南宁，遂据广西全境。八月，举兵出楚复永州，遂下衡州，出马宝军于连阳，收曹志建故部于贺县，遣马进忠、冯双鲤北取长沙，召张光萃出宁乡、进复常德。十月，进忠略地岳州，所向披靡；别遣军攻永新、安福，下之，遂围吉安。兵出凡七月，复郡十六，州二，辟地近三千里，军声大振。② 再结合前引《长沙府志》所载，可知自六月沈永忠败退到湘潭起，清长沙府官员即已撤离府城；至八月，长沙及其周边包括益阳、安化、沅江等县，应皆在南明控制之下，"湘阴以上皆伪置将吏"盖是实录。对于此段史事，《益阳县志》仅载云："顺治九年六月初六日，宝庆官兵李、戴等溃散，顺流至益阳，杀掠三日，遁去。"③其所言"宝庆官兵"，显然就是清宝庆守将续顺公沈永忠部，至于"李""戴"为谁，已不能得其详。

定国等人在长沙府逗留的时间并不长，前后约三个月。是年十一月，清政府任敬谨亲王尼堪为定远大将军，率三贝勒、八固山大举兵向湖南。时定国屯衡州，马进忠、冯双礼屯长沙。定国拟诱敌深入，遂令马、冯二人弃长沙，蛰伏于白杲市，诱清军过湘江。定国之意盖欲俟清军过衡山后，以己部夹蒸水（衡山西南）正面拒战，而以马、冯二人绕出敌后，如是两军相夹，合歼尼堪。然孙可望知悉此计划后，雅不欲定国成功，密令双礼退出伏击，双礼遂偕进忠径退往宝庆。是月十九日，尼堪率部至湘潭，二十三日进抵衡州。定国正面接战，以佯退伏击战术击毙尼堪，却获悉马、冯二人并未遵照计划行事，自己孤立无援，实难有大作为，乃收兵走邵阳，长沙府属各州县遂重回清朝控制之下。其后，定国与可望矛盾公开乃至决裂而相攻伐，清军乘机伺隙出击，南明疆土日蹙，战事主要集中于滇黔一带，而长沙府属各州县则渐趋正常。然安化县因地处进出滇黔孔道，恢复要迟许多。该县志书载："（顺治）九年壬辰，李定国自贵州来，攻破长沙。自是大兵进收黔滇，往来县境，凡六年乃定。"

顺治十四年九月，孙可望在与李定国的内战中惨败，携妻子自贵州至长沙降清。次年，清军大举进攻南明，定国等浴血奋战一年，滇黔地尽失，永历帝逃往缅甸。是年五

---

① 《（乾隆）长沙府志》卷37。

② （明）王夫之：《永历实录》卷14《李定国传》，《续修四库全书》第444册，第262页；《（道光）宝庆府志》卷5《大政纪五》。

③ 《（同治）益阳县志》卷11《武备志》；《（同治）安化县志》卷33《时事纪》亦载此事。

月，清军克复沅州、靖州；七月，清经略洪承畴率兵取武冈，新宁、城步皆为清军克复，大西军余部联合南明在湖南之抗清斗争至此终结。而据《安化县志》载："十五年（1658 年）戊戌六月，逃兵聚众千余人，自邵阳走新化，劫掠杀掳甚惨，总兵麻某遣将追之，逃兵转由安化蓝田入邵阳大肆杀掠。"①可见直至其末造，该县竟仍遭乱兵荼毒，实可谓相伴始终。

二、吴三桂叛乱据湘时期的益阳

清朝统治者入主中原后，为消灭南明和大顺、大西农民军余部，颇注意争取、笼络和利用明朝旧将，从而使这批人在清初统一战争中得以握大权、取高位，甚至专制一方。譬如，吴三桂被封为平西王，专治云贵；尚可喜为平南王，专治广东；耿精忠为靖南王，专治福建。此三者，合称"三藩"。至康熙初年，以吴三桂为首的"三藩"，势力膨胀已极，几及全国之半，渐成尾大不掉之势，已然威胁到国家根本利益和王朝统治安全。康熙十二年（1673 年）七月，清政府下令撤藩。十一月，吴三桂邀约平南、靖南二藩及各地故旧将吏等，大举兴兵叛乱，"三藩之乱"由此开始。乱事之初，三桂叛军发展凶猛，不仅迅速控制云、贵，而且随即攻取了湖南。三藩之乱历时八年，而湖南实为三桂叛军重要盘踞地，亦是二军鏖战的主要战场，可谓该乱事之重灾区。

益阳、安化二县志皆载："（康熙）十二年癸丑冬，起民夫迎接平西王吴三桂家口，十二月始闻三桂反于滇黔。"②盖因是年三月平南王尚可喜疏请归老辽东，请留其子尚之信仍镇于粤，而清以之信跋扈难制，遂令尽撤全藩。三桂与精忠乃不自安，于同年七月先后上章乞请撤藩，以试探朝廷意图。康熙帝集朝臣商议再三，下令皆允其请，分遣朝臣料量藩兵移徙，具舟役刍粮，着手经理撤藩事宜。三桂大失望，一方面聚心腹加紧筹划叛乱事宜，另一方面则虚与委蛇应付朝廷，虽拜诏遵行却屡迁行期。十月，在经管撤藩起引事宜官员哲尔肯、傅达礼再三催促下，三桂不便再迁延，确定于十一月二十四日启行。云南巡抚朱国治奏请增设驿堡，协拨夫马待之，益阳、安化二县应是三桂一行途经之地，故有"起民夫迎接平西王吴三桂家口"之说。当然，三桂之所以答应起行，乃是因为其时已准备就绪。十一月二十一日，三桂邀朱国治等，欲胁之从逆，国治不屈且骂贼尤烈，遂即时遇害。其叛乱消息传到益阳、安化稍迟，故二邑至"十二月始闻三桂反于滇黔"。

该乱直接波及益阳是在次年二月。前揭《益阳县志》载："康熙十三年二月，吴三桂兵寇益阳，进陷长沙。"《安化县志》载："十三年甲寅，云贵逆臣吴三桂反，长驱出贵州，尽陷湖南诸府。三月陷长沙，城不守，县沦于贼，人民逃亡皆避兵山谷，邑治为墟。"翻检府志可知，长沙实陷于二月，其时之具体情形是：

康熙十二年癸丑（1673 年），十一月逆贼吴三桂自云南反，十二月破贵州。十三年甲寅正月，煽动湖南郴、靖、沅、辰等州府，二月破常德，十七日分遣伪将军张

---

① 《（同治）安化县志》卷 33《时事纪》。
② 《（同治）益阳县志》卷 11《武备志》；《（同治）安化县志》卷 33《时事纪》。

国柱陷长沙，旁掠广西招诱孙延龄为应援，复遣吴应期等由长沙陷岳州。

攻陷湖南之后，三桂叛军随即在湖南设官分职，建立起整套统治机构：以原署按察司事宝庆府知府李益阳为伪布政使，以原署布政司事郴靖道祝谦吉为伪按察使，以原长沙府知府宣绍中为伪知府等，包括益阳、安化、沅江等各州县都设置了伪职，以方便搜刮式掠取民财，服务战争需索。《（康熙）长沙府志》续云：

> 遂开征伪饷，羽檄飞催，民苦赴汤蹈火；行伪司道府县，取铜铁、硝磺、鞋、絮、苎麻、线索、钉、布、铅、锡、竹箭、枪竿、袜带、猪、羊，凡五十项，需费数千金，民穷莫应，逃徙无算。

又载：

> （康熙十四年乙卯）三月，吴逆取猪、羊、麻、穰、絮被，民穷莫应，四野柳枝寸剥无遗。伪国公秦得胜踞浏阳东乡山口沥江。四月，逆桂取铜铁、硝磺、棉布、棕缆、槽劓、锅桶、牛角、牛骨等项，民穷莫应。伪总兵揭先胜踞东乡崩埠，报殷实户捐纳，莫应。六月，借办丙辰年地丁粮饷，有民死杖下者。七月，征澧南米解萍乡。九月，伪副总许龙等旁掠各县，余黎未经胁从者远则逃散异域，近则潜居山僻。

自康熙十五年（1676年）起，形势逐渐向有利于清军的方向发展。以是年夏王辅臣败降平凉为转折点，随后，福建之耿精忠、广东之尚之信亦于是年秋冬相继投降。在湖南战场上，清军对三桂叛军亦处在步步进逼中，《（康熙）长沙府志》载：

> （康熙十五年丙辰）二月十五日王师恢复萍乡，十七日伪将军夏国相退走长沙，合马宝等悉力固守。十九日，王师由萍乡取醴陵，直捣长沙，于南门外金盆岭、老虎坡等处安营立栅，筑长围，延袤二十余里以困之。益阳、宁乡、湘潭、茶（陵）、攸等县，被伪将军往来应援大肆骚扰。十六年丁巳，征南将军穆帅师踵至，扎营阿弥岭。吴逆复增遣伪将军十余辈，于城外周遭筑壕、布拒木、蒺藜，出象阵，以死守。八月，吴逆由常德入长沙，亲率贼党与征南将军穆连战，大败，遂走衡州。

文中所言"征南将军穆"指穆占。吴三桂此次大败于长沙，亦成为整个湖南战场的转折点。十月，清军进克茶陵，阵斩四千余级，生擒百余人，收复攸、安仁、酃等县。十一月，三桂由湘潭退守衡州（今湖南衡阳），穆占与都统宜理布等"从茶陵星夜飞骑追剿余贼，伪将军等望风奔溃，不暇蓐食"[1]。十七年三月初一，三桂在衡州称帝。八月十八，三桂病死于该城。十八年正月，吴岳州守将吴应麒溃围奔长沙，清军收复岳州后，

---

[1]　参见《（康熙）长沙府志》卷8。

长驱直下，复于二月初一入据长沙。《益阳县志》载："十八年二月，吴逆溃兵焚烧城内外官民庐舍罄尽，由龚家坪、桃花江、三塘街、马家塘趋安化西遁，掠出壮丁无算，境内复归版图。"《安化县志》载："十八年己未，吴孽溃兵由益阳趋淹溪（即烟溪）西遁，所过搜山焚烧民庐，掠去壮丁无算。会大兵追逐出境，县复归版图，而境内烟溪、探溪（在今古楼乡）犹伏莽未靖，明年悉平。"①此应指吴应麒率残部弃长沙奔辰龙关，途经益阳、安化二县时所为之事。十九年三月，清军复攻占辰州，继破沅州（即芷江），吴应麒与胡国柱等败走贵阳；至二十年底，叛乱被彻底平息。清军征云贵时，益阳等县仍有力役等负担，据《益阳县志》载，该县"萧胜元（十七里人）、夏公姚（十八里人）、陈何十（五里人）、萧羽公（五里人），以上四人，康熙十九年随征云贵，胜元等运粮贵州，死于役，骸骨归，知县江闾备牲醴，哭之郊外"②。自"康熙十三年二月，吴三桂兵寇益阳，进陷长沙"，至十八年二月，吴孽溃兵由益阳趋淹溪（即烟溪）西遁"，吴三桂叛军盘踞益阳凡五年整。1990年12月在益阳县大泉乡出土一罐窖藏古铜钱，重6.5公斤，共1440枚，多为清顺治至道光纪年铜钱，其中就有"昭武通宝"1枚。该钱外圆方穿，面呈黑灰色黄铜质，钱文楷书，制作较粗糙，径2.3厘米，厚约0.1厘米，为吴三桂昭武元年（1678年）铸造，可作为那段史事之历史见证。③

自康熙二十年底，直至咸丰初年，三县再无重大乱事发生。

三、益阳地方管理体制与重要任职官员及其作为

清承明制，故清代益阳地方管理体制与明代大致相同，本书对其相同处不再多费笔墨，唯将其相异处揭橥出来。

首先，说说其基层管理体制。在明代，其基层社会管理体制为里甲制度。但随着土地兼并日益加剧，人口流失严重，至明代中后期这一制度已逐渐走向崩溃。清朝入关后，曾在一段时间内推行"总甲法"。顺治十二年，清政府开始恢复明代里甲制度，其意不仅是继承明代这一地方基层制度，更欲通过里甲组织完成封建赋役征收任务。然而此际所恢复者，其实与明初正规里甲格局已相去甚远，盖因人口迁徙和土地买卖活动加剧，对里甲制度造成巨大冲击与破坏。其最突出者表现在里甲组织中田产广狭不等，人户多寡不齐，由此所造成赋役严重不均。为解决该问题，清政府不断采取措施，如严格编审制度和实施均田均役等办法，以维护里甲制度正常运行，但是效果皆不明显。至康熙末年，里甲制度实际上已步入死胡同。

穷则思变，康熙五十一年（1712年）清政府开始实行"盛世滋生人丁永不加赋"办法，雍正元年（1723年）进而普遍推行"摊丁入亩"，使里甲编审失去实际意义，直接导致编审制废除，而代之以保甲编户，进而使原来的里甲制度彻底崩溃，从根本上转向了保甲制。保甲制采取保、甲、牌三级体制，即10户为1牌（立牌长），10牌为1甲（立甲长，

---

① 《（同治）益阳县志》卷11《武备志》；《（同治）安化县志》卷33《时事纪》。
② 《（同治）益阳县志》卷15《人物志·忠义》。
③ 参见习永和：《日本越南和三桂古钱在湖南益阳出土》，载《历史档案》1991年第2期。

康熙季年曾废"甲"编"区"），10甲为1保（立保长），自城市达于乡村；并按保甲册立门牌，书写有关内容悬挂于门首。"里"这一建制单位虽仍保留，但其所辖保（区）则不尽相同，有多至数保者，有仅一二保者。譬如益阳县，在明代有7乡，即武潭、近亮、千石、桂华、政阳、永乐、临湘，编户26里，后以户籍耗亡复并作21里，合在城、厢外通谓之23里。其中有仅1保者，如十一里（上余）、十二里（梓下）、厢外（黄花）；亦有仅3保者，如三里（利溪、长江、城溪）、十三里（七里、上油、水北）、二十一里（湖西、小垣、水溪）等；亦有多达12保者，如二十里（龙会、金龙、黄沟、上宝林、中宝林、下宝林、石壁、栗村、梓木、泉江、莲花、庐山）。明代安化县原有7乡，即常丰、清塘、伊溪、中山、居化、丰乐和长安，编户19里，后并为9里。清顺治年间仍承明制编为9里，康熙三十五年增设1坊故为9里1坊，咸丰年间复改为9里，同治间又恢复为4乡5都，4乡即归化、常丰、丰乐和常安，5都即一、二、三、四和五都。其中归化、常丰、丰乐、常安4乡和5都各辖10保，一都辖10境，二都辖5保，三都辖8区，四都辖5区。其"境"与"区"皆略同于"保"。保甲制建立后，原来里甲组织十甲轮役的做法被废除，粮长、现年等十甲名色亦被革除，由保甲组织负责催科，使保甲在地方主要事务上代替了里甲。当然，除承担催粮与编查人户两种主要职能外，保甲组织还承担不少地方役务：负责处理和上报地方词讼、殴斗等案件，承办州县官府飞差杂役，负责灾荒赈济、安置难民等。①

其次，再谈谈其武职。在清代，益阳、安化和沅江三县县级机构中皆设有武职，这与前代有较大差别。顺治四年，改长沙镇为协属提督管辖，千总四员、把总八员分防十二州县。按清代绿营兵编制，营以下为汛，以千总、把总统领之，千总为正六品武官，把总为七品武官。安化县设分防协标头司把总一员，但该县自康熙三十三年后衙署迭遭水患，案卷多遗不可考，故县志中仅载有乾隆二十二年以后把总信息，其中道光二十年以前凡18位，多为长沙或善化人。益阳县在清初设为把总驻防，康熙五十五年改设为千总驻防，雍正六年复设外委把总为贴防。查《（同治）益阳县志》，益阳县自康熙五十五年至道光年间，历任千总20位；清初至道光年间，历任把总21位。以上41位中，仅雍正十二年任职之千总殷士俊有传，其人与安化亦有关联，故载录如下："殷士俊，石门人，由行伍驻防安化，抚驭兵丁严慈并济，同城官虽相得，不敢以私，尤喜谈文，有儒将风。后升益阳千总，以事诖归。"②沅江县亦设千总驻防，该县志书载有乾嘉间14位千总姓名，但无其他具体信息。

再次，拟就除知县外之其他县级职官赘言几句。其教官（教谕和训导），因后文还会涉及，此处从略。关于县丞，据《（同治）安化县志》谓"国朝官职，县有知县、有丞"，实际上该县志《职官表》中已无"县丞"一栏，沅江县亦同，疑此二县皆不设是职。而益阳

---

① 以上参见《（同治）益阳县志》卷1《舆地志上》；《（同治）安化县志》卷3《舆地·疆域一》；孙海泉：《论清代从里甲到保甲的演变》，载《中国史研究》1994年第2期。

② 《（同治）安化县志》卷20。《（乾隆）益阳县志》卷9载："殷士俊，武陵县人，千总，驻县，乾隆五年俸满卸事。"二者应是同一人。

县则确有此官（正八品，兼司水利提工），《（同治）益阳县志·秩官志》表列有清代县丞49位（道光二十年前36位），其中有传者2位：其一为黄中谦，广东东安贡生，乾隆二年任，在任五年，居官清介，后升江华知县；其二为胡钤，号莲塘，浙江钱塘监生，嘉庆五年任，在任修理书院斋房，倡置膏火田亩，督修城河环卫栏及置义冢地，邑人感戴，后调岩门县丞。① 至于"典史"一职，则三县皆设，其秩未入流，章服与杂职同，专掌辑逃捕盗，巡谧地方。其存在感颇低，以道光二十年为断，三县典史见诸记载者，益阳县32位、安化26位、沅江27位，而值得称道者甚为寥寥，如益阳县仅2人有传（熊廷燮和陈炼）。"主簿"一职，清代三县原皆被裁，然因湘乡、安化出产硫磺，于乾隆二年奉文开采，设主簿二员巡查，故县志载乾隆四年、六年有主簿2人，但为时甚短，至乾隆七年复予封禁，故该职亦撤。其他杂职，除《益阳县志》载有医学训科、阴阳学训术、僧会司与道会司各数人外，其余二县皆付阙如；至于税课司大使、仓大使和河泊所官，则三县志书皆阙，应皆已裁撤。

下面重点考察三县的知县情况。

（一）益阳县

据志书所载，自顺治四年至道光二十年，除康熙十三年至十八年为吴三桂叛军盘踞不计外，清代前中期益阳县共有知县67位（其中有4位知县曾复任）。其中，1人无籍贯、出身等信息，27人出身举人（占比40%），14人为进士（占比21%），8人为监生（占比12%，其中有例监5人），2人为廪生，10人为贡生（占比约15%，其中拔贡8人、附贡1人、廪贡1人），1人出身吏员。与明代相比，其来源构成多样化，举人占比显著下降，而进士占比相对上升，监生占比亦有所增加，进士和举人占比合计达61%，在此职位占据主导地位。以上67位知县，有传者8位：徐我达，字兼善，江南泰州进士，顺治五年任；唐朝宣，字建廷，奉天锦州人，顺治十五年任；江阎，康熙十九年任；江成，号华崖，山东即墨举人，康熙五十八年任；高自位，字紫庭，号瑶圃，直隶宁晋举人，乾隆十一年任；刘尔芊，号筠亭，山东昌乐进士，乾隆五十四年任；裴成章，陕西鄠县进士，道光元年署县；魏毓让，字鸣谦，号湘岩，山东东阿举人，道光三年署县。其中有两位最为突出，即江阎和高自位。

江阎 字辰六，江南新安（贵州贵阳籍）举人。少负隽才，为王士禛弟子，其外舅吴绮（亦名流）誉其为"吾家叔宝"。康熙二年举贵州乡试第一，十九年召试博学鸿词，授益阳知县。时三桂叛乱初平，军情紧急，粮草供需等交错纷繁，阎供应措置裕如。乱后遗黎，民多残喘，阎遂起疮痍，劳心抚字。原县署在三桂溃乱时，县内堂、后楼尽归烈焰，知县王福舜即后楼故址更治竹屋三间作内堂。康熙十九年，阎乃捐资鼎建，规模始备。原县城自万历五年经知县郑思孟略加修葺后，渐为水所浸，崩塌过半。顺治十四年洪承畴遣将镇县时，编木为卫。康熙二十一年，阎乃捐俸堵筑，晨昏出入始可稽查，城上唯见岳楼为一邑巨观。复大兴文教，秩祀典，葺庠序，布教令，建立十九贤祠，设书院课士，讲学龟台，纂辑县志，士民宗仰。以卓异赐袍服，擢知均州兼摄郧阳知府，调

---

① 《（同治）益阳县志》卷12《名宦·丞尉》。

任解州兼摄平阳知府，任满报最内升员外。阎亦工诗古文，府县志中收录有其《益阳县城隍庙记》《益阳县儒学记》《益阳县改正五贤祠记》《见岳楼记》《益阳县志序》诸文及《长沙江上》《碧湘街岳龙峰》等诗十三首。[①]

高自位 字紫庭，号瑶圃，直隶宁晋人，雍正元年举人，乾隆十一年任益阳知县。学优才敏，礼士爱民，在任两年，振诸废坠，兴利除弊，增修县署使规制大备，修建寅宾馆及驻防公署营房，建大库丙库于川堂西角，以资储备；重修城隍庙、养济院、育婴堂。兴文教，葺义学，以邑书院久废，力为兴复，并修文昌、魁星两阁，工甫竣，捷秋闱者六人。时奉文修府志，即续成县志二十四卷。治绩焕然，不久以丁忧去职，民思戴之，附祀五贤祠。服阕改衡山知县，纂《重编南岳志》八卷；后升宁羌州知州，署汾州府知府等。书有楷法，亦善诗文，府县志收录其《乾隆益阳县志序》《益阳刘忠节公论》《与益阳志馆论载人物书》诸文及《桃花江怀古》《谒七贤祠》等诗。[②]

(二)安化县

据该县志书记载，自顺治四年至道光二十年，除康熙十三年至十八年为吴三桂叛军盘踞不计外，清代前中期安化县共有知县114位。190年间有114位知县，平均每位知县在任1.67年，更换较为频繁。尤其是乾隆年间60年有54位知县，平均1.1年更换一位，不大正常。在这114位知县中，有27人出身不明(其中出身与籍贯皆不明者10人)，尤其道光元年至道光二十年凡13位知县，竟有10人出身不明(其中8人出身与籍贯皆不明)。盖因任期短，更换频繁，存在感低，故未留下太多个人信息。114位知县中，出身举人者38人，贡生者(含拔贡、岁贡、例贡、选贡和副贡)16人，进士者10人，监生者15人(其中例监者3人)。若撇开道光朝不论(因其出身不明者太多)，举人占比约38%，与益阳县该项指标接近，说明举人是构成知县群体之中坚；然而进士占比不到10%，较益阳县低11%。另有一突出现象，即该县知县中有旗人7人，一般而言，旗人文化水平相对较低，众多旗人出任该县知县，亦说明该县知县整体上高层次人才占比偏低。综上，或因安化县僻处山陬，环境相对其他县差，经济不活跃，故人无固志，知县更换频繁，而且出任者层次亦不高。上述114位知县中，有传者30人，篇幅所限，仅将其中事迹较突出者13人罗列如下：闵燮，字幼理，江南繁昌拔贡，顺治十年任；王丕振，字伯通，陕西朝邑举人，康熙二年举人；吴兆庆，康熙二十一年任；赵尺璧，康熙三十年任；刘个臣，陕西兴安州监生，康熙四十六年任；单务源，陕西蒲城例监，康熙五十二年任；黄泽，北直隶例监，雍正二年署县；许博翮，字云万，浙江建德例贡，雍正七年署县；冷纨玉，号芝岩，山东胶州进士，乾隆五十五年署县；杨洽，顺天大兴人，乾隆五十八年署县；陈煐，江西临江举人，嘉庆三年任；刘冀程，嘉庆二十四年任；饶谦，字吉夫，福建光泽进士，道光十八年任。以下列出其中卓著者三人：

吴兆庆 字贞甫，浙江归安吏员，康熙十四年任宜春知县，招徕孑遗，多所全活。

① 《(雍正)山西通志》卷99；《(光绪)增修甘泉县志》卷14；《(道光)歙县志》卷8之2；《(康熙)长沙府志》卷4、卷18、卷19；《(乾隆)长沙府志》卷21、卷38、卷47、卷49；《(同治)益阳县志》卷3。

② 《(民国)宁晋县志》卷6；《(乾隆)长沙府志》卷39、卷46、卷47等。

时清兵云屯，转输络绎，兆庆措置如流，不病民，不亏饷，当时咸推重焉。二十一年起复补安化知县，时县城和县署经清初前令汪濂重修后，于康熙十三年三藩之乱时复为吴三桂兵所毁，兆庆捐资相度以修之；修典史署，又捐俸建蒋家巷社仓，购基建食三间。县北桃梵寺清初遭兵燹，兆庆捐俸偕僧密闻继修；二十六年复偕道士陈正暹重修县东华观；重修城隍庙，修东华桥、何山桥、七里桥等。又续修县志，是为康熙甲子续修邑志。亦善诗文，县志收有其《白云寺记》《创修福安桥记》等文，府志收有其《得月亭》诗，《岳麓志》收有其《游岳麓》诗。①

赵尺璧 字金函，山西临县举人，康熙五年举人。康熙三十年知安化县事，勤求民瘼，下车伊始即除钱粮火耗陋规，县志载有其永革陋规详文。奉文丈量，躬亲履亩，不假手胥吏。时县署为三桂乱兵所毁，尺璧在前令吴兆庆基础上重修，增置衙舍、吏舍、班房等；又重修把总署。改修县城门楼，扩建蒋家巷社仓十一间；修三里桥、烟竹桥等，捐俸改县署后后街土路为石路。文教上，纂修康熙甲戌县志；创建中梅书院，并建义学，置田三十余亩以供膏火。政简刑清，而廉洁清白，讼庭生草，门丁仆役畏其清苦，多辞去，公行素自若，淡如也。曾自铭曰："不做一件亏心事，不受一文非分钱。"后调任余杭，亦多惠政。卸任，公举崇祀名宦。尺璧诗文亦颇可观，府县志收有其《安化县志序》《安化禳螟虫文》《安化重修城隍祠碑记》诸文及《九日游十房洞》《里舍》《蓝田市》等诗。②

刘冀程 字逵衢（一字星辕），江西万年人，嘉庆二十二年进士，改庶吉士，二十四年散馆授安化知县，政声丕著。重修学宫，县志收录其所为记；颁定安化茶叶章程，较准砝码，轻重划一，规矩森严，邑久赖之。其生平守正不阿，以清著称，不名一钱，吏役家丁有舞法者，立屏去。冀程为人勤而慎，日坐堂皇。讼者跪堂下投牒，冀程接以温颜，俾尽其言，与之反复辨折，至无所遁，始予鞭扑，民鲜称枉屈者。县俗有人命狱辄株连多人，冀程阅狱辞案验，牵诬笔立勾之，所羁候首从一二人而已。尤爱才如命，课士公明，童子试经拔前矛，无不脱颖而出。道光元年充乡试同考官，例派诸州县吏胥数名充誊录，冀程面试知文善楷者携以行，人称儒吏。后调衡阳，以养母归。冀程正直不阿，夙游慕名公卿间，山阳汪廷珍、侯官林则徐、安化陶澍、乐平汪守和诸名公所推重，聘为幕友，校士批牍悉委任焉。在家教授生徒，学务根底，卒年五十八。著有《玉堂鸿爪诗集》，藏于家。③

（三）沅江县

因为资料所限，沅江县只统计到嘉庆十四年。自顺治四年至嘉庆十四年，除康熙十三年至十八年为吴三桂叛军盘踞不计外，志书中载录该县知县 39 位（顺治间 6 位，康熙

---

① 《（康熙）宜春县志》卷2；《（康熙）长沙府志》卷1、卷3；《（乾隆）长沙府志》卷48；《（光绪）湖南通志》卷41、卷43、卷249；（清）赵宁纂修：《长沙府岳麓志》卷5；《（同治）安化县志》卷12、卷13、卷14、卷16。

② 《（雍正）山西通志》卷71；《（乾隆）长沙府志》卷39、卷42、卷45、卷47；《（光绪）湖南通志》卷41、卷68、卷104；《（同治）安化县志》卷4、卷6、卷32、卷33；《（民国）临县志》卷19。

③ 《（同治）饶州府志》卷18；《（同治）万年县志》卷7；《（光绪）江西通志》卷163；《（同治）安化县志》卷33。

间 13 位，雍正间 3 位，乾隆间 13 位，嘉庆间 4 位），疑有所遗漏。以上 39 位知县中，出身为举人者 15 位（占比 38%），进士者 7 位（占比 18%），贡士者 2 位，贡生（含拔贡、岁贡）5 位，监生者 6 位（含例监 1 位），旗人者 2 位（其中有生员 1 位）。其举人、进士占比与益阳县大体相当。以上 39 位知县，府志中有传者 7 位，今据县志增益 2 位，列举如下：张时，江南青浦拔贡，顺治八年任；成明瑞，河南永城拔贡，顺治十六年任；顾智，字后庵，丹徒举人，康熙二十四年任；朱永辉，康熙三十年任；范成龙，字乘六，辽东开原人，康熙中任；张大燡，贵州安化举人，乾隆二年任；曾昌龄，江西宁都进士，乾隆十六年任；傅景镈，乾隆五十七年任；唐古特，蒙古正黄旗生员，嘉庆十一年署县。以下列出其突出者三人：

朱永辉 字润生，江南泰州人，康熙三十年由河南开封府经历升任沅江知县。莅沅以来，在县署鼎建戒石亭，捐造晚香堂三堂，重建典史署，捐建六房吏舍。重修常平仓三间，又建义仓二间、常平仓二间。重修县东城隍庙并绘神像，于围墙间置戏台一座、子孙堂一间；复于县东建水府庙。文教上，首建义学，并置义学田七十余亩；续辑县志；刻《杨忠愍文集》。康熙三十五年春正月，市火毁民房二十余家，永辉捐资，劝民皆立木屋瓦舍。邑上琼桥久圮，甫下车，见病涉者，即有志修筑。旋署武陵，召武陵萧叟买巨石千余，运置桥侧，以屡署剧邑未起工。逮告病解任，始竭资典裘成之，无呼吸之权、众庶之助，人以为难。因政声茂著，入名宦祠。县志中收有其《沅江县志序》《重修上琼桥记》《水府庙碑记》等文。①

傅景镈 字和声，号桂园，江西广丰人，乾隆四十四年举人，次年成进士。乾隆五十七年任沅江知县。任上居心慈和，礼士恤民，修学宫，建火神庙，议详书院膏火。在沅九年，士民爱之，赠匾曰"学道爱民"。沅旧有琼湖书院，颓废已久，镈莅任即捐资修茸堂庑一新，延山长，给膏火；复捐俸建考棚。沅前十余载未有登贤书者，自镈复书院，设考棚，科第接踵。嘉庆元年苗乱办军需，未尝勒派民间。以慎勤奉宪调衡山，任二年，吹嘘后进，敦雅化，犹沅志也。年七十余致仕，归囊橐萧然，唯图书数十卷。闭户课孙，依然儒素家风。②

唐古特 蒙古正黄旗福格佐下人，生员，嘉庆十一年署县事，修复沅江县城四门，东曰文星门，西曰望湖门，南曰尚义门，北曰资阳门。又创修县志。嘉庆十三年署任绥宁知县，二十五年任会同知县。《（道光）大定府志》署由其纂（道光二十九年刻本），疑其于道光末任大定知府。③

第二节　清代前中期益阳的人口、田地和赋税

一、清代前中期益阳的人口

我们很难确知清朝前期顺治、康熙、雍正三朝的具体人口数，因为典籍中仅载有丁数而无口数。而据何炳棣先生所说，"这一时期的丁统计数，既不是人口数，也不是户数或纳税的成年男子数，而只不过是赋税单位"①，这一观点已为大多数国内学者所接受。因此，对于益阳、安化和沅江三县所载清前期人丁数，我们大体亦如是看待。故益阳县所谓"国朝民赋原额人丁11310丁"，安化、沅江二县所谓原额人丁（分别为4541丁和3601丁），②实际上皆是以明万历十年（1582年）官方数据为据，对我们了解清前期三县实际人口数价值不大。前文我们估算，至明万历三十年，沅江县实际人口数应在1.2万以上，益阳县实际人口应在8万~10万，安化县则或达6万。但经明末清初战乱，加之旱疫荐臻，三县人口锐减十之七八只是保守估计。故我们估算，清初益阳县人口之谷值或不到2万，安化县或仅1.2万，沅江县或不到0.3万，确实接近明万历十年官方数据。故《（同治）安化县志》所载"国朝安化九里一坊，初仍明籍，户1666、口11919、丁4541"，其实值得信从，其后即以"4541"作为该县原额人丁征收丁银，其余二县所谓"原额人丁"亦是此理。

随着顺治十五年（1658年）大西军余部完全退出湖南，湖湘间动荡渐息，遗黎获得喘息之机，经十余年繁衍生息，三县人口实际上已有所回升。其后，虽在康熙十三年至十八年（1674~1679年）间又经"三藩之乱"，但实为余波扰动。之后战乱彻底平息，人口滋殖开始步入快车道。但自顺治八年（1651年）清朝首次编修黄册到乾隆六年（1741年）户口制度做出重大改变，现存唯一人口数据就是每年之丁数。乾隆六年以后，清政府改用保甲编审人口，人口统计由原来之"丁"改为"大小男妇"，统计对象扩大到全体人口，从此人口数据才较为准确。不过，乾隆六年至四十一年间数据与真实人口数尚有较大偏离，据何炳棣先生估计，此段时间之实际人口或比官方统计数要高出20%以上。何先生言："总结过去五个世纪中国官方人口数，明太祖时期（1368~1398年）、乾隆四十一年至道光三十年期间（1776~1850年）和1953年人口普查的数据比较有用。乾隆六年至四十年期间（1741~1775年）数据尽管有很大缺点，但还有些用处。"③查志书中恰载有益阳、安化和沅江三县嘉道间人口数据，据之列表如下：

---

① 何炳棣：《明初以降人口及其相关问题（1368—1953）》，中华书局2017年版，第41页。

② 《（同治）益阳县志》卷5《田赋志·民赋户口》；《（同治）安化县志》卷15《经政·户口》；《（嘉庆）沅江县志》卷8《赋役志·户口》。

③ 何炳棣：《明初以降人口及其相关问题（1368—1953）》，中华书局2017年版，第55、115页。

清中期益阳、安化、沅江三县人口数据

时间	县别	户数	口数	口户比	资料来源
嘉庆十五年	安化	20595	161880	7.86	《(同治)安化县志》卷十五
嘉庆二十一年	安化	20825	64016	3.07	《(同治)安化县志》卷十五；《(光绪)湖南通志》卷四八
道光二十一年	安化	21576	166544	7.72	《(同治)安化县志》卷十五
嘉庆二十年	益阳	57668	235319	4.08	《(同治)益阳县志》卷五
嘉庆二十一年	益阳	58910	256040	4.35	《(光绪)湖南通志》卷四八
嘉庆二十四年	益阳	56523	236234	4.18	《(同治)益阳县志》卷五
嘉庆二十一年	沅江	17110	79806	4.66	《(光绪)湖南通志》卷四九

表中《(光绪)湖南通志》卷四八所载益阳县嘉庆二十一年之户数与口数疑失真，因据《(同治)益阳县志》所载，该县嘉庆二十年户数与口数分别为57668、235319，仅一年时间，竟增1242户、20721口；而3年后，即至嘉庆二十四年，该县户数与口数复又分别下降了2387户、19806口。这于常理不合，故当扬弃，仍以县志所载为准。此外，表中所列安化县嘉庆二十一年之口数"64016"亦需要修正，《(光绪)湖南通志》显系踵袭了《(同治)安化县志》的错误，在十万位上脱漏了数字"1"。《(同治)安化县志》载该县："嘉庆十五年，户20595，大小男妇161880口""嘉庆二十一年，户20825，口64016""道光二十一年，户21576，大小男妇166544口"。经前后比照可知，其嘉庆二十一年口数显然在十万位上脱漏了数字"1"，实为164016口，唯其口户比为7.88，稍嫌过高，疑或是寄籍人口较多所致。

《(同治)安化县志》载录该县清代人口数据较其他诸县更全，现列表如下：

《(同治)安化县志》所载清代安化县人口数据

统计时间	户数	口数（大小男妇）	口户比	备注
清初顺治年间	1666	11919（其中丁数为4541）	7.15	仍明季万历十年官方公布数据
嘉庆十五年	20595	161880（大108281，小53599）	7.86	
嘉庆二十一年	20825	64016（修正为164016）	7.88	修正理由如前所述
道光二十一年	21576	166544	7.72	
咸丰五年	31450	226685（大133525，小93160）	7.21	
咸丰六年	31456	226716（大133503，小93213）	7.21	
咸丰七年	31462	227027（大133663，小93364）	7.22	
咸丰八年	31480	227299（大133785，小93514）	7.22	
咸丰九年	31498	227552（大133901，小93651）	7.22	
咸丰十年	32686	251541（大155919，小95622）	7.70	
咸丰十一年	32697	252173（大156241，小95932）	7.71	
同治元年	33785	253785（大156833，小96952）	7.51	

续表

统计时间	户数	口数（大小男妇）	口户比	备注
同治二年	34034	254298（大 157085，小 97213）	7.47	
同治三年	34111	254719（大 157186，小 97533）	7.47	
同治四年	34181	255055（大 157272，小 97783）	7.46	
同治五年	34252	255315（大 157372，小 97942）	7.45	
同治六年	34311	255428（大 157426，小 98002）	7.44	
同治七年	34337	255485（大 157453，小 98032）	7.44	
同治八年	34351	255525（大 157468，小 98057）	7.44	

注：原始数据来源为《（同治）安化县志》卷15《经政·户口》。

曹树基先生虽疑嘉庆二十一年安化县人口数有误，认为"64016"应是"164016"之误，但他仅据《（光绪）湖南通志》，而未参看《（同治）安化县志》，若他见到此志，见到该县嘉庆十五年和道光二十一年的数据，则能确证此事。上表中，道光二十一年（1841年）至咸丰五年（1855年）间数字发生突变，14年间户数增加近1万（增幅为45.76%），口数增加6万余（增幅为36.11%），年平均增长率高达25.79‰，其间定是有大事发生。推究其缘由，盖因咸丰元年太平天国运动爆发，次年波及湖广、江西一带，导致不少民众举家迁往山区避难，安化县为其时重要人口迁入地，致使此邑人口在此后十余年间持续增长。自咸丰五年至同治三年（1864年），该县人口在九年间增加了2.8万，增幅为12.37%，年平均增长率仍高达13.7‰。但随着战乱之后，社会秩序逐渐恢复，此后人口迁入该县之速度趋缓，至同治八年，五年间才增长806口，增幅降至3.16‰。正因有此缘故，自嘉庆十五年（1810年）至同治八年（1869年），该县在59年间总计增户13756户，增大小男妇93645口，增幅57.8%，年平均增长率达9.8‰。因其增幅远超全省人口平均增幅，故曹树基先生颇疑其数据不可靠，认为"一县人口要达到如此高速增长绝无可能"[1]。而笔者基于上述考察，认为此种增速合乎情理，不无可能。又何炳棣先生认为，"咸丰元年（1851年）至1949年间虽有各种数字，实际上却是人口统计学的真空时期。"[2]但此亦不可一概而论，若具体到安化县，笔者认为，该县自咸丰元年后十余年间之人口数据，仍然值得信从。

二、清代前中期益阳的田地

清代前中期益阳、安化和沅江三县田地数其实比较清楚，因为志书中载有各县原额田地山塘亩数、额田损失亩数、额外丈出及首垦田地亩数以及额内额外总共田地山塘亩数等数据，据之统计核对一目了然。所谓"原额田地山塘亩数"，指明代万历年间（万历十年即1582年）各县登记在册之田地山塘数。额田损失情况则主要就益阳县而言，安化

---

① 参见曹树基：《中国移民史》第5卷（明时期），福建人民出版社1997年版，第137—138页。

② 何炳棣：《明初以降人口及其相关问题（1368—1953）》，中华书局2017年版，第115页。

和沅江二县则无此方面信息。今谨将相关志书中原始数据换算成以"亩"为单位，以阿拉伯数字列表如下：

清代前中期益阳、安化、沅江三县田地山塘亩数统计表[①]　　　　单位：亩

县别	原额田地山塘		额田损失		额外丈出及首垦田		额内额外总共田地山塘亩数
益阳	田	888311.43457	顺治初划沙壅荆棘成林损失额田	109319.9	雍正七年首垦田地	4067.42	877161.34365[②]
	地	39786.74773			雍正十二年首垦田	7924	
					雍正十二年报夏子口旱田地	4442.56	
	山	1420.2128	乾隆七年因水灾损失额田	234.25	乾隆十四年开垦西林、长乐垸田	3516.36	
					乾隆十六年开垦田	3593.97	
	塘	25333.45155			乾隆十七年开垦田	3351.637	
					乾隆十八年开垦田	4967.7	
	小计	954851.84665	小计	109554.15	小计	31863.647	
安化	田	254598.44	—		康熙三十年额外丈出丰乐乡田，四十七年、四十九年常安乡民首垦田，雍正七年、九年和十三年七乡民首垦田，以上六次额外丈出及首垦田合计	15569.794	300488.254
	地	21014.14					
	塘	9305.88[③]					
	小计	284918.46					
沅江	田	216322.1	—		额外新垦田地雍正十二年查勘事案内报垦田地塘	26114	340814.51
	地	89544.01					
	塘	8834.4					
	小计	314700.51					

注：

①资料来源：《（乾隆）长沙府志》卷8《赋役》；《（同治）益阳县志》卷5《民赋田产》；《（同治）安化县志》卷15《田赋》；《（嘉庆）常德府志》卷10《赋役考一·田赋》。

②原载该县额内额外总共田地山塘总亩数为"877161.35"，今据其原额田地山塘亩数减去额田损失亩数，再加上额外丈出及首垦田亩数，所得总数实为"877161.34365"。

③原载原额塘9305.88亩，而据七乡塘、常安乡塘、丰乐乡塘合计实为8305.87亩，但"9305"与原额田、原额地亩数合计确为284918亩，故仍其旧。"七乡"指常丰、归化、一都、二都、三都、四都和五都。

　　此表中益阳县田地山塘亩数不包含更民田亩数。所谓更名田，指原为明代藩王田产，经明末清初战乱荒芜，而为农民或当地豪强所占有之地。清初原将其收归国有，后乃下诏将其无偿给予耕种之人，"止更姓名，无庸过割"，仅照常征粮而已，故谓之"更名田"。查该县更名田产原额36877.6248亩，外加雍正六年首垦田375.7亩，额内额外

共熟田 37253.325 亩。上表亦不包括该县所归并之原常德、长沙二卫屯田亩数，其具体情形请参看下面赋税表。

三、清代前中期益阳的赋税

清代赋税主要包括三大块，即田赋、丁银和其他杂税。

（一）田赋

田赋包括条银和九厘饷。条银是田赋之主体，承继自明代，原以夏税和秋粮为主，后"一条鞭法"推行，不仅各种额办摊派，而且包括夏税丝、农桑丝皆并为一条，合并在秋粮中按照田亩征收银两。因其沿袭"一条鞭"，故谓之"条银"。所谓"九厘饷"，实承继自明末之"辽饷"，岁额九厘，故名。清初用兵滇黔，经略洪承畴奏请复行之，至同治间仍存。今据三县原始数据，以表格形式列其田赋情况如下：

清代益阳、安化、沅江三县所征田赋数①

县别	原来田赋数			折征条银（两）		折征九厘饷银（两）	
安化	夏税丝（斤）		243.14	原额	额外	原额	额外
	农桑丝（斤）		32.53				
	秋粮米（石）	原额	19932.3448	11110.1769	643.385	3100.4857	179.5478
		额外	1154.273				
		合计	21086.6178	11753.5619		3280.0335	
益阳	夏税丝（斤）		440.862	原应征	实际征	原应征	实际征
	农桑丝（斤）		48.548				
	秋粮米（石）	原额	35879.741	19289.4977	16488.28555	5629.3866	4664.449
		实际	29536.365				
		小计	29536.365	16488.28555		4664.449	
沅江	夏税丝		—	原额田地塘征	额外首垦地征	原额田地塘征	额外新垦地征
	农桑丝（斤）		42.4633				
	秋粮米（石）	原额	2253.239	3090.092	260.097	397.946	46.929
		实际	2062.737	2677.024		365.556	
		小计	2062.737	额内外原应征条银、九厘饷合计：3795.064			
				减则后实际征条银、九厘饷银：3349.606②			

注：

①原始数据来源：《（同治）益阳县志》卷5《民赋田产》；《（同治）安化县志》卷15《田赋》；《（嘉庆）沅江志》卷8《赋役志·田赋》。

②《（嘉庆）沅江县志》上载有两组数据，另一组数据为：阖邑额内额外民赋田地塘征成熟粮 2323.8779 石，其中额内田地征条银和九厘饷银 3042.579 两，额外首垦地科征条银和九厘饷银 307.26 两，额内额外田地计征条饷银凡 3349.839 两，与表中所列数据略有分合，然总数实亦相合。

以上民赋，为三县所同者。其中需特别指出的是，表中益阳县田赋数并不包括漕粮、南粮、更名田之漕粮和南粮，亦不包括该县所归并之长沙、常德二卫屯饷。漕粮以实物交纳，是通过水道运至京师的税粮，因水路运输需要转漕，故名；南粮是指留存在南方，专供荆州驻防旗兵和各州县绿营军饷的米石。因漕粮与南粮在运输中有损耗，故有盘脚船脚米与船驴脚米等附加。今将清代益阳县所承担实物南粮、漕粮二赋（含更名田中之漕粮和南粮）列表如下：

清代益阳县所承担之南粮、漕粮二赋情况[①]　　　　　　单位：石

项目	漕粮正米	更名漕粮正米	南粮正米	更名南粮正米	漕粮盘脚船脚米	南粮船驴脚米	更名漕粮盘脚船脚米	更名南粮船驴脚米
原额	6633.91	317.738	5938.2	284.42	373.1573	712.584	17.8728	34.13
减额[②]	1231.758	60.88	1102.582	54.495	69.2864	132.31	3.4245	6.5394
加征[③]	58.916	0.6946	52.735	0.622	3.3139	6.328	0.0397	0.0746
通共实征	5461.068	257.553	4888.353	230.547	307.1848	586.602	14.488	27.6652
合计	5718.621		5118.9		—			

注：

①原始数据来源：《（同治）益阳县志》卷5《民赋田产》。

②指康熙三十年丈减零尾米及五十三年减则米。

③指额外雍正六年首垦升科米。

再看该县所归并之长沙、常德二卫屯饷。康熙二十六年（1687年）裁撤长沙卫与常德卫，以其在益阳县境内之屯田归并于该县，今据县志所载，将其屯田亩数及屯饷银两具体情况列表如下：

清代益阳县归并长沙、常德二卫屯田赋情况[①]

	项　目	归并长沙卫屯田赋	归并常德卫屯田赋
原额	原额屯田地塘坝（亩）	37672.7[②]	38986.2
	原额共科屯粮（石）	1674.3425	2339.1724
	原额共征屯饷银（两）	738.966	1204.674
失额或减则	损失额田（亩）	连年坍卸失额田 682.16	—
	损失额粮（石）或减则粮（石）	损失额粮 30.318	
		康熙五十三年报垦减则粮 241.264	
	失额无征银和减则银（两）	失额无征银 13.388	—
		减则银 55.4284	
额外	首垦或开垦田（亩）[③]	229.429	329.635
	科粮（石）	—	19.778
	征屯饷银（两）	—	12.1857

续表

项 目		归并长沙卫屯田赋	归并常德卫屯田赋
合计	额内额外通共田地塘坝(亩)	37219.99	39315.84
	通共科熟粮(石)	1405.054	2358.955
	通共实征屯饷银(两)	672.8277	1214.86
	共征九厘饷银两	0.4123	—

注:

①原始数据来源:《(同治)益阳县志》卷5《民赋田产》。

②中则屯田28533.7,中则屯地8265.9,中则塘坝873.1,合计37672.7亩。

③长沙卫额外雍正六年首垦屯田120亩,雍正十二年首垦屯田6.5亩,乾隆十七年开垦屯田102.929亩,合计229.429亩。常德卫康熙五十三年首垦屯田329.635亩。

(二)丁银

清朝丁银其原额照明万历年间(万历十年)丁数征收,各县每丁派银两不一,益阳县为0.1897两,安化县为0.1357两,沅江县为0.2274两。这之后,因新旧开除并豁免人丁或灾害,额银有所减损,康熙间又因丈垦升复人丁而有报增。迄康熙五十二年奉诏,以五十年定为常额,嗣后续增人丁永不加赋。又旧例原是丁银、地粮分征,至雍正间奉文,①丁银均摊入地粮内征收,丁银与地粮遂合二为一。今据志书所载数据,将益阳、安化和沅江三县丁银数列表如下:

清代前中期益阳、安化和沅江三县丁银情况①

项目		益阳县	安化县		沅江县
原额	人丁(丁)	11310	4541		3601
	丁银(两)	2145.894	597.84		798.4734
增损	原荒失人丁(丁)	4196	—		2104③
	丈复人丁(丁)	2370.4			—
	失额人丁(丁)	2.986②			—
实际	实在人丁(丁)	9481.414	4838④		1497
	实征丁银(两)	1798.95	原额597.84	合计 616.3785	331.94
			新加颜料银18.5385		

注:

①原始数据来源:《(同治)益阳县志》卷5《民赋田产》;《(同治)安化县志》卷15《田赋》;《(嘉庆)沅江志》卷8《赋役志·田赋》。

②乾隆七年水灾失额2.986丁。

③新旧开除并豁免人丁2104丁,无征丁银466.533两。

④此乾隆三十一年数,但康熙五十年丁册定为常额,故实在人丁虽为4838丁,但仍按4541丁征银。

---

① 各县奉文时间不一,安化县在雍正二年,沅江县在雍正五年,益阳县在雍正七年。

　　此表中益阳县丁银数并不包括所归并之长沙、常德二卫屯丁丁银。据载，该县归并长沙卫原额屯丁1.2353丁，康熙三十年、三十五年各报增1丁，又闲丁16名，每丁征银0.2两，共征丁银3.8476两；归并常德卫原额屯丁6丁，康熙三十年、三十五年各报增1丁，共征丁银1.6两。此外，该县又有更名人丁541.7丁，原额征更名丁银102.779两；后开除逃亡人丁348.55丁，开除丁银66.13两；康熙间丈垦升复人丁268.94丁，升复丁银51.2475两。合计实在有更名人丁462.8778丁，实在征更名丁银87.6738两。

（三）杂税

　　杂税包括丁粮外派、湖州杂课和其他杂税。今列表清代前中期三县如下：

清代前中期益阳、安化和沅江三县杂税负担情况表①　　　　单位：两

安化

丁粮外派		湖州杂课				丁粮外派与湖州杂课合计
麂皮京杠银	班匠银②	鱼油改折生铜熟铁	茶税银	门摊税钞银	不准优免	
0.486	24	9.637	60	7.087	44.4	145.61

益阳

	丁粮外派		湖州杂课			其他杂税				当铺8座⑧
	麂皮京杠银	班匠银	湖课本折钞银	商税本折钞银	熟铁正银	茶引15道 茶税银	牙杂税 牙贴税（原额）	牙杂税 牙贴税（实征⑦）	盐引纳税银⑤ 额销税银	实销税银
原额	1.1124	19.794	18.333③	132.224④ / 140.603	85.06⑥		—		—	
实征	0.93255			实征37	45.964	15		112.49		64.6	40

湖州杂课合计：101.297　　其他杂税合计：232.09

沅江

丁粮外派		湖州杂课	茶引5道		盐引⑨		牙税银	当铺4座
麂皮京杠银	班匠银		茶税银	茶引纸价银	额销税银	实销税银		
0.194	久除	—	5	0.16	32.2	54.86	2.6	20

丁粮外派与湖州杂课合计：96.9（闰年98.745）

注：

①原始数据来源：《（同治）益阳县志》卷5《民赋田产》；《（同治）安化县志》卷15《田赋》；《（嘉庆）沅江志》卷8《赋役志·田赋》。

②顺治二年（1645年），清政府宣布各省俱除匠籍为民，正式废除明代匠籍制度。康熙三年（1664年）规定原来手工业者缴纳的徭役替代税亦即班匠银改入条鞭内征收，从三十六年起，各省又陆续将其摊入地亩。

③遇闰加0.9285两。

④闰年为140.603两。后因减征98.575两，实征37两。

⑤按清代盐法，该县原额每年销准盐213000包，每包盐重8.25斤。乾隆后额销3230引，每引纳税银0.02两，共征税银64.6两。

⑥其中入秋粮带派39.0964两，实征银45.964两。

⑦乾隆十年、十六年各增牙贴税银1两，合前为112.49两。

⑧当铺每年每座纳税银5两。益阳县原来有当铺3座，乾隆、嘉庆间先后增当铺5座，共征税银40两。

⑨该县原额销盐1610引，实销2743引，每引纳税银0.02两。

以上杂税尚未包括田房、牛驴二税，因其尽征尽解，历无定额。上述各项中，亦不包括"加一耗羡银"。所谓"加一耗羡银"，于雍正初定例，自地丁至带征杂课通算，每两加征耗羡银一钱（其实就是各县将前述包括民屯更名田赋条银、九厘饷、丁银及丁粮外派、湖州杂课等各项银两合计所得总数乘以 10%），以其三分作公项，七分作各官养廉，历来属于私征，后竟以为正供，民间亦习以为常。譬如，安化额征"加一耗羡银"1579.5585 两，益阳额征加一耗羡银 2606.427 两（闰年 2606.519 两），①沅江县无载。

第三节　清代前中期益阳的农业和手工业

一、农业

（一）农田基本状况

前面其实已经从赋税角度对益阳、安化和沅江三县田地数据作了一些梳理。根据上文可知，益阳县原额田地山塘共 954851.84748 亩，顺治初划沙壅荆棘成林损失额田 109319.9 亩，乾隆七年因水灾损失额田 234.25 亩，但于雍正七年、十二年，乾隆十四年、十六至十八年连续数年首垦或开垦田地合计达 31763.647 亩，若计入更名田首垦和归并长沙、常德二卫屯田首垦田数，则首垦或开垦地达 32698.411 亩，综计该县额内额外实在田地山塘数为 990950.505 亩，较万历十年田地数增加 3.7%。安化县原额田地塘共 284918.46 亩，后于康熙三十年额外丈出丰乐乡田，康熙四十七年、四十九年额外丈出常安乡民首垦田，雍正七年、九年和十三年额外丈出七乡民首垦田，以上 6 次额外丈出及首垦田合计 15569.794 亩，综计该县实在田地数为 300488.254 亩，较万历十年田地数增加 5.47%。沅江县原额田地塘共 314700.29 亩，后于雍正十二年额外丈出新垦田地塘 26114 亩，综计该县实在田亩为 340814.29 亩，较万历十年田地数增加 8.3%。要之，清代前中期上述三县在农田垦殖拓展方面有不小进展。

下面再据前面《清代前中期益阳、安化、沅江三县田地山塘亩数统计表》，考察一下各县原额田山塘所占比重。在益阳县，"田"占比 93.03%（"地"占比 4.17%，"山"占比 0.15%，"塘"占比 2.65%），足见该县农业生产条件其实颇为优越。在安化县，"田"之占比为 89.36%（"地"占比 7.38%，"塘"占比 3.27%）。作为一个山区县，其"田"之占比竟有如此之高，颇为不易。前文提及，自明嘉靖年间以后，像安化县这种山区，其粮食作物亦已改为以水稻为主，水稻遍种该县全境，产量居粮食作物首位，今据"田"之占比亦可说明此问题。在沅江县，"田"之占比仅为 68.75%（"地"占比 28.45%，"塘"占比 2.8%），令人颇觉意外。至清代中期，沅江县田地塘总亩数其实已经超过安化县（超 40326.036 亩），但从田地塘之占比来审视，其农业生产条件似仍赶不上安化。

接下来就每亩所科秋粮等各项数据，对各县田地优劣作深层剖析。先将其具体数据列表如下：

---

① 安化县以上各项合计总数之 10%即 1579.5875 两，与该县"加一耗羡银"数仅差 0.029 两，非常吻合。但益阳县以上各项合计总数之 10%为 2523.8195 两，与此"加一耗羡银"数不合，姑且存疑。

清代益阳、安化、沅江三县田地每亩科征秋粮米等项数目[①]

县别	田地类型		每亩科秋粮米（升）	每亩科夏税丝（分）	每亩科农桑丝（分）	每米1石征各杂项折征银(两)[②]
益阳	上田		4.66	—	—	—
	中田		3.95	—	—	—
	下田		3.55676	—	—	—
	山乡田		2.95	—	—	—
	水乡田		2.45	—	—	—
	地		2.3	—	—	—
	山		1.5	—	—	—
	塘		2.2	—	—	—
安化	七乡	上田	民米 8.775974 官米 0.117145 合计 8.893119	1.7847	—	—
		中田	民米 7.434146 官米 0.094858 合计 7.529004	1.5594	—	—
		下田	民米 6.539468 官米 0.08 合计 6.619468	1.41	—	—
	常安乡	上田	民米 8.2 官米 0.099 合计 8.299	1.8	—	—
		中田	民米 7.3 官米 0.092 合计 7.392	1.4999	—	—
		下田	民米 5.5652 官米 0.07826 合计 5.64346	1.1865	—	—
	丰乐乡	上田	民米 8.239 官米 0.099 合计 8.338	1.7	—	—
		中田	民米 7.62 官米 0.092 合计 7.712	1.5	—	—
		下田	民米 5.9742 官米 0.07769 合计 6.05189	1.2476	—	—
	地	七乡	民米 2.478	—	2.4829	—
		常安乡	民米 2.2	—	3.47	—
		丰乐乡	民米 2.14	—	2.4646	—
	塘	七乡	民米 7.434144	—	—	—
		常安乡	民米 7.3	—	—	—
		丰乐乡	民米 6.844669	—	—	—

续表

县别	田地类型	每亩科秋粮米（升）	每亩科夏税丝（分）	每亩科农桑丝（分）	每米1石征各杂项折征银(两)②
沅江县	原额中田	1.85	0.2583	0.0557	—
	原额下田	1.5	0.258	0.055	—
	次下田	1.15	0.258	0.0557	—
	山水乡田	0.34	0.258	0.0557	1.3714
	原额地	0.12	—	—	1.3714
	原额塘	0.0758	—	—	1.3714

注：

①原始数据来源：《（同治）益阳县志》卷5《民赋田产》；《（同治）安化县志》卷15《田赋》；《（嘉庆）常德府志》卷10《赋役考一·田赋》。

②此项乃沅江县所征，该县原额山水乡田及原额地、原额塘，每米1石额征并新加黄绢、弓箭弦条、蜡茶，共征银1.3714两。

此表一目了然，在上述三县中，安化县田地科赋最重，其"田"不仅要征民米，还需征官米和夏税丝，九乡平均每亩上田科秋粮米（官米、民米合计）8.51升、夏税丝1.7616分，仅秋粮米一项即较益阳县多征82.62%；中田每亩科秋粮米7.54升、夏税丝1.52分，仅秋粮米一项就较益阳县多征90.89%；下田每亩科秋粮米6.105升、夏税丝1.28分，仅秋粮米一项较益阳县多征71.64%。其尤甚者是该县之塘，九乡平均每亩塘科秋粮米竟高达7.193升，是益阳县塘所科额之3.27倍，比益阳县之上田亦多征54.36%。该县之"地"所科秋粮米，虽与益阳县相差不大，但九乡平均每亩地需另科农桑丝2.81分。检视沅江县相关数据可知，2.81分其实挺重的。当然，安化县内部本身亦不平衡，七乡（指常丰、归化、一都、二都、三都和五都）所科额较常安、丰乐二乡要重，此二乡今皆在涟源市境内（丰乐乡在今涟源市七星街、桥头河、栗山桥一带，常安乡在今涟源市蓝田镇一带）。这种科赋之不平衡性，正是该县田地差异性的体现。在三县中，以沅江县科赋最轻，之所以如此，盖因该县绝大部分田地乃是下乡低洼之湖田，或者说其本身就是围湖造田形成的，故亦因频遭水患而损失惨重，即便欲科以重赋亦难。益阳县介乎二者之间，其科赋不及安化县重，盖亦因该县约半数田地与沅江县情况相同；再者，或亦因该县田地基数大（安化县田地之3.3倍），故分摊到每亩科赋就相对较轻。安化县科赋最重，实际上从一侧面反映出该县农业生产基本条件、农田综合质量较以前有显著提高。

（二）水旱等灾荒及其应对

1. 水旱等灾荒情况

自然灾害是制约农业生产发展的重要条件。根据湖南历史考古研究所编《湖南自然灾害年表》，自顺治元年（1644年）至道光三十年（1850年），206年间上述三县发生各种灾害之年份达86个，几乎每隔2~3年就有1次灾害发生。其中，益阳县共发生旱灾19次、水灾24次、虫灾1次、寒冻或冰雹3次、风灾2次、饥荒14次；安化共发生旱灾

12 次、水灾 22 次、虫灾 2 次、寒冻或冰雹 2 次、饥荒 12 次；沅江共发生旱灾 11 次、水灾 25 次、风灾 1 次、饥荒 9 次。以上饥荒次数仅供参考，因为但凡发生较大旱灾或水灾，就可能有饥荒相伴，故实际次数应远不止于此。从上面统计数据看，其自然灾害其实主要就是水灾和旱灾，尤以水灾最甚。从水灾数据来看，三县中以沅江县频率最高，益阳县次之，安化县稍逊。但安化县在清代前中期水灾居然有 22 次之多，较沅江、益阳二县仅差 2~3 次。但是需注意，这中间其实有程度差别。因为安化县为山区，其水灾受灾区域其实仅是滨河地区，面积颇狭；而沅江、益阳二县，一旦发生水灾，影响所及多为滨湖区域，覆盖面广，受损程度大，在堤垸溃决影响下，庐屋田地尽毁，湖田几乎颗粒无收。因此，应该说，安化之 22 次水灾，与益阳县之 24 次水灾、沅江县之 25 次水灾实不可同日而语。且益阳县亦有旱灾 19 次，远超安化县之 12 次。综上所述，我们可以从中了解益阳县科赋稍轻之缘由。

2. 水患应对

益阳、沅江二县之所以水患频仍，与二县大量筑堤挽垸、挤占河湖空间不无关系。顺治年间，二县县境尚以整修旧垸和修复溃垸为主，新围较少。康熙年间，清政府许民

益阳县清代同治十三年堤垸示意图①

① 征引自益阳县地方志编纂委员会：《益阳县志》，湖南人民出版社 1999 年版，第 419 页。原图见《(同治)益阳县志》卷首。

就湖边滩荒筑围垦田，二县官围、民围、私围开始大量出现。益阳县在康熙年间共计围挽 13 垸：在资水南岸玉堂江两侧围挽千家洲垸、千把垸、对河垸、庙前垸、高田垸、周家垸、牌头垸、中和垸、月堤垸、藤牌垸；在县城以西资水北岸围挽蒋家垸、毛家垸、天心垸；康熙六十一年（1722 年）开始修筑注澜垸，乾隆六年（1741 年）竣工，历时 19 年。雍正时，二县湖区筑堤挽垸进入全盛时期，以益阳县为例，截至同治十三年（1874 年），该县新挽堤垸共计 116 处，其中康熙朝 14 处、雍正朝 68 处、乾隆朝 10 处、嘉庆朝 8 处、道光朝 6 处、咸丰朝 5 处、同治朝 5 处，雍正间所挽堤垸占总数之 58.62%，占清前中期数之 64.15%。① 然乾隆朝发生重大转向，其新挽堤垸竟锐减至 10 处，其后数朝呈渐减趋势，至咸丰朝减至 5 处。

盖因康雍间湖区大量筑堤挽垸，导致水患加剧，使当政者警觉起来，至乾隆时朝廷对围垦态度大变。乾隆九年（1744 年），给事中胡定奏请湖南濒湖荒土，劝民修筑开垦，部议令巡抚查奏。湖南巡抚蒋溥上奏道：

> 近年湖滨淤地，筑垦殆遍。奔湍束为细流，洲渚遍加堵截，常有冲决之患。沅江万子湖、湘阴文洲围，士民请修筑开垦。臣亲往履勘，文洲围倚山面江，四围俱有旧堤，已议举行。万子湖广袤八十余里，四面受水，费大难筑，并于上下游水利有碍。臣以为湖地垦筑已多，当防湖患，不可有意劝垦。②

清政府肯定了蒋溥之说。乾隆十一年，湖南巡抚杨锡绂又疏请："凡地关蓄水及出水者，令地方官亲自勘明，但有碍水利，即不许报垦。如有私将塘池改垦为田者，查出重惩。"是年奉部议严行禁止，遵例办理。次年，清政府在批复杨锡绂条奏时再次强调："除各属已圈堤垸外，其余沿湖荒地未经圈筑者，即行严禁，不许再行垦筑，以致有妨水道。如有豪棍侵占私垦等弊，照例治罪。地方官及水利各员不时查察，永远遵行。"乾隆二十年陈宏谋任湖南巡抚时，饬行《筑堤利弊八条》，对堤防修筑及加固作具体指导，严禁洞庭滨湖民壅水为田，以宽湖流，使水不为患，岁大熟。其后几任湖南巡抚对湖南滨湖十州县所有堤垸进行清理，分辨应留、应毁造册登记在案，共计刨毁有碍水道之私围 67 处，不准修复。③ 经此打击，此前甚嚣尘上之围垦之风得到抑制。从上述益阳县统计数字来看，乾隆朝 60 年间该县新挽堤垸 10 处，以后历朝呈递减之势；而沅江县，截至嘉庆十二年（1807 年），原有堤垸 87 处，迨至咸丰末年（1861 年）为 92 处（其中官围 7 处，民围 81 处，私围 4 处），54 年间增长 5 处，亦不算多，可谓成效显著。④ 当然，在重利驱使下，地方官吏及乡绅为扩地生财，往往阳奉阴违，不仅该毁者不毁，且更添新

---

① 益阳县地方志编纂委员会：《益阳县志》，湖南人民出版社 1999 年版，第 422—423 页。

② 《清史稿》卷 289《蒋溥传》。

③ 以上参见《（光绪）湖南通志》卷 47《建置七·堤堰二·修堤疏议》；《清史稿》卷 307《陈宏谋传》。

④ 参见《（嘉庆）沅江县志》卷 10《水利志·堤垸》；沅江县志编纂办公室：《沅江县志》，中国文史出版社 1991 年版，第 317 页。

筑，要想完全杜绝殊为困难。

3. 旱灾应对

至于抗旱，则主要靠陂塘坝，盖"备旱之方，莫先乎此"。在三县中，益阳县最注重陂塘建设，至少自明季以来即如此。其同治县志曾慨言道：

> 万历志："予观井田之制，水道何其多也！岂古昔圣人不爱地哉？诚以雨旸时若自古为难，备旱之方，莫先乎此。"今据旧志所载陂塘，盖里有之矣，然一遇旱魃，四境告急，何哉？得无有陵埋谷塞而浚筑之不施者乎？嗟乎，是不可谓细故也！[①]

据志书所载，益阳县凡有陂塘 181 处，实可谓不少，而从前述该县所遭旱灾频率来看，这确实是最重要的应对措施。相对而言，沅江县仅有塘坝 38 处，而安化县志则无此方面信息，足见抗旱问题在此二邑实不及益阳县这般突出。

4. 仓储

以上专就水、旱二患之应对而言，此外另有一重要应对措施：仓储。明洪武初令天下县各设预备仓储谷备赈，择本地年高笃实之人管理。清朝承之，令各州县乡村皆设仓储谷，在州县者名曰"常平仓"，在乡村者称为"社仓"。各属常平仓创自顺治十一年（1654 年），各属社仓创自雍正元年（1723 年）。常平仓最初储积，有官捐，有民捐，有捐监，有罚金，有归并，有支库采买，有盈余易谷。社谷则皆来自民捐。其运作均春夏出粜，秋冬籴还，平价生息；如遇凶荒，按数给散灾户。其后有每岁存七粜三之例，乾隆七年始令不拘三七之数。后有议者谓各省谷价昂贵皆由其采买过多，故停止粜籴，若有赈贷，必临时奉文办理，唯社仓则借贷如故。

"积储之设，所以备旱涝，待不虞，大丰而劝，小丰而粜，大凶而散，小凶而贷，立制非不善也。"然观其实际情况，却并不尽如人意。譬如益阳县之常平仓，"旧储谷 30380.4935 石，自道光十一年（1831 年）起，至同治四年（1865 年）止，动碾煮赈，提拨兵粮，被水霉烂，旧储仓谷，悉已无存。"该县旧存社谷亦因借放涣散，追缴难齐。至同治三年（1864 年），巡抚恽世临饬积义谷备荒，合邑新捐并旧存谷共 17210 石，每乡设仓长司出纳，然禁借放以杜亏短，殊失社仓本意；唯逢岁歉，由里总等禀官减价平粜，秋收后买补还仓，大饥荒时则量为赈济。至于沅江县，康熙二十六年（1687 年）知县顾智奉文捐建常平仓四所，分别在仪门外右、郎荆堤、赛河皮、白驼铺；又建社仓四所，分别在马公铺、河渡铺、蒋罗坊和赤江湖。康熙三十五年知县朱永辉重修常平仓三间，三十六年又建义仓二间、常平仓二间，俱在县西，周围土墙，共建一门，至嘉庆间俱无存。该县至嘉庆间尚正常运转者，唯乾隆间在县署所建东、西二仓，凡仓 38 间，额储常平仓谷 15560.899 石。

再看安化县。该县常平仓原有二所，一在县治西，一在县城蒋家巷，额贮 8000 石。至同治间，治西旧仓莫详其地，废置于何年，档册无考；南门蒋家巷仓亦久废。至同治间，该县尚在正常运作者，一为署内东侧仓一栋十厫，贮社谷；二为西侧仓七栋四十二

---

① 《（同治）益阳县志》卷 6《田赋志二·陂塘》。

廒，贮常平谷。该县额贮社谷 7000 余石，社仓旧在蒋家巷及柳林等处。查原额谷石历来系各乡社长经管，日久弊生，官吏惮于清厘，互相蒙混，终归乌有，仓廒废置年代均不可考。乾隆五十五年（1790 年）经知县冷绂玉清查，追出在城蒋家巷及东路茅田铺社谷 2427.243 石，提入署内附存常平仓，一律盘补详请咨部在案。道光二十九年（1849 年）己酉岁荒，知县成天保将贮仓社谷减价粜济贫民，秋成如数买补还仓，并劝绅民增捐社谷 130.657 石，添建仓一座计四间，连前共贮谷 2557.9 石。①

（三）主要农作物

清代益阳、安化、沅江三县主要粮食作物为稻、粟、麦（主要是小麦和荞麦）和豆类，但因在"明代作物"一节已有详细叙述，此处仅强调两点：首先，在清代，无论是安化山区，还是益阳、沅江等洞庭湖区，其粮食作物皆以种植水稻为主；其次，农业生产技术显著提高，在安化县之类的山区和益阳桃江丘陵地带，以推广"区种法"为主，在小面积土地上集中使用人力物力，精细耕作，防旱保收，提高亩产；②而在益阳、沅江等洞庭湖区，则推广"早稻+晚稻"之双季稻种植模式。道光十四年（1834 年）江苏按察使李彦章刊行印发《江南催耕课稻编》，呼吁湖南洞庭湖区劝种早稻、再熟稻。③ 清朝黄彭年亦有"湖田之稻，一岁再种，一熟则湖南足，再熟则湖南有余粟"之说。④ 这是其时益阳、沅江等洞庭湖区推广双季稻种植的生动写照，限于篇幅，不再过多展开。下面重点介绍另外两种极为重要的杂粮。

一曰苞谷，亦有玉蜀黍、玉高粱、玉米、苞米等别名。原产美洲，为印第安人最重要的粮食作物，由哥伦布发现新大陆后带回欧洲，一般说法是 16 世纪前半期由欧洲传入中国。⑤ 前引《（崇祯）长沙府志》中尚不见提及苞谷，其在益阳等三县大规模种植应该是在清代。因其属于旱地作物，故在安化及益阳之山地丘陵种植面积较广。

二曰番薯。前引《（嘉靖）长沙府志》卷三《食货纪·蔬之品》中曾提及"薯"，但此乃指东汉杨孚《异物志》和西晋嵇含《南方草木状》所说的"甘薯"，是山药一类的东西，而非番薯。⑥ 至于番薯，最早种植于美洲中部墨西哥、哥伦比亚一带，由西班牙人携至菲律宾等国栽种，明万历年间才引入我国，17 世纪初由福建推广到上海、江苏，康熙间由浙江扩种到河南、河北、山东等地。乾隆中江昱在《潇湘听雨录》中载：

> 甘薯有番薯、山薯两种，初来自两粤，近湘楚遍种，易生多获，市价极贱，诚俭

---

① 以上参见《（同治）益阳县志》卷6《田赋志三·积储》；《（同治）安化县志》卷16《经政·仓储》；《（嘉庆）沅江县志》卷9《仓储志》。

② 参考王晓天：《湖南经济通史·古代卷》，湖南人民出版社 2013 年版，第 610 页。

③ （清）李彦章：《江南催耕课稻编》，载其《榕园全集》，《续修四库全书》第 977 册，第 31-36 页。

④ （清）黄彭年：《陶楼文钞》卷2《两湖水利考略》，见《清代诗文集汇编》第 693 册，第 482 页上。

⑤ 参见中国农业科学院作物品种资源研究所、山东省农业科学院玉米研究所：《中国玉米品种志》，农业出版社 1988 年版，第 1 页。有两本元人著作，即贾铭的《饮食须知》、李东垣的《食物本草》都提及此物种，但《食物本草》曾经李时珍等参订补辑，此方面内容应是明人补入，疑《饮食须知》亦是如此。

⑥ 参见万国鼎：《五谷史话》，北京出版社 2021 年版，第 73 页。

岁之粮。临桂陈公在陕西课民种植，以为积贮，其利甚薄，讲农政者不可不知也。番薯湘人单称薯，亦曰红薯，形圆而本末皆锐，皮紫色，间有褐色者，肉黄味甘。山薯则称白薯，又曰雪薯，又曰脚板薯，形魁垒，重数斤，大者如足掌，皮褐色，肉白，味稍薄。《南方草木状》云："海中人寿百余岁，由不食五谷，食甘薯之故。"其益人如此。①

江氏曾于乾隆二十一至二十八年(1756~1763年)主讲于衡阳石鼓书院，《潇湘听雨录》为其寓居湖南八年间见闻、笔疏所成之书。据此可知，番薯在迟乾隆中叶以前已在湖湘遍种。但江氏将番薯与嵇含《南方草木状》所言"甘薯"混为一谈，是其误处，明清学人颇多如此，致使"番薯"占用"甘薯"之名，我国原来之甘薯反不知为何物。显然，江氏所言"番薯"即明季舶来品种，而所言"山薯"应是山药，亦即嵇含《南方草木状》所言"甘薯"。山药虽在益阳、安化和沅江三县皆有种植，然本文所措意者实在番薯。番薯自传入我国后，即显示出适应力强、无地不宜的优良特性，且产量之高，有"一亩数十石，胜种谷二十倍"之说，对安化这类山地价值尤大。它在该县粮食作物中占据特殊地位，故《(同治)安化县志》征引江昱之说以介绍之。《(同治)益阳县志》亦提及该县作物有"薯"，并言"有红、白二种"，对照江昱之说，疑即指番薯和山药；《洞庭湖志》明确载有番薯，言"以上各产洲渚"，②则益阳、沅江等湖区亦种有番薯。

至于三县的重要经济作物，有棉花、麻、茶、油、棕、葛等。若油、棕、葛等，因篇幅所限，姑且从略，下面仅就棉花和茶稍作展开。清朝统治者非常重视棉花种植和生产，康熙曾制《木棉赋》，乾隆年间直隶总督方观承绘《棉花图》撰说进呈，乾隆嘉览之余，按其图说十六事亲制诗章，体物抒吟功用悉备；嘉庆命馆臣编辑《授衣广训》，并谕内阁："朕勤求民事，念切授衣编氓，御寒所需唯棉之用最广，其种植纴纺，务兼耕织。"③此种推动力量颇大。益阳、沅江二县属洞庭湖区，其自然环境颇适宜棉花生长，是湖湘地区重要棉花种植基地；安化县虽处山陬，亦植有棉，该邑"常安、丰乐二都多产"。④ 据清宣统二年(1910年)农工商部调查，湖南产棉以临湘最多，沅江等17县出产亦旺，长沙等4县次之，善化、安化、零陵、祁阳等处又次之。⑤ 可见棉花在沅江种植颇广，安化植棉亦不可小觑，只是不知何故不提益阳。要之，棉花广泛种植为棉纺织业发展奠定了基础。麻作为耐旱经济作物，在安化山地、益阳桃江丘陵地区皆颇宜种植，《(嘉庆)沅江县志·物产志》亦云该县"境内近来山乡广出，湖乡间有之"。植麻既广，故《(同治)安化县志》有"今各乡皆有，乡无不绩之妇"之说，其麻纺业之兴盛自此也可见。

茶叶亦为三县重要经济作物，尤其是安化县以其得天独厚的自然环境，不仅植茶遍

---

① （清）江昱：《潇湘听语录》卷8，见《续修四库全书》第1138册，第44页；《(同治)安化县志》卷10《物产》。

② （清）陶澍、万年淳等修纂，何培金校点：《洞庭湖志》卷5，岳麓书社2009年版，第110页。

③ 《清仁宗实录》卷201"嘉庆十三年九月丁亥"条，《清实录》第30册，第680页。

④ 《(同治)安化县志》卷10《物产》。

⑤ 参见湖南农业志编纂委员会：《湖南农业志(征求意见稿)》第1分册，1985年版，第384页。

及全县，而且所产茶亦以优质著称。不仅如此，其毗邻诸县，凡与安化县交界处皆以产优质茶著称，譬如常德府产茶地有"桃源、武陵近安化界产者亦佳"，①又如"沅陵与安化交界处，地名'界亭'，产茶岁以充贡"。②此种说法亦见于民国李健桦所撰文《湖南之茶》中，其言新化茶在湖南居第三、四之地位，而尤以其北部与安化相接处最著。该文又言湘乡之米茶、毛红茶品质虽不及安化、益阳茶，但其产量尚丰，茶商多大量采购，集中在安化桥头河一带，与安化茶混合制成黑茶，运销各地。而该文所言安化、益阳茶情况，更值得我们关注：湖南茶叶在国际国内市场极受重视，全省79县，产茶者多至60余县，而首屈一指之产地即安化。该县产茶之区可分为三部：一是前乡，因地势较平坦，多小丘陵，宜于采制青、绿茶，行销本省，亦有采制红茶者，但品质不佳，产制中心在蓝田（今属涟源市）、仙溪；二是后乡上段，山势较高，茶质醇厚，宜于采制红茶，其中以湖南坡、猫儿岩、马路口所产最为有名，而以东坪、乔口、黄沙坪等四地为采制中心；三是后乡下段，采茶习性多较粗老，宜制黑茶，产量丰饶，其中以商、马二溪所产为最著，江南、小淹、边江为其采制中心。在该文所列湖南省重要产茶地中，益阳和湘阴位居第八。益阳产茶地在中乡，著名产区有鲊埠镇烂柴洞、葡萄洞，马迹塘芦洞溪、茅屋冲等处，所出之茶名曰"上益阳茶"，品质与安化所出者相埒，唯叶色发绿不一，有碍销路。至新桥洞、桃花江、大栗港内之雪峰山、天子山等处所产者，茶叶中人称之曰"下益阳茶"，品质稍逊。③沅江亦产茶，但质量较次，志书中有"沅江产者味稍薄"之说。④据前面《清代前中期益阳、安化和沅江三县杂税负担情况表》所载，茶税银安化县为60两，益阳县为15两，沅江县为5两，由此亦大体可推知三县茶叶种植情况。

二、手工业和采矿业

（一）手工业

清代湖南手工业中，制瓷业在江西景德镇瓷器行销冲击下，只能在夹缝中求生存，像前述益阳羊舞岭窑（晚期）实际上已下延至清代，因在前面已有介绍，此处从略。纺织业（包括棉纺和麻纺）在前面"经济作物"处亦有所涉及，茶叶加工业在下面商业部分也会涉及，故皆从略。下面着重考察造纸业、竹编工艺和造船业。

造纸业　安化、益阳二县皆产纸，且安化县尤为知名。《（同治）安化县志》载："纸有皮纸、火纸。皮纸，树皮所制。陆玑诗疏：楮谓之穀桑，可捣以为纸，各处有之。火纸，竹笋所制，邑归化乡造作较多，有'斧头尖''十张把'等名。"⑤归化乡在前乡仙溪、大福、高明一带。该乡直至民国时所产纸仍以烧纸、草纸为主，烧纸即火纸（祭祀用纸）；而后乡小淹、江南、东坪、黄沙坪、洞市一带则以产皮纸为主。安化境内盛产楠竹、小杂竹、马尾松、雪花皮、阿桑树等造纸原料，按照传统手工造纸工序，将这些原料

---

① 《（嘉庆）常德府志》卷18《物产考》。

② 《（光绪）湖南通志》卷61。

③ 以上参见(民国)李健桦：《湖南之茶》，载湖南省银行经济研究室编印《湖南经济》1948年第3期，第89—91页。

④ 《（嘉庆）常德府志》卷18《物产考》。

⑤ 《（同治）安化县志》卷10《物产》。

制成纸，大致要经过采料、劈料、晒料与腌料、洗料、腐料、浸料、碎料、下槽、端帘、入榨、起纸、焙纸、包装 13 道工序。[1] 更有人说要经过 25 道大工序、72 道小工序，故俗语有"片纸不易得，操作七十二"之说。[2] 光绪年间，新化、浏阳的造纸技术传入安化，使该县造纸业更上一台阶。至迟在清朝至民国间，该县造纸量已居湖南省前列。据载，至民国初年，该县农闲时从事手工生产土纸之农民达 1800 人，年产土纸 40000 余担。至 1933 年，该县从事纸业生产者达 3000 余人，在全省占比 10%，年产土纸 512000 担，产值 224.2 万银圆，竹制纸产量居全省第一。[3] 1942 年有报刊文章言，若以水系分，资水流域所产纸实居湖南省第一，"盖邵阳、武冈所产文书用纸，新化、安化、益阳所产迷信用纸，数量之巨，皆甲于全省"。又言："湖南产纸数量以产区分，安化实居第一位，计全年产纸可达 372100 担。新化、桃源、祁阳等次之，产量皆在 150000 担以上。惜 70% 皆为迷信杂用类用纸。"[4] 以上所言虽为清朝民国时状况，但对我们了解清代安化、益阳造纸业状况仍有较大参考价值。

竹编工艺 益阳、安化和沅江三县皆盛产竹，益阳尤为突出，土人很早即用竹子制作各种用具，南县涂家台大溪文化遗址已经发现有竹制器具。明代初年，益阳竹器即成行业，从业者遍布城乡各地，产品街头巷尾随处可见。至清代，益阳更以"竹器之城"驰名江南，其水竹凉席、小郁竹器、竹骨纸伞合称"三绝"。其水竹凉席据传始于元末，以"薄如纸，明如玉，平如水，柔如帛"著称，同时又是室内装饰品，清朝曾为贡品。它以当地优质水竹为原料，经破篾、刮篾、蒸煮、水浸、分丝、编织、扭边等 13 道工序而成。装饰图案有万字格、梅花圈、人字纹、斜纹、连环锁式花纹等，高档精细制品有花鸟、山水等图案。凉席质地纤细，编工细腻，平整滑爽，柔韧耐用，吸汗散热，清凉爽快，久用则越显光亮，最宜夏季消暑使用。小郁竹艺则采用拼、嵌、榫合等传统工艺技法制作小件竹制器具。它先以直径 5 厘米以下的小径麻竹为主架，再用毛竹作辅，经选料、下料、烧油、调直、火郁、成型、装饰等 50 余道工序，制成竹家具、竹用具、竹工艺品、竹装饰品等。火郁是小郁竹艺最基本、最核心的技艺，竹丫花造型工艺是益阳独门绝活。"郁"是益阳方言，核心概念为用火加热竹材，待纤维软化，再用外力使之变形弯曲，最终达到横向围竹围箍、竖向立柱竹结构要求。从道光十二年（1832 年）开始，益阳小郁竹器开始出口英、德、法、日等国，成为我国出口贸易产品之一。民国以后，益阳小郁竹器声名愈隆，1915 年在巴拿马万国博览会荣获银奖，1931 年益阳小郁名师王连升所制竹椅在德国莱比锡博览会上获得银奖，使小郁竹器在海外声名鹊起。[5]

---

① 参见（民国）张人价：《湖南之纸》上篇之第 5 章《制造程序》，载《湖南省银行经济丛刊之九》，湖南省银行经济研究室 1942 年编印，第 21—24 页。

② 参见袁凤丽等：《人文遗韵》，岳麓书社 2008 年版，第 87 页。

③ 安化县地方志编纂委员会：《安化县志》，中国社会科学文献出版社 1993 年版，第 362 页。

④ （民国）张人价：《湖南之纸》上篇之第 2 章《产区分布情形》、第 6 章《产量与产值》，第 4 页，第 28 页。

⑤ 以上参见张仃：《中华民间艺术大观》，湖北少年儿童出版社 1996 年版，第 57 页；王文章：《中国非物质文化遗产大辞典》，崇文书局 2022 年版，第 521 页。

清代益阳竹盒　　　　　　　　清代益阳什物篓盘　　　　　　　清代益阳竹编女红篮

清代益阳竹箧担　　　　　清代益阳立足圆形茶叶箧　　　　清代益阳什物套盒①

造船业　关于造船业，集中于此赘言几句。湖南境内水网密布，舟船为不可或缺之交通工具，洞庭湖及湘、资、沅、澧四水沿岸均能造船。在一些造船比较集中之处，清代前中期已然形成专业或半专业性船厂、船坞。所造船有官船和民船二类，官船又分战船、漕船与水驿船等。战船有楼船、戈船、斗船、车船、走舸、快蟹、长龙、舢板等名目（后面三种系咸丰间湘军水师建造和使用）。据载，清雍正时于沅江设"天字一号"战舰，可容甲士500余人。漕船为专司漕粮运输之官船，隋唐以后，经济重心南移，湘境漕粮运量增大，至宋代，"巨舰漕米，一载万石"乃为"一绝"，②但具体结构无考。至明代，漕船之制大定，其建造规制及检修皆有明确规定，③文繁不备引。清代省境漕船基本沿明制，唯底加长五尺，船身上油收干后涂以红漆，故又名"红船"。红船于各港皆有专用码头，衡阳、湘潭、醴陵、沅江、岳阳各港于清初皆有"红船埠"或"红船厂"。民船种类繁多，有湘艑、湘舸、毛板、倒扒、平板、湘艒、撇子等名目，其中湘艒以船形似鳅而得名，遍及湖湘各水域。其在资水流域有安化艒、益阳艒等名目，均以船籍港而名之。各种艒船大同小异，载重5~30吨不等，净载10吨以上为甲艒，5~10吨称小艒，5吨以下称尖艒。此种船首尾尖秃而翘，底平，隔舱多，结构坚固，吃水浅，稳定性好，破浪性

---

① 以上图片征引自胡彬彬：《湖湘竹艺》，湖南美术出版社2012年版，第27-39页。

② （宋）张师正撰，李裕民辑校：《倦游杂录》"长沙三绝"条，载《宋元笔记小说大观》第1册，上海古籍出版社2001年版，第752页。

③ 详情参见（明）申时行等修：《明会典》卷27，中华书局1989年版，第203-204页。

强，便于驶风。①

（二）采矿业

益阳县在宋元间颇有产金之说，然自明世以后已无闻。至于安化县则颇可着墨，《（同治）安化县志》载该县"物产"中有"铁"，言"《明统志》：'安化出铁'。今造炉镕铸，拣其坚硬者炼成为钢，农器什物咸取资焉。"又有所谓"矿"，言"同'磺'，《说文》：'铜铁朴石也。'《周礼·地官·卝人》注：'卝之言矿也，金玉未成器曰矿。'邑各乡皆产，有星子矿、滑油矿、黄土矿、石矿等名。"②需要指出的是，该志所言"矿"，实是"磺"（"磺"之本义确实原指金属矿石，此意后由"矿"字代替，现"磺"专指硫磺），亦即硫磺。乾隆二年（1737 年）清政府题准："长沙府之湘乡、安化二县出产硫磺，所有炼出磺斤二八抽税，余磺给价收买，存贮官库以备本省各营之用、邻省江西差官赴买。""其例定安化磺每百斤价脚银四两二钱，湘乡磺每百斤价脚银四两三钱一分七厘五毫，归还成本，年终咨部核销。"但至乾隆十六年，湖南巡范时绶题准"积磺已多，将硫黄矿暂行封禁"。③前面谈三县"主要任职官员"时曾提及，因湘乡、安化出产硫磺，于乾隆二年奉文开采，设有主簿二员巡查，故县志载乾隆四年、六年有主簿二人，但为时甚短，至乾隆七年复予封禁，故该职亦撤。而据《湖南通志》可知，全省真正封禁是在乾隆十六年，安化县却早在乾隆七年封禁；而且后来湘乡磺矿还曾于乾隆五十二年至嘉庆九年间（1787～1804年）一度解禁，安化磺矿则终清之世未再开放。盖因硫磺为制造火药之重要原料，属于国家严格管控之战略物资，产品全由官府包销，而其消化能力其实有限，故只能封禁了事。

安化铁矿能自由开采在雍正十三年（1735 年）。是年奉上谕，"湖南安化等州县地名小桥等六十八处产铁，均属内地，并无妨碍，自应听其开采以裕民用。"湖广总督迈柱于是年题准：长沙府之安化县等处，"并有铁矿，查明并无妨碍，听民间自行开采"。乾隆八年总督孙嘉淦复题准："湖南铁矿，附近居民农隙刨挖以供农器之用；如有余铁，挑往邻邑售卖，免其科税。"但是清政府从维护社会治安、巩固统治出发，对铁矿开采仍有严格规定："其设炉开采处所，一切采砂、锤炼人等，责令山主雇觅土著良民，不许招集外来人等，致生事端。"其命令地方官差派员弁勤加查察，若巡查员弁、兵役人等有徇纵情弊、盘查不实，巡查员弁降二级调用，兵役人等杖一百、枷号一月，受贿者以枉法从重论。本省汉民商贩收买转运者，要将收铁斤数与贩卖地方逐一呈明该地方官查验，给予印照，并饬取商牙船行不致出洋；还要严饬沿江沿海各州县及口岸汛弁，务须全力稽查，以防疏纵出洋。④

---

① 以上参见湖南省地方编纂委员会：《湖南省志》第 10 卷《交通志·水运》，湖南人民出版社 2001 年版，第 525-538 页；王晓天：《湖南经济通史·古代卷》，湖南人民出版社 2013 年版，第 633-635 页。

② 《（同治）安化县志》卷 10《物产·货之属》。

③ 《（乾隆）湖南通志》卷 41《矿厂》；《（光绪）湖南通志》卷 58《食货志四·矿厂》。

④ 以上参见《（乾隆）湖南通志》卷 41《矿厂》。

第十一章 清代前中期的益阳

（1644～1840 年）（下）

第一节 清代前中期的益阳商业

一、主要商路

（一）陆路

陆路仍以驿道为主，前面述及，驿道虽主要用于转输军用粮草物资、传递军令军情，但在某种程度上，和商道往往重合。湖南省交通厅所编《湖南公路史》绘有《清代湖南驿道示意图》，今借用之（参见下图）。

对于此驿道网，限于篇幅，不再多加展开。除驿道外，对于益阳、安化二县而言，另有"宝安益大道"亦为重要商路。此路在讲明代商路时曾有介绍，因战事与自然性破坏，后来多处坍塌，至清乾隆初重修，后又多次整修。清代宝安益大道整修主要由民间负责。据载，曾有宝、安、益三县商绅组成"宝安益路会"，集资置产，负责道路维修与管理。近世于桃江县浮邱山麓炼补亭附近，发现一块光绪十八年（1892 年）所刻之青石碑，为宝、安、益三帮共同组成"路会"，购地建亭之记载，字迹漫漶，仅能识其大意。

此道宝庆至梅城段，群山起伏，峰回路转，崎岖难行，且常年受山洪冲刷，有坍圮之虞。清光绪后期，邵阳、新化、安化等县毛板船商、木材商、茶商等集资按资水走向，依邵（阳）新（化）驿道和民间道，新辟大道，转由新化而至安化，与资水构成"水弓路弦"之势。其新辟宝安益大道，由宝庆府城北出，经花桥、长冲、石马、新田、巨口、木山、潮水、南烟、冷水等铺至新化，再北折塔山湾、娘家桥、曹家坪、卢家坝、油溪桥、黄柏桥至梅城，再循前道至益阳，全长 430 里。新化至梅城段，路宽 5～6 尺，多以青石板铺成。宝安益大道横贯湘中，至今大部分已改建成公路，仅山岭、崇岗处尚存古道风貌。[①]

---

① 以上参见湖南省交通厅：《湖南公路史》第 1 册，人民交通出版社 1988 年版，第 13～15 页。

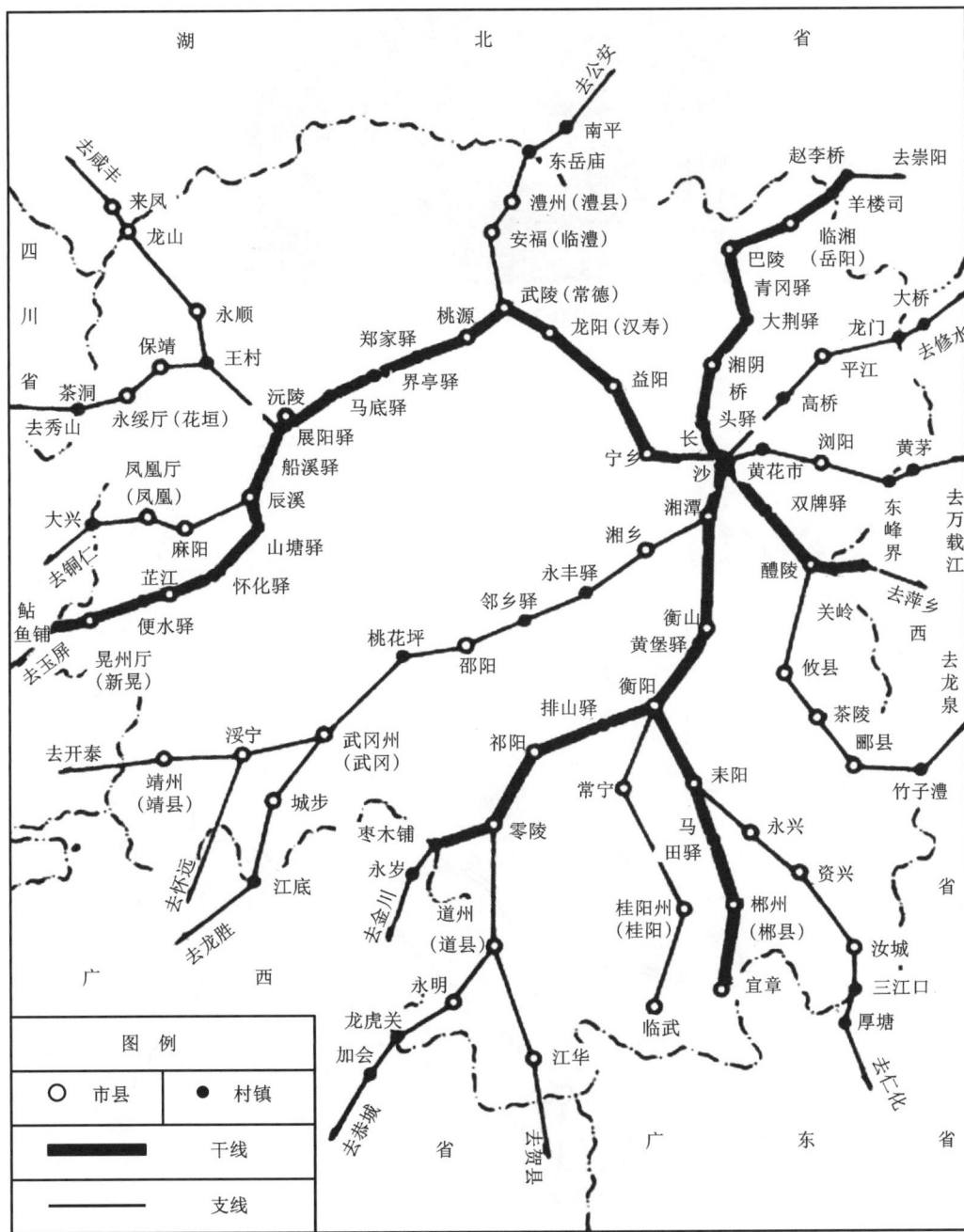

清代湖南驿道示意图①

---

① 此图征引自湖南省交通厅：《湖南公路史》第 1 册，人民交通出版社 1988 年版，第 21 页。

望浮驿新道旧有茶亭石碑

益阳地区古代驿道、驿站、
铺递、塘汛分布示意图

清代宝安益大道示意图①

---

① 此图征引自尹红群：《湖南传统商路》，湖南师范大学出版社 2010 年版，第 37 页。其中个别名称因原图模糊，
据相关县志有所变动。

（二）水路

　　湖南有湘、沅、资、澧四水，洞庭湖总之，由岳州流入长江，舟楫纵横，贯输内外，而以湘江水利最大，沅江次之，独资江当益阳上流，峡谷急滩，往来甚困。[①] 古称宝庆（今邵阳市）、新化间有49滩，宝庆、益阳间有100滩。民国时，任匡华奉省建设厅之命查勘资江水道情况，因武冈以上不通舟楫，且不论；自武冈以下，直至益阳甘棠港（资水在此与沅水会合流入湘江），水程全长1190里[②]（自武冈县城至邵阳县城360里，至新化县城570里，至安化县东坪市840里，至益阳县城1180里）。其在武冈县境有险滩87处，仅能通行毛板船，专供运煤之用；自宝庆以下，可通行民帆船，但在邵阳县境有险滩18处，新化县境有险滩37处，安化县境有险滩47处，益阳县境有险滩17处。[③] 尽管资江航道条件并不甚佳，但流域内资源甚饶，为竹木、茶叶、煤、铁、锑、染料之主要产地，"资水流域物产之饶，利源之富，可为他水冠"，故航运曾称盛于一时。[④] 又民国六年（1917年）肖聘撰《调查报告：资江之水运》指出：资江流域有两大中心，其上流之中心在宝庆，上流运来之货物，至宝庆而脱卸，更输出于下流；下流之中心在益阳，故益阳亦资江与洞庭水运之汇。资江水利，皆属下流，即在宝庆至益阳七八百里之间。宝庆处资水和邵水交汇，为资江上游之中心，帆樯林立，其数二百有余，多往来于新化、益阳之下流。船行及牙行多在河岸，民船大者长50英尺（1英尺约0.3048米），乃至75英尺，宽至9英尺或15英尺，其载量自200乃至1000石，运载武冈、新宁所产之煤、铁、木材于外。其地势四面皆山，而民船往来甚多，遇险亦少，以船夫习其水性。然以水急滩多，以绳曳船，费时耗工，人以为苦。唯夏季水涨、增水之时，多至10英尺以上，冬季减水，仅有3英尺内外。下流浅滩，非至夏季水涨，则载货二三百石之船不能通过。由宝庆至益阳，水程七八百里，冬季水落石出则航行甚困，冬期航行，需日较多，约一星期；夏时水涨最高时，由宝庆至益阳，仅二日可达。满载200石货物之船，平均下航里数约每小时25里；但在新化上流及瑶塘、东坪间急滩最多之地，橹楫之力所及甚小，至新化附近则水势急速，橹楫所含之力亦多。由山塘街以下，则江水洋洋，舟行甚易矣。[⑤] 因资水在民国以前未闻有大规模疏浚，且其时去清不远，故以上所言当即是清代资江水道之状况。

　　以上乃就资江水道而言，再看洞庭湖区航道。与资江水道相异，洞庭湖区水道古今变化颇大。自清代康熙中期许民各就荒滩筑围垦田，在岳阳、益阳、沅江、常德等滨湖

---

① （民国）肖聘：《调查报告：资江之水运》，载《实业杂志》1917年第18期，第16页。

② 据官方公布数据，资江自河源至甘棠港全长653公里（参见湖南省地方编纂委员会编《湖南省志》第10卷《交通志·水运》，湖南人民出版社2001年版，第96页）。

③ 据载，资江干流实有险滩299处，著名险滩有铜柱滩、清溪滩、阎王坎滩、花园里滩、三门滩、泥滩、洛滩等数十处，而以铜柱滩、泥滩、洛滩最险（见《湖南省志》第10卷《交通志·水运》，第99页）。

④ 以上参见（民国）任匡华：《调查报告：查勘资水报告》，载《湖南建设季刊》1941年创刊号，第88～97页。

⑤ 以上参见（民国）肖聘：《调查报告：资江之水运》，载《实业杂志》1917年第18期，第16～20页。

清代中期洞庭湖水系示意图（1700~1800 年）①

区县掀起一波围垸高潮，在荆江挟沙入湖、四水沉积复合、筑堤围垸三大作用下，洞庭湖渐次分割成若干区域性湖群；而洪水时复溃堤倒垸，湖面汪洋一片。由于洪枯水影响，湖区航道靡常。至清朝变化尤大，咸丰二年（1852 年）藕池口溃决，同治九年（1870 年）黄家铺溃，十二年再溃而成松滋口，形成长江四口（太平、调弦、藕池、松滋）分泄江流入湖局面，随后南洲厅（今南县前身）、南洞庭湖形成，南洲与赤山之间航道因"泥沙堆移，中洪靡定"，以致"不任舟楫"（参见上图）。② 当然，湖区具体航道虽有变化，但其重要商路变化不大，其资江流域之货物皆先集中于益阳，跨越东洞庭湖至岳州，顺流而下，在汉口集中，然后或北向销往华北、西北乃至中亚、俄罗斯等地，或沿大

---

① 图片来源于湖南省地方编纂委员会：《湖南省志》第 10 卷《交通志·水运》，湖南人民出版社 2001 年版，第 206 页。

② 参见湖南省地方编纂委员会：《湖南省志》第 10 卷《交通志·水运》，湖南人民出版社 2001 年版，第 201-202 页。

江东去销往镇江、南京等地。其北向者以茶叶为大宗，后面还会提及。其东去者，以谷米、竹木、苎麻、桐油等为大宗。据载，自清代中期起，湘、资二水流域各县竹木，以船运或扎排流放（即排运）方式，顺流经东洞庭而下江汉以至南京（即"东湖木"，与沅、澧二水流域各县竹木顺流经西洞庭而下江汉之"西湖木"相对而言），备受用材各方青睐，其后销路日扩，大部分集运湖北汉阳鹦鹉洲，然后销往各地。①

（三）茶马古道

因茶马古道包含陆路和水路，故单独列出。清代安化茶马古道大致可分为东、西二线，其东线线路有《祁县茶商大德诚文献》可证。该文献现存于祁县晋商文化博物馆内，学界已有史若民、牛白琳整理本，收入其《平、祁、太经济社会史料与研究》中，实为研究清代晋商和安化茶叶贸易史事之第一手资料，参考价值甚高。② 晋商将南方茶叶运至漠北与俄国人交易，大致应是在雍正五年（1727年）中俄签订《恰克图界约》之后。其运行路线因现今"万里茶道"申遗而频被人提及，各著述中多有其线路图，今参考之（参见下图）。

从《祁县茶商大德诚文献》看，大德诚商号自嘉庆末年（1820年）入驻安化，不排除此前已有其他晋商来安（详后）。晋商采买安化茶叶后，通过资江运抵益阳，然后顺流经东洞庭至岳阳、汉口，再经汉水运至襄阳和河南唐河、赊旗（即社旗镇）上岸，再以骡马驮运，分四条路线北上。其主线大体即彭先泽《安化黑茶》中所言"花卷"运行线路，即经洛阳，越黄河，过祁县、太原、大同、东口（即张家口市）至归化（今呼和浩特市）；在归化改用驼队后，继续北上，从伊林（即二连浩特市）进入今蒙古国境内，③穿越一千多公里荒原沙漠，最后抵达边境口岸恰克图交易。交易后，俄商再将其贩运至伊尔库茨克、乌拉尔、秋明，直至莫斯科和圣彼得堡。

安化茶马古道西线，盖即彭先泽《安化黑茶》中所言"甘引""陕引"运行线路。彭先泽（1902~1951），字孟奇，安化小淹沙湾人，早年留学日本，是民国时著名农学和茶学专家。1939年彭氏仿湖北羊楼洞方式，在安化用木机压制黑砖茶成功，揭开湖南紧压茶历史新篇章。④ 1940年彭氏撰著《安化黑茶》一书，⑤首次全面、系统地对安化黑茶进行理论总结，极富参考价值。彭氏在《安化黑茶》书中曾言及四条黑茶运销路线。

---

① 参见湖南省地方编纂委员会：《湖南省志》第10卷《交通志·水运》，第578-579页。

② 史若民、牛白琳：《平、祁、太经济社会史料与研究》第2编《平、祁、太经济社会文献丛录·祁县茶商大德诚文献》，山西古籍出版社2002年版，第481-541页。

③ 另一重要线路是经赊（社）旗镇至北舞渡，然后沿沙河至周家口（即周口），再沿贾鲁河至朱仙镇，越过黄河后又沿卫河北上进入运河体系，经天津至北京运河出口，然后由北京通州或张家湾（运河另一出口）运至东口（张家口）、多伦诺尔、独石口，至伊林（即二连浩特）与前线汇合。（参见高元杰：《大运河图志》，世界图书出版西安有限公司2023年版，第158页）

④ 参见（民国）彭先泽著，汪勇、李朴云校注：《安化黑茶（校注本）》之《怀念"中国黑茶理论之父"彭先泽（代序）》，线装书局2018年版。

⑤ 该书于1940年由长沙益大印书馆出版发行，其核心内容则登载于1941年《湖南建设》。参见（民国）彭孟奇：《安化黑茶》，载《湖南建设》1941年创刊号，第26-34页。

万里茶道东端主要线路示意图①

　　其一为火车未通行时路线：黑茶在茶号成货后，用帆船运至益阳，由益阳换大帆船运至湖北沙市，经天门、樊城至老河口，改用牲口车经龙驹寨运至西安，甘引则直运泾阳（如"黑茶运输路线图一"所示）。

　　其二火车通行后路线：由益阳换大帆船运至汉口，沿平汉铁道如花卷至河北之正定，转正太路车至太原；陕引、甘引至河南省之郑州，转陇海路车到西安咸阳，甘引再换汽车或牲口车至泾阳，在泾阳压制成砖，每砖重五斤（连纸包五斤四两）为一封，装兰州包，每包四十八封，再运兰州（如"黑茶运输路线图二"所示）。

　　其三为抗战时黑茶运销转变路线后形成的"益兰线"：（1）由产地运到益阳后，用小轮拖原帆船，经沅江、安乡、公安、松滋至宜昌；（2）由宜昌改驳帆船，用较大之轮船拖

---

　　① 此图据熊杰《多维视角下的荆楚茶文化》所附《万里茶道图》改绘而成（经济日报出版社 2017 年版第 146 页）。

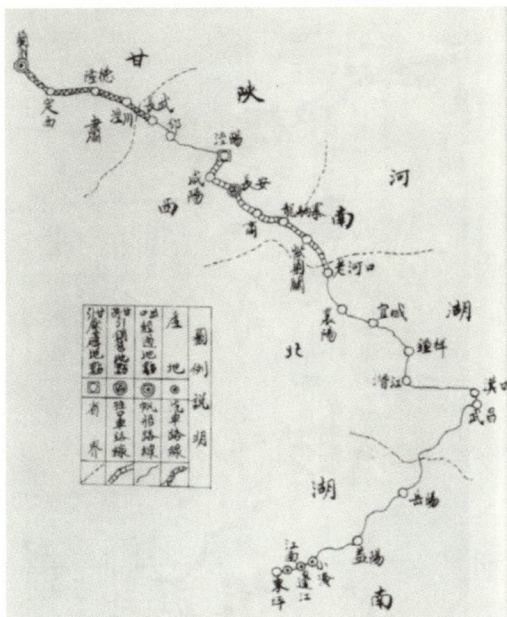

黑茶运输路线图一

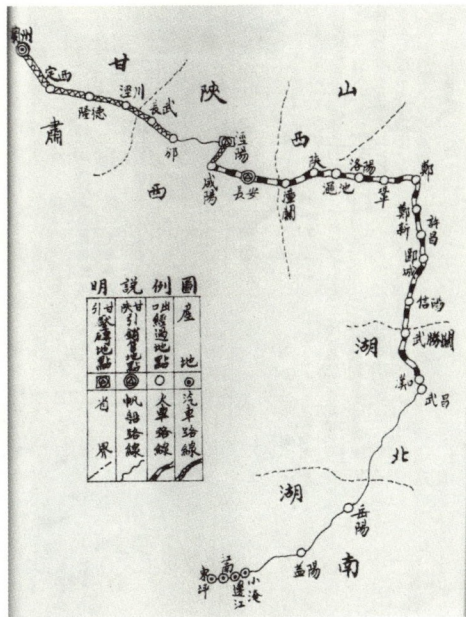

黑茶运输路线图二

经秭归、巴东入四川巫山、奉节、云阳、万县、丰都、涪陵、长寿至重庆；（3）由重庆用小轮拖经合川、南充、苍溪至广元；（4）由广元装车入陕西，经宁羌、沔县、褒城、凤县至宝鸡；（5）由宝鸡换装火车，经扶风、兴平至咸阳；（6）由咸阳装车运泾阳，改压成砖；（7）由泾阳装船，沿泾河至邠县；（8）由邠县装车，经长武入甘肃，经泾川、平凉、隆德、静宁、定西至兰州（如"黑茶运输路线图三"所示）。

其四为"安兰线"：（1）由产地装船沿资江上驶至安化烟溪；（2）由烟溪装车运至溆浦、底庄，改小船，百二十里至溆浦之大江口；（3）由大江口沿沅水下驶，经辰溪、泸溪至沅陵；（4）由沅陵换小帆船沿酉水溯流，经永顺、保靖之里耶鲁班潭装车入四川至酉阳彭水；（5）由彭水改装帆船经涪、泸、长寿至重庆（如"黑茶运输路线图四"所示）。[①]

彭氏《安化黑茶》成书于 1940 年，虽然时间上比较靠后，但对我们了解明清代安化黑茶运销路线有较大参考价值。其中第一条路线即"火车未通行时路线"最为重要，自明万历二十三年（1595 年）安化黑茶成为官茶后，直至清朝，其行销西北即所谓"陕引""甘引"，应该是基本上按此路线运行。至于"火车通行后路线"，则是近世之事，仅供参考。然其所言"益兰线"和"安兰线"却颇值得注意，鄙意认为，在安化黑茶成为官茶之前，川陕茶商越境走私黑茶冒充边茶，或按此二条线路运行。

---

① 以上内容及 4 张路线图征引自（民国）彭先泽著，汪勇、李朴云校注：《安化黑茶（校注本）》，线装书局 2018 年版，第 78-82 页。

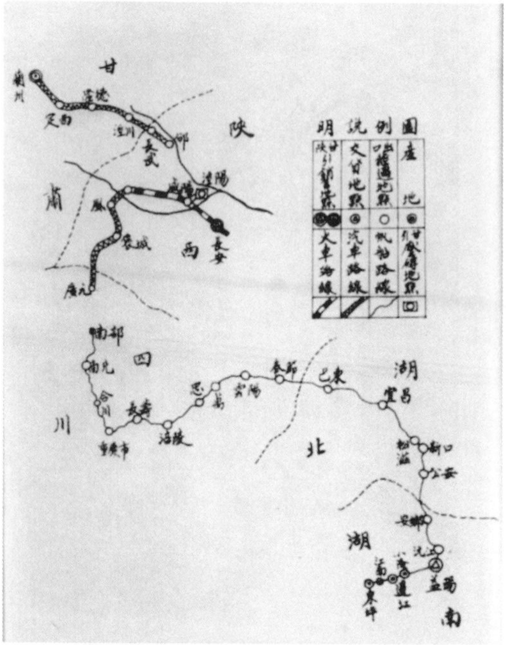

黑茶运输路线图三

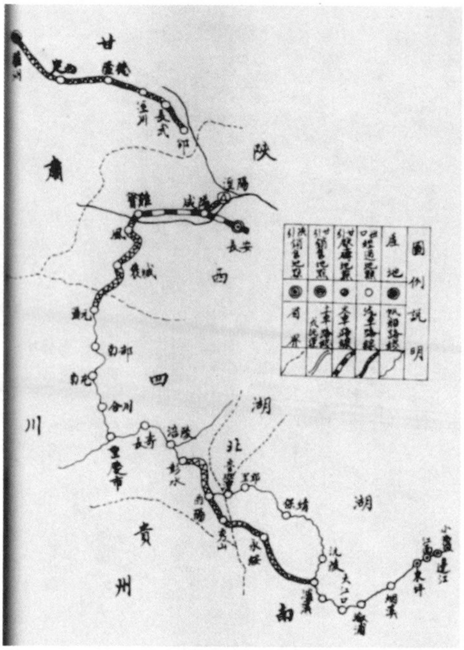

黑茶运输路线图四

二、城市与市镇发展状况

城市是商业发展之重要依托，故先对三县县城在清代之发展稍作勾勒。据载，安化县旧无城，只有五门，用木栅。万历元年（1573 年）知县张思美建石楼五座，崇祯间为兵所圮。清康熙二十一年（1682 年）知县吴兆庆加修，三十二年知县赵尺璧改修门楼，东曰迎恩，南曰南薰，西曰进贤，北曰拱极，小南门曰嵩阳，年久倾圮。嘉庆四年（1799 年）知县陈煐重修东、西、南三门，以形家言收气纳气，移东门楼进百余步，西门楼退出百余步。嘉庆十五年知县周文重修小南门，又铨北路士绅捐修北门，并丈明五门基地。① 嘉庆年间安化县城格局，如下图所示。

据《（乾隆）长沙府志》载，安化县治在乾隆年间有闻弦、振文、阜成、安里等街，有提铃巷（有东、西、后三条）、李家巷、林家巷、潘家巷、邓家巷（即闻弦街）等巷；至同治时，据《（同治）安化县志》载，已有正南、总铺、十字、振新（即阜成街）、文曲、安里、闻弦、后街、儒学前街（即振文街）等 9 条街和十字、振新、文曲等坊，有东提铃、西提铃、高炉、蒋家、龙家、育婴、穆清、救火巷、林家、李家、潘家、邓家等 16 条巷（仅挑水巷就有 4 条）。

《（乾隆）长沙府志》载有安化县 12 处市镇：唐市（今安化县治东坪镇唐家观），大田

---

① 《（康熙）长沙府志》卷 4；《（乾隆）长沙府志》卷 9《城池志》。

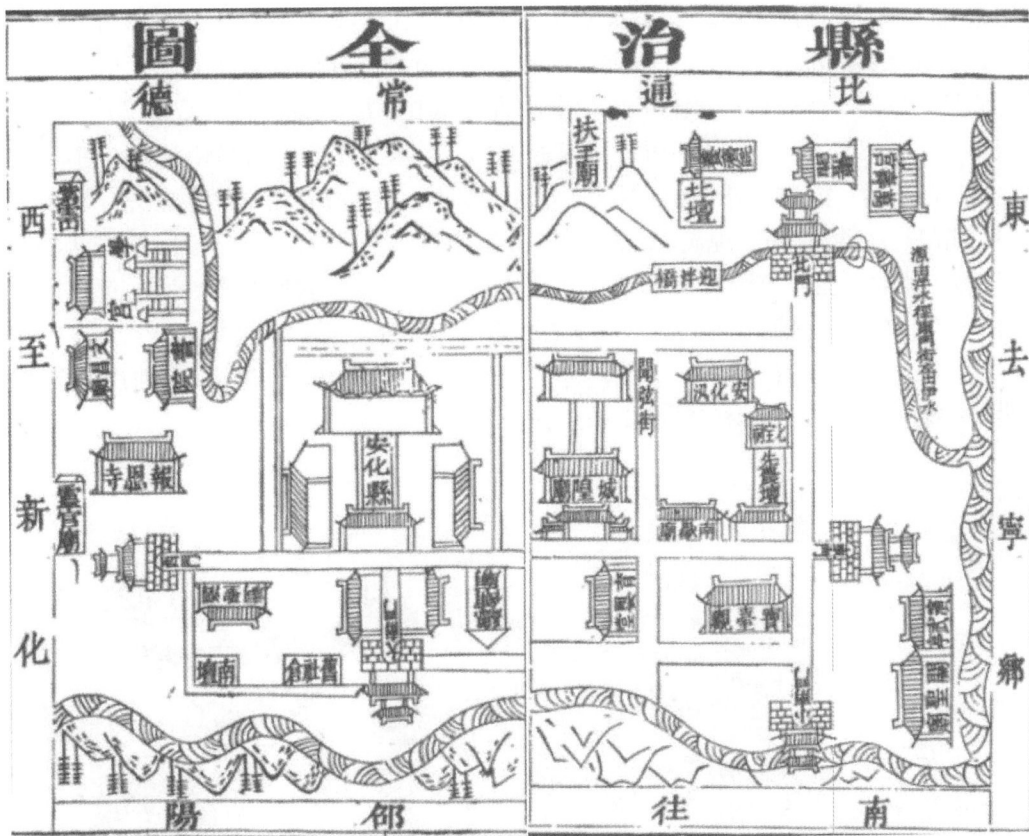

清嘉庆年间安化县治图①

市（"在伊溪"），东坪市（"在十三都"，即今安化县城），七星市、白面市（"俱在丰乐乡"），淹溪市、湖尾市、润溪市（"俱在十五都"），马辔市（"在十四都"），仙溪市（"在十三都"，有八景），蓝田市（"在常安乡"，今属涟源市），黄沙市（今安化县治东坪镇黄沙坪）。② 其中唐市、东坪、淹溪、黄沙、马辔等市镇，皆在资江沿线，与安化茶叶贸易颇相关联，乃商品经济发展所催生。前引肖聃所撰《调查报告：资江之水运》中提及该县资江沿线有 8 个市镇：坪口溪（有居民 70 户）、烟溪市（有居民 40 户）、马辔市（有居民 130 户）、东坪市（有居民 400 户）、黄沙坪（有居民 250 户）、江南市（有居民

---

① 图片来源：《（嘉庆）安化县志》卷首。

② 《（乾隆）长沙府志》卷9《城池志》。

150 户)、小淹市(有居民 250 户)、敷溪市(有居民 50 户)。[1] 肖文撰于民国六年(1917 年),其时去清代不远,故其文对了解清朝安化市镇发展仍有一定参考价值。

再看沅江县。沅江县城因太多洪水冲刷,旋筑旋圮,自嘉靖末修复而旋圮之后,遂不再修筑。康熙二十四年(1685 年),"奉文查覆部札,沅江城久废,无庸议建"。直至嘉庆十二年(1807 年),署县事唐古特复修四门,东曰文星门,西曰望湖门,南曰尚义门,北曰资阳门。据《(嘉庆)沅江县志》所载,其时沅江县城有鼎亨、后街、东门、西门、南门、北门、育婴、鹏程、琼湖堤、湖西岸 10 条街市,有学前云路、制锦、烹鲜等坊(参见下图)。其时该县乡市则有大潭口(铺户数十家)、齐湖口(铺户百余家)、邹家窖(铺户数十家)、莲花坳(铺户十余家)、彭湖潭(铺户十余家)、赛头口(铺户十余家)、杨柳潭(铺户十余家)、杨河(铺户十余家)、沙洋河(铺户二十余家)、廖潭口(铺户十余家)、齐头山(铺户十余家)、株木山(铺户十余家)。[2]

嘉庆间沅江县治图[3]

再看益阳县。关于清代益阳城的城池维护,仍请参见姜金明《益阳老城区传统城市空间格局演进及当代保护更新研究》一文。入清以后,受洪水、火灾等一系列天灾人祸影响,城垣屡毁屡修,然益阳古城主要处于加修与维护阶段,治所一直未变。其城市扩

---

[1]　参见(民国)肖聃:《调查报告:资江之水运》,载《实业杂志》1917 年第 18 期,第 18-20 页。2015 年安化黑茶文物实录编纂委员会所编《安化黑茶文物实录》云:硚市上街位于黄沙坪市老街,清茶业兴旺,最盛时期茶行多达52 家,清政府为护茶商曾派军队驻硚口。晋陕茶商常驻硚口,乾隆二十八年(1763 年)集资铸千斤茶钟以示感谢,保存至今。光绪戊申(1908 年)八月,陕西试用知县刘翙忠曾在黄沙坪赋诗感茶市:"茶市斯为最,人烟两岸稠。"所述与肖聃调查情况有异,或是后来衰败之故,谨附载于此。

[2]　以上参见《(嘉庆)沅江县志》卷 6《城池志》。

[3]　图片来源:《(嘉庆)沅江县志》卷 2《图说》。

张主要体现在古城以外，即所谓"堡上三区"的拓展上，①城市建设依资水向城西延伸，建设一横多纵"鱼骨状"道路体系，形成"接龙堤至东门口"沿江带状发展格局。二堡地区早在唐代就有零星商铺，商业氛围浓厚、环境良好，依托这一优势，明清之后迅速发展为经济桥头堡，各类商铺鳞次栉比，成为最繁华商业地段。诚如姜文所说，纵观乾隆—同治时期益阳县空间布局，发现其体现了一定的规划性，功能分区明确，以拱北街为界，城东是政治中心，县治、府廨集中的地方；城西以西口外商业活动为基础，形成经济生活综合区。随后城市繁荣中也历经了自东向西的演变过程。首先，表现为城东政治中心也出现了衰败的迹象，相较明代，河泊所、税课司、布政行司、按察行司、府馆、公馆等公署或裁或废，仅存典史署、县治等几个较为重要的职能部门。其次，表现在码头、市场、居住聚落位置选择之偏向性上。随着城外商贸日益繁荣，古城空间格局不断向西北方向延伸，扩展街巷，增补诸多商铺、驿站和码头。

《鳊鱼山六里义渡志》中所载渡口图清楚地记录了临兴街至将军庙地段，其由东向西分布有公码头、白码庙、大码头和石码头，为最繁华商贸中心。其中石码头作为益阳

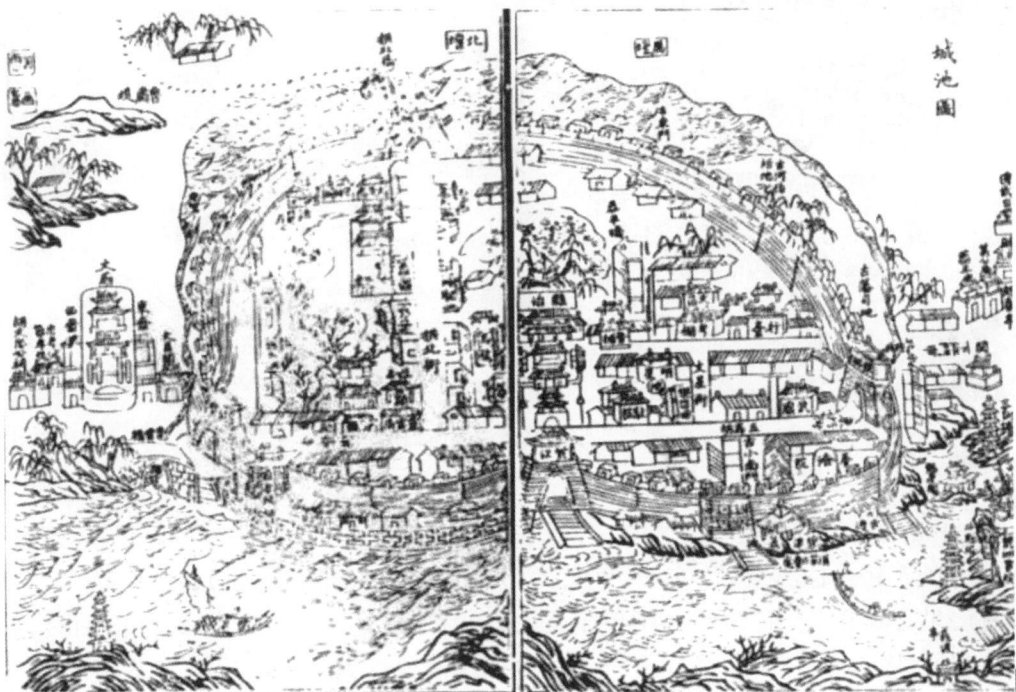

《(同治)益阳县志》卷首所载同治间益阳城池图

---

① 益阳古城外出西门，沿长街分布着林林总总的各式宅院、店铺与码头，形成所谓"堡上三区"，即头堡（贺家桥—轩辕殿）、二堡（轩辕殿—人和码头）和三堡（人和码头—接龙堤）。参见（清）李裕掌、张翰仪纂修：《(民国)益阳县志》卷3，1981年抄本，收入《湖南图书馆藏稀见方志丛刊》，国家图书馆出版社2014年版，第53册。

码头商埠遗存，至今保存完好。① 至迟在同治时期，益阳依托资江"上通宝邵，下达江湘"之便捷水运条件，诸码头舟楫往来繁忙，市尘繁盛，与"金湘潭"对应，被称为"银益阳"。②

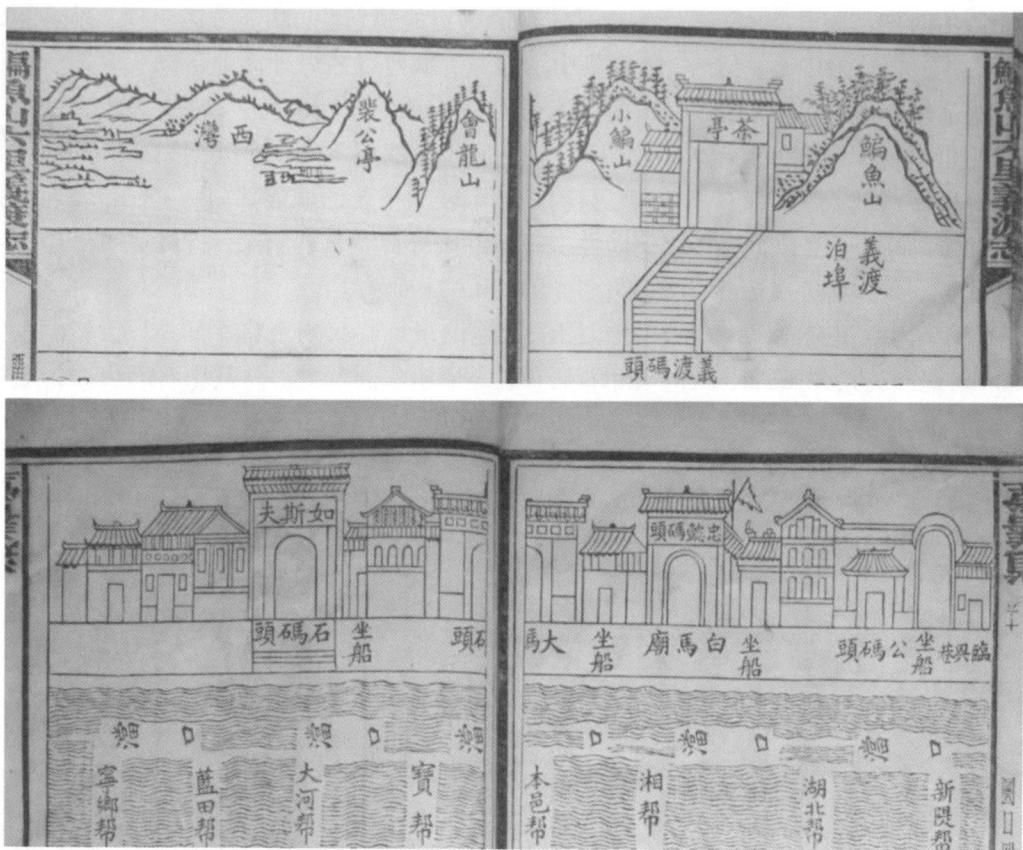

清朝益阳县城西门外渡口图③

清中叶后益阳县商业之发达，亦体现在市镇发展上。《(同治)益阳县志》载其时该县有 35 处市镇：甘溪市(治东 20 里)，沙头市(治东 30 里，有汛)，青草港市(治东 35 里)，将军庙市(治东 70 里，有汛)，兰溪市(治东南 20 里，大口岸)，严家河市(治东南 63 里)，侍郎桥市(治东南 70 里)，朗子庙市(治东南 70 里)，江南市(治南江岸，俗呼小街尾)，三里桥市(治南 3 里)，石头铺(治南 13 里)，宁家铺(治南 23 里，有汛)，山青铺(治南 35 里)，沧水铺(治南 43 里，有汛)，浮云铺(治南 53 里)，衡龙铺(治南

① 参见张轶群、徐勇：《湖南益阳石码头历史文化街区保护探析》，载《住宅与房地产》2017 年第 36 期，第 21 页。

② 以上主要参考姜金明：《益阳老城区传统城市空间格局演进及当代保护更新研究》，北方工业大学硕士学位论文，2017 年，第 30-31 页。

③ 图片来源为丁翰钦等纂：《益阳鲶鱼山六里义渡志》，湖南图书馆藏民国元年(1912 年)道善堂木活字本，第 16 页。

63 里，有汛），青华铺（治南 73 里），红船埠市（西南 10 里），谢林港市（治西南 18 里），新市（治西南 25 里），七里江市（治西南 60 里），欧公店（治西南 70 里），岐头市（治西江岸，商贾辐辏），毛家山市（治西 20 里），新桥观市（治西 40 里），桃花江市（治西 60 里，大口岸，有汛），舒堂市（治西 90 里，有汛），三堂街（治西 120 里，有汛），龙子山市（治西 125 里），大栗港市（治西 135 里），鲊埠观市（治西 150 里），马迹塘市（治西 180 里，有汛，讹作"马家塘"），白鹿铺（治北 13 里，有汛），迎风铺（治北 33 里，有汛），牛鼻铺（治北 43 里）。① 其中颇多市镇见于前《宝安益道示意图》，可参看。

三、大宗商品

《(同治)益阳县志》和《(同治)安化县志》皆有《舆地·物产·货之属》，其所列诸物皆为商品。其中二县共有者，有茶、茶油、桐油、棉花、棉布、苎麻、苎布、葛、葛布、炭（含木炭和煤炭）、棕、纸等；安化县志单列者，有硫磺和铁；益阳县志单列者，有如漆、蜡、蓝靛、蜜、竹簟、竹器。② 除"货之属"可确定皆属商品外，"药之属"其实亦可视作商品。此外，像谷米、竹木等，更是大宗商品。因所涉面过广，难以细说，故这里仅就大宗商品稍作介绍。

谷米　前面述及，谷米在明代就已成为湖广尤其是湖南地区大宗输出商品，以致在当时出现了"湖广熟，天下足"的说法。至清代前期，此谚流传更广，并频频出现在康熙、雍正口中。③ 据学界估计，在康熙末到乾隆初，湖广每年商贩出境之米在 300 ~ 1000 万石，虽波动幅度颇大，但湖广每年外售谷米在 300 万石以上则无疑。因湖广农民"仅仅与谷为命脉""谷熟则尽化命脉为金钱"④"输赋及一切婚丧之费均需粜米"。⑤ 以雍正二年(1724 年)两湖起运存留地丁银数与其时米价估算，湖广须粜米 290 万石才能完纳此项赋银。实际上，民间还需负担其他苛捐杂税及私征私派，故所需粜卖粮食必在300 万石以上。⑥ 另有学者估计，其时每年从汉口所运出之谷米约有 1000 万石。⑦ 此说虽然夸张，然汉口确为两湖谷米最大集散地，像安化、益阳和沅江三县谷米，应有相当大的一部分是经洞庭至岳州，然后集中于汉口，再顺流东下至江浙；或自汉口溯汉水而

---

① 《(同治)益阳县志》卷 3《市镇》。

② 《(嘉庆)沅江县志·物产志》下并无"货之属"，其情况虽不明，但可确定该县出产棉花、棉布、苎麻、苎布、葛、葛布等商品。

③ 参见中国第一历史档案馆：《康熙朝汉文朱批奏折汇编》，档案出版社 1985 年版，第 5 册，第 641 页，第1598 折；第 8 册，第 194 页，第 2635 折；第 8 册，第 525 页，第 2755 折。《雍正朱批谕旨》雍正元年十月十六日杨宗仁奏折；雍正十二年五月十五日·七月八日湖广总督迈柱奏折等。

④ (清)余廷灿：《富民》，载《皇朝经世文编》卷 39《户政十》。

⑤ (清)陈宏谋：《收买民米檄(乾隆二十年九月)》，见其《培远堂偶存稿》卷 37，《清代诗文集汇编》第 281 册，第155 页上。

⑥ 以上参见龚胜生：《论"湖广熟，天下足"》，载《农业考古》1995 年第 1 期，第 135 页。

⑦ 参见张建民：《"湖广熟，天下足"述论——兼及明清时期长江沿岸的米粮流通》，载《中国农史》1987 年第 4 期，第 60 页。

上，直入汉中；或由汉水入丹江至商州，再陆运越秦岭入关中。① 当然，湖南本省聚米处亦不少，如有水路流通之长沙、湘潭、益阳、衡阳、巴陵（今岳阳市）、武陵（今常德市）、沅江、澧州等县，②都是当时重要采购米谷之地。其中又以湘潭、衡阳、长沙、岳阳等处最为繁盛，外省采买粮食亦多在此数处。③ 因此，安化、益阳和沅江三县，应有部分米谷是经洞庭入湘江抵达长沙、湘潭而南下衡阳，循之南下可抵广西、贵州，且与广东、江西接邻，联系地域十分广阔。④

木材 关于清代三县木材贸易，我们并无直接的第一手资料，但民国时期倒是有些材料可供借鉴。譬如1942年曾仲刚撰《湖南之木材》一文，其时代虽然靠后，但对我们了解清代情形仍有一定参考价值。前面提及，自清代中期起，湖南之木材，有所谓"西湖木"及"东湖木"之说，颇为他省所熟知。其中"东湖木"，即湘、资二水上流及其沿岸所产之木。资水流域主要林区在上流之武冈和新宁，安化和新化二县亦不可忽视。与湖南其他地区一样，安化所产木材亦以杉为大宗，其次为松，此外尚有白杨、樟树和栎树等杂木。资水上游之木材，由新宁、武冈两县经夫夷水及平溪水会合于宝庆（邵阳）后，再顺流下运，集合新化、安化两县境内之所产者，直抵益阳。益阳地临资水入湖之口，凡资水干流及其支流所产之木材，先集中于此，然后顺流经东洞庭而直运汉口，麇集鹦鹉洲前，再运往宁、沪各埠，其气象颇极一时之盛。故益阳为资水下游木材最大集散地，其在资水流域木材市场之地位，殆与长沙在湘水流域及常德在沅水流域之情形相似。大抵由益阳外销之木材运往汉口销售者占十分之七，运往长沙及滨湖各县销售者占十分之三。清末民初益阳有木行数十家，且设置地点皆在三堡。⑤ 清末至民初，茶商、木客与粮油行在省内商户中最具特色。"木客"初有"山客""水客"之分，"山客"乃圈购林木商，"水客"则为运销林木商。随着竹木商务运务发展，"山客""水客"多合为一体，按地域组合成帮，据说汉阳鹦鹉洲有"湖南木商五府十八帮"之称。其中有所谓"安益帮"，由安化、益阳两地所属马迹塘、桃花江、敷泥溪、上益、二里、洪埠、歧埠、清埠等处竹木商人组成，经营杉、松、杂木、皮篙（即带皮小杉条）、楠竹、杂木棍、棕片等，年营销量15万两码子。⑥

苎麻 麻有苎麻、黄麻和火麻等六大种类，尤以苎麻品质为最佳，湖南省所产者则几乎全部为苎麻，民国时其年产量十五六万市担，仅次于江西而居全国第二位。而湖南

---

① 《清圣祖实录》卷157"康熙三十一年十二月辛丑"条。此路线参考张国雄：《"湖广熟，天下足"的经济地理特征》，载《湖北大学学报（哲学社会科学版）》1993年第4期，第76页。

② 《湖南省例成案·户律》卷22，载杨一凡、刘笃才：《中国古代地方法律文献》丙编，社会科学文献出版社2012年版。

③ 中国第一历史档案馆：《雍正朝汉文朱批奏折汇编》，江苏古籍出版社1988年版，第2册，第302页，第242折；第9册，第714页，第544折。

④ 以上参考龚胜生：《论"湖广熟，天下足"》，载《农业考古》1995年第1期，第135—136页。

⑤ 以上参见（民国）曾仲刚：《湖南之木材》，载《湖南省银行经济丛刊》之5，湖南省银行经济研究室1942年版，第2—5页、第19—24页、第30—35页。

⑥ 参见湖南省地方编纂委员会：《湖南省志》第10卷《交通志·水运》，湖南人民出版社2001年版，第579页。

苎麻产量则首推沅江县，其次为嘉禾等 5 县，再次为益阳、南洲厅(今南县)、安化等 29 县。沅江县位居滨湖，土壤极为肥沃，全县几乎无乡不产麻(尤以南、北二乡所产最丰)，其产量在民国时保持在年均约十万市担。沅麻无论在品质还是外销方面，确实代表了整个湖南之麻，不但闻名国内，清代民国以降亦蜚声中外。湖南苎麻在昔粤汉南段开通前，几乎全部经由岳阳转运汉口，故斯时岳阳与汉口、九江为国内三个主要苎麻集散市场。沅麻在当地的交易方法，除往昔汉口各麻行经常派人前来贷款收购外，另有一种"包盘"交易。沅麻之集散市场当首推沅江县城，不但县内各乡所产苎麻集中该地，而且邻近之龙阳(今汉寿县)、华容、南洲厅(今南县)、益阳等县所产者，亦多运至沅城销售。① 以上乃征引民国时人之说，其在清代之情形，自可约略窥知之。

桐油 桐油为我国特产，在 1516 年葡萄牙商人赴广州贸易时，桐油始以"中国木油"之名与其他货物一同流出。起初西人不知其用途，输出尚不重要，迄 19 世纪中叶，出口始渐旺盛，第一次世界大战以降用途更广，至 20 世纪 30 年代居然跃居我国出口商品之首。② 湖南省桐油产量在全国仅次于四川，其中以沅水流域产量最大，其次则澧、湘二水流域。资水流域在民国时年产量约 22500 担，仅及沅水流域产量之 5.6%。资水流域桐油又以安化县出产最多，占本流域产量之 53%以上，其他如新化、邵阳、武冈等县产量为 6000 担、3000 担不等。各县所产桐油，除少量供本县应用外，余皆运销省内外，但因山林错杂，交通不便，故多运至河流附近城市，借舟楫之力转销各处，因此形成多个桐油集散市场。其省内有常德、津市、长沙、洪江、益阳等五大市场。益阳为资江流域之中心市场，民国时每年集中之桐油约有 20000 担。因数量过少，汉口各出口行均无分行设此，桐油大部分由水道或担挑至长沙销售，直接运汉者每年仅两三千担。③

茶叶 前面言及，安化茶叶有青(绿)茶、红茶和黑茶三种。其中青茶产量甚少，全系内销，可勿论。至于红茶，据说湖南红茶产量在民国时曾居全国第三位，④但实际上本省创制红茶时间颇晚，约创始于清咸丰年间。自雍正五年(1727 年)中俄签订《恰克图界约》之后，晋商抓住这一难得机遇，积极同俄国人开展茶叶贸易，但其经营重点在红茶。晋商起初所采买者主要为福建武夷山茶叶，茶市设在福建崇安下梅镇，先运至汉口集中再北运。至咸丰年间，因受太平天国农民战争影响，茶路中断数年，晋商始改为采运两湖茶，将湖南安化、聂家市和湖北蒲圻(今赤壁市)羊楼洞、崇阳、咸宁所产红茶，由陆水经长江运至汉口集中，然后北上，直至中俄边境之恰克图交易，将茶道接通。⑤《祁县茶商大德诚文献》证实了此点，其中华民国元年(1912 年)致安化九乡士人《预启》有云：

---

① 参见(民国)黄其慧：《湖南之麻业》，载湖南省银行经济研究室编印：《湖南经济》1948 年第 3 期，第 67-69 页。

② 参见(民国)蒋学楷：《农村生产：湖南之桐油》，载《农村合作月报》1936 年第 5 期，第 85 页。

③ 参见(民国)梁瓮天：《湖南之桐油》，载《礼拜六》1937 年总第 696 期，第 919 页。

④ (民国)彭先泽著，汪勇、李朴云校注：《安化黑茶(校注本)》之《弁言》，线装书局 2018 年版。

⑤ 参见严昌洪：《武汉历史文化风貌概览》，武汉出版社 2017 年版，第 202 页。

尝闻茶出唐朝，贵地宋朝属中国，产出茶叶。秦国，原定引地；晋省，历伐(代)谕旨招商。而两省商人来安采办黑茶，昔年人皆亘古你仁我义，交游信实，说一不二。渐渐人生刁狡，弊端两生，从道光年间九乡绅士公议良法，铸立铁码，每包以二十五色(斤)成包，禀县立案，张示晓谕永守。至咸丰年间，规章汾(纷)乱，九乡绅士复整递禀立，照旧试行。予旧号三和，齐嘉靖末年来安采办黑茶，伐(代)遗传："为商贾，把天理，常存心上，不瞒老，不欺幼，义取四方。"及道光、咸丰定章，黑茶二十五斤归包，散实多归半斤，莫非彼时县尹、绅士不晓？实及(乃)体恤客商千里迢迢而来，蓄养码头。常言"茶是草，客是宝"，是已(以)安化日见兴隆，万商云集。至咸丰三年(1853年)，闽省兵荒阻商，敝旧号在安纂办红茶(下略)①

此为第一手资料，据之可知，晋商大德诚号在安化采办红茶是咸丰三年，估计其应是晋商中较早将重心转移到两湖地区的商号。大约在咸丰八年后，其他晋陕茶商及粤商皆已竞相在安化采买毛茶，以加工成红茶。前引李健桦《湖南之茶》云：

考安化制茶始于清咸丰八年，当时粤南茶商来安化采购毛茶，见当地人工低廉，地位适宜，乃经营广庄，传授安化茶户，制造红茶转输欧美。此种广庄红茶之出口，打包、封箱都是仿照福建武夷式样，茶商运输出口亦多冒称武夷，以求善价。殊不知安化茶质，亦有特异之处，清香醇厚，不亚武夷，欧美人士尝之日久，渐有好感，茶商始敢以安化字牌另立标帜，于是欧美商人竟有"无安化字号不买"之慨。光绪中叶，湖南茶叶输出总额年达百余万担，其中以安化茶为中坚，因其品质与产量甲冠全国。后以印度、锡兰、爪哇之茶蒸蒸日上，华茶销场大受打击，迄今湘茶不过畴昔十分之一，安化茶亦大受影响。②

以上乃专就红茶而言，若论安化黑茶，则诚所谓"其所繇来者上矣"。上面大德诚号中华民国元年(1912年)《预启》中有"秦国，原定引地；晋省，历代谕旨招商。而两省商人来安采办黑茶，昔年人皆亘古你仁我义"云云，盖自明万历二十三年(1595年)安茶被钦定为官茶后，晋、陕、甘三省茶商即在安化设立茶庄采办黑茶运销西北。明清鼎革之际，社会动荡不安，致湖茶贸易一度中断，至康熙二十年(1681年)后，才算完全回归正轨。大德诚号《预启》中所谓"予旧号三和，齐嘉靖末年来安采办黑茶"云云，其中所言"嘉靖"颇可疑，或为"嘉庆"之讹亦未可知。若是"嘉庆"，则该商号入驻安化其实并不算早；然"黑茶"一词已见于明嘉靖三年(1524年)，且安化黑茶发展为官茶，正因晋陕甘茶商越

---

① 史若民、牛白琳：《平、祁、太经济社会史料与研究》第2编《平、祁、太经济社会文献丛录·祁县茶商大德诚文献》，山西古籍出版社2002年版，第533页。

② (民国)李健桦：《湖南之茶》，载湖南省银行经济研究室：《湖南经济》1948年第3期，第89页。

境贩卖安茶所致，故"嘉靖末年来安"亦并非全然不可能。[1] 不过，据整理者言，大德诚是祁县乔家堡在中堂之买卖，在西街路北是钱庄兼茶庄，专办"三和茶"（一块茶一千两，故又称"千两茶"）、"德和贡尖"。故"三和"实为大德诚商号专办之品牌名。[2]

"千两茶"之说亦见于彭氏《安化黑茶》。该书曾将黑茶窖制及销场分类为三：其一曰滚包，清康熙、乾隆间晋陕甘茶商入山采办黑茶，不领引票，办茶成包，重量不一，大小多少均无定额，俗称滚包。其二曰引包，别称大包，产户所制粗老茶叶，以25斤为一乡包，售之茶商，六乡包制成一大包，重150斤（合新制秤180斤），40大包为一引，又曰一票，茶商踹制，向以江南市为中心茶埠，小淹、边江、鸦雀坪、黄沙坪、酉州等处茶号踹制者亦有之。引包依销场又分陕引和甘引，运往陕西、绥远、蒙古各地销售者曰陕引，西安为其市场；运往兰州推销甘肃、新疆、西藏、青海等地和俄罗斯等国者曰甘引。其三曰花卷，茶商收购较细嫩之黑茶，踹成长五尺、圆周一尺七寸、重一千两之圆柱，外用棕、篾紧紧包裹，是为花卷。每卷又曰一支，因净重一千两（16两老秤合37.27公斤，一说36.25公斤），故亦曰"千两茶"。其原在边江茶号踹制，20世纪30年代黄沙坪、酉州茶号亦有踹制者。花卷运往山西、察哈尔、绥远、蒙古等地销售，山西太原为其市场。[3] 花卷做工精良，曾有茶商用水试浸，经七年茶心不湿。此种茶主要是晋商经营，又以籍贯不同分为"祁州卷"和"绛州卷"。"祁州卷"系祁县、榆次等地茶商经营，每支重1000两，产量较多；"绛州卷"为绛州茶商经营，每支重1100两，数量较少。最盛时期，在安化经营花卷的茶商号有30多家，年产3万~4万支。[4]

"滚包"似主要就资金不雄厚者而言。据云，道光元年（1821年）以前，陕西商人驻长沙府益阳县，委托行栈汇款到安化定购黑茶，或以羊毛、皮换购，因资金较少，进货不多，人称"滚包商"。受托行栈雇人下乡采办茶叶原料，踩捆成包，叫"澧河茶"，随后又改为"百两茶"，踩成小圆柱形。[5] 彭氏所言"清康熙、乾隆间晋陕甘茶商入山采办黑茶，不领引票"云云，似谓康乾间晋陕甘茶商皆营滚包，则不确。《（乾隆）湖南通志》卷五十《物产》载："茶产安化者佳，西北各省多用此茶，而甘省及西域外藩需之尤切，设立官商，做成茶封，抽取官茶以充市易，赏赍诸蒙古之用，每年商贾云集。"乾隆二十一

[1] 早期在安化设茶厂、茶行加工茶叶者全系外地茶商。最先来安化收购黑茶的即为晋商。晋帮茶商赴安化办茶始于明末清初。在晋商之后，陕、甘等地商人相继而入，最后是赣、粤及省内茶商。客商中，晋陕甘商称"西帮"，赣、粤商称"南帮"，省内茶商称"本帮"。客帮以晋商资本雄厚，专收红、黑毛茶，精制后，将红茶销往汉口，黑茶运往西北。清道光以前，茶行经营黑茶最高达17万担（折合8950吨）。（参见伍湘安：《安化黑茶》，湖南科学技术出版社2008年版，第48页。）

[2] 史若民、牛白琳：《平、祁、太经济社会史料与研究》第2编《平、祁、太经济社会文献丛录·祁县茶商大德诚文献》，山西古籍出版社2002年版，第481页。

[3] （民国）彭先泽著，汪勇、李朴云校注：《安化黑茶（校注本）》，线装书局2018年版，第28-29页。

[4] 参见陈先枢：《访古湖湘集》，民主与建设出版社2022年版，第402页。1983年北京故宫博物院整理嘉庆遗物时，发现一支以安化黑茶所制"树形花卷茶"，说明在嘉庆间或之前花卷茶即已开始生产制作，亦证实安化花卷茶至少在嘉庆间就已成为贡茶。（参见伍湘安：《安化黑茶探秘》，湖南科学技术出版社2015年版，第13页。）

[5] 参见陈先枢：《访古湖湘集》，民主与建设出版社2022年版，第402页。

年(1756年)湖南巡抚陈宏谋《奏定茶商章程》有云:"陕甘两省茶商领引采办官茶,每年不下数千百万斤,皆于安化县采办,以供官民之用。"又言:"谷雨以前之细茶,先尽引商收买;谷雨以后之茶,方许卖给客贩。如天时尚寒,雨前茶少,则雨后细茶亦先尽引商买足,方许卖给客贩,牙行不得多取牙用,高抬价值。"①可知在其时实以引包为主。

陈宏谋《奏定茶商章程》的背景是"向因等头银色、先卖后买,多所争执",故规定:"将茶商所有等称,由官较定颁发。向后买茶,除茶价按所产丰歉随时消长官不拘定外,其买茶概用纹银九折扣算,等称则照司法九三折扣算,正合市平,茶户称茶亦用官称足给。"这主要涉及黑茶销售中用秤不一及银钱兑换比例问题,因古时流通中银子成色有差异,银钱兑换数量亦不固定,为公平交易起见,故有此规定。然其所针对者,实为黑茶交易过程中所涉诸弊之一端而已。前面曾述及,明安化士绅林之兰等,曾针对其所见诸弊吁请有司加以禁绝。入清以后,随着茶叶贸易日益繁荣,产量不断增加,销售地域不断扩大,参与人员不断增多,茶叶贸易中的舞弊形式和手段越来越多样化,此可于该县所颁各章程及所立各禁碑考见之。

考察清代安化县茶政,其实有颇多第一手资料,且有不少碑刻等实物资料可供参考,从雍正八年(1730年)《苞芷园茶业禁碑》至光绪三十二年(1906年)水田坪《九乡公议茶业禁碑》,共计有碑十数通,另有道光二年(1822年)所铸刘公铁码实物及《(同治)安化县志》所收乾隆二十一年湖南巡抚陈宏谋《奏定茶商章程》、同治七年知县陶燮咸《厘定红茶章程》、九年知县邓育泉《厘定大桥、仙溪、龙溪、九渡水采买芽茶章程》等。这些均已收入《万里茶道安化段碑刻集成(茶政卷)》中,可供参看。② 归结起来,其所言茶市之弊包括茶农掺水、掺假、掺泥沙;茶贩掺水、掺籽茶、掺茶末茶梗;茶行与茶商,有唯利是图,急功近利,收劣质"外路茶"掺入"道地茶"和私改戥秤、轻戥重秤、纹银申色扣水、抹尾、短折、打板杀价剥削产茶户等行为。③ 而针对此等积弊所立"章程"或"条规"、禁碑、罚碑,则对安茶产销各环节作了细致规定,譬如:在生产环节上,禁革外属野茶、禁掺茶籽、苦菜叶等;在交易环节上,禁产货茶户掺假等,禁止掺和潮湿或背地洒潮,颁发官秤等;在运输环节上,禁争挑霸运,禁中途破坏灰印偷取茶叶等。④ 其颁发官秤,除上述陈宏谋《奏定茶商章程》有提及外,尚有嘉庆五年(1800年)《苞芷园斗秤碑》和道光二年(1822年)所铸刘公铁码,尤其是后者颇值得一提。此即前引大德诚号中华民国元年《预启》中所言"道光年间九乡绅士公议良法铸立铁码"事。该铁码铸于道光二年,有现存实物一副,正面铭文"奉抚、藩宪较定茶砝十二斤",反面铭文"道光二年冬月颁发"。是年,安化知县刘冀程以各茶号用秤不一,禀请湖南巡抚、布政司颁发

---

① 《(同治)安化县志》卷33《时事纪》。

② 参见安化县万里茶道申报世界文化遗产工作办公室:《万里茶道安化段碑刻集成(茶政卷)》,2018年版;卢璐:《明代至民国时期安化黑茶茶业史研究》,东北师范大学硕士学位论文,2018年。

③ 参见伍湘安:《安化黑茶》,湖南科学技术出版社2008年版,第12页。

④ 参见周创华、欧阳红焰:《从现有碑刻看安化黑茶产销的规章》,载《湖南省博物馆馆刊》第12辑,岳麓书社2016年版,第518-526页。

库秤，铸成铁码，颁发民间及茶号，每码称茶十二斤，两码一包，其中每包另加三钱作为抛灰散末。此法民人称便，沿用至民国，俗称"刘公铁码"，弥足珍贵。①

第二节　清代前中期的益阳文化

一、清代前中期的益阳教育

（一）县学

清军入关后，随着军事上的不断推进，在明代基础上普遍恢复和建立了府、州、县等地方官学。顺治元年（1644年）诏，"各省府、州、县儒学，食廪生员仍准廪给，增、附生员仍准在学肄业，俱照例优免"，又定"每岁春、秋仲月上丁日，直省府州县各行释奠于先师之礼"。二年诏，"直省府、州、县学，不拘廪、增、附生，每学将文行兼优者，大学起送二名，小学起送一名，入监肄业，听监臣考课，仍以贡、监名色汇送应试。地方学校生员，可择其优异者，入国子监学习"，"定直省岁贡士于京师，是为岁贡之始。府学每年贡一名，州学三年贡二名，县学二年贡一名"。四年定，"直隶、各省儒学，视人文多寡，分大、中、小学取进童生，大学四十名，中学三十名，小学二十名；又定直省各学廪膳生员，府学四十名，州学三十名，县学二十名，卫学十名，增广生员名数同"。②

益阳县建立县学大体应该就在顺治四年，即随着清王朝统治权在当地确立即已建立，《湖南教育史》谓清代益阳县学由教谕李应柏建立于顺治十八年，误。查《（同治）益阳县志》仅言"顺治十八年教谕李应柏重建棂星门、戟门"，并未言该县学宫在明清鼎革之际全毁，则并非全然不可用；且查该志《秩官志》，该县教谕和训导首见于顺治四年，其首任教谕为王泽（湖广景陵人），首任训导为姚士隆（长沙贡生）。在顺治十八年教谕李应柏之前，尚有3位教谕、6位训导，有教官应该就有县学存在，何谓其迟至顺治十八年才建立？该书谓清代安化县学由知县王丕振建立于康熙六年，亦误。《（同治）安化县志》虽载"康熙四年知县王丕振重修"学宫，但重修并不意味着此前学宫全然不可用；且查该志《职官表》，该县教谕在顺治七年已有人出任，其首任教谕为毛凤翎（衡阳岁贡），在知县王丕振重修学宫前已有5位教谕、1位训导，显然该县县学至迟在顺治七年已经建立。至于沅江县学，查《（嘉庆）沅江县志》，该县首任教谕和训导出现在顺治十二年，分别为郑邦相（号又桥，湖广咸宁人，进士）、刘鹏翼（字云光，襄阳岁贡），因此推断该县县学应是建立于此年。但该志又载该县学宫"明末毁"，"国朝知县成明瑞鼎修"，而成明瑞任沅江知县在顺治十六年，"在沅十二载，修学建祠，勤劳政事，卒于官"，疑该

---

① 参见安化县万里茶道申报世界文化遗产工作办公室：《万里茶道安化段碑刻集成（茶政卷）》，2018年版，第18-19页。

② 以上参见（清）素尔讷等纂修，霍有明、郭海文校注：《钦定学政全书校注》，武汉大学出版社2009年版，第5页，第154页；《清朝文献通考》卷65、卷69。

县学生员最初或寄寓于祠庙类的地方学习。①

至于此三县县学生员定额，益阳县学额进 20 名，廪生 20 名，增生 20 名，两年一贡；安化县学额进 12 名，廪生 20 名，增生 20 名，两年一贡；沅江县额进 8 名，廪生 20 名，增生 20 名，两年一贡。然据安化县志载，康熙六十一年、雍正十三年、乾隆六十年、嘉庆元年、嘉庆四年、嘉庆二十五年、道光元年、道光三十年、咸丰三年、同治元年，前后共计 10 次增广学额，安化县学均依中学例加取 5 名，疑益阳县学或均依大学例加取 7 名，沅江县学或均依小学例加取 3 名。②

下面再从四个方面稍作展开。

1. 官绅协力办学

清代益阳、安化和沅江三县教育事业的发展，与地方官吏努力兴学密不可分。三县在任地方官吏尤其是各知县，不少颇有作为，将发展学校教育作为其施政的重要举措，修学宫，建义学，捐廉俸，置膏火，甚至亲自讲学课试。县学为一邑之最重要教育机构，而学宫为县学之重要依托。三县知县率同教谕、训导为修缮学宫、改善办学条件，往往不遗余力，各邑士绅亦皆密切配合踊跃捐资。这可通过县学宫建置来说明，如益阳县学宫，顺治十八年由教谕李应柏重建县学宫棂星门、戟，后吴三桂叛乱时，县学宫鞠为茂草，康熙十八年知县王福舜与教谕鲁应才重修大成殿，建明伦堂。康熙二十年，知县江闿补设大成殿诸祠木主，修葺两庑、棂星门、泮池、木栅、名教乐地门及启圣、六贤祠，建名宦、乡贤祠，设礼门、义路二门，周以缭垣，建文昌阁。是后，康熙四十三年、康熙五十四年、雍正十年历任知县祖彰、姚恒、张健翎等迭有重修补葺。清朝最后一次较大规模修葺在同治三年，由知县徐淦督邑人周世煴、郭价藩、陈朝堃、周其珏等重修大成殿，知县江肇成踵成之。又如安化县学宫，康熙四年知县王丕振重修县学宫，稍移而东，仍南向，宁乡陶汝鼐有记。康熙二十四年知县吴兆庆复重修县学宫，教谕喻之遄捐建启圣祠，提学道姚淳焘有记。是后，康熙四十三年、康熙五十一年、乾隆十四年、乾隆四十年、道光二年、道光二十五年、同治六年历任知县祖彰、刘个臣、曹云升、陈以邦、刘冀程、乔作梁、舒心田等，偕教谕、训导督率邑士绅迭有重修补葺。沅江县学宫毁于明末，顺治十六年明瑞知县事时，鼎修县学宫。康熙十八年，时县学宫庙貌倾圮，训导邹世美重新之。雍正九年知县景仕凤将县学宫迁建于周家湾，庚山甲向，正殿、崇圣祠、东西庑、戟门、名宦、乡贤祠具备。乾隆十七年知县曾昌龄改建县学宫于张家桥，其买民地一十九，契价九百九十三两，契存首事吴启昆家。继修明伦堂、东西学署及灵聪土地祠、泮池。乾隆二十二年，署事王镛造册报峻未几，县学宫砂柱旋圮。乾隆二十九年，知县韩国栋集绅士采麻石改换。乾隆四十一年时，县学宫正殿朽败，崇圣祠蚁蚀不堪，知县方廷机集绅士悉行改换，又将殿后土山飞填崇圣祠后，重新名宦、乡贤两祠，共用

---

① 参见冯象钦、刘欣森总编：《湖南教育史（一）》，岳麓书社 2008 年版，第 512 页；《（同治）益阳县志》卷 7《学校志》；《（同治）安化县志》卷 17《学校一》；《（嘉庆）沅江县志》卷 11《学校志》、卷 23《职官志》。

② 参见（清）素尔讷等纂修，霍有明、郭海文校注：《钦定学政全书校注》，武汉大学出版社 2009 年版，第 199-200 页；《（同治）安化县志》卷 17《学校一》。

制钱八百六十千文有奇。嘉庆元年，学宫正殿蚁蚀将倾，知县傅景錞会同教谕骆孔僎，集合邑绅士义民捐资修建，易以石柱，旧料皆左之。月台、东西庑及名宦、乡贤祠咸加整饰，又增修御碑亭及尊经阁，共用银四千两有奇。①

2. 教官垂范训诲

县学教官教谕和训导，为一县文教所系，是各县学校教育之直接承担者，教谕教导生员，而训导佐之。清代县学教官地位有所提升，教谕、训导在明代秩皆未入流，而清代则在乾隆元年加教谕正八品、训导从八品，位在诸佐杂之上。康熙三年曾于大县裁训导、中小县裁教谕，十九年复设。清代对教官要求颇严，时有提学按临，考其学行，若教有成效，除礼待奖励外，仍据实列荐；若学问疏浅，则戒饬，责令勉进；其老病不堪者，准令以礼致仕；若素行不谨，即行参奏，分别究革。② 这能促使各教官检束自身行为，尽忠职守。截至同治十二年（吴三桂盘踞期除外），清代安化县凡有教谕39人、训导35人，益阳县则有教谕36人、训导48人；沅江县截至嘉庆十九年，有教谕27人、训导30人。三县教谕和训导任职时间普遍较长，有达十数年乃至二十年者。他们忠于职守，以身作则，训诲生员殚精竭虑，对地方文化教育事业发展贡献颇大。下面试举数例：

陈祥麟　字玉书，龙阳贡生，乾隆三年任益阳训导。在任以师道自励，并勖其子琪、瑷、瑀、珉、环、琯与邑人士互相切劘。琪好义，修邑学宫，捐金首倡；瑷、琯善书，真草隶篆俱佳，诸子齐名。尝委筑西林各垸，有廉声，民食其德，立主于周公庙祀之。富而好礼，待士以诚，暇日莳花饮酒，与诸生谈论古今人物，无齿及衙门关节事。改建学斋，出己资为之，不求人帮助。在职八年，有任湘阴教谕，谢职归，士人遮道争饯，赠额"斯文斗望，吾道岩瞻"。③

张元爵　字其修，广济贡生，康熙四十五年任安化教谕，在任作养勤劳，校课诸生，训饬多士，以敦实行、崇正学为务。能文立品者奖之，每月分题课艺，获首选者助以膏火，自是乡试多夔隽者，士风丕振。康熙五十六年岁大饥，元爵具关代民借义仓粟五千石分给民，赖以苏。在官十七年，升汉阳教授，寻擢寿光知县。④

王扬绩　嘉禾贡生，雍正十三年任安化训导，性坦率，闻人有屈，不待请讬，必力白于令，令亦信其直。居官十年，以年老告归。

陈以邦　字萧辅，号梅屏，新宁拔贡，乾隆三十三年任安化教谕。任上刚正廉平，人不敢干以私。宏奖士林，每庠序事，秉义不阿。先是，邑艰科目，邦到任，择诸生高明沉潜者二十余人，各给斋脯，授以举业，四十二年罗生万获隽，嗣后乡、会、廷对揭晓

① 以上参见《（嘉庆）沅江县志》卷11《学校志》、《（同治）安化县志》卷17《学校一·学宫》和《（同治）益阳县志》卷7《学校志·学宫建置》
② 参见（清）素尔讷等纂修，霍有明、郭海文校注：《钦定学政全书校注》，武汉大学出版社2009年版，第83-87页。
③ 《（光绪）湖南通志》卷192；《（光绪）龙阳县志》卷18。
④ 《（乾隆）广济县志》卷9。

俱有人，文风丕振。护邑篆一载，剔弊兴利，奸猾敛迹。在任十四年，擢湖北德安府教授。①

骆孔偊 字介宾，宁远拔贡，乾隆五十九年任沅江教谕。任上砌云路，建坊表，倡修黉宫，表扬节孝，纂辑《沅江县志》，凡有美举，无不乐成。俸满保荐知县，愿服旧职，在任十六年，候升教授，十八年致仕。还山后益致力于古诗文，皆有风格，撰有《补山诗文集》。②

3. 教学内容和日常管理

关于县学之教育内容，清政府有明确规定，即以儒家经典四书、五经及程朱理学为主。顺治九年题准："说书以宋儒传注为宗，行文以典实纯正为尚。今后督学将四书、五经、《性理大全》《蒙引存疑》《资治通鉴纲目》《大学衍义》《历代名臣奏议》《文章正宗》等书，责成提调、教官课令生儒诵习讲解，务俾淹贯三场，通晓古今，适于世用。其有剽窃异端邪说，矜奇立异者，不得取录。"乾隆元年复奉上谕："国家以经义取士，将使士子沉潜于四子、五经之书，含英咀华，发摅文采，因以觇学力之浅深与器识之淳薄。"此外，还须学习《卧碑文》(顺治九年题准，刊立卧碑，置于明伦堂之左，晓示生员)及《圣谕十六条》《御制训饬士子文》《圣谕广训》《御制朋党论》《大清律》等律令时事内容，要求"每月朔望令儒学教官传集该学生员，宣读训饬，务令遵守"。尤其是《御制训饬士子文》中称："遇督抚到任及学臣到任按临，教官率生员、贡、监等，诣明伦堂行三跪九叩礼毕，教官恭捧宣读，令其拱听。如有无故规避者，行学戒饬。生员、贡、监内有唆讼抗粮缘事曾经戒饬者，阶下跪听以示惩戒。倘该教官不实力奉行，或借端需索，奉行不善者，许该管上司题参议处。"又议准："凡恭遇圣节、元旦、冬至、丁祭之期，其优等生员并贡、监等，皆令分班陪列行礼。居址稍远者，亦令轮班入城学习行礼。如有高卧不赴，参错骄蹇者，行学戒饬。至遇督、抚等官到任，及学臣按试，祗谒文庙，亦令一体遵行，并饬令各教官实力奉行，不得瞻徇情面，亦不得借端需索。"③

为使教学落到实处，清代地方官学有严格而频繁的考课制度，即所谓季考月课。顺治十二年奉上谕，各学生员，令提学御史提学道严饬府州县卫各学教官，月加课程不得旷废，亦不得假借督课凌虐诸生。雍正五年议准："嗣后令教官按月月课，四季季考，生员除丁忧、患病、游学、有事故外，照定例严加考试。如有托故不到者，即严加惩治，三次不到者详革。"雍正六年议准，科场取士首场试以经书文艺，二三场兼试策论，原欲其留心经济，为国家有用之才。鉴于其时各学季考月课但试文艺，不及策论，恐士子专尚文辞，不务实学，于政治事务殊无裨益，故规定"嗣后应令该学政严饬教官，季考月课时，于书文一篇外，或试以策，或试以论"。④

以上这些要求，在益阳、安化和沅江三县县学自是遵照执行。

---

① 《(道光)重辑新宁县志》卷 22。

② 《(道光)永州府志》卷 9 下。

③ 参见前揭《钦定学政全书校注》，第 8—11 页，第 26—30 页。

④ 参见前揭《钦定学政全书校注》，第 106—107 页。

4. 办学经费

与明代一样，清代县学教官皆有既定薪俸（每员岁支银 31.52 两），廪膳生亦由官府给予廪膳（廪生每岁共饩粮银 48 两，膳夫银 13 两多），但是廪膳生名额有限，仅 20 名，其余增广生等则无此优待，这对贫困生而言负担不小。为解决贫困生徒部分生活来源以及对学宫校舍等设施的维护和修缮，县学需要有大量办学经费支持。这主要分为两大块：一是每隔十几年甚或数十年的大规模校舍（学宫）修缮或重修、改建，主要靠知县和教官等地方官捐俸及发动当地士绅社会集资与民众捐赞，这在前面《清代益阳、安化和沅江三县学宫建置情况》表中已有体现，兹不再重复；二是学宫岁修及解决生徒日常生活问题等，主要靠学田和校产租赁所得收入。譬如清代益阳县有 10 处学田共计 41.9 石，外加基地、店基、地基、铺地、园子、塘等数处；贫生田 24.5 亩（其中新垦田 2.5 亩）。此外，尚有文庙岁修田 38.55 石及山场、房屋等产业，文昌阁岁修田 27.7 石，宾兴田约 5.5 石，此三者虽不能全算县学校产，然与县学亦不无关系。清代安化县因学宫东南向屡迁改暨书院移建遗有隙地，地或垦为田，或辟为园，赁佃者岁有租入，向归两学官分收行之有年，名曰学田，共计有田 9 丘，正银一钱一分二厘。该县另有卷田，每年共收租谷 133 石；奖赏田水田 50 亩，每年收租谷 80 石（其中 20 石添送书院作主讲薪资，余下 60 石奖赏考列上等之生童），此乃道光十六年邑人陶澍捐置；科举田 138 亩（其中陶澍捐置 120 亩，罗绕典捐置 18 亩），为解决士子参加科举考试川资而设。此三者虽不能全算县学校产，然与县学亦不无关联。沅江县学田主要是赤山田 4.5 石，每年纳租谷 40 石；界排冲有山土 1 所，每年土租纳钱 5 千文；乾隆四十二年变卖两处田亩得钱 691.2 千文，每年收息钱 107.832 千文；此外尚有些其他租课收入。①

（二）社学和义学

1. 社学

社学虽在明末清初遭兵燹破坏严重，但至顺治九年开始恢复。史载，是年题准："每乡置社学一区，择其文义通晓、行谊谨厚者，补充社师，免其差役，量给廪饩养赡。提学按临时，造姓名申报查考。"但康熙二十五年曾一度停办，是年议准："社学近多冒滥，令提学严行查革。"至雍正元年，又以州县设学多在城市，乡民居住辽远，不能到学，故议准仍照顺治九年例："州县于大乡、巨堡各置社学，择生员学优行端者补充社师，免其差役，量给廪饩。凡近乡子弟，年十二以上、二十以内，有志学文者，俱令入学肄业。如社学中有能文进学者，将社师从优奖赏。如怠于教习，钻营充补，查出褫革，并该管官严加议处。"乾隆二年又重申："社学之设，著有成例。其黔省地处偏僻，或有未经设立之处，应再行该督，遵照雍正元年定例，饬令州县官酌量举行。"②此虽针对贵州而言，然与前述各条综合来看，亦足见朝廷对社学颇为重视。

不过，具体到益阳、安化、沅江三县，其社学其实在清代皆不及明代发达，譬如安

---

① 参见《(同治)益阳县志》卷 6《田赋志四·公业》；《(同治)安化县志》卷 18《学校二·公田》；《(嘉庆)沅江县志》卷 11《学田学地》。

② (清)索尔讷等纂修，霍有明、郭海文校注：《钦定学政全书校注》，武汉大学出版社 2009 年版，第 287-288 页。

化、沅江二县在明代原来各有一处社学，至清代皆废弃无闻。至于益阳县，在明代嘉靖年间刘激任该县知县时，曾建有社学 20 所，至明末悉毁于兵燹，至清代仅修复其中 2 所，即桃花社学与兰溪社学。桃花社学在县治西南 60 里（即今桃江县境内），康熙四十九年由知县姚恒重设，不久复废，乾隆九年知县任之彦复设，清朝又废，至同治时唯东林寺左有义学坪一区。兰溪社学在兰溪市（今益阳市赫山区兰溪镇），虽几度兴废，但存续时间较桃花社学长，规制亦较完备。关于其兴废事，具载于胡达澍和孙虞武所撰《兰溪社学记》中，二文分别撰于嘉庆二十二年和道光十五年。据孙氏言，尚有王钟南于道光九年亦曾为文记载其事，惜乎其文不存。要之，兰溪社学不失为研究清代益阳地方乡绅协作办学的典型案例，甚至对了解其时湖湘乃至全国学校教育发展亦有一定参考价值。

2. 义学

义学，亦称"义塾"，作为蒙学组织与社学并行不悖，亦属公益性学校。相较于社学，义学学童更趋幼龄化。其主要针对贫困儿童以及不发达地区的少数民族子弟，所教更具基础性、普及性，兼具慈善救济之社会功能与稳定地方之政治功能。在清代，义学虽起步较社学稍晚，但设置更为普遍。益阳县义学似较明代稍逊，前引林廷式《泉河义学记》云"益邑前明四乡皆有义学"，[①]而清代前后仅有 4 处，即城厢义学、漩塘义学、泉河义学、三堡义学。城厢义学，康熙二十五年知县邸仲最先创建于六贤祠，初置义学田有 26.75 石。康熙五十七年知县王文焕、教谕何锡衮清复义学右侧招仙观故址。康熙六十一年知县江成改建讲堂、学舍、三重门一座，砌墙垣，门额题"义学"。雍正十一年知县张健翎、乾隆十一年知县高自位相继重修，后废，义学田亦归入龙洲书院为膏火之资。漩塘义学，嘉庆二十年建，在益阳县一里之蒋姓族地的蒋姓宗祠旁，因学舍旁有漩塘而得名。其族长积祭田之余费为之，每年择族中之秀而贫者聚学于此，其塾师之薪资、子弟之用度皆取给于此。[②]清朝咸丰六年，知县林廷式又创有泉河义学、三堡义学。安化和沅江二县清代义学的发展则较明代更为兴盛，至清代，安化县有义学 3 所：安化县义学，康熙三十三年知县赵尺璧创建，在县治西中梅书院左；崇义乡塾，乾隆五十九年里人李太和等创建，在常丰乡四保官溪，共有田 37 丘，正银 5 钱 2 分 4 厘；丰乐义学，在丰乐乡桥头河，嘉庆七年知县陈煃在其旧址创建丰乐书院。该义学存在于康雍乾间，道光十八年邑人重修丰乐书院，改名观澜书院。[③] 沅江县亦有义学 1 所，康熙三十一年知县朱永辉创，即同治间娘娘殿所。

清代益阳教育中尚有不可或缺的重要一环，即私学，其亦在普及教育、传播文化和培育人才中发挥了积极作用。一些显宦、富户往往设立家塾以教子弟，譬如两江总督陶澍在其家乡安化小淹就设有家塾教授子弟。而一些士子，或因久困场屋，或未入仕途，亦多受聘任教于各家塾，或自己开设门馆，收徒授学。譬如，清朝重臣左宗棠，通籍前

---

① （清）林廷式：《泉河义学记》，见《（同治）益阳县志》卷 8《学校》。

② （清）杨温：《漩塘义学记》，载《（同治）益阳县志》卷 23。

③ 《（光绪）湖南通志》卷 68。

曾在陶澍家塾执教八年；陶澍之父陶必铨"尝馆益之十里，前后九年，多所造"；徐日东，字焕臣，号南桥，廪生，"里居教授生徒，多掇科第"；胡林翼之祖父胡显韶，"建紫筠书屋，与从弟显璋分教里中子弟，以身体力行为主，故及门成材者多"。① 此类例证颇多，限于篇幅，不过多展开。

（三）书院

清代前期，因统治者对书院讲学活动屡加抑制，故书院发展有近百年的沉寂期。清代中后期，由于官方支持，民间力量积极参与，书院建设事业蓬勃发展。据统计，清代全国兴复和重建书院达 3868 所，超过此前历代之总和。湖湘书院发展与全国一致，不仅修建或兴复书院达 394 所之多，而且其制度日趋完善，教育功能明显加强，社会影响空前广泛，取得了前所未有之成就。② 具体到益阳、安化和沅江三县，清代书院益阳县有 3 所，安化县有 3 所，沅江县有 1 所，相对于明代而言，皆有很大进步（明代安化、沅江二县皆无书院，益阳县有书院 1 所）。不过，清代长沙府 12 个州县共计有书院 75 所，益阳县仅占 4%，安化县仅占 5.3%（常德府 4 县共计有书院 12 所，沅江县占比为 8.3%）。再与湖湘其他州县比较，清代茶陵州有书院 18 所，衡山县有书院 16 所，新田县有书院 16 所，鄞县有书院 11 所，溆浦县有书院 11 所，攸县有书院 10 所，浏阳有书院 10 所，醴陵有书院 6 所等。③ 故从横向比较看，益阳等三县在湖湘地区实处于中下水平。

谨将三县书院备列如下：④

安化中梅书院 康熙三十一年知县赵尺璧创建，原在县城西，后迁教谕署右。由赵尺璧捐俸买城西滨河地创建，南向临伊水，前门一座，额曰"中梅书院"。乾隆十四年邑人邓天人、王崇礼、罗洪荣以书院近市苦嚣尘，迁建于教谕署右。乾隆三十七年训导胡兴黉、四十年知县唐尚武、五十八年知县杨洽、五十九年教谕曾承稷等先后补修。嘉庆八年，知县陈煐相书院内后隙地建文昌祠，并易书院名为"崇文书院"。道光二年知县刘冀程补修，悬"赞化培英"额于过亭。膏火田方面，知县赵尺璧、金成华及邑人张大盛、谭帝元、陶澍等曾陆续捐置田产，至道光十六年每年租谷凡 82 石，土课屋课共钱 5600 文，作为主讲薪资。至于生童膏火，则有教谕陈以邦清出之"赵公钱"及邑人许鸣盛等 45 人捐资。其书院主讲人，唯知有殷瑞世者。⑤ 光绪二十八年书院改为高等小学堂，今为安化县一中。

---

① 参见《（同治）益阳县志》卷 14、卷 16、卷 20；《（光绪）湖南通志》卷 180。

② 参见陈谷嘉、邓洪波：《中国书院制度研究》，浙江教育出版社 1997 年版，第 359 页；冯象钦、刘欣森总编：《湖南教育史（一）》，岳麓书社 2008 年版，第 525-526 页。

③ 不能备列，具体请参见冯象钦、刘欣森总编：《湖南教育史（一）》之《清代湖南书院统计表》，岳麓书社 2008 年版，第 526-542 页。

④ 主要资料来源：《（同治）益阳县志》卷 6《田赋志四·龙洲书院膏火田》、卷 8《学校志下·书院》；《（同治）安化县志》卷 18《学校二》；《（嘉庆）沅江县志》卷 11《学校志》。

⑤ 殷瑞世，字泰余，一字西园，安化常丰乡城北人，乾隆三十年乙酉（1765 年）拔贡，选宝庆府城步县教谕，以丁内艰未就，主崇文书院讲席三十年，成就人才无算。瑞世所学纯粹，植品端方，貌魁梧山立，白须飘然，长尺许。每行官市，坐者立，闹者散，即妇人孺子瞻望丰采，莫不肃然起敬。（见《（同治）安化县志》卷 25《文学》）

安化丰乐书院 原属公地，旧为丰乐义学，嘉庆七年邑人李照轩、李芳园倡众呈准学政何学林、知县陈焕创办丰乐书院，四历寒暑始得落成，讲堂、斋舍咸备。道光十八年，邑人廖逊志、李任良、李寿山复倡补葺，改名为"观澜书院"，并置田租，遴董事经理岁修。基地直五十二弓，横二十一弓。每年租谷八石，同治三年甲子，公择里人李天池、李杜诗收存，发积为补修用。新化李昌平有《丰乐书院记》。

安化滨资书院 书院创办者为黄岱钟与黄运藩，二人分别为光绪乙酉科举人和丁酉科解元。光绪庚寅（1890 年），黄岱钟等于资水之滨创立讲舍，即滨资书院，逮壬辰（1892 年）事犹未竣。光绪三十二年（1906 年），书院奉命改为滨资高等小学堂，今为安化二中。①

沅江琼湖书院 乾隆四十三年知县方廷机偕阖邑官绅等创建，其制内重为室九间，馆师卧房、厨室外，余悉为诸生肄业所。其前为讲堂，讲堂左右为斋房，各二重，重各三间。周以墙垣，高丈许。嘉庆三年，于书院内建考棚。庠生刘湘、祝大平、皮宗傅董其事。其膏火地在大洲头沿河两岸及中洲等处，原系官荒，嘉庆三年知县傅景錞清出详请充入书院，每年收拨地租银 400 两，充书院束脩、膏火资，官为经理。公基三处，俱由看书院考棚人收租。其书院主讲人，嘉庆十二年为陶澧（陶澍从兄），详后。光绪二十八年改为小学堂。

益阳龙洲书院 明末龙洲书院尽毁，唯五贤铁像尚存。康熙二十三年，知县江闿就五贤祠故址建十九贤祠，为书院修复之先声。乾隆十二年，知县高自位就旧址复建龙洲书院，就尊经阁旧址为文昌阁，两旁及前俱为斋舍。乾隆二十一年，邑人蒋煦捐资复修理斋房，得 44 间，各置桌凳、床具。乾隆三十七年，署县冯鼎高重新修复五贤祠，并祠旁室俱为斋舍，又于山下建头门一座，题曰"龙洲书院"。嘉庆六年，县丞胡铃倡众修葺斋舍，置桌椅，增田亩。咸丰二年，太平军至益阳，毁文昌阁及五贤祠。咸丰四年，知县林廷式捐廉重建五贤祠，即文昌阁旧址改建讲堂。咸丰九年，知县郑本玉捐廉修葺斋舍，添设又新斋房 20 余间。高令草创时期，书院经费仅堪维护文昌阁及司书院启闭。高令去后，各义学旋废，20 余石义学田并入书院，经费较之前充盈，然亦仅堪作主讲薪资。经嘉庆五年知县陈嘉言、县丞胡铃及二十一年知县李宗沆等先后倡捐，书院受赠膏火田渐多。据统计，书院膏火田凡 200 余石（另 11 处塘坝屋宇山场未计在内），同治五年丈量实田 180 余石（合 1134 亩以上）。其中，官府断给田约 50 石，邑人捐赠田约 110 石，自购置及自开田约 20 石，未注来源者 3 石。以上田亩每年可得租谷 1800 石以上。② 光绪三十一年，书院改为益阳学堂，民国时改县立龙洲师范学校，后为益阳市二中、龙洲学校。

益阳箴言书院 益阳县治南 50 里之瑶华山，由湘军将领胡林翼创建于咸丰十年，同治元年营建，两年后落成。曾国藩在胡氏逝世后，与李续宜共同接手书院筹建工作，为书院经费筹集费心颇多。书院学田约 840 亩（其中邑人捐赠 270 亩，书院购置 570 亩

---

① 见黄岱钟诗，载夏默庵编：《安化诗抄》，1924 年长沙铅印本。

② 据胡林翼言："乡人以六亩三分为一石，每石可得谷三十石，佃者交租，可得谷二十石，或得谷十石。"（胡林翼：《致汪士铎》，载《胡林翼集2》，岳麓书社 2008 年版，第 450 页）

左右），每年可得谷 1400 石以上。此外，又有胡林翼所捐薪俸、胡家田租收入及曾国藩、李续宜等友人捐助等。光绪三十年书院改为校士馆，1912 年改为箴言学校，定名为第二高等小学，1924 年停办，1954 年重建为益阳县一中。

益阳路德书院 由瑞典差会创建于光绪末，属于外国教会书院，中国籍教师不到三分之一。1923 至 1931 年开设大学课程，主张用中文教学，后并入华中大学。①

以上书院，唯益阳龙洲书院与箴言书院资料比较丰富，但箴言书院已届清朝，故不再赘述，②下面仅就龙洲书院稍作展开，并着重考察其主讲人情况。《(民国)益阳县志稿》中有一份龙洲书院历任山长名单，笔者以此为线索，一一查考，将其中确定者 19 人列举如下：蔡璨，字蕴之(一字鉴屏)，进士，乾隆间任；夏尚懋，字勉夫，号勋斋，举人，乾嘉间任；张孝龄，嘉庆八年任；陶澧，嘉庆十三年任；符鸿，字笔堂，进士，嘉庆二十二年任；胡显璋，字秉圭(一字特堂)，拔贡生，嘉庆二十四年任；叶植嵩，字一山，拔贡，疑在嘉庆年间任；尹袭澍，字叟轩，举人，道光中任；胡达澍，字时甫(一字甘垣)，举人，道光间任；陈诗，字史堂，举人，道光间任；贺光黼，字芗南，岁贡生，疑在道光间任；郭光奎，号霖甫，举人，疑在道咸间任；陈德懋，字简廷，举人，道咸间任；赵裴哲，字午桥，拔贡，同治八年任；熊运昇，字光旭，拔贡，疑在同治间任；刘集勋，字崑墀，号贺田，进士，光绪二十四年任；胡毓琪，号止斋，举人，光绪年间任；周树京，字近三，光绪年间任；黄昌萼，恩贡生，任职时间不详。其中以张孝龄、陶澧、符鸿、胡显璋数人成就较为突出。

张孝龄，字亦九，号香坞，岁贡张谠子，曹耀珩曾孙，乾隆五十三年举人，历官衡山教谕。胸次浩荡，诗文有奇气。曾先后主讲蓝山县三蓝、宜章县玉溪、益阳龙洲、永顺府崇文四书院，课士有法，及官教谕，英才乐育，士林戴之。著有《周鲁纂论》。③

陶澧，字秀伦，号兰江，安化人，增广生，乃陶澍从兄，生于乾隆十六年(1751 年)，卒于道光二年(1822 年)。嘉庆十二年主讲沅江琼湖书院，十三年、十四年主讲益阳龙洲书院，皆能以经术为教，赖以成材者颇众。道光元年和二年主讲川中江津几江书院，生徒从之者 200 余人，一时称盛。《沅湘耆旧集》收录其诗 5 首。④

符鸿，字笔堂，嘉庆五年举人，十年进士，分发河南补洪县，并摄卫辉县，调署灵宝，廉平仁恕，民多爱之。丁母艰，主讲卫辉府崇本书院，归主讲龙洲书院。起服，拣发安徽，署歙县，补授来安，调补婺源，佥称儒吏。居官著述等身，有《易书诗三经味原》6 卷、《纪年尚征录》16 卷、《倪厄》2 卷及《杂识》《益阳志》《来安县志》。⑤

① 参见季啸风主编：《中国书院辞典》，浙江教育出版社 1996 年版，第 886 页；林金辉主编：《中外合作办学质量建设研究》，厦门大学出版社 2014 年版，第 72 页。

② 其详情请参见(清)胡林翼辑：《箴言书院志》三卷(同治五年刊)，收入赵所生、薛正兴主编：《中国历代书院志》第 5 册，江苏教育出版社 1995 年版，第 185-259 页；姚岳：《箴言书院研究》，湖南大学硕士学位论文，2014 年。

③ 上海图书馆藏《张氏三修族谱》，光绪二十四年清河堂刻本。

④ (清)陶澍：《从兄兰江先生墓表》，见《陶澍全集》第 6 册，岳麓书社 2010 年版，第 280-281 页；(清)邓显鹤纂：《沅湘耆旧集》卷 124，岳麓书社 2007 年版，第 5 册，第 51-52 页。

⑤ 《(同治)益阳县志》卷 14。

胡显璋，字秉圭(一字特堂)，拔贡生，嘉庆二十四年任。敦大节，范身名教，修省无间，学宗程朱，著《言行约编》。先授徒乡里，后主讲龙洲书院，课士有法，从子达源兄暨周扬之、蔡用锡、陈士鳌、赵裴哲皆出门下。尝辑邑志，为不愧史笔云。县志中附有赵裴哲为其所撰家传。

此外，有李都藩、郭起藻、吕恕、熊运昌、李沛霖、蔡发、汤瑞、周维翰、张鹏鹜、张考龄、贺甫等 11 人，据云亦曾出任龙洲书院主讲，因无法确证，故仅将其名附录如上。另，益阳清河张氏三修族谱中颇涉及龙洲书院事，据其所载，该族竟有 6 人出任龙洲书院主讲，除前述张孝龄外，其余 5 人为：曹景星(1639~1714 年)，字应郎，号庆洲，本姓张，因其父出继于曹氏，故随姓曹，岁贡生，据云其曾于康熙三十九年主讲龙洲书院，但县志本传未言及此事，①且该书院至乾隆十二年才修复，故予排除；曹耀珩(1674~1740 年)，字佩鸣，号畅庵，景星长子，据云其于五十三年主讲龙洲书院，此人确实文采风流，府县志本传皆称其六岁能文，十二食饩，称神童，长益勤学，博通经史，著有《听涛园文集》，康熙三十七年拔贡，任宁远教谕，训课多方，士风丕变，学使吴大受荐应博学宏词科，不就，巡抚高其倬、布政使张璨聘主岳麓书院讲席五载，从游云集，②但亦未提及其主讲龙洲书院事，亦予排除；曹绍僎(1708~1772 年)，字彦升，号一亭，耀珩长子，康熙三十七年岁贡，著有《枫林古文诗粹》，据云亦曾为龙洲书院主讲；张谠(1730~1798 年)，字穉班，号梅渠，绍僎子，乾隆四十五年岁贡，著有《书圃古文》四卷，据云亦曾为龙洲书院主讲；张绳纲(1723~1769 年)，字叙三，号石卿，乾隆十七年恩科副榜，著有《读史纂论》行世，据云，乾隆三十年，知县朱敏求"重其文望，敦请主讲龙洲"。③ 后面三人县志皆无传，但从时间上推算，皆确有可能出任过龙洲书院主讲。如此说来，连前所述张孝龄，该家族或许真有 4 人担任过龙洲书院主讲，真不啻益阳极具影响力的文化世家，对龙洲书院影响尤巨。

更值得注意的是，《张氏三修族谱》中竟收录有张孝龄手订的蓝山县三蓝、宜章县玉溪、益阳龙洲、永顺府崇文四书院条规，弥足珍贵，可惜限于篇幅，不能备引，仅叙其大概：条规包含仪态和礼仪要求、学习内容和方法及考试程序、纪律要求三方面内容。在日程安排上，它要求诸生每日清晨即起，各于独立静室学习，诵读八股范文；下午读《春秋》《左传》等经典三页，晚间则读格律诗。每日所读都应做好笔记，并装订成册，以便山长检查。山长午后检查学生课业并讲经，配以讲义。书院定期对学生进行集中测验，每遇考试，敲梆三次为号，三声梆毕，诸生务必全部到齐，静坐讲堂等待出卷。凌晨四至六时为出题时间，至下午三至五时考试结束，不可延迟交卷等。④ 此条规对于了解龙洲书院的日常管理颇具参考价值。

龙洲、箴言二书院，一前一后，均为益阳培养了大量人才，而尤以龙洲书院贡献为

① 《(同治)益阳县志》卷 14《乡贤》。
② 《(乾隆)长沙府志》卷 31；《(同治)益阳县志》卷 16。
③ 以上皆征引自上海图书馆藏《张氏三修族谱》，光绪二十四年清河堂刻本。
④ 以上参考上海图书馆藏《张氏三修族谱》卷 3《家训·学规附》，光绪二十四年清河堂刻本。

大。据清末民初教育家、益阳县立第一高等小学校长、龙洲师范教员曾宗鲁先生日记所载，出自龙洲书院之各类生员、举人、进士总计 154 人，后经益阳龙洲学校校委编写组走访调查，曾先生所记者尚不及实有人数之半，则清代龙洲书院所出科举人才数量或在 300 人以上。①

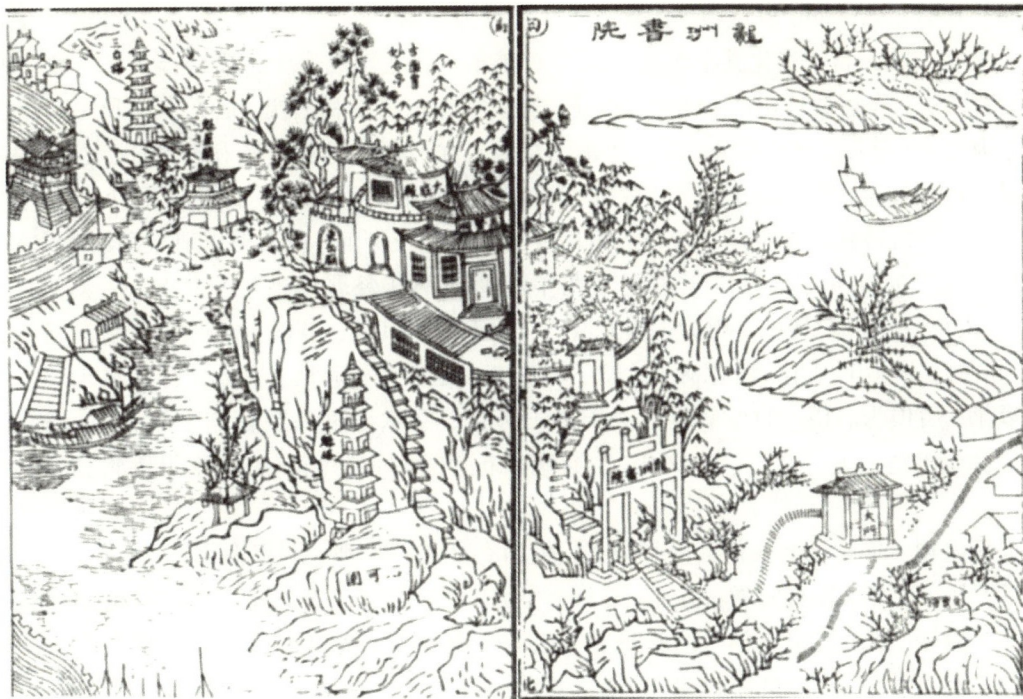

清代益阳龙洲书院图②

二、清代前中期的益阳科举

据统计，整个清代湖南共计出进士 764 人（其中长沙府 419 人），举人 5000 人以上。其中益阳县有进士 21 人（在全省占比 2.75%），举人 172 人（在全省占比 3.4%）；安化县有进士 7 人（在全省占比 0.9%），举人 65 人（在全省占比 1.3%）；沅江县有进士 2 人（在全省占比 0.26%），举人 20 人（在全省占比 0.26%）。而其时长沙县进士为 116 人（在全省占比 15.18%），举人 459 人（9.18%），③其余各县情况限于篇幅不能备举。整体而言，益阳县这 2 项指标均处在全省中等偏下水平，至于安化、沅江二县更是等诸自桧以下。然若与明代作纵向比较，则不啻倍蓰，已不可同日而语，这自是与清代湖湘整体风气已开、人才崛起大有关联。其道光二十年前进士情况如下：

---

① 参见益阳市二中更名组、龙洲校友会筹备组编：《龙洲文献》，1991 年（非正式出版物）。

② 《（同治）益阳县志》卷首。

③ 数据参见冯象钦、刘欣森总编：《湖南教育史（一）》，岳麓书社 2008 年版，第 574 页，第 583 页，第 587-588 页。

安化县：陶澍(嘉庆七年)、王育(嘉庆十四年)、黄崇光(嘉庆十六年)、黄德濂(嘉庆二十二年)、罗绕典(道光九年)；沅江县：吴俊升(乾隆三十六年)；益阳县：陈雅琛(康熙三十九年)、徐日毅(雍正十一年)、邓正琮(乾隆十九年)、蔡璨(乾隆二十六年)、谢最淳(乾隆四十三年)、符鸿(嘉庆十年)、赵先雅(嘉庆二十二年)、胡达源(嘉庆二十四年)、汤鹏(道光三年)、周振之(道光九年)、胡林翼(道光十六年)。上述诸人成就皆可观，其中尤以陶澍、罗绕典、汤鹏、胡林翼极为突出。

陶澍 字云汀，安化县小淹人。嘉庆五年举人，七年成进士，选庶吉士，授翰林编修，晋御史，先后调任山西、四川、福建、安徽等省布政使和巡抚，道光十年升任两江总督。从政40余年，廉洁奉公，所历皆治绩卓著。尤其是在巡抚安徽和江督任上，于整顿财政、督办海运、整治治安、兴办教育、培养人才诸端均著实绩。将两淮纲盐法改为票盐法，一举扭转两淮盐务诸多弊端；而其疏浚吴淞江及浏河、白茆河以泄太湖诸水之举，吴中更称之为数十年之利。于道光十九年病逝于两江督署，赠太子太保衔，谥号"文毅"，入祀贤良祠。其见义勇为，胸无城府，用人能尽其长，节钺有名。在江南治河、治漕、治盐，并赖王凤生、俞德源、姚莹、黄冕诸人之力，左宗棠、胡林翼皆识之未遇，结为婚姻，后俱为名臣。且学识渊博，于经史考据、文章诗赋乃至音韵之学，无所不通。一生勤于著述，所著奏议、诗文集、《蜀輶日记》《陶桓公年谱》《陶渊明诗辑注》并行于世。[①]

罗绕典 字苏溪，安化县大福坪人，生而有文在手曰典，因以命名。少读书于岳麓书院，凡十二年，岁再归省，必徒行，曰："吾借以习劳也。"其志趣可知。道光己丑成进士，入翰林，致力经世之学。遭时亟变，道光帝询军事，绕典进形势扼要塞之图，曹振镛与王鼎交荐谓绕典"良吏材也"，遂召对久，谕近臣曰："此人精神满腹，可外任。"出守山西平阳府，历官秦、晋、楚、黔。太平军进入湖南，绕典奉命联团防守，力解长沙围。后擢至云贵总督，咸丰四年在镇压贵州斋教首领杨龙喜时，罢病卒于遵义，赐谥"文僖"。[②]

汤鹏 字海秋，益阳十七里沿河垸(今沙头镇)人。生负异质，少嗜学，曾达旦不眠。初学为文，即汪洋恣肆，有不可一世之概。道光二年举于乡，次年成进士，授礼部主事，寻调户部，转员外郎兼军机章京，擢山东道监察御史。道光十五年，充会试同考官，十九年充陕甘乡试正考官。其为侍御时，一月三上章，弹劾不避权贵，左迁户曹，直声动朝野。会英吉利就抚，其条陈善后三十策，凡招募练勇、修船造炮、缉奸设险诸务，指陈罄切，疏入留中。才高识远，又博综典籍，足以辅其议论，见诸措施。所著有《制艺前后集》《古近体诗》《浮邱子》《明林》《七经补疏》《信笔初稿》等。

胡林翼 字贶生，号润芝，益阳泉交河人，胡达源子，陶澍之婿。道光十五年举人，次年成进士，入庶常馆，散馆授编修。道光二十年，充江南副考官，因事镌级援例选知府，出守贵州安顺、思南、黎平各郡，政声卓著。会洪秀全太平军波及湖湘，湖南巡抚

---

① 《清史稿》卷379《陶澍传》。
② 《(光绪)湖南通志》卷182；《(民国)续遵义府志》卷18。

骆秉章调林翼会剿，于是由贵东道转臬藩，洊升湖北巡抚。林翼功盖天下，其最著者，克复楚北，鄂渚一清，厥后平定两江、两粤、浙闽，虽为其身后事，实先由其扼险分援，补军转漕，故收全效。而凡奏疏荐封坼、剔漕弊、筹军饷、置水师，筹划无不周密，积劳成疾，咸丰十年病逝于武昌，清政府追赠为总督，赐谥"文忠"，有《胡文忠公遗集》行世。其详细事迹请参见《清史稿》本传，兹不赘述。①

三、清代前中期的益阳学术

（一）经学

在清代前中期，益阳、安化和沅江三县经学著述凡45种，其中沅江县4种、安化县16种、益阳县25种。沅江县之4种，即《周易浅揆》12卷（杨世禄撰）、《三礼互证》（刘宗机撰）、《居丧必读》2卷（祝凤祥撰）、《四礼备参》（皮宗义撰）。② 安化县之16种经学著述中，近一半是易学著作，计有7种，即《易经讲说》（邓秉中撰）、《课子易注》（谌潮撰）、《易爻拟论编》（贺世章撰）、《周易毛诗总论》（蒋显扬撰）、《周易时习录》12卷（谌正品撰）、《易经抉微》（陶必铨撰）、《困翁易学》（王文潞撰）。按陶必铨即陶澍之父，字士升，号萸江，安化一都小淹人，廪生，曾在益阳县十里设馆九年，多所造就。必铨积学力行，长于礼制、天文、律吕、开方诸法，所著除《易经抉微》外，尚有《书经抉微》《春秋汇览》和《萸江古文存》4卷、《萸江诗存》3卷等。③ 又按以上7种易学著作中，以王文潞《困翁易学》较为重要。王文潞，字坦夫，安化二都人，少负奇才，早岁隶县学食廪饩，乃游岳麓磨砺，有文誉，主讲罗典称其为名手。嘉庆十八年（1813年）充贡上庠，屡战棘闱（指贡院）不捷，遂废举子业，专治理学，潜修闭户，自号困翁，经史而外，百家诸子靡不穿贯。尤邃于易，所著《困翁易学》由陶澍为之序，称其"家贫，少藏书，所著述多从苦思独索得之，往往发前人所未发"。④ 今按澍所言盖亦其时安化学界之共相，该邑僻处山陬，学人获书不易，不能聚前贤和当世之作，又乏同道切磋砥砺之助，故著书立说大多有如王文潞，皆从苦思独索得之，虽亦有些创获，其实颇为有限，难臻上乘，播扬亦不广，故流传于后世者甚少。除易学外，其他经学著作如陶必铨之《书经抉微》《春秋汇览》已述如前，此外尚有《〈武成〉疑辨一则》（李隆勷撰）、《楚风论一则》（李洰撰）、《诗经类编合考》（张金麟撰）、《乡党图考》（张裔炽撰）、《音义考正》（许业盛撰）、《春秋纂要》（黄崇光撰）、《毛诗钞略》（黄崇光撰）等，姑附赘如上。⑤

益阳县25种著述中，含尚书学著作4种，即《尚书简》（殷甸方撰）、《尚书纂要》（袁筠撰）、《尚书训义》（尹有受撰）、《禹贡管窥》（王大亨撰）；易学著作4种，即《易学寻

---

① 《清史稿》卷406《胡林翼传》。

② 参见《（光绪）湖南通志》卷245。

③ 《（同治）安化县志》卷25。

④ （清）陶澍：《〈困翁易学〉序》，载《印心石屋文钞》卷八（《陶澍全集》第6册，岳麓书社2010年版，第99页）；《（同治）安化县志》卷25。

⑤ 以上参见《（同治）安化县志》卷32《艺文》。

源》(夏逢芝撰)、《周易通玩》(陈益撰)、《易解经传证》(张步骞撰)、《易书诗三经味原》6 卷(符鸿撰);礼学著作 4 种,即《仪礼图说》(夏逢芝撰)、《丧礼原》(陈益撰)、《周礼疏义》(孙安撰)、《周礼约言》(尹袭澍撰);四书学著作 5 种,即《四书讲义》(徐日宏撰)、《四书订疑》4 卷(夏逢夔撰)、《四书讲义》(廖天闲撰)、《孟子文评》(温其训撰)、《学庸图说》(李光玮撰);春秋学著作 2 种,即《春秋讲义》(即徐日宏撰)、《春秋辨疑》一卷(夏逢芝撰);孝经学著作 1 种,即《孝经疏义》四卷(胡民典撰);小学著作 4 种,即《声音考真》(夏远都撰)、《说文启蒙》16 卷(蔡用锡撰)、《小尔雅疏义》4 卷(蔡用锡撰)、《小正分类》(尹袭澍撰);此外,再加汤鹏之《七经补疏》。① 上述诸家中,有数人须稍加介绍。其一曰夏逢芝。逢芝字仲斋,生卒年不详,其《仪礼图说》有邓正琮序,盖乾隆间人。逢芝潜心经史,不事举业,晚岁筑小楼,颜曰稽古,自坐其中,自称稽古楼主人,所著除上述诸书外,尚有《读史论略》《天文图考》《地舆图考》《稽古楼集》等,盖亦清中叶益邑深造自得之名宿。其二曰徐日宏。日宏字叔含,康熙五十三年(1714年)举人,方正清介,以仁孝著称,讲学西园,倡明经学,从游多知名士,所著除上述《四书讲义》《春秋讲义》外,尚有《历朝史论》《愚斋文稿》等书行世。其三曰蔡用锡。用锡字康侯,号云藩(一作"云帆"),嘉庆十八年(1813 年)拔贡,廷试一等,复试归班,肄业国子监,与胡达源齐名,应顺天乡试,房考拟中南元,呈堂误遗,揭晓士论鼎沸,名益震,归以教育为务,宏奖后进,诲人以有用之学,故及门士多扬历封疆者。用锡优于史事,足迹半天下,交名公卿,凡形胜、风俗、律例、利弊,靡不详审。② 当乾嘉汉学如日中天之际,湖湘间竟寂然无厕身其列者,用锡撰《说文启蒙》《小尔雅疏义》诸书,能稍弥其憾。

(二)史学

史学方面,沅江县无见诸载籍者。安化县之史著,则主要出自陶澍和罗绕典二人之手。然罗绕典虽有《黔南职方纪略》九卷,但梓于道光二十七年(1847 年),已届清朝,可勿论,故此仅述陶澍之作。陶澍事功颇大,学术上亦颇可圈点,以史学而言,撰有《奏疏》《陶靖节年谱考异》《蜀輶日记》《陶桓公年谱》等书,前三者皆已收入"湖湘文库"本《陶澍全集》中。《奏疏》76 卷,按陶氏历官先后顺序编排,包括侍御稿、巡漕稿、巡城稿、川东道稿、晋臬稿、抚皖稿、抚苏稿、江督稿,分为"谢折""漕务""灾赈""盐法"等26 项,分类虽不严密,但对了解时政和陶氏政绩有提纲挈领作用。③《陶靖节年谱考异》2 卷附见于《靖节先生集注》,梁启超曾评价此书:"安化陶文毅著《靖节先生年谱考异》二卷,备列两旧谱而加以考证,至博赡矣。"④朱自清亦认为:"《陶考》旁征博引,辨析精详;其所发明,尤在出处一事。谱首论世系,亦甚周悉。甲子诸说则备载于《靖节先生集注》第三卷前,断语独创一解。"⑤《蜀輶日记》4 卷,是嘉庆十五年(1810 年)陶澍出任

① 以上参见《(同治)益阳县志》卷 21《艺文志》。

② 参见《(同治)益阳县志》卷 16《人物》。

③ 参见陈蒲清:《陶澍全集》第 1 册《前言》,岳麓书社 2010 年版,第 13 页。

④ (民国)梁启超:《陶渊明年谱》,商务印书馆 1931 年版,第 32 页。

⑤ (民国)朱自清:《陶渊明年谱中之问题》,载《清华学报》1934 年第 3 期,第 575 页。

四川乡试副主考时途中所作日记。与别家游记不同，此书大旨不在于山水胜迹，亦不在于考古，而在于实用，以求有补于当时。其此次入蜀，行经各地，详记其地理形势，讨论战守得失，分析人文风情，言明治理之要，结合江河形势，论及漕运水利，见解精辟。该书是陶澍"留心史地之学的第一座里程碑"。[1] 至于《陶桓公年谱》四卷，此乃晋朝著名将领陶侃而作，已佚失，可勿论。此外，陶澍还主持编纂和校刻了《水利七案》《江苏海运全案》《重浚吴淞江全案》等书。《江苏海运全案》记载道光五年（1825年）陶澍督办海运时，江苏藩司所属苏松常镇四府太仓一州，额漕正耗米163.3万余石由吴淞海运至天津一事，此为清代漕运创海运之始。是书汇集这一过程中一应公牍文册，其卷一至卷四为谕旨章奏，卷五至卷八为详禀文移，卷九、卷十为米册，卷十、卷十一为船册，卷十二为图说。是书有道光江苏官刊本。[2]《重浚吴淞江全案》三卷，载道光七年（1827年）江苏巡抚陶澍主持复浚吴淞江事，卷一为水利全图和奏折、上谕，卷二为重浚吴淞江工程相关禀和札，卷三为禀、札和参与工程之官员所作纪事诗，卷末附陈銮所撰《历治吴淞江叙录》。道光十五年重浚浏河、白茆河，该书与后二者汇总为《江苏水利全书图说》刊行。[3] 陶澍还主修过首部《安徽通志》，被道光帝钦定为"全国省志样榜"；纂修过《（嘉庆）安化县志》和《洞庭湖志》，还曾为《（嘉庆）沅江县志》讨论润色，[4]可见其在史学上成就亦颇卓著。

益阳县史著，除胡林翼所撰《皇清一统舆图》三十二卷、《箴言书院志》三卷诸书已届清朝可勿论外，谨将其余诸家备列如下：史论性著作6种，即《历朝史论》（徐日宏撰）、《读史论略》（夏逢芝撰）、《读史随笔》（王琦撰）、《古今论纂》一卷（张绳纲撰）、《周鲁纂论》八卷（张孝龄撰）、《明林》十六卷（汤鹏撰）等，皆已佚失，汤鹏《明林》据云乃"指陈前代得失"；古史考证类撰述4种，即《竹书纪年笺注》二卷（朱远翼撰）、《孔子类考》十卷（朱远翼撰）、《七国形势分编》（周代炳撰）、《纪年尚征录》十六卷（符鸿撰）；舆地类撰述5种，即《渠阳水利书》（程璇撰）、《湖广杂辨》（曾璋撰）、《地舆图考》（夏逢芝撰）、《地理汇考》（孙国栋撰）、《水经补注》一百卷（赵先雅撰），而以赵先雅之《水经补注》较为重要，先雅其人前面有介绍，其史著除此之外，尚有《史记补注》《三国志补注》等；《鼓城学制录》《愧素录》，此二书皆陈雅琛所撰，《（光绪）湖南通志》将其列在《史部·政书类·公牍》下；《陶文毅年谱》四卷（周代炳辑）。周代炳，字虎文，号星如，岁贡，就训导职。代炳自幼读书，无间寒暑，至老逾笃；专攻朴学，不屑时趋；治经先宋儒而上溯汉唐，务为有用之言，尤好搜讨遗逸，阐扬幽光；教弟子详勉，守其法者多造就可观；所著有《四书释地补编》《七国形势考》《吴舲便记》《陶文毅公年谱》《梦亲楼诗文杂集》若干卷。[5]

① 参见陈蒲清：《陶澍传》，岳麓书社2011年版，第315–329页。

② 参见李学勤、吕文郁主编：《四库大辞典》，吉林大学出版社1996年版，第1448页。

③ 参见张霞：《道光重浚吴淞江案石刻文献研究》，载《都会遗踪》2018年第2期，第58–78页。

④ 参见（清）薛淇：《沅江续修邑志序》，载《（嘉庆）沅江县志》卷首。

⑤ 以上参见《（同治）益阳县志》卷21《艺文志》及卷15、卷16《人物志》。

下面再就三县方志纂修情况稍作勾勒。清代安化县志在康熙年间曾经三修，其一是康熙五年（1666年）知县王丕振主修，邑庠生周启邠、郭洪起纂修，次年丁未（1667年）成书刊行，凡八卷（即"丁未志"），正文分38门，附2目。其二是康熙二十三年甲子（1684年）重修（即"甲子志"），主修者知县吴兆庆，纂修者仍为周启邠、郭洪起。其三是康熙三十三年甲戌（1694年）增补重修（即"甲戌志"），主修者知县赵尺璧，纂修者贡生郭洪起、龙德懋。现今唯"丁未志"存世，有国家图书馆藏本。乾隆朝该县并无官方修志之举，然有陶澍之父陶必铨所纂《（乾隆）增订安化县志》二十七卷。该书为陶氏乾隆五十七年（1792年）督修安化文塔时随录所辑，祥异记至嘉庆五年（1800年）；卷五山川志后有陶氏《答邑侯牛先生聘修县志书》。"邑侯牛先生"即牛中瀚，嘉庆九年任安化知县。湖南图书馆收有乾隆末年陶氏清稿本（存卷一至卷五、卷二十四至卷二十七），可补该县乾隆时期无志之空白。嘉庆朝该县亦曾修志一次，肇始于嘉庆九年知县牛中瀚，续修于十四年知县李阔，成书于十六年署县周文重，纂修者为陶澍、王育、黄崇正，凡二十卷，首一卷，正文分20门9目，附12目，有湖南图书馆藏文昌阁刊本。至于同治志，同治七年（1868年）知县邱育泉始修，九年知县余坚、十年知县杜燮续修，纂修者为何才焕等，十一年刊竟问世，凡三十四卷，首五卷，末一卷，正文分10门64目，有湖南图书馆藏尊经阁刊本。①

清代益阳县志凡四修，其一曰康熙志，即康熙二十二年（1683年）知县江阄纂修本。江氏在万历志四卷旧本基础上，"广之为十卷，为类二十，为事一百一十有奇，为文十万五千余言，为时两易寒暑而后告成"。此志今已亡佚。其二曰乾隆志，乾隆十二年（1747年）知县高自位主修，举人曾璋（字峨士，著有《湖广杂辨》，已述如前）等纂，次年由知县蔡如杞续修成书付梓，凡二十四卷，首一卷，正文分20门74目，今有湖南图书馆藏本，存卷三至卷二十四。其三曰嘉庆志，嘉庆二十二年（1817年）知县方为霖主修，符鸿纂，二十四年裴成章续修，次年付梓，道光元年刊竟问世，凡三十五卷，首一卷末一卷，正文分30门120目，附33目，有湖南图书馆藏本。其四即同治志，同治八年（1869年）知县姚念杨主修，赵裴哲纂，十二年继任知县吕懋恒续修，次年脱稿成书付梓，凡二十五卷，首一卷，正文分12志72门21目，附8目，有湖南图书馆藏文昌阁刻本。②

沅江县明代无修志之说，现在所知该县最早修志是在清顺治间，知县张时"搜寻故谱，手为序次"，继纂于康熙初知县成明瑞，然均未成书。至康熙二十五年（1686年）知县顾智纂成《（康熙）沅江县志》十卷，正文分10门53目，今国家图书馆藏有其抄本。康熙三十五年，知县朱永辉复在顾志基础上，"取原本而经理之，条其目而补其遗"。然朱志似未有传本遗世。该县第二次大规模修纂在嘉庆十二年（1807年），由知县唐古特主

---

① 以上参见《（嘉庆）安化县志》卷首及湖南图书馆编：《湖南古旧地方文献书目》，岳麓书社2012年版，第186-187页。

② 以上参见《（同治）益阳县志》卷首及湖南图书馆编：《湖南古旧地方文献书目》，岳麓书社2012年版，第183-184页。

修，教谕骆孔僎纂，次年成书付梓，十五年（1810年）刊竟行世，凡三十卷，正文分30门，附19目，今有湖南图书馆藏尊经阁刻本。该志为该县首次志书刻本，其后复有二十二年吴俊卿增补刻本。此本增补了嘉庆十五年至二十二年间史事。①

（三）子学

子学方面，有两部兵家著作（益阳胡林翼之《读史兵略》四十六卷、安化罗绕典之《团练条例》一卷），因已届清朝，可勿论；几部道学著作，亦留待后面宗教部分再讲。

理学方面，有著作5种，即《性理辑要》（益阳卜祖鼎撰）、《过庭录》（益阳汪大宗撰）、《倪卮》二卷（益阳符鸿撰）、《弟子箴言》十六卷（益阳胡达源撰）、《辨论刘景衡中庸图说》（安化邓宏宇撰）。② 卜祖鼎，字君台，顺治十一年（1654年）举人，志愿高大而苦心焦思，精研性理，期为有体有用之学，知县陈宪冲极尊礼之。授桃源教谕，振兴学校，士风丕变，后致仕家居，乡人奉为师范。所著诗词古今文，体裁醇正，有先民遗风。③ 符鸿行事已述如前，其《倪卮》有衡山聂铣敏题词曰："符子慨然乃著《倪卮》，上探天根，下究地维，中验民极，静证秉彝，因端竟委，由本及枝。其书以天之春夏秋冬为四工，木火金水为四府，人之喜怒哀乐为四权，貌言视听为四官，为天人八常。"湖南图书馆藏有其清抄本。④ 胡达源行事已述如前，其《弟子箴言》十六卷，贯穿经史，从奋志气、勤学问、正身心、慎言语、笃伦纪、睦族邻、亲君子、远小人、明礼教、辨义利、崇谦让、尚节俭、儆骄惰、戒奢侈、扩才识、裕经济等诸端训导学子，自正心、诚意、修身、齐家以迄治国、平天下，儒家内圣外王之道一以贯之。此书流传颇广，今有唐红卫、阳海燕以吴大澂批校本所作笺注本，读之颇便。邓宏宇，字位育，安化县常丰乡人，自号双溪学者，幼聪颖好学，工诗文，颇豪放。及长，补弟子员，一日读《论语》至"居处恭"章忽有感，遂取所作旧稿火之，而专务存养之学，日夜读书不辍，根底六经，旁及子史天文地理医卜韬略诸书，无不贯通，终日端坐，虽盛暑不释服。教授生徒皆有法度，不为空疏迂腐之谈。尝自言："历年攻苦，始知吾身所自来；又数年，知吾心之有主宰；久之，知吾性之即为帝载。"所著有《辨论刘景衡中庸图说》《格物论一端》，县志皆载其全文。⑤

医学方面，《湖南通志》著录益阳、安化二县医学著作凡3种，即《伤寒辨疑》（益阳夏逢谕撰）、《岐黄秘诀》（益阳夏世篆撰）、《医方进一》（安化黄德汲撰）。⑥ 今按夏逢谕、夏世篆，与前面所言夏逢夔、夏逢荨、夏逢芝等人，皆出自益阳浮邱山夏氏文化世家。夏逢谕，字三少，号肆斋，精岐黄，所著除《伤寒辨疑》外，据云尚有《小儿惊风》《喉科图说》两部医学著作。夏世篆，字秦章，号若庵，无意功名，"究心医理，《金鉴》及《景

① 以上参见《（嘉庆）沅江县志》卷首；湖南图书馆：《湖南古旧地方文献书目》，第185页。

② 参见《（同治）益阳县志》卷21《艺文》；《（同治）安化县志》卷32《艺文》，刘景衡指新化刘光南，乾嘉间人。

③ 《（同治）益阳县志》卷16。

④ 寻霖、龚笃清：《湘人著述表》第2册，岳麓书社2010年版，第1041页。

⑤ 参见《（同治）安化县志》卷25《文学》；（清）邓显鹤：《沅湘耆旧集》卷132，岳麓书社2007年版，第5册，第236页。

⑥ 《（光绪）湖南通志》卷251《艺文志七》。

岳全书》玩索殆尽，遍加批点"，后成为一代名医，"数十年间，远近赖以全活者，更难卜数"。① 黄德汲，其《医方进一》亦未见有传本行世，唯陶澍文集中收有《医方进一序》，谓黄氏家世文学，人尊为"樗林先生"，于书无所不窥，间游于医，以寄其活人之意。后于江汉间遇异人授此，其方初视若平平无奇，然投之辄效，因刻之以传。② 益阳县志又提及其他几位名医：其一曰夏泽沛，字卧侯，诸生，好读方书，别有妙悟，尤精于诊，著有《脉义发微》，惜无后人，不知所归。其二曰周世耀，字彝辉，习岐黄，得异人传授，尤精于幼科，能一见而知其生死寿夭穷通及心术之邪正，知县江闿、邸仲皆甚敬重之。其三曰何五峰，精岐黄，治奇疴怪疾神妙不测。其四曰周班爵，号兰室，精于医，决生死寿夭无毫发爽，著有《兰室衣案》。③ 其五曰符永耀，字起武，号信齐，读书好言实用，地理、星卜皆所究心，尤精医理，曰藉是聊以活人。岁洊饥疫，永耀竭金粟药饵以苏贫病，全活甚众。其六曰曾绍孔，字泗英，号我山，雍正七年（1729 年）岁贡生，授桑植县训导，礼法自持，而心存利物，过岁荒竭赀赈饥，自啜粥食，怡然也。晚精岐黄，活人无算，居常手不释卷，经史百家皆能挈其要领，诗文雄博渊永，根极理要，湖南图书馆藏有其《我山草堂文集》四卷、《诗集》四卷、《诗集后》一卷，《湘人著述表》称其另著有《伤寒全书》《脉学纂要》二书。④ 另据《湘人著述表》言，清代安化县尚有梁衣奎者，著有《伤寒注抄》《医法格言》《医法补》《知案随录》四书。⑤

其他著作 14 种。其中，安化县有 7 种：《归田录》，邓天人撰，天人乃康熙五十年（1711 年）辛卯科举人，湖北兴国州学正；《醒愚录》《穷达汇稿》，皆瞿昌大撰，其人行事不详；《续子史辑要》，黄崇光撰；《三才纪略》《经典略诀》各二卷（后合为《二略备参》，陶澍为之序），夏明棨撰，明棨字仪崖，安化二都人，县学生；《格物论一端》，邓宏宇撰，此文探讨气压等物理现象。益阳县亦有 7 种：《天文图考》，夏逢芝撰。《堪舆秘奥解》，属堪舆学著作，周有鼎撰，有鼎字两生，县志有传，著有《东园林史集》及此书。《书法指南》二卷，胡民典撰，民典字圣书，号映塘，益阳十九里人，为胡显韶、显璋兄弟之祖父，县志有传。《代庖录》《翼亭杂记》，陈雅琛撰，通志将前者列为"法家"类著作。《浮邱子》《信笔初稿》，汤鹏撰。汤鹏行事见前，其《浮邱子》十二卷，通论治道学术，"立一意为干，一干而分数支，支之中又有支焉，支干相演，以递于无穷。大抵言军国利病，吏治要最，人事情伪，开张形势，寻蹑要眇。一篇数千言者九十余篇，最四十余万言。每遇人辄曰：'能过我一阅《浮邱子》乎？'其自喜如此。"⑥

（四）文学

文学即集部著作颇为繁杂，据《（光绪）湖南通志》卷二百五十六至卷二百五十七统

---

① 以上参见曾主陶、曾理：《浮邱山先民谱》，岳麓书社 2020 年版，第 260–262 页。

② 参见（清）陶澍：《医方进一序》，见《陶澍全集》第 6 册，岳麓书社 2010 年版，第 182–183 页。

③ 以上四人见《（同治）益阳县志》卷 20《方技》，限于篇幅，不能详述其事。

④ 参见《（同治）益阳县志》卷 17；寻霖、龚笃清：《湘人著述表》第 2 册，岳麓书社 2010 年版，第 1062 页。

⑤ 参见寻霖、龚笃清编著：《湘人著述表》第 2 册，岳麓书社 2010 年版，第 944 页。

⑥ 赵尔巽等：《清史稿》卷 486《文苑三》，中华书局 1977 年版，第 13427 页。

计，沅江县有 3 家，安化县有 21 家，益阳县有 88 家。沅江县 3 家，即吴俊升撰《芷泉遗稿》二卷、《附录》二卷、《补刻诗集》一卷，伍朝赞撰《爱山诗集》八卷，张械撰《友石山房诗集》三卷，前两家皆有刊本行世。安化县 21 家中，黄崇实撰《鸣鹤堂诗草》（《资江耆旧集》中收诗 29 首），陶必铨撰《萸江古文存》四卷、《萸江诗存》三卷及《萸江制义》，陶澍撰《印心石屋文钞》三十五卷及诗集、《靖节先生集注》及罗绕典所撰《知养恬斋诗集》《蜀槎小草》《玉台赘咏》等有传本行世。尤其是陶澍《靖节先生集注》被学界认为"搜讨极为详核，故自来编靖节诗文集者通行之本甚多，当以此本为最完善"。[①] 益阳县 88 家中，胡林翼所撰《胡文忠公全集》八十六卷，然已届清朝，可勿论。其余仅张说撰《书圃古文》四卷，陈其扬撰《习是斋古文》《习是斋诗稿》，夏光洛撰《梅巢居士集》，汤鹏撰《海秋诗集》，曾绍孔撰《我山草堂诗集》《我山草堂文集》，曹耀珩撰《听涛园古文》（《沅湘耆旧集》中收《听涛园诗》32 首），赵先雅撰《赵侍御文集》《赵侍御时文》一卷、《古文》一卷，胡达源撰《闻妙香轩诗文集》，周代炳撰《资江舆颂续集》三卷，黎光地撰《云肤山房诗集》，徐廉玉撰《鷾寄园赋草》一卷首一卷末一卷，陈载华《复远斋诗集》（（《沅湘耆旧集》中收诗 41 首）），周开锡撰《汾湖草堂诗集》二卷等十余家有传本行世。[②]

四、清代前中期的益阳宗教

清朝前中期的益阳宗教仍从佛、道二教来展开。先看其宗教场所，即寺观情况，据不完全统计，清代安化县新建或重修、修复之佛教寺庵有 66 所（其中清代新建 30 所），较明代增加 78%。其中，益阳 18 所（其中清代新建 4 所），较明代增加 5.9%；沅江 3 所（其中清代新建 1 所），较明代减少 40%。清代安化县新建或重修、修复之道教道观寺庙 16 所（其中清代新建 5 所），较明代增加 60%。其中，益阳 8 所（其中清代新建 4 所），较清代减少 11%；沅江 1 所，较明代无增减。在清代，佛、道二教整体上处于颓势，这可从上面益阳、沅江二县寺庙观宇数量上得到印证。但并非所有地方皆是如此，从安化县寺庙观宇数量上看，无论是佛教还是道教，清代皆较明代有较大发展。相对而言，三县佛教发展情况比道教要好，这在安化县体现得尤为明显。在清代，安化县不仅将前代许多原有寺庙修复或重修，还在许多僻远山区兴建了大量庵堂。它们多与当地大族相关，多靠此等大族捐献田产来维修和运转，颇具"家庙"性质。

安化县名刹有：启安寺，肇自宋代，康熙间芙蓉寺僧古梅住持修整寺舍并置有田亩。报恩寺，康熙三十二年龙必昌后裔德涵、德溥、德润重修。陈公寺，乾隆四十八年僧立庵复修，咸丰十一年寺僧玉泉增修内殿一栋、东西厢房，向有寺产，历系佃耕。崇福寺，县东北七十里归化乡浮泥山古寺，嘉庆初性参悟禅师重修。资福寺，县北八十里苗竹山古寺，肇自宋代，原名"苗竹寺"，清代更名"资福寺"。康熙时僧颓败殆尽，雍正二年另招僧杲中住持，乾隆五年何氏族人复修殿宇。镇龙古寺，原名观音阁，一名镇龙庵，康

① 中华书局：《四部备要书目提要》第 4 册《集部·靖节先生集》，中华书局 1936 年版。
② 以上参考湖南图书馆馆藏书目及陈书良主编《湖南文学史》之《湘人著述表四》，湖南教育出版社 2008 年版，第 391-429 页。

熙间武当山云游僧茅晦云挂锡于此,黄元璋后裔复修。桃梵寺,在县北百四十里一都蛾眉山,肇自宋代,清初寺遭兵燹。康熙二年僧不生尽收余烬兴复旧基,二十一年知县吴兆庆捐俸偕僧密闻继修,同治间置寺田计种三石五斗,以供香灯并异日补葺之资等。益阳县名刹有:白鹿寺,清咸丰八年毁于火,同治七年寺僧募捐重建,清水寺,在十九里,嘉庆十九年僧静修、宏远重修,同治年后殿毁于火,僧智能募捐复修;清修寺,在二十里清修山,乾隆间僧正参重修,同治间僧续修;宿水禅林,一名平山庵,在二十里,道光间里人徐有邦、蔡肃卿等重建,并置多文塔于近寺之梅林村,有公置香火田二石有奇;洪崖寺,在一里,原名资福寺、洪霓寺,湖广总督李瀚章为益阳知县时改称"洪崖寺";衡龙寺,在二十里四方山,康熙十年僧巨峰由杭州驻锡于此,建千佛殿等。

在理论建树上,道家方面有著作4部。其一为益阳蔡用锡所撰《元空说约》四卷,其二为益阳伍遇庆所撰《霞洞庸言》,此二书通志皆归入"道家"类,具体内容皆不详,蔡氏其人前面有介绍,伍氏不详。其三为益阳汤昭弼所撰《阴符经解》。昭弼字梦岩,监生,家贫,发学课徒自给,肆力于诗古文,不求进取,兼通禅理,精养生术,著有此书及《南湖诗文集》。① 其四为益阳陈其扬所撰《古本参同契注》。其扬字禹封,号航斋,乃洞庭协千总仙掌诗伯之子,雍正四年(1726年)武举,通经史百家言,兼工书法,所著有此书及《习是斋诗文集》(《资江耆旧集》收其诗52首),年百龄始卒。"益阳陈氏自明末筠甫词老至禹封,盖百有余年矣,世有名人,皆起武科,异哉!"② 其五为安化黄崇实所撰《感应篇集证》。崇实字郁亭,号笃庵,乾隆五十四年(1789年)岁贡,授郴州学正。是书有陶澍为之序,谓黄氏此书乃取赵熊诏《太上感应篇注训证》(又名《航中帆》)之训而更以集证,专以近事为主,"古人远矣,语以近事,犹实而可征,俾观者触目警心,确然知所言之不妄,即确然知感应之非虚"。③ 以上诸书似皆无传本行世。

最后再说说佛教道教的相关人物。清代安化佛教人物在史籍中留名不多,仅载二人,其一曰释器器(此二字疑误),顺治时人,不知何来,喜该邑二都太阳山清幽,居之。博学能医,都人士皆乐与交,后去莫知所终。乡有请乩者降云:"上两口,下两口,曾与先君有旧好。"不解。又云:"人知之是我,人不知是我。"其二曰古梅洌,邵阳人,初为诸生,出家得法于慧山,法语诗文皆有妙谛。住沩山数十年,后演法于紫竹林,参学者云集,重修芙蓉广化寺及县治东启宁寺。④

清代益阳县高僧见诸载籍者有十数人,大致以禅宗系为主。譬如有山翁和尚,名道忞,字木陈,浙江宁波人,"受法密云悟,天童十二家中第八家也"。今按密云悟应是天童密云圆悟禅师,明末禅宗临济宗高僧,其剃度弟子300余人,嗣法者12人,即所谓"天童十二家",而道忞位居其八,康熙时封"宏觉国师",曾飞锡益阳龙牙寺提唱宗风,

---

① 参见《(同治)益阳县志》卷16。

② 参见(清)邓显鹤编纂,熊治祁、张人石点校:《资江耆旧集》卷18,岳麓书社2010年,第366页。

③ 参见(清)陶澍:《感应篇集证序》,载《陶澍全集》第6册,岳麓书社2010年版,第182页。

④ 以上参见《(同治)安化县志》卷27《人物·仙释》。

留有自题像赞。① 又有云叟和尚，名本垚，乃宏觉国师之法子，住龙牙，戒行谨严，得天童正派。曾示众结制云："龙牙者，里结亦不结，解亦不解。有解有结，觌体相违。无结无解，始与他合。"有《语录》六卷。兼工诗，后居溪上庵示寂。又有僧元熙，字丽周，宏觉国师之法孙。康熙间住安州护国寺，继游京师，说法幽州之新寺。善谈象谛，兼能诗、工书札，一时贤贵多乐与之交。嗣住益阳白鹿寺，屡开期，有《语录》八卷。后游滇南，云南巡抚王继文为之序，称其悟处最透。行处无踪，晚住姑苏珠明寺。其余高僧，如僧霜林(江西紫溪人，原明朝进士，明亡后隐于浮屠氏，居岐市之铁柱宫，工诗)，僧实胜(青螺寺僧悟宗之徒，性慧勤修炼，深达禅宗，康熙末游京师，讲法磐山崇恩寺)，髻珠和尚(名扩莹，衡山人，花药寺巨雄禅师之法子，识行高洁，曾住沅江庆云山，后主益阳清修寺，著有《语录》)，僧真烈(字一参，年十二出家披剃益邑之延祥寺，参髻珠于庆云，印契，乾隆间住常德德山，著有《语录》，反居延祥示寂)，僧真觉(字正参，剃发益邑永兴寺，传灯青修山髻珠，乾隆三十一年朝普陀澈真如，归住清修，晚居永兴寺顺寂)，杜多明(祝发净度庵，雍正间参吼天和尚于益邑之龙门，有悟，又随住沩山焚修，清苦识解超脱，后主席龙门，能诗、工怀素草，著有《云子饭》)，僧慧定(遍游丛林，雅达禅旨，曾主席小庐山清修寺，后居常德乾明寺方丈，退隐青螺寺圆寂)等，不再一一备举。

---

① 按此人在《大埔县志》有载：林木陈(1596~1674年)，别号山翁，法号道忞，应是广东大埔县人，明末清初得道高僧，为"广东七奇"之一。曾嗣法于浙江宁波天童禅寺密云圆悟14年，为临济宗31世。顺治十六年(1659年)奉诏入京打醮、说法有功，被敕封为弘觉国师，所著有《北游集》《布水台集》《语录》，收入清初御制《大藏经》(参见《大埔县志(1979—2000)》，广东人民出版社2011年版，第1015页)。

附 录 益阳古代大事记

距今约 30 万~10 万年（中更新世晚期至晚更新世早期，旧石器时代早期晚段）

在今益阳南洞庭湖沅江赤山岛一带已有先民活动。

公元前 389~前 381 年（楚悼王十三年至二十一年）

吴起相楚悼王，"南并蛮越，遂有洞庭、苍梧"，楚洞庭郡或设立于此时，益阳属之。

公元前 329~前 299 年（楚怀王时）

益阳或于此期间置县，其县治或即在铁铺岭故城处。

公元前 278 年（楚顷襄王二十一年）

楚三闾大夫屈原自沉于汨罗江。屈原流放于湘、沅、资水流域达 10 年，相传居于桃花江，作《天问》。

公元前 221 年（秦始皇二十六年）

秦始皇统一中国，在湖南设洞庭郡、苍梧郡。益阳或属苍梧郡。

公元前 202 年（汉高祖五年）

刘邦统一中国，建立汉朝，史称西汉。同年徙封吴芮为长沙王，都临湘（今长沙市），是为长沙国建置之始，益阳属长沙国；同时封吴芮旧将梅鋗十万户，为列侯，安化、新化梅山据传与其有关。

公元前 179 年（汉文帝前元元年）

陆贾第二次出使南越。此前一次在高祖十一年（公元前 196 年）。据传陆贾出使南越时曾在益阳逗留，益阳至今有陆贾山遗迹。

公元 37 年（东汉光武帝建武十三年）

废长沙国为长沙郡，益阳县属之。

157 年（东汉桓帝永寿三年）

十一月，长沙蛮叛，寇益阳。

162 年（东汉桓帝延熹五年）

时长沙蛮寇益阳，屯聚积久，至延熹五年，众转盛。同年八月，艾县募兵亦反，众万人以上屯益阳，杀长吏。十一月，冯绲大破叛武陵蛮，度尚大破零陵蛮（长沙蛮），乱平。

207 年（东汉献帝建安十二年）

刘备南征四郡，此时益阳归荆州刘备。

215（东汉献帝建安二十年）

吴蜀在益阳争锋，刘备派关羽领军 3 万进驻益阳，孙权亦派鲁肃领军 1 万驻益阳，关羽与鲁肃间几近爆发大战，后双方复修盟好，遂分荆州，以湘水为界，益阳为吴国实际控制区，属长沙郡。

257 年（吴太平二年）

析益阳县东南部地区置新阳县（今宁乡县），晋太康元年（280 年）更名新康。

266 年（吴宝鼎元年）

析益阳县西南部地区置高平县（今新化县和新邵县的一部分）。

405 年（东晋安帝义熙元年）五月

桓玄故将桓亮起兵湘中，与符宏等人反晋，杀死郡守。晋派广武将军郭弥斩亮于益阳，符宏也被杀于湘中。

474 年（南朝宋元徽二年）

析益阳县东部边缘地域与罗县、湘南县部分地方，新置湘阴县。

522 年（梁武帝普通三年）

析益阳县北部地方，新置药山县。

607 年（隋炀帝大业三年）

撤新康县（西晋改新阳为新康），仍归益阳县域。

806~820 年（唐元和年间）

僧广慧于资江南岸白鹿山东麓建白麓寺。

860 年（唐咸通元年）

诗僧齐己出生于大沩山，一生写作诗歌 800 多首。

950 年（后汉乾祐三年）

马楚王国二代马氏兄弟争夺益阳。

951 年（后周广顺元年）

南唐灭马楚国，遣其将李建期屯益阳以图朗州。

952 年（后周广顺二年）

朗州军阀刘言遂遣王逵、周行逢等乘隙取潭州，取益阳。益阳铁铺岭古城或毁于上述三年间战事。

977 年（北宋太宗太平兴国二年）

析益阳、长沙、湘乡县部分地方置宁乡县。

梅山蛮左甲首领苞汉阳、右甲首领顿汉凌寇掠边界，宋遣客省使翟守素调潭州兵讨平之。

997 年（北宋太宗至道三年）

潭州太守李允废除潭州三税（地税、屋税、牛税），农业迅速发展。

1072 年（北宋神宗熙宁五年）

章惇开梅山，置新化县，次年又析置安化县。

1130 年（南宋高宗建炎四年）

钟相起义，安化原县城在此乱中荡然煨烬，后移县治于伊溪之西启宁寺处，一直持续到明清。

1132 年（南宋高宗绍兴二年）

杨幺农民起义爆发。

1133 年（南宋高宗绍兴三年）

杨幺势益盛，大寇益阳，杀民团将领袁显。

1135 年（南宋高宗绍兴五年）

岳飞平定杨幺起义。

1277 年（元世祖至元十四年）三月

张虎起兵宝庆府抗元，环邵争应之，复邵之新化，潭之安化、益阳、宁乡、湘潭诸县。

1281（元世祖至元十八年）

元将奥鲁赤擒杀周龙、张虎，元朝在今益阳地区的统治完全确立。

1295 年（元成宗元贞元年）

益阳升格为州，属湖广行省潭州路。

1351 年（元顺帝至正十一年）

红巾军起义反元，次年二月克岳州，继而占领益阳。

1369 年（明太祖洪武二年）

益阳降州为县，属湖广布政司潭州府。洪武初指挥胡海洋于县治筑土为城，置宝庆卫于县城，为益阳常备驻军之始。

1372 年（明太祖洪武五年）

宝庆卫自益阳迁回宝庆。

1503 年（明孝宗弘治十六年）

首修《益阳县志》。署县周济主修，李廷玠、罗允衡撰。

1551 年（明世宗嘉靖三十年）

知县刘激建龙洲书院于资江南岸龟台山，并立社学 20 多所。

是年，拓县治故址筑城墙，内上外砖，墙基宽二丈，顶宽一丈，高一丈二尺，于贺家桥建排水设施，县城初具规模。

1554 年（明世宗嘉靖三十三年）

二修《益阳县志》，知县刘激主持，县人罗允凯等撰。

1573 年（明神宗万历元年）

三修《益阳县志》，知县朱錬主修，蔡继芳、贺凤梧等编修。

1637 年（明思宗崇祯十年）

湘乡天王寺李高峰率众暴动，旁侵益阳、安化、宁乡诸邑。

1643 年（明思宗崇祯十六年）

张献忠率农民起义军取道益阳，屯兵七里桥。

次年，官军左良玉领兵攻剿义军，所到之处，庐舍皆墟，死伤枕藉。

1645 年（清顺治二年）

四月，明督师左良玉兵余党马维兴焚掠益阳、宁乡四日，遁去。

1647 年（清顺治四年）

二月，清军攻占长沙，南明兵溃散，焚掠郡邑十余日，大掠，宁乡、益阳遭难尤甚。

1648 年（清顺治五年）十一月

南明堵胤锡军乱，马进忠、牛万才（材）、刘体纯、张光翠合溃兵自武陵来，大掠益阳。

1649 年（清顺治六年）十二月

南明余部牛万材、马进忠犯县境杀掠。

1652 年（清顺治九年）

五月，南明桂王政权与大西军余部结成联合抗清阵线，李定国与马进忠等出攻湖南靖州等地，宝庆清军官兵李、戴等溃散，顺流至益阳，杀掠三日，遁去。

1664 年（清康熙三年）

置湖广按察使司，湖广右布政使、偏沅巡抚均移驻长沙。湖广行省南北分治，湖南独立建省，益阳属湖南省长沙府。

1674 年（清康熙十三年）

二月，吴三桂叛军兵寇益阳，进陷长沙。

1679 年（清康熙十八年）

二月，吴三桂溃兵由益阳趋安化淹溪（即烟溪）西遁，所过搜山焚烧民庐，掠去壮丁无算。

1682 年（清康熙二十一年）

知县江闿重修县城，筑断垣，设启闭。

1684 年（清康熙二十三年）

四修《益阳县志》，知县吴兆庆主修，周启郘、郭洪起纂修。

1686 年（清康熙二十五年）

县内始设义学。

1727 年（清雍正五年）

中俄签订《恰克图界约》，"万里茶道"开始形成，带来安化黄沙坪镇、益阳大码头古城的兴旺繁荣。

1723~1735 年（清雍正年间）

县内挽修大小堤垸 60 多个，为筑堤围湖修垸全盛时期。

1747 年（清乾隆十二年）

五修《益阳县志》，知县高自位主修，举人曾璋等纂。

1783 年（清乾隆四十八年）

县民将元代至元年间所修 12 垸和以后所修的高湾、温高、来仪、东巴、大兴、新安 6 垸废间成围，更名十八垸。

1802 年（清嘉庆七年）

陶澍中第 63 名进士，授翰林院庶吉士。

1817 年(清嘉庆二十二年)

六修《益阳县志》,知县方为霖主修,符鸿纂,二十四年裴成章续修,次年付梓,道光元年刊竟问世,

1830 年(清道光十年)

陶澍提升两江总督,江苏巡抚,两淮盐政。

1836 年(清道光十六年)

胡林翼中进士,授翰林院编修。

1839 年(清道光十九年)

两江总督陶澍卒于任上,朝廷赠太子太保衔,谥文毅。

1840(清道光二十年)

鸦片大量流入县境。县城及近郊三里桥,烟馆林立。民间歌谣云:"三寸枪,一盏灯,杀人不见血,自寻自作孽。"

下编

兔子山遗址发掘和收获概述

张春龙①

一、前言

兔子山遗址所在的铁铺岭在益阳市城区,兰溪河与资江交汇处。遗址为低矮山岗,范围约 35000 平方米,遗留古文化遗迹众多。该遗址于 1978 年发现,当时称为铁铺岭遗址。遗址北距滨江路 250 米,西界甘宁路,东邻铁铺岭巷,南侧是原油脂厂职工住宅区,兔子山位于岗地东北部,海拔最高 45 米,相对高度 5~10 米。益阳文物部门对遗址进行了多次调查和试掘,收集的文物有东周时期的夹砂灰陶和夹砂红陶钵、罐残片,汉代的方格纹陶罐、绳纹筒瓦、板瓦、瓦当等遗物,1997 年益阳市人民政府将其公布为益阳市重点文物保护单位。

长沙易盛达置业有限公司(简称易盛达公司)获得兔子山地段的开发权。2013 年初春,益阳市文物局对开发区域进行抢救性考古勘探和发掘,5 月 28 日在 3 号井中发现简牍。益阳市文物处将此情况上报湖南省文物局和湖南省文物考古研究所,湖南省文物局报告国家文物局,得到继续工作的许可和发掘执照,湖南省文物考古研究所和益阳市文物处组成考古队,发掘工作持续至 2013 年 11 月。发掘为配合城市建设而进行。易盛达公司理解文物抢救的重要性,为发掘工作留出了较充裕的时间。

发掘区域原为赫山区粮食局粮食仓库和油脂厂生产车间,地表为现代建筑覆盖。通过艰苦细致的勘探工作,明确城址平面呈长方形,东西宽 400 米、南北长(现存)300 米。发掘面积 1000 平方米,清理古井 16 口、灰坑 56 个、灰沟 7 条、房屋建筑遗存 9 处。出土文物有陶器、瓷器、木器、铜铁等金属工具和动植物标本,数量以万计。其中,大型的陶瓮、盆、灯和完整的大型空心砖与简牍很引人注目。古井中有 11 口出土了楚、秦、汉时期的简牍,数量共计超过 15500 枚,是研究战国秦汉至三国时期益阳历史的珍贵实物资料。综合简牍和其他文物的时代特征,可以认定遗址是楚国、秦汉至唐宋时期各朝益阳县衙署所在地。出土文物共存关系明确,是建立益阳及湖南地区物质文化历史序列极其难得的实物标本。

改革开放以来,我国经济腾飞,文化繁荣,人们对于文物考古工作的关心程度也日渐提高,但是对考古工作具体实施和细节的了解则可能因缺乏合适的渠道而多有隔膜。

---

① 作者系湖南省文物考古研究院研究员、益阳兔子山遗址考古首席专家。该文写于 2023 年 5 月。

兔子山遗址的发掘是一个较好的考古工作个例，对其发掘过程、考古收获的介绍可以帮助大家更好地了解文物考古工作。

益阳地域土肥水美，物产丰盈，自古以来即人类择居生息的佳美之地。先民们的生产生活活动造就众多的辉煌，在漫长的历史时光中，时间晚的建设活动往往会掩盖或破坏较早的遗存，近年来的建设工程日新月异、令人惊骇，更是有扰历史遗留的清静。时至今日，遗址原生文化堆积多被毁或扰乱，西北部地面文化堆积层已荡然无存，东南部文化堆积保存略好。以位于遗址南部的 T0916 为例，地层堆积可分五层，据出土文物时代特点，这些遗存分别属于东周时期、秦汉和其后各朝代，最上层是近现代扰乱层。

具体的遗迹现象以古井群落最具特点，水井具有其他遗迹所没有的深度，得以很好地保存到今天。井的结构为平面圆形，井身为竖直土坑，有的井使用陶井圈保护井壁和保持井水澄澈。古井一般口径 1.1~1.5 米，深度 9~10 米，均凿穿厚达 8 米的红壤层，再深入青灰色沙泥层 1~2 米，沙泥层透水性好，地下水通过沙泥层渗透、集聚在井中。当时的工具简单，凿井是高强度的劳动，是艰难的创造建设，先民们享用清澈的井泉，井水给先民们更多的健康保障。

二、简牍文物的收集和前期处理

（一）考古现场概观

考古工作根据国家文物局颁发的田野考古操作规程开展。

先确定遗址范围，勘探分析遗址的堆积保存情况，再选定发掘区，在地面设定坐标。一般按 10 米乘 10 米的规格布下探方，逐层清理。文物，金属、陶瓷、砖石等文物，因其质地坚牢、结构稳定，保护相对简单。长条形的竹木材质文物，悉数收集，运送到实验室，以待仔细甄别。竹简出土时有成组出现和零星分散出现两种情况，长条状竹质物中如有竹简，则归入零星散乱一类，收集包装时分别对待。成组的简牍以彩条布承托出井，裹以窗纱，移入包装箱中。箱内垫以海绵，加蒸馏水和灭菌药剂。对零星出现的简牍详细记录，在包装箱中垫以海绵和保鲜膜。一层简牍，一层海绵和保鲜膜，据层位和出土时序依次摆放。保鲜膜既可保持简牍的饱水状态，也可避免磨损简牍的文字墨迹。

（二）室内清理

这一步骤为室内发掘，综合以往工作经验，拟定工作程序。前面提到简牍有成组出现和零星出现两种情形，现场已对其做了有针对性的处理，室内发掘同样需要区别对待。首先，将成组的简牍自箱中取出，置于工作台面上，小心揭去包装，清除表面淤泥、杂物，拍摄照片，设置参照坐标点、绘图、编号、揭剥，按编号装入塑料盘中，压上玻璃条以免漂动错位，然后，进入清洗阶段。每一组简牍重复上述程序，逐层清理，直至完成该组简牍的揭剥。零星散乱出土的，因为现场装箱时依据出土顺序，此刻按出土顺序逆序装盘，其中非简牍占很大比例，需要边清洗边甄别。选出的简牍装盘顺序与出土时相反，其余步骤与成组简牍相同。最后，完成简牍资料的数据采集，方法包括红外扫描和彩色摄影。

三、简牍概述

简牍形制多样，简、牍、签、楬、槧等形式齐备，最具特色的是 J3 第五层出土的木牍，长达 49 厘米，幅面较宽，可容纳四五百字。文字字体包括战国楚文字、秦篆、古隶、汉隶，各体皆备。

简牍大多数是政府档案，少数为私人书信，均为毛笔墨书。根据简牍记载的具体时间内容，这些档案文书分别属于战国楚国晚期、秦、楚、西汉吴姓长沙国、西汉刘姓长沙国、东汉长沙郡，时间跨度 400 多年，几乎涵盖了我国考古发现中出土简牍的所有时间段。简文记录县乡行政运作的具体事务，涉及国（郡）、县、乡、里、亭等行政管理机构的设置和各级职官名称，可据此研究各朝基层官僚行政体系和行政运作情形。

出土简牍数量集中的有三号井、六号井、七号井、九号井，下面按时代由早到晚的顺序简单介绍。

1. 九号井（J9）

（1）九号井概述。

J9 位于遗址北部偏西，井口平面形状为圆形，结构为圆筒形土坑直壁。井内堆积可分为 9 层，出土文物有陶器、陶砖、陶瓦、铜器、铁器、石器、漆木器、简牍及动植物遗骸。

（2）简牍。

总数 790 余枚，经过清洗、甄别、红外扫描，第 3、5、7、8 层保存有简牍，其中第 7 层竹简应为一次性投入井中。保存情况不好，糟朽、降解严重，多折断和纵向开裂的情况。

（3）秦二世胡亥诏书。

3-1 木简，因其幅面较宽，多行书写，可称之为木牍，是秦二世继位改元的第一个月颁布的文告，学术界称之为"秦二世诏书"。长 23 厘米、宽 2.4 厘米，重 10.8 克。3-2 简牍是司法文书，长 46.2 厘米、宽 2.5 厘米，重 47 克，是秦二世胡亥继位第一个月发布的诏书，内容为：

> 天下失始皇帝，皆遽恐悲哀甚，朕奉遗诏，今宗庙吏及箸，以明至治大功德者具矣，律令当除、定者毕矣。元年与黔首更始，尽为解除流罪，今皆已下矣，朕将自抚天下（正）
> 吏、黔首，其具行事已，分县赋扰黔首，毋以细物苛劾县吏，亟布。
> 以元年十月甲午下，十一月戊午到守府。（背）

"朕奉遗诏"强调继位政治的正确性，"尽为解除流罪"是司法改革，"分县赋扰黔首"有经济改革、赈济平民之意，"毋以细物苛劾县吏"则是吏治的变化。二世虽然年少，但未必如历史文献所记载的糊涂，他也和臣属一样看到了始皇政策的诸多弊端，流罪在当时是极为严重的法律惩罚，有流罪重于死刑的说法，这一做法一直延续到明清。"尽为解除流罪"是一件非常大的事件，是重要的司法改革，可惜胡亥享国日短，这一法规未能实施并影响到后世，也可能在某个时刻他有此善念，说说罢了。有学者释"流"为"故"，但即便是"尽为解除故罪"，也缺乏实施的可能性。

诏书短短 104 个字，内容丰富，超过秦泰山、琅玡刻石和铜版秦二世诏书等。秦二世诏书可与北京大学藏西汉简牍中的《赵正书》互相印证，对于研究秦代历史和秦二世其人具有重要的价值。

（4）事卒簿。

第 7、8 层是竹简，长 22～24 厘米，宽 0.7～0.9 厘米，厚 0.1 厘米。两道编绳。饱水状态时完整简重 2～2.4 克，最重 3.6 克。竹简残损糟朽严重，缀合、复原文档难度大。竹简文字是典型的楚国书写风格，内容是楚国益阳县工作记录，简七·一上端虽略有残断，文字似乎未受影响，简文较完整，为"事卒凡五十四人，远栾之月乙亥之日，□□□□不□将卒……"，具体年名未见记录，记月以楚国独有的月名"远栾""刑栾"等，以干支记日。

记录事卒和吏员的格式：（州、邑、里）+人名、县名+职位+人名、身份（或爵位）+人名+所居之里名，参与"行"的官员官职与姓名。

简文中卒、倅并出，无疑为同一字。"事"读如"使"，有安排、差遣之意，或者是行役、从事某种工作的平民的专称。

地名和官名有益阳□□大官首、絫易剒、芋州公、冀溪公、□易公、蒉公、下佰令、上佰司马等，"大府"则可能是负责某些专门工作如管理钱物的部门。因简文残泐过甚，无法探讨里之上的行政单位名称如邻戓、絫易、芋州、曾、宜处、襄邑、蔡等，它们未必是益阳县所辖，可能和益阳一样是县名。简文所载里名也无从还原到具体的县、戓、州、邑之中。

这批竹简是益阳县（益阳"也作贳易"）县署记录"事卒"的簿籍。简文未见题名，且缺乏传世文献和同时期的出土文献可供对比，时代稍晚的里耶秦简中有"吏员簿""作徒簿"，更晚的居延汉简中有"劳作簿"，考虑到简七·一至七·八多有"事卒"一词，可称之为"事卒簿"。

书写时一支简记一人或一事，简洁明了，简面大部分留白，以保持簿籍卷面整齐，文字醒目。

简文大多数以楚国文字书写，简七·一四五至一五〇的文字风格更接近秦代隶书。比较费解的是简七·一五一，它长仅 3 厘米，双面书写，一面是楚文字，一面是秦文字"郡县"，以此推测，虽竹简记事未载具体年份，但离秦国势力的到来"天下为郡县"已经不远了。"事卒簿"是考古工作中首次发现战国时期县级衙署的档案文书，是探讨楚国基层政府行政运作非常重要的资料，可用以研究楚国的县乡里等设置、官制、人口管理、历史地理等。

（5）井的开凿、使用、废弃分析。

J9 出土的釜、甑、盆、瓮和大口罐等日用炊器及空心砖等砖瓦建筑材料是秦文化的代表性物质遗存，同出楚、秦简牍而不见汉代及以后的遗物，可推断其废弃时间当在秦末，大量残破建筑砖瓦及生活器具被丢弃于井内可能与秦末战乱之后、汉初重建衙署的工程有关。高领圜底的汲水罐特征明显，是楚地所特有的，这些遗物都与秦代遗物共存，从里耶、长沙等古城的考古情况看，秦灭楚后，湖湘一带似乎未经过激烈的战争即为秦所有。基于以上理由，我们认为 J9 开凿于楚国晚期，秦代沿用。

陶器，特别是陶釜、盆、罐、瓮、甑，个体很大，这些应该是当时益阳县衙署厨房的专用器具。

2. 八号井(J8)

八号井出土有大量生产生活用物品，简牍十余枚，简文特征是楚国文字。字迹多不可辨识。最为珍贵的有 J861，形态为六面形长竖条，这种形制的简牍称为"觚"，可辨认的文字"张楚岁"应是具体的年名，指公元前 208 年。秦末陈胜吴广起义建立政权，号为"张楚"，其兵锋未必实际到达今天的湖南一带。此觚所记"张楚岁"应是湖南益阳等地响应陈胜、吴广起义，建立新的政权，复兴楚国的政治文化，重新采用楚国的大事纪年法纪年，用前一年的大事件作为当年的年名。这一改朝换代时期的具体人事和这个短暂存在的区域政权，历史失载，简文也没有更多的记录。

3. 七号井(J7)

七号井出土有筒瓦、板瓦、陶器、简牍。经过清洗、红外扫描后统计，七号井出土简牍 2600 余枚。内容为公私文书，涉及人口、田亩、赋税等。公文格式为年月日、县乡官吏名称、事由、记录者，是西汉初年吴姓长沙国益阳县档案。

(1)简牍概况。

简牍出土时情状欠佳，残、裂、断现象严重，完整简牍仅百十枚，形制长宽不一，制作粗糙。形制规范的完整简牍长约 23 厘米，有多面书写的残觚数例。楬类顶部有钻孔，上端平直或呈舌状弧突，画有网格图案或径直涂黑，或二者兼具。竹简存在编联关系，多是单行书写，内容以簿籍类为主，复原难度较大。保存较为完好的木牍正背面书写，行数多者有四五行，形成完整的单篇文书，记录行政事务。这批简牍中更多的是削衣，削衣大小、厚薄有异，有削改文书的遗留，多是习字时边练习边削除所致。

有纪年朔日干支的简文对研究秦末汉初的历法很有帮助，西汉初年吴姓长沙国采用汉朝廷纪年，简牍纪年集中在汉高祖十一年至高后四年(前 196~前 184 年)。简牍被弃置于井窖中，出土时杂乱无序。年代较早的资料弃置在下，年代稍晚的资料堆积在上，七号井资料是难得一见的填埋有规律的例证。同一层位纪年信息有残缺的资料，可由纪年明确者推定其年代。

不论是从纪年简看，还是从相关内容看，我们都可以确认这批数据是汉初长沙国属县益阳县署的文书遗存，以县署经办的各类文书为主体，有少数几封私人书信。简牍年代与里耶秦简相距十余年，时代相连，衔接紧密，其形制、公文格式继承了秦朝的制度。简牍材质选择多样、墨色浓淡纷呈、书写不规范或草率，反映了秦末农民战争、楚汉战争兵燹离乱之际，新政权建立、百废待举之时的匆忙与权宜。

(2)长沙国的行政建制、官吏设置。

汉高祖五年(前 202 年)"以长沙、豫章、象郡、桂林、南海立番君芮为长沙王"。象郡、桂林、南海三地为虚封，其地由南越赵陀实际控制。有学者以为汉郡成为王国疆域后，国都所在之郡应改称内史，故汉初的长沙国实有（长沙）内史及武陵（支郡）两地，其前身即里耶秦简中的苍梧郡、洞庭郡，国都临湘。高后七年（前181年）从内史地中析置桂阳郡，这种格局一直延续至汉文帝后元七年——吴姓长沙国除。以上结论是据传世文献得出的，考古方面的证据欠缺，七号井的简牍数据对于上述论断有证实、补充之功用。

长沙国遵行汉朝廷律令。7-1（木牍）收录律令篇目40余种，是出土简牍中收录西汉初年律令篇目最多的。

汉初长沙国有内史而无长沙郡。简文"丞相府、内史府、中尉府"或"丞相府下内史府"等（J7⑥7、J7⑦48）即例证。简牍"少内书二月甲午朔：日，内史杲告中尉、武陵守昌行御史"（J7④110），担任长沙国内史的"杲"首次出现在研究者的视野中。"武陵守昌"可以有两种解释：一作武陵郡守"昌"解，一作武陵守令"昌"解，作"守令"解是指代理县令。简文语意以理解为武陵郡守为宜，下行文书的接收者中尉是王国高官，与之并列出现的应是同级别官吏即郡守，这样也与其后的"行御史"匹配。据沅陵虎溪山汉简"故沅陵在长沙武陵郡"，至迟在吕后元年（前187年），武陵郡已存在。

（3）桂阳郡的设置。

> 五年七月庚辰朔丙申，内史阳谓观川、桂☒
> ☒便、茶陵、郴采锡，西山、昭陵、泠道啬夫☒☒"　　　J7⑦305

"五年七月庚辰朔丙申"，是汉惠帝五年七月。"桂"字下残断，因"观川、桂阳"多次出现，推知"桂"下残字当为"阳"，即桂阳；观川、西山地望不详，其余是桂阳郡属县；武帝时泠道、昭陵改隶零陵郡，汉平帝时又置昭陵侯国；简文所见"采锡"，即采锡官，与文献所见"长沙出连锡"、桂阳郡有"金官"的记载相符合。从文书运作程序分析，是内史下文给桂阳金官及昭陵、泠道等县道长吏，上述诸县、官当为内史辖地。由简文可知，惠帝五年时桂阳郡仍不存在，高帝置桂阳郡之说不能成立。桂阳郡的设置如周振鹤所言"疑吕后七年分长沙内史置"。

（4）长沙、临湘县共存。

长沙国国都在临湘，是学界共识。简"☒☒廷下长沙令秩☒"（J7⑦48），"长沙"应为长沙县，廷下令给长沙县而非长沙国，长沙、临湘很可能是同时存在的两个县。

（5）长沙国官吏设置。

长沙国设丞相、御史、中尉、郎中、少内等官，地方设内史或郡守，诸县设令长（啬夫），与封泥、玺印所见数据可相互印证。

简文中"丞相苍"出现两次（J7⑤壹170、J7⑦320+J7⑦391）。"丞相苍"只能是以长沙国丞相封侯的軑侯利苍，传世文献作黎朱苍，是长沙马王堆二号汉墓的主人。

益阳常见职官有令（啬夫）、丞（守丞、行丞）、尉、少内（啬夫）、丧尉及令史、小史等，另有斄长、校长；县廷分曹理事，有仓曹、户曹、吏曹、尉曹、（狱）东曹、（狱）西曹等。

作为长沙内史辖地的益阳，有学者认为秦时其属洞庭郡，秦汉时的益阳城就在今天的兔子山遗址。兔子山遗址现存规模 400 米见方，这也是秦汉县治的一般规模。

综合简文，益阳下辖四乡：都乡、上资乡、下资乡、沩陵乡（或省写为沩乡），乡设啬夫。都乡是县城周边区域，上资、下资因资水而得名，沩陵因沩山而得名。诸乡之下设有亭，有沩陵亭、兼亭等；乡下设里，有成里、黄里（属沩陵）、庄里等里名。

(6)益阳县行政运作举要。

这里选取相对完整的简文数例，根据具体的事务简略探讨长沙国益阳县的行政运作。

例一：

> 或沓：下资乡恒徙为阳马乡啬、佐信为尉史书。
> 七年七月戊戌朔丙寅，西曹史 移吏曹，可
> 具写移，须以验狱，勿留，它如律令。（正）
> 手。（背）　　J7⑥6

"或沓"是沓书类文书的起首词。"沓书"通常理解为传唤书，其功能是传唤当事人或证人到相关机构接受讯问。就这份文书及其他简牍内容分析，它还具有申请传送文书材料的功能。恒与信二人可能是下资乡人或在下资乡为吏，前者徙为阳马乡啬夫，后者徙为尉史。七年七月戊戌朔丙寅是惠帝七年七月二十九日。东西曹设置于三公府，郡国县道无东西曹，此处的西曹应是狱西曹的省称。西曹（也包括上文提到的东曹）负责县内与法律相关的事务，吏曹负责与人事相关的事务。此牍大意是说，狱西曹请求吏曹提供恒、信的职务调动文书，以便进行有关案件的处理（须以验狱），属于曹与曹之间的平行文书。"勿留"，即不得留沓，需尽快送付，其余按律令行事。

例二：

> 四月乙巳，益阳丞梁告沩陵乡主，写下，书到定
> 当坐者名吏里、它坐，遣诣狱。以书致署西☐（正）
> 勿留……☐（背）　　J7⑦307

据七号井同层位简牍纪年相同或相近的规律，这枚竹牍可能是惠帝四年四月物，乙巳为十九日。这是益阳下发给沩陵乡的文书，沩陵乡收到文书后，需确定坐罪者的姓名、身份、所居之里及其他罪错等信息，然后将其遣送至狱，同时通告狱西曹。可据文例补出（J7⑦319+J7⑦321）"当坐者名吏里、它坐，遣诣狱"。里耶秦简中多作"名吏里、它坐、訾/赀，遣诣廷/狱"，表述文字略有不同，内容、性质相同。值得留意的是，简文反映了訾/赀刑的存废变化，睡虎地秦简及里耶秦简中，赀罚（或刑）作为轻刑普遍存在，张家山汉简中赀刑多被罚金刑取代。七号井资料与张家山汉简相关内容一致（J7⑦330）。

例三：

> 四年四月丁亥朔丙申，都乡守蠬敢言之：仓变、辪长区为
> 县使汉长安长沙邸。自言与私奴婢偕，牒书所与
> 偕者三人，（人）一牒，署奴婢主·者名于牒上，谒告过所县，即（正）
> 乏用，欲卖听为质，敢言之。/四月丁酉，益阳夫移过所
> 县、长安市，令史可听为质，它如律令。/处手。
> 辰手。（背）　　J7⑦3

　　简文中虽然没有"传"或"致"的自名，但可以确定是与"传""致"相同的通行凭证。四年四月丁亥朔丙申是惠帝四年（前191年）四月初十。仓吏变、辪长区因公出行至长安，应当入住设立在长安城的长沙（国）邸。文书的特别之处在于，当变、区用度不足时，可在经过的县域凭文书卖掉同行的私奴婢，"欲卖听为质"。"益阳夫"当是J7④7所见的"益阳令夫"，"夫"并未直接处理这份文书，而是由"处"代为批示的，这是迄今为止考古发现的年代最早的通行文书。其意义并不仅仅局限于通行，还对认识"质钱"等法律术语的内涵、私奴婢究竟是人还是物的法律属性有帮助，也对认识汉代公文书生成的签署与批示的具体过程有助益，有助于重新审视郡国并存体制的具体事务处理，是了解秦汉统一国家体制行政运作的例证。

　　例四：

> ☑□亥，敬再拜献书多问公孙佩毋恙。秋时不利御前者，得毋有所不
> 安。大□□□□夫□献书□□，仆愿以身□
> 君且受□□丞主＝□方□□不得。∠仆有非敢上书君也，愿王孙□、公
> 孙佩□获之，因敢言道之。过□再拜，多问两公孙。（正）
> ☑也，敬再拜道之。（背）　　J7④30+J7④43

　　这是一封私人书信，大体保存完整，长二尺（46厘米），宽1.5厘米。参照里耶秦简书信，简首残缺之字可能是时间（即某月某日）。"再拜""多问""毋恙"等是书信习见客套用词。"献书"和里耶简中的"进书"（8-2084+8-661），是奉上或呈上书札，因收信者的身份等级不同而用词略有差别，与"献书"令关系不大。"御前者"或指"公孙佩"，揭示收信者的身份可能是长沙王的近侍。书信中的"公孙""王孙"可能特指原六国王室贵族之后嗣，"王侯内外孙也"，也可能是当时人称对方的客气用词，如漂母称穷蹙之时的韩信为"王孙"。

　　（7）益阳县的学校及教育。

　　简牍中数量居多的削衣，小部分是书写错误刮削的薄片，多数是练习写字削后遗留，是习字简。现有的研究多依据西北地区出土的西汉中晚期资料，而七号井的年代是西汉初年，它将研究的可能向更早的年月拓展。汉代边塞的军中教育体现在练习写字的

简牍、字书《苍颉》或《急就》篇和九九表简。这样的教育内容不仅局限于军队中，军中教育的内容更可能是学在官府，是当时社会生活教育活动的体现。七号井中"练习写字的简牍"杂错纷纭，除为数甚多的削衣外，大小、长短、形制不一的各类残简之上多留有稚拙的字迹，是习字的墨迹。用废弃简牍习字，是资源的再利用。练习的具体内容或是笔画，或是单字，或是干支，或是地名，或是图画，如J7③60+J7③81等。在签、楬等上端画出状如网格的图案，也需要练习。对初学者而言，所在地的地名、各级官府及机构名称，必然是反复练习的内容。例如：

内史史

　　内史府内内益益阳（正）

　　益阳益阳丞□（背）　　　J7④20

西曹发

　　廷廷狱西曹

　　狱（正）

　　西曹发敢言之（背）　　　J7⑥11

J7④20所见的"内史"或"内史府"，是益阳县的上级管辖部门，与益阳县文书往来频繁；J7⑥11所示文字是益阳县的机构名及公文语。习字者可能是学童，也可能是在县署工作的小史，这些文字是习字者迫切需要熟悉掌握的。和里耶简中的"迁陵"、居延简中的"居延"相近，所习之字多具有地域色彩。习字简呈现出某种学习的共性：起初以所在地的地名、职官、办理的公务为学习内容，务求实用。若把干支、地名及公文用字的练习视作初阶，依据字书学习书写则是转入更高的阶段：

　　　　駏駅驒（驿）□骐马贵骓骆□隗鬐□□匮☑（正）

　　　　牛羊羊牛牛牛牛牛☑（背）　　　J7①1

J7①1正面书写较工整，背面书写粗陋朴拙，笔迹风格有异，不像是一人所写。内容有纯粹驳杂之分，正面文字大致四字一句，义近字并列，声符相同字比邻，前两句是不同颜色的马匹名称并列。阜阳汉简《仓颉篇》中有"黚黸黯黮"等字句，以类相从，把偏旁部首相同的单字排列在一起。考虑到这种相似性，我们认为J7①1正面文字抄录自当时流传的字书，是字书的佚文，或许即《仓颉篇》的佚文，也可能是习字者根据通行字书而自行组合的文字。相似内容亦见于《急就篇》"驿驰雅驳骊骝驴。騩駊驰骤怒步超"。

文字书写外，初学者必须掌握基本的运算技能。"九九表"可见10余枚，俱残损严重，残片存留一两句九九术的内容；由3枚残简缀合的（J7⑤壹328+J7⑤贰27+J7⑦41），相对完整，正面存6栏，始于"七九六十三"，终于"二三而六"，其余每栏4句；背面1栏，残存字迹为"二二而四、一二而二、二半而一"，可复原全牍，呈现其完整形态。

汉初益阳县署遗址残简所见的学童学习内容，可与西北屯戍遗址所出汉简记录的军中教育（书写者的学习经历可能完成在戍边之前的少年时期）互相印证，使我们可以探讨秦汉国家倡导教育过程中以吏为师的问题。以吏为师作为普遍施行的教育方式，来源于秦末李斯在提出焚书建议的同时，禁止以诗、书为教授内容的(儒家)私学教育，提倡"若有欲学者，以吏为师"，官家推行，学在官府即必然之事。秦内史之地存在学室当无异议，郡县设有学室(学校)，里耶秦简所见始皇二十六年(前221年)的"学佴"资料可证。里耶秦简14-18、15-172所载为关联之事：前者是迁陵县令向学佴发问，后者是学佴对县令发问的答复。发问、答复在同一天，可知秦时县道官设有学校或学室，且设置在官府附近或官衙内。

学室、学佴之外，必有学童，有学童则当有学童名籍。J7④3、J7④107有"益阳学童成里""益阳学童熊☒"，可能是依据既有的名籍抄录练习。学童名籍先记录籍贯(益阳)、身份(学童)，接着记录乡里(成里)、姓名(熊)。迁陵县令要求学佴协助确定逃亡学童的"名吏(事)里"，即姓名、身份、籍贯信息。综合七号井所见学童名籍，我们可以得知学佴掌握着学童的身份信息。"令教以甲子算马大杂"(15-146)，或许就是学佴教授的内容：甲子、算指干支表、九九表。这些内容与汉简习见的"能书""会算"考核标准相契合。

里耶秦简和七号井简牍，符合"知律令"这一要求的资料很少，律令条文是否是教学内容无法断定。较之能书、会算这些初级知识而言，律令学习是更专精的教与学行为。《史记》记载赵高"故尝教胡亥书及狱律令法事"，从知识教授层次看，由基础的书写开始(书)，渐进而学习法律条文(狱律令)，然后参与司法实践(法事)，这种循序渐进的教育学习，与学书、会算有别，属于较高层次的学习。

综上所述，秦及西汉初期的学童、小史以官吏为师，先学习书写、计算等基础知识，然后学习律令等更专业的内容。不论是基础书写、算术，还是较高层次的律令，都与实际的行政事务处理相关，可以在实践中熟练、提高。

4. 三号井(J3)

三号井清理至井深6米深时发现简牍，这是益阳考古工作中简牍发现的开端。同出文物很多，有筒瓦、板瓦、汲水罐等。简牍总数5260多枚，分为木牍和竹简，保存较好。一般为长23.5厘米、宽1.3~2.8厘米的简牍。特殊的大型木牍长49厘米、宽6.5厘米。简牍记录有具体年月日，年号有"建平""元始"等，分别是汉哀帝刘欣和汉平帝刘衎的年号。主要是司法文书。

简文举例：

(1)鞫文书：贪污案件。

鞫(正面)

鞫：勋，不更，坐为守令史署金曹，八月丙申为县输元年池加钱万三千临湘，勋匿不输，即盗以自给，勋主守县官钱，臧二百五十以上，守令史敥勋无长吏使者，审。元始二年十二月辛酉益阳守长丰、守丞临湘右尉□、兼掾勃、守狱史腾言，数罪以重爵减，髡钳勋为城旦，衣服如法驾，责如所主守盗，没入臧县官，令及同居会计备偿少内，收入司空作。(背)益阳守令史张勋盗所主守加钱论决言相府(第一栏)J351

元始二年计后狱第一(第二栏)J352

J351长49厘米。正面的"鞫"字,表示牍文是司法案件审结记录。这是目前出土简牍中最早的完整的鞫文书,其内容是益阳县就张勋贪污案上报长沙国相府的司法记录摘要。J3:2是张勋贪赃案件记录送达长沙王相府的标题简,案件编号为元始二年司法文书第一号,出土时与J3:1紧贴在一起,二者并在一起成为一完整上行文书,为文书正本。它记录了元始元年(公元元年)益阳试用令史张勋在向临湘县(今长沙市)移送赋税"池加钱"时,监守自盗,贪赃事件的司法处理。

"池加钱"或"加钱"可能是一种对河湖池塘水面管理的附加税种。标题标出被论决者的职衔、姓名和罪名。"元始二年/计后狱第一"是结案年份和案件编号。

相府,诸侯王之相国或丞相府邸,这里指长沙国丞相的府邸。相国,汉高祖九年置,惠帝时复称丞相。此时的长沙王是定王发之玄孙缪王鲁人,元始元年已在位43年。其丞相姓名则史籍和简文未见记载。

(2)鞫文书:斗殴杀人案件之一。

益阳贼颍川颍阳安国里许临得。(第一栏)
元始二年九月辛卯,益阳丞临湘、右尉临言:"都乡
啬夫武檄言'乃闰月甲子日中时,临以钺室、木杖
欧击淮阳苦男子周终头,□左臂,并中左胁,有□各
一所,有□痛,终以辛(辜)七日少半日,二旬内死。临斗殴杀人,捕得。
发都亭部,时长秦卿、尉胡张、亭长□□主"。(第二栏)
一发一人
得。(第三栏)   编号贰1-143

规格:长23.1厘米、宽4.1厘米、厚0.5厘米,重55克。

益阳贼,据简文,凡在益阳县境作奸犯科者,不论户籍所在,鞫文书中均记录为"益阳贼",也许可以理解为"益阳捕获的贼人"。

(3)鞫文书:斗殴杀人案件之二。

益阳贼汝阳男子黄良得(第一栏)
元始二年三月丁丑,益阳丞霸言:乙亥□亭长前檄言
乙未日中时,汝阳男子黄良以矛刃刺伤□□左辅右胁,磨阳何丰右
臂,并中右胁,痛各一所,□以□□辅二日□死。良斗杀人发□亭
部,时尉胡张、游徼□、□乡啬夫黄晏、亭长李前主(第二栏)
一发
一人得
第四(第三栏)   编号贰2-455

规格：长 23.8 厘米、宽 3.3 厘米、厚 0.4 厘米，重 32.8 克。

（4）简牍形制和内容解释。

简文所记案件涉及西汉律令科条、郡县设置和人口流动等。J3：1 牍体量宏大，正背面顶端涂墨，有提示文书重要性的作用，内容为完整的鞫狱文书，文书格式和审理程序记录完整，而且其规模远较一般简牍大。张勋"为县输元年池加钱万三千临湘，勋匿不输，即盗以自给"，犯"主守盗"罪无疑。"主守盗"因其盗窃对象的特殊性，是一种容易实施的犯罪，而此行为如果泛滥，会极大地侵蚀统治体系的功能，因此最高统治者在制定法律时往往给以严厉的惩罚。据《汉书·陈咸传》如淳注："律，主守而盗，直（值）十金弃市"。十金在汉代当值十万钱，汉律规定主官监守自盗价值十金即弃市。

对于故意犯罪，不能以爵减免的法律规定事例，也见于张家山汉简《奏谳书》：安陆丞忠劾狱史平舍匿无名数大男子种一月案，令曰：诸无名数者，皆令自占书名数，令到县道官，盈卅日，不自占书名数，皆耐为隶臣妾、锢，勿令以爵、赏免。醴阳令恢犯"主守盗"罪，赃物价值不足十金，超过六百六十钱，被黥为城旦。

简文中的司法行政，可以与传世文献相互印证。鞫是秦汉司法程序中相当关键的一步。在鞫的过程中，当事人即被拘系，负责鞫的单位要行文当事人的户籍所在乡，以确定当事人的"名县爵里年"。负责鞫的人员一方面确认嫌犯身份，一方面讯问和反复诘核案件关系人的口供，得出案件调查结果，并录成文字，由地方司法主管如县令长等，依据明确法条，作出判决。县级衙门是最基层具有论决权的司法单位。平帝元始二年为公元二年，益阳县其时属长沙国。相府当指长沙侯国相府。判决后，视犯罪类别和严重性，依规定上报郡、国甚至中央廷尉，核准后执行。

贰 1-143、贰 2-455 是恶性伤害事件的结案记录。睡虎地秦简《封诊式》"讯狱"条下"凡讯狱，必先尽听其言而书之"，记录审讯的过程和嫌犯口供，"必书曰：爰书"。《汉书·张汤传》注："爰，换也，以文书代替其口辞也。"包括司法案件的供词、记录、报告书等。依此，J3：1、贰 1-143、贰 2-455 等简牍是西汉晚期长沙国益阳县的"爰书"，鞫文书当是爰书的一种。

（5）西汉晚期益阳外来人口问题。

贰 1-143、贰 2-455 两例刑事案件中的施暴者和苦主颍川郡颍阳安国里许临、淮阳郡苦县男子周终、汝南郡汝阳男子黄良、九江郡历阳男子何丰等都是外乡人。简文中没有记录他们来长沙国益阳县的原因，如服徭役或参加军事活动，则应当和当时的人口迁徙有关，斗殴发生在外籍人员之间而不是与本地居民争斗，也许是争夺田土水源等资源。

张勋贪腐事，是西汉基层政权统治力的普遍松懈，还是少数郡国官员的偶发事件？简贰 1-143、贰 2-455 反映的情况可视作西汉末年社会动荡不安、山雨欲来的前兆。

5. 六号井（J6）

六号井井壁严重坍塌，出土有陶器、青瓷器、铜镜、木简。木简共 480 多枚，有钱粮出入账目等，年号有"永兴""永寿""建安"等，可知简牍的产生跨东汉桓帝、灵帝、献帝等时段。

简文举例：

入㯱胡盛平斛品米三斛五斗二升六合 建安十九年二月二日付仓嗇夫文　　熊受

入㯱胡盛平斛品米三斛五斗二升六合 建安十九年二月二日付仓嗇夫文　　熊受
（J668）

出㯱胡盛平斛品米三斛五斗二升六合 建安十九年二月二日付仓嗇夫文　　熊受
（J651）

这是一组三联单。J658 简文并列书写，中间有切割痕迹，未彻底分开。建安十九年为公元 214 年。与 J651 为同一组校券的出券和入券。

四、结语

（一）关于益阳古城

遗址所在地理环境优越，2000 多年以来人类生活生产活动频繁，留下众多的遗迹遗物，在这漫长的过程中，产生和破坏并存。始于战国楚国晚期，经历了 1300 年的县城，必定有过很多次的建造和修整，其规模 400 米见方是秦汉时期县治的通则。湖北省荆门包山二号墓出土之简 83 有"益阳公"的字样，是楚国益阳县之县公无疑，可见楚怀王之时已有益阳县之设。

秦汉益阳县治所在，谭其骧先生主编的《中国历史地图集》将其定在今益阳市东赫山区一带。20 世纪七八十年代的文物工作者推测位于今赫山区的铁铺岭城址即为秦汉益阳县城。该城西南一带有大量东周两汉墓葬分布，隋唐及以后的墓葬也时有发现，如此集中墓群的分布正与城址的存在正相契合。至于"益阳"之名，古人也多有留意，北魏郦道元《水经注》云："茱萸江又东经益阳县北，又谓之资水。应劭曰：县在益水之阳。今无益水，抑或资水之殊目矣。"益阳之名得于益水，但益水在郦道元生活的年代即已无法探究。铁铺岭城址在资江之南，东有兰溪河，无论如何都与江河湖泊的阳面无关，益阳得名之由来有待更多的考古发现和研究去解决。

兔子山遗址保存到今天，殊为难得，本次发掘中隋唐时期文化遗物发现较少，仅在 J12 及探方地层之内发现少量长沙铜官窑瓷片和定窑、耀州窑、建窑及本地的羊舞岭窑等窑烧造的瓷器残片。

该区域宋代以前的衙署建筑基址由于历代改造、修整而未能保存下来，但宋元时期的建筑遗存、遗物可以证明该城址沿用至两宋时期。

（二）简牍发现的意义

通过简牍文字的字形，我们可以看到楚文字被秦文字取代、秦汉古隶向隶书的转变和楷书的初始阶段形态，这都是领略鲜活的汉字发展史的映像。

九号井的秦二世诏书，使今天的人们可以一窥秦代皇帝更替的政治时事，事卒簿是考古工作中首次发现战国时代的县衙档案文书。

六号井的三联账单，分出券和入券，画上类似"同"字的符号防止篡改，平面切分。

这是目前最早的完整的同类记账单实物。

兔子山简牍是一部较为完整的简牍文书制度史，更是一座藏在时光深处的简牍博物馆。

空心砖、方砖、条砖、板瓦、筒瓦、瓦当等建筑材料为研究秦代县衙建筑提供了难得的实物资料。由于秦代统治时间短暂，湖南秦代考古资料较贫乏，秦代墓葬的识别也有相当大的难度，这就更显出 J9 出土文物的珍贵。它有益于深入探讨秦代的统治对湖南地区文明进程的实际影响。

简牍和同出的文物是研究战国秦两汉时期益阳历史的珍贵实物资料。建筑构件、陶器、瓷器（片）都弥足珍贵，它们是益阳的文化积淀，是益阳文脉所在的载体，每一个件（片）都值得重视。从考古学来说，这些文物标本共存关系明确，可以建立起陶器等文物的年代标尺，是建立益阳及湖南地区物质文化历史序列极其难得的实物标本，对于考古学研究非常重要。

兔子山七号井、五号井和三号井，对应着吴姓长沙国时期、刘姓长沙国初期及刘姓长沙国晚期的历史，结合长沙等地出土简牍，西汉王朝长沙国由此历程完整，县乡基层社会的行政运作、民众生活姿彩毕现。这是一部编年绵密、内容充实的湖南和益阳地方史，意义不限于益阳一县或湖南省境，可以据此推知大一统的中华文明发展之途径，汉承秦制之初，中央王朝与郡国、郡国与县乡、吏员与民众层级相应的关系，获知其他郡国县乡的基层行政管理和社会万象。

益阳铁铺岭故城遗址专题研究报告

盛定国①

铁铺岭故城遗址位于益阳市赫山区桃花仑办事处铁铺岭社区。历年考古勘探发掘确认，它是益阳市范围内已知面积最大、延续时间最长的一处古文化遗址。

该遗址北边毗邻龟台山，距资水 200 余米；东边距兰溪河（资水故道）120 米左右；南边为陆贾山战国秦汉墓地；西边地势偏高，称为兔子山；中部偏北为一高出东、南、北地面 3~10 米的大型台地。因历年在遗址内进行各种动土施工，文化层遭到不同程度的破坏。遗址东西宽 280 米，南北长 350 米左右，现残存总面积近 10 万平方米。其地理坐标：东经 112°21′31.0″，北纬 28°35′34.3″，海拔高程 41~53 米。经多次考古勘查发掘，遗址范围内先后出土大量战国、秦汉、六朝、唐五代至宋元时期各类文物遗存。这是益阳市范围内迄今出土文化遗迹遗物最丰富的一处古遗址。该遗址先后被各级人民政府列为市级、省级、国家级重点文物保护单位，②兹简论如下。

一、遗址文化内涵

1982 年进行文物调查时首次发现该遗址，报上级主管部门批准，当时益阳地区文物部门在遗址南边进行了小面积试掘。历年来，省、市文物考古部门配合城市建设先后对该遗址进行了多次勘探发掘，发现该遗址自上而下存在九个不同时期的地层堆积，深 4.2~4.8 米。最底层（第九层）为战国时期文化层，靠上层第二层为明清时期地层堆积，各个地层均出土了反映各时期特点的文物标本。如第九层出土的代表器物有楚式陶鬲、钵、罐、豆及大量筒瓦、板瓦、铁器、铜器等。第八层出土的代表器物有秦至汉初陶罐、釜、豆和大量筒瓦、板瓦以及铜半两钱等。第七层、第六层出土的代表器物有两汉时期的各式陶罐、盆、钵、几何纹陶砖和各式筒瓦、板瓦、瓦当、回纹铺地砖，以及回纹空心砖，并且发现少量铜器、铁器，漆木器。第五层出土的代表器物有六朝陶罐、盆、擂钵及青瓷碗、青瓷盅和较多的陶板瓦、筒瓦、瓦当、几何纹砖等。第四层主要有唐五代青瓷碗、罐、碟、瓮和各式陶器，以及残瓦当、板瓦等建筑遗存。第三层出土青釉瓷和青白瓷碗、盆、盅等及部分陶器，发现多种窑具，不见大型板瓦、筒瓦等官署建筑遗存。第二层发现明清时期青花瓷碗、碟、盆以及少量青白瓷残器等。第一层为表土层，系近

---

① 作者系益阳博物馆研究员。
② 参见《国务院关于核定并公布第八批全国重点文物保护单位的通知》，国发〔2019〕22 号。

现代活动地层。各地层出土遗物均为各历史时期代表性器物，自上而下的地层堆积形态犹如一部厚重的无字"地书"。

遗址西边兔子山古井出土了数以万计的简牍。经湖南省文物考古研究院专家释读确认，这些简牍系战国晚期、秦、两汉至三国(吴)时期益阳县署的相关文书档案资料，时代链条完备，具有十分重要的价值。这次发掘被评为2013年全国十大考古发现之一。① 值得注意的是，考古发掘各地层的年代与兔子山古井出土简牍内容反映的年代基本相符。这一现象在全省同类遗址发掘中实属罕见。

遗址范围内还出土了大量各时期的文化遗迹，包括各式房基、灰坑、灰沟和大批水井以及多条防护壕沟等，构成了一处特殊大遗址的立体形象。

二、遗址的位置特点

铁铺岭遗址位于资水转弯处兰溪河(资水故道)西南岸台地上。北边及东边临水，西南边原有一条自西流向东北的水港。该水港20世纪80年代初期还存在，后因基本建设已全部填塞。当时对遗址进行试掘时，同时对水港进行了较仔细的调查和勘探。水港残长300米左右，残宽15~20米。当地村民指认该港东边原与兰溪河相连，现场探测水港深3米左右。村民介绍当年建工厂开蓄水池时曾在港底层挖出类似遗址地层中的陶片及板瓦、筒瓦等，港底淤泥中还发现一棵直径近1.6米已腐朽的大古树。由此可以认为该水港是与铁铺岭古遗址相关联的一处防护大壕沟设施。②

该遗址周边历年来先后发现大量古墓葬，靠东南边三里桥往兰溪河沿岸、天成垸一带有战国墓、汉晋砖室墓、唐宋墓；紧邻遗址南边的陆贾山热电厂、内衣厂一带发掘出土大量战国秦汉墓葬；紧靠遗址西边的袜厂、桃花仑、大渡口等处已发掘大批秦汉、六朝、唐代的古墓葬；往东边赫山庙、羊舞岭一带发现有近千座历代古墓等。③ 周边如此密集众多的古墓葬与铁铺岭遗址应有必然的关系。这些墓葬出土的历代随葬物与遗址各地层出土的文化遗物年代吻合，显然反映了铁铺岭遗址的位置特点。④

三、铁铺岭古遗址与益阳故城

关于益阳县故城的位置，历代史书有多种记载。通过综合研究分析，多数系相互传抄或推测。《汉书·地理志》记载"益阳县在益水之阳，故名益阳"，东汉应劭亦云"益阳县在益水之阳"，北魏郦道元认为"今无益水，或是资水之殊目矣"⑤。上述《汉书·地理志》和应劭的解释应是切合实际的。又《湖南通志》卷十四《资水秀》载："资水经益阳县

---

① 国家文物局2014年4月公布湖南益阳兔子山遗址考古发掘项目荣获2013年度全国十大考古新发现。

② 参见益阳市文物管理处、益阳市博物馆:《先秦南洞庭: 南洞庭湖古遗址发掘报告集》，科学出版社2016年版，第331-365页。

③ 湖南省博物馆、益阳县文化馆:《湖南益阳战国两汉墓》，《考古学报》，1981年4期。

④ 益阳市文物管理处、益阳市博物馆:《益阳楚墓》，文物出版社2008年版，第288页。

⑤ 参见(北魏)郦道元著，陈桥驿等译注:《水经注全译》卷38《资水》，贵州人民出版社1996年版，第1301页。

南，曰益阳江，资水亦称'益水'。"

铁铺岭遗址所在位置正是资水故道（兰溪河）西南转弯处，按东汉应劭的解释，资水在西汉以前称为益水，西汉以后改称资水。清代名人陶澍等在《洞庭湖志》中描述资水流到龟台山下时并非一路向清水潭以下奔去，而是从龟台山下向东南流向兰溪河去沙头河段。换句话说，兰溪河就是资水转弯处的主航道。至于宋代张咏首创疏导的清水潭以下河道可能当时为适应围堤造田确也疏通了一部分。但凭那时的生产力水平和囿于一小块地域的人力、物力，估计直至清代中期，清水潭以下的河段仍未疏通到位，至少未能成为资水的主航道。清人描述的所谓益阳十景中，还把清水潭以下范围称为"十洲分涨"景观。就是说这一大片河滩平时就是大小不一的沙丘或间点浅水，每到涨水时很快淹没无形，水汪一片，颇为"壮观"。尽管从清水潭以下应有一条流量有限的水道缓缓向下流去，但绝不是主航道，这一段的资水主航道就是"兰溪河"。相关资料提到，羊舞岭古窑从宋代开始生产的瓷器一直到清代前期都是通过"兰溪河"水运至洞庭湖，再销往外地。再看建于清代中期的兰溪枫林桥，其最初称为"资江三桥"而不是兰溪桥，也是值得深思的。更耐人寻味的是，《（同治）益阳县志》中清代中期益阳籍诗人陈骐对三里桥东端兰溪河岸附近一座遭盗毁古墓的生动描述。这位诗人看了这座大墓被盗现场后，分析墓主原是湖湘地区爵位很高的官人，曾请风水先生卦卜了靠近资水之阳的这处"吉地"。陈骐有感而发的诗文部分内容为："三里桥东月塘前，大小参差七堆连。道光年间一穴穿，入见三门犹宛然。上下四傍砌花砖，东面无门墙更坚，瓦鸡陶犬不一全……想彼爵秩甲湖湘，卜吉地近资水阳。累累高堆日月长，秦欤汉欤遥相望。"诗中明白无误地将三里桥东靠近兰溪河不远的这座大墓所处位置称为资水之阳。[①] 关于这处有明确记载的重要古墓现场，益阳市、县文物部门曾先后到三里桥东边临近兰溪河一带做过现场踏探调查。当地村民也证实了这处已遭到彻底破坏的大型古墓的位置。历年来，我们在相邻的羊舞岭、赫山庙一带清理过几座历史上已遭盗扰的中小型砖室墓，现场的情况与陈骐描述的大墓基本一致，只是墓葬规模稍小，墓内已不见重要文物，仅存不值钱的陶鸡、陶狗、陶猪、烂铁器等陪葬器。值得注意的是，诗人陈骐也好，修兰溪"资水三桥"的民间人士也好，陶澍大人也好，实际上都不约而同地认为兰溪河就是当时的资水。铁铺岭故城遗址位于三里桥街尾几十米处，陈骐描述的大墓位于三里桥街头往东 100 多米处，两者属于相邻同一范围，都是处于所谓资水之阳。考虑到战国时期始建益阳县时，当时的资水称为益水，所以称"县在益水之阳，故名益阳"是符合当时实际的。因那时不但没有兰溪河的名称，连资水的名称也没有，只有益水。其实东汉时的应劭早已解释了这个问题。

对于其他几种关于益阳故城"在今县东"等说法，近几十年来，国家文物局开展了三次全国文物大普查，益阳市、县文物部门对上述范围曾进行拉网式踏探，至今未发现任何一处较大的早期古遗址，更不用说与铁铺岭相对比的遗址了。有多处遗址虽发现了较多的平民生活、生产遗物，但都未见大型筒瓦、板瓦、回纹砖等具有官署特点的建筑遗

---

① （清）陈骐：《古堆行》，载《（同治）益阳县志》卷24《邱墓》。

存。察看那些地方的地形、地貌，也难有为城之理。联系到《水经注》"此县之左右，处处有深潭""水南十里有井数百口……或云古人采金沙处"等记载，① 这些表述与铁铺岭古遗址周边景观地貌，如清水潭、庆州潭、白鹿潭等以及金银山古金井基本符合。另外有所谓江北鲁肃堤可能为益阳故城的说法。益阳市文物部门历年曾在门口和城内一带配合城市建设反复勘查，现场未发现汉末时期地层堆积和代表性遗存，可能只是当时吴蜀相争时修建的临时军事设施。也有一说认为原县医院一带曾经有古堤残存，但实际上可能是宋以后围湖造田时留下的残堤被后人误传为鲁肃城（堤）。原市文物管理处曾配合基建对原县医院一带及城内东、北古城墙进行部分试掘，亦未发现早期文化遗物。

根据多次对铁铺岭遗址考古调查、发掘获得的文物标本进行分析，对照兔子山古井出土的大量简牍，经专家释读论证，结合铁铺岭古遗址周边地理位置的特点进行综合研究，确认益阳铁铺岭古遗址就是始于战国晚期，历经秦、两汉至六朝、唐五代的益阳县故城遗址。②

四、铁铺岭故城遗址后期简述

从兔子山古井的简牍内容，我们只能确认铁铺岭古遗址的年代自战国晚期延续到三国（孙吴）时期。但铁铺岭古遗址自两晋南朝至唐代地层堆积中与前期两汉地层一样，均发现有较多的大型板瓦、筒瓦、瓦当等具有官署建筑特点的建筑遗存，而且地层堆积较厚，遗物也较丰富。这说明六朝至唐五代时期铁铺岭古遗址仍然是益阳县治所在地。

考虑到《（同治）益阳县志》中有"唐时移今治"的说法，估计益阳县治所到了唐代晚期有所变动，可能唐代后期有部分官署逐步移到了江北一带。但从铁铺岭遗址中仍出土有较多具有官署特色的唐代建筑遗存分析，可能到唐代中期前后益阳县治的主体仍在铁铺岭故城。1978 年在赫山庙发掘的唐代宝应二年（唐代中期）岳州长史邓俊墓出土墓志铭中表述的墓地位置，可以佐证在唐代中期前后益阳县的政治中心可能仍在铁铺岭故城一带。③

关于五代时期益阳县城毁于兵火，县治位置可能有变动，宋以后益阳县治则完全搬迁到了江北的相关记载是可信的。这从铁铺岭遗址几次考古发掘的地层堆积情况可直接得到证实。该遗址唐代晚期五代以后，特别是宋代的地层不但堆积较以前薄，而且出土的遗物也大为减少，更不见具有官署特点的大筒瓦、板瓦、铺地砖等建筑遗存，仅发现平民生产生活遗物，这说明益阳县治及城市中心确已到了江北一带（曾短时期迁到沧水铺，但只是一个小插曲）。到了元代，铁铺岭遗址部分地段出现元代墓葬和元代窑具，这说明这一带有的范围已变为墓地或烧造陶瓷的小作坊（窑场）。但遗址内仍然发现有这一时期平民的生产生活遗物。尽管史载益阳县元代曾升为益阳州，但在铁铺岭遗址中看不到这方面的反映，估计州治在江北城内一带。

---

① （北魏）郦道元著，陈桥驿等译注：《水经注全译》卷三十八《资水》，贵州人民出版社 1996 年版，第 1301 页。

② 参见湖南省文物考古研究所、益阳市文物管理处藏铁铺岭兔子山古井发掘资料。

③ 参见益阳县文化馆：《湖南益阳县赫山庙唐墓》，载《考古》1981 年第 4 期。

明清时期，益阳县城在江北发展较快，明代嘉靖年间开始将原土城改修为砖城，且逐步加修完善。但在铁铺岭遗址范围内仍可见到较多的明清时期普通平民遗留下来的遗迹、遗物。

综上所述，铁铺岭古遗址为历经战国、秦、西汉、东汉、晋、南朝、唐五代各历史时期的益阳县故城遗址。从五代开始至宋代以后，益阳县治迁到了资水北岸一带，但考古调查发掘资料证实铁铺岭一带的平民活动仍然很活跃。实际上，自宋代以来，铁铺岭周边与新城江北沿岸逐步形成了"江南""江北"这一有特色的益阳城市发展格局。

益阳羊舞岭窑的窑业技术
来源和发展阶段初探

——兼论景德镇窑、龙泉窑的兴衰对羊舞岭窑的影响

杨宁波[①]

引　言

　　益阳羊舞岭窑址位于益阳市龙光桥镇、沧水铺镇的丘陵及坡地上，目前已发现有蜈蚣塘窑址、瓦渣仑窑址、高岭窑址等。1979 年，益阳地区文物工作队、益阳县文化馆在进行文物普查时发现该窑场，并收获了一批标本，对窑址概况及产品特征有了一定的了解。[②] 2008 年，为充实羊舞岭窑的分布、产品特征等相关信息，湖南省文物考古研究所与益阳市文物管理处对窑址进行了较为系统的调查，对窑址烧造的青白瓷、仿龙泉窑青瓷以及青花瓷的年代、产品特征、窑炉、窑具及历史背景等进行了报道。[③] 2012 年，益阳市文物管理处进行了补充调查，新发现多处古窑址。[④]

　　2013 年 8 月至 2014 年 7 月，湖南省文物考古研究所与益阳市文物管理处等单位对羊舞岭窑进行了首次抢救性的考古发掘，分Ⅰ、Ⅱ两个发掘区，[⑤]总发掘面积近 2000 平方米，揭露南宋晚期至元代龙窑 5 座和淘洗池、沉淀池、储釉池、制坯间、挡土墙、水塘、灰坑等遗迹 90 余处，出土了各个时期的瓷器标本及窑具数万件。其中，有"咸淳三年"青釉盏托、"咸淳七年四月"利头、"壬戌四月初五日"陶拍、"大德八年五月"轴顶板盏纪年器，清晰地反映了羊舞岭窑从南宋晚期始烧青白瓷到元代转而仿烧龙泉窑青瓷的阶段性变化，对于认识宋元时期羊舞岭窑的产品形态、装烧方法、装饰纹样等有重要意义。作坊区出土的大量制瓷遗迹、木构遗存为我们了解宋元之际的制瓷工艺流程等提供

---

① 作者系湖南省文物考古研究院研究员，此文写于 2023 年 5 月。

② 湖南省文物考古研究所、益阳市文物管理处：《湖南益阳羊舞岭窑址群调查报告》，载《湖南考古辑刊》第 8 集，岳麓书社 2009 年版，第 127-142 页。

③ 同上②。

④ 此次考古调查成果尚未公布。

⑤ 湖南省文物考古研究所、益阳市文物管理处：《湖南益阳羊舞岭瓦渣仑窑址Ⅱ区发掘简报》，载《湖南考古辑刊》第 11 集，科学出版社 2015 年版。

了重要的资料。[1]

一、羊舞岭窑的发展阶段

根据考古发掘成果，我们可以将羊舞岭窑的发展划分为三期五段。

（一）益阳羊舞岭窑的初创、兴盛和转折期

第一期分前、中、后三段，是益阳羊舞岭窑的初创、兴盛和转折期。在这一阶段，羊舞岭窑以早禾为中心迅速发展，窑址数量急剧增多，在南宋后期达到了其发展的第一个高峰期。

第一期前段为南宋中期，是羊舞岭窑的初创期，这一时期羊舞岭窑的产品以仿烧青白瓷为主，兼烧少量青瓷。产品种类有碟、碗等，胎体略厚，釉色偏青黄。此时羊舞岭窑的产品以素面为主，基本不见装饰纹样。

羊舞岭窑瓦渣仑窑址Ⅱ区TN8W21⑨层出土的器物基本为素面，不见任何装饰纹样。最具代表性的器物是青白釉圈足碟，流行矮圈足。装烧方法上有涩圈叠烧法和支圈覆烧法两种，其中圈足碟使用涩圈叠烧法。这类器形口沿施釉，内底多涩圈一周，矮圈足则不施釉，足墙和乳状旋突上残留着垫隔用的砂粒。芒口深腹碗采用支圈覆烧法烧制。两种装烧方法各有利弊。

青白釉圈足碟（TN8W21⑨：1）

第一期中段为南宋后期，即南宋咸淳至祥兴年间（1265~1279年），是羊舞岭窑的第一个繁盛期。这一时期的产品以青白瓷为主。与前段相比，这一时期芒口青白瓷占绝对主导地位，涩圈器很少，另有极少量仿龙泉窑青瓷或酱釉产品。

青白瓷产品胎体变薄，修胎规整，内外壁满釉，裹足刮釉。前期出现的圈足碟，这一时期仍有烧制，器形变大。这一时期羊舞岭窑的产品种类增多，数量剧增，有碗、盘、碟、盏、罐、炉、象棋子、灯盏等。典型器物有芒口深腹碗、芒口印花盘、平底碟、印花斗笠碗、鼓腹罐、折沿炉、圈足碟等。

此期素面仍占主导，但开始出现一定数量的印花器。芒口深腹碗、芒口平底碟、圈足盘、芒口斗笠碗等器物内壁常见有月影梅花纹、莲瓣纹、回纹、束莲纹等装饰纹样。

其装烧方法与前期相同，有涩圈叠烧法和支圈覆烧法两种。大量芒口青白瓷采用支圈覆烧法装烧，支圈覆烧法明显占主导地位。少量厚胎斜腹碗、鼓腹罐采用涩圈叠烧法装烧，涩圈叠烧法是这一时期的辅助性装烧方法。

---

[1] Ⅰ区的发掘收获，可参考《陶瓷考古通讯》2014年第3期。

青白釉敞口印花盘（TN7W19⑤∶28）

青白釉斗笠碗（TN7W19⑤∶25）

从窑业技术来看，这一时期，羊舞岭窑受到了景德镇窑、定窑以及龙泉窑的影响。其中以景德镇窑的影响最深，大量的芒口深腹碗、矮圈足碟、平底碟在景德镇窑中都能找到相同的器型。羊舞岭窑由垫钵、支圈所组成的支圈覆烧法与景德镇窑无异。尤其值得注意的是，在瓦渣仑窑址出土的"大德八年五月"等轴顶板盏、"咸淳七年四月"利头、①"饶州"铭垫钵充分证明了羊舞岭窑的青白瓷窑业技术直接来源于景德镇窑，更确切地说是从江西景德镇迁移过来的窑业工匠参与了羊舞岭窑产品的制作，从而开创了羊舞岭窑青白瓷产品的全盛时期。

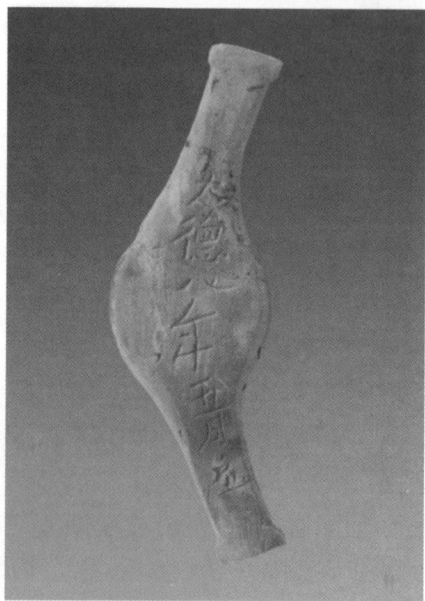

H5 出土的"大德八年五月"轴顶板盏

当然，羊舞岭窑的窑工在深度吸收景德镇窑的窑业技术的同时，还从当时已久负盛名的定窑、龙泉窑、建窑②等吸取经验，只不过这主要是羊舞岭窑业工匠通过市场流通的定窑和龙泉窑产品来模仿，其吸收的深度和广度都远远不及景德镇窑。羊舞岭瓦渣仑窑址南宋后期地层出土的涩圈碗、鼓腹罐均光素无纹饰，但胎体厚重，釉色凝重，呈现与青白瓷不同的取向，带有仿龙泉窑产品的痕迹。定窑对羊舞岭窑的影响主要体现在装饰纹样方面，南宋时期的定窑白瓷对南方的很多窑口都有影响，羊舞岭窑同样也在许多

---

① 轴顶板盏、利头的形态特征与景德镇湖田窑的同类器非常相似，而这两类与制坯、利坯相关的工具在其他窑口比较少见，因此更加证明了羊舞岭窑与景德镇湖田窑的密切关系。

② 在南宋晚期的地层中层出土两三件兔毫盏残片，极有可能是羊舞岭窑的仿建窑产品，当然也不排除外来的可能。

方面受到了定窑的影响，其斗笠碗、印花盘、印花碟等器物造型与纹样都与定窑有相似之处，只不过这一模仿极有可能是通过景德镇窑这一窑业技术中转站来实现的。景德镇窑的印花盘、芒口印花碗在造型与纹样方面都与定窑有诸多联系，而且景德镇窑的青白瓷本身就是模仿北方定窑白瓷而开始烧制的，尤其是南方广为传播的景德镇窑支圈覆烧法，追根溯源同样来自定窑。

青白釉圆腹罐(TN7W21⑦：1)

芒口浅腹碗(Y29③：5)

第一期后段，即元代早期，是羊舞岭窑的转折期，产品仍主要是青白瓷，但部分器形已明显模仿龙泉窑。典型器物有矮圈足碟、饼足盏、芒口浅腹碗等。少量饼足盏内涩圈，盏内壁有四组①梅花点纹。新出现仿龙泉窑青白釉双系罐、芒口印花大盘、涩圈饼足盏、高足杯等。器形仍延续南宋晚期小型化的风格，但也有少量印花大盘。

平底碟(Y29②：10)

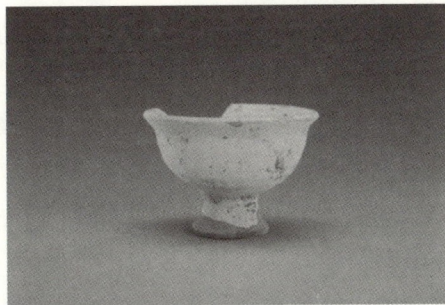

高足杯(13YWLY29③：22)

此时期的器物多数为素面，芒口器的装饰纹样已很少见，仅有一小部分芒口碗内壁有"出筋"装饰以及芒口大盘内壁的莲瓣纹装饰，不见南宋晚期布局严谨、生动写实的植

---

① 极少数为五组褐彩梅花纹。景德镇窑青白釉饼足碗、黑釉饼足盏内壁饰四组对称的梅花纹，这种装饰纹样出现于元代早期。详见江西省文物考古研究所、景德镇民窑博物馆：《景德镇湖田窑址：1988～1999 年考古发掘报告》，文物出版社 2007 年版。

物纹样。少量青白釉饼足盏的内壁饰四组梅花点纹。

装烧方法上,芒口覆烧仍占相当的比例,涩圈器的比例明显较上期增加。

(二)益阳羊舞岭窑的第二个高峰期

第二期即元代中晚期,是羊舞岭窑的第二个高峰期。这一时期羊舞岭窑受景德镇窑的影响逐渐减少,受龙泉窑的影响程度加深,产品以仿龙泉窑青瓷为主,青白瓷的数量锐减,酱釉和黑釉瓷的数量明显增多。产品器形继续向大型化发展。

青瓷产品胎体多呈灰褐色,胎体厚重,修胎规整,内壁施釉,内底涩圈,外壁施釉不及底。也有一定数量的青瓷或黑釉、酱釉瓷内壁露胎呈椭圆形,显示出与前者不同的施釉方法:釉层较薄,多有积釉,玻璃质感强,多数有开片。与前期相比,胎质变粗,淘洗不精,由于多采用涩圈仰烧法,承重中心位于器物底部,下腹部胎体较厚,底足多为大圈足,足墙宽厚。涩圈叠烧法烧制的器物所造成的瑕疵较芒口器有过之而无不及,涩圈以内施釉的地方因处于隔绝状态,导致釉层生烧现象严重,同一件器物内壁及内底的釉色截然不同的现象很常见。

此期的典型器物有侈口深腹圈足碗、高足杯、浅腹圈足盘、圈足碟等。与前期相比,器形大而厚重。

此期素面仍占一定比例,但有装饰纹样的器物已达到与素面器物平分秋色的水平。装饰纹样已基本不见印花,而是统一的刻画花。与南宋晚期刻画精细、形象生动的写实风格纹样相比,此时的装饰纹样已大大简化,流行莲瓣纹、刻画弧线纹等,显得粗犷、大气。

装烧方法以涩圈叠烧法为主,支圈覆烧法已大大缩减。此期产品中的碗、盘、碟、盏等大宗产品几乎都采用涩圈叠烧法烧制,仅有少量高足杯等沿用支圈覆烧法,且为了适应高足杯高度的需要,支圈的高度明显增加,支圈的尺寸变小,环形支圈的量产效果已大大降低,[①]偏离了环形支圈的初衷。用涩圈叠烧法烧制的器物之间除了利用涩圈以外,还在涩圈部位垫上一层细砂。也正因为如此,这一时期不见其他垫隔具,仅有垫钵、垫杜等少量的支烧具。

(三)益阳羊舞岭窑的衰落期

第三期即元末明初,是益阳羊舞岭窑的衰落期。羊舞岭窑的衰落,从第二期后段已初见端倪。仿烧龙泉窑青瓷产品采用涩圈叠烧法烧制,放弃了原来使用的支圈覆烧法。选择的涩圈叠烧法相当于裸烧,其产品因涩圈留下的缺点更为突出,虽然从器物外形接近龙泉窑青瓷,但涩圈带来的缺点大大降低了青瓷的档次。

---

① 南宋中晚期的环形支圈高度约2.2厘米,且每一层环形支圈内侧都有一个承接覆烧器物口沿的"二层台"。元代中期以后,原来使用支圈覆烧的大宗产品碗、盘、碟都转而用涩圈叠烧法,不仅支圈数量锐减,支圈形态也出现明显变化,不是每一层支圈内侧都有"二层台",有的支圈完全是起到垫高的作用,甚至发现有单个支圈高度达到4厘米的情况。这与南宋晚期支圈充分利用窑内竖向空间、提高产量的量产意识完全不同,显然此时的环形支圈已完全退化,几乎失去了其原有的功能。

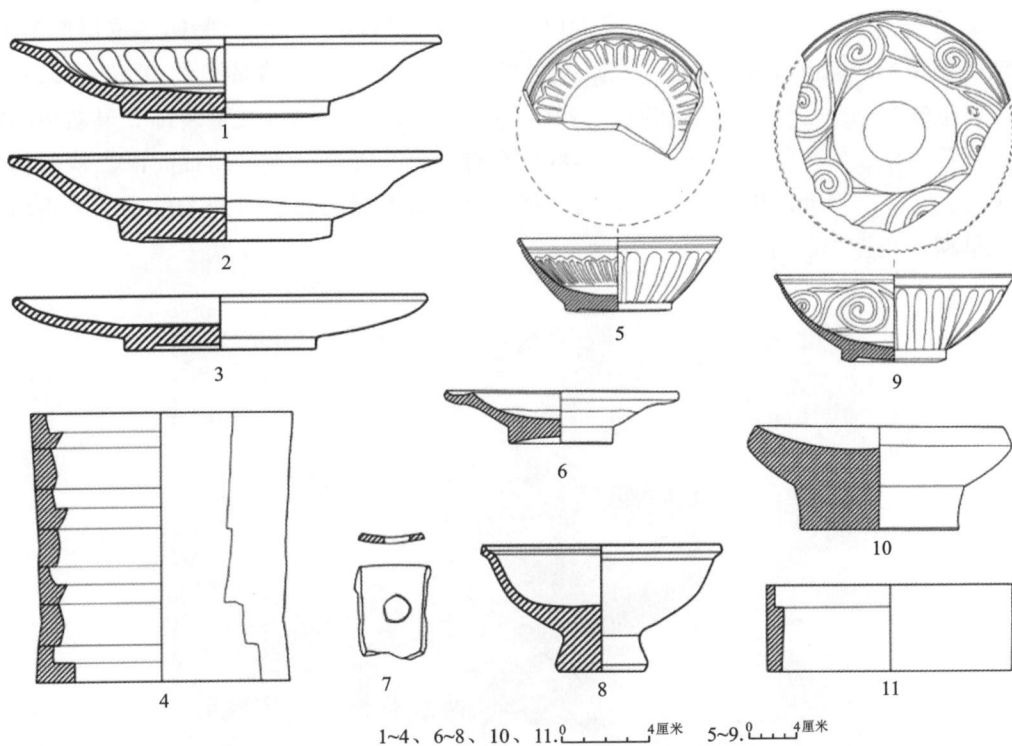

1~4、6~8、10、11. 0 ⊢⊢⊢⊢⊣ 4厘米   5~9. 0 ⊢⊢⊢⊢⊣ 4厘米

1、2.折沿盘（14YWLY51 采：45、14YWLY51 采：8）3.敞口盘（14YWLY51 采：115）4、11.支圈
（14YWLY51 采：112、14YWLY51 采：69）5、9.涩圈划花碗（14YWLY51 采：25、14YWLY51 采：92）7.火
照（14YWLY51 采：126）8.高足杯（14YWLY51 采：124）10.垫钵（14YWLY51 采：85）。

Y51 采集的部分瓷器及窑具

Y51 采集的仿龙泉窑涩圈青瓷碗

入明以后更是如此，仅存的几座窑址仍沿用涩圈叠烧法，用来烧制青花瓷器。其产品种类单一，有碗、盘、罐、执壶、香炉（图一一）等，[1]以碗为大宗，胎体厚重器形粗大，胎釉颜色暗淡，料色青灰、淡蓝、淡墨或呈褐色，纹样模糊，内容稀疏简单。[2] 有菊花水藻纹、卷草纹等，也有执壶、碗的外壁代以"福如东海""油壶"等文字装饰。显然产品定位为青花粗瓷，与南宋晚期至元代的羊舞岭窑青白瓷及青瓷已不可同日而语。从器物特征来看，许多深腹大碗仍保持着元代的特征，没有发现标志烧造时期的款字，这些均具有明早期青花瓷器的特点。

明代青花瓷炉（**Y39：37**）

二、羊舞岭窑发展的历史背景

（一）赣人入湘及其对羊舞岭窑等地的开发和影响

北宋初年，南方各路的人口分布很不均衡，两浙、福建、江西、江东、成都府等路的部分府州人口密度较大。北宋中后期至南宋初期，这些地区人多地少的矛盾日益尖锐，逐渐成为南方土著居民的主要迁出区。[3] 尤其是今江西省是宋代人口迁出较多的地区，其中吉州、饶州、袁州、信州、洪州尤甚。《宋书·地理志》说荆湖南路："有袁、吉接壤者，其民往往迁徙自占，深耕溉种，率致富饶，自是好讼者多矣。"湖南成为江西过剩人口的主要迁入区之一。当然从事不同行业的人口迁移的原因也有所不同，对于从事农业的人口来说，迁移的原因不外乎人口的急剧增长与耕地资源有限的突出矛盾等。而对于从事手工业，尤其是制瓷业的窑业工匠来说，还有更深层的原因。江西景德镇窑自中唐

---

① 曹伟：《2014-2015湖南益阳羊舞岭窑址调查主要收获》，《陶瓷考古通讯》2015年第1期。

② 湖南省文物考古研究所、益阳市文物管理处：《湖南益阳羊舞岭窑址群调查报告》，载《湖南考古辑刊》第8集，岳麓书社2009年版，第127-142页。

③ 吴松弟：《中国移民史》第四卷《辽宋金元时期》，福建人民出版社1997年版，第171页。

烧制瓷器以来，广泛吸收各大名窑的先进窑业技术，[1]并不断创新，至北宋时期已步入名窑之列，进入了官方的视野。南宋时，地表的瓷石原料枯竭，贪官为了谋取私利，制订了"官籍丈尺，以第其税"的政策。[2] 景德镇窑为了降低成本，提高烧成产品的成功率，一方面，引进并改造定窑的支圈组合覆烧法，节省原材料；另一方面，改进窑炉结构，窑炉越来越短，产品却越来越精，从而使一部分窑场渡过了难关。但仍有相当数量的窑场倒闭。景德镇南河流域宋代窑场停烧主要是南宋时期的原料危机所致。[3] 这些在景德镇从事制瓷的窑业工匠因窑炉结构改革、窑业工匠需求减少以及窑场倒闭不得不开始迁往别处选择新的出路。对于与江西接壤，同样有着丰富的瓷土资源，但尚未被开发的羊舞岭及醴陵等地来说，这无疑是一个机遇。迁入的江西籍工匠带来了先进的制瓷工艺，加之便利的水运、自然环境等条件，羊舞岭窑在短时间内便烧制出了高质量的青白瓷。

（二）龙泉窑与景德镇窑的兴衰及其影响

如前所述，宋元时期，影响羊舞岭窑业技术的不止景德镇窑，还有定窑、龙泉窑、建窑，后三者中以龙泉窑的影响最为突出。龙泉窑创烧于北宋时期。北宋初期，龙泉窑仍处于产品就地销售的小规模生产状态。[4] 北宋中晚期，龙泉窑的产品仍以刻画花为主，虽已逐渐形成自己的特色，但在国内名气尚小，更不要论海外。与其相比，北宋时期的景德镇窑已有相当大的知名度。北宋景德年间，北宋政府曾在景德镇征调瓷器，设司务所，景德镇窑的产品也因其土白胎薄，著行海外。[5] 从景德镇地区的窑址分布更能看出景德镇窑业的兴盛。北宋中晚期，景德镇窑进入兴盛期。这一时期的窑业遗存分布在景德镇市区、近郊、南河、小南河一带，绵延近百里。[6] 有学者指出，蒋祈在《陶记》中说"景德陶，昔三百座"，这里的"昔"当指北宋中晚期。[7]

1126 至 1127 年，北宋王朝在"靖康之难"中覆灭，政府南迁定都临安，给龙泉窑的发展带来了机遇。大量北人随着政府的南迁涌入南方，其中尚有许多文人和上层贵族，他们成为享用优质瓷器的主要人群。而且南迁的北人中还有许多从事瓷器、丝绸、酿酒等手工业生产和销售的工匠、商人。[8]

此时，龙泉窑的名气已不输景德镇窑。在国内的许多遗址、墓葬、窖藏中，景德镇窑、龙泉窑产品成为非常固定的组合，甚至在有些窖藏中龙泉窑产品的数量远远多于景

---

① 张文江、崔涛、顾志洋：《江西南窑考古发掘重要收获》，载《陶瓷考古通讯》2013 年第 2 期。发掘表明南窑始烧于中唐，衰落于五代，产品具有长沙窑、岳州窑风格，兼具洪州窑、越窑等特点。

② 即官方将窑炉尺寸登记入册，依照尺寸登记确定征收窑业税额。

③ 刘新园、白焜：《高岭土史考：兼论瓷石、高岭与景德镇十至十九世纪的制瓷业》，载《中国陶瓷》1982 年增刊。

④ 朱伯谦：《龙泉窑青瓷》，（台北）艺术家出版社 1998 年版。

⑤ 江西省轻工业厅陶瓷研究所：《景德镇陶瓷史稿》，生活·读书·新知三联书店 1959 年版。

⑥ 江建新：《景德镇宋代窑业遗存与相关问题的探讨》，载《景德镇地区出土五代至清初瓷展》，香港大学冯平山博物馆 1992 年，第 72-98 页。

⑦ 裴雅静：《景德镇青白瓷分期研究》，载《中国古陶瓷研究》第五辑，紫禁城出版社 1999 年版，第 209-211 页。

⑧ 周丽丽：《有关龙泉窑两个问题的再认识》，《中国古陶瓷研究：龙泉窑研究》，故宫出版社 2011 年版。

德镇窑。正是因为如此，在南宋中晚期，景德镇窑除了生产一般的盘、碗、壶、罐之外，还生产大量香炉、文房用具等高档瓷器，且出现了许多仿青铜器造型的器物。这应该是景德镇窑对龙泉青瓷的学习。[①] 由于龙泉窑以釉色取胜，景德镇窑的产品则有更丰富的装饰纹样，南宋中晚期这两个窑口的产品不仅畅销国内，还远销海外。

到了元代，元政府将全国唯一的专管瓷窑生产的机构"浮梁瓷局"设立于景德镇，处于官方视野下的景德镇成了名副其实的瓷都。但从当时产品销量及影响来说，景德镇窑已不及龙泉窑。[②] 以四川地区为例，宋末元初的瓷器窖藏中，基本有龙泉青瓷出土，并且往往时代越晚，龙泉窑青瓷所占的比重越大。[③] 蔡小辉先生曾对元代窖藏瓷器中的景德镇窑产品与龙泉窑产品的比重做过统计，结果显示，龙泉窑青瓷产品占总数量的六成。这表明元代龙泉窑产品对景德镇窑产区的影响要比景德镇窑产品对龙泉窑产区的影响大。[④] 窖藏、遗址中龙泉窑的比例增加，国内外仿龙泉窑产品的地点不断增加，形成了所谓的"龙泉窑系"。从目前掌握的资料来看，元代以降，在广西、广东、湖南、[⑤]福建、[⑥]江西[⑦]等省（区）均出现了一定数量的仿龙泉窑址，海外的日本、韩国、泰国等地也曾仿烧龙泉窑青瓷。广西宋代以来的青白瓷窑址在元军攻陷广西前后均告停烧，同时，在新的政权稳定当地局势以后，广西全州江凹里窑、柳城窑、[⑧]桂林上窑均审时度势地开始仿烧龙泉窑青瓷。[⑨] 广东元明时期的惠州窑、潮州窑也曾仿烧一定数量的龙泉窑

① 裴雅静：《景德镇青白瓷分期研究》，载《中国古陶瓷研究》第五辑，紫禁城出版社1999年版，第209-211页。

② 刘新园：《元代窑事小考（一）：兼致约翰·艾惕思爵士》，载《陶瓷学报》1981年第1期。

③ 陈扬：《四川地区宋元瓷器窖藏综述》，载《文物春秋》2011年第5期。

④ 蔡小辉：《窖藏出土宋元时期龙泉窑青瓷的相关研究》，载《东方博物》第35辑，浙江大学出版社2010年版。

⑤ 湖南仿烧龙泉窑青瓷的窑址除了羊舞岭窑之外，目前所知还有醴陵唐家坳马冲窑、汝城窑等。马冲窑，详见国家文物局主编：《2010中国重要考古发现》，文物出版社2011年版，第459-461页。

⑥ 黄义军：《宋代青白瓷的历史地理研究》，文物出版社2010年版；孟原召：《宋元时期泉州沿海地区制瓷业的兴盛与技术来源试探》，载《海交史研究》2007年第2期。福建闽南地区德化碗坪仑窑上层遗存为代表的青白瓷产品受到了龙泉窑工艺的影响，釉料成分有所变化，多呈青灰色，胎釉较前期粗糙。南宋中晚期是泉州沿海地区制瓷业非常活跃的一个阶段。但就青白瓷生产来说，景德镇青白瓷对这一地区的影响逐渐衰微。与此同时，龙泉青瓷的影响力剧增，成为各地模仿的主要对象。南宋中晚期泉州港地位上升，泉州沿海地区制瓷业多以外销为主，对所模仿名窑的敏感性较内陆区域强，景德镇窑青白瓷与龙泉窑青瓷的兴衰交替对这一区域带来的产品结构调整也最先完成。

⑦ 杨后礼：《谈景德镇仿龙泉青瓷》，载《江西文物》1991年第4期；吴志红：《浅谈龙泉瓷和景德镇仿龙泉瓷》，载《南方文物》1992年第4期；余家栋：《江西仿龙泉青瓷与浙江龙泉青瓷之间的相互关系》，载中国古陶瓷学会编：《中国古陶瓷研究：龙泉窑研究》，故宫出版社2011年版；吴隽等：《景德镇仿龙泉青瓷与龙泉青瓷组成特征研究》，载《光谱学与光谱分析》2013年第8期。

⑧ 广西壮族自治区文物工作队、柳城县文物管理所：《柳城窑址发掘简报》，载《广西考古文集》，文物出版社2004年版。

⑨ 李铧：《桂林出土的龙泉青瓷及其对桂北青瓷窑业的影响》，载《中国古陶瓷研究：龙泉窑研究》，故宫出版社2011年版。

青瓷。①

在海外，龙泉窑青瓷的受青睐程度丝毫不亚于国内。据统计，目前在西亚、南亚等地区的考古调查中发现的龙泉窑瓷器，年代主要为南宋至明代，其中数量最多的是元至明中期的产品。② 林亦秋先生曾指出，13世纪以后，伊斯兰教在印尼传播开来，由于宗教渊源，他们对青色瓷器情有独钟，因此，宋元明时期龙泉窑青瓷曾在印尼风靡一时。满者伯夷(Majapahit)是14世纪印尼最大的帝国，③林先生曾在该帝国的都城特鲁乌兰(Trwulan)遗址中找到许多元代景德镇窑、磁州窑的产品，但最突出的还是宋元时代的龙泉窑青瓷。④

从深度上来讲，景德镇窑与龙泉窑对南方窑业技术的影响也有很大的不同。南方诸省烧制青白瓷的原因不仅在于景德镇窑青白瓷的一时风行，对于湖南等省来说，更重要的原因是前面所提景德镇在南宋时期的多重困境所导致的工匠外迁，这对湖南青白瓷窑业技术的影响则表现在整套窑业技术的传递是被动性的。⑤ 而龙泉窑对南方诸省份产生影响的原因主要是出于对龙泉窑青瓷产品的青睐，各地纷纷模仿烧制龙泉窑青瓷，但使用的窑业技术仍然是本地的传统技术。比如，南宋晚期至元代羊舞岭窑仿烧龙泉窑产品就主要体现在器物形态及装饰纹样方面，装烧技术仍然使用支圈覆烧法或涩圈叠烧法。同样的现象在广西柳城窑、全州江凹里窑也表现得很明显。这几处窑址在元军攻陷广西之前主要烧制青白瓷或者耀州窑系青瓷，以泥钉或支圈间隔，匣钵装烧，入元以后，虽改烧仿龙泉窑青瓷，但仍沿用原来的窑业技术，以泥钉间隔。这些现象表明，龙泉窑青瓷技术的影响表现在器物釉色、形态特征及装饰纹样等方面，没有达到深层次的窑业技术，是主动性的，不太牵涉窑业工匠的迁移。

结　语

就目前对羊舞岭窑瓦渣仑窑址的发掘看，羊舞岭窑始烧于南宋中晚期，其肇始于南宋中晚期景德镇窑业工匠大量外流的历史背景下。迁入羊舞岭的窑业工匠带来了先进的支圈组合覆烧法等窑业技术，从而使羊舞岭窑在不长的时间内烧制出了芒口印花等高

① 黄静：《广东龙泉系青瓷浅析》，中国古陶瓷学会编：《中国古陶瓷研究：龙泉窑研究》，故宫出版社2011年版。作者指出，相对于北宋时期广东各窑场仿烧全国各大窑场的盛况来说，元明时期广东生产仿龙泉窑青瓷的数量可谓大大逊色。这主要是南宋以来泉州港的地位上升、广州港的地位下降造成的。

② [韩]申浚：《浅谈西亚与南亚地区发现的元明龙泉窑瓷器》，载《故宫博物院院刊》2013年第6期。

③ 满者伯夷正式建国于至顺二年(1331年)，1350~1389年哈奄·武禄王(Hayam Wuruk)统治时期，是满者伯夷王朝的强盛时期，印尼开始成为统一政权的封建国家和东南亚强大的海上帝国。

④ 林亦秋：《寻找龙牙门：印尼宋元明龙泉青瓷的行踪》，载中国古陶瓷学会编：《中国古陶瓷研究：龙泉窑研究》，故宫出版社2011年版。

⑤ 黄义军先生曾指出，晚唐以来，白瓷在湖南不断被发现，但这一地区却迟至南宋时期才开始烧制青白瓷，显然不是出于窑工的自主选择，这与本文所认为的被动性接受相一致。详见黄义军：《宋代青白瓷的历史地理研究》，文物出版社2010年版，第90页。

档青白瓷，为羊舞岭窑的发展带来了第一个兴盛期。入元以后，随着景德镇青白瓷产品的整体衰退，龙泉窑青瓷产品抢占了景德镇窑在内陆和海外的部分市场。羊舞岭窑在元代早期仍延续着景德镇窑的影响，烧制青白瓷，但部分器形开始仿烧龙泉窑；元代中期以后，青白瓷已很少见，开始仿烧龙泉窑青瓷，①但质量已与南宋晚期的青白瓷不可同日而语。元代末年的战争更使得羊舞岭窑受到重创，窑业工匠的减少等也使羊舞岭窑的发展受到局限，明代虽仍有少量窑址烧制青花瓷，但产品粗糙，主要供应周边普通民众，最终停烧。

可以看出江西萍乡窑、株洲醴陵窑、益阳羊舞岭窑等窑址群开始烧制青白瓷的年代均集中于南宋中晚期，且其窑业技术与景德镇窑无异，由此我们得知南宋中晚期饶州籍工匠入湘，并沿湘、资、沅、澧进入益阳、新宁等地，带动了这些区域的开发和窑业经济的繁荣。

---

① 湖南、江西的许多青白瓷窑址都存在同样的现象，南宋晚期至元代早期是其最为鼎盛的时期，主烧青白瓷，元代中期开始仿烧龙泉窑青瓷，比如醴陵唐家坳窑、江西萍乡南坑窑等，这从侧面反映了景德镇窑青白瓷与龙泉窑青瓷产品的兴衰交替。

楚越文化的融合与发展

——益阳市桃江县腰子仑春秋墓综述

蒋万兵[①]

资水流域在先秦时期文化面貌较为复杂，楚、越、巴、濮文化曾在这一带兴盛。益阳市桃江县桃花江镇花园洞村发现的腰子仑春秋墓群，揭开了这段时期楚、越文化交流与融合的神秘面纱。

1986年，在桃江县腰子仑公路边的旱地里发现古墓群，分布面积12万平方米。经过1987年、1989年、1990年和2009年四次考古发掘，这里出土了大量的越式青铜器、陶器和少量楚式陶器，出土文物鲜活还原了2500年前的越族部落生活。2004年，在邻近的石牛江镇竹金塘村金塘咀组，发现同类型墓葬，面积约12万平方米，之后当地文物部门对其进行了调查并确定为腰子仑春秋墓群的延伸范畴。2011年，腰子仑春秋墓群被湖南省人民政府公布为省级重点文物保护单位。2013年，腰子仑春秋墓群被国务院公布为国家级重点文物保护单位。

一、越文化是春秋时期益阳境内的主要文化

越人，是商周春秋战国时期广泛分布于长江以南地区的古老族群，统称百越。湖南大部分地区是扬越之地。资水流域是扬越人的主要活动区域，他们善于水上活动，主要从事渔猎、农耕。据《史记·货殖列传》载："楚越之地，地广人稀，饭稻羹鱼，或火耕而水耨，果隋蠃蛤，不待贾而足，地埶饶食，无饥馑之患。"这是对楚越之地生产生活状况的写实，腰子仑春秋墓群出土文物也予以充分论证。

（一）腰子仑春秋墓群出土文物以越文化因素为主要形态

腰子仑春秋墓群是湖南境内发掘较为完整、出土文物较为典型的墓群，出土文物以越文化因素为主要形态。该墓群出土文物有春秋中晚期至战国初期的越式陶鼎、纺轮、砺石，越式鼎、剑、矛、铲、斧、削、箭镞等青铜兵器和青铜工具以及楚式陶鬲等。经发掘的114座墓中，有97座（占85.1%）主要出土越式陶器、铜器（以不出陶鬲为主要标志），被考古认为是越人墓；另有17座（占14.9%）出土陶鬲、楚式陶器和越式铜生产工

---

① 作者系益阳市委办公室副调研员。

具、兵器，被考古认为是楚人墓，或者是受楚文化影响较深的越人墓。越文化因素是出土文物的主要文化形态，证明当时的益阳境内是以越人为主，楚人杂居，或者说越人开始有楚化倾向。这是展现春秋战国时期以血缘关系为纽带、聚落而居的益阳古越族生活方式，以及展现益阳古越族社会组织、制陶工艺、冶炼（铜器）技术的重要实物证据。腰子仑春秋墓群没有发现规格较高的大墓和带有青铜礼器的墓地。从青铜鼎底部的烟炱痕迹和磨损程度来看，它们是长期使用的实用器物，而非礼器。这里也没有发现权杖、祭器等其他表示特殊身份的器物。因此从墓葬看不出明显的等级制度和贫富悬殊。据此推测这是一处分工明确、地位相对平等的墓群。在春秋战国群雄争霸的年代，因为这里相对闭塞，越人在此休养生息，过着相对比较单纯的越式生活。继而可以推测，这里是一处远离争霸的"世外桃源"，尚处于楚、越文化的交替时期，楚越文化在这里共生、交流与融合。

（二）腰子仑春秋墓群是比较典型的越墓群

从腰子仑墓地考古发掘来看，其与资兴旧市、湘潭古潭桥等湖南其他地区发现的春秋越墓群有很多共同点，具有典型的越墓形制特点。如墓穴集中，都在坡顶、斜坡面；位于古河道边，距古河道都只有几百米的距离；均没有封土，墓壁也没有经过加工，比较粗糙，填土松软，没有夯筑痕迹；墓坑方向无明显区别，基本是东南向，墓葬形制均是窄长形竖穴土坑墓，长宽比例、墓坑深浅、墓坑填土基本一致；随葬品最多不超过10件，一般在3~6件，以生产工具为主，全部是使用过的实用器；出土一定的砺石。所不同的是，腰子仑墓地更加集中，有6组同期墓葬的打破关系，出土纺轮较多，兵器与生产工具较为齐全，且空墓较少。因此，可以推断，当时这是一处人口相对比较密集的越人聚居地，且有较高的生产力水平。

（三）"百越杂处"是春秋战国时期湖南境内的时代特征

《史记·货殖列传》载："衡山、九江、江南、豫章、长沙是南楚也，其俗大类西楚……与江南同俗，而扬越多焉。"《战国策·秦策》载楚悼王时（前401~前381年）吴起"南攻扬越，北并陈蔡"。从地域和文献记载来看，战国时期湖南已属于楚国管辖，扬越是主要族群。《史记·楚世家》载："成王恽元年（前671年）初即位，布德施惠，结旧好于诸侯。使人献天子，天子赐胙，曰：'镇尔南方夷越之乱，无侵中国。'于是楚地千里。"这里的"南方夷越"是中原人对南方诸民族的通称，它包括越人和其他土著民族在内，"楚地千里"应是指长江以南的广大地区。《史记·孙子吴起列传》载吴起"于是南平百越，北并陈蔡"。《后汉书·南蛮西南夷列传》载："及吴起相悼王，南平蛮越。"这些相同的地点出现了几种不同的称谓，说明该地区不仅有扬越人，其他越族也在此活动或居住，当时扬越与其他越族可能并无明显区别。"南方夷越""扬越""百越""蛮越"，均是指南方越人。桃江县腰子仑位于长江中下游，资水流域，洞庭湖以南，"百越杂处"是腰子仑墓群反映历史时期的时代特征。

二、楚越文化在春秋战国时期益阳境内交流与融合

综上所述，腰子仑春秋墓群是比较典型的越墓群，没有明显的等级分化和贫富悬

殊，但有比较典型的楚文化影响和渗透的痕迹，楚越文化在这里开始交流与融合。春秋战国争霸的战争现状是楚越文化交流与融合的重要推手。

（一）人口迁移因素

在群雄争霸、战火纷飞的春秋时期，普通老百姓过着居无定所、颠沛流离的生活。可能有一部分原来生活在腰子仑一带的越人先民被征参与战争，因退役或逃逸等，离开战场，返回腰子仑，受楚人生活方式和文化的影响，带有楚化倾向。也可能有一部分楚人先民为躲避战乱、逃避兵役，携家带口迁移。还有可能是部分楚人兵卒，逃离战场，顺资江而上，到腰子仑一带安家。越人和楚人杂处，使楚文化与越文化在这里伴生、交流、融合。腰子仑墓出土的剑、矛、铲、斧、削、箭镞等青铜兵器，大致可以反映战争的存在和对腰子仑的影响。人口的迁移，给相对闭塞的腰子仑带来新的理念和生存生活方式、较先进的生产技术和劳作方式，也提高了当地的生产力水平。腰子仑春秋墓群的发掘可以证明，楚文化在春秋中期就影响到了资水下游桃江一带，但这可能并非楚国政治势力的南侵，而是因人口迁移，楚越文化在此相互影响、相互渗透，且越文化仍是主流文化。

（二）楚越联姻因素

联姻是文化融合的最有效方式。远赴疆场的越人，与异族楚人女子结为夫妇，继而将其带回自己的老家；面对远道迁来的异族楚人，当地越人从最初的对抗、抵制、容忍到接纳，最后通过联姻，实现你中有我，我中有你。楚人越人友好共生和通婚，加速了楚越文化的相互借鉴和学习，为文化的融合发展创造了重要条件。

（三）文化统治因素

益阳区境内在东周以前属《书·禹贡》所载九州中的荆州管辖；战国时期为楚国黔中郡属地；秦属长沙郡，置益阳县，以县治位于益水（今资水）之阳而得名，是为区境置县之初。从春秋时期楚成王恽即位（前671年）后的"楚地千里"，到战国时期吴起"南平百越，北并陈蔡"，再到楚怀王时期攻越国，尽得越国吴地，越国因此而分崩离析，楚国逐渐壮大。面对楚国版图的日益扩张和楚文化的强烈渗透，腰子仑的典型越式生活方式，必然会遭遇文化统治的深度融合。《左传·襄公十三年》载楚共王卒于楚共王三十一年（前560年），楚大夫子囊谥共王功绩时说"赫赫楚国，而君临之，抚有蛮夷，奄征南海，以属诸夏"。"蛮夷"是包含越人在内的南方各族，"抚有"真实地反映了南方各族包括越人被楚人逐渐同化的历史过程。春秋晚期至战国初期，楚人的政治势力大举进入资水中下游后，生活在腰子仑的越人逐渐融入楚国。同时，越文化在对楚文化吸收的过程中，被加以整合，逐渐被楚文化所替代，这与资水下游战国早期以后极少见越墓的情况相符。

三、湘楚文化的大繁荣与大发展

《史记·楚世家》载："楚之祖先出自帝颛顼高阳，高阳者，黄帝之孙，昌意之子也。"楚人沿汉水南下，西进、东扩、北上、南渐，成为拥有统治中国大半个南方的大国。随着楚国版图扩张以及楚都的迁移，楚文化中心由北向南转移。楚人的祖先本身就是具有较高文明程度的华夏族中的一支。楚民族的南迁，不仅给荆湘地区带来了中原地区先进的生产技术，还将优秀的华夏文化与当地三苗、扬越等楚蛮文化相糅合，创造出具备鲜明而独特的楚文化，从而成为与中原周文化并驾齐驱的中华民族传统文化的另一发展源头。据范文澜《中国通史》，周人和周典籍大量移入楚国，从此楚国代替东周王国，成为文化中心。

湖南在战国早期即已被纳入楚国版图，并先后在此设立黔中、长沙两郡。一方面，楚文化积极地容纳百越文化中的先进因素；另一方面，百越文化也逐渐接收和吸收楚文化，融合发展，形成了区域文化特征鲜明、独具风采的湘楚文化。湘楚文化成长于辽阔富饶的三湘大地，是湘文化与楚文化结合的产物，糅合了中原商文化的末流和楚蛮文化的余绪，是中原文化的一种承袭与补充。这种多元文化的融合，是构成中国璀璨文明史的最基本要件。

在腰子仑春秋墓群所处历史时期的一两百年后，与腰子仑相邻的桃江花园洞等地是屈原流放湖南的重要生活地，相传屈原在此生活长达 12 年之久。屈原不朽名作《天问》，相传就创作于桃江凤凰山。凤凰是古楚先民崇拜的图腾，屈原徒步至此触发心中激愤而作《天问》，也在情理之中。屈原的《九歌》既源自楚地巫风、民间祭祀的礼俗，更融入对湖南自然景物的人格描写和神话传说的加工改造。屈原本为楚国贵族，后遭贬流放到湖南，从岳阳舍马登舟，经洞庭溯沅水而西，一直到达湘西辰溪溆浦等地，然后又经沅水回到洞庭，再溯湘水经长沙，登南岳，上九嶷，最后回到岳阳、汨罗一带。屈原辗转湖南大地，考察民情风俗，写下大量"湘楚"韵味十足的鸿篇巨制。屈原的湖南游历，是湘楚文化的大传播与大发展。

湖南相对闭塞的地理环境，使湘楚文化深深扎根，成为湖湘文化的重要源头。屈原的诗歌艺术、马王堆出土的历史文物，均具有鲜明的楚文化特征。湘楚文化的浪漫主义、瑰丽神秘、刚勇质直等文化元素影响了湖湘文化的发展。湖湘文化在历经先秦湘楚文化的孕育、宋明中原文化等的影响之后，在近代造就了"湖南人才半国中""中兴将相，十九湖湘""半部中国近代史由湘人写就""无湘不成军"的盛世辉煌。

益阳古代陆路交通考

鲁新民　胡　旗①

本文考证的益阳古代陆路交通，上起秦始皇公元前221年立益阳县，下迄1936年湘川公路通车。湘川公路通车标志着益阳陆路交通进入近代和现代阶段。全文分文献考证与田野调查两部分。

一、文献考证

(一)驿道

秦代的湘粤古道，是最早途经益阳的国家级官道。

公元前214年，秦始皇远征岭南，新置桂林、象郡、南海三郡。当时50万秦军水陆并进，整修原始古道为南北军事大通道，修建灵渠，打通珠江水系，便于物资运输。而这条陆路军事大通道全长3200余里。全线走向为咸阳→南阳→襄阳→江陵→澧阳→常德→益阳→长沙→衡阳→郴州(或零陵)→桂阳→临武→宜章→广州。它从陕西咸阳出发，经河南到楚国的都城湖北江陵(今荆州市)已经有1700余里。然后，其渡过长江走澧阳平原，沿洞庭湖西岸南下至益阳、长沙、衡阳，直赴岭南治所广州。这是益阳有据可查的最早官道。

自汉唐始，益阳成为湖湘多条驿道的必经路段。湖湘的多条驿道重叠于"长益常"，即长沙至常德段，而益阳恰恰在长沙至常德的中间位置。

湘渝驿道的走向为：长沙→益阳→常德→慈利→大庸→永顺→花垣，入重庆境地的秀山。这是一条长沙去重庆、四川的重要驿道。湘黔驿道则从湖北蒲圻入境，经临湘→岳阳→长沙→益阳→常德→桃源；然后西折走辰龙关→界亭驿→芙蓉驿→马底驿→辰阳驿→船溪驿→辰溪驿→怀化驿→罗旧驿芷→江县站→便水驿→晃州驿→桂榜塘，前往贵州境地的玉屏、凯里等地。

隋唐的京都南行驿路从长安出发，由洞庭湖东岸岳阳入湘境，经长沙、衡阳、郴州，至粤境韶关。这样一来，南下岭南的南北驿道从江夏(武昌)走岳阳入湘境而不经过常德、益阳，唐李吉甫撰《元和郡县志》所载的京都南行驿路也证明了这一点。又因长沙驿道往东延伸至醴陵往赣境南昌，继而连接苏、浙、闽，以致长益常驿道更多的功能变为东西大通道，故而途经益阳的驿道又被称为湘黔大道。

---

① 作者鲁新民系株洲市公安局一级警监；胡旗系益阳市科协原副主席。

明确记载益阳驿道的相关内容，最早于见北宋的《新唐书》。据《新唐书》卷四十一《地理志》载"永泰元年（公元765年），都督翟灌自望浮驿，开新道，经浮邱至湘乡"。关于望浮驿是否在益阳境内，《隋书·地理志》载"益阳有浮梁山"，又据《通志》载"浮邱一名浮梁，今俗呼无量山"，而嘉庆《益阳县志》更有明确说明："驿站为桃花驿，旧置哨船，为外委驻扎之所，相传旧驿道实经期间，地与浮丘相望。"所以望浮驿即桃花驿，位于今桃江县城，其可与浮邱山遥遥相望，故而得名。这条驿道自益阳桃江→双江→浮邱山→高桥→石井头→天井山等地，入境安化大福坪、梅城，直达湘乡，向南延伸至邵阳。桃江鸣石滩位于古驿道，至今仍有摩崖石刻路碑依稀可辨。

至明清，益阳境内驿道已经发展出多条支线。据光绪年《湖南疆域驿传总纂》载，益阳东至湘阴境120里，西至安化境80里，南至宁乡境80里。

（二）明清驿道上的驿站

驿道，亦称官道，具有传递国家政令文件、官府信件以及民间信函的职能，设有驿站，又称为"铺"。朝中命官、科举学子、僧道商贾均住驿站。

乾隆《益阳县志》等文献记载，楚国建立的铁铺岭城邑为益阳县治故城，此处有县内古代最大的驿站，汉代太中大夫陆贾出使南越路居益阳，即居铁铺岭驿站，并因此留下地名"陆贾山"。

明清时益阳县衙兼管县域驿道，设"县前总铺"，有铺司10名。每天从长沙、宁乡方向经碧津渡进入南城门的邮旅路客，从县前总铺通过，再由号称拱极的北城门前往常德方向。益阳除城内总铺外，往宁乡方向设有石头铺、宁家铺、山青铺、沧水铺、浮云铺、衡龙铺、菁华铺，止于宁乡境界；往常德方向设有白鹿铺、鹿坪铺、迎风铺、十鼻铺，止于龙阳（汉寿）境界。以上驿铺基本相距10里，除沧水铺有铺司7人外，其他驿铺均有铺司6人。综上所述，益阳驿道共设12铺，铺司77人。据《湖南疆域驿传总纂》载，益阳湘黔驿道每年共支工食银二百二十二两四分。但是，益阳至湘阴、安化的驿道支线却没有益阳县治的经费，不设官方驿铺，也无人员及经费编制。

二、田野调查

笔者近年对益阳古代陆路交通遗迹进行了田野调查。

一是古道驿站名称转化为公交车站名或行政区划名，为古道的准确位置提供了佐证。益阳305路公交从汽车东站开往泥江口，115路公交从火车站开往鱼形山，均为连接城郊东南方向，但两趟车的部分行驶路段都在古驿道改造后的319国道上，公交站牌依次保留驿站名称，如宁家铺、山青铺、沧水铺。唯有"县治东南十里"的石头铺已发展为城市的核心区域，距汽车东站之东仅500米，驿站变成了石头铺社区。而衡龙铺、沧水铺等驿站不但是短途客运的重要站点集镇，而且是当地行政机关的驻地。至于319国道上的菁华铺则依旧是宁乡与益阳的分界地，此地三岔路口可转道宁乡煤炭坝。益阳12路公交开往城郊西北方向，其路径与通往常德汉寿的驿道一致。该线从益阳古城的东门外白马山出发，途经古城北门"拱极"故地和西门外学门口，然后直赴沿途设站的白鹿铺、迎风铺方向。迎风铺又名迎风桥，是古道上的著名驿站，当地人都清楚。

二是尚存的重要古桥已列入文物保护单位。查阅清代乾隆、嘉庆和同治的续修益阳县志，涉及地邑陆路交通的桥梁、渡口都有记载。至同治甲戌岁（1874年），县志"津梁"栏目所录载之桥梁有247座。至2022年，益邑辖域存留的主要古桥有衡龙桥、牛剑桥、枫林桥、烈公桥等，分叙如下：

衡龙桥　原为驿道之木桥，清乾隆时，地邑乡绅倡修石制，改为7墩6孔的麻石梁平形桥。道光十九年（1839年），鉴于河床东移，危及桥东砌岸，乡贡刘佐辉捐款延修，于桥东增修6墩6孔，桥面增宽石梁一块。至此全桥长80.3米、宽2米、高2.5米，有13墩12孔。据传，当年桥面设有桥栏、焚字塔、碑亭，墩壁刻有兵书、宝剑、腾龙等浮雕图像，桥东厝置禁碑，刻有"宪禁止推车过桥"等碑文。今桥身基本完好，但栏、塔、碑亭等附属设施已毁无存。1991年，益阳县人民政府立碑并将其列入文物保护单位。

牛剑桥　位于桃江县石牛江镇牛剑桥村。为4墩5孔石质平板桥，桥长20米、宽3.87米、高2.25米，孔径1.7米至2.5米。墩梁皆用花岗巨石铺就，桥面用20块条状花岗石梁铺就，最重的桥梁达10吨重。因巨石造就、结构特异、坚固异常，故而称为"蛮桥"。唐永泰元年（765年）都督翟灌开通新道望浮驿（宋代以后发展为"宝安益"大道），地邑乡民为沟通望浮驿道，修了一条花亭至金柳桥古道连接望浮驿道。而古道又因马桥溪所阻，于是才有牛剑桥。据传牛剑桥为唐代官员裴休所倡修。

2009年在牛剑桥附近某农户沼气池中发现刻于道光十一年（1831年）的青石碑一块。碑额楷体阳刻"芳流栾叶"四字，正文楷体阴刻，云"十里之有牛剑硚，盖自唐太子少保分司东都，历荆州节度裴公名休者始也。桥胡以名相传？桥之甫成也，有外人骑罗不见其大，而仅存其迹，意天公人其代之乎。至雍正四年硚圮，经口口生补葺之，越道光九年复圮，里人重修。口口常坚耳无如。今年溪流暴涨，口转降涯，呜呼！硚又圮，来通河者皆返驾矣。其若为何？诉商……胡广荣太口扳桂位滨，及余堂兄成谷为之。综其事……胡喊逐传成，裴以集……月之间，工鸠材衣劳，沐而风雨惟勤，披戴而星月弗避，征四公之力不及此耳，于其成矣。我知裴公有灵，亦且欢颜地下，谓继余而起者之尚，故乐得而为之叙。"又据乾隆年《益阳县志》载"牛剑桥建自唐时，初桥势高阔，石梁甚巨，难上，有老人背剑骑牛，指示辄成。今桥上有牛蹄亦存，故以为名"，可见此桥由来久矣。

如今，由桃江县石牛江镇黄泥田通往金柳桥方向的古道已经改造为乡村公路。横亘马桥溪上的公路大桥与牛剑桥比肩相望，古今两桥相距约30米。牛剑桥1976年被列入县级文物保护单位，2019年列入省级文物保护单位。

枫林桥　位于益阳城东8公里处兰溪镇，横跨镇西之枫林港。始建于明代，时为木桥。清嘉庆八年（1803年）由地邑乡绅捐银改修成麻石单孔拱桥。该桥呈弧形，全长64米，宽6.5米，分35个阶梯。桥面两侧有石栏，东西桥口靠栏有石雕。南栏两端刻石狮，北栏两端镌麒麟。桥座为半圆单拱状，拱高8米，跨度14.4米，其下可通帆。桥拱两侧有碑，均为麻石质，分别长170厘米、宽30厘米，嵌置在桥拱中央上方南北两侧。碑文榜书楷体阴刻。南侧文为"枫林胜迹"，北侧文为"资江一桥"。因历代维修，至今完好。1998年，益阳市人民政府对枫林桥划定了保护范围和建设控制地带。

2011年1月,枫林桥已公布为省级文物保护单位。

烈公桥 位于资阳区新桥河镇五房洲村烈公桥组。从新桥河镇新桥河汇入资江的出口逆流而上1.5公里,便可见到一座2墩3孔的石桥横跨西东。它是桃江牛潭河、邹家河通往汉寿军山铺、三官桥的交通要道。其桥石梁方形,花岗岩质,每梁长约5米、边宽0.3米;4梁并列,3列连接成平行桥面。2019年4月考察该桥时,查证该桥基本完好,时有摩托车经过。这是资阳区唯一留存的大型古桥,可惜其桥两跨各有一根石梁断裂且已掉入河床。据同治年《益阳县志》载:"列公桥,治西四十三里。初无石梁,搭以木。嘉庆己未(1799年),鲁治玉兄弟倡修。运石成梁,今称利涉。"2015年,烈公桥列入市级文物保护单位。

道东桥 位于赫山区新市渡镇欧公店村老街出口至新市渡方向,长约15米,宽1.5米,为志溪河支流上的麻石梁桥,单墩双孔,桥墩两头各并列4根麻石梁为桥面。现仅存麻石梁5根供人通行。该桥旧属益阳县十五里区域,其路为益阳县城通往灰山港、涟源、宝庆的地方驿道,民国时又称县道。2017年考察该桥时,桥端还有3块倒卧的修桥功德碑,因碑质红砂岩风蚀严重,碑文荡然无存。幸在欧公店村金星组(藕塘村)村民文某的旧宅阶基上发现青石碑一块,碑额刻有"道东桥碑"四字。碑正文已残缺不全,但能大体通读。其云:

> ……由来久矣。至嘉庆戊午重修,旧碑在□□四十余年□道东桥毁圮,幸石梁无恙。同治……以通江河。……□显珍、曾正亭、曾源泰以上各捐钱贰仟文……各捐钱贰仟文。□□林、□□德、□□泉各捐钱壹仟伍佰文。王□□、周□□、周在九、朱永发、翟寿田以上各捐钱壹串文。纠首:周以楚、曾良俊、陈学益、邓湘舟。同治三年甲子岁夏月谷旦立。

德胜桥 在道东桥上首溪港约300米处,据同治《益阳县志》载"德胜桥在黄丝坝"。该桥为石砌单孔拱桥,弧形拱顶中央渺有"德胜桥"三字。但其桥面已改造为平坡水泥路面,可通小汽车。2011年益阳市第三次文物普查中道东桥、德胜桥均列为市级不可移动文物保护单位。

马山桥 又名马栓桥,位于赫山区谢林港镇月明山下,横跨狮子山溪港与志溪河交会处。该桥原为4根麻石梁平行铺设的单孔石桥,系益阳连接宝庆的要道之一,主要便于山区与湖乡的陆路物资流通。2021年走访该地时,马山桥已改为水泥公路桥,其步行古道已成为乡村公路,唯桥名标牌仍立于原地。

据同治《益阳县志》载"马山桥,治西南十八里,谢林港里人捐修木桥,置水田二石三斗。同治间改修石桥,费千余金。"然而,一块"永镇桥碑"的发现,弥补了史载的不足。该碑青石质,碑肩弧形,碑额书"永镇桥碑",碑文楷体阴刻,计1247字,原盾置谢林港马山桥边,现存益阳市博物馆。其碑刻于清雍正三年(1725年),记叙宝庆武冈人易礼升、陈位先组织联络邑绅、商人、寺院、庵堂修建马山桥经过及功德名单。碑云:"□□烈□来益,道经谢林港,旁有林溪,阻不能渡,聘之邻人,指其迹曰:'此石称马山桥。'□□□宝庆，可达益阳，实往来之河关，为客满之要道。时逢春夏，山水暴涨，□□□来，隔岸相呼，恨天涯于咫尺；寒裳莫洛，悲歧路于穷途。荒废已久。先年有僧渡自，曾大兴土木，建立石墩，上搭木桥，不意洪水冲毁，虽屡经修饰，不能告成，遂兴弥步之工，募化四劳善姓，随缘布施，动费百有余金，今幸乐成。敬将各善捐金刻石勒碑，以志不朽。"

三闾桥 位于桃江县原桃谷山乡文家渡村花园洞口溪流上。据传此地为战国时期楚国诗人、政治家、三闾大夫屈原流放时居住之地，地邑乡贤因念之功绩，故而建桥并命名三闾桥。原三闾桥由 2 根分别长约 3.5 米、宽 0.8 米、厚 0.5 米的麻石梁并列横跨花园洞口溪流而成，其路连接灰山港、松木塘至益阳之驿道。该桥始建何时已无考。2019 年 10 月实地考察时，发现三闾桥旧址立有古碑一块。该碑青石质，通高约 95 厘米、宽 42 厘米、厚 10 厘米。此碑刻于咸丰八年(1858 年)，系重修三闾硚的功德碑。碑额楷体阳刻"三闾硚碑"4 字，正文楷体阴刻乐捐芳名 59 个和捐款数额。20 世纪 50 年代，因多种原因，其碑下落不明。20 世纪 80 年代人工改道溪流为渠，三闾硚移位约 20 米重建，型为单孔拱桥。其碑由当地住户陈家生(生于 1937 年，多年任中共文家村支部书记)献出，重新厝置三闾硚旁。

三是古代交通线上的义渡。古代陆路经过江河，无法架桥，只能设渡口。据同治甲戌《益阳县志》载，邑境有江津渡口 114 处。其中有官渡一处，即益阳古城东门的大渡口，源于乾隆二十三年知县划拨义渡资产而设置，"责重渡夫昼夜轮流更替"，时称碧津官渡；有营运渡口 26 处，渡夫据此为业；有公益义渡 87 处，占渡口总数的 76.3%。在 1840 年之前，益阳城区有碧津义渡、粟公港义渡、龙山义渡、志溪口义渡等。由此可见，义渡是贯通益阳古代陆路交通的主力军。

义渡是怎么形成和运转的呢?

从《裴亭义渡碑》可知，义渡的设置靠公众捐款。1972 年修建益阳大桥时有块青石质的裴亭义渡碑出土于南岸老渡口。碑文基本完好，共计 1322 个字，由序言和募捐名单组成。碑额阳刻隶书"义渡芳名"，序言为隶书阴刻，募捐名单为楷书阴刻。该碑虽刻于民国，但仍不失为研究义渡由来的代表资料。碑云：

> 今夫道路泥泞，必□转以向往；江湖□□，非济然以难通。先圣创造遗型，后贤步追□□。□都邑治□□□西南岸有裴亭，建于李唐，代远年湮，越次重修，屡遭倾圮，幸邑人姚先□等，斩棘除荆，募捐修复。山亭高敞，美婉旧观。又幸浮生痴迷，乘此守成，知云树拥护。裴亭为资江十景之式，游人来往，未免不难起望洋囚。兹劝募多金，造河船济人渡。纵遇波涛澎湃，江干无阻隔之虞；风雨飘摇，渡口有方舟之便。旷达者登斯亭而作赋，籍已遣怀；行迈者济带水遄征，亦央览胜。登峰造极，观不尽风月烟霞；把酒吟诗，写不尽鱼虫鸥鸟。亭恢裴号，渡已义名。此虽姚李二生之功，亦赖众善士匡襄之力也。姓字芬芳，并垂不朽。将来获福，定靡穷焉! 是为序。

纵观义渡碑功德芳衔，有179个单位、乡贤、商号、业主、道士等乐捐义渡，合计银洋2841元，外加2石水田。以上钱财均为修建码头或添置渡船之费用，而水田效益则充作渡夫薪金。

又有一块《集兰义渡议规》古碑，披露了当年义渡的具体运转模式。该碑由益阳市博物馆征集收藏，汉白玉质，长117.5厘米、宽41.5厘米、厚6厘米，刻于1823年。经查证，集兰义渡位于赫山区兰溪镇，又名兰溪下渡。据《（同治）益阳县志》卷四载："兰溪下渡：冷耀章捐银壹佰壹拾两，合众姓置田伍石正。"该碑为之佐证。碑文载有6条规章，由地邑乡绅公议公立，以图义渡良性运转。碑云：

集兰义渡议规

一、亭内渡夫，居住看守，以便行旅往来坐歇；不许停留匪类，赌钱酗酒滋扰。

二、每日渡夫在船伺候，收拾抹洗，毋得怠惰；乃事夜晚以二更初收船。

三、水牛不许船上过渡，并禁往来粪担，以免损秽船只。

四、永禁渡船不借写装运，亭屋船厂不许闲人安宿寄放什物。

五、以上议规，渡夫恪守；倘任意怠惰，狗情越议，任首事另择人撑驾。

六、每年庄田租谷，开除渡夫工食、油整船只稍余，首事核算载簿，另行生息。

道光三年岁在癸未夏月谷旦公立

碑文不难理解，内容包括渡夫的岗位责任制、义渡的禁止事项和财务管理。管中窥豹，可见义渡已经是古代益阳十分成熟的陆路交通设施。

楚国浪漫主义诗人屈原居益阳考略

姚时珍①

一

屈原(约公元前 340 年~前 278 年),芈姓,名平,字原,出生丹阳(今湖北省宜昌市秭归县),被誉为"中华诗祖",官至楚国左徒,三闾大夫,力主联齐抗秦,遭排挤毁谤,被流放。公元前 278 年,秦将白起攻破楚都郢,屈原怀石自沉于汨罗江,以身殉国。

屈原是一个杰出的浪漫主义诗人和爱国主义诗人。他创作了中国诗歌史上第一部浪漫主义诗集《楚辞》,开创了新诗体——楚辞体。《离骚》是中国诗史上第一首长篇抒情诗,《橘颂》是第一首咏物诗。他还是我国历史上最早提出"美政""廉洁"的诗人。

1953 年,世界和平理事会在赫尔辛基颁布中国诗人屈原、波兰天文学家和日心说创始人尼古拉·哥白尼、法国作家弗朗索瓦·拉伯雷、古巴作家和民族独立运动的领袖何塞·马蒂等 4 人为世界文化名人。同年 9 月 27 日,北京举行了隆重的纪念屈原逝世 2230 周年、尼古拉·哥白尼逝世 410 周年、弗朗索瓦·拉伯雷逝世 400 周年、何塞·马蒂诞生 100 周年纪念大会。是年端午节前后,北京还举办了楚文物展览,并在这次展览上首次展出了湖南汨罗屈子祠和湖北秭归原屈原墓的照片。

1953 年苏联在莫斯科举行隆重纪念屈原逝世 2230 周年大会。苏联费德林院士作了《屈原及其创作》报告,我国驻苏大使馆参赞戈宝权致辞。屈原受到了中国人民和世界人民的崇敬。

屈原最宝贵的思想价值是他的爱国主义精神。战国晚年,秦国继承孝公遗策,历惠文、武、昭、孝文、庄襄诸王,"南取汉中,西举巴、蜀,东割膏腴之地,北收要害之郡",开始了统一天下之大业的进程。而楚国经楚庄王、楚共王(约公元前 613~前 573 年)时期的鼎盛之后,逐渐暮气沉沉,不图进取,苟且偷安,在外交上不顾形势的新变化,恪守过去的亲秦政策,在秦国进攻下不断割地丧国。

楚怀王(公元前 328~前 299 年)时期,守旧的政治势力上官大夫靳尚、令尹子兰、怀王宠姬郑袖等贪求功利,妒贤嫉能,以进谗为能事。屈原在怀王时官至三闾大夫,参与朝政,主张改革内政,选贤任能,在外交上联齐抗秦。公元前 331 年,秦国谋士张仪

---

① 作者系一级作家、中国作家协会会员。

重金贿赂靳尚、上官大夫，鼓动楚与齐断交，与秦联盟，以归还商于六百里土地为诱饵，引诱楚怀王上钩。屈原识破张仪阴谋，极力劝阻楚怀王。屈原的主张遭到了上官大夫靳尚、令尹子兰、宠姬郑袖的反对。屈原被楚顷襄王逐出郢都，流放湖南湘水、沅水、资水流域10余年。

二

相传屈原流放中曾居于益阳县桃花江桃谷山一带。屈原遗址有天问台、花园洞、屈子钓鱼台等。

天问台 一名凤凰台。凤凰山原为桃谷山，是一座陡峭山崖，俯临资水，气势雄伟壮观，相传为屈原作《天问》处。凤凰山上有凤凰庙，当地百姓视屈原与夫人及其子为凤凰神。[①] 每到端阳，人们划龙舟以祭祀之。明清时期，祭凤凰神成了世俗化的民间祭祀活动，凡民间有灾难或疾病，请师公做法事，所祀之神主即凤凰神。法事活动中的祝神之文，多举屈原生平事迹，并直接引用《离骚》原文。人们认为，凤凰神即屈原的化身。[②]

花园洞 《(同治)益阳县志》卷二引《一统志》云："花园洞在县南七十里，相传为屈原读书处。"该县志卷二十四《尚征志·古迹》载，此地有"(屈)原女绣英墓，洞口有三间桥""又北五里桃骨山龙台禅院旧有天问阁，其下巨石陡峭，俯临资潭，名天问石，亦云屈子钓台"。天问阁高18米，共5层，今存刻有"古天问阁遗址"的石碑一块。

屈原在流放期间受湘楚民歌影响，以楚声作楚歌纪楚事，抒发忧国忧民之心志。《天问》是一首奇特的长篇史诗，传说为屈原见楚国神庙内图画的历史和神话故事后书壁呵问之作。全诗共提出178个问题，关于宇宙，关于自然，关于历史，充分表现了屈原反传统的精神。流浪中的屈原，忧郁彷徨，对自然现象、古代传闻、宗教信仰、传统思想等，产生怀疑而发出种种疑问，尽情地宣泄了其精神上的矛盾与苦闷。《天问》正如鲁迅所赞："逸响伟辞，卓绝一世。"全诗共373句，1500字，作者把自己对于自然与历史的批判，以问难方式提出。《天问》诗中表现的忧国忧民思想与不懈追求的精神，对后世湖湘文化的形成起了重要作用。关于《天问》的写作背景，《史记·屈原列传》和东汉王逸所著《楚辞章句》都作了分析。王逸认为，屈原放逐后，彷徨山泽，在楚先王庙宇与祠堂里看到天地山川、古贤圣怪物等图画，便在壁上写下疑问以发愤懑之情。《天问》相传作于益阳桃花江，益阳人民视之为宝贵精神财富，并将其视为益阳文化的源头。《益阳县志》载："屈原《天问》，相传作于益之桃花江上。""《天问》作于桃江之弄溪，灵均固

---

① 《(同治)益阳县志》卷24《尚征志·古迹》载："天问台在八里凤皇山，一名凤皇台，相传屈原作《天问》处。旧有庙曰凤皇庙，祀原与夫人泊其三子，俗称凤皇神。"小注又引康熙志云："相传屈原作《天问》于益阳之桃花江。考原放逐江南，作《九歌》于玉笥山中（山在湘阴），事见《湘中记》《广舆记》，则《天问》作于此间不为无据。"《湘中记》乃晋代耒阳学者罗含所作，可见其说由来已久。

② 参见曾主陶、曾理：《浮邱山先民谱》，岳麓书社2020年版，第217页。

邑文艺之权舆也。自后雕龙炙輠，莫不祖风骚也。"①

　　楚辞是继诗经之后出现于楚国的一种新体诗，与楚国民歌音乐有着血缘关系。梁启超曾说："吾以为凡为中国人者，须获有欣赏《楚辞》之能力，乃为不虚生此国。"②屈原所作《楚辞》，据《汉书·艺文志》记载，有25篇。对屈原作品的真伪，历来有不同看法，但《离骚》《九歌》《天问》三篇被公认为屈原所作。楚辞学界认为，其他22篇相传为屈原的作品，在无充分确凿证据的情况下，不应否定。至于屈原流放中曾居住在桃花江并作《天问》，虽是传说，但有其历史可能性，亦不应轻易否定。

　　历史学和社会学理论认为，传说具有信实性，信实性不同于真实性。传说的信实性，在一些历史书中也被描述为"历史性"，即传说被当地人视为真实发生过的地方历史事件，会对当地民众行为模式与心理崇拜产生影响。传说承载着地域的历史记忆，是地域历史研究中不可忽视的重要史料。传说的另一个特性是附着性，即实感性。传说的核心必有纪念物，即依附于地方常见的实物、遗迹，民众以此印证传说所传不虚。因此传说也具有地方性特性，能够提升一个地方的文化影响力。著名诗人、学者闻一多研究屈原时说："凡古代相传之事实，在无人提出反证，或所提之反证不充分时，吾人只得暂时以传说为不误，或至少为'事出有因'。"③这应该是历史研究的一条重要原则。

三

　　益阳人民对屈原有深厚的崇拜之情。明孝宗弘治十六年（1503年）首修《益阳县志》刊《屈原传》一文记载其生平，为屈原立传。民国时，桃江籍著名学者曾运乾先生于1942年作《凤凰阁》诗二首，题于凤凰阁墙壁上，并留下名篇《凤凰阁记》，表达了益阳人民对屈原的敬仰。其文颇罕觏，今征引之，以见益阳之人文精神，且为本书作结。

凤凰阁记④
曾运乾

　　盖闻游洙泗者，缅邹鲁之风；过广武者，吊英雄之迹。地顾不以人重哉？

　　益阳地介湘沅，县分秦汉。西驰浦溆，道接辰阳；东下临资，江通汩水。则屈大夫经行之地也。

　　县治西桃谷山者，北临资水，旁带西溪。望浮邱不一日而达，离县治六十里而遥。花洞春冥，金銮有墓；钓矶水咽，严濑留台。则屈大夫流寓之乡也。

① 《（乾隆）益阳县志》卷20《艺文序》；《（同治）益阳县志》卷21下《艺文志序》。

② 梁启超：《〈楚辞〉注释书及其读法》，见《梁启超全集》第16卷《要籍解题及其读法》，北京出版社1999年版，第4663页。

③ 见《闻一多论〈九章〉》，载《社会科学战线》1981年第1期。

④ 曾运乾：《凤凰阁记》，载曾运乾主修《武城曾氏五修支谱》，1943年木活字本（曾雨辉先生藏），参见曾主陶、曾理：《浮邱山先民谱》，岳麓书社2020年版，第225-226页。

山腰建阁，窈然深藏。四围茂木，经岁皆春；一院绿荫，当炎不夏。枕流则琴弦悦耳；呵壁则鬼物惊心。当江山繁会之区，动今古苍茫之感。说者谓屈大夫作《天问》篇于此，后人因此筑天问台焉。

循麓东行不数百步，是曰潭湾。山则蜿蜒起伏于东南，水则荡漾渟滢于西北。竹竿万个，如游渭上之村；江橘千头，不数武陵之宅。梧桐生处，于彼朝阳；竹实累然，最宜阿阁。盖屈赋取鸾皇以媲君子，后人即揭凤德以表忠贤。飞阁流丹，翔鸾舞凤。祝庚桑于畏垒，不逮生前；祠贾傅于长沙，犹隆奕世。是曰凤凰阁，则吾益西迁始祖祀神之宫也。

唐虞世远，麟凤偕游；夏屋阴浓，饼幪斯托。没而可祀于社，神有功德在民。祝揽揆于三寅，桂醑与椒浆并馥；竞渡河于重午，绣旗与画桨齐飞。盖自朱明初叶，以逮民国复兴，迩来五百有余年矣。壬午、癸未之交(1882~1883年)，支谱续修，设局兹阁。自秋徂夏，岁序环周。览景物而流连，感先畴之佳胜。盖有萦回往复于吾心者。

当夫秋高气爽，境与人宜。落木千山，云天万里。澄江一道，水月双清。塔高则笔势凌云，潭静则鉴明澈底。彼一时也。若夫潦水全收，寒风正厉。钓艇与惊涛出没，江帆偕沙鸟遥飞。岭际贞松，经冬弥茂；江头梅蕊，与雪俱芳。彼又一时也。及夫物换星移，青阳司候。风经花信，时号花朝。新涨初生，渔汀半蚀。春风煦物，岸草全敷。杏桃蒸远近之霞，兰芷分湘沅之气。此一时也。洎夫时当夏节，尤适人和。多竹生寒，更无暑令。垂杨匝岸，满布清阴。钓矶则水夕生凉，远岫则云峰善幻。盈畴禾黍，互祝西成；遍地桑麻，都呈活气。此又一时也。徘徊瞻望，弥历岁时。世德宗臣，百世之衣冠如接；春朝秋夕，四时之光景常新。凡物候之推移，并兹役所经历，不为记载，后景难摹。

呜呼！幽谷楼高，是少日读书之地，清光绪壬寅、癸卯间(1902~1903年，与同学会读书天问阁。名园洞口，亦当年辑谱之祠。清光绪乙巳、丙午(1905~1906年)，修支谱于董师桥祠。曾几何时，顿成隔世。二千年之古迹，天问榛芜；五百载之神宫，旧庐宛在。欲问钓游胜处，谁记童年；回思编校同人，半登鬼箓。叹沧桑之善变，感兴废之靡常。到眼者，历历江山；照水者，星星鬓发。盖风景无异，而朋辈则仅有存矣。

夫文章为经国之业，功德为不朽之基。焰焰之火，未足掩日月之光；赫赫之功，宁足摧忠诚所寄？草赋之危楼纵圮，来巢之杰阁犹存。虽乏登临，足资观感。事君资于事父，教孝即以教忠。屈大夫之志洁行芳，与吾先祖之兰薰雪白，道惟一贯，祀并千秋矣。其惟任重道远，履薄临深。植我嘉树，广橘颂于天荆地棘之秋；摅我幽情，振商歌于圣伏神徂而后。

后 记

编纂《益阳古代史》，是中国共产党益阳市第七次代表大会根据代表提案确定的一个文化项目。中共益阳市委、益阳市人民政府高度重视这一文化项目，自始至终关心、支持、指导本书编纂出版。瞿海、陈竞、熊炜、何军田等领导作出了批示。

2022 年 9 月 20 日，《益阳古代史》第一次编纂工作会议在长沙召开，组成了编纂团队，确定了编纂体例和编校出版规范。会议确定，《益阳古代史》编纂的指导思想是按照市委、市人民政府要求，以马克思主义历史唯物主义、习近平文化思想为指导，切实秉承实事求是的科学态度，力求体现准确、朴实、生动的良史文风，坚持政治观点正确性、客观历史真实性和学术原创性原则，努力编写出版第一部高质量的益阳古代史。

2023 年 8 月 18 日，《益阳古代史》初稿审稿会议在益阳召开。会议听取了各位审稿专家意见，决定由周宪新、伍成泉负责对《益阳古代史》文稿进行统稿修改。本书编纂审稿专家与撰稿作者由益阳市人民政府办公室发文聘请。审稿专家对古代文献、考古发现有着丰富的知识储备且具很高的学术研究水平。这是编好本书的重要保证。

全书编务由姚时珍负责。益阳市地方志编纂室张应龙、匡剑波做了大量组织协调工作。益阳市文化旅游广电体育局卜永强、熊有志对封面与部分内容进行了审读。蒋万兵对书稿作了初校并选配文物图片。

本书编纂得到湖南省文物考古研究院、中南大学出版社、湖南师范大学历史文化学院的指导和帮助，益阳市直部门、各县市区给予大力支持。本书吸收了省市文物部门最新考古成果、有关著作精华，在此一并致谢。

把近 20 万年的益阳古代史，浓缩在一本 50 多万字的著作中，是一件很不容易的事。作为一本抛砖引玉之作，虽付出努力不少，但书中不当、不周之处在所难免，恳请广大读者不吝指正。

周宪新

2025 年 2 月 1 日

图书在版编目（CIP）数据

益阳古代史／周宪新主编. --长沙：中南大学出版社，2025.5.

ISBN 978-7-5487-6158-7

Ⅰ. K296.43

中国国家版本馆 CIP 数据核字第 2024ZK2090 号

益阳古代史
YIYANG GUDAISHI

周宪新　主编

□出 版 人	林绵优	
□责任编辑	彭辉丽	
□责任印制	李月腾	
□出版发行	中南大学出版社	
	社址：长沙市麓山南路	邮编：410083
	发行科电话：0731-88876770	传真：0731-88710482
□印　　装	长沙新湘诚印刷有限公司	

□开　　本	787 mm×1092 mm 1/16	□印张 24.5	□字数 565 千字	□插页 1
□版　　次	2025 年 5 月第 1 版	□印次 2025 年 5 月第 1 次印刷		
□书　　号	ISBN 978-7-5487-6158-7			
□定　　价	98.00 元			

图书出现印装问题，请与经销商调换